Die Paläste von Florenz

FRANCESCO GURRIERI • PATRIZIA FABBRI

DIE PALÄSTE VON FLORENZ

Fotografiert von
STEFANO GIRALDI

Orbis Verlag

ISBN 3-572-01380-1

www.orbis-verlag.de

Titel der Originalausgabe: Palazzi di Firenze

Übersetzung: Susanne Reichert
Umschlaggestaltung: Büro Norbert Pautner, München
Satz und Umbruch: Buch & Grafik Design, Günther Herdin GmbH, München
Gesamtherstellung: EBS, Verona

Printed in Italy

817 2635 4453 6271

Inhalt

Einführung

Das geschichtlich-künstlerische und das architektonische Erbe ist ein wesentlicher Bestandteil der kulturellen Identität jedes Landes.
Wenn die Erinnerung an die Vergangenheit nicht verblassen soll, muß man Kultur und Traditionen an die nachfolgenden Generationen weitergeben; das bedeutet auch, daß man die historischen Gebäude und Gärten vor Verfall und Zerstörung bewahren muß.
Die historischen Wohnstätten sind nicht immer Museen: sie zu erhalten bedeutet auch, sie aktiv zu nutzen und zu bewohnen, ihre Funktionen zu erhalten und sie so der Zeit anzupassen, daß ihre heutige Bestimmung mit dem ursprünglichen Zweck dieser Gebäude in Einklang steht.
Unter diesen Voraussetzungen entstand nach dem Vorbild ähnlicher Gesellschaften in anderen europäischen Ländern 1977 die Associazione Dimore Storiche Italiane, deren Ziel es ist, das architektonische Erbe zu erhalten und so im Interesse aller zur Wahrung der Kulturgüter beizutragen. Dazu braucht man vor allem Wissen, und deshalb ist die Associazione Dimore Storiche Italiane daran interessiert, Initiativen zu fördern, die sich mit dem Studium, der Vertiefung und Verbreitung der Kenntnisse über unser architektonisches Erbe beschäftigen. Der vorliegende Band entspricht genau den Zielvorstellungen unserer Gesellschaft und hilft, diese Ziele zu erreichen.
Alle Privatbesitzer der hier vorgestellten florentinischen Paläste sind Mitglieder unseres Vereins. Mit ihrem Engagement tragen sie entscheidend dazu bei, den typischen Charakter der Stadt Florenz als Stadt der prächtigen Monumentalbauten zu erhalten. Das Engagement einiger der Besitzer für die Erhaltung ihrer Bauten läßt sich über Generationen zurückverfolgen; schon ihre Vorfahren waren es, die vor vielen Jahrhunderten Paläste erbauten, die heute noch Mittelpunkt des Stadtlebens sind.
Ihnen und den Autoren gilt unsere ganze Anerkennung.

Niccolò Rosselli Del Turco
Vizepräsident der Associazione
Dimore Storiche Italiane

Vorwort

Eines der Ziele, die die Autoren mit diesem Buch erreichen wollen, ist die Überwindung der Auffassung von Architektur, die ein Gebäude zu einer historischen, räumlich und stilistisch vollendeten Einheit macht, einer Einheit mit einer eigenen Wertigkeit, die sie gegen zeitliche und historische Veränderungen immun werden läßt. Diese Herangehensweise kann sich auf Kriterien stützen, die es erlauben, eine städtebauliche Situation genau zu erfassen.
Aber hinter den jahrhundertealten – allerdings nicht immer unveränderlichen und unverändert gebliebenen – Palastfassaden, in der Privatsphäre der einander ablösenden Familien und Generationen, sind das Leben und die Geschichte stillschweigend weitergegangen. Gerade um dieses Schweigen zu brechen, haben wir einen respektvollen Blick besonders in die Innenräume, auf die Einrichtung und die Gärten geworfen, von deren Existenz man von der Straße aus nichts ahnt. Aus diesem Grund ist die fotografische Dokumentation absichtlich origineller, denn sie soll nicht nur die historisch-architektonische Beschreibung unterstützen, sondern ist vor allem selbst schon Beschreibung.
Bei der Art unserer Dokumentation war in manchen Fällen die Situation unausweichlich, daß unsere Arbeit als Eindringen in die Privatsphäre einer Familie erscheinen mochte. Mit gewissen Reaktionen – beispielsweise einer Unterbrechung der Arbeit in einem Kreditinstitut oder einer anderen öffentlichen Einrichtung oder einer voreiligen Vorwegnahme der Ergebnisse einer Restaurationsmaßnahme – wollte man seine Privatsphäre schützen, was dennoch die Vollständigkeit des Werkes nicht im geringsten beeinträchtigt hat.
Ein Grund mehr, unter diesen Umständen ein herzliches, aufrichtiges Dankeschön Privatleuten, Gesellschaften und Banken auszusprechen, die mit ihrem Entgegenkommen und ihrer Sensibilität dieses Werk ermöglicht haben, wohl wissend um ihre außergewöhliche Rolle als Bewahrer und Hüter einer langen Tradition.
Schließlich danken wir besonders Rodolfo Budini Gattai für die wertvolle Zusammenarbeit und darüber hinaus Giulio Barbolani di Montauto, Guido Ciompi, Dora Manetti, Daniele Nepi und Pietro Ruschi.

Francesco Gurrieri, Patrizia Fabbri, Stefano Giraldi

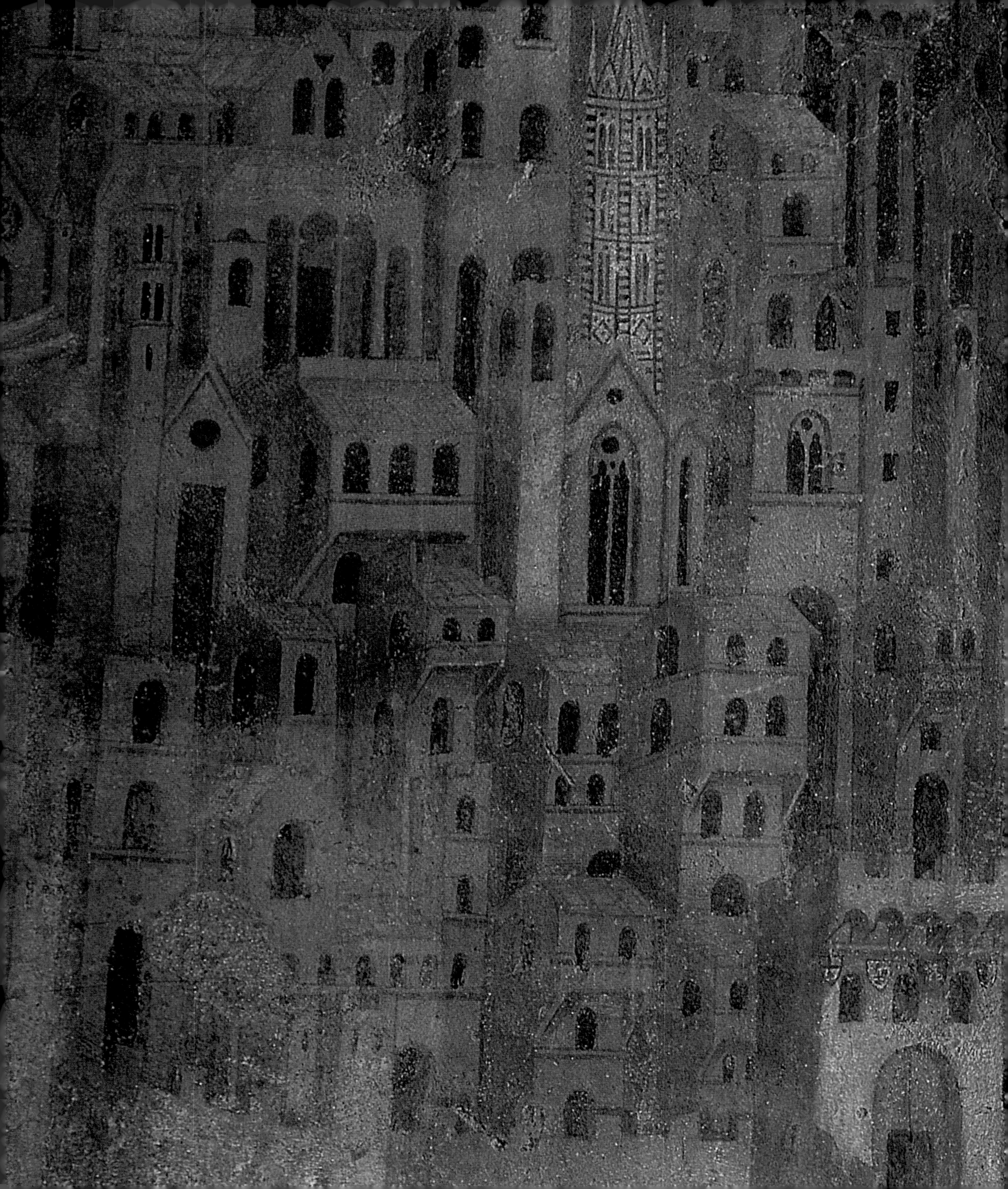

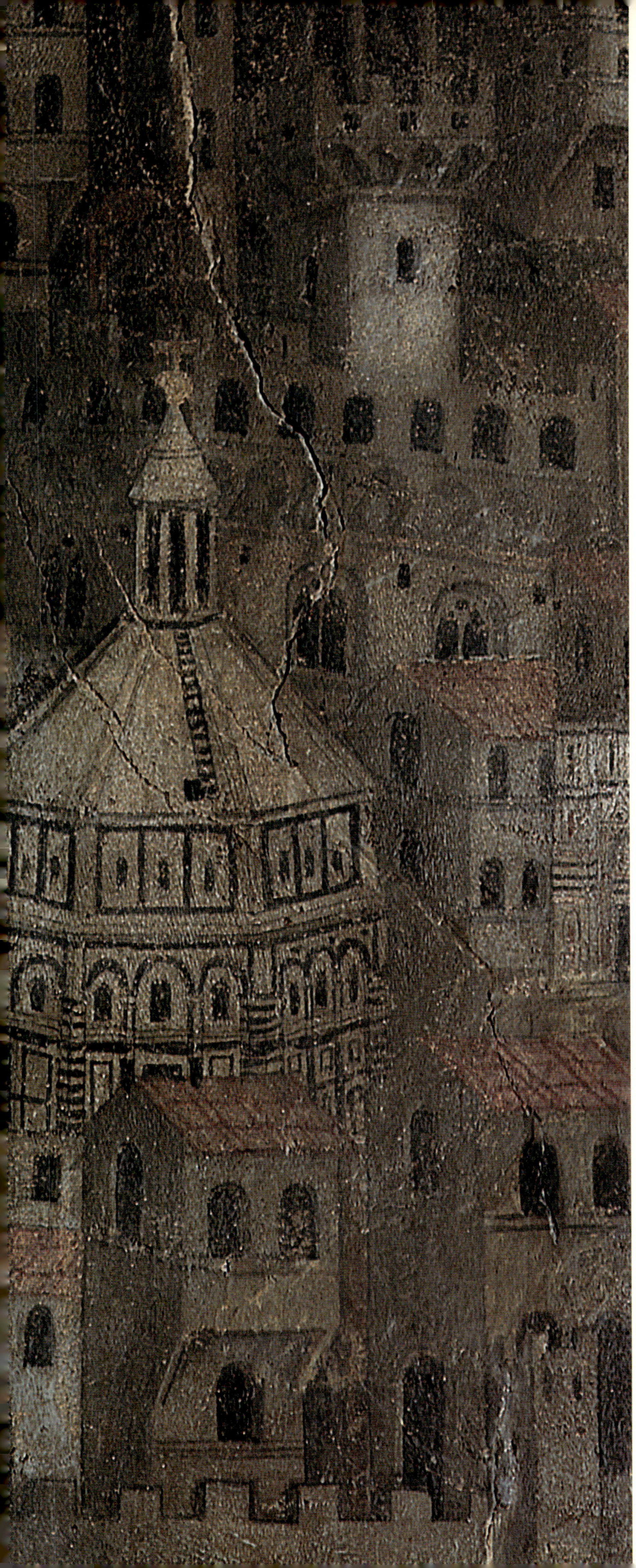

Der Florentiner Palast
Beständigkeit und Schönheit

Francesco Gurrieri

Florenz im Jahr 1352.
Detail des Freskos in der Sala del
Consiglio del Bigallo.

Noch 1905, als Janet Ross ihr Buch »Florentine Palaces and Their Stories« veröffentlichte, gab es über die florentinischen Paläste nur sehr wenig Literatur, die sich zudem auf architektonische Beschreibungen beschränkte, in denen es fast nie um Innenräume, Gärten und Einrichtung ging. Daneben gab es, außer dem wertvollen Kompendium von Mazzanti-Del Lungo (»Raccolta delle migliori fabbriche antiche e moderne in Firenze«, Florenz 1876), nichts Systematisches. Ungefähr um die gleiche Zeit beschreiben Stegmann und Geymüller in ihrem Buch »Die Architektur der Renaissance in der Toskana« einige florentinische Paläste; aber lange Zeit wird das Thema nur recht selten und alles andere als systematisch behandelt. Erst 1910 erscheint »Die Gebäude von Florenz. Architekten, Straßen und Plätze in alphabetischen Verzeichnissen« von Walther Limburger. Auf verschiedene monografische, oft sehr vertiefte Beiträge zu einzelnen Palästen – erwähnenswert sind hier die Werke von Poggi, Marchini, Sanpaolesi und Thiem (»Toskanische Fassaden-

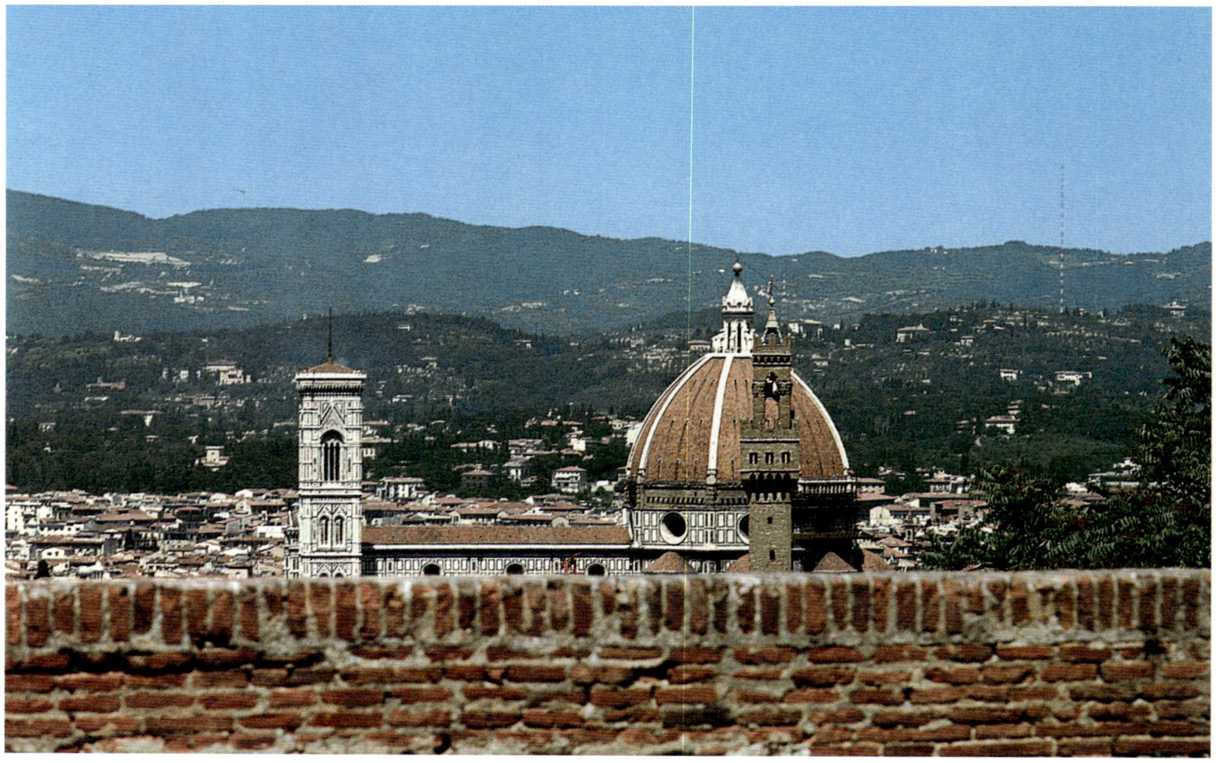

Santa Maria del Fiore, aufgenommen vom Glacis des Forts von Belvedere. Hoch ragt auch der Torre di Arnolfo auf.

»San Zanobi hält Florenz«, Schule des Perugino (Detail), Kirche San Martino Strada in Grassina. Zanobi war ein besonders verehrter Bischof von Florenz und wurde einer der Schutzpatrone der Stadt.

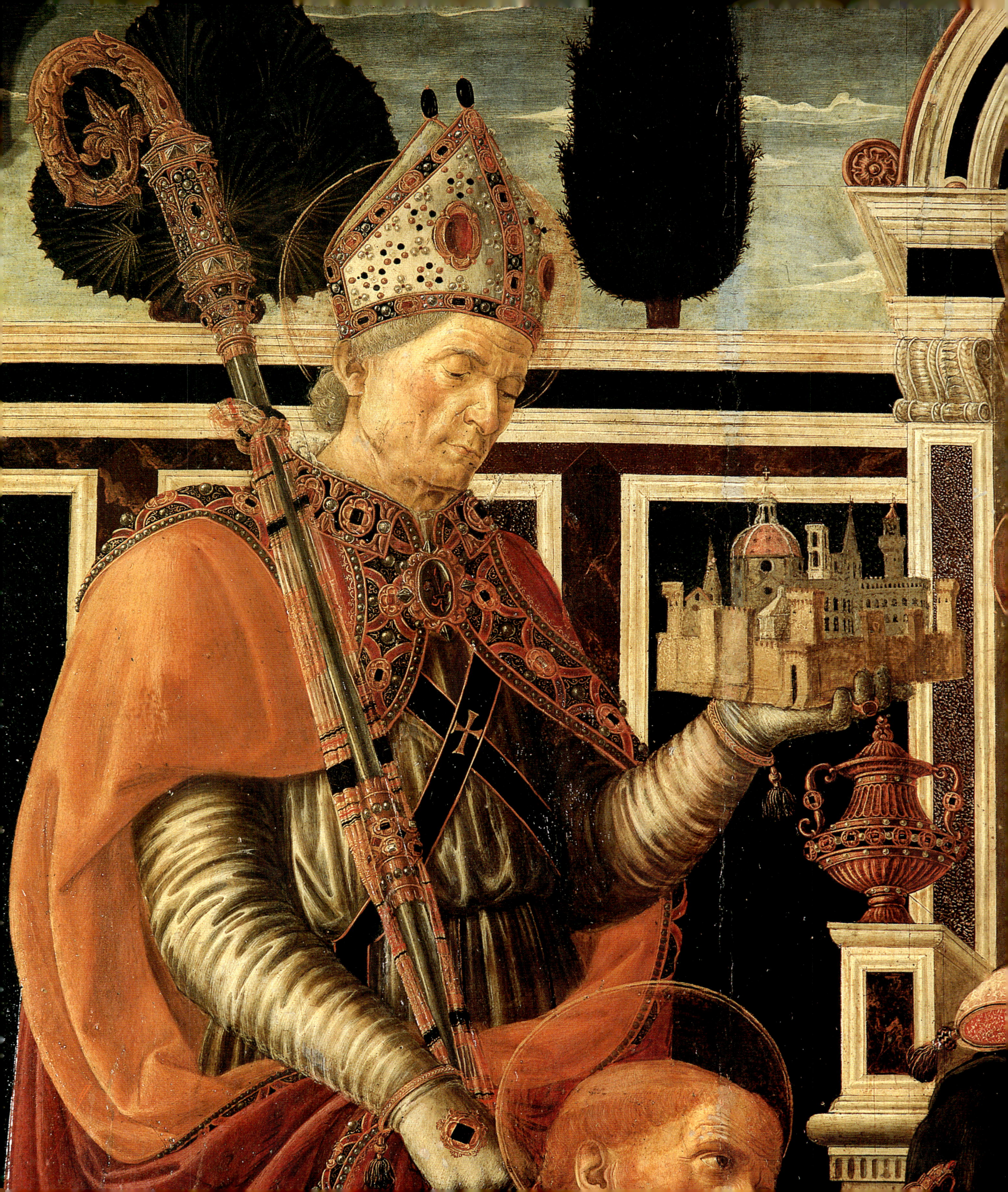

dekoration in Sgraffito und Fresko«) – folgt endlich (1972) das nützlichste und systematischste Werk, verfaßt von Leonardo Ginori Lisci (»I palazzi di Firenze nella storia e nell'arte«). Kurz davor war ein ebenso vortreffliches Werk von Bucci und Bencini (»Palazzi di Firenze«) erschienen. Darauf folgten weitere monografische Werke über die Palazzi Medici Ricardi, Tornabuoni Corsi und Strozzi (diese Arbeit von Daniela Lamberini ist exemplarisch).
Aber an diesem Punkt sei eine ausschließlich methodologische Bemerkung gestattet: Die historische Analyse unserer Paläste ist von der Geschichtsschreibung dieser Zeit sowie von der Persönlichkeit der Autoren geprägt. Das scheint eine Banalität oder – milde formuliert – eine Tautologie zu sein, ist es aber nicht; denn erst in jüngster Zeit wurde die Betrachtungsweise des Palastes gleichzeitig um die verschiedenen Komponenten bereichert, die zu seinem Gesamtbild, seiner allgemeinen kulturellen, gesellschaftlichen und wirtschaftlichen Bedeutung beigetragen haben. Zu den Analysen der Fassaden, des architektonischen Stils, der bildhauerischen und malerischen Ausstattung der Bauwerke und zur Geschichte der Familien kam allmählich eine »materielle«, eine Wirtschaftsgeschichte (die immer genauestens dokumentiert wurde). Diese trug schließlich zum Verständnis des »palazzo« in seinem Werden und seiner Rolle im höfischen Leben und der Beziehungen innerhalb der merkantilen Bourgeoisie bei, die für Florenz so entscheidend war. Gerade einige zaghafte Arbeiten über die Einrichtung der »Casa fiorentina«, über die »Gesellschaften« und ihre »verborgenen Schätze« ebneten den Weg für eine rasch an Bedeutung gewinnende Historiografie.
Außerdem gab es die ausschließlich archivistischen Abhandlungen, wie die beispielhaften Arbeiten von Guido Pampaloni über den Palazzo Salviati, den Palazzo Datini (in Prato), den Palazzo Strozzi, die weitere Arbeiten nach sich zogen.
Für die Innenräume der Paläste war sicher die Ausstellung »Mostra dei tesori segreti delle case fiorentine« – »Verborgene Schätze in Florentiner Häusern« – von entscheidender Bedeutung, die von Mina Gregori in Zusammenarbeit mit Mina Bacci und Carlo Donzelli gestaltet worden war; es handelte sich um gut und gern 335 Objekte, die umfassend darüber Aufschluß gaben, wie und in welchem Ausmaß die Einrichtung ein Bestandteil der florentinischen Wohnstätte war.
Das Ergebnis wurde auch nicht von der Ausstellung »Firenze ai tempi di Dante«, »Florenz im Zeitalter Dantes« (im Jahr 1966 anläßlich der Feierlichkeiten zu Dantes 700. Geburtstag) übertroffen; Raffaello Ramat hatte sie organisiert. In diesen Jahren gelang es schließlich auch Federigo Melis, mit seinem monumentalen, beispielhaften Werk über die Neuordnung des Archivio di Casa Datini in Prato einen Abriß über das wirtschaftliche und gesellschaftliche Leben eines bereits europäischen Kaufmannes zu geben, der seine Märkte im gesamten Mittelmeerraum und einem Großteil dessen hatte, was Europa war; die Renovierung der Casa Datini (die Nello Bemporad zu verdanken ist) und die Systematisierung des Archivs Dantini waren wichtige Ereignisse und lieferten den Anstoß zu Forschungen zur internationalen Wirtschaftsgeschichte, in die sich die Geschichte der Paläste nahtlos einfügte. Schließlich erschienen noch die Arbeiten von Richard A. Goldthwaite (»The florentine Palace as Domestic Architecture«; »The building of Renaissance Florence«), von Christiane Klapisch über das Familienleben, von F.W. Kent über die Verbindung Haus und Politik und von Kent Lydecker über die Einrichtung.

Vom »Wohnturm« zum »wehrhaften Palast«

Hier soll nun kritisch ein Problem behandelt werden, das übrigens schon vor langer Zeit in den Arbeiten über Architektur und Restaurierung intuitiv erkannt worden ist. Dank beispielsweise Gustavo Giovannoni, Luigi Crema, Piero Sanpaolesi und später Eugenio Battisti wurden alle Arbeiten zum

Monte di Giovanni, »San Zanobi« (Mosaik, Opera del Duomo di Firenze). Im Hintergrund eine Ansicht der befestigten Stadt.

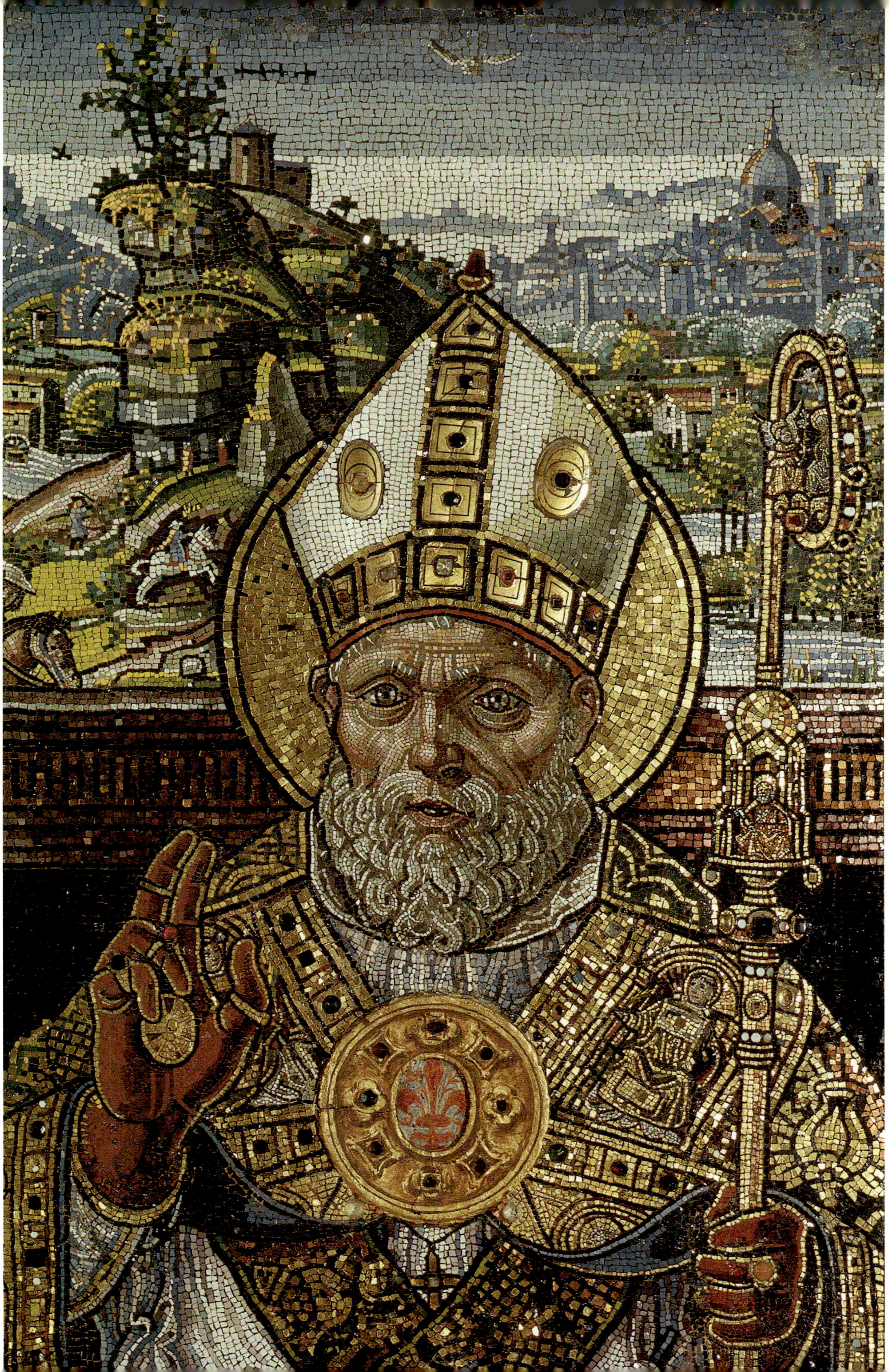

Thema Architektur offener und »vernetzter« abgehandelt und bestanden nicht mehr nur aus formaler Analyse. Vom »Palast« zu sprechen bedeutet demnach, von seiner *Materialität*, von seinem Wesen zu sprechen, das sich aus typischen Teilen zusammensetzt (den Mauern, den Fenstern, den Dächern, den Dachgeschossen, den Fußböden, den Türen, den Treppen, den Dekorationen, den Diensträumen), von denen ein jeder seinen eigenen Verwendungszweck und eine spezifische Bestimmung hat. Von den florentinischen Palästen zu sprechen bedeutet, zwei Begriffe festzulegen, mit denen sich noch die erforderliche Spezifität und somit Wiedererkennbarkeit verbinden läßt: ausgehend vom Übergang der mittelalterlichen Wohnstätte zur Wohnstätte der Frührenaissance, vom »Wohnturm« zur Europäisierung des »Palastes«, die im wesentlichen mit dem 18. Jahrhundert zusammenfällt, das sich dem Klassizismus öffnet und damit die letzten Elemente des Spätbarock hinter sich läßt. Deshalb geht es zuerst um die Typologie des »Wohnturmes«, der das Bild der mittelalterlichen und auch noch der Renaissancestadt beherrschte.
Aber was waren diese »Machtsymbole«, diese Angriffs- und Verteidigungsmittel, die die einflußreicheren Familien neben ihren Palästen und Häusern errichteten? Wie funktionierten diese regelrechten Instrumente der Militärstrategie? Nach dem Verlust ihrer militärischen Funktion wurden viele dieser Türme dem Palast angegliedert, oder sie dienten einfach als Fundamente für Kampanile (wie der von Santa Felicita).
Indes muß man sagen, daß die Wohntürme keineswegs an beliebigen Orten in beliebiger Weise errichtet werden konnten, eine Ansicht, die offenbar unausrottbar ist. *Nil sub solem novum/Nichts Neues unter der Sonne*: Den Kompetenzen der heutigen Gebäudekommissionen entsprachen die der »Ufiziali di Torre«, der Turmbeamten, deren steinernes Wappen, einen zinnengekrönten Turm, man in Florenz auf dem Ponte Vecchio, unter der Loggia del Grano und an verschiedenen anderen Stellen sehen kann. Sie wurden mit den Ufiziali delle vie, ponti e mura, den Beauftragten für Straßen, Brücken und Mauern, zusammengeschlossen und waren für sämtliche Bauvorhaben zuständig.
Die Wohntürme waren Wohnstätten mit ziemlich beschränktem Wohnraum; die Seiten des Wohnturmes waren gewöhnlich zehn bis zwölf Ellen lang (d.h. sechs bis sieben Meter), so daß die Wohnfläche pro Stockwerk – als freier Raum – nie mehr als fünfundzwanzig Quadratmeter betrug (also ungefähr heutige Wohnzimmergröße). Die Raumaufteilung war

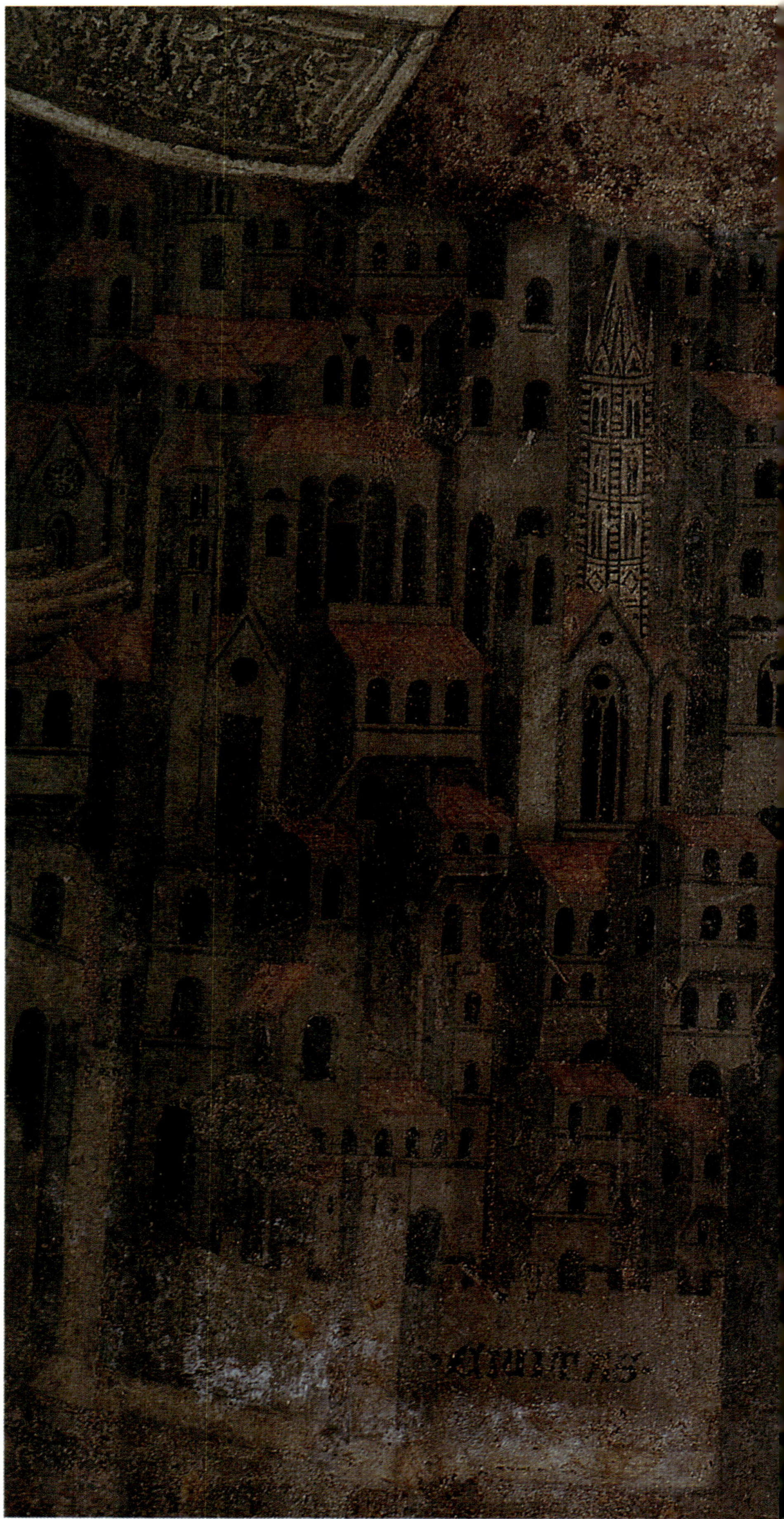

Florenz im Jahr 1352: Detail des Freskos in der Sala del Consiglio del Bigallo, das eine »Madonna della Misericordia« darstellt.

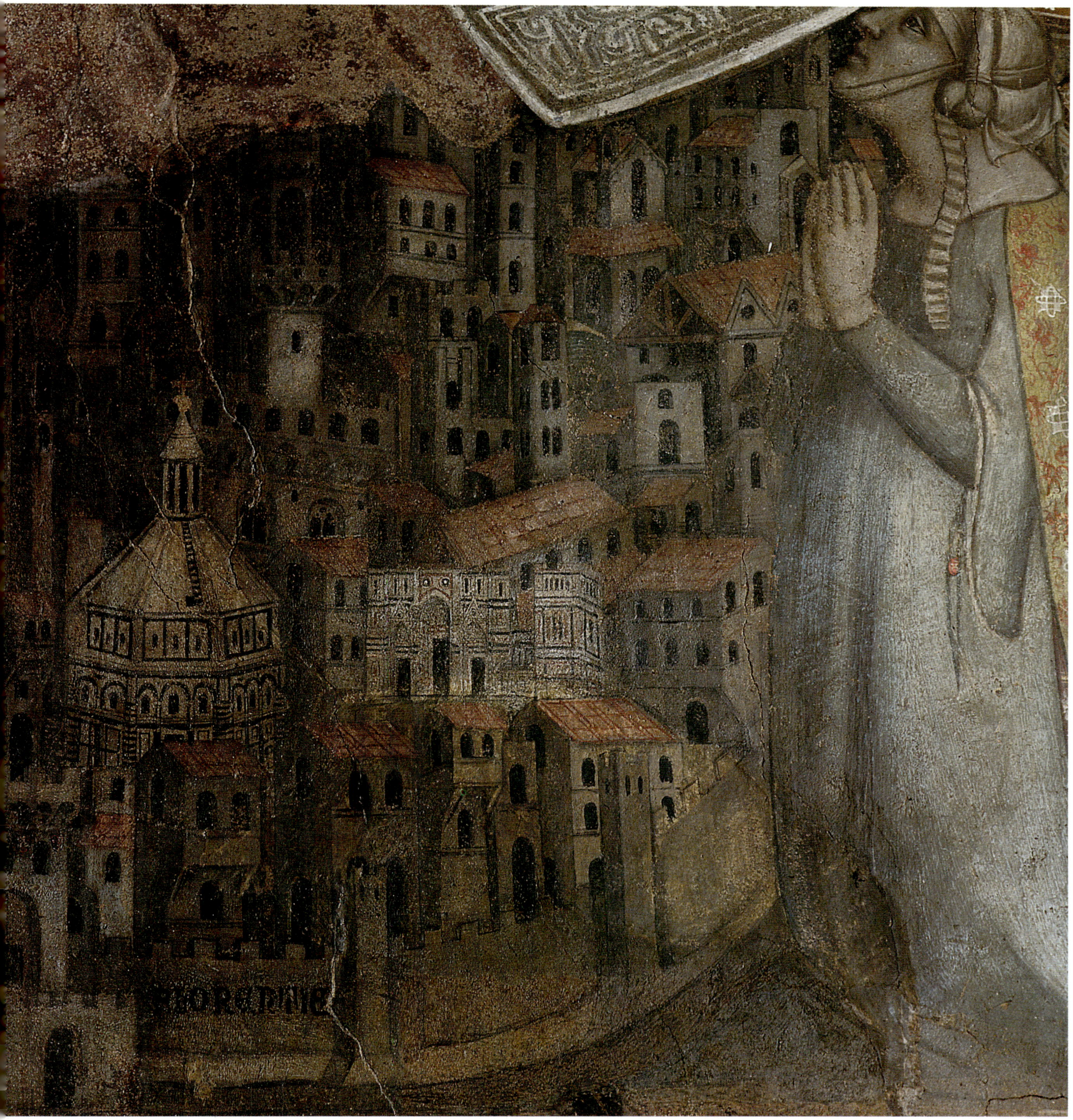

äußerst einfach, und seine persönliche Note erhielt ein Wohnturm vor allem durch die Einrichtung. Im Erdgeschoß befand sich normalerweise ein Laden oder ein Warenlager; in den oberen Stockwerken, die mit einfachen Holztreppen verbunden waren, gab es recht ähnliche Räume für die häuslichen Arbeiten und zum Schlafen. Die Städte Florenz, Rom, Bologna, Lucca, Pisa, Pistoia, Prato, Pavia, Volterra und San Gimigniano hatten die meisten Türme. Wer sich mit Hilfe von Archivunterlagen eingehender mit dem Problem des mittelalterlichen Hauses beschäftigt hat, kann in den uns erhaltenen, bebilderten Erzählungen des 14. und 15. Jahrhunderts Elemente und ikonografische Angaben überprüfen und benennen. Er kann dann bestimmte Bilder von Giotto, den Hintergrund bei Masaccios Darstellungen der Cappella Brancacci, auf Lorenzettis »Buon governo« im Palazzo Pubblico in Siena und auf dem Fresko der »Madonna della misericordia« im Bigallo, ja die gesamte Ikonografie der mittelalterlichen Stadt besser verstehen.
Im ersten Stock des Wohnturmes wohnte im allgemeinen der Hausherr, in den oberen Stockwerken die Familie; Hausangestellte und Untergebene verteilten sich auf die oberen oder umliegenden einfacheren Wohnungen; das war die gebräuchlichste Zweckbestimmung, die aber von Ort zu Ort oder aufgrund anderer Umstände variabel war.
Eine Typologie des Wohnturmes, die man bis in die Frührenaissance nachweisen kann und die weit über die geografischen Grenzen Mittelitaliens hinausgehen wird: Der Palazzo Davanzati (der »palagio dei Davizzi«) ist vielleicht das beste Beispiel für das Weiterleben des Wohnturmes in einem Gebäude des 14. Jahrhunderts und das Gebieterischste, was Schönheit und architektonische Vollkommenheit angeht; aber auch auf der Fassade des Palazzo degli Alessandri (13. Jahrhundert) in Viterbo sind wirklich einzigartige Elemente erhalten, wie die Fenster mit den Bogenstürzen und der große Balkon unterhalb des großen Flachbogens, der fast die ganze Fassade einnimmt.
Der Wohnturm hat eine recht einfache Form. Zwei Pilaster (seltener drei oder vier) mit solider Steinstruktur waren am oberen Ende durch Spitz- und Rundbögen verbunden; die Zwischengeschosse waren mit Architraven aus Stein oder Holz oder Flachbögen aus Backstein abgesetzt: auf diesen ruhten die hölzernen Dachböden und die Zimmerdecken. Die »Türme, die bis in den Himmel ragen« – wie es Rouhault de Fleury auf seinen Exkursionen in die Toskana im 19. Jahrhundert beschrieb – wurden auf ebenen Flächen innerhalb der Stadtmauern erbaut. Aber sehen wir uns die einzelnen Teile genauer an, wobei wir uns auf eines der weiter oben genannten

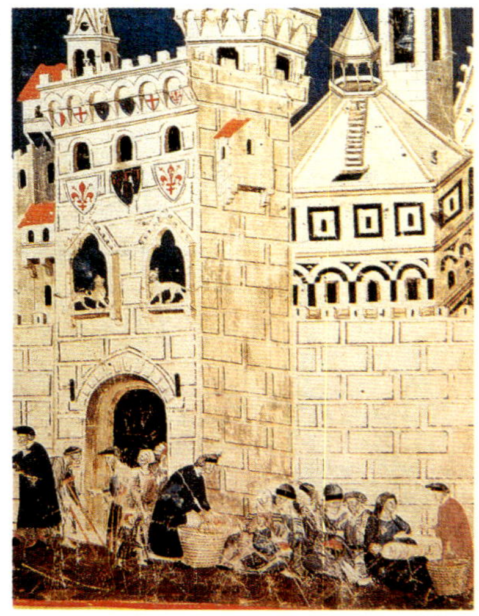

Die aus Siena vertriebenen Armen suchen in Florenz Zuflucht: berühmte Miniatur aus dem sogenannten Biadaiolo-Kodex (14. Jahrhundert).

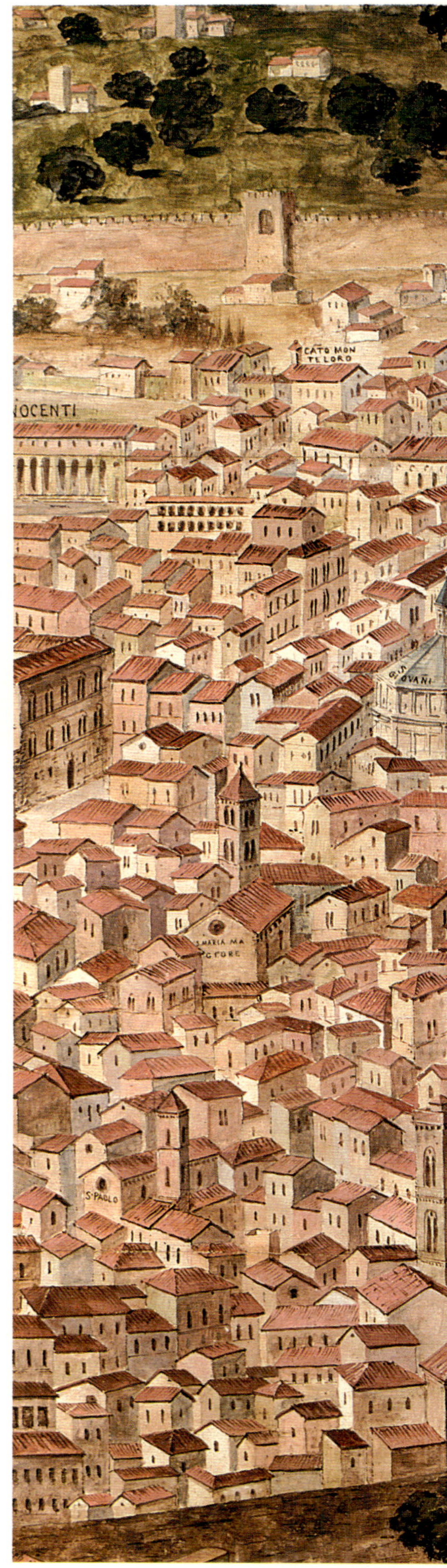

Detail eines Plans aus dem 15. Jahrhundert.

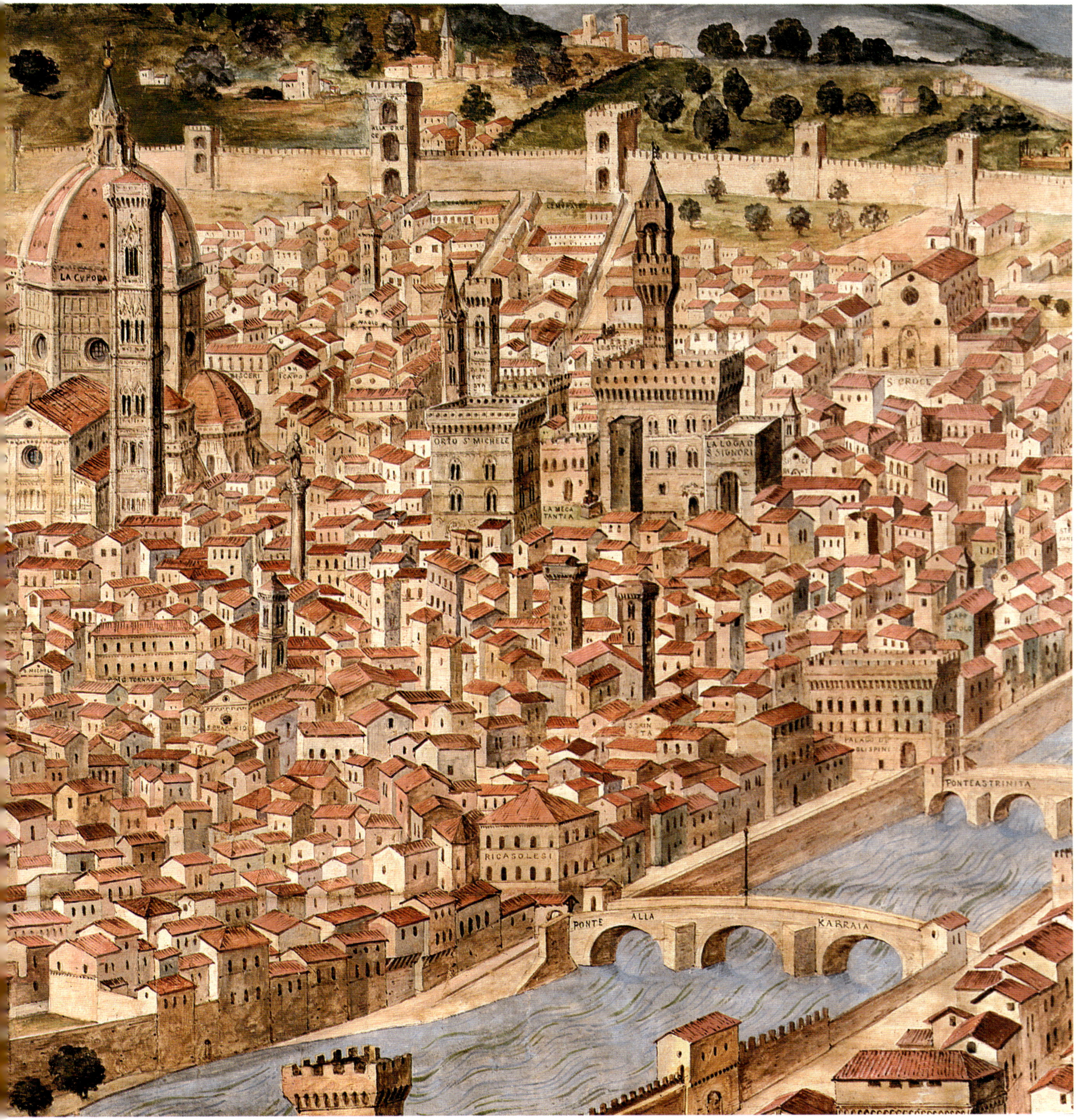
LA CUPOLA
ORTO S. MICHELE
S. CROCE
PONTE ALLA KARRAIA
RICASOLESI
PONTEA S TRINITA

Bilder beziehen. Die Baldachin- oder Satteldächer hatten hölzernes Gebälk, das an der vorkragenden Dachtraufe endete. Dieser von der Straße aus sichtbare Teil schützte nicht nur die Fassade und die Passanten vor Regen, sondern hatte für die Besitzerfamilie fast immer Vorzeige-, wenn nicht Prunkfunktion. Die weit auskragende Dachtraufe ruhte nicht nur auf einfachen oder aus unterschiedlichen Reihen von Unterkonsolen bestehenden Konsolen, sondern auch auf kleinen, schräg gesetzten Balken, die dem Gewicht und den Belastungen durch die Neigung der Dachtraufe standhielten. Die Dachböden waren ebenfalls aus Holz; sie waren nicht unbedingt für den gesamten Grundriß des Hauses von Bedeutung, sondern manchmal nur für einen Teil: so gab es dann die »solai mozzi«, die abgebrochenen Dachböden, die man in Pisa »solaiuoli« und in Florenz »mezzanini« nannte. Manchmal waren die Räume untereinander durch »ballatoi«, Gänge mit Geländer (dem *maenianum* der Römer), und Balkone aus Holz verbunden, die aus den Wänden herausragten und sich auf Steinkonsolen stützten; zwischen den »ballatoi« und den Dachböden verliefen die steinernen oder auch hölzernen Treppen. In den Häusern mit Pilastern, die, wie wir gesehen haben, häufiger anzutreffen waren, öffneten sich manchmal recht elegante, zweibogige Fenster mit einer kleinen Säule genau in der Mitte, auf der zwei kleine Rundbögen ruhten, die den großen Bogen ausfüllten. Allerdings kamen auch drei- und vierbogige Fenster vor (wie im Palazzo Astai in Pisa). Im Erdgeschoß befand sich der Laden (die *apotheca* oder *fundacus*), in den oberen Stockwerken (zwei oder drei Räume je Stockwerk) waren die Wohnräume (der Wohnraum unten, das Schlafzimmer oben), während die Küche meist oben lag, damit der Rauch leicht abziehen konnte; das verringerte auch die Brandgefahr. Die »Sanitäranlagen« bestanden aus dem Ausguß (oder »acquaiolo« im 14. Jahrhundert), der oft in eine Nische im Mauerwerk eingelassen war. Die Abwässer ergossen sich manchmal – je nachdem, wo man sich befand – in die städtischen Senkgruben, manchmal flossen sie durch ein Loch an der Wandaußenseite, wo ein vorkragender Ziegelstein angebracht war, direkt auf die öffentliche Straße. Als dann Latrinen außerhalb der Häuser verboten wurden, brachte man sie an allgemein zugänglichen Stellen an. Oft waren sie von der Küche (dem »cariello«) aus erreichbar; die Abwässer flossen häufig zusammen mit dem Regenwasser aus den Dachtraufen in Abwasserkanäle unter den Häusern. Man kann sich leicht denken, welche Konsequenzen dies für die Anlieger hatte.
Als Materialien wurden Stein, Backstein, Mörtel,

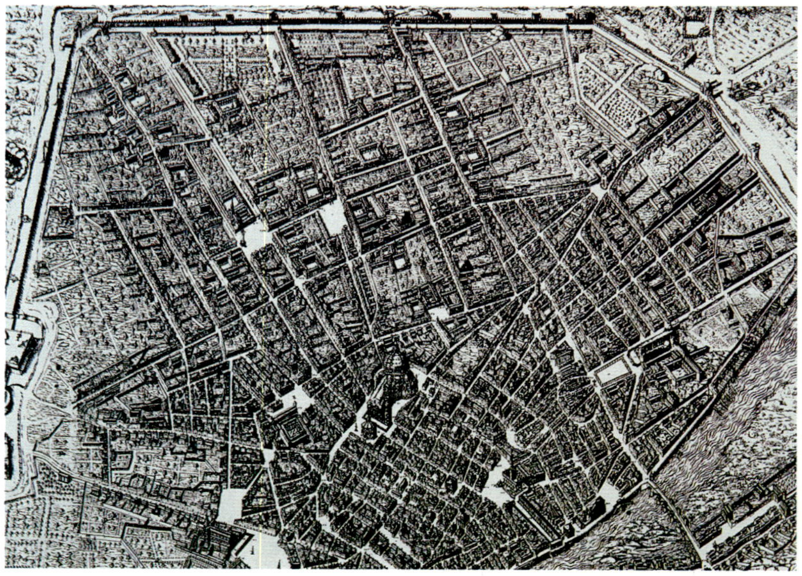

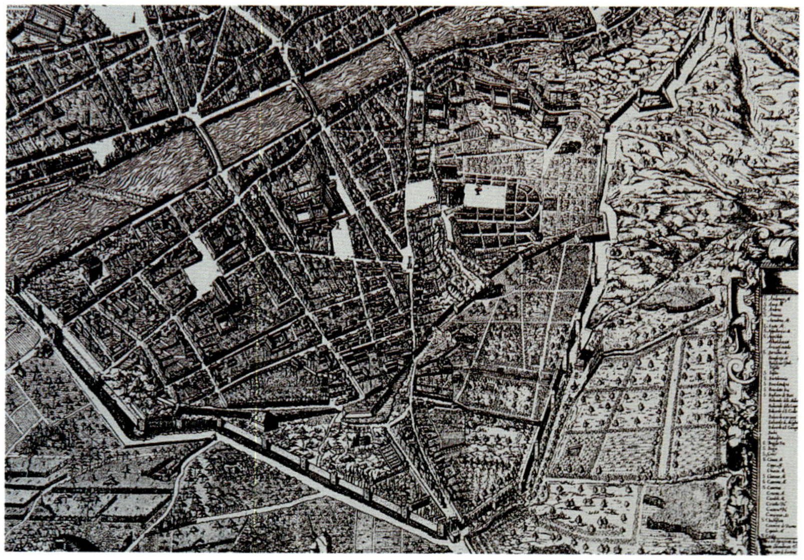

Details aus dem Stadtplan von Florenz von Fra Stefano Bonsignori (16. Jahrhundert), auf dem die schon festgefügte und weitläufige Anlage der Stadt zu erkennen ist.

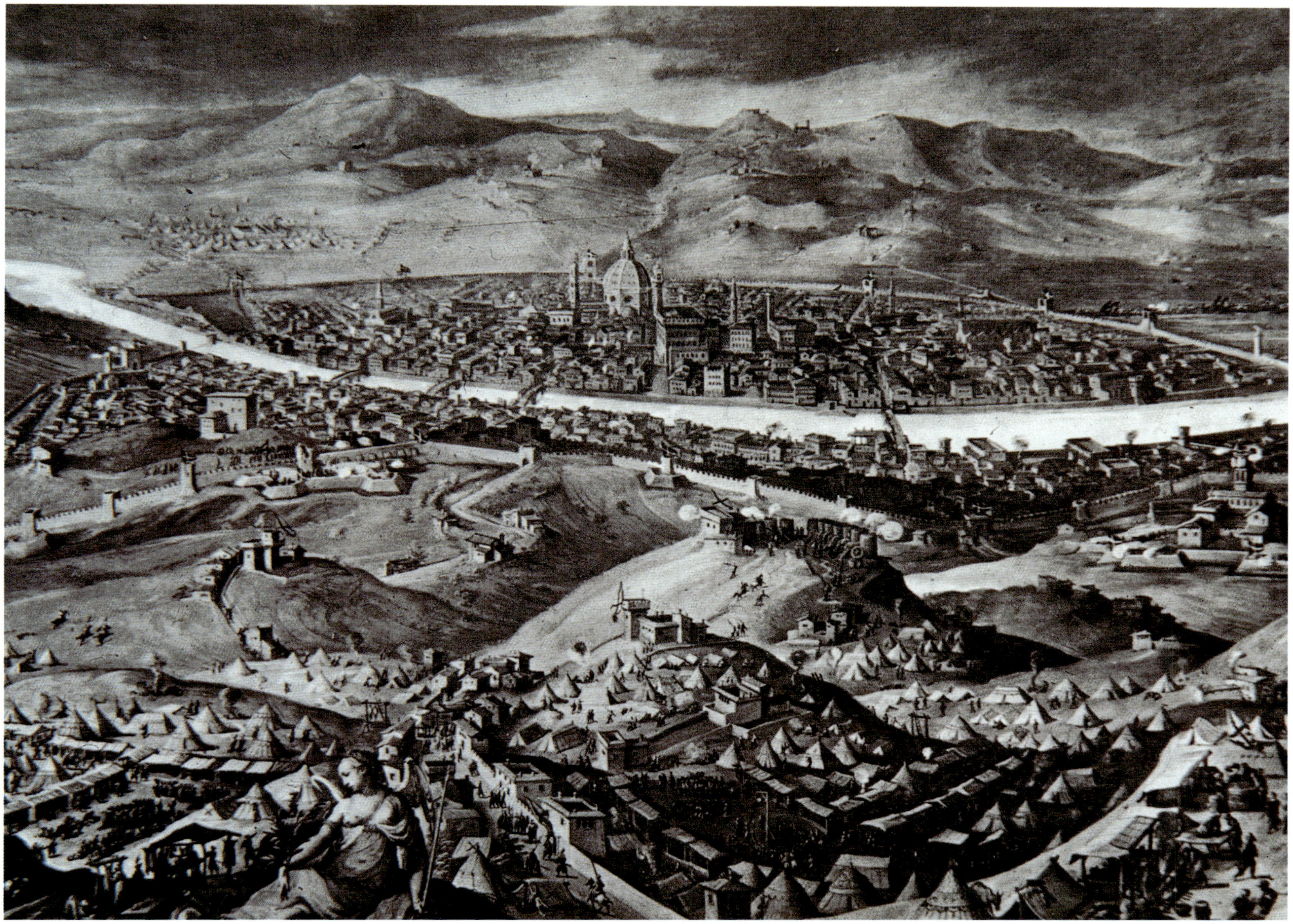

»Die Belagerung von Florenz 1530« (Giorgio Vasari, Sala di Clemente VII, Palazzo Vecchio).

Platten (Schiefer), Holz (Kastanie, Eiche, Tanne, Silberpappel, Ulme), Eisen und Blei verwendet.
Die Einrichtung der Innenräume war sicher nicht weniger beeindruckend. Verzierte und geschnitzte Bänke und Truhen waren die häufigsten Stücke; im Schlafzimmer empfing man Besucher, so daß sich ganz in der Nähe des Bettes Schränke, Geldkästen, Schreine, bemalte Wandbehänge oder Teppiche mit Motiven in orientalischer Manier befanden.
Nur selten waren die Fenster verglast (sehr kostspielig!), während häufiger mit gewachstem oder geöltem Stoff bezogene Fensterrahmen, ansonsten Holzfensterläden Verwendung fanden.
Der Wohnturm hatte die wichtige Funktion, das schwer erreichbare Gleichgewicht zwischen Bürgertum und Politik herzustellen. Jenseits der uns überlieferten Mythologisierungen lebte die Stadt nämlich durchaus mit ständigen Widersprüchen. Die von einer Mauer umgebene Turmstadt hat wiederum ihre eigene Faszination und Realität, wie Brunis Beschreibung des Florenz seines Zeitalters zeigt: »Manche Städte sind so schmutzig, daß jeglicher Unrat, der nachts produziert wurde, morgens vor den Augen der Leute auf die Straße geworfen und dann zertreten wird. Man kann sich nichts Widerlicheres vorstellen. Auch wenn es hier Millionen, wenn es unerschöpfliche Reichtümer, unendliche Vielfalt gibt, möchte ich doch eine so schmutzige Stadt verurteilen und sie niemals mehr in Ansehen halten ...«
Es ist offensichtlich, daß das, was über den Wohnturm gesagt wurde, auch für den Renaissancepalast gilt, dessen neuartige Elemente sich folgendermaßen zusammenfassen lassen:
– Unterschiedliche Gestaltung der Wohnräume, die den Palast von anderen unterscheiden und adeln sollte; die Steinstufen der Treppen sind jetzt alle aus Pietra serena, einem nur in Florenz verwendeten Stein; an den Wänden ist ein Handlauf als Hilfe beim Hoch- und Hinuntergehen angebracht; der Palast hat im allgemeinen ein Tonnengewölbe, das auf einem rundumlaufenden steinernen Gesims ruht; die Gewölbe bilden an ihren Kreuzungspunkten – den Treppenabsätzen – Kreuzgewölbe, die notwendigerweise auf steinernen Konsolen ruhen. Die Stufen haben einen »Rundstab«, der den Auftritt nach vorne verlängert und über die Setzstufe hinausragt, so daß man sicherer auftreten kann.
– Häufigere und systematischere Verwendung des Gewölbes. An die Stelle der hölzernen Kammern zwischen den Geschossen treten große Gewölbe mit »Baldachinen mit Krallen« (die Krallen, das heißt Bögen der Wölbung, sollen sich mit den Bögen über den Fenstern verbinden, damit mehr Licht einfällt beziehungsweise damit man die innen angebrachten Fensterläden davor öffnen kann). Diese Gewölbe ruhen auf Kragsteinen, auf denen – vor allem in den Repräsentationsräumen – die Monogramme der jeweiligen Familie prangen.
– Weit vorkragende Dachtraufen und Gesimse. Die Dachtraufen sind aus Stein (wie beim Palazzo Strozzi) oder aus Holz (Palazzo Corsini Suarez, Via Maggio); in den Feldern zwischen den Konsolen erscheinen auch ausgearbeitete Rosetten, Familienwappen oder -monogramme. Die bemerkenswerten Vorkragungen – besonders die steinernen – werfen neue statische Probleme am

Valerio Spada, »Ansicht von Florenz« (17. Jahrhundert, Eigentum der Cassa di Risparmio di Firenze).

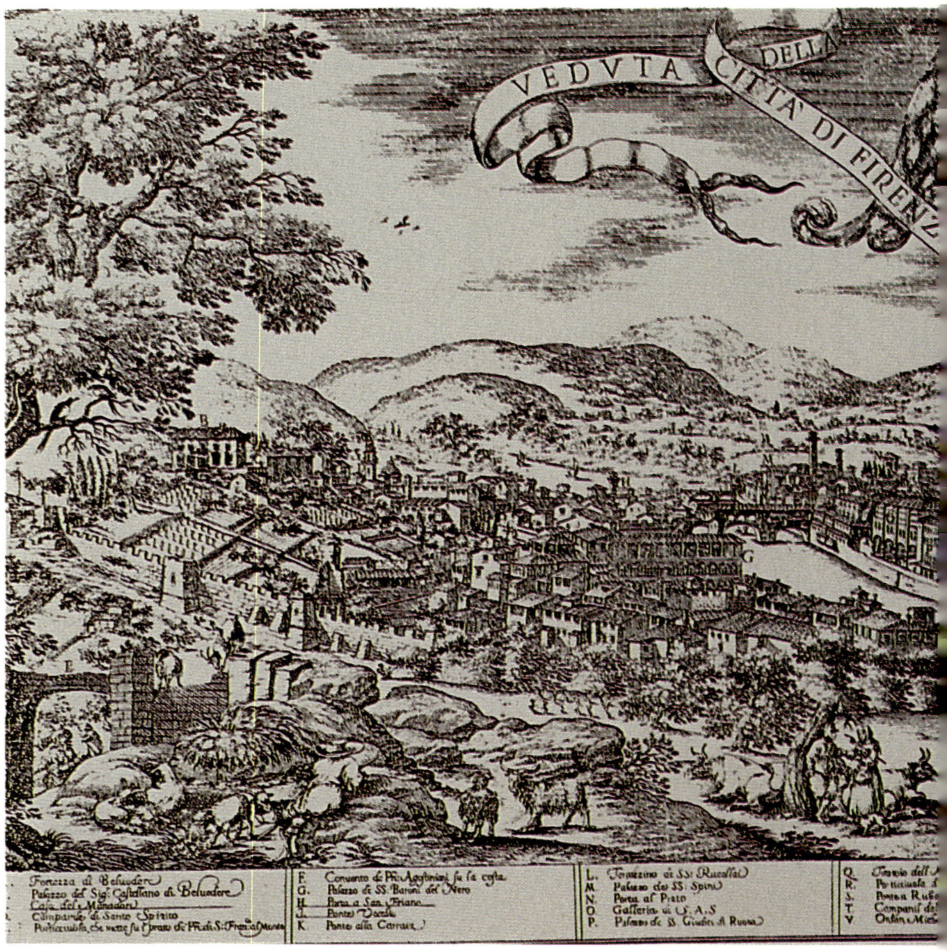

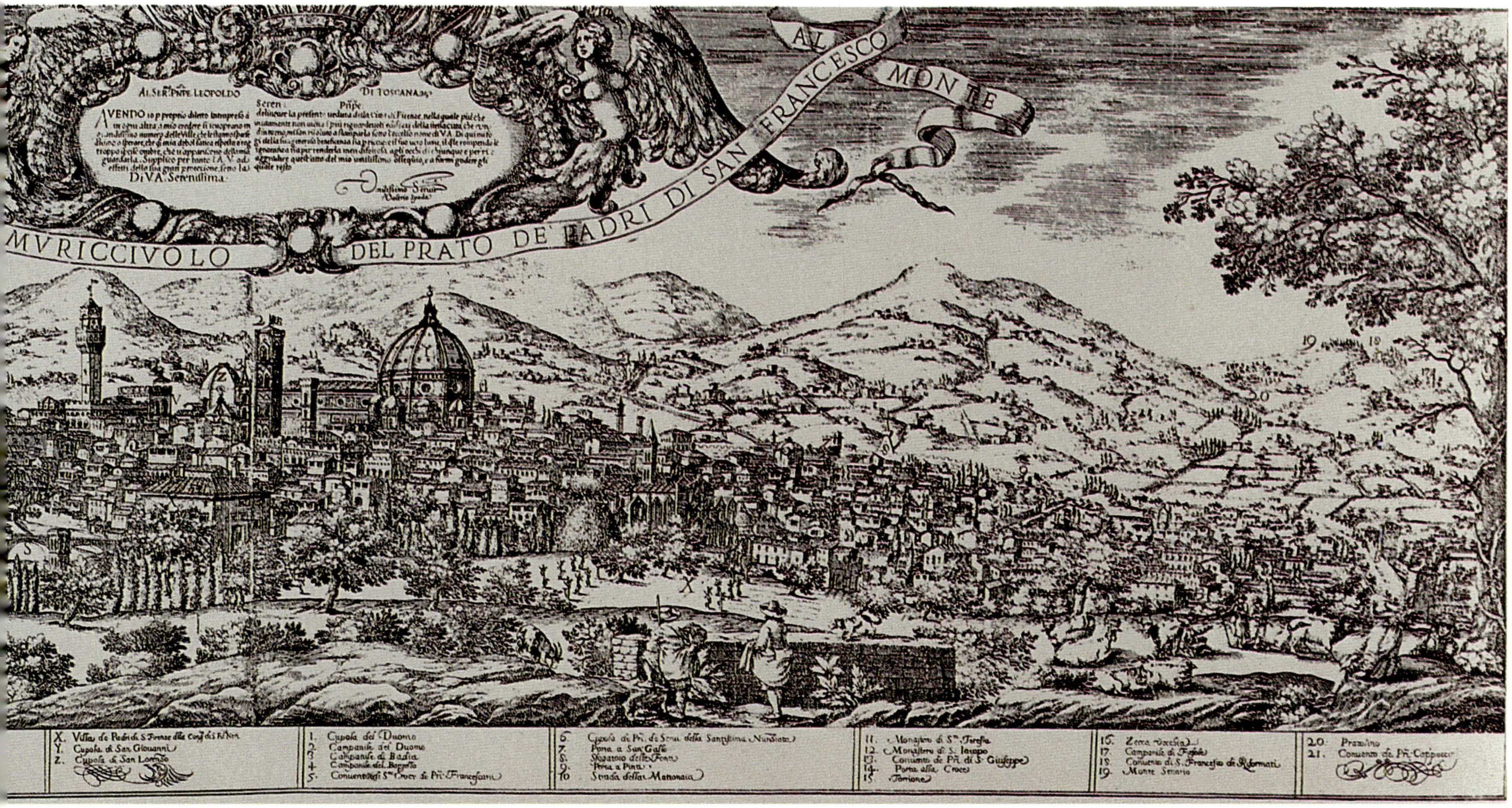

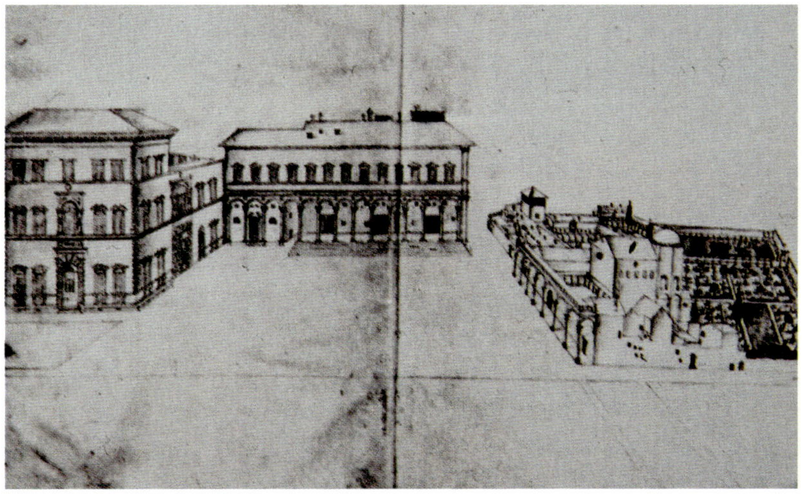

La Santissima Annunziata, der Convento dei Serviti und der Palazzo Budini Gattai mit seinem unvollendeten Teil (Entwurfsskizze aus dem 17. Jahrhundert).

Dach des Gebäudes auf, weshalb man innen »Gewichte« anbringt, um zu verhindern, daß die Dachtraufe das Dach zum Kippen bringt. Typisch ist das Hauptgesims des Palazzo Strozzi, das zu den gewagtesten der Renaissance zählt: es besteht aus Hausteinen aus Pietraforte, einem harten Gestein, und hat auch im Inneren eine Auskragung (eine Art Waage-Effekt), die sowohl vertikal als auch horizontal verzahnt ist. – Im Inneren sind die Wände durchgehend verputzt. Die Türen sind von steinernen Architraven, Friesen und Pfosten umrahmt, auf denen die Familienmonogramme stehen. Ein Brunnen ist stets vorhanden; auf allen Stockwerken finden sich Lichtschächte.

Innen- und Außenräume

In dem 1612 erschienenen »Vocabolario degli Accademici della Crusca« wird mit Palazzo oder »palagio« ein »einzeln stehendes Haus und allgemein jede große Hütte« bezeichnet (meistens mit großem Innenhof). Die Nutzung der Palastinnenräume folgt der Tradition der Übergangsphase vom 14. zum 15. Jahrhundert. Neben dem »riesigen Saal« lag die Küche: in beiden Räumen standen große Kamine mit offensichtlich unterschiedlichen Aufgaben, denn auf dem einen wurden die Mahlzeiten gekocht, und mit dem anderen wurde geheizt. In diesen beiden Zimmern befanden sich immer die Ausgüsse: der des Saales, in dem man sich die Hände vor und nach dem Essen wusch, sah manchmal recht erlesen aus und bestand aus einem Spülstein, der »tinocolo« genannt wurde. Das Wasserreservoir war in der Mauer versteckt.

Ansicht von Florenz vom Convento dei Cappuccini di Montughi aus (Giuseppe Zocchi, 18. Jahrhundert).

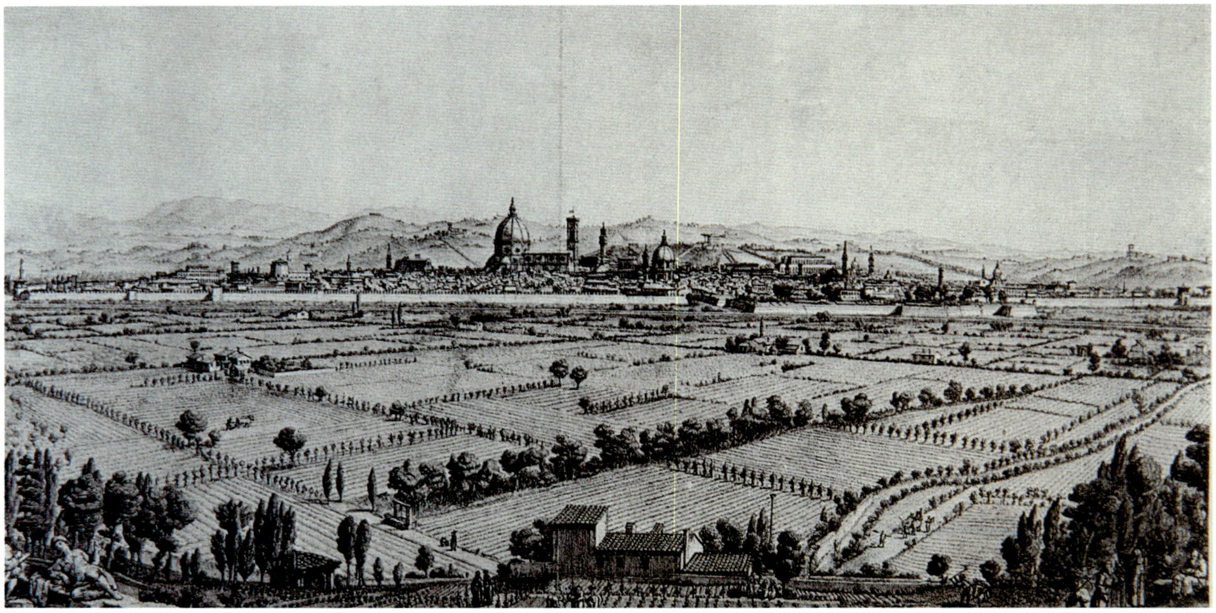

»Morgens – sagt Ser Paolo –, wenn du aufstehst, wasch dir die Hände und das Gesicht, bevor du das Haus verläßt; und genauso wenn du dich zu Tisch setzt, zum Mittagessen oder zur Vesper oder zum Abendessen, wasch dir immer vorher die Hände. Genauso, wenn du nach dem Mittagessen, der Vesper oder dem Abendbrot vom Tisch aufstehst, wasche dir die Hände, das Gesicht und putze die Zähne: und auch ist es ein schöner Brauch« (Villani). Neben dem Ausguß, oft in einer Mauernische, waren Holzregale eingelassen, auf die man Gläser, Wasserkrüge und anderes stellte, während von der

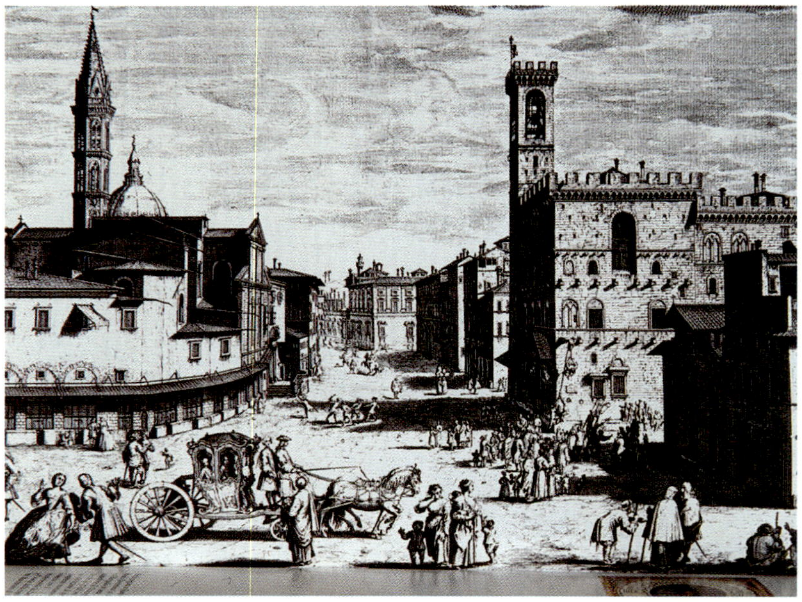

Der Bargello, im Hintergrund der Palazzo Nonfinito (Giuseppe Zocchi, 18. Jahrhundert).

Ansicht der Piazzetta Antinori, im Hintergrund der gleichnamige Palast (Giuseppe Zocchi, 18. Jahrhundert).

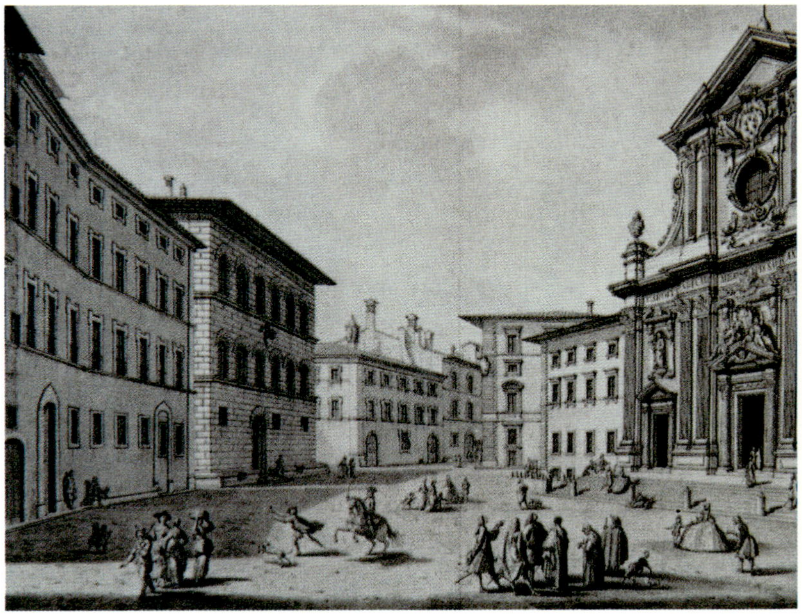

Die Piazza di Santa Trinita mit den Palazzi Feroni und Bartolini Salimbeni (Giuseppe Zocchi, 18. Jahrhundert).

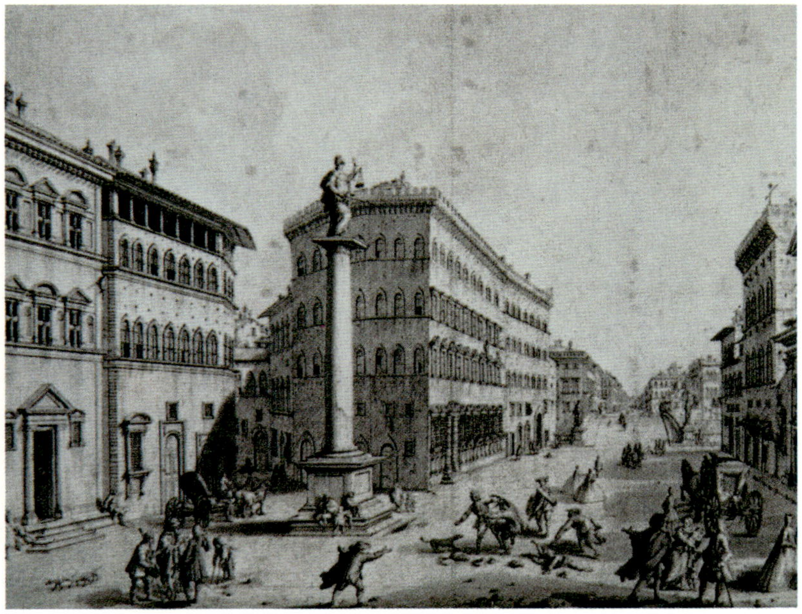

Unten:
Das Amphitheater des Palazzo Pitti auf einer Druckgraphik aus dem 18. Jahrhundert.

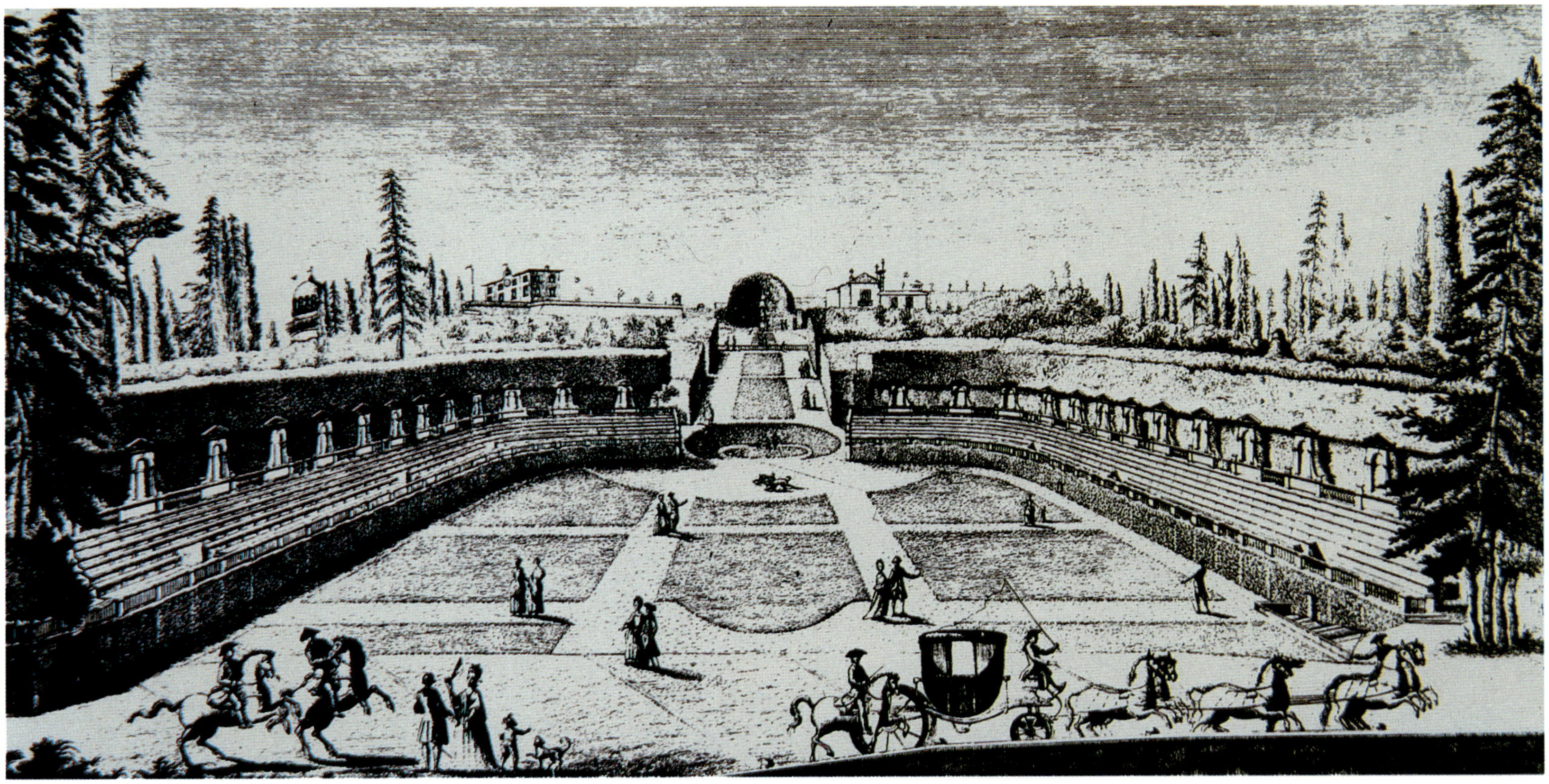

Wand »invoglie«, eine Art Trockenhandschuh, oder »bandinelle«, lange, an den Enden zusammengerollte Handtücher, zum Händetrocknen hingen. Der Fußboden war in den durchschnittlicheren Häusern mit Backstein, Stücken aus glasierter Terrakotta oder – aber das gab es nur in ganz wenigen Häusern – Marmormosaiken ausgelegt.
Im Saal standen Bänke und Truhen, letztere waren manchmal mit Malerei oder Schnitzwerk von unterschiedlicher Thematik verziert. Truhen gab es häufig, weil jede Jungvermählte in das Haus ihres Ehemannes eine, manchmal zwei mitbrachte, in denen sich die Brautaussteuer befand. Auf sehr einfach gebaute Bänke legte man der Bequemlichkeit halber bei Familientreffen und ähnlichen Gelegenheiten Decken in lebhaften Farben, die sogenannten »pancali«.
Die wenigen existierenden Tische hatten eine elementare Form – eine Platte aus Zypressenholzbrettern auf einfachen Stützen – und gehörten nicht zur ständigen Einrichtung, weil sie nur zu den Mahlzeiten benutzt wurden. Danach wurden sie zerlegt und weggestellt.
Als Sitzgelegenheiten dienten wertvolle, seltene Stücke, daneben standen oft kleine Klapptische, die man von einem Zimmer ins andere tragen konnte. Das Tischgeschirr entspricht ungefähr dem heutigen Geschirr.
Zum Essen benutzte man Löffel, Messer und Gabel, deren Gebrauch auf das Ende des 13. Jahrhunderts zurückgeht und im 14. Jahrhundert weit verbreitet wurde. Material und Form dieser Utensilien variierten je nach den finanziellen Möglichkeiten der Palastherren. Man fertigte sogar Löffel, Gabeln

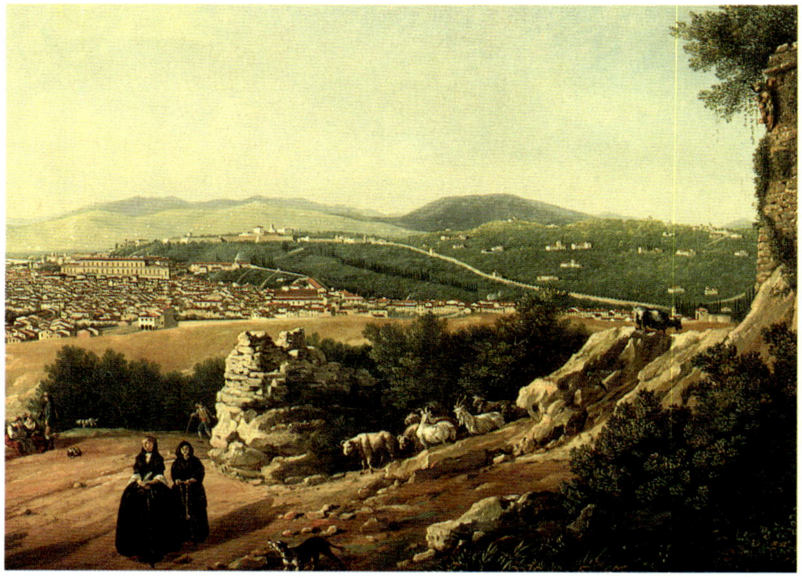

und Messer aus Bergkristall, Silber und Gold an. Die Messergriffe aus Holz und Elfenbein waren manchmal kunstvoll verziert. Teller, Schüsseln, Becher und Krüge waren meistens aus Terrakotta, wurden aber sehr schnell durch solche aus bearbeitetem, manchmal emailliertem Silber ersetzt. Das Schlafzimmer war häufig auch der Empfangsraum, in dem man sich aufhielt, wenn Freunde und offizielle Besuche kamen. Auch Bonifaz VIII. empfing im Jahr 1300 die Botschafter einiger Städte, darunter die von Florenz, in seinem Schlafgemach.
Außer dem Bett gab es die in einem Haus des 14. Jahrhunderts üblichen Einrichtungsgegenstände: Geldkästen, Schränke, einen Fußschemel, Truhen für Kleidungsstücke, Wäsche und andere Gegenstände. Das Bett konnte unterschiedliche Form haben, war aber meistens von einem Vorhang aus wertvollen Stoffen wie Seide oder Leinen umgeben; in diesem Fall nannte man das Bett »camera«, weil der Vorhang eine Art Alkoven bildete.
Die feiner gearbeiteten Bettdecken waren vorwiegend aus Seide mit Applikationen. Die Betten hatten manchmal an Stelle des Wandbehangs (am Kopfende) eine Holzverzierung. Es gab wenige, einfach gebaute Möbel im Haus: einzigartig ist die Tatsache, daß genaue Vorschriften der betreffenden Zünfte existierten, die die Herstellung von Möbeln streng regelten und die ihre Breite, Größe, die Art des zu verwendenden Holzes und auch die Bauweise vorschrieben.
Schon ab dem 14. Jahrhundert war es allgemein Brauch,

Thomas Patch, »Ansicht von Florenz« (1776, Eigentum der Cassa di Risparmio di Firenze).

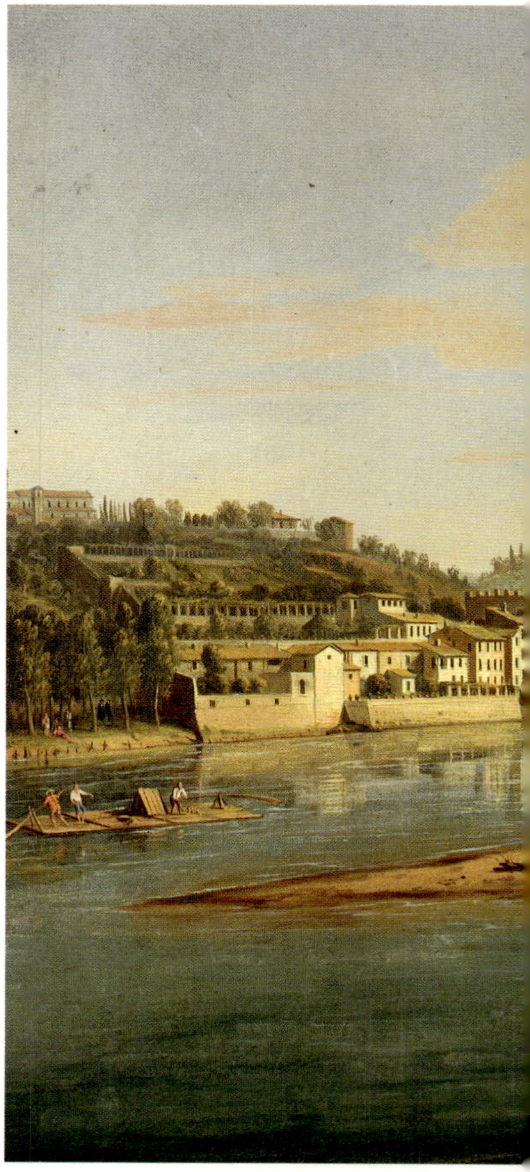

Caspar Van Wittel, »Florenz von der Mühle di San Niccolò« (18. Jahrhundert, Eigentum der Cassa di Risparmio di Firenze).

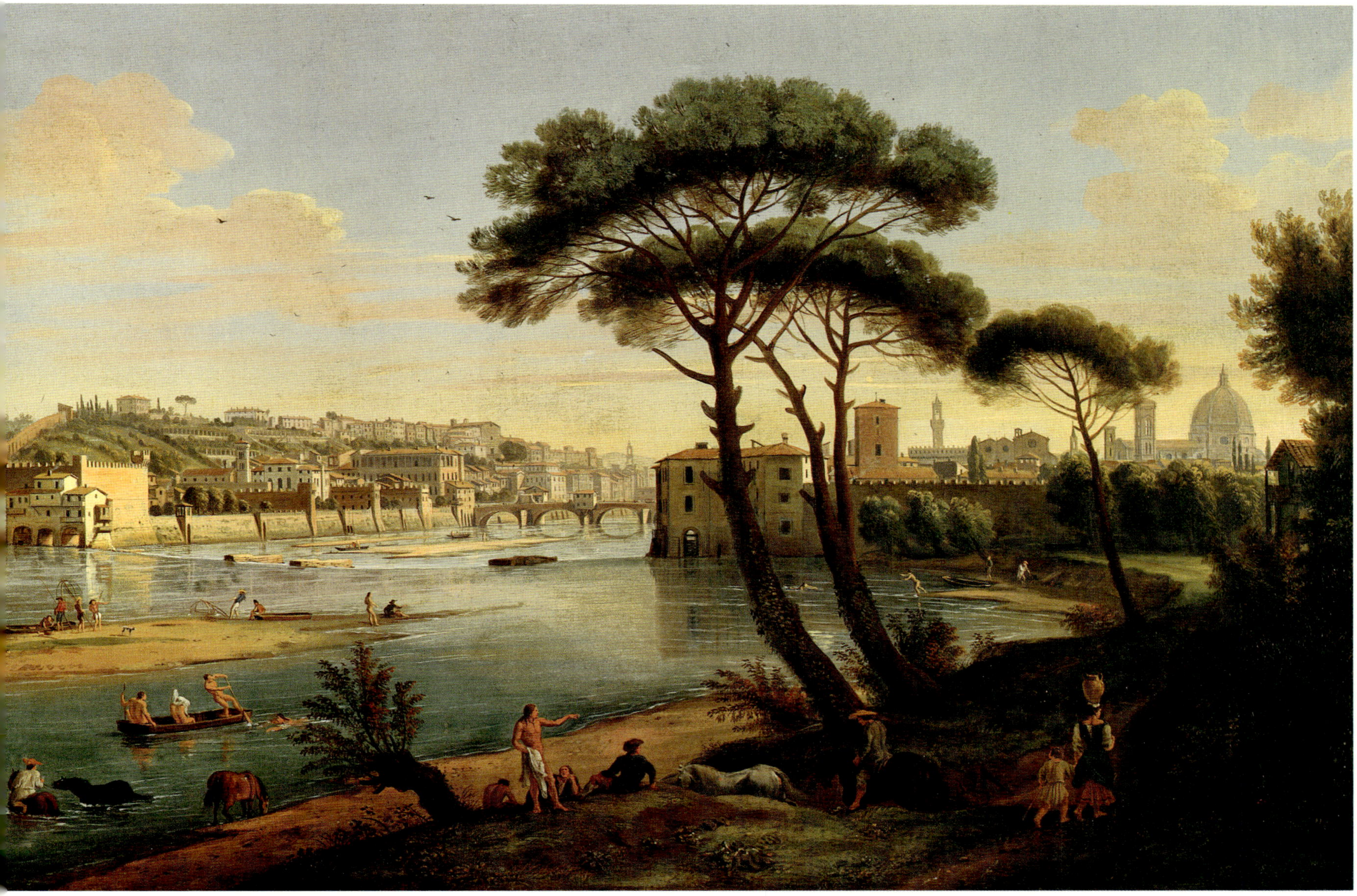

in den Zimmern Bildtafeln mit religiösen Motiven aufzuhängen; bemalte Holzstatuen, die vor allem die Jungfrau Maria darstellten, gehörten zur Einrichtung, auch wenn sie, wie die Bildtafeln, gleichzeitig Objekte der Verehrung waren.
Auch die Einrichtung der Häuser (des 14. Jahrhunderts) konnte man mit Tapeten aufwerten, mit denen man die Zimmer anläßlich von Hochzeiten oder anderen wichtigen Ereignissen schmückte. In diesen Fällen wurden die Wände mit Draps behängt, die auch »capoletti« hießen, wie die folgende Notiz von Villani bestätigt, der im Zusammenhang mit einem Bankett erzählt, daß »der Hof mit sehr edlen französischen Capoletti beliefert« wurde. Die Bezeichnung »capoletto« leitet sich von dem ursprünglichen Gebrauch ab, der Verwendung als Kopfteil. Die »capoletti« waren teilweise aus Seide oder häufiger aus französischem Serge, der oft von Malern bemalt wurde, die sich »sargiali« nannten. Einige dieser »capoletti«, wie die mit den Geschlechterwappen und geometrischen Zeichnungen verzierten, bedeckten die Bänke, darüber hingen andere wie Kopfteile von der Wand herab.
Die Kreuzzüge hatten den Gebrauch von orientalischen Teppichen, besonders wollenen, verbreitet; daher gab es die blühendsten Manufakturen in Frankreich, wo *tapis sarrassinois* gewebt wurden, das heißt Teppiche mit sarazenischen Motiven in orientalischer Manier. Aus Frankreich gelangten diese nach Florenz und wurden überwiegend als Abdeckung von Möbeln, wie Geldschränken und Betten, verwendet.
Außerdem konnte man, als die »verborgenen Schätze der florentinischen Häuser« ausgestellt wurden, leicht feststellen, daß es sich bei diesen Schätzen um »meisterhafte Gemälde, Skulpturen wie von Fleisch und Blut und Möbel handelte, die von den zarten Händen der Zeit gestreichelt worden waren, um massive und feingearbeitete Bronzen, Silberobjekte in wunderbarer Ziselierarbeit, Majoliken, in denen sich das weise Feuer des Handwerksofens widerspiegelt, um fürstliches Tischporzellan, eiserne Rüstungen, abgetretene Teppiche, in deren Schußfäden noch die wundersame Farbgebung einer Epoche erhalten ist, und um seltene Bücher, deren vergoldete Worte das Vorwort für eine Welt bilden, die aus Märchen, Elfenbein, Stoff, Email, Jade geschaffen scheint ...« (Giorgio Batini).

Der Stein, aus dem Florenz gebaut ist

Wir müssen noch über die Materialien der Mauern und insbesondere der Fassaden sprechen, bei denen es sich im wesentlichen um zwei Arten von Gestein handelt, das auch auf Florentiner Boden abgebaut wurde:
– die *Pietraforte*, deren Verwendung im Mittelalter sehr verbreitet war, bleibt den großen Bauten (Palazzo Pitti, Strozzi, Medici, Antinori) vorbehalten;
– die *Pietra serena*, zu deren weiterer Verbreitung der Baumeister Brunellesschi beitrug und aus der feingearbeitete Gesimse, Kapitelle, Sockel und Friese gemacht werden.
Als erster befaßte sich Francesco Rodolico mit der Rolle, der Herkunft und der Verwendung dieser beiden Gesteinsarten. In seiner grundlegenden Arbeit *Le pietre della città d'Italia* schreibt er: »An den ›wehrhaften‹ Palästen der Renaissance kann man die Entwicklung der mittelalterlichen Architektur in Florenz ablesen, und sie sind eindeutig durch das Bossenwerk aus Pietraforte gekennzeichnet; es sind ›die herrlichen Bauten aus Kragsteinen‹, die Vasari bewunderte; ›wie die Casa Medici, die Fassade des Palazzo der Pitti, der Strozzi und unzähliger anderer.‹ Und derselbe Architekt fügt hinzu: ›Je gediegener und einfacher diese Art von Gebäuden nach einem guten Entwurf gebaut werden, desto erhabener und schöner sind sie innen; diese Art Gebäude muß unvergänglicher und dauerhafter sein als alle anderen, weil die Steinquader größer und die Fugen viel dichter sind, wo sich das ganze Gebäude Stein an Stein zusammenfügt. Und weil sie aus geglätteten, kräftigen Baugliedern beste-

Giovanni Signorini, »Blick vom Ponte Vecchio Richtung Ponte alle Grazie« (1844, Eigentum der Cassa di Risparmio di Firenze).

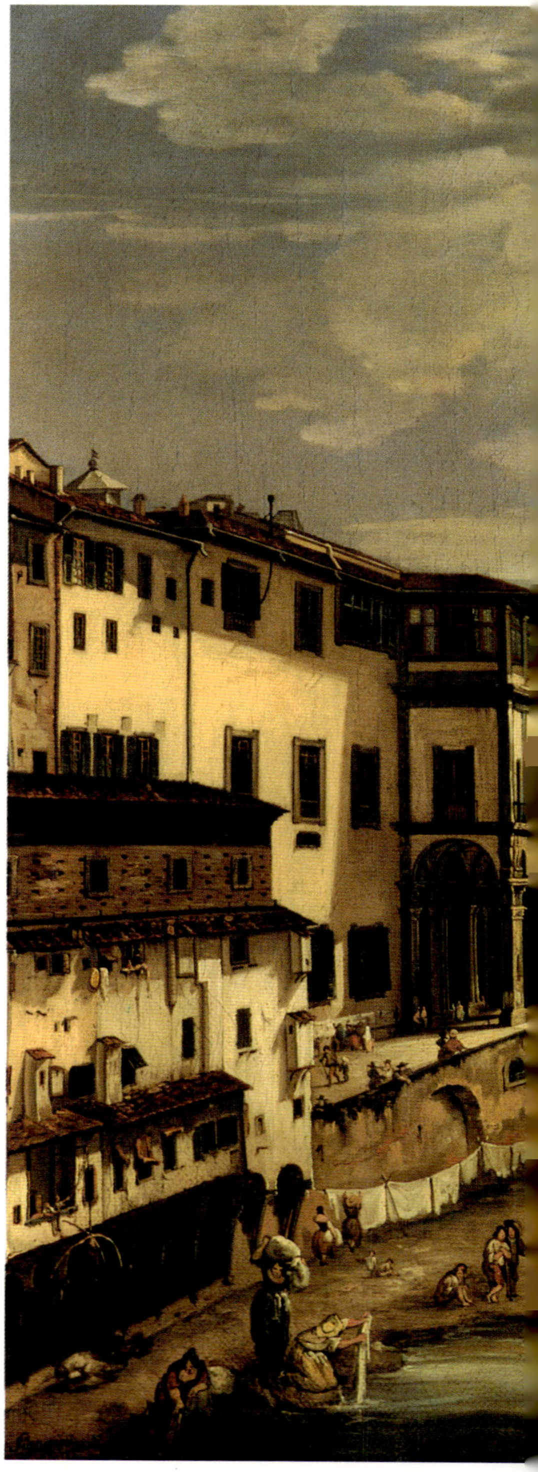

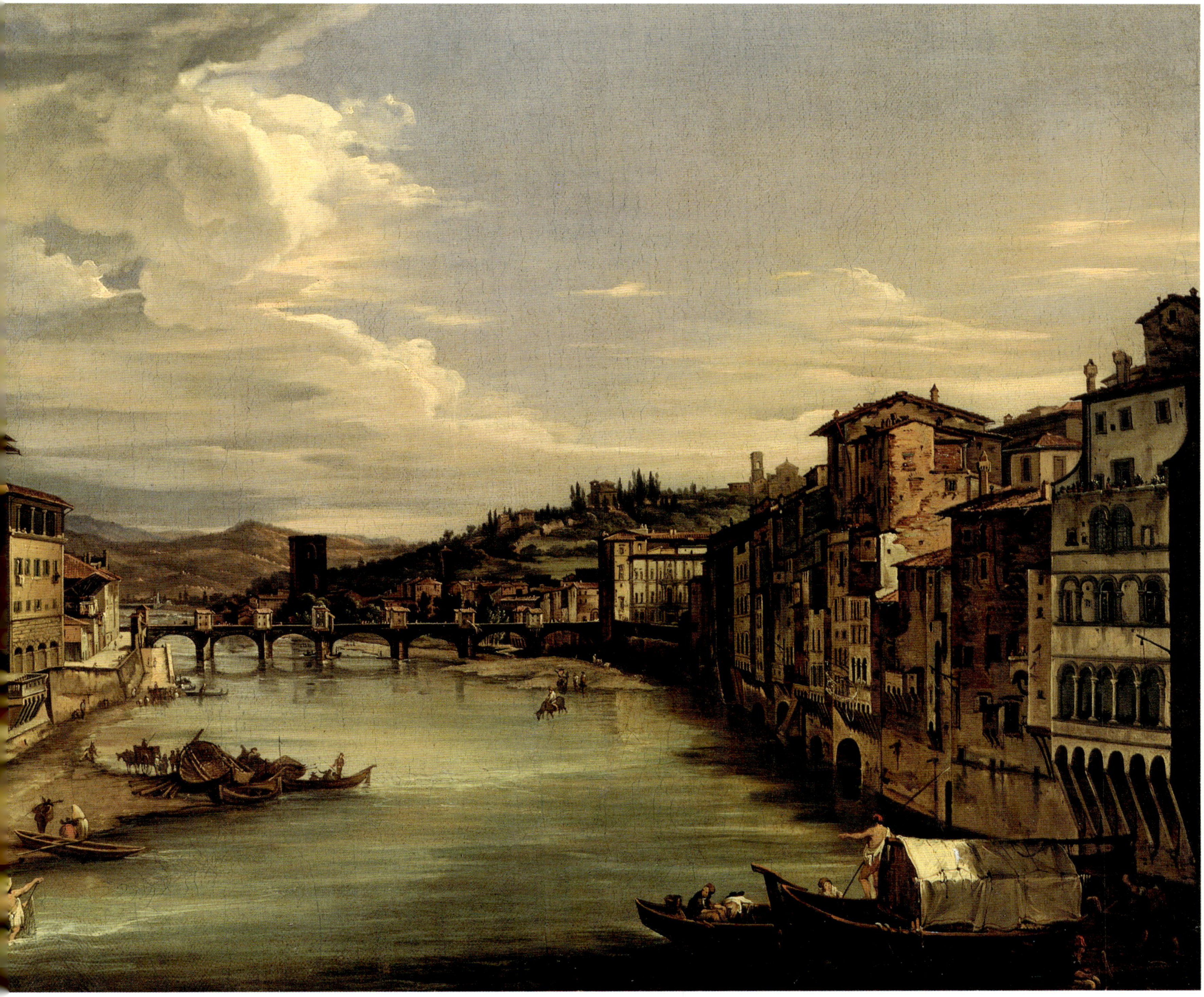

hen, können Unglücksfälle oder Unwetter sie nicht so schwer beschädigen, wie es bei geschnittenen und durchbrochenen Steinen der Fall ist, die, wie es bei uns heißt, von den Steinschneidern so sorgfältig ausgeführt wurden, daß sie in der Luft hängen.‹ Unverwüstlich ist die Kraft des sich abflachenden Bossenwerks des Palazzo Strozzi, des Palazzo Pitti, die ganz aus Stein bestehen. Dieser wurde an Ort und Stelle, auf dem rückwärtigen Boboli-Hügel, abgebaut (genau da, wo der Palast entstand, war ein Steinbruch). Unbeschreiblich malerisch wirkt der Palazzo Medici durch die unterschiedlich bearbeitete Pietraforte, wo auf das grobe Bossenwerk im Erdgeschoß nach oben hin das flache Bossenwerk und schließlich die glatte Wandverkleidung folgen. An diesen Fassaden gibt es manche seltenen Quader mit einer außergewöhnlichen Länge von vier bis acht Metern.
Mehr noch als jene Quader im unteren Teil des Palazzo Pitti, die aus den mittlerweile geschlossenen Steinbrüchen stammen, überrascht der enorme Kragstein, der auf das Portal zur Via de' Tornabuoni des Palazzo Strozzi gehievt wurde: für seinen Transport und seine Herstellung wurde den Arbeitern eine Extrabelohnung und ein Mittagessen geboten.
Fuhrleute karrten das Gestein unentwegt von den Steinbrüchen zu den Gebäuden; in der Zeit vom 28. November 1495 bis zum 24. März 1497 wurden den Erbauern des Palazzo Strozzi fast 1200 Fuhren Pietraforte aus den Steinbrüchen von Boboli und Marignolle geliefert.
Ganz aus Pietraforte, aber völlig anders mit ihrer neuen Aufteilung in Lisenen ist die Fassade des Palazzo Rucellai von Leon Battista Alberti; die dekorativen Bandgesimse aus demselben Stein wurden mit Hilfe diamantenbesetzter Schleifsteine geschliffen.
Neben dem ›wehrhaften‹ Palast war bereits der Palazzo ›fiorito‹ entstanden, der blumengeschmückte Palast, überwiegend mit verputztem Mauerwerk. Ich nenne nur ein charakteristisches Beispiel: den Palazzo Quaratesi, unten aus grobem Bossenwerk, oben mit Verputz, der von der anmutigen, feinen, aber ziemlich beschädigten Steindekoration rund um die Fenster unterbrochen wird.«

Über die Verwendung der Bausteine an den Monumentalgebäuden von Florenz führt Rodolico an: »Etwa vom Jahr 1500 an wurden so gut wie alle Steine verwendet, von denen wir gesprochen haben. Ganz aus Pietraforte gebaut sind zwei Meisterwerke des 16. Jahrhunderts: der Innenhof des Palazzo Pitti und der Ponte a Santa Trinita. In beiden Fällen stammte das Gestein aus dem Steinbruch im Boboli-Garten, der für einige Jahre wiedereröffnet wurde, damit man dort das für den Wiederaufbau der Brücke notwendige Gestein abbauen konnte. Aus Pietraforte sind viele Fassaden von Barockkirchen, von San Gaetano bis Santa Trinita, mit Ausnahme der Fassade von Ognissanti, die aus Pietra serena bestand, bevor sie im 19. Jahrhundert aus Travertin erneuert wurde.

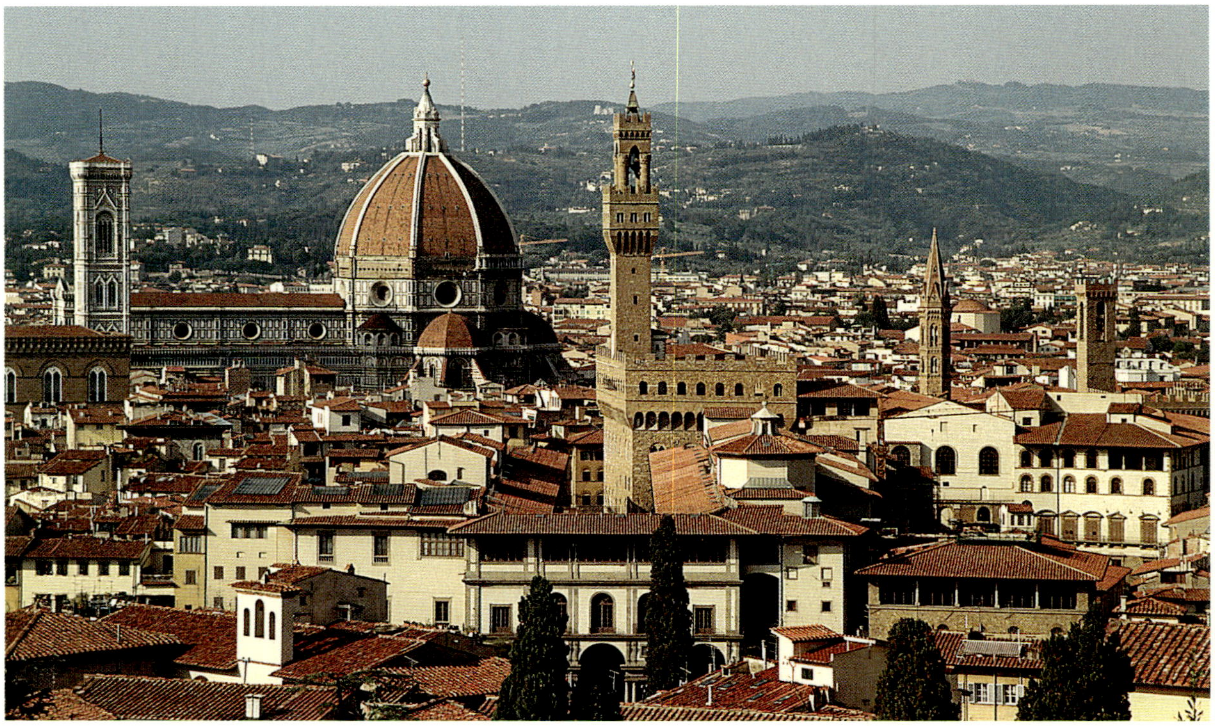

Florenz mit Santa Maria del Fiore, Palazzo Vecchio, den Uffizien und den Türmen des Bargello und der Badia.

Noch ein Blick auf das Stadtzentrum, vom Bellosguardo-Hügel aus.

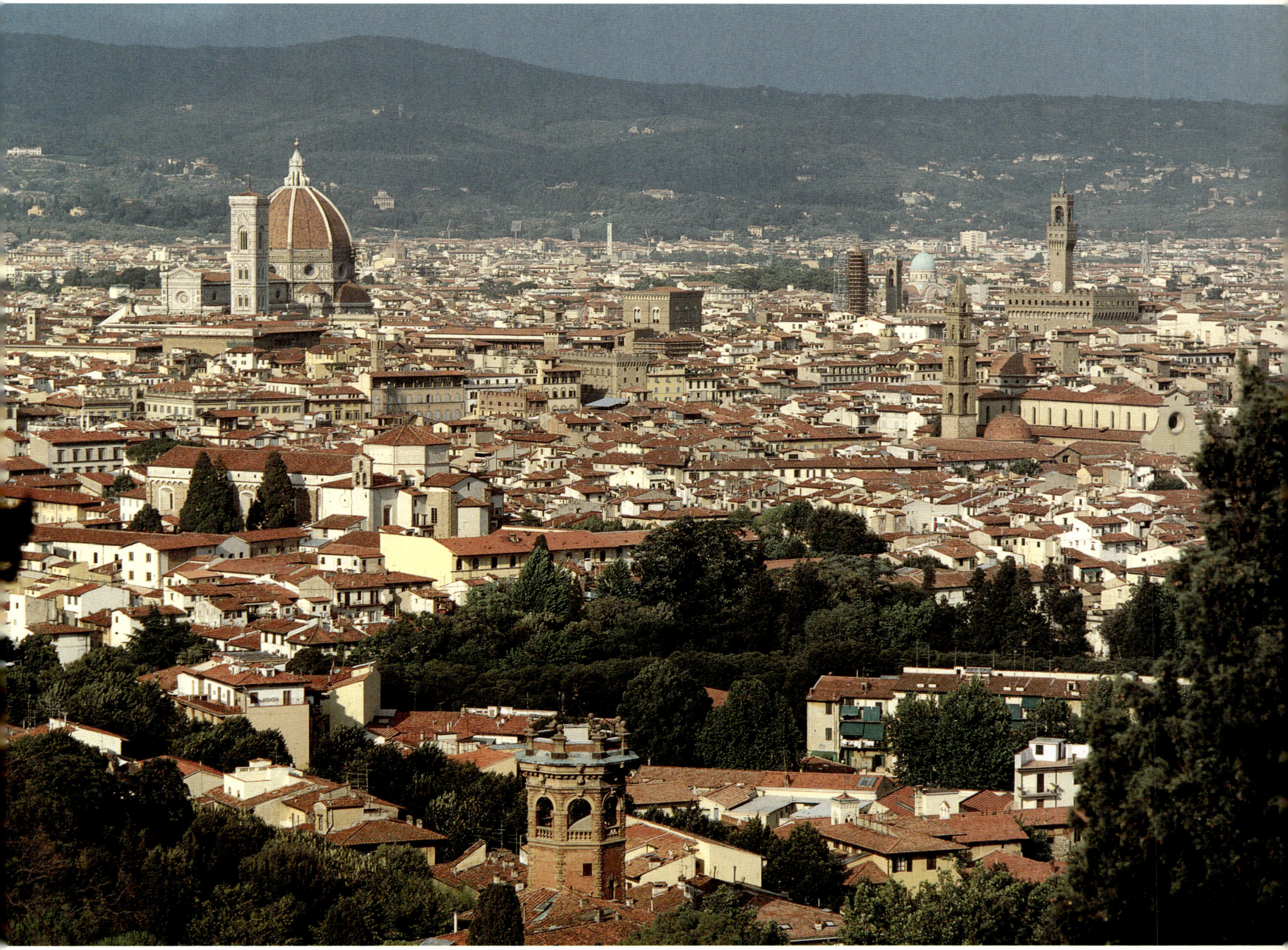

Oft wurden die verschiedenen Gesteinsarten zusammen am gleichen Gebäude verwendet: an der Loggia des Mercato Nuovo sind die Säulen aus Pietra serena fest von Pilastern aus Pietraforte eingefaßt. Beim Palazzo Bartolini Salimbeni (1529) besteht die Fassade an der Piazza Santa Trinita aus Pietraforte, die an der Via Porta Rossa aus *Pietra bigia*, mit Ausnahme der Motive auf der sehr geschmackvollen Tür, auf der das Motto *per non dormire* steht: sie sind aus Pietraforte. Eine gewisse Vorliebe für die Pietra serena läßt sich im 19. Jahrhundert beobachten, angefangen bei der neoklassischen Architektur Pocciantis bis zur klassizistischen Poggis, und dies um so entschiedener, je mehr man sich auf die Tradition Brunelleschis beruft.
So schaffen die so unterschiedlichen Steine, die Florenz vom anderen Arno-Ufer holte und die es jahrhundertelang oft bei größeren und kleineren Bauten verwendete, die heutige glückliche uneinige Einigkeit, die soviel kostbare Schönheit hervorruft.«

Die reife Entwicklungsstufe. Veränderungen und Vervollkommnungen

In der erwähnten Arbeit von Ginori Lisci ist immer wieder vom Bau der Paläste die Rede, der mit fortschreitendem wirtschaftlichen Erfolg der Kaufleute und seiner inneren Dynamik erklärt wird; derselbe Autor hebt die sieben berühmtesten Paläste hervor: die Palazzi der Medici, der Rucellai, der Pitti, der Pazzi, der Antinori, der Strozzi und der Gondi; deren Entstehungszeit läßt sich – zumindest, was die wichtigsten Bauwerke betrifft – auf die Zeit zwischen 1440 und 1500, das heißt in die zweite Hälfte des 15. Jahrhunderts datieren, das auf dem Gebiet der Baukunst in den Werken von Brunelleschi, Alberti und Michelozzo, später dann von Giuliano da Maiano, Giuliano da Sangallo und Simone del Pollaiolo, genannt Cronaca, Neuerungen erlebte. Entsprechend dieser neuen Typologie findet das Verhältnis von Innen und Außen, wie sich schon an den »Übergangspalästen« mit ihren weitläufigen »Dachloggien« zeigt, eine umfangreichere und organischere Lösung mit der systematischen Einführung des *Innenhofs*. Der Innenhof nämlich, der dem Kreuzgang in der religiösen Klosterarchitektur entspricht und sozusagen die alte Ideologie des römischen Hauses wieder aufnimmt (man denke an das *impluvium*, das Wasserbecken im Atrium, wo sich das von den Dächern ablaufende Wasser sammelte), ist der entscheidende Bauteil, der von seiner Natur und seinen Ausmaßen her ein größeres Gebäude erforderlich macht und Gebäudeteile rund um den Kreuzgang aufnehmen kann, so wie es

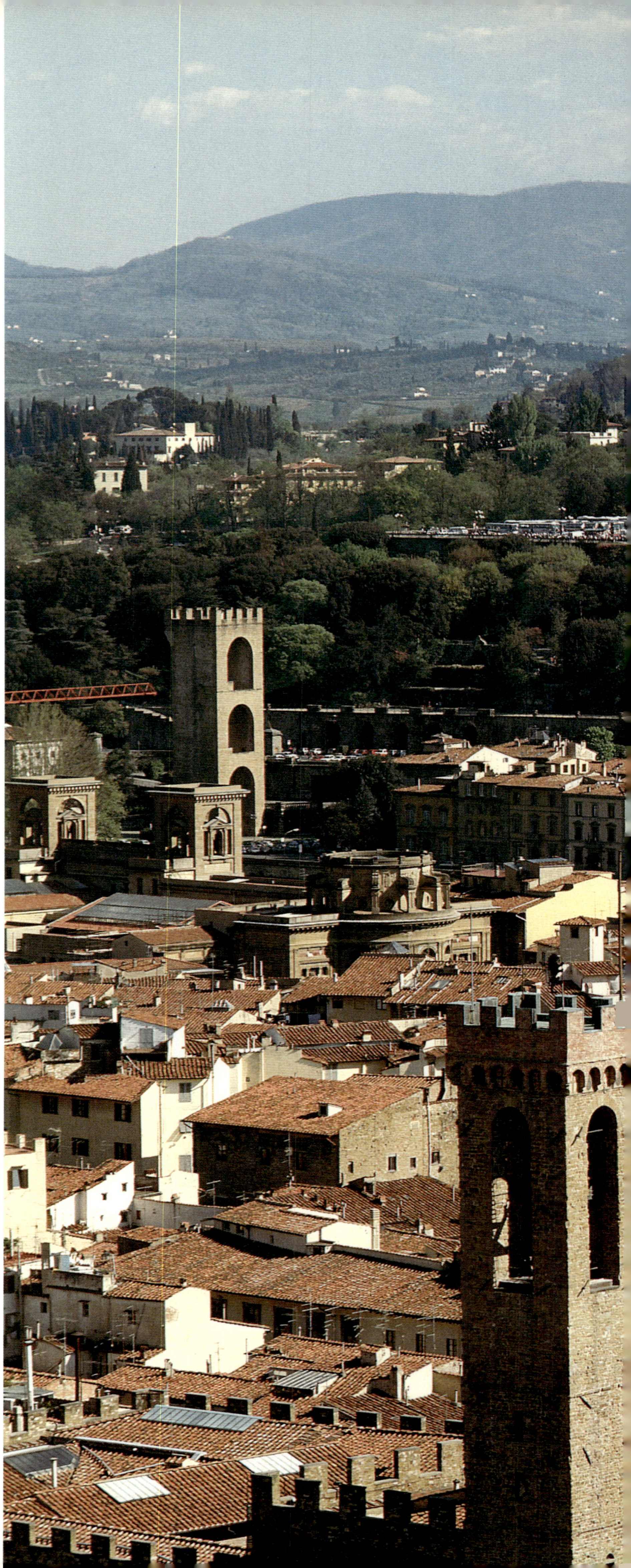

Der Hügel San Miniato al Monte. Im Vordergrund die Türme des Bargello und der Badia und die Kirche San Filippo Neri.

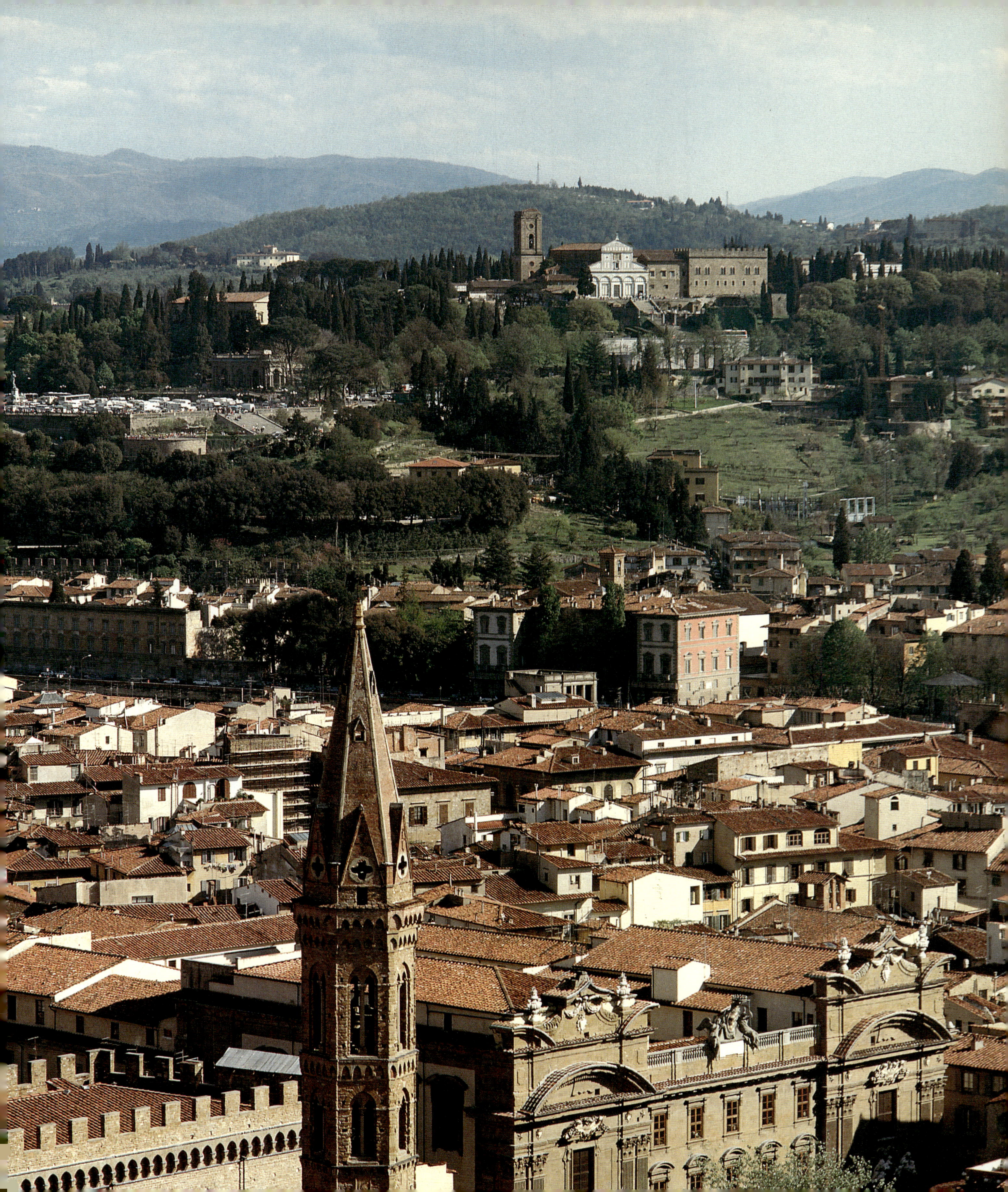

eben bei den florentinischen Palästen der Fall ist.
Später, in der ersten Hälfte des 16. Jahrhunderts, gibt es eine bauliche Erneuerung, deren Hauptvertreter vor allem Cronaca und Baccio d'Agnolo sind. Der Innenhof und die Loggia werden zu bestimmenden Kompositionselementen, und es tauchen die Außendekorationen in Form von Sgraffiti oder Malereien auf; im Inneren werden die Treppen weniger steil gebaut (die Stufenhöhe verringert sich von 22 bis 25 cm auf die üblichen 17 oder 18 cm, später dann sogar auf 14 cm; dadurch wird das Auf- und Absteigen erleichert; es wird sozusagen ein Schreiten wie bei einer Parade möglich). Es werden auch die *Grotesken* eingeführt: Dekorationen, die zu Anfang des 16. Jahrhunderts wieder aufgegriffen werden und deren älteste Sammlung sich im Goldenen Haus des Nero befindet; hier gibt es mythische Figuren, Tiergestalten, Pflanzen, Fabeln und Stilelemente, die sich vielgestaltig interpretieren lassen (siehe die Abhandlung von André Chastel, *La grotesque*, Paris 1988); in Florenz war für die Grotesken das Werk Andrea di Cosimo Feltrinis von Bedeutung. Der Kreis schließt sich in der zweiten Hälfte des 16. Jahrhunderts mit den Werken Ammannatis und Buontalentis, mit der Verbreitung der »finestre inginocchiate«, der »knienden Fenster«, das sind Fenster mit wenig ausladenden Fensterkörben, der Balkone und der Porträtbüsten auf der Fassade – Elemente, die die Verbindung zur römischen Architektur herstellen, der man sich genau in dieser Zeit, der von Gherardo Silvani geprägten florentinischen, verschreibt.
Das Thema der »knienden« Fenster wurde mehrmals abgehandelt, ebenso die fast übliche Asymmetrie der Palastfassade (diese ergab sich oft aus der Angliederung und Neustrukturierung der mittelalterlichen parzellierten Wohneinheiten, mit einer Straßenfront von zehn oder zwölf Ellen – 1 Elle zu 58,4 cm; mit diesem Thema haben sich G. Luigi Maffei, Giancarlo Cataldi, beides Schüler Gianfranco Caniggias, eingehend beschäftigt). So schreibt Marchini (»Le finestre 'inginocchiate'«): »Vasari berichtet beiläufig in der Vita des Giovanni da Udine, um auf eine seiner Arbeiten hinzuweisen, nachdem er die Loggia erwähnt hat, die sich an der Ecke des von Cosimo dem Älteren de' Medici in Florenz erbauten Palastes befand, daß ›diese Loggia nach einem Entwurf Michelagnolo Buonarrotis zugemauert worden war und man daraus ein Zimmer mit zwei knienden Fenstern gemacht hatte, den ersten vergitterten ihrer Art außerhalb der Paläste ...‹; und er kommt in der Vita Michelangelos nochmals darauf zurück und schreibt, daß dieser ›für den Palazzo de' Medici ein Modell der knienden Fenster für diese Zimmer [...] an der Ecke anfertigte, wo Giovanni da Udine jenes Zimmer mit Stuck und Malereien ausgeschmückt hatte ...‹
Der zweite Abschnitt ist sozusagen beiläufig in die Erzählung eingefügt, als er berichtet, wie anstrengend es für Michelangelo war, Marmor für die Fassade von San Lorenzo abzubauen, so daß man aufgrund dieser und anderer entscheidenderer Hinweise dieses Ereignis etwa ins Jahr 1517 datieren kann. Vasari muß außerdem mit der Situation und ihren Umständen bestens vertraut gewesen sein, da er nicht ganz zwanzig Jahre später die Malereien des Zimmers vollendet hatte, welches durch die Schließung der Loggia entstanden war.
Dieser Hinweis ist allgemein anerkannt worden, und auch das Beiwort ›kniend‹ für derartige Fenster. Dieses Beiwort, wohl eine Schöpfung Vasaris, wurde dann allgemein verwendet, auch wenn der pedantische Del Rosso es Cosimo Bartoli zuschreiben will, dessen ›Ragionamenti accademici‹ jedoch 16 Jahre nach der ersten Ausgabe der ›Lebensbeschreibungen‹ gedruckt wurden. Auch die zweite Fassung des ›Vocabolario della Crusca‹ nennt Vasari selbst als ersten, der den Begriff erwähnte. Als nicht überflüssige Information erinnern wir daran, wie diese Fenster von der barocken Geschichtsschreibung, angefangen bei Bocchi-Cinelli (1677), hoch gelobt wurden.
Die moderne Kunstgeschichte, die sich meist auf das

Blick vom Arno Richtung Porta a San Niccolò und San Miniato.

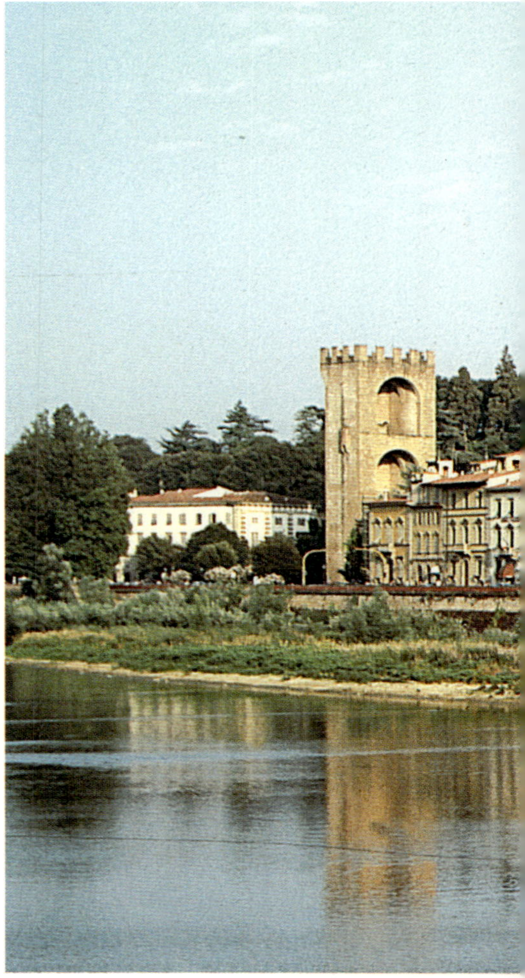

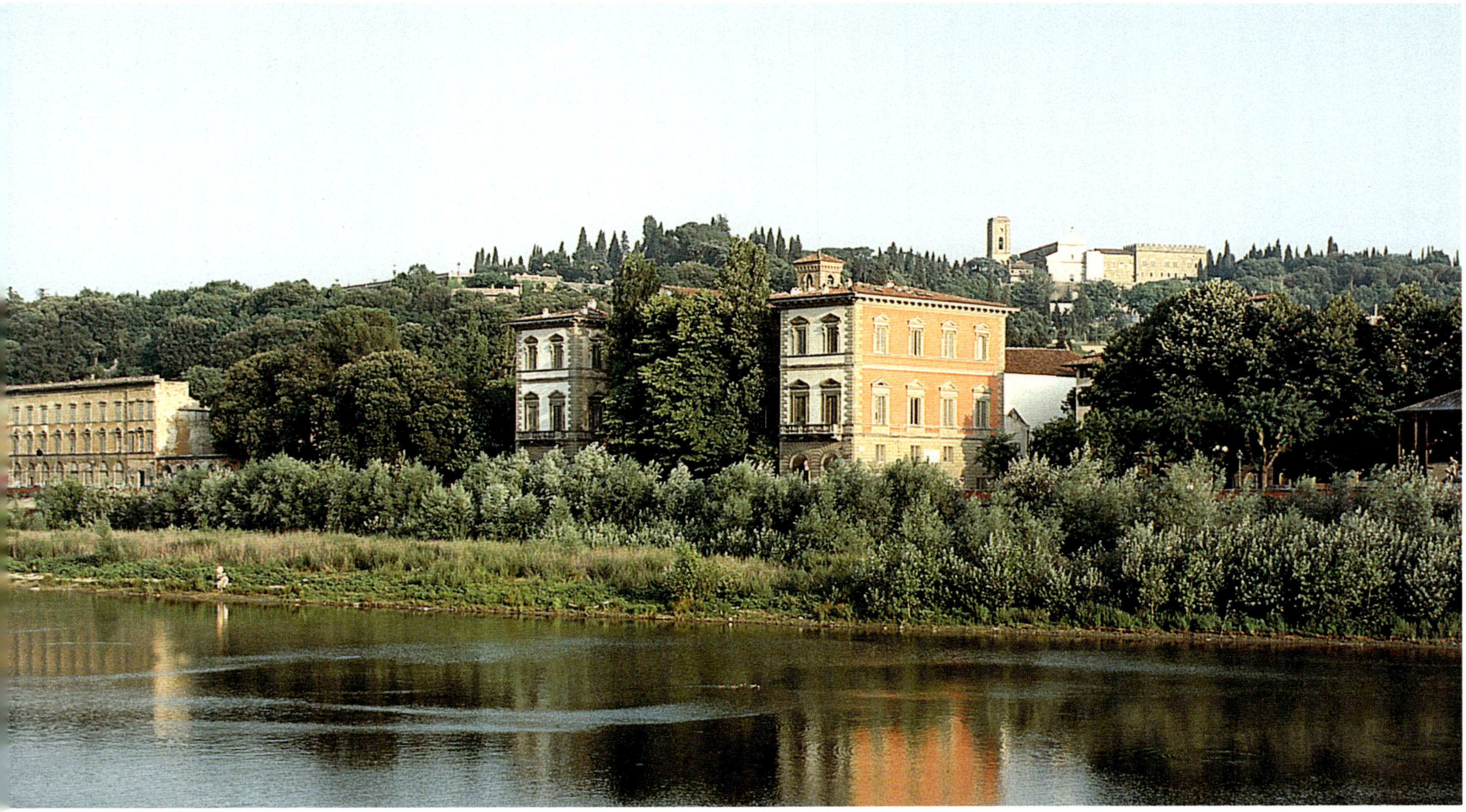

Werk Michelangelos beruft (das Buch von Portoghesi und Zevi verzeichnet zu diesem Thema gut siebenunddreißig Beiträge), gibt mit Frey (1907) die Lage der geschlossenen Loggia an und verweist dann (1909-1911) präzise auf die Fenster des Entwurfs Nr. 101 A der Casa Buonarroti, von Thode schon 1908 für einen Sakralraum gehalten. Wittkower verwies (1958) auf das Gemälde Karls VIII., den einzigen Beleg für die noch offene Loggia; Ackerman, der zunächst annahm, es handele sich um Fenster für den Abschluß einer Loggia zum Garten hin, bestätigt (1961) jenen Hinweis auf das Blatt der Casa Buonarroti, bei dem er die Besonderheit der Zeichnung einer Ecke hervorhebt.«

Marchini selbst hatte über die Eingliederung der mittelalterlichen parzellierten Einheiten einen interessanten, erwähnenswerten Beitrag geliefert (»Facciate fiorentine«): »Die mittelalterliche Parzellierung, die schon zur Zeit der Stadtausdehnung außerhalb des vorletzten Mauerrings Anfang des 13. Jahrhunderts massiv betrieben wurde, stützte sich nämlich im wesentlichen auf den ›Standard‹ von 10 Ellen Straßenfront, was 5,80 Metern entspricht, mit Ausnahme weniger Abweichungen nach oben oder unten [...]. Aus solchen Parzellen aber, die die kleinste Wohneinheit darstellten, ergab sich die innere Aufteilung des Erdgeschosses in zwei Räume, die dann an der Stirnseite zwei Achsen mit Fensteröffnungen nach sich zogen: Tür-Fenster im Erdgeschoß, zwei Fenster im ersten oder in den oberen Stockwerken. Ganze Straßenzüge in Florenz weisen noch eine Reihe von Fassaden auf, die so konzipiert wurden, vor allem in den ärmeren Stadtteilen, wo sich die ursprünglichen Gegebenheiten über die Zeit und trotz unvermeidlicher Umwandlungen besser erhalten haben [...]. Wenn wir jetzt beispielsweise Fälle wie die Entstehung des Palazzo Rucellai betrachten, das heißt die Zusammenlegung mehrerer Parzellen zu einem einzigen Gebäude, merken wir, daß sich der binäre Rhythmus Tür – Fenster der schon vorher existierenden Häuser in den meisten Fällen in der gleichen Anzahl der Fensteröffnungen erhalten hat, wodurch die Eingangstür oder das Eingangstor asymmetrisch positioniert war. Auf die ursprüngliche Bauweise der Mauern und umbauten Räume wurde Rücksicht genommen. Dies war immer ein starker Anreiz zum Sparen und paßte im wesentlichen zu den Untergliederungen im Inneren, bei denen man sich nur bei großen, *a fundamentis* errichteten Gebäuden an eine Regel absoluter Symmetrie hielt. Daher gibt es kleine Paläste und Palazzi mit vier, sechs, acht oder sogar mehr Fensterachsen, darunter so berühmte oder typische wie die Palazzi Bardi-Serzelli, Antinori, Horne oder die prunkvolle Reihe in der Via Maggio. Außerdem werden ganze Straßen wie die noble ›Via Larga‹, heute Via Cavour, fast ausnahmslos von diesem vielfältigen Zweiertakt beherrscht. Als aber die Größe der Palazzi bestimmte Grenzen überschritt, bevorzugte man gelegentlich den Zweierrhythmus oder wählte ihn absichtlich, wenn es Schwierigkeiten gab (je größer das Unterfangen, desto eher konnte man prophylaktisch etwas abreißen). Es gab dann zwei symmetrisch angeordnete Türen, nach dem Beispiel des Palazzo Rucellai, der ansonsten im florentinischen Umfeld völlig unbekannt geblieben wäre, so, als ob er eine unannehmbare Sprache spräche.«

Auf den Florentiner Palast, wo laut Cronaca und Baccio d'Agnolo die verputzten Wände durch Bossenwerk, Haustein, ersetzt werden, folgt die großherzogliche Zeit, in der Giorgio Vasari unbestrittener, von Cosimo dei Medici geachteter Theoretiker war. Mit Cosimo, Francesco und Ferdinando dei Medici sind Vasari, Ammannati und Buontalenti zu nennen: das beste der Architektur des 16. Jahrhunderts in Florenz. Die Fassaden werden symmetrisch (Ergebnis einer freieren Neustrukturierung), die Fenster haben keine Archivolten mehr, sondern bekommen – vorschriftsmäßig – ein dreieckiges oder gebogenes Tympanon, große »kniende« Fenster werden wichtige Bestandteile der ebenerdigen

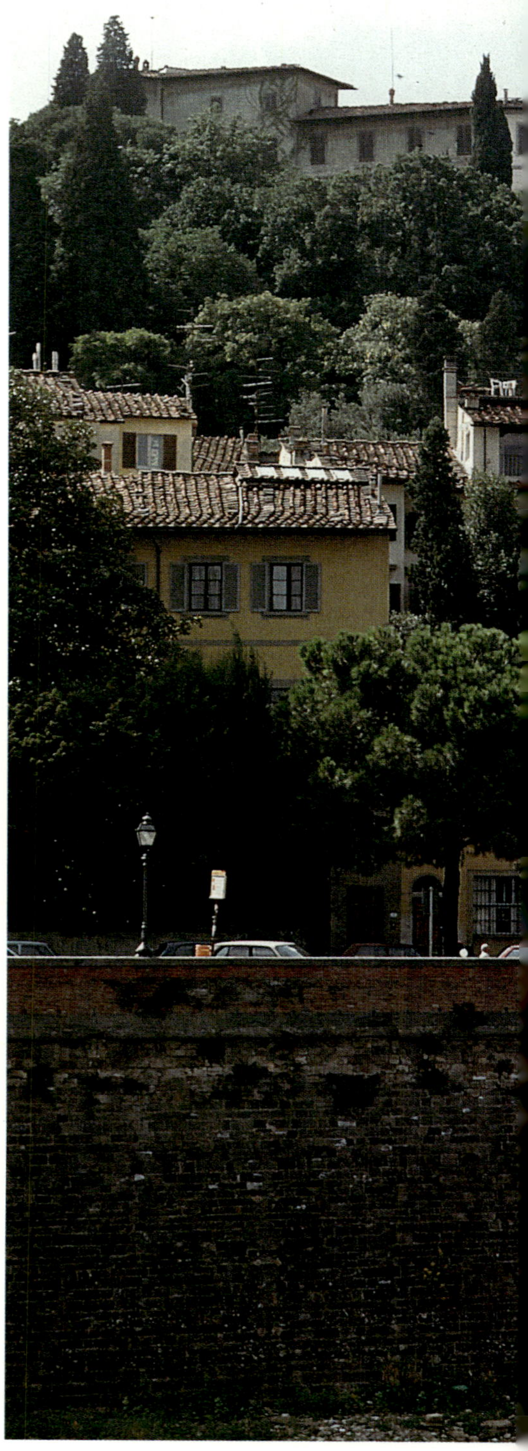

Teilansicht des Lungarno Torrigiani am anderen Flußufer, darüber der Hügel San Giorgio, eine der ersten Gegenden, die im Viertel Oltrarno in den Mauergürtel mit einbezogen wurden.

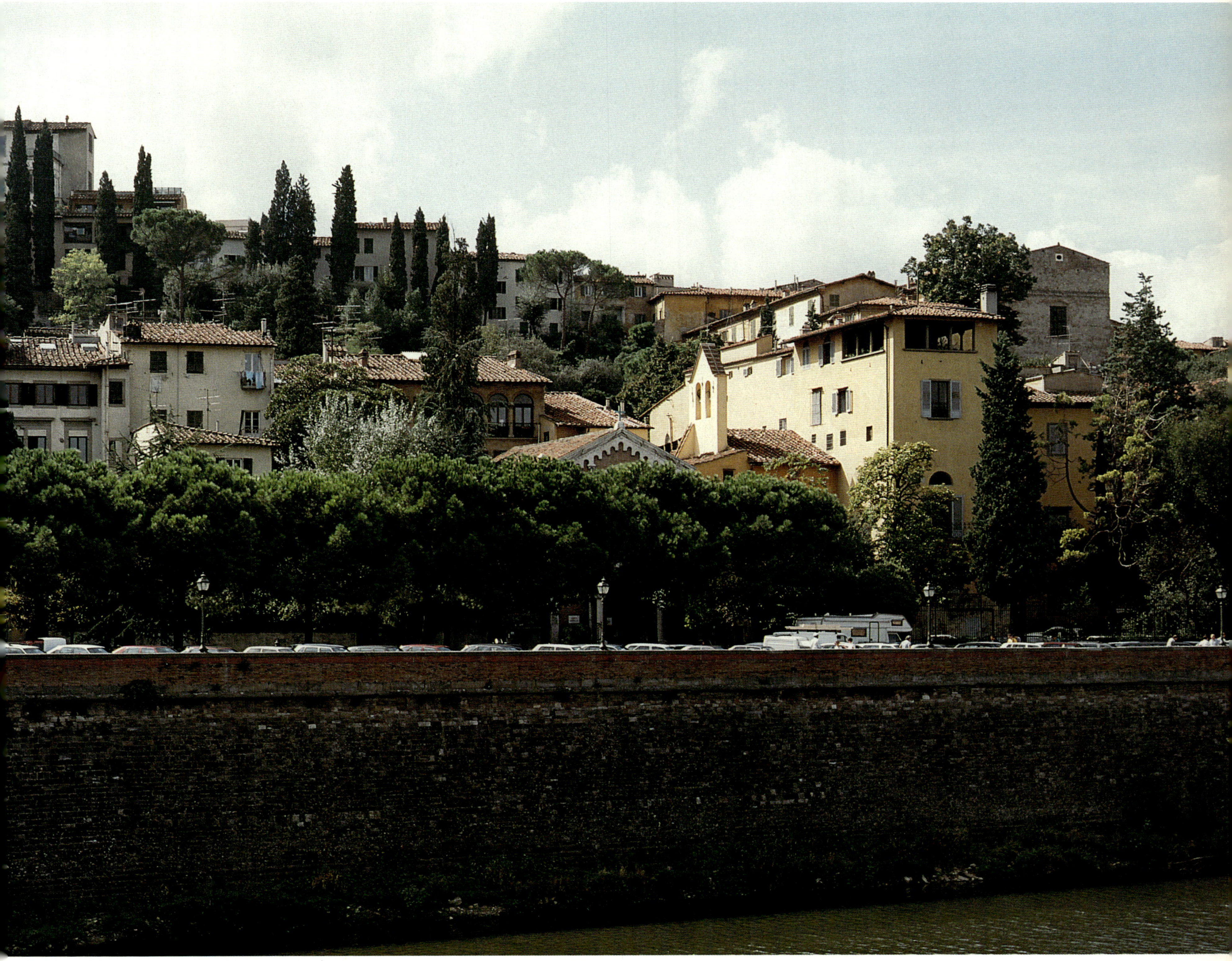

Folgende Seiten:
Teilansicht des Lungarno mit dem ob seiner Massigkeit unverwechselbaren Palazzo Corsini, dem Ponte a Santa Trinita, dem Palazzo Feroni und dem Torre di Arnolfo im Hintergrund.

Fassadenteile, und der Balkon wird eingeführt (etwas völlig Neues für die florentinische Kultur). Im Atrium des Palastes, nach dem Eingangstor und oberhalb des Eisengitters, erscheinen wie Lünetten die »cartelloni« (Tafeln) oder »bandelloni« (Banderolen), auf denen das Familienwappen befestigt ist (in Ölmalerei auf einer Holztafel); schließlich werden noch an den Ecken des Palastes die großen steinernen Wappen angebracht.

Der Stadtgarten

Bis heute ist wenig über die »Stadtgärten« gesagt worden. Die Gärten nämlich, die heute mit einer ganz beachtlichen Geschichte aufwarten können, wurden vor allem – wenn nicht ausschließlich – im Zusammenhang mit den Städten und nur beiläufig als Teile des Stadtpalastes und der Stadt untersucht. Bocchi-Cinelli und Ginori Lisci erwähnen sie, aber erst 1981 erscheint der erste systematische Führer über die städtischen Gärten von Vincenzo Cazzato und Massimo De Vico Fallani (»Guida ai giardini urbani di Firenze«, Florenz), in dem fast alle diese einzigartigen Welten aufgeführt sind.
Als Beispiel nennen wir den prächtigen und künstlerisch bedeutenden Garten des Palazzo di San Clemente, der Luigi di Toledo gehörte, dem Bruder der Großherzogin Eleonora, und dessen Anlage Francesco Camilliani zugeschrieben wird (Vasari); dazu heißt es (Cazzato): »[Der Garten mit seinen] urbanen Ausmaßen erhielt jene Kreuzform, die auf die archetypischen Stadtgründungsmuster verweist; so wurde im Garten ›der despotische Traum von einer Ordnung und einer totalen Kontrolle über den Raum angelegt, der auf dem historischen Entwurf der Stadt unantastbar war‹ (Rinaldi).
Eine Einrichtung anderer Art charakterisierte die beiden Wege: die zum Palast hin senkrechte Achse mit hohen Grünspalieren mündete hinten in zwei Vogelherde aus gestutzten Steineichen; die andere Querachse, flankiert von hochstämmigen Bäumen und einer doppelten Säulenreihe, mündete in den monumentalen Springbrunnen von Camilliani. Der Insel-Brunnen, elliptisch und [...] mit Statuen von Fluß- und Ackerbaugottheiten geschmückt, wurde 1573 an die Stadt Palermo verkauft und in der Mitte der Piazza Pretoria aufgestellt.
Der kleinere Springbrunnen am Kreuzungspunkt der beiden Wege fungierte hingegen ›als perspektivische Linie der Längsachse und zugleich als visuelles Scharnier der Querachse. Die doppelte Fluchtlinie des Seitenwegs, der wie auf dem Gelenkzapfen einer beweglichen Kulisse rings um den Springbrunnen verlief‹, konnte sich so ›mit seiner Episodenfolge – in einer Art sichtbaren Szenenwechsels – in das Wahrnehmungsfeld des Besuchers drängen, der bis dahin seitlich von Buchsbaumpflanzungen aufgehalten und auf den optischen Anreiz des Springbrunnens in der Mitte fixiert war‹ (Rinaldi). 1636 wurde der Garten Eigentum von Ortensia Guadagni, verwitwete Salviati. Ihr Bruder Tommaso erwarb noch andere Häuser in der Via S. Sebastiano und beauftragte Silvani mit dem Entwurf des neuen Lustschlößchens.
1777 wurde der Palast zusammen mit dem Garten an Charles Edward Stuart verkauft; nach dessen Tod erwarb ihn Simone Velluti Zati, Herzog von S. Clemente (1788).
Im Lauf des 19. Jahrhunderts schrumpfte die Grünfläche erheblich, da mehrere Straßen gebaut wurden. Derzeit gehört sie der Università degli Studi.«
Erst kürzlich hat Maria Chiara Pozzana in einem mit Aquarellen von Mauro Falzoni illustrierten Album viele Gärten der Stadt vorgestellt; darunter sind, um nur einige zu nennen, die Gärten der

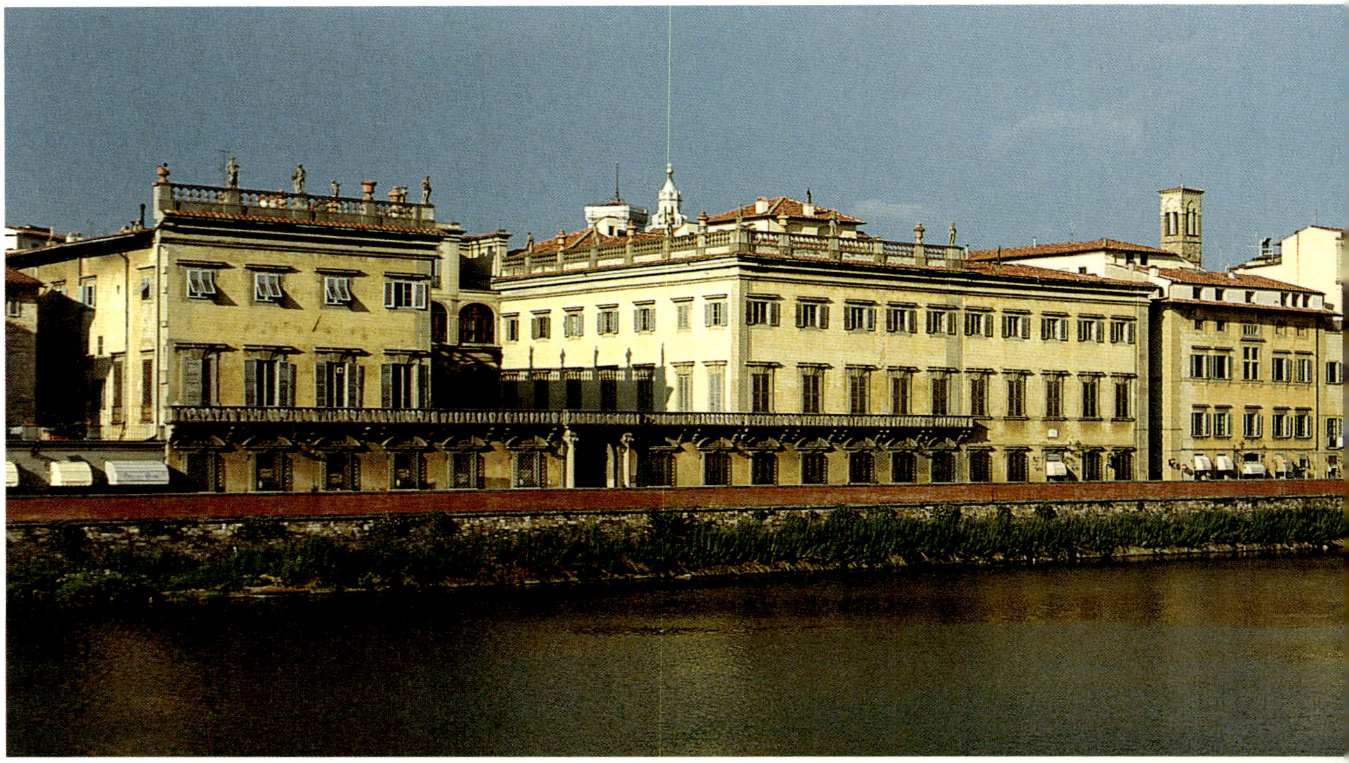

Palazzi Capponi, Budini Gattai, Pandolfini, Medici Riccardi, Valfonda, Corsini, Orti Oricellari, Serristori und Frescobaldi. Maria Pozzana schreibt: »In Florenz sind die Gärten anscheinend absichtlich hinter den Fassaden der Häuser, Paläste oder, in einigen Fällen, hinter hohen Mauern oder Gittern versteckt worden, die keinerlei Einblick gestatten. Um sie zu bemerken oder besser: aufzuspüren, braucht man beachtliche Aufmerksamkeit und vielleicht auch etwas Geduld, sei es, weil sie an die Jahreszeiten gebunden sind, sei es, weil die Wahrnehmung der Gärten erschwert wird. Nicht nur, weil man [Gärten solcher Größe und Schönheit] in Florenz nicht vermuten würde, sondern auch aufgrund des schnellen Lebensrhythmus in einer Stadt, die vielleicht mehr vom Lärm als von den Autoabgasen verseucht ist. Für die Betrachtung eines Gartens braucht man die richtige Dosis Aufmerksamkeit, und in manchen Fällen ist zu seinem Verständnis auch eine gewisse Konzentration notwendig, Eigenschaften, die schlecht zur hastigen und zerstreuten Wahrnehmung des Stadtzentrums passen.

Nicht nur sind viele Gärten privat und deshalb schwierig zu besichtigen (dies ist jedenfalls ein bis heute ungelöstes Problem). Der Garten ist auch nicht immer für eine Besichtigung ›disponiert‹. Es gibt dafür bestimmte Zeiten und Augenblicke, er ist also kein Kunstwerk, an dem man sich jederzeit erfreuen kann. Man muß die richtige Jahreszeit abwarten können, um die Blütenpracht der Azaleen im Garten Della Gherardesca zu würdigen, um durch die manchmal offenstehenden Portale einen Blick auf die blühende Bignonie vom Borgo Pinti zu erhaschen, um die Glyzinen zu bemerken, die mit ihren violetten Trauben die Hausmauern in der Stadt schmücken, oder um den nahenden Herbst am Duft des Osmanthus zu erkennen. Der Garten ist Natur, und die Natur läßt auf sich warten; daher erfordert der Besuch eines Gartens oder einfach nur ein Blick darauf manchmal Geduld. Wie viele Erfolge man auch bei der Pflanzenzucht erzielen mag – jeder Garten hat seine natürlichen Zeiten und ist deshalb nicht für alle da, zumindest nicht für den, der es eilig hat.«

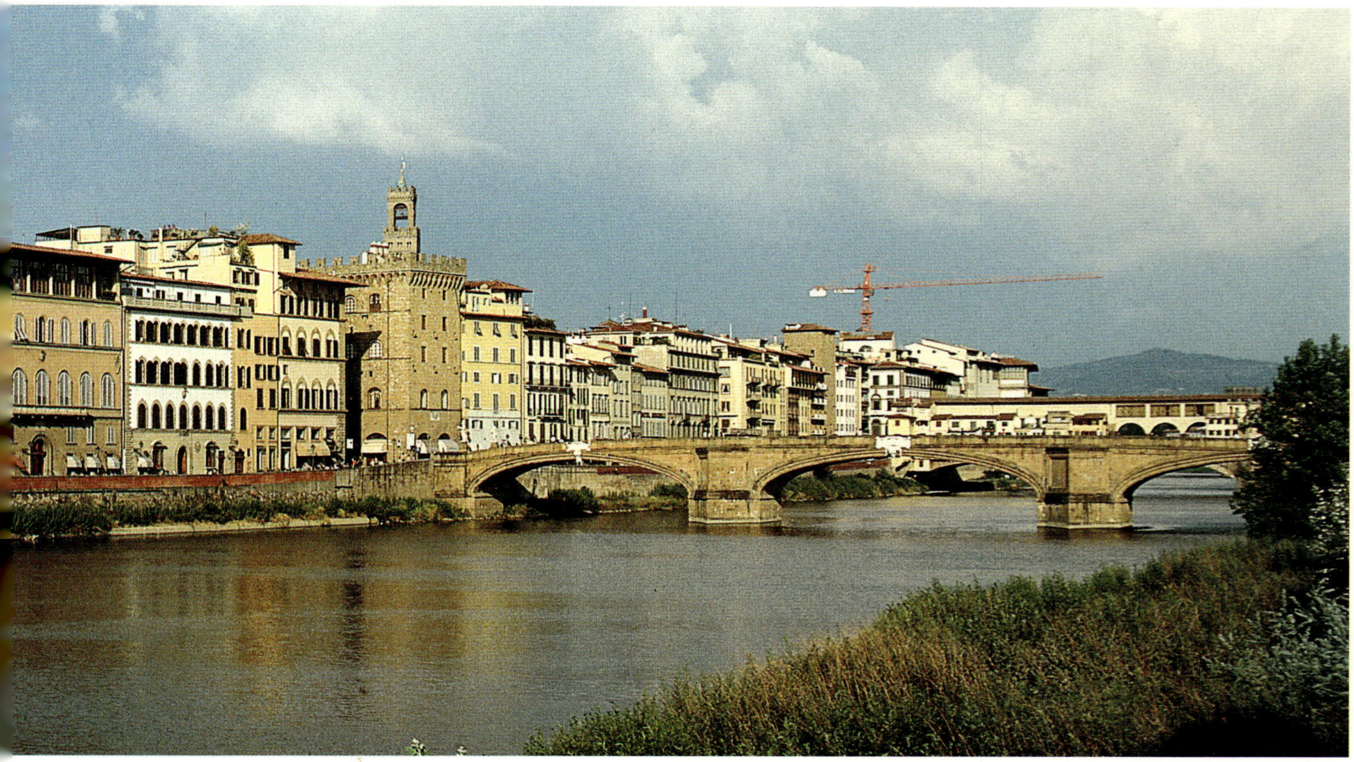

So hält man sich an den Palast und an seine Auftraggeber, Männer einer unwiederbringlich vergangenen Epoche, voll mit dem Enthusiasmus des *Machens*, um ihr *Sein* zu rechtfertigen; etwas, was bei der üppigen Zurschaustellung des Reichtums der Macher und Machthaber doch überrascht. So – und nur so – versteht man die Begeisterung von Wissenschaftlern wie Ross oder Goldthwaite, die sich aus einem Abstand von mehr als einem halben Jahrhundert so viel mit den Palästen und den Bauten der Renaissance beschäftigt haben.

Goldthwaite faßt in seinem Vorwort brillant die Komponenten zusammen, die die Realisierung des »Palazzo« ermöglicht haben:

»[...] die verschiedenen am Bau beteiligten Produktivkräfte waren: Arbeitsorganisation, die Baumaterial-Industrien, die Arbeitskraft und die ästhetische Komponente, der Architekt. Da für die Bauarbeit selbst schon viele verschiedene Arbeiter gebraucht werden, angefangen bei ungelernten Handwerkern bis hin zu hochbegabten Künstlern, von denen einige als Tagelöhner, andere als Kleinunternehmer arbeiteten, stellt diese Beschreibung der Industrie im Grunde einen Querschnitt der Arbeiterklasse im Florenz der Renaissance dar.«

Eine zivile, gesellschaftliche und wirtschaftliche Mischung, die in ganz Europa keine besseren Bedingungen hätte finden können.

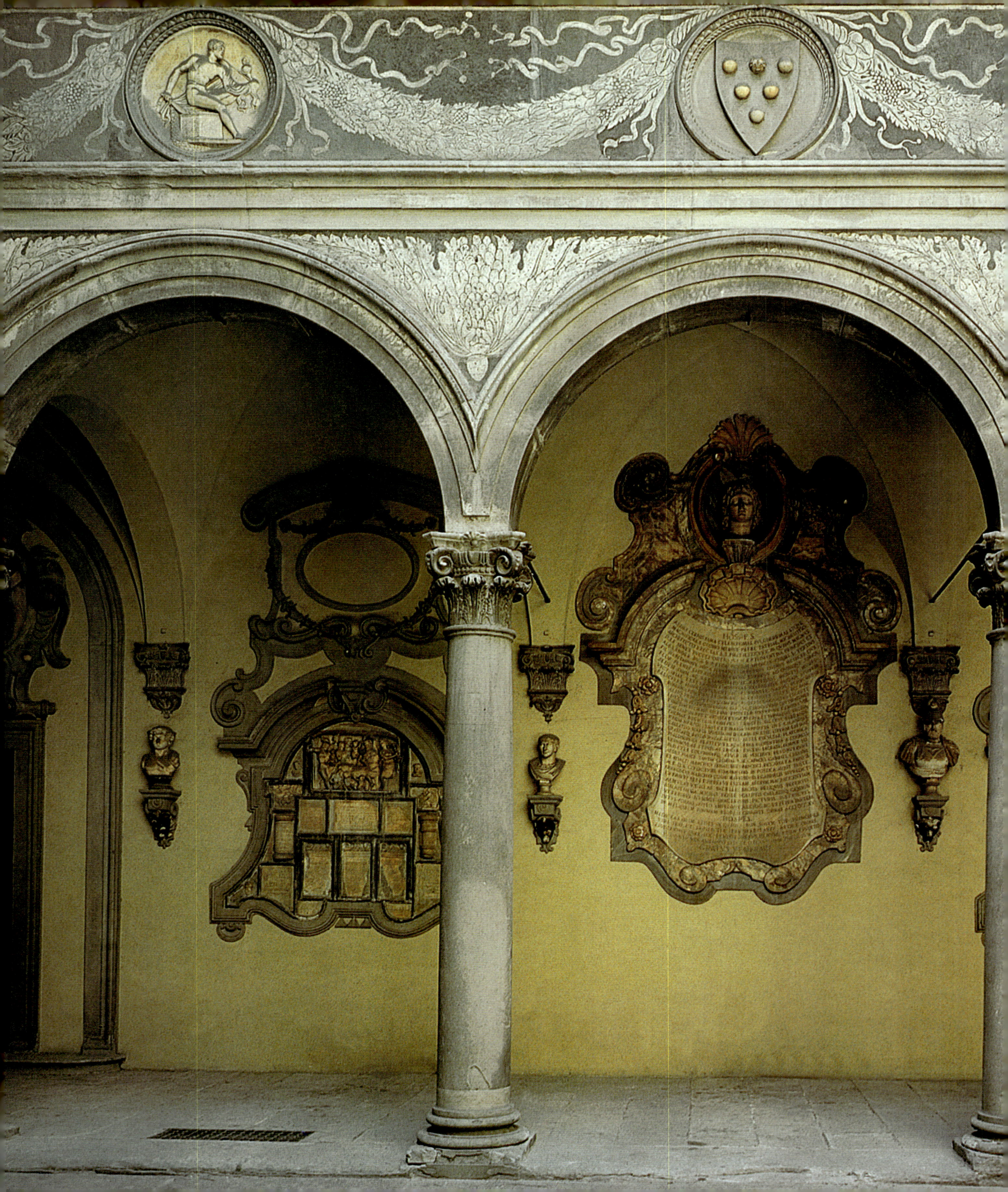

Die öffentlichen Paläste, Zeugen der Geschichte und Architektur von Florenz

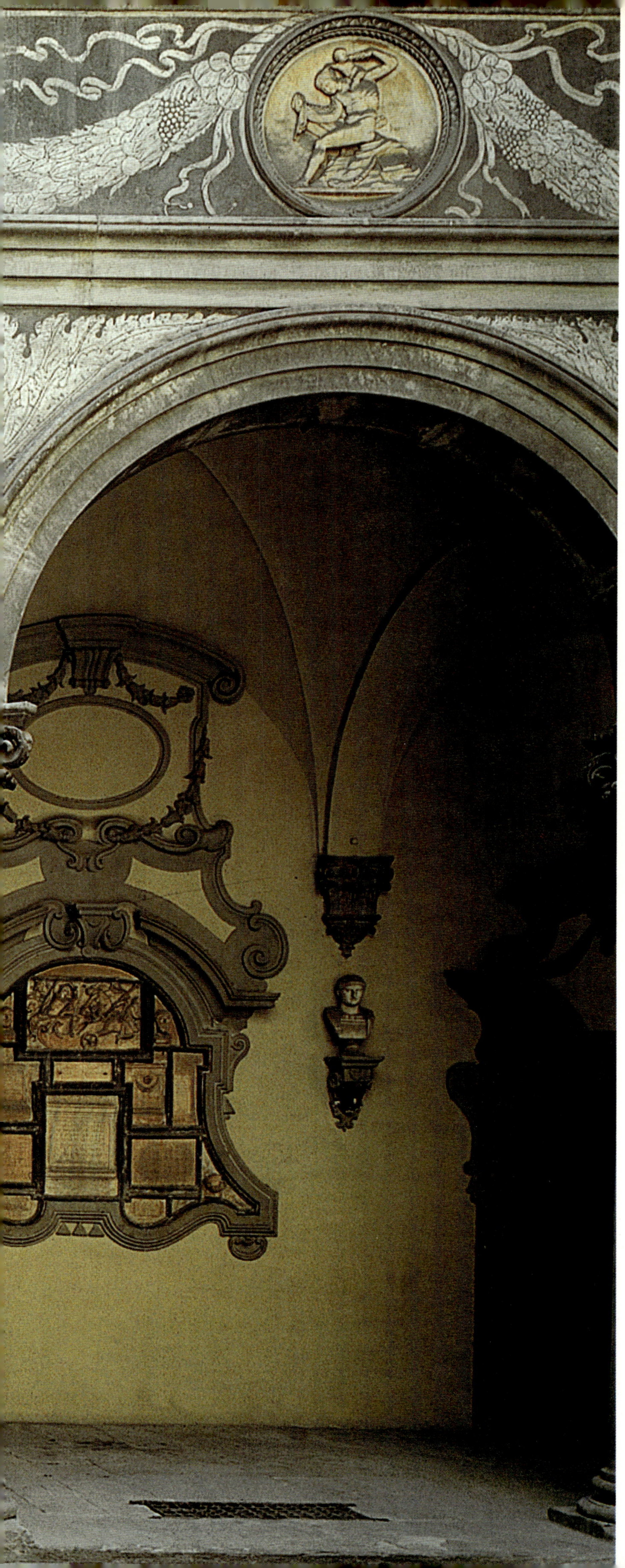

Innenhof des Palazzo
Medici Riccardi von Michelozzo

In der mittelalterlichen Stadt zählte der Palast nicht zu den privat genutzten Bauwerken. Es gab daher keine Paläste, die einzelnen Familien gehörten, auch wenn diese Familien begütert und einflußreich waren.
Sie wohnten meistens in nebeneinanderliegenden und untereinander verbundenen Häusergruppen um einen Innenhof und bildeten unabhängige Häuserblocks.
Diese Art der Häuser mit ihren hohen Türmen und den kleinen Fenstern war leicht zu verteidigen.
Die Paläste hingegen waren Sitz von Regierungen und Behörden in Städten, die auf ihre kommunalen Einrichtungen und die damit verbundenen Freiheiten stolz waren und mit denen sie sich identifizierten – als öffentliche Gebäude also Dreh- und Angelpunkt des politischen Lebens.
Florenz bildete da keine Ausnahme: Als erster Palast entstand 1255 der Palazzo del Capitano del Popolo, später Palazzo Bargello genannt, der Palast also für die offizielle Vertretung der Kommune (Bargello ist der Stadt- oder Polizeihauptmann), die bis dahin nur in provisorischen Unterkünften

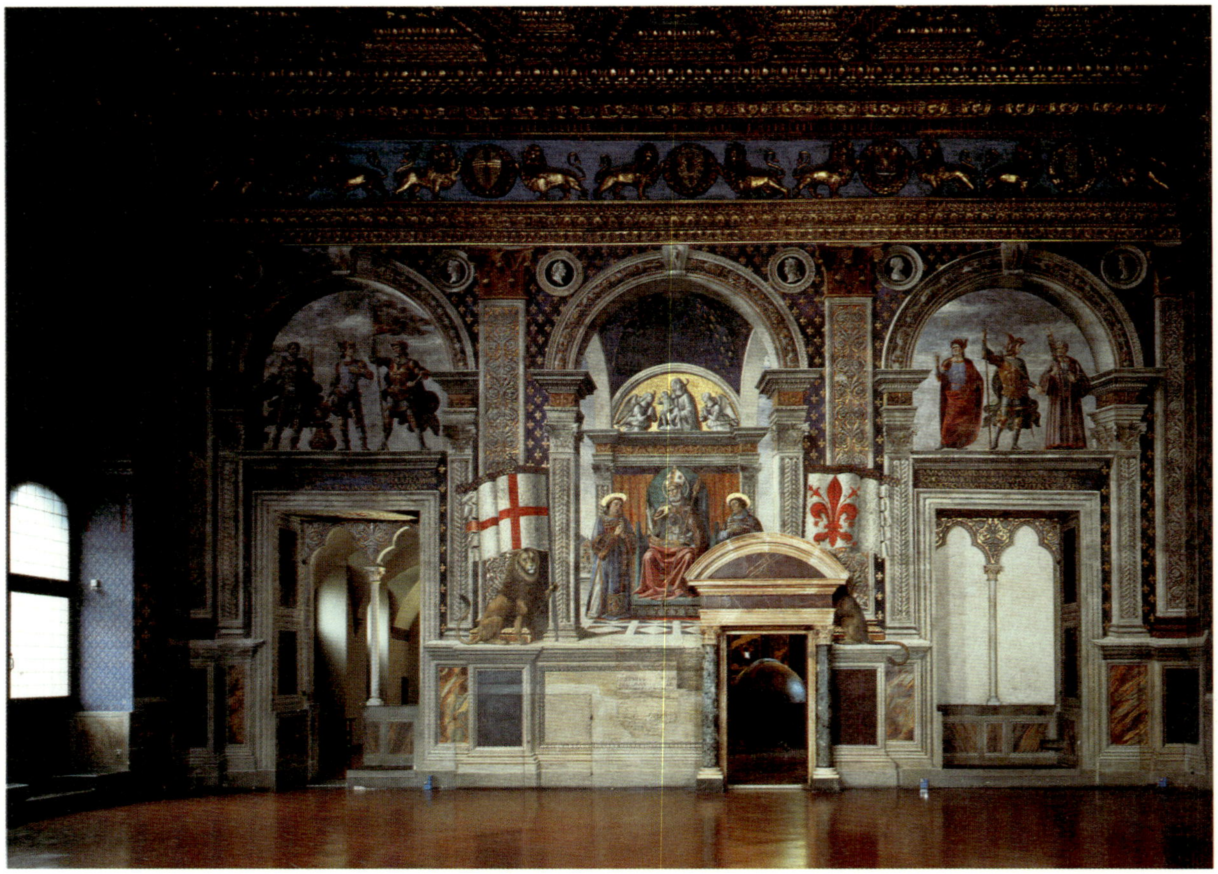

Die Sala dei Gigli (Liliensaal) im Palazzo Vecchio, so benannt nach den goldenen Lilien auf blauem Grund, die die Wände schmücken und an die Allianz der Republik Florenz mit dem französischen Königshaus erinnern. Bemerkenswert sind die Kassettendecke, die Tür von Benedetto da Maiano und die Fresken von Domenico Ghirlandaio (1481-85), betitelt »Maestà di San Zenobi con i Santi Lorenzo e Stefano«. Daneben sechs berühmte Männer: Brutus, Mucius Scaevola, Camillus, Decius, Scipio und Cicero.

Die berühmte Fassade des Palazzo Vecchio mit grob behauener Rustika, mit den eleganten zweiflügeligen Fenstern, dem Zinnenglacis, dem Torre di Arnolfo (beachtenswert hier die zwei unterschiedlichen Zinnenkränze, der guelfische und der ghibellinische, die am öffentlichen Palast die Einheit der ganzen Bürgerschaft symbolisieren sollen).
Neben dem Eingang eine Kopie von Michelangelos »David« und die Gruppe »Herkules und Cacus« von Baccio Bandinelli.
Lange Zeit galt aber nicht dieser Eingang als Haupteingang, sondern der auf der Nordseite, auf dem Foto links.

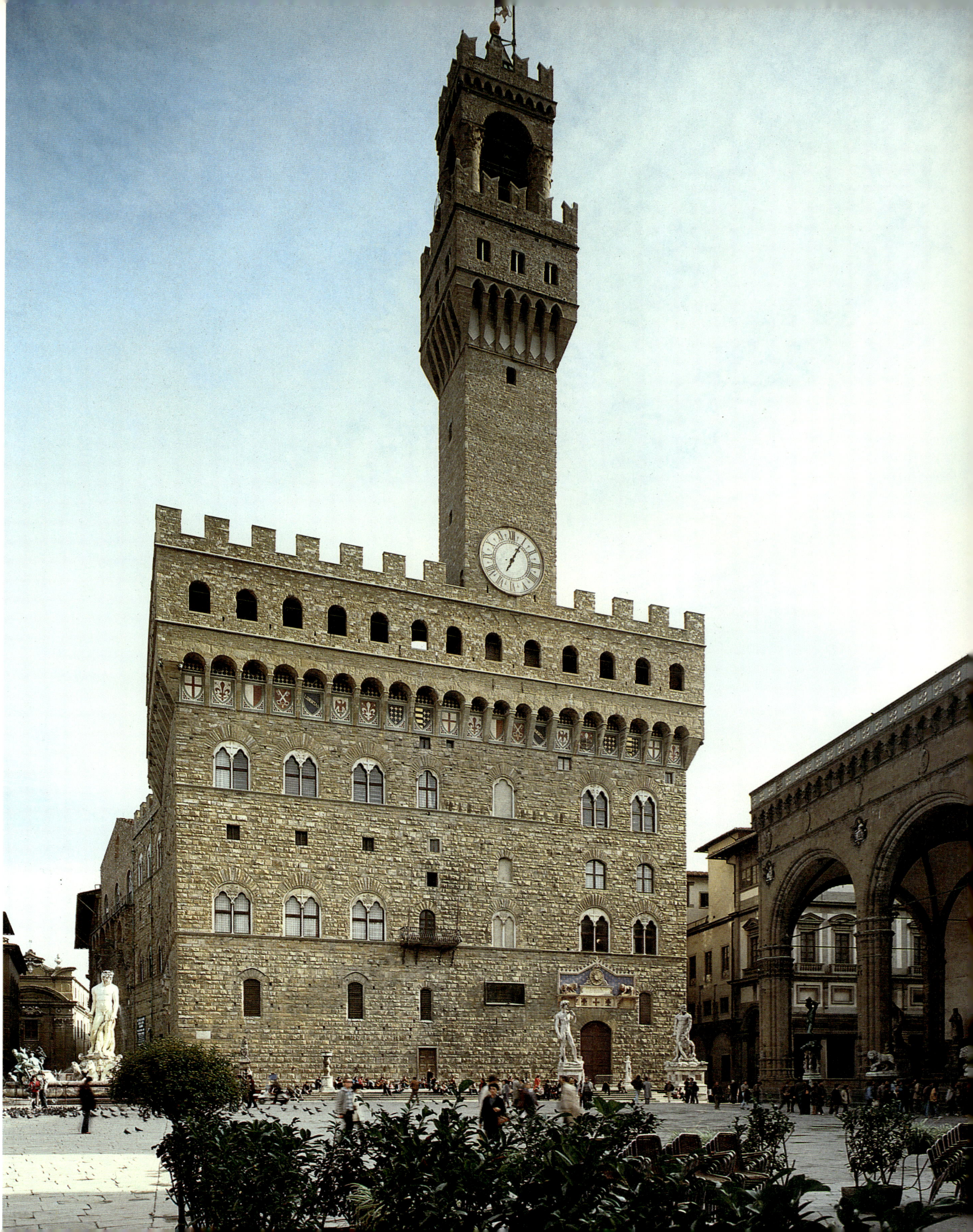

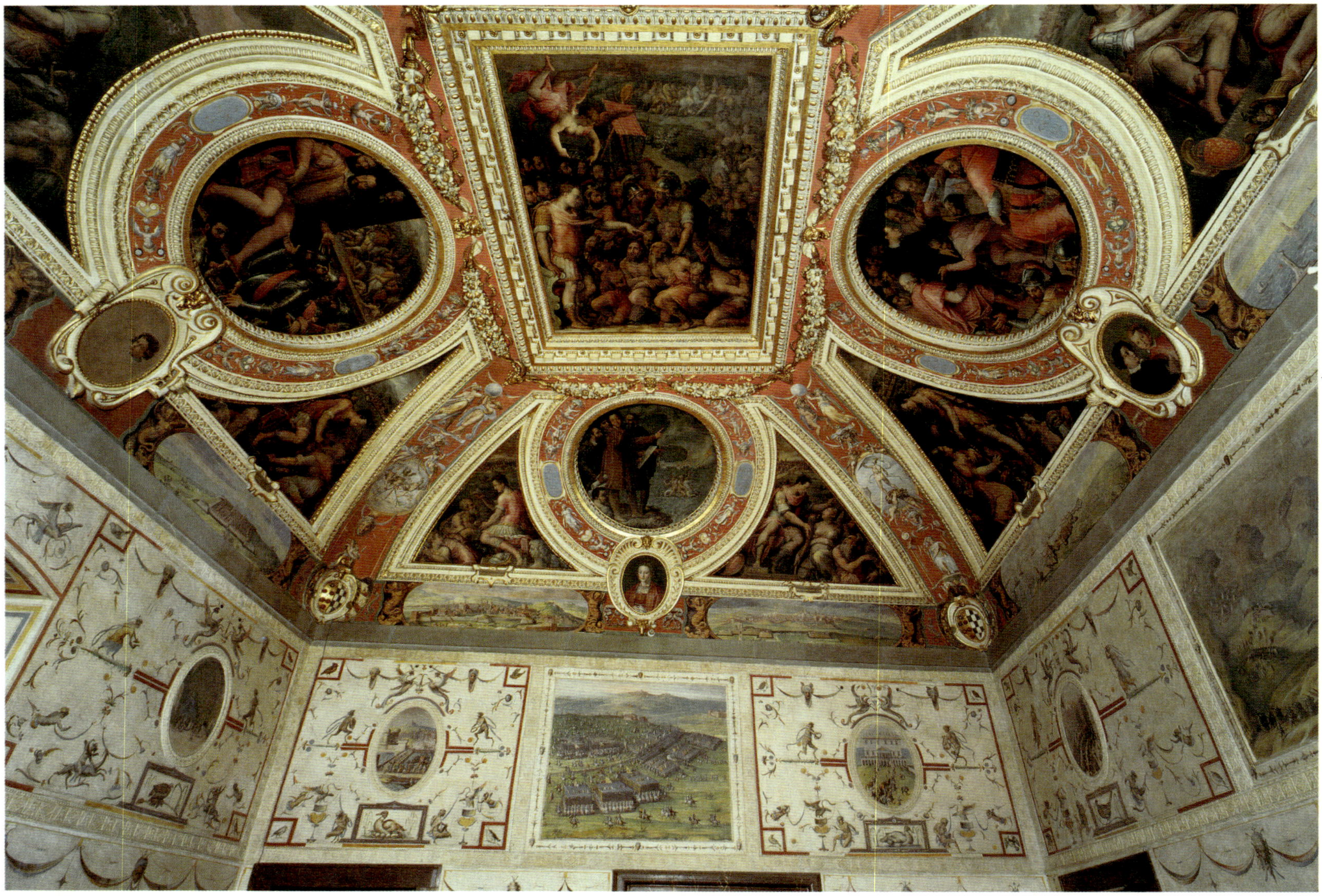

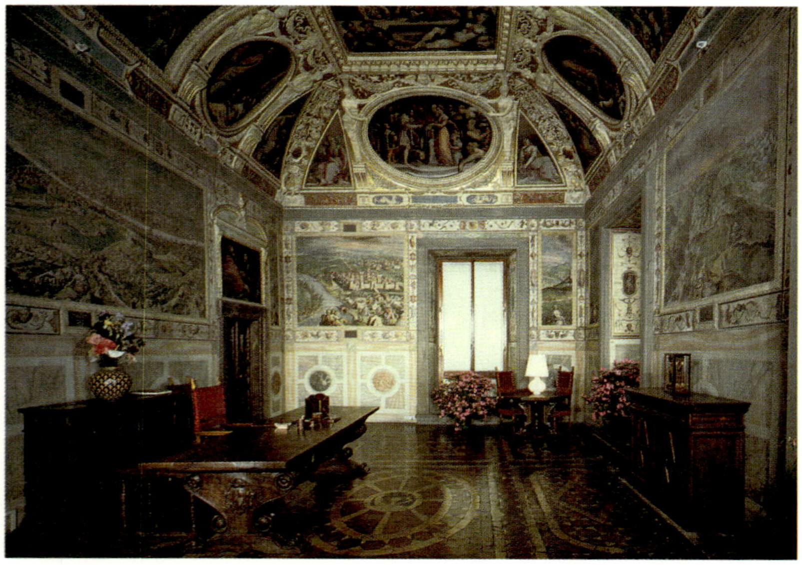

Die Sala di Cosimo I (oben) im ersten Stock präsentiert sich mit interessanten Fresken, auf denen Cosimo, umgeben von berühmten Persönlichkeiten seiner Zeit, dargestellt ist. Auf den Medaillons die Porträts seiner Frau Eleonora di Toledo und seiner Söhne.
Die Sala di Clemente VII (links) schmücken hingegen überall Bilder mit Episoden aus dem Leben und der Lehrtätigkeit des Papstes. Berühmt ist unter anderem das Fresko »Belagerung von Florenz im Jahre 1530«.

Die Kapelle der »appartamenti di Eleonora« (rechts ein Detail der Decke) im zweiten Stock hat Bronzino um 1564 vollständig mit Bildern aus der Lebensgeschichte Moses ausgemalt. Es handelt sich hierbei um eines der wichtigsten Werke des Künstlers.

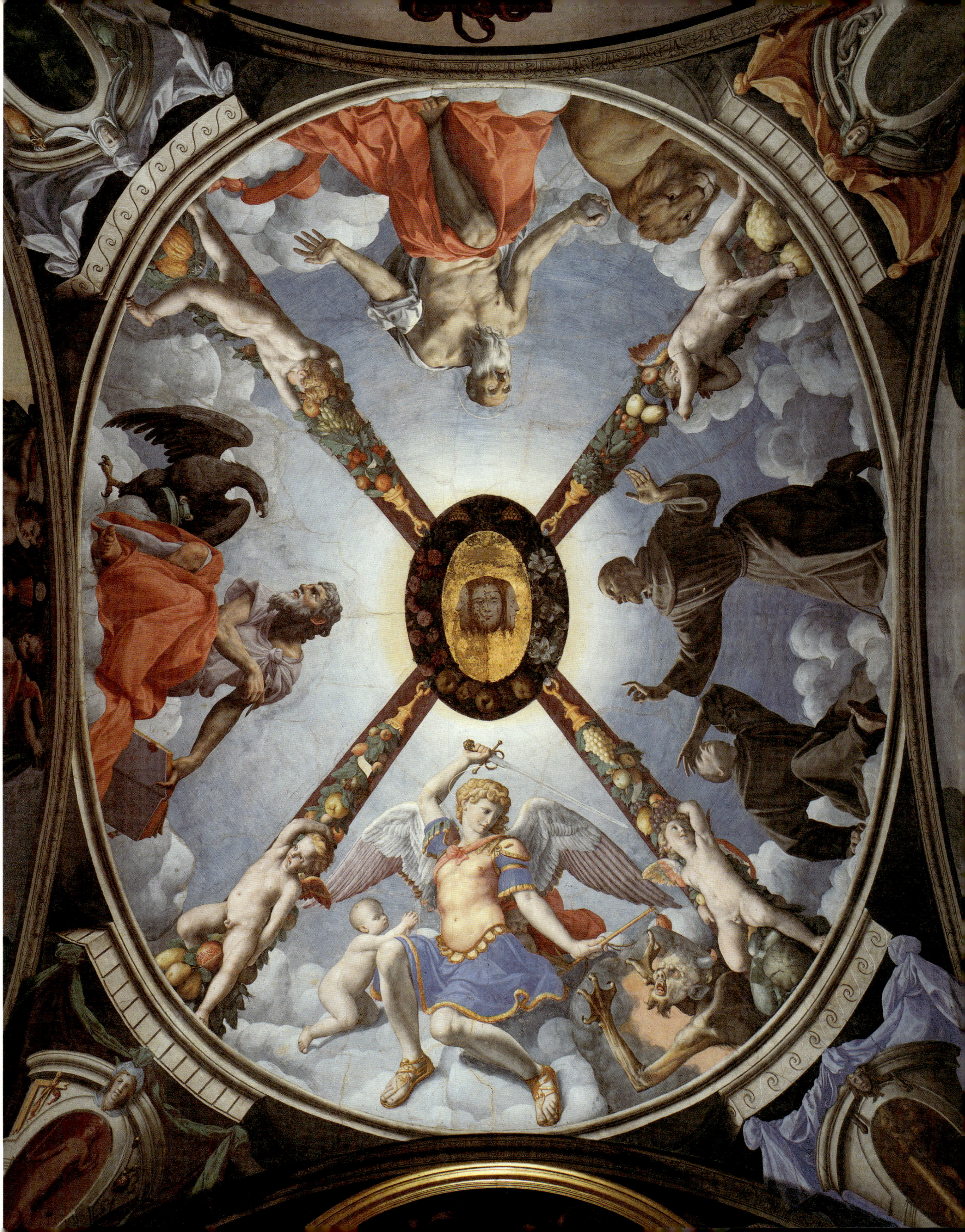

untergebracht war. Der angesehenste Palast war aber sicher der, den etwas mehr als dreißig Jahre später die Zunftvorsteher erbauten und den man dann in »Palazzo della Signoria« umbenannte. Die Vorsteher, Vertreter jener mächtigen Zünfte, zu denen ein Teil der Bevölkerung aufgrund seines Berufs gehörte, hatten das städtische Leben schließlich monopolisiert und waren im Verlauf der Jahrzehnte praktisch zur einflußreichsten gesetzgebenden Behörde in Florenz aufgestiegen. Als sie nun ein angemessenes Gebäude haben wollten, wandten sie sich an den »Stararchitekten« des Florentiner Städtebaus des ausgehenden 13. Jahrhunderts, Arnolfo di Cambio. Der damals fünfzigjährige Schüler Nicola Pisanos hatte schon von sich reden gemacht und baute damals gerade an dem neuen Dom Santa Maria del Fiore. Im Rahmen einer allgemeinen städtischen Neuordnung entwarf Arnolfo einen genauen Plan mit einander entsprechenden Gebäuden. Der Dom und der Palazzo dei Priori lagen jeweils am äußersten Ende einer von der Via dei Calzaiuoli gebildeten Achse (in bezug auf den alten Mauerring) und stellten einen monumentalen Komplex im Herzen der Stadt dar. Die beiden großen Gebäude, deren Verbindung symbolisch verstanden werden muß – hier das religiöse, dort das zivile –, sind räumlich präzise angeordnet und fallen durch zwei Elemente auf: die Kuppel auf der einen und den Turm auf der anderen Seite.

Als aber Arnolfo 1298 mit den Bauarbeiten am Palast begann, mußte er sich aufgrund ganz bestimmter Umstände räumlich einschränken und umdisponieren. Eine gute Zusammenfassung der Ereignisse lesen wir in Giovanni Villanis »Cronica« (VIII. Buch, Kapitel XXVI): Erstens standen auf dem Baugrund des neuen Gebäudes einst die Häuser der Uberti, einer angesehenen Familie der Ghibellinenpartei, die zu Landfriedensbrechern erklärt wurden, als die Guelfen endgültig die Oberhand gewannen. Wie es Brauch war, wurden deshalb all ihre Güter beschlagnahmt und die Gebäude dem Erdboden gleichgemacht: damit dort nichts mehr aufgebaut werden konnte, sollte an

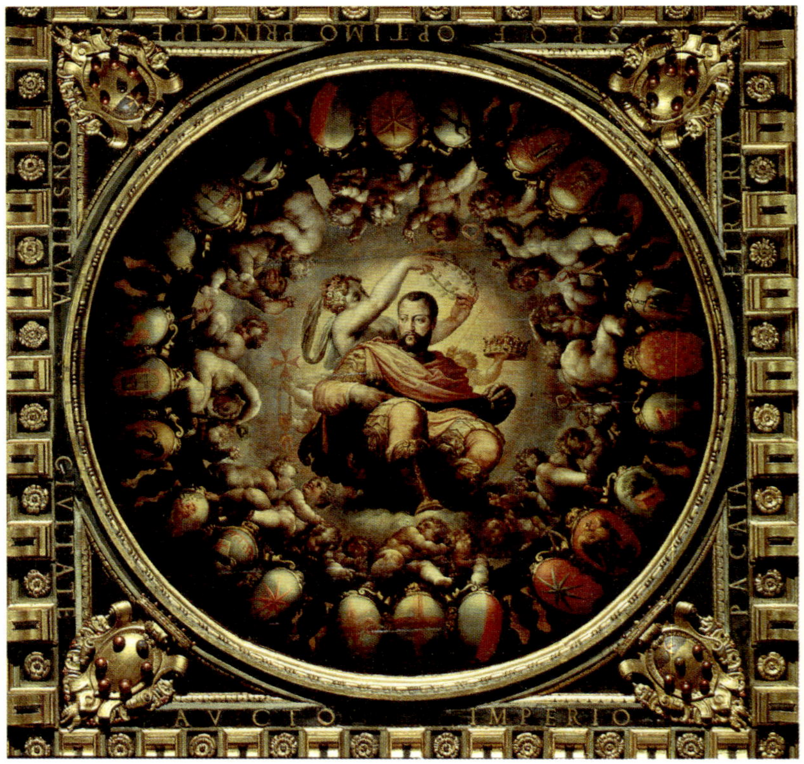

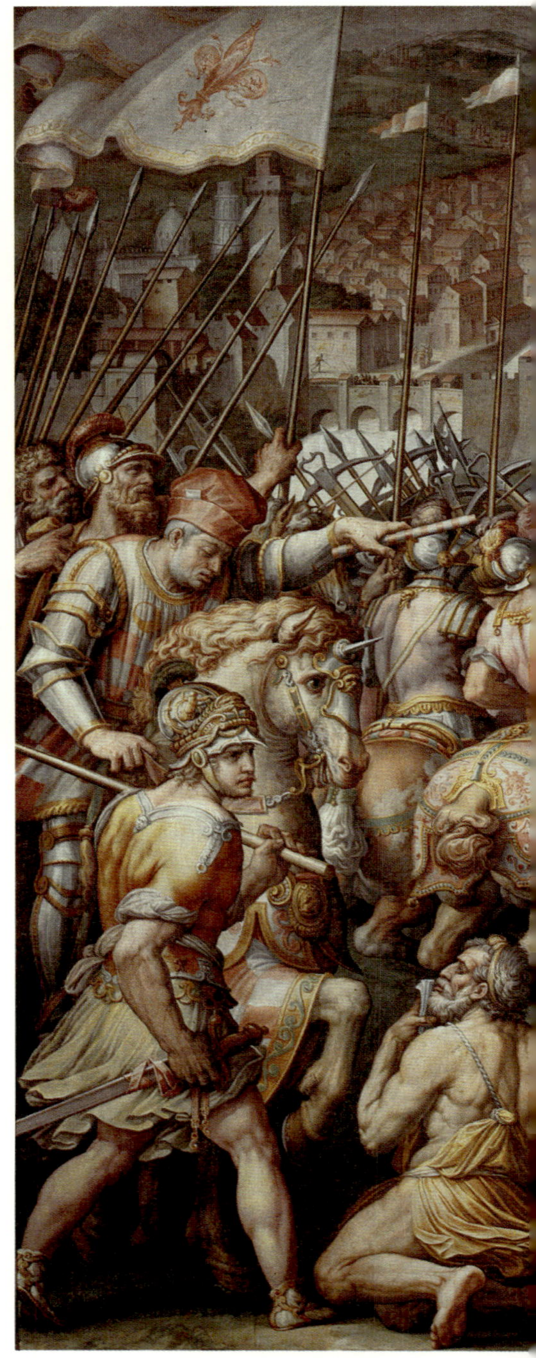

Der »Salon der Fünfhundert« – eigentlich 1495 von Cronaca ausgeführt, um die fast zweitausend Mitglieder des Consiglio Grande del Popolo aufzunehmen, der auf Anregung des glühenden Demokraten Savonarola gerade eingerichtet worden war – ist einer der monumentalsten Säle in einem öffentlichen Palast. Auf Wunsch Cosimos I. wurde er dann für öffentliche Zwecke bestimmt und zwischen 1570 und 1572 von Vasari und seinen Mitarbeitern mit Bildern von den Taten des Herzogs vollständig ausgeschmückt; in der Mitte des Sgraffitos eine »Apotheose des Cosimo« (links), während zu den berühmtesten Gemälden sicher »L'assalto a Pisa«, »Der Sturm auf Pisa« zählt (unten). Zwischen 1865 und 1871 fanden im Salon die Sitzungen der Reichsabgeordnetenkammer statt.

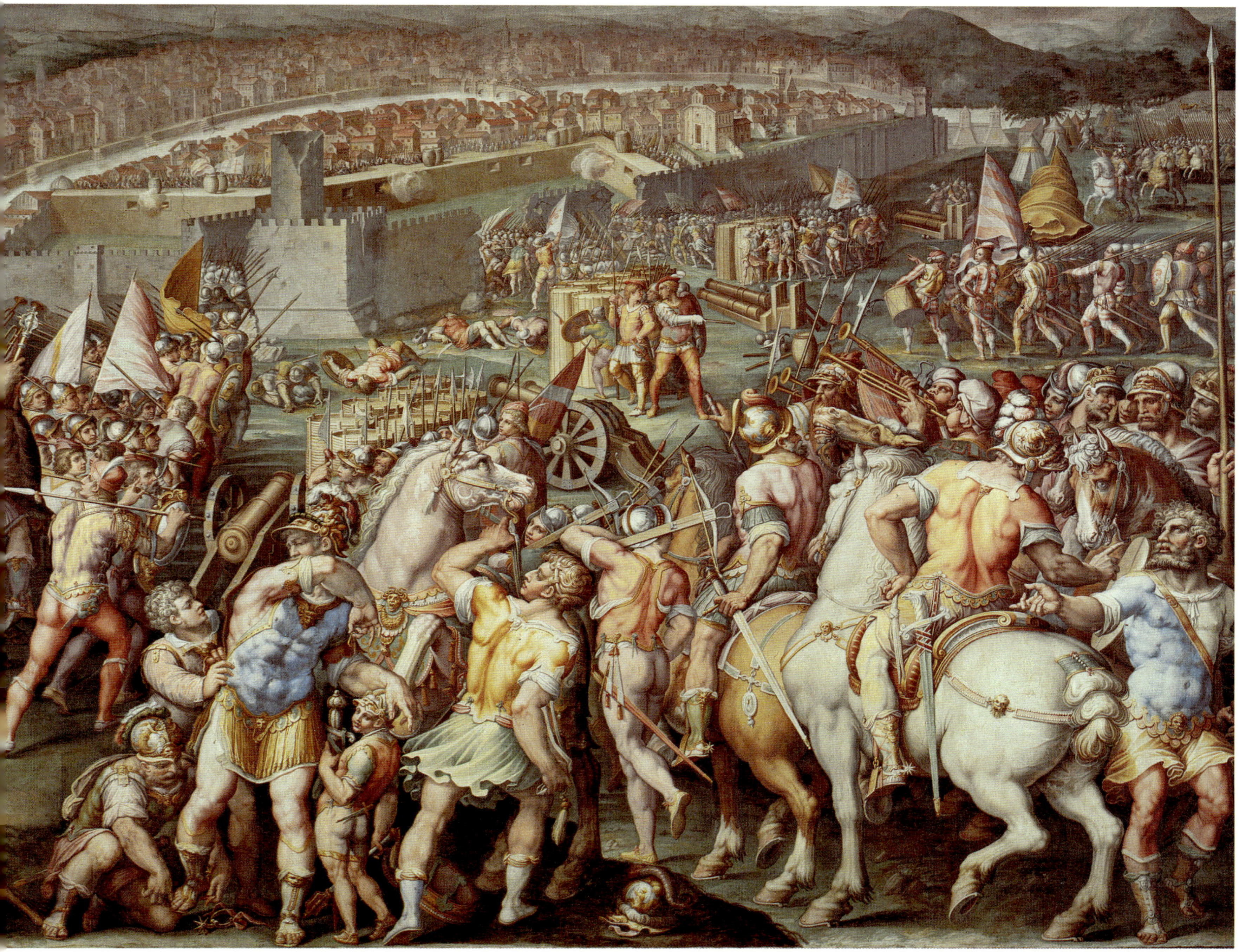

dieser Stelle ein Platz entstehen, auf dem absolutes Bauverbot bestand. Nicht weit entfernt lag außerdem die Kirche San Piero Scheraggio, die als geheiligter Ort nicht angetastet werden durfte. In der Mitte standen die Häuser der Familie Foraboschi mit dem hohen Torre della Vacca, die die Stadtgemeinde eilends erwarb: dort entstand dann der neue Palazzo dei Priori.
Aufgrund dieser enggesteckten Vorgaben nahm sich Arnolfo genau diesen Torre della Vacca zum Anhaltspunkt und errichtete an dessen Stelle den neuen Torre dei Priori, der heute besser bekannt ist als Torre di Arnolfo. An der Basis baute er ein beindruckendes Parallelepipedon, das den Kern des Gebäudes bildete und sich um einen Innenhof mit Arkaden erstreckte, den Michelozzo im 15. Jahrhundert umgestaltete. Die eigentliche Fassade des Palastes mit einem zentralen Eingangstor lag damals auf der kurzen Nordseite. Erst viele Jahrzehnte später wurde der heutige Haupteingang auf die Westseite verlegt. Er liegt direkter an der Piazza, deren endgültige Begrenzung und Abschluß die Loggia dei Lanzi war. Aber gerade weil das Tor ursprünglich nicht für eine derartige Funktion konzipiert war, befand es sich – genauso wie der Turm – an der neuen Fassade nicht mehr in der Mitte, und so ist es bis heute geblieben.
Beim Bau dessen, was der öffentliche Florentiner Palast

Ebenfalls im ersten Stock befindet sich das »Quartiere di Leone X« mit dem gleichnamigen Saal, der mit Episoden aus dem Leben von Giovanni dei Medici geschmückt ist, der zuerst Kardinal und dann Papst war.

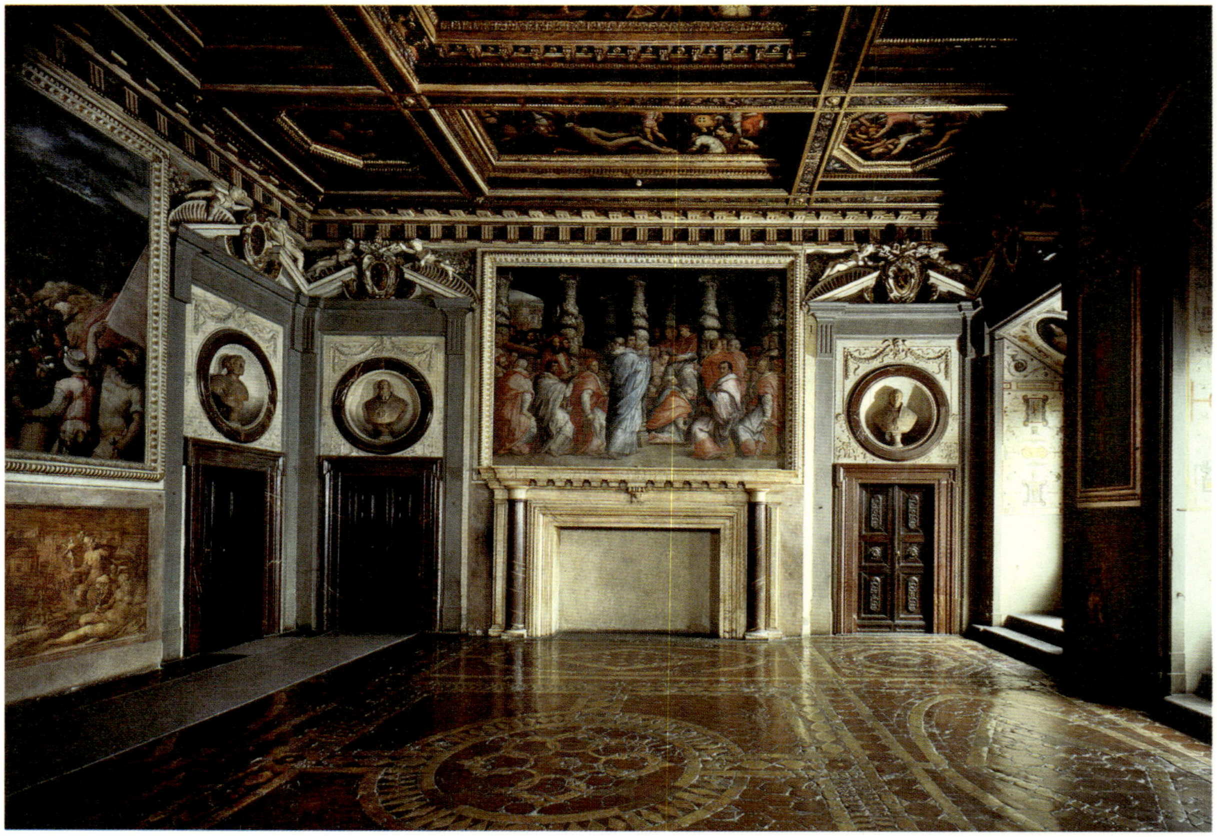

Ein wahres Kleinod ist das Studierzimmer von Francesco I., von Giorgio Vasari zwischen 1570 und 1572 erbaut, wo sich der gelehrte Fürst und Liebhaber des Schönen sammeln konnte. Die Kassettenfüllungen stammen von Francesco Morandini, die Porträts von Cosimo und Eleonora in den Lünetten sind von Bronzino, die Bemalung der Schranktüren von mehreren Manieristen des 16. Jahrhunderts. Von den Bronzestatuetten in den Nischen sind besonders der »Apollo« von Giambologna und die »Venus« von Ammannati erwähnenswert.

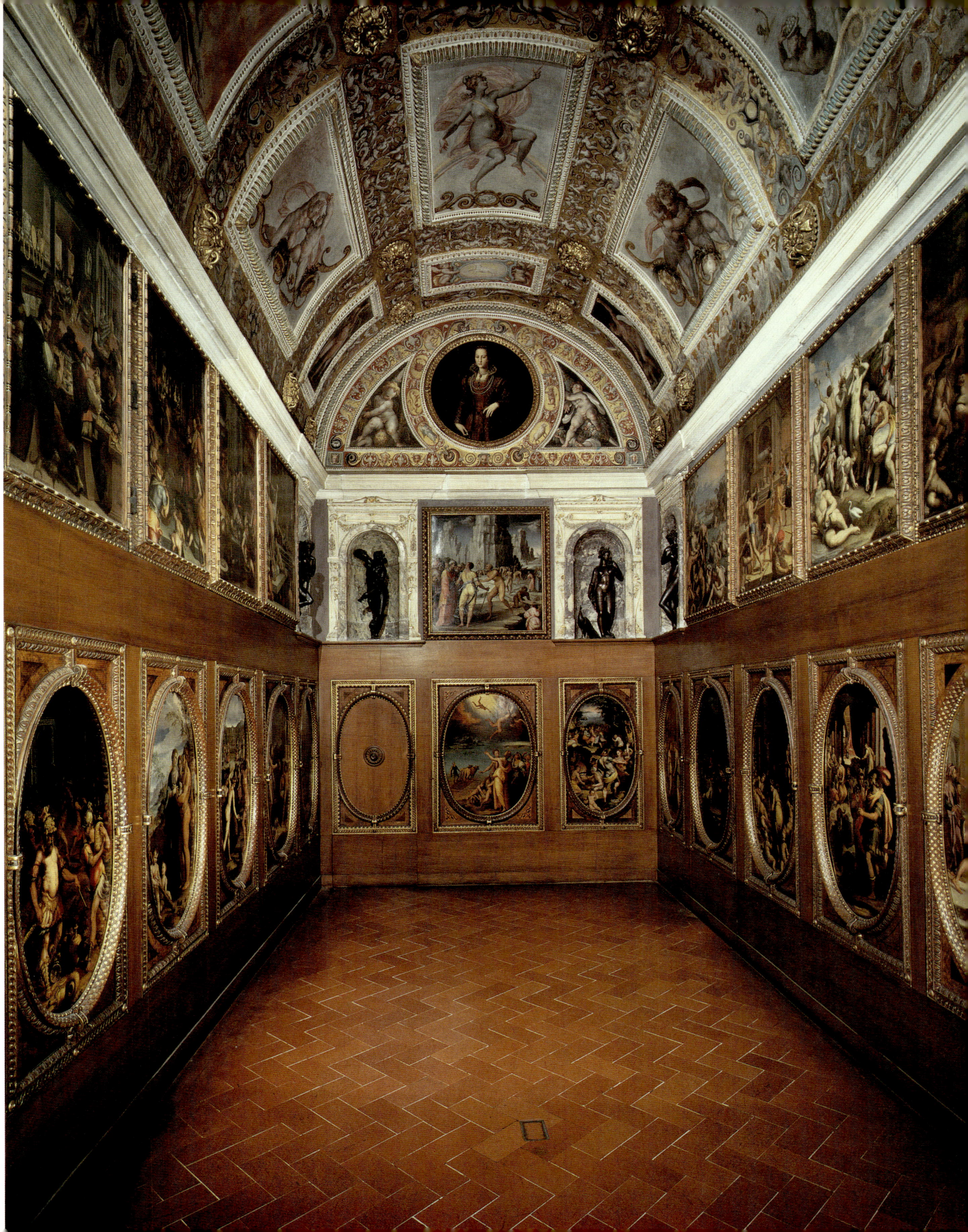

Die Wappen der Medici mit den Kugeln und die der Riccardi mit dem Schlüssel sieht man häufig im Palazzo Medici Riccardi, von der Gebäudeecke an der Straße bis hin zu den Loggien des Innenhofs.

par excellence hätte werden sollen, wollte Arnolfo also nicht auf die typischen Elemente der mittelalterlichen Zivilarchitektur verzichten: den Turm, den Innenhof mit Arkaden und den in zwei Schiffe geteilten Gewölbesaal im Erdgeschoß, dem im ersten Stock, in den man über eine Außentreppe gelangte, die Sala del Consiglio entsprach.
Dazu gesellte er aber auch Elemente, die einen direkteren Bezug zur Militärarchitektur hatten: die umlaufende Galerie auf dem auskragenden Dach, die Zinnen und den Turm, der zu Verteidigungszwecken entworfen und besonders massiv gebaut war. Dort sollte die Glocke hängen, deren Schläge die Sitzungen der Consigli, der Räte anzeigten und die bis heute in der Kirche San Piero Scheraggio hängt. Arnolfo schuf somit ein – auch hinsichtlich der alternierenden Komponenten – homogenes, unverwechselbares Bauwerk, das sich mit seinem 95 Meter hohen Turm und dem bis zur Galerie 42,65 Meter hohen Baukörper majestätisch über die Stadt erhob. Die Arbeiten waren 1330 endgültig abgeschlossen. Von diesem Zeitpunkt an fanden sich in dem Palazzo dei Priori oder del Popolo, später Palazzo della Signoria und viele Jahrhunderte später Palazzo Vecchio genannten Palast, einem echten Prototyp der Gemeindepaläste vieler toskanischer Städte (zum Beispiel Scarperia, Montepulcia-

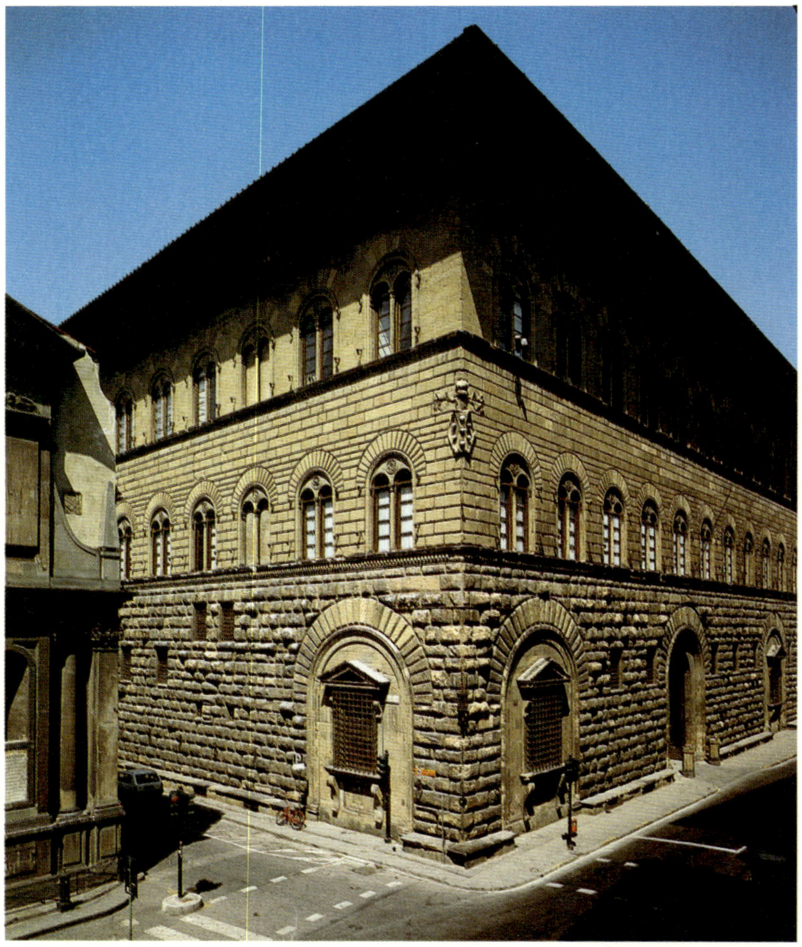

Der Palazzo Medici Riccardi war ein Vorbild für die Paläste des 15. Jahrhunderts, mit seiner genialen und strengen Fassade mit drei Reihen Bossenwerk, dessen Wölbung nach oben hin abnimmt, mit seinen doppelbögigen Fenstern, die vielleicht denen des Palazzo Vecchio nachempfunden sind, und mit seinen beiden betonten Gurtgesimsen. 1512 wurde die Loggia an der Ecke zugemauert und statt dessen die heutigen »knienden« Fenster nach einem Entwurf Michelangelos angebracht.

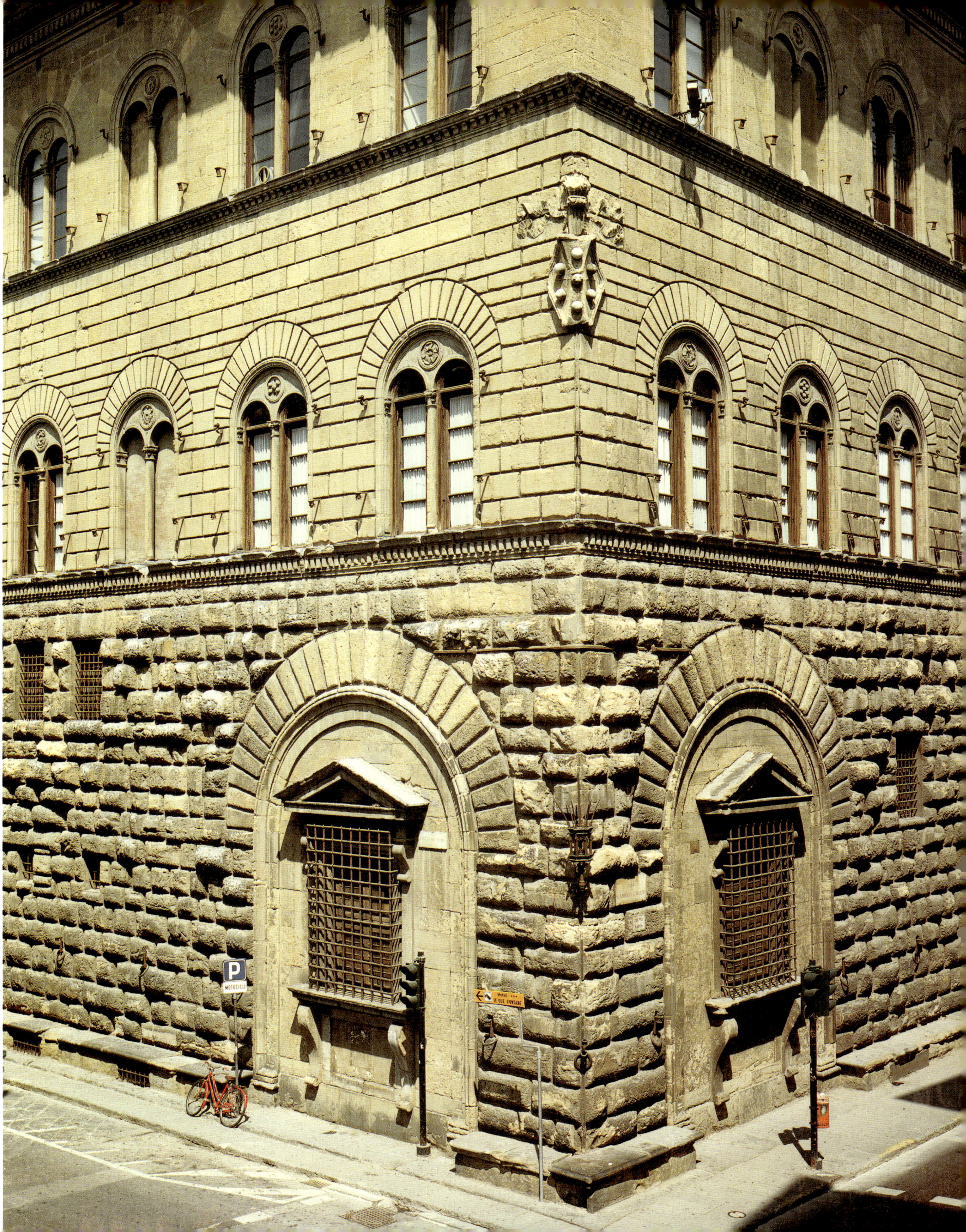
P

no, Volterra), dessen Säle von Künstlern wie Giorgio Vasari, verschönert, mit Fresken geschmückt und umgestaltet wurden, die höchsten Autoritäten des Stadtlebens ein. Er hat viele institutionelle Veränderungen miterlebt, von der Signoria zum Großherzogtum, zum Königreich und bis hin zur Republik. Der Palazzo Vecchio ist auch heute noch, sieben Jahrhunderte nach seiner Errichtung, Sitz des Bürgermeisters und des Stadtrates. Die folgenreichste der zahlreichen institutionellen Veränderungen, deren Zeuge der Palazzo della Signoria war, war zweifellos die Macht-übernahme der Familie Medici. Das war kein traumatisches und unverhofftes Ereignis, denn sie wurde von verschiedenen Vertretern der Familie Stück für Stück, mit der typischen Sachlichkeit von Kaufleuten, die sie waren, vorbereitet. Entscheidend hat dazu zweifellos Cosimo, genannt der Ältere, beigetragen, der Sohn von Giovanni di Bicci, der zu Recht als der wahre Urheber des späteren Familienreichtums gilt. Er hatte sehr schnell begriffen, daß er, wenn er sich eine herausragende Position und wirkliche Macht in Florenz schaffen wollte, mit äußerster Diskretion vorgehen mußte, also ohne seinen Reichtum und seine Macht zur Schau zu stellen. Er wirkte hinter den Kulissen und zeigte sich gegenüber republikanischen Institutionen respektvoll ergeben.

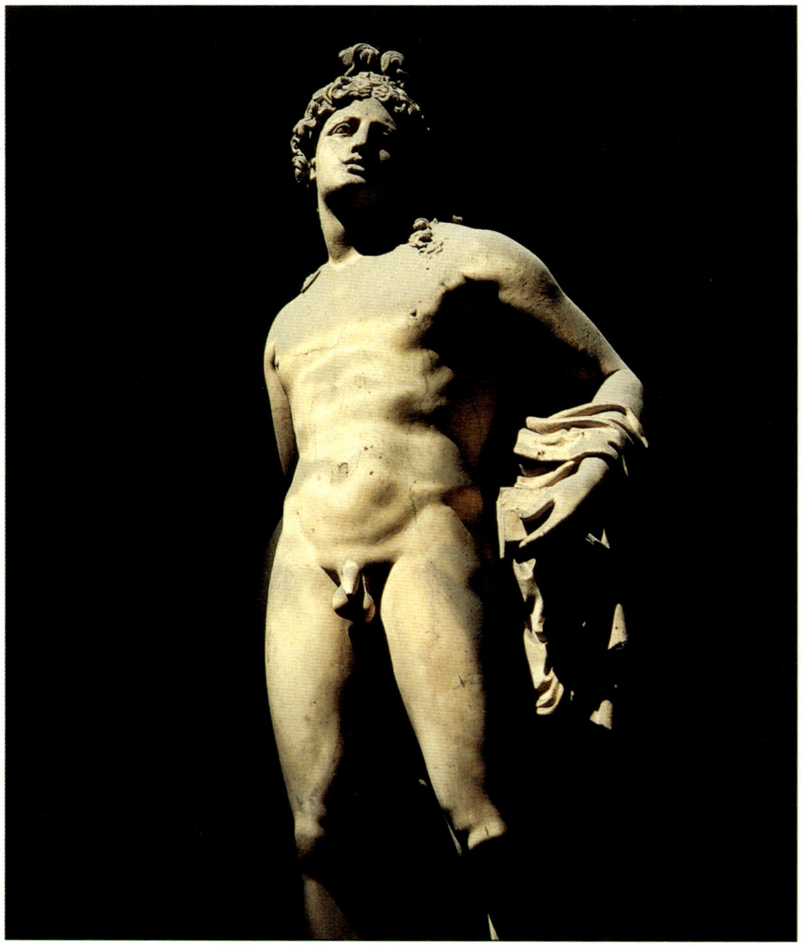

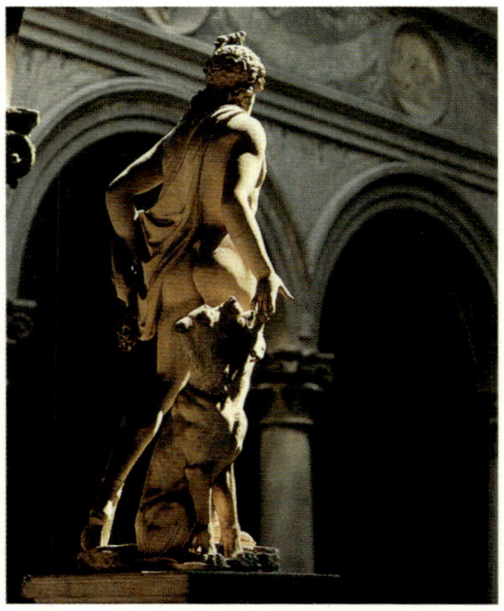

Der Innenhof des Palazzo Medici Riccardi ist ein rhythmisches Meisterwerk in drei Sequenzen: Die Arkaden im Erdgeschoß, die Fassade des ersten Stocks und die Loggia mit der ionischen Kolonnade im zweiten Stock.
Die Sgraffiti stammen von Maso di Bartolomeo, die Medaillons auf dem Architrav über den Bögen werden Bertoldo zugeschrieben. In diesem Innenhof kamen im Lauf der Jahrhunderte zahlreiche Kunstwerke zusammen, Sarkophage, Statuen, Gedenktafeln, Büsten, die zum Teil von den Außenwänden des Baptisteriums, teils aus dem Besitz der Riccardi stammten oder die der Markgraf Francesco Riccardi Anfang des 18. Jahrhunderts aus Rom mitgebracht hatte. Gegenüber dem Eingang eine Orpheus-Statue die Baccio Bandinelli im 16. Jahrhundert schuf.

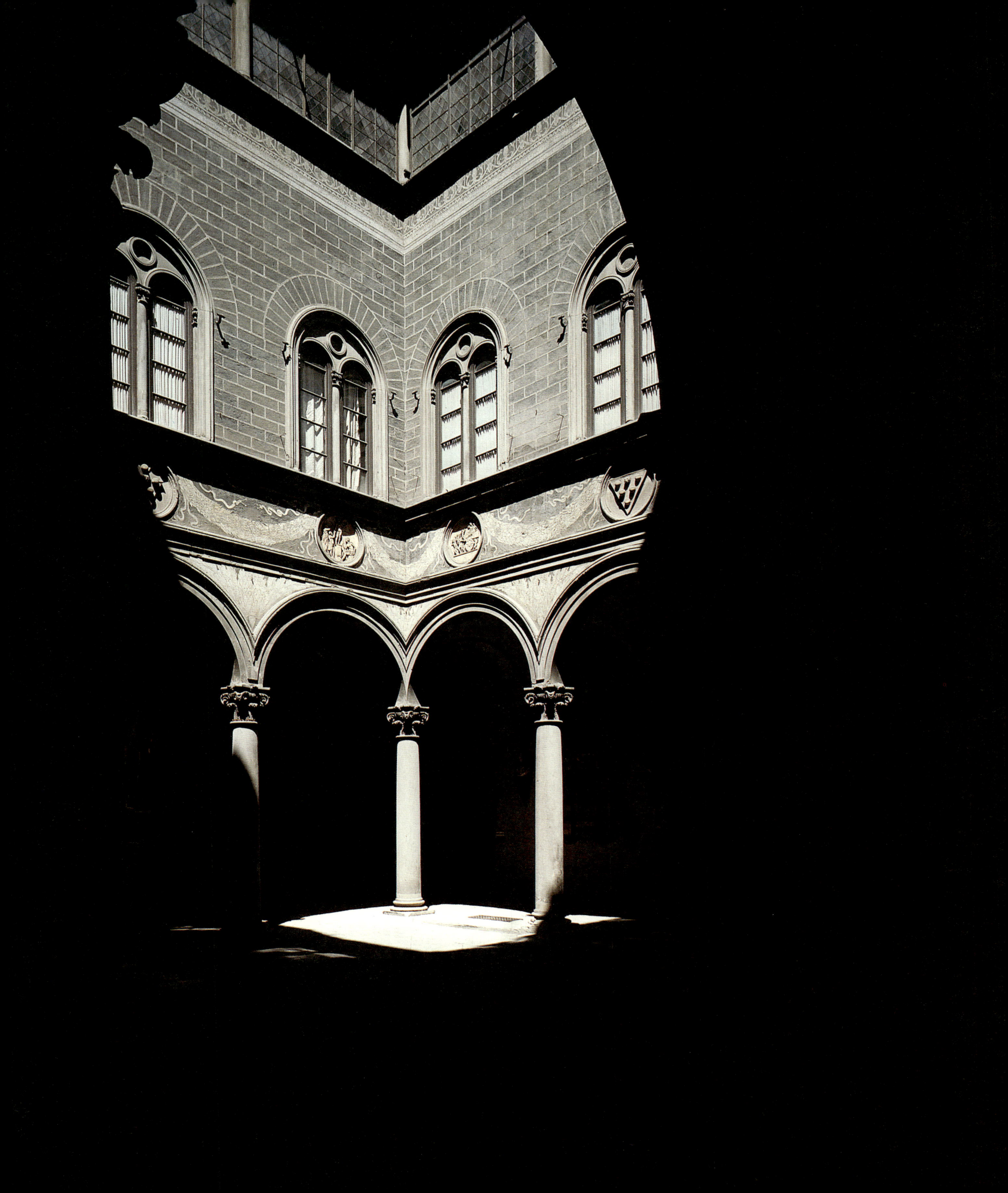

Cosimo machte diese Strategie zu einem regelrechten politischen Programm, dem er immer treu blieb und das er mit Erfolg auch an seine Nachkommen weitergab: nicht zufällig bekleidete bis in die vierziger Jahre des 16. Jahrhunderts kein Medici ein öffentliches Amt, auch nicht Lorenzo der Prächtige, obwohl die Familie seit fast einem Jahrhundert die absolute Macht in der Stadt besaß. An diese Regel hielt er sich sogar dann, als er um 1440 die Zeit für gekommen hielt, sich einen Palast erbauen zu lassen, der dem Erfolgsstreben und den Erfolgen der Familie entsprach; und das zu einer Zeit, als andere Adelsgeschlechter bereits die Tradition eingeführt hatten, sich als Beweis ihrer Finanzkraft und als sicheren, bewehrten Zufluchtsort für die engsten Familienmitglieder große Gebäude errichten zu lassen. Der Palazzo Medici mußte daher genauen Anforderungen entsprechen: von außen sollte er abweisend erscheinen, von schlichter Eleganz, massiv und beeindruckend, aber nicht mit dem großen Luxus und Reichtum prunken, den man im Inneren besser zum Ausdruck bringen konnte, wo die Familie, geschützt vor indiskreten Blicken, ein angenehmes Leben führen konnte.
Als erstes wandte sich Cosimo, gewiß aus Prestigegründen, aber auch wegen dessen bewiesener Fähigkeiten, an Filippo Brunelleschi, der innerhalb weniger Jahrzehn-

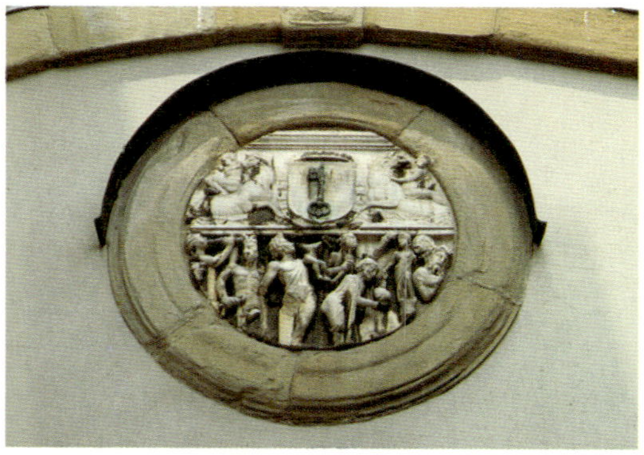

Ein in die Wand eingelassenes Relief mit dem Schlüssel aus dem Wappen der Riccardi.

Auf dem Foto unten sehen wir den Innenhof, der zweifellos zu den Meisterwerken Michelozzos gehört; und rechts wieder eine Ansicht des Innenhofs, im Hintergrund das zur Via Cavour hin offenstehende Tor.

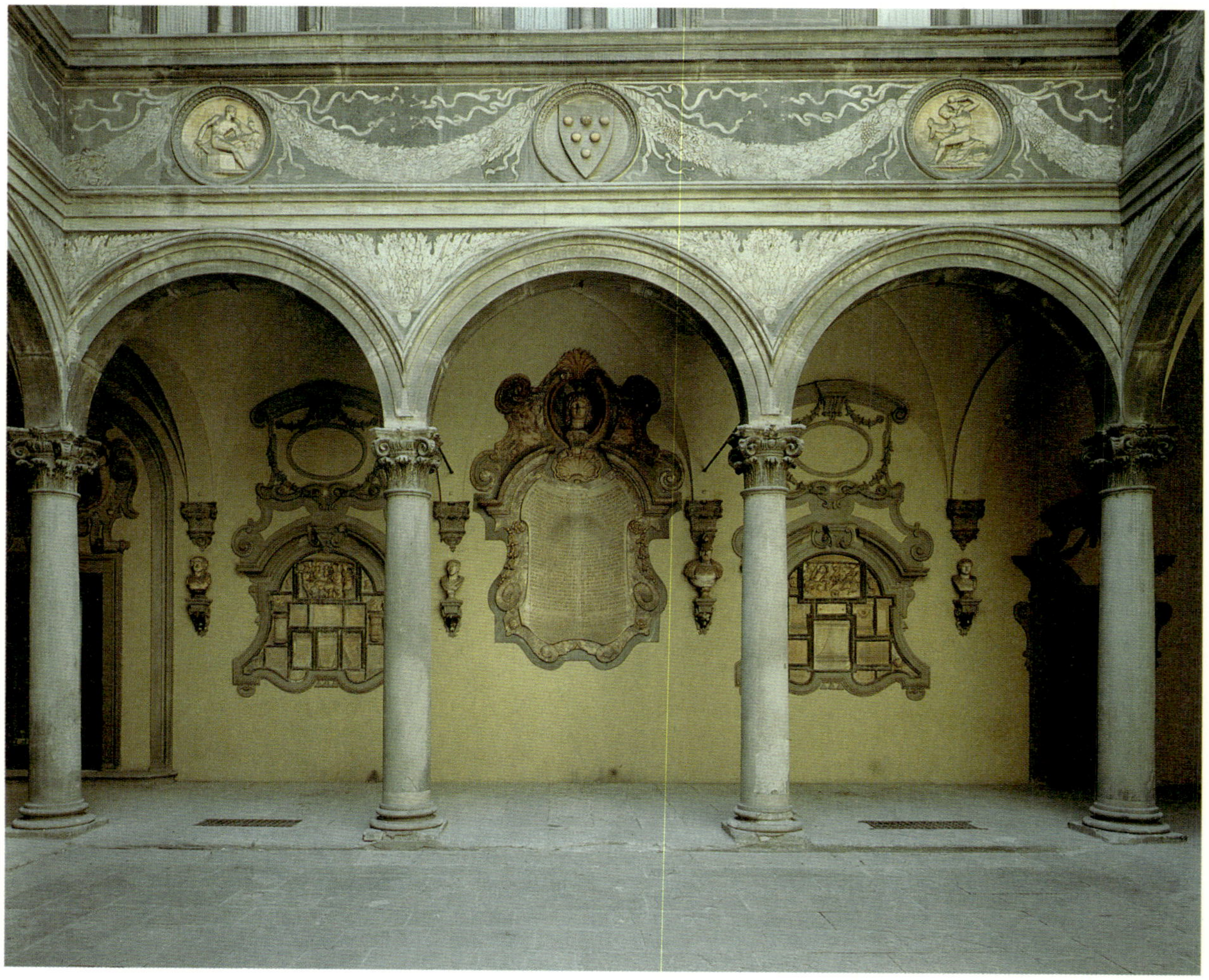

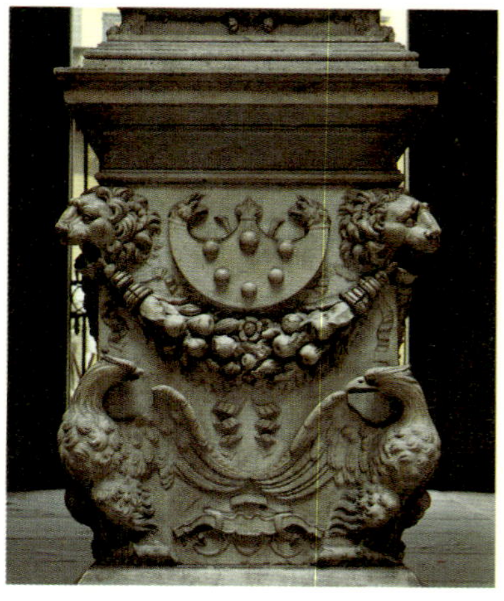

Der Marmorsockel der Orpheusstatue mit den heraldischen Attributen der Medici.

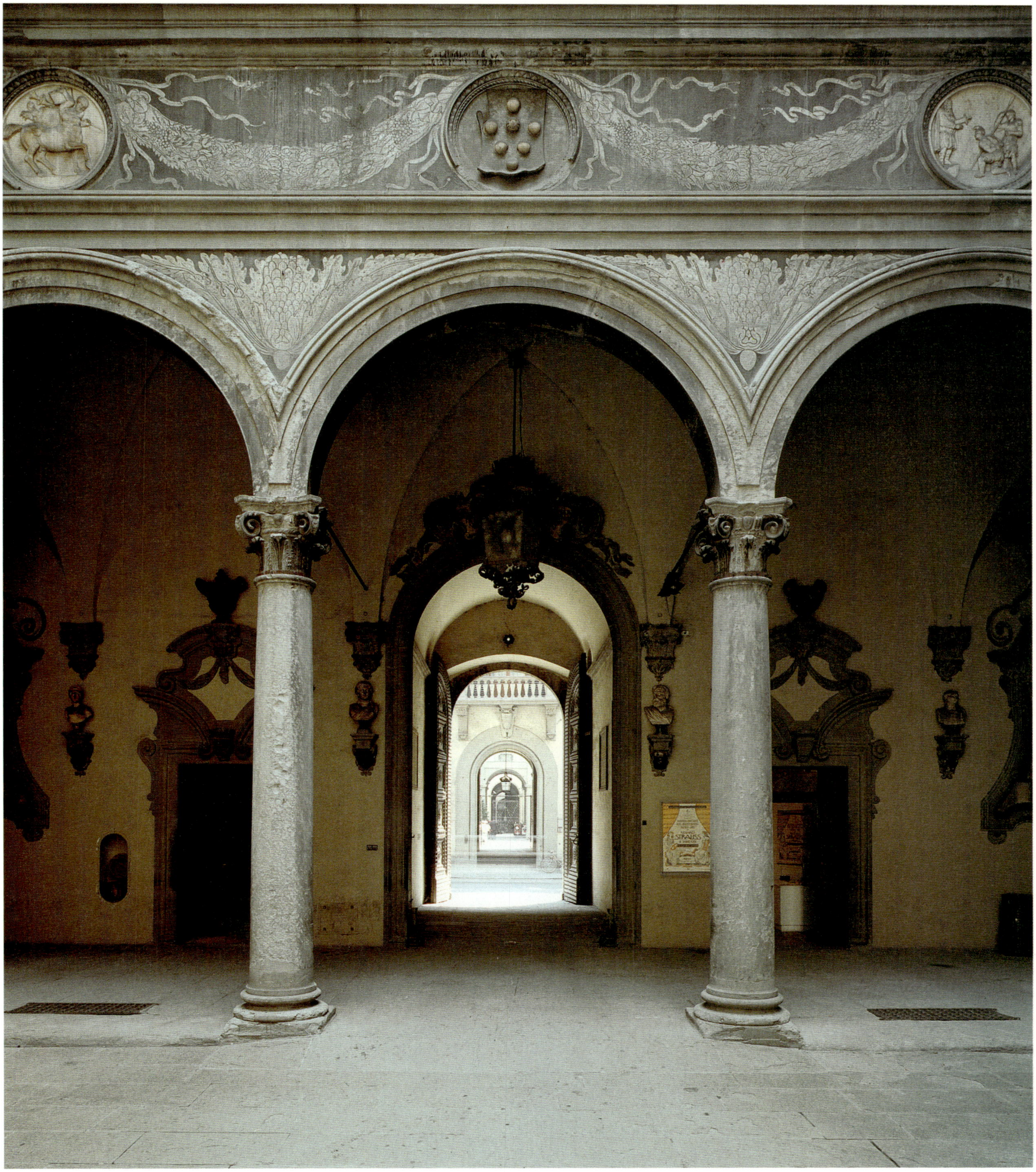

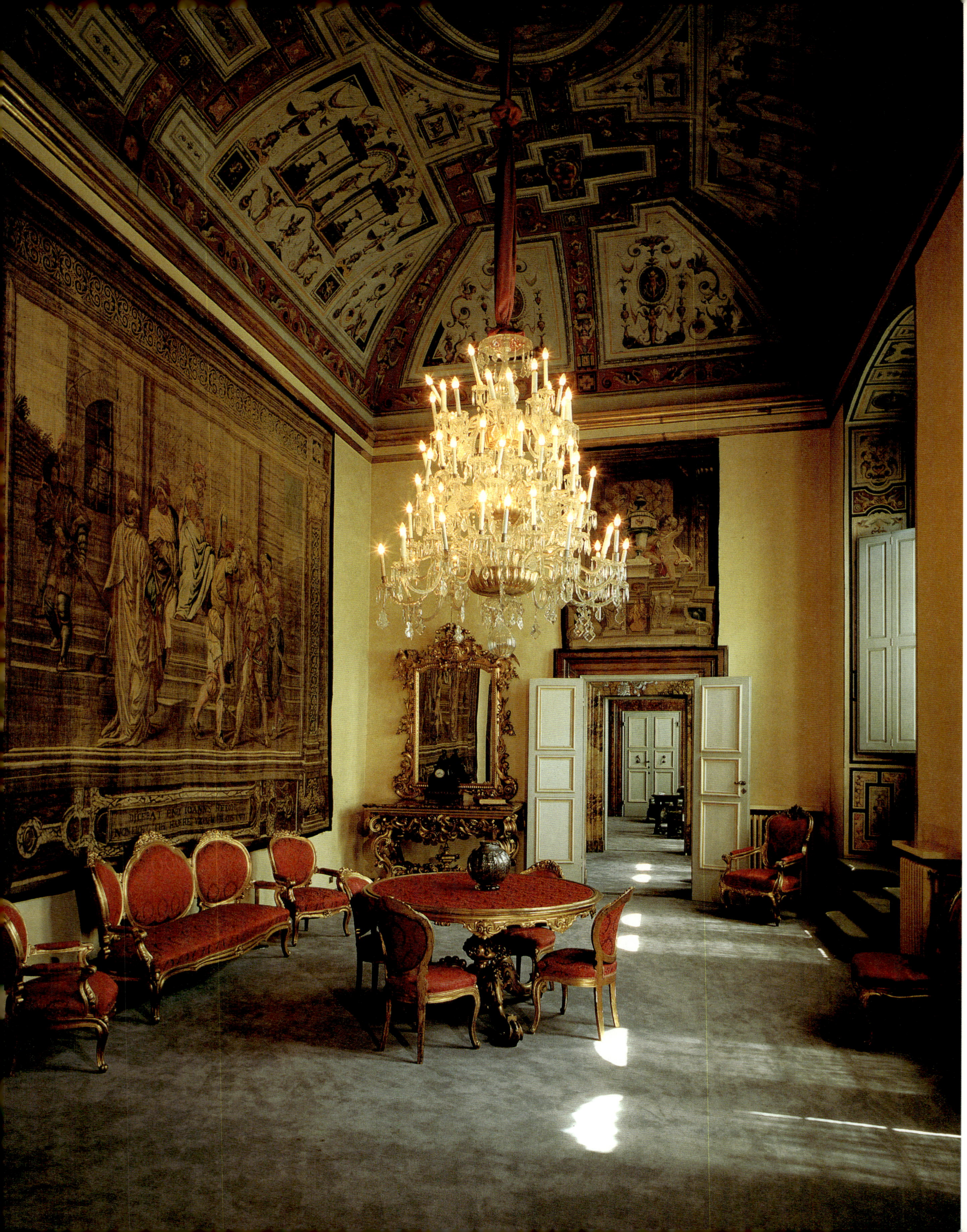

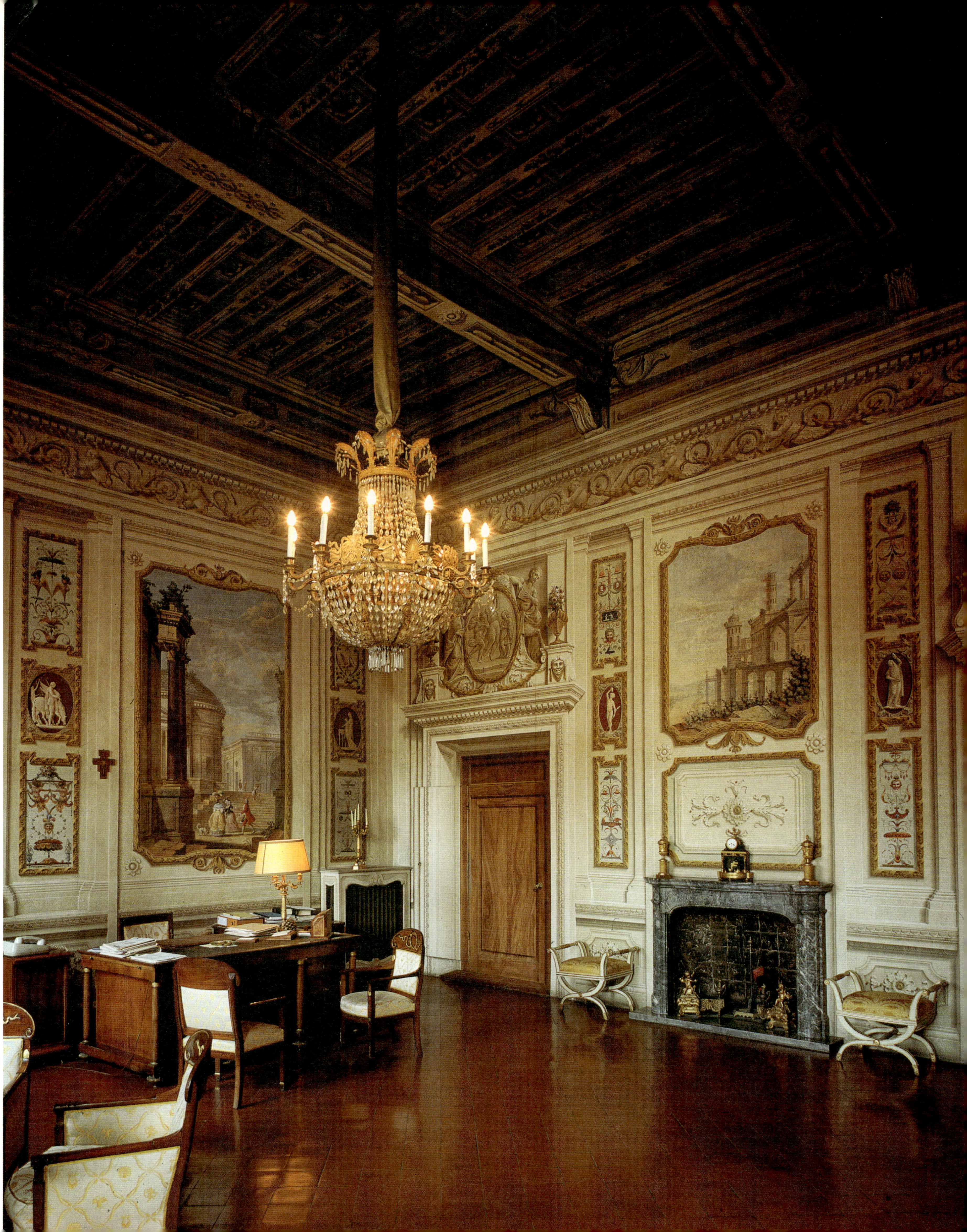

te das Stadtbild von Florenz verändert hatte, indem er ihm die Ausmaße einer Renaissancestadt gab. Es entstanden ein Entwurf und ein Holzmodell von einzigartiger Schönheit: ein Gebäude mit quadratischem Grundriß und neun Fenstern auf jeder Seite, das nach den Plänen des Architekten genau gegenüber der Kirche San Lorenzo stehen sollte. Es war ein ehrgeiziges Projekt, das eine Menge Geld gekostet, aber vor allem nicht zu Cosimos bescheidenem öffentlichen Auftreten gepaßt hätte, das er sich auferlegt hatte. Deshalb lehnte er es ab, »mehr um den Neid zu vermeiden als die Kosten«, wie Vasari in seinen »Lebensbeschreibungen« notiert, und wandte sich an einen anderen Architekten, der schon ungewöhnliches Talent gezeigt hatte und der später Cosimos Wünsche am besten zu interpretieren und auszuführen wußte: Michelozzo.
Dieser hatte nach anfänglichen Kontakten zu Lorenzo Ghiberti und Donatello immer größeres Interesse an Brunelleschis Lösungen gezeigt. Es gelang ihm, dessen Abstraktheit zugunsten der konkreten Aussagekraft der Mauer, des Gesteins und einer Fassade mit betont ausgeprägten Linien und Oberflächen zu überwinden. Michelozzo hatte bereits für Cosimo am Wiederaufbau des Klosters San Marco mitgearbeitet, und auch bei diesem neuen Auftrag zeigte er sich den Anforderungen des Auftraggebers gewachsen. So entstand ab 1444 der Palazzo Medici in der Via Larga (heute Via Cavour), der noch der typisch mittelalterlichen Anlage der Eckansicht als grundlegender Perspektive folgt, mit seiner originellen Entwicklung der Raumverteilung aber bereits innovativ ist.

Vorhergehende Seiten:
Im Palazzo Medici Riccardi waren die Räume des ersten Stocks schon immer in separate Wohnungen gegliedert. Dort wohnten Cosimo der Ältere und Lorenzo der Prächtige. Hier trafen sich berühmte Intellektuelle, Künstler und Wissenschaftler. Das erste Zimmer gehörte zur Wohnung des Präsidenten der Republik, das zweite zu der des Präfekten.

Ein typisches dekoratives Element dieses Palastes sind die prächtigen Wandteppiche, die für die Familie Medici angefertigt wurden und die auch den Speisesaal (Foto rechts) schmücken.

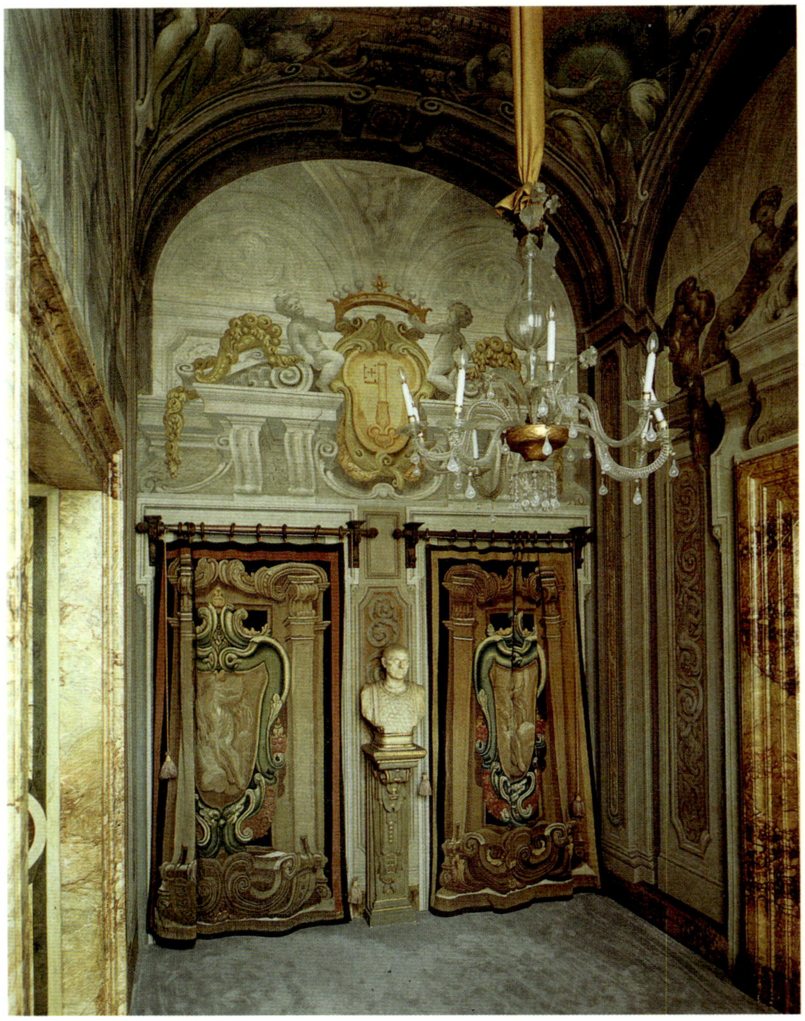

Ein kleines Vestibül mit eleganten Vorhängen, die in einen Alkoven führen.

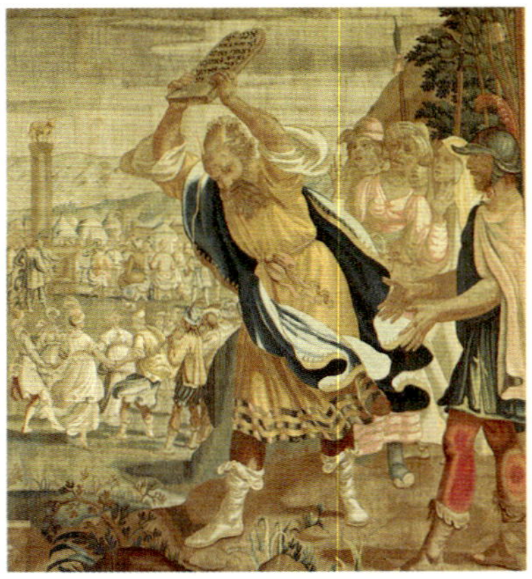

Detail eines Wandteppichs: Mose zerbricht die Gesetzestafeln.

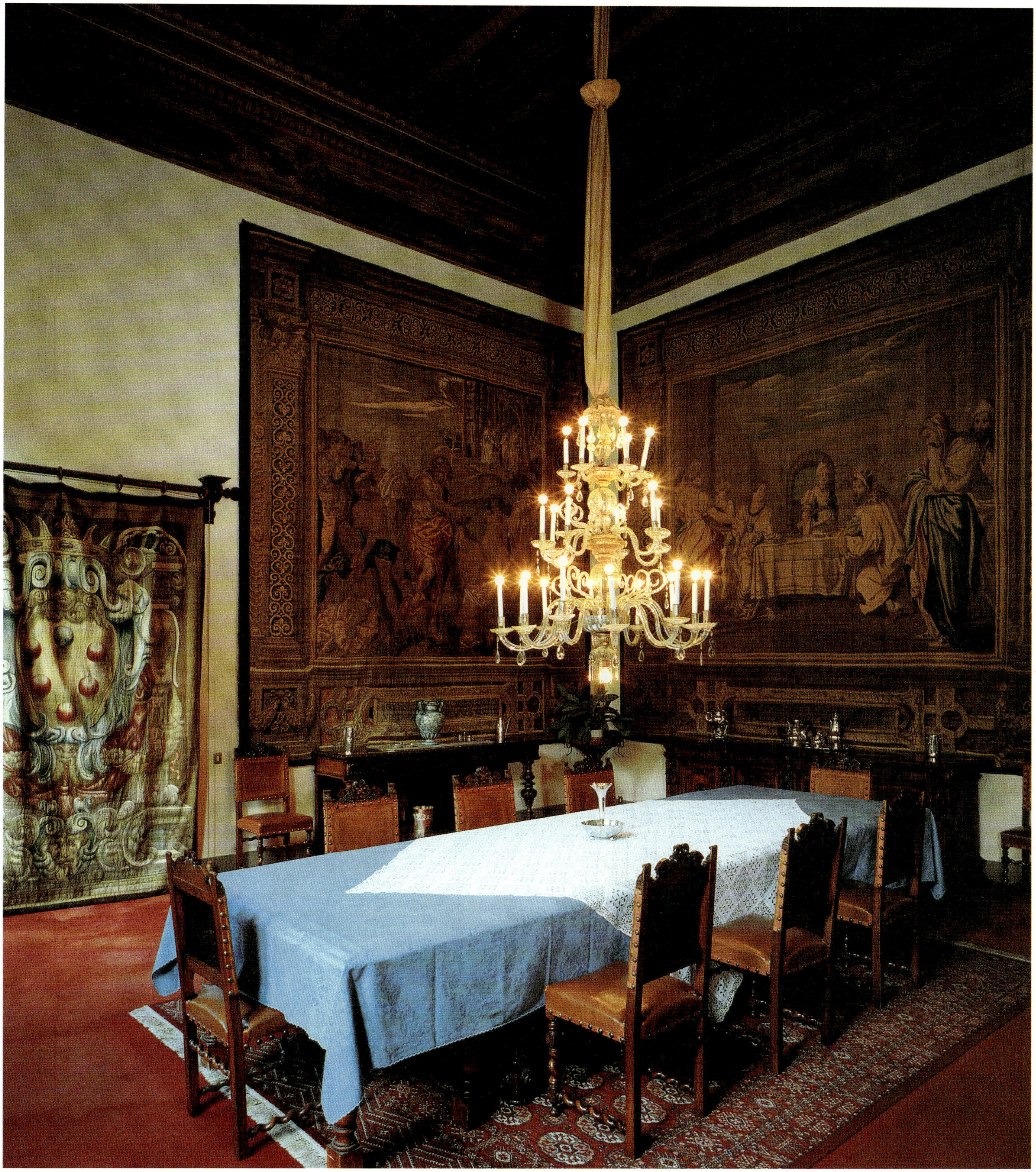

Ursprünglich (in der zweiten Hälfte des 17. Jahrhunderts ließen die Riccardi, denen die Medici den Palast 1659 überlassen hatten – daher der heutige Name Palazzo Medici Riccardi –, eine umfangreiche Vergrößerung vornehmen und dabei alle Anbauten abreißen und das Einfahrtstor entfernen) hatte die Hauptfassade des Palastes an der Via Larga zehn Fensterachsen und drei Tore. Die betonte Vertikale stand in einem starken Kontrast zu dem massiven, vorkragenden Hauptgesims, und dieses war so konzipiert, daß es den Eindruck strenger Macht verstärkte, den schon die über die drei Stockwerke in ihrer Wölbung abnehmende Rustika vermittelte.

Um die Idee eines wehrhaften Palastes zu verstärken, der eher sicherer Zufluchtsort als elegante Wohnstatt war, entschied man sich für ein fensterloses Erdgeschoß (das traditionsgemäß für Geschäftstätigkeiten vorgesehen war). Die Fenster wurden erst im 16. Jahrhundert eingefügt, von Michelangelo entworfen, und sind ganz anders als die zweiflügeligen Bogenfenster, die sich gut in den beiden oberen Geschossen ausnehmen.

Eine der besten Arbeiten Michelozzos war aber sicherlich der Palastinnenhof. Er war als eine Art Vereinigung der Funktionen von Klosterkreuzgang und mittelalterlichem Hof gedacht und hatte zu ebener Erde ein wunderschönes Säulenatrium und im zweiten Stock eine raffinierte

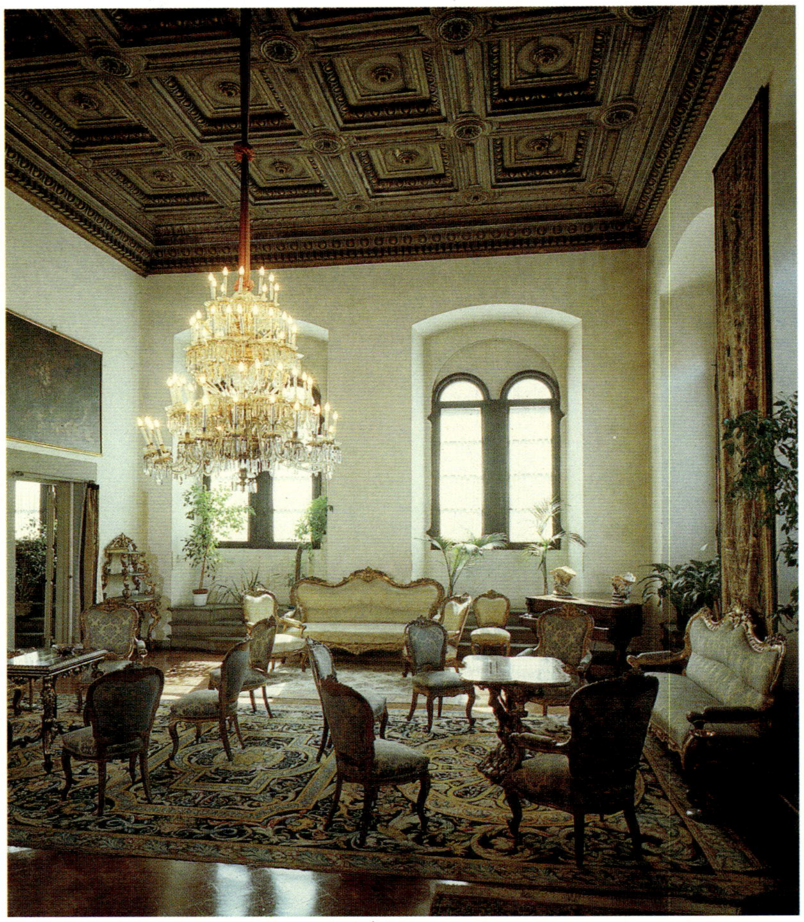

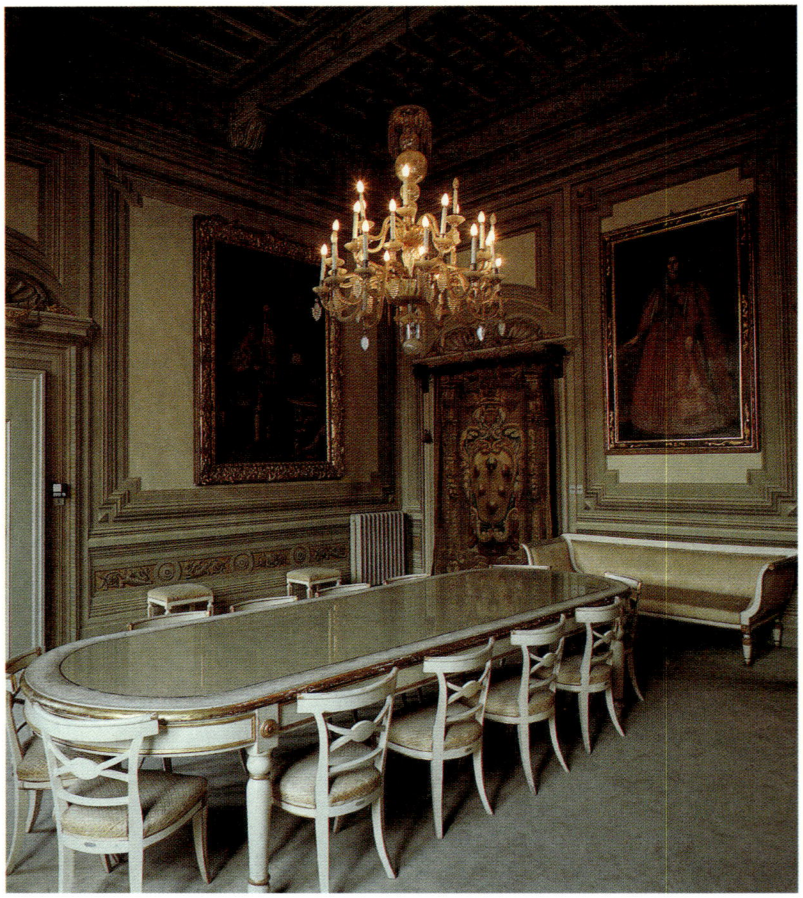

Noch einige Beispiele für recht interessante Räumlichkeiten. Von links oben: ein typischer Repräsentationssaal, ein anmutiges kleines Eßzimmer; und ein kleiner Salon.

Folgende Seiten:
Sehr beeindruckend sind die großartigen Fresken von Luca Giordano aus der Zeit um 1683 für die Barockgalerie, die im Zuge der Vergrößerung durch die Riccardi zwischen 1670 und 1688 gebaut wurde. Darauf sieht man eine »Apotheose der Medici-Dynastie« und eine Allegorie der Göttlichen Weisheit. Die Spiegel, die den Salon schmücken, hat Antonio Domenico Gabbiani bemalt.

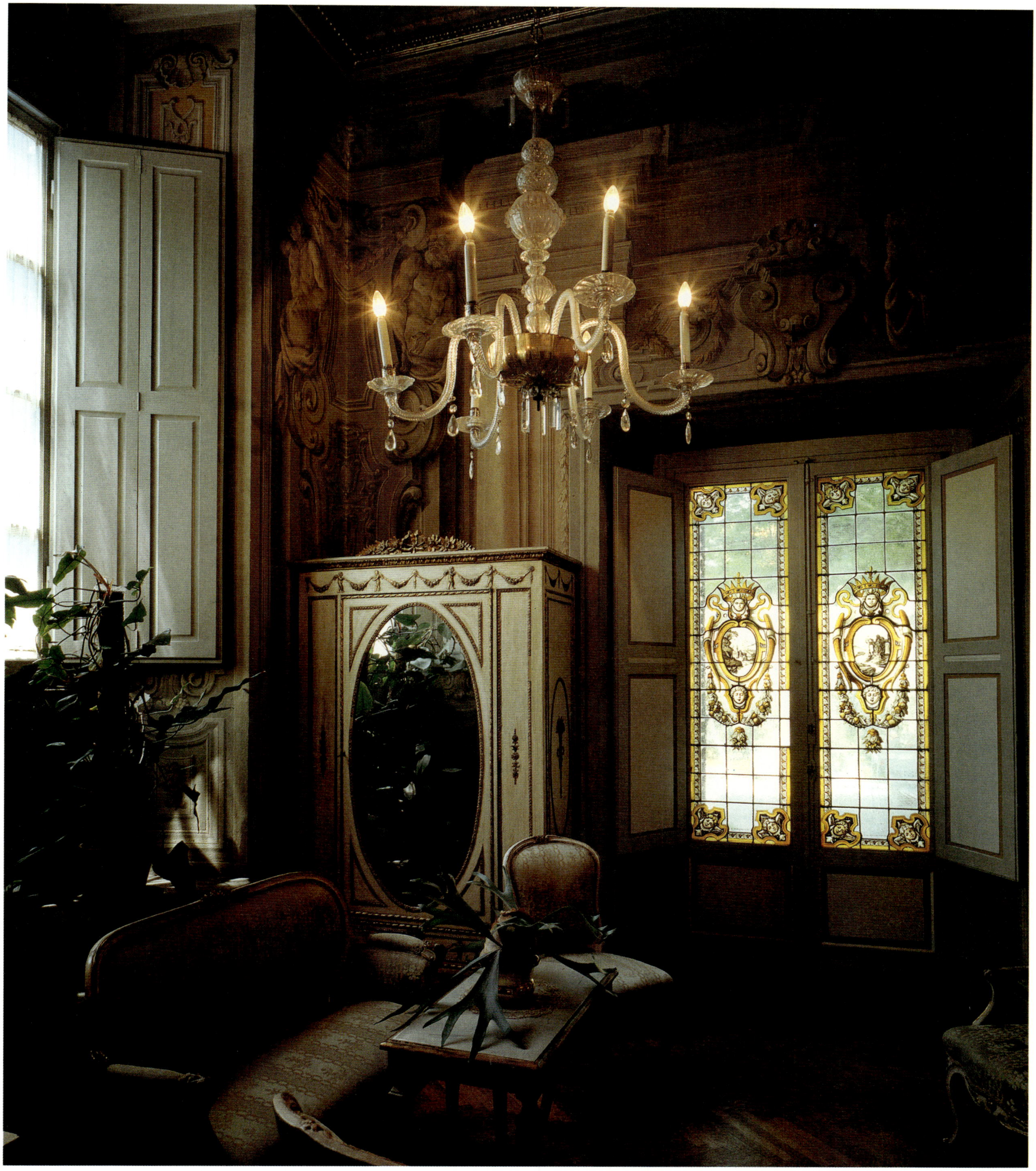

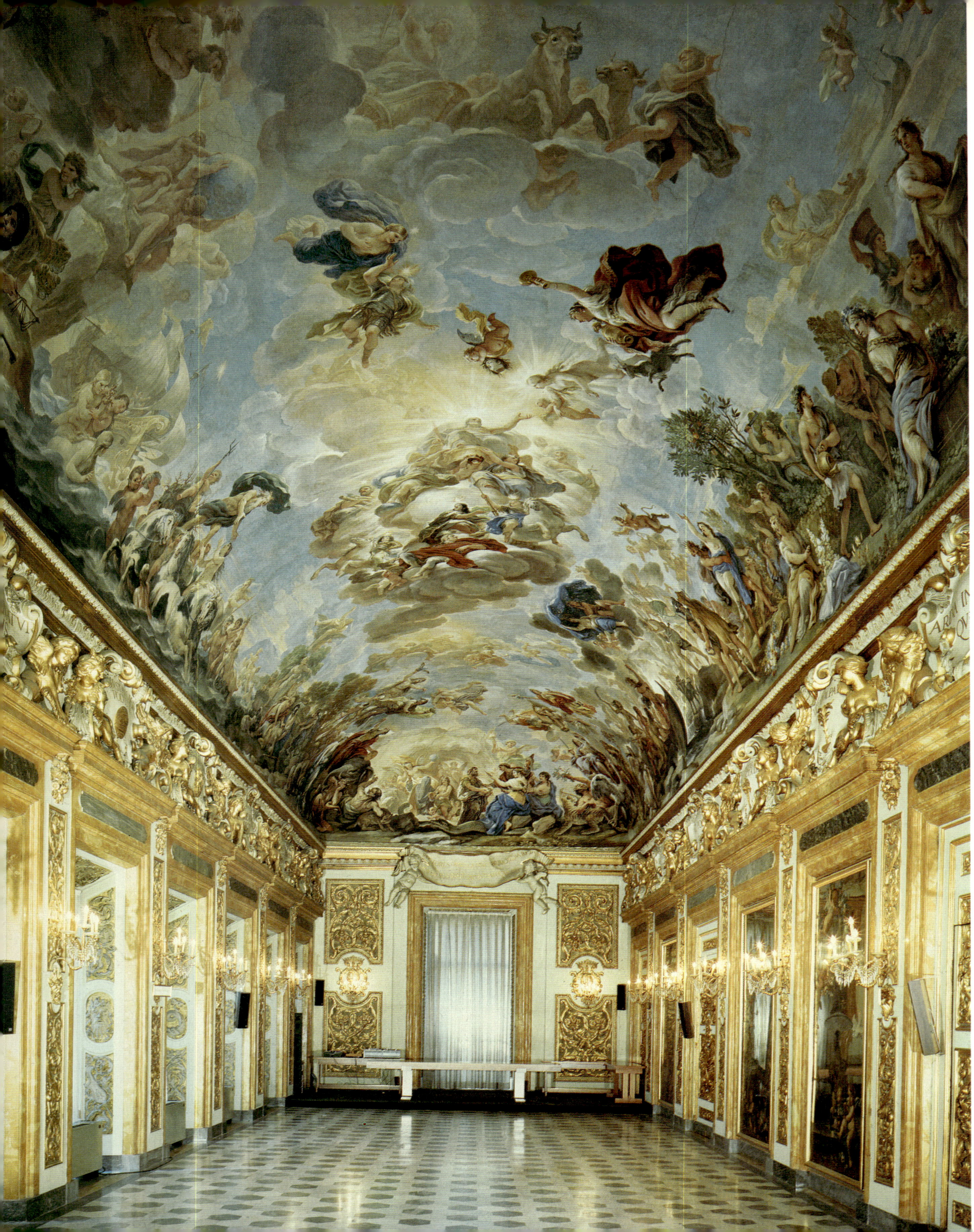

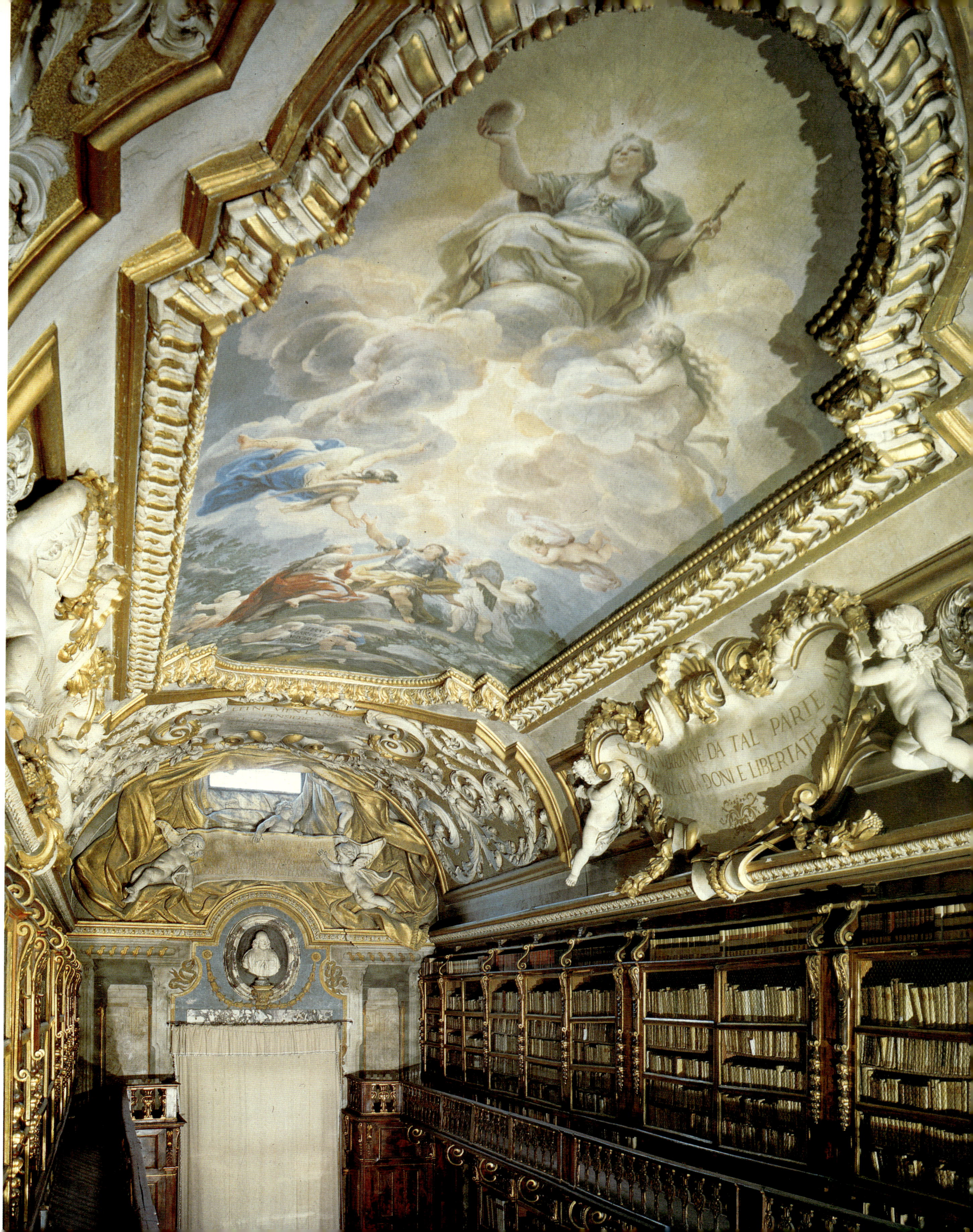
DA TAL PARTE
DONI E LIBERTATE

offene Galerie mit ionischer Kolonnade. Bemerkenswert ist die sorgfältig gearbeitete Verzierung auf dem Architrav, der rings um den ganzen Innenhof läuft. Dieser Innenhof wurde sehr schnell zum Vorbild für viele Paläste in der zweiten Hälfte des 15. Jahrhunderts.
Erwähnenswert ist auch der kleine ummauerte Garten, der dem Familienleben vorbehalten war und noch viel von der typischen mittelalterlichen Atmosphäre ausstrahlt. Moderner erscheint dagegen die Anordnung der Innenräume, die so miteinander verbunden sind, daß man in jedem Flügel eine vollständige Wohnung, bestehend aus Saal, Zimmer und Schreibstube, einrichten konnte; Cosimo hielt sich lieber in der Wohnung zum Garten hin auf, während Lorenzo der Prächtige lieber in der an der Via Larga wohnte, weil diese direkt neben dem Repräsentationssaal und der Kapelle lag, die Michelozzo entworfen und Benozzo Gozzoli mit Fresken geschmückt hat.
Der Palazzo Medici blieb die Stadtwohnung der beherrschenden Familie von Florenz bis 1540, das heißt, solange die Befolgung von Cosimos Gebot ratsam schien, nämlich, rigoros das persönliche Bild von jeglichem öffentlichen Amt zu trennen. Aber 1537 wurde ein anderer Cosimo, Großneffe von seiten des Onkels des älteren Cosimo, offiziell zum Herzog und Signore von Florenz erklärt.

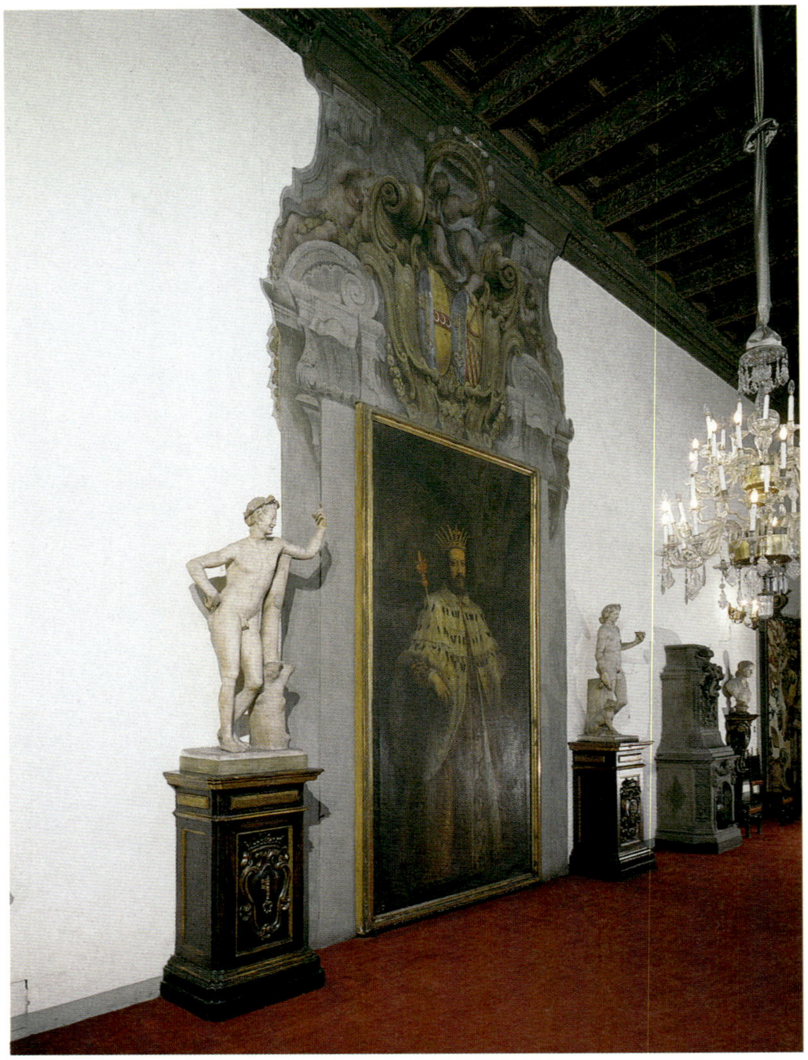

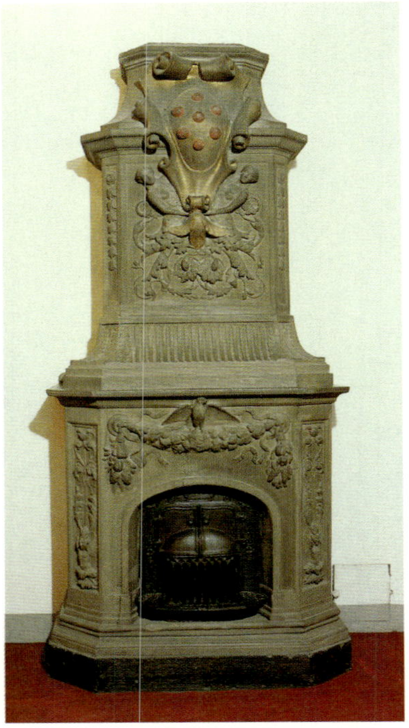

Noch einige interessante Details aus dem Palazzo Medici Riccardi: Ein Verbindungskorridor; ein original erhaltener Kamin mit dem mediceischen Wappen; der Garten, den bereits Michelozzo als geschlossene ummauerte Einheit konzipierte. Man betritt ihn durch einen offenen Durchgang in der Mauer, die den zweiten Portikus in typisch mittelalterlicher Weise abschließt.

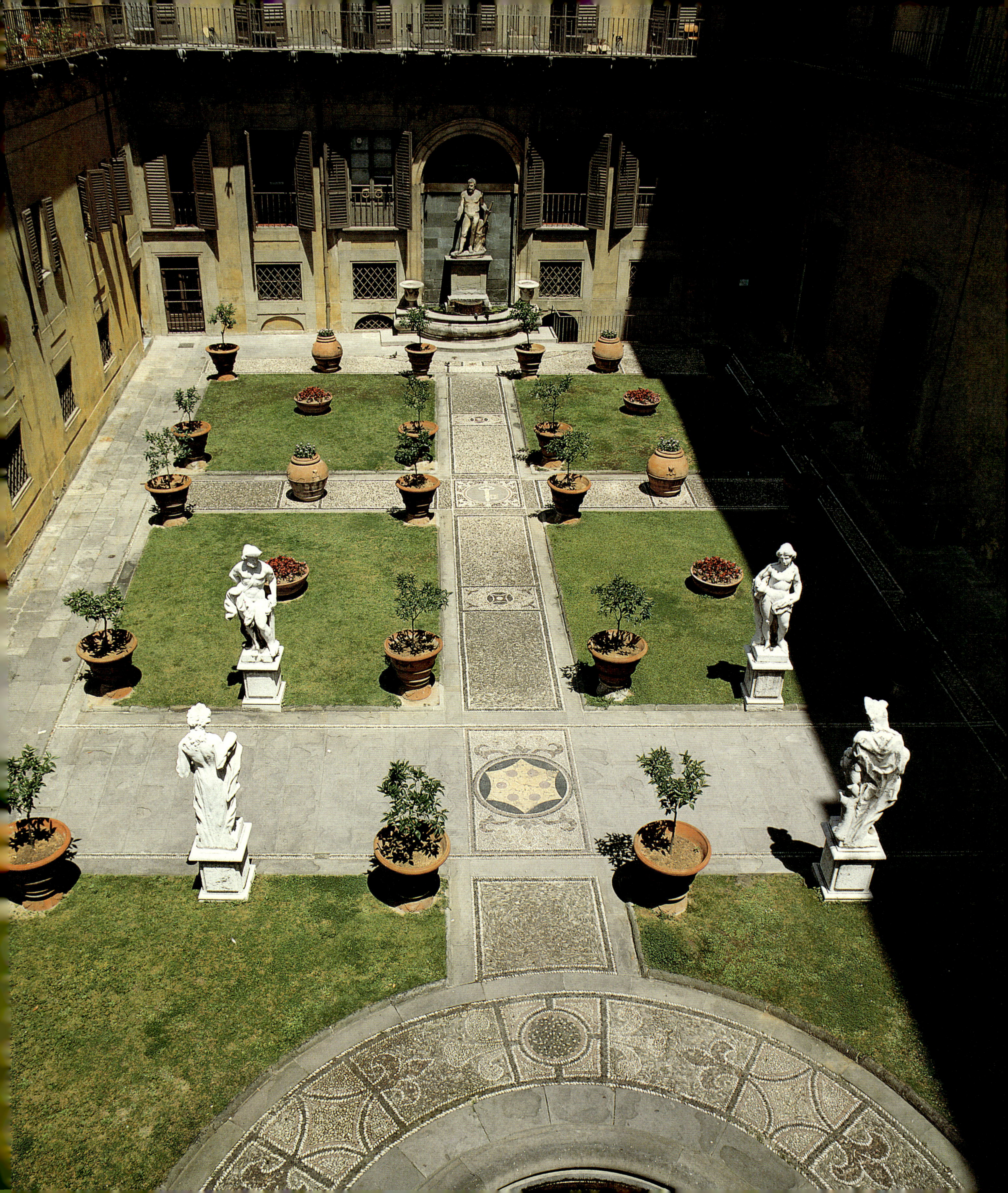

Von diesem Zeitpunkt an erschien alle Vorsicht überflüssig, ja man hielt es sogar für geboten, daß die Herzogsfamilie in den Palazzo della Signoria, ein Symbol der städtischen Macht, übersiedelte. Der Palazzo Medici wurde zur Wohnstatt der jüngeren Söhne und Witwen des Geschlechts, bevor er – wie schon erwähnt – an die Riccardi überging. Aufgrund seiner Eleganz, seines Prestiges – ein Abglanz des Ansehens seiner Besitzer –, aufgrund seiner klar umrissenen Funktion im Florentiner Stadtleben diente er immer als Vorbild, an dem sich viele private Gebäude des 15. und 16. Jahrhunderts orientierten.
Heute ist im Palazzo Medici Riccardi der Sitz der Präfektur, und in dem Teil, der in der Zeit der Riccardi angebaut wurde, ist die Biblioteca Riccardiana untergebracht.
Als Herzog Cosimo in den Palazzo della Signoria übersiedelte, hatte er gerade erst die junge Tochter des Vizekönigs von Neapel, Eleonora di Toledo, geheiratet, und das Herzogspaar richtete sich häuslich in den Teilen des Palastes ein, die noch heute »Appartamenti di Cosimo e di Eleonora« heißen. Recht schnell erwies sich die Verbindung als außerordentlich fruchtbar: hintereinander kamen Maria, Francesco, Isabella, Giovanni, Lucrezia, Anna, Pedricco, Garzia, Ferdinando und Pietro zur Welt, und der Palazzo della Signoria, der nicht auf die Bedürfnisse

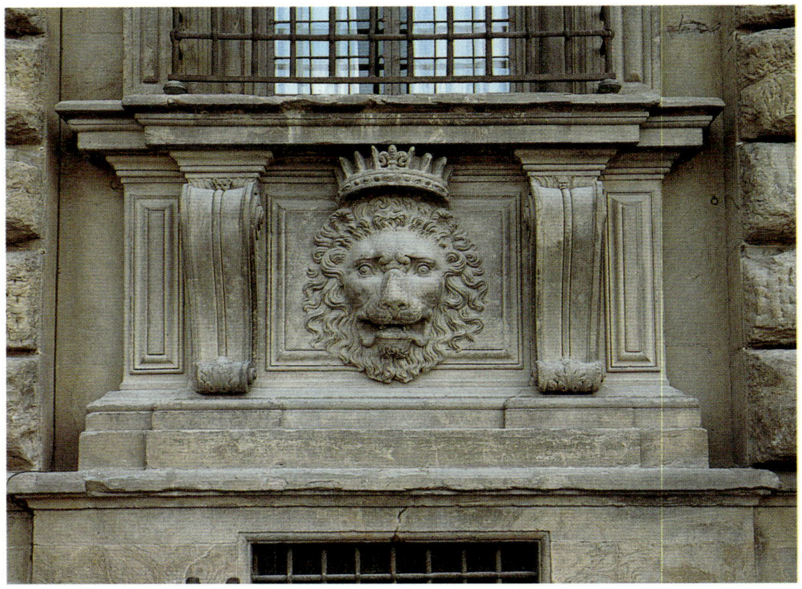

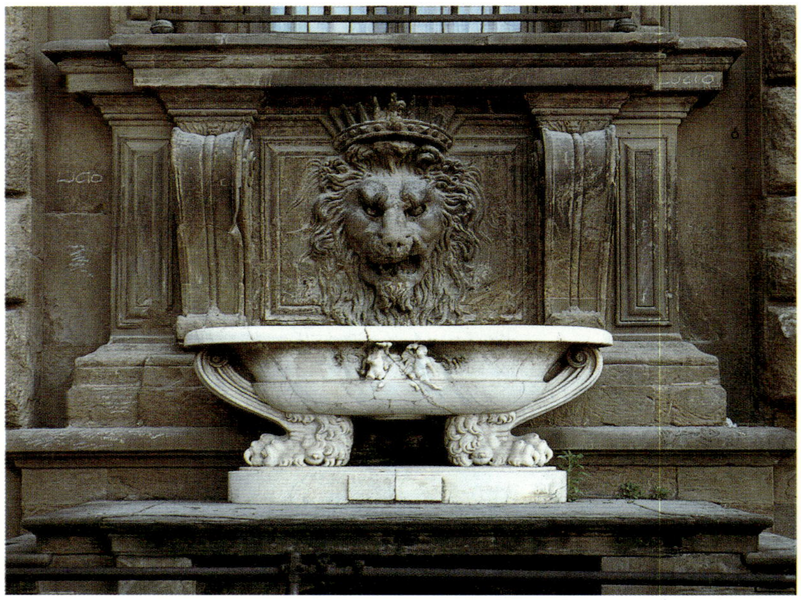

An der imposanten Fassade des Palazzo Pitti mit seinem groben Bossenwerk und seinen sich immer wiederholenden Fenstern und Portalen kann man den alten Mittelteil von Luca Pittis Bau, einen Entwurf Brunelleschis, nicht von der Erweiterung im 16. Jahrhundert unterscheiden, die auf Ammannati zurückgeht.
Aus dem 16. Jahrhundert und ebenfalls von Ammannati stammen die Fenster im Erdgeschoß mit Löwenkopf und der großherzoglichen Krone und dem untypischen, nur sporadisch aufgestellten Becken. Die beiden Flügel wurden in der zweiten Hälfte des 18. Jahrhunderts nach einem Entwurf Ruggieris angebaut.

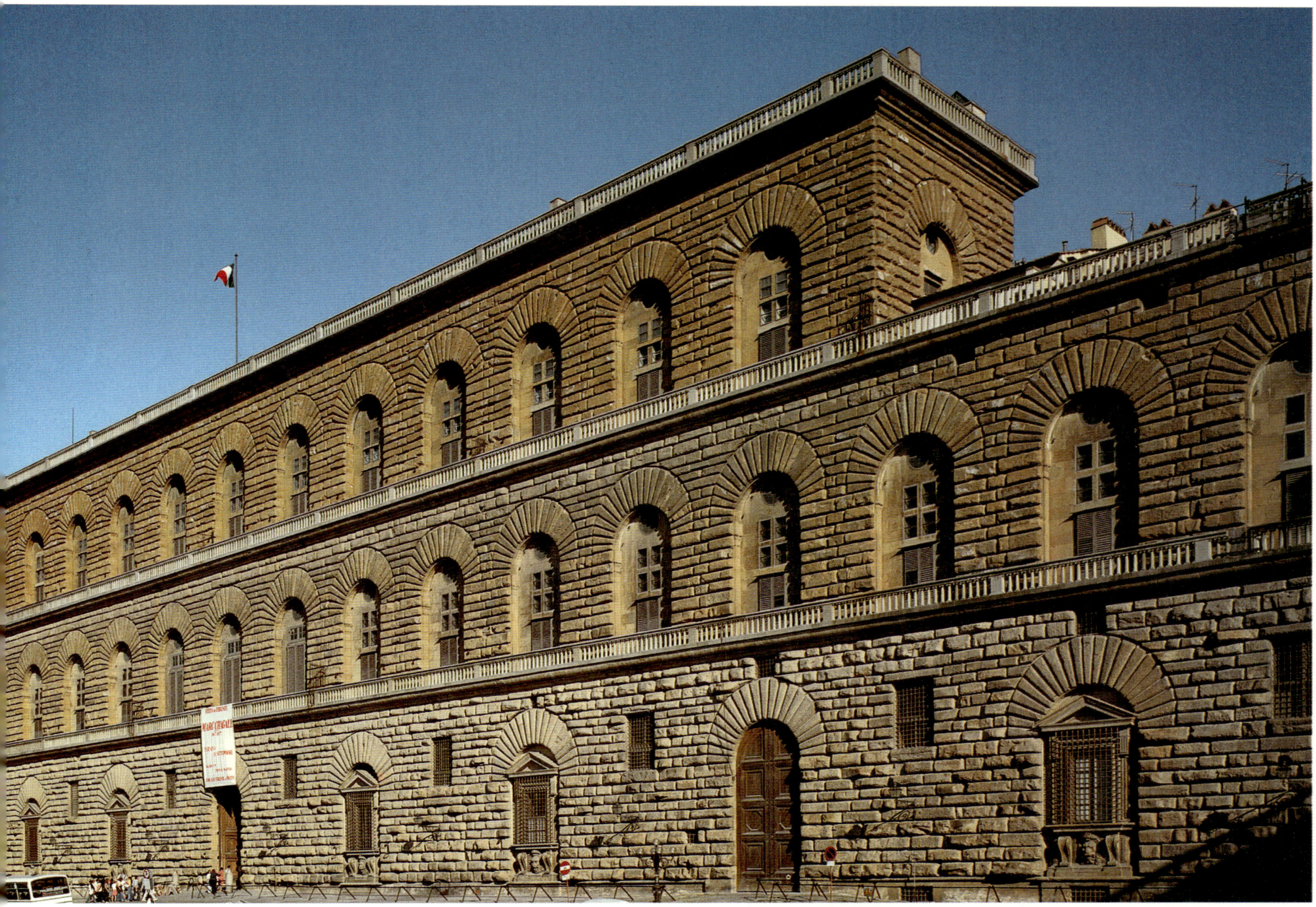

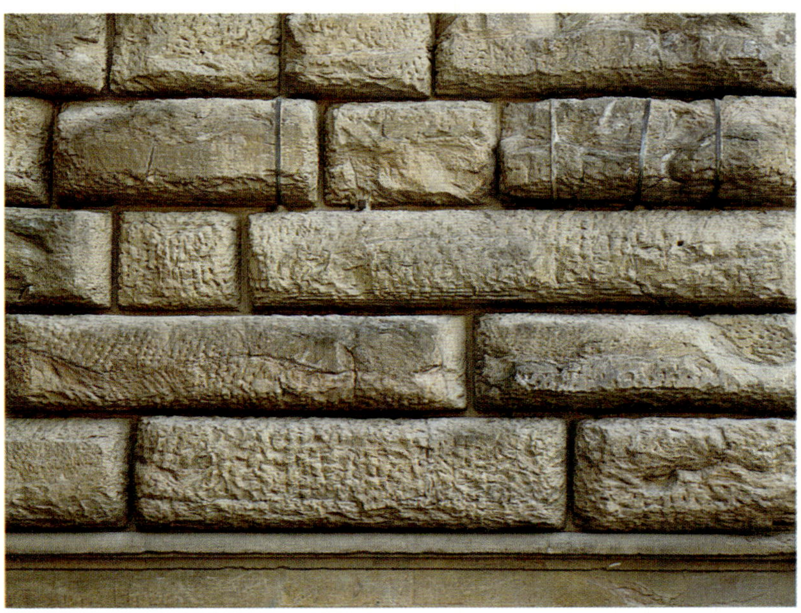

Zwischen 1558 und 1570 baute Ammannati den prächtigen Innenhof, der auf drei Seiten vom Palast umschlossen und auf der vierten Seite zum Garten hin offen ist. Beeindruckend ist die Laube, die meisterhaft zur dekorativen Fassade und auch zur rückwärtigen Gartenfassade paßt. Im Innenhof fanden jahrhundertelang die berühmten Aufführungen statt (Seeschlachten, Turniere, Komödien und Melodramen), die der mediceische Hof ausrichtete.

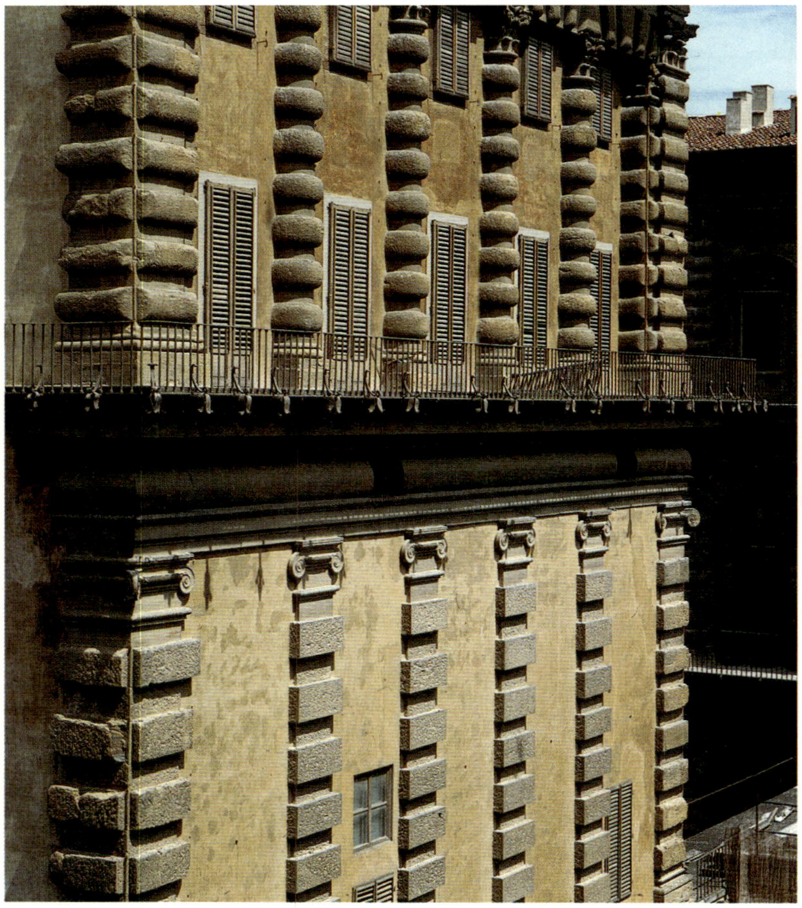

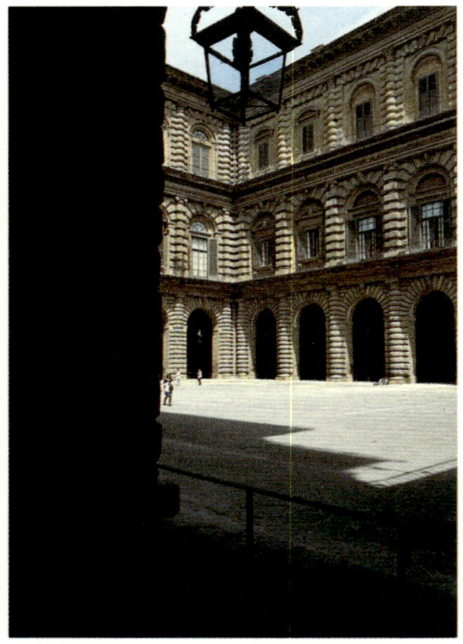

einer Familie, noch dazu einer so großen, zugeschnitten war, erwies sich bald als zu klein. Cosimo machte sich daher auf die Suche nach einer neuen Bleibe, die gleichzeitig genügend Raum für die zahlreichen Kinder bot und mit der er sich nicht offenkundig vom Zentrum der politischen Macht, dem Palazzo della Signoria, zu entfernen brauchte.
Die Wahl fiel auf das große Haus des Luca Pitti auf dem Boboli-Hügel im Viertel Oltrarno, das Eleonora im Jahre 1549 für 10 000 Florentiner Gulden erwarb. Dieser große Palast hat in der Zwischenzeit ein eigentümliches Schicksal erlitten: jahrhundertelang zuerst Wohnsitz der großherzoglichen Familie und dann, nach der Einigung Italiens, Königspalast, heißt er heute immer noch nach seinem ersten Besitzer, der dort nur kurze Zeit wohnte, und ist eben als Palazzo Pitti bekannt.
Luca Pitti, ein sehr reicher Kaufmann und Rivale der Familie Medici, gab kurz vor Mitte des 15. Jahrhunderts bei Filippo Brunelleschi ein großartiges Anwesen in Auftrag, das schöner sein sollte als alle, die es schon gab, und dessen Fenster größer sein sollten als das Tor des Palazzo Medici in der Via Larga. Der Standort war einzigartig: weit vom Stadtzentrum und den Straßen entfernt, an denen normalerweise die Häuser der einflußreichsten Familien standen, zur Campagna hin offen, ganz in der Nähe der Porta Romana.

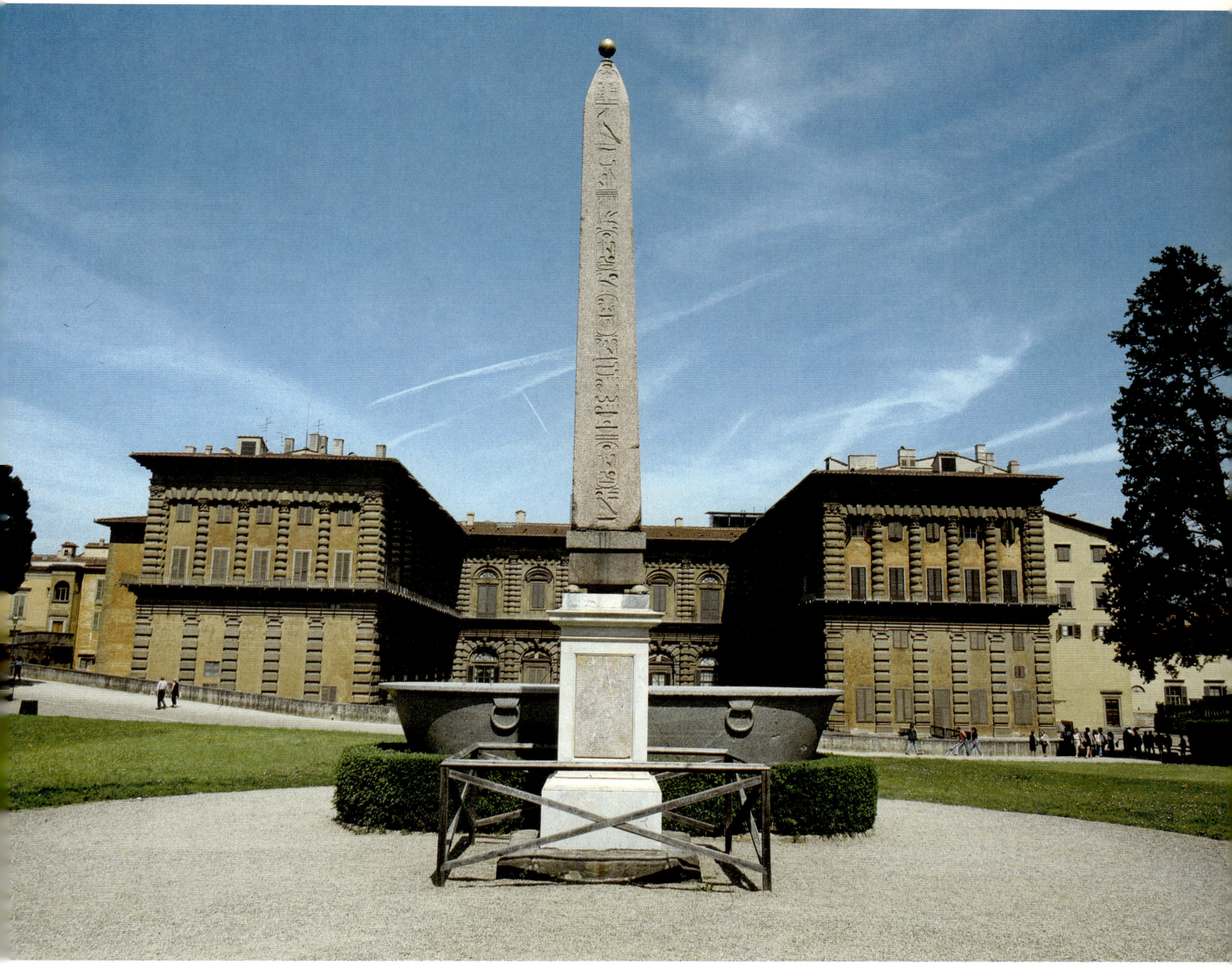

Die rückwärtige Fassade des Palazzo Pitti war im 15. Jahrhundert unvollendet und roh geblieben und grenzte unmittelbar an den Hang dahinter an. Ammannati gab ihr ihr jetziges Aussehen und dachte sich die Terrassenlösung aus. Der Obelisk vor der Fassade steht in der Mitte des Amphitheaters. Das Granitbecken stammt aus den Thermen des Caracalla in Rom.

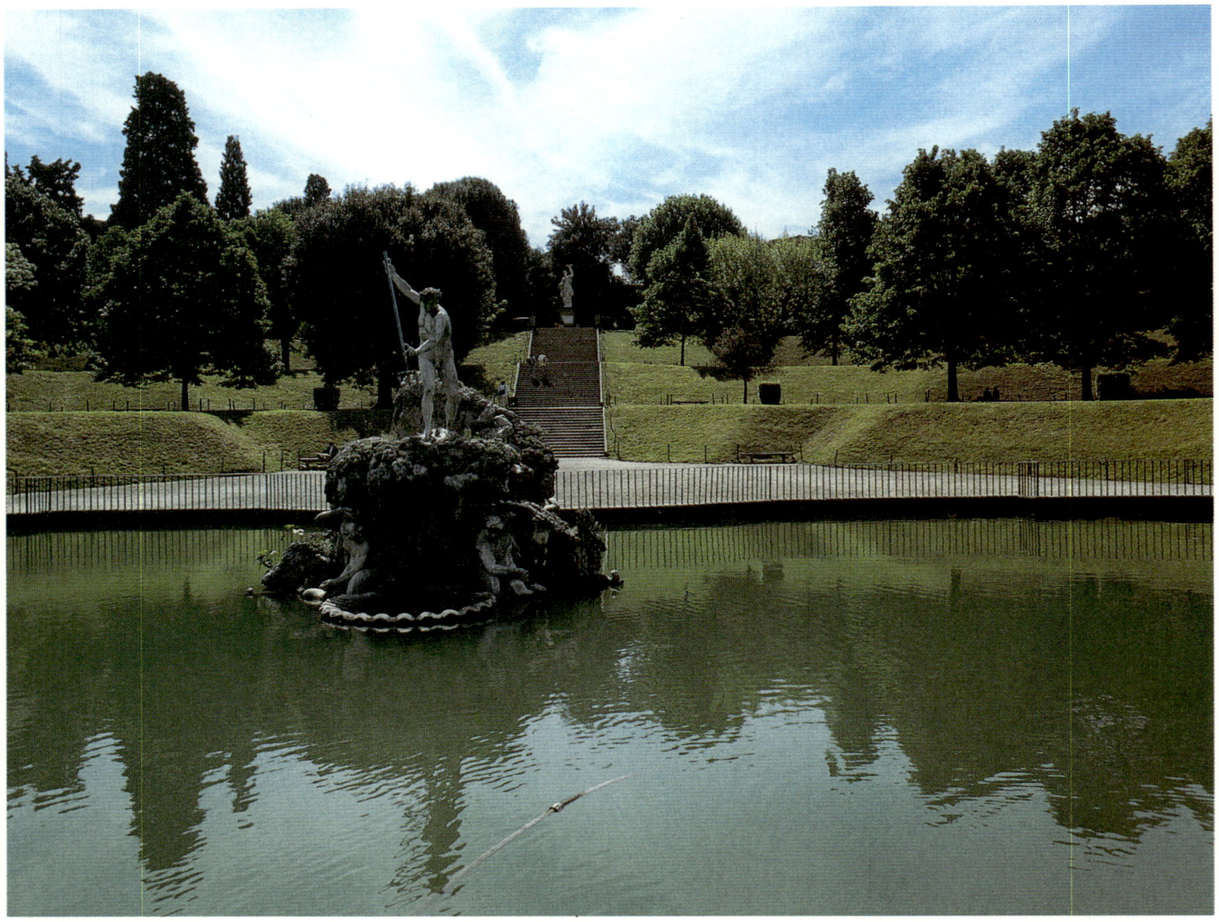

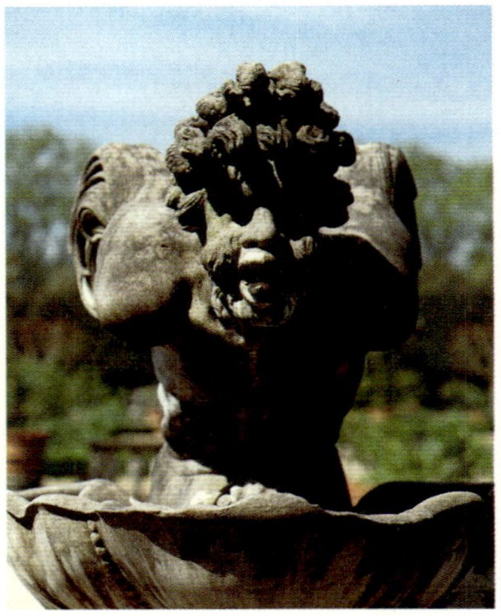

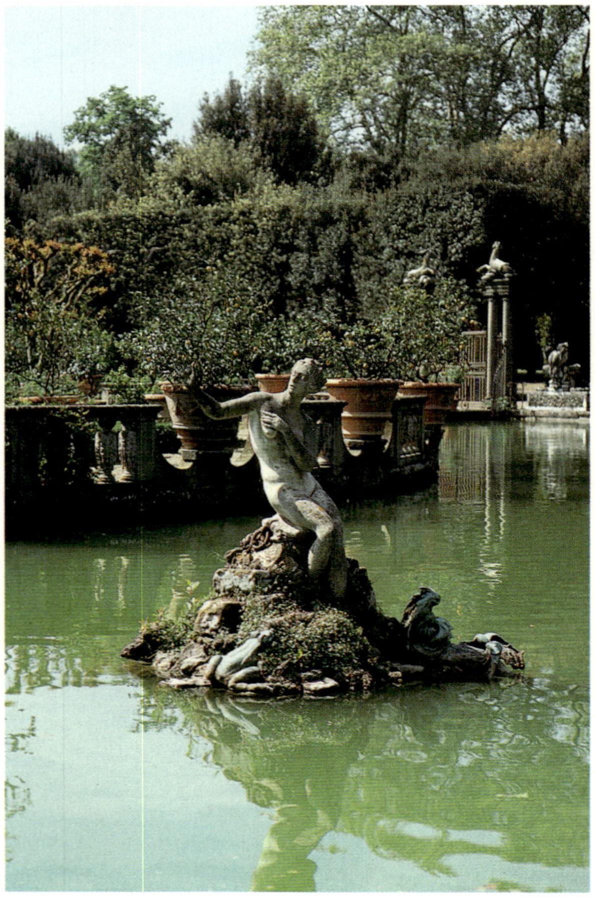

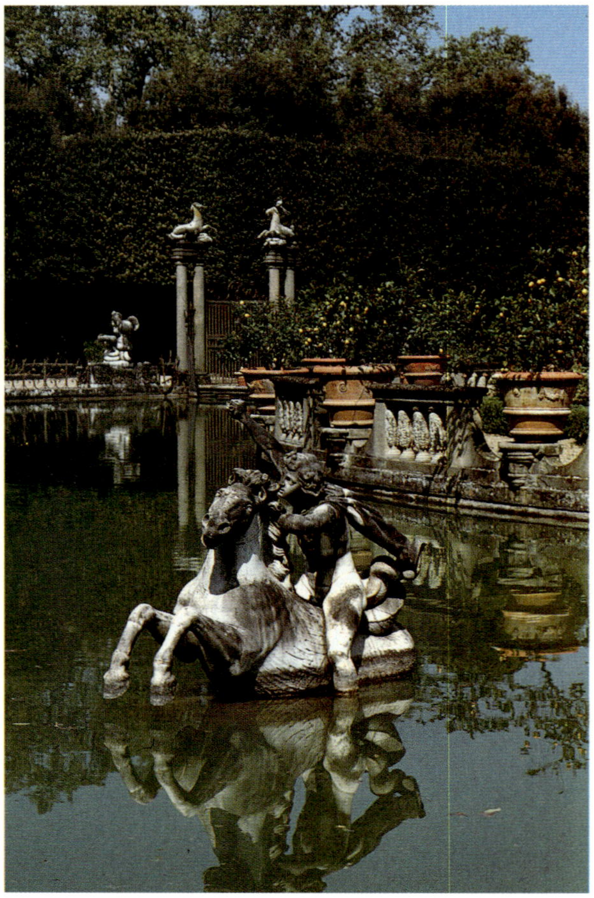

Zwei größere Springbrunnen gibt es im Boboli-Garten, dem prächtigen Garten in italienischer Manier (der einem präzisen architektonischen Konzept folgt), an dessen Entstehung nacheinander Tribolo, Ammannati, Buontalenti und Alfonso Parigi beteiligt waren. Der erste Springbrunnen ist der »Vivaio del Nettuno«, »Fischteich des Neptun« genannte, ein großes Becken mit einer Statue des Meeresgottes, ein Werk Stoldo Lorenzis (1565). Bei dem zweiten auf dem weitläufigen Piazzale dell'Isolotto handelt es sich um die »Fontana dell'Oceano«, ein Werk von Giambologna. Hier sind in der Mitte Okeanos – eine Kopie, das Original steht im Bargello-Museum – und ringsherum die wichtigsten Flüsse der Erde dargestellt.

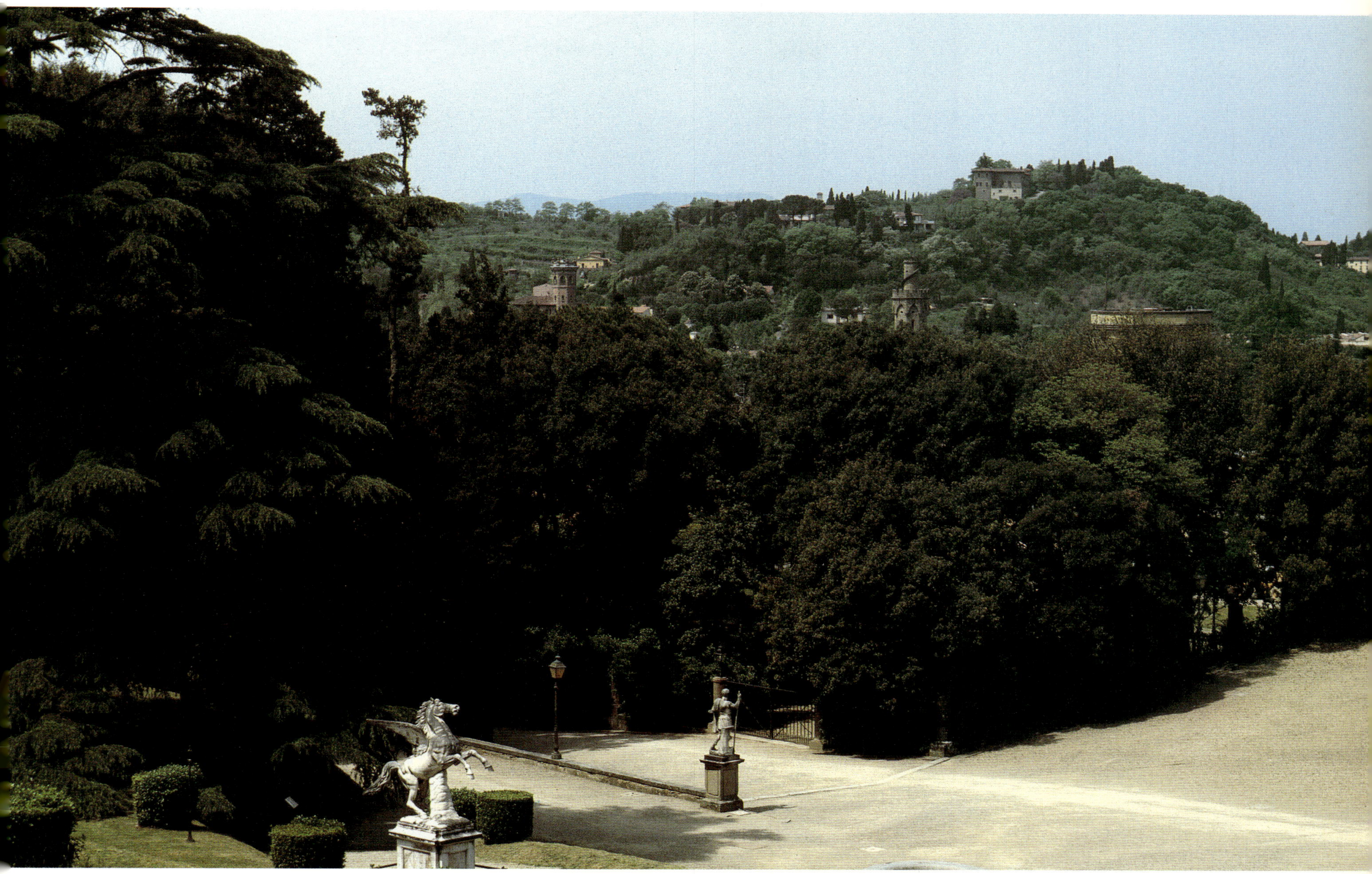

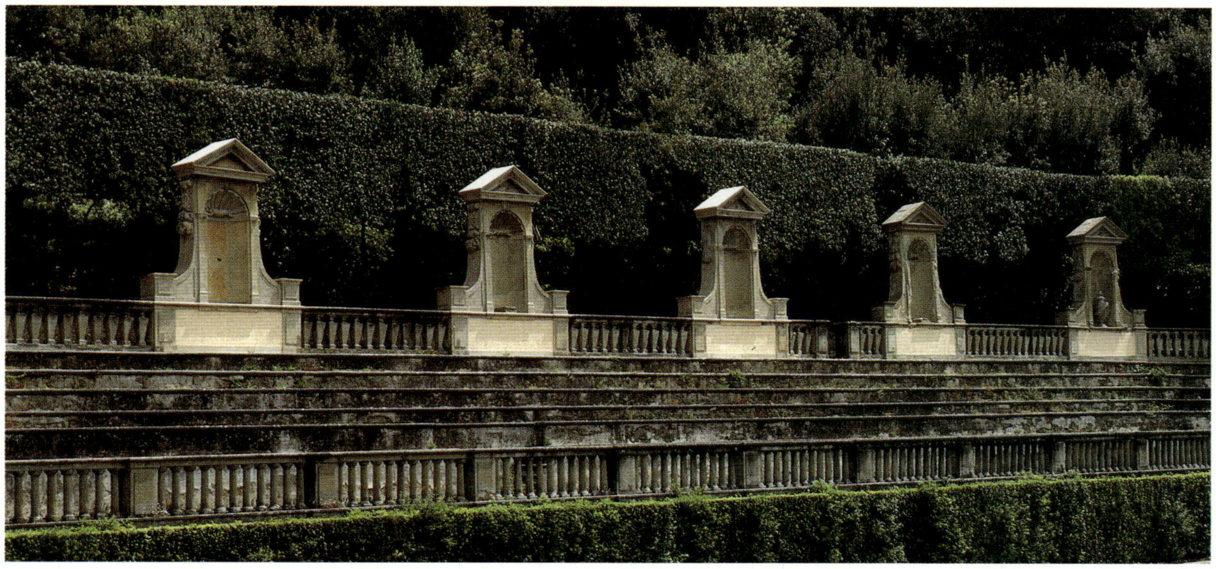

Die üppige Vegetation des Bellosguardo-Hügels zeigt dieses Foto; das andere Foto zeigt das Amphitheater. Dieser Bau aus dem 17. Jahrhundert, möglicherweise ein Werk Alfonso Parigis, wurde im 18. Jahrhundert verändert.

Kurz vor seinem Tod im Jahr 1446 schloß Brunelleschi die Projektierung des neuen Palastes ab, der dann nach zweien seiner Entwürfe gebaut wurde: viele Häuser wurden beschlagnahmt und abgerissen, damit der Platz – der erste vor einem Privatpalast – entstehen konnte.

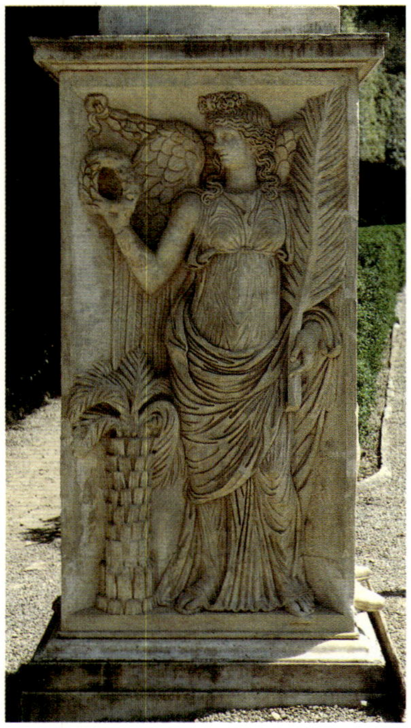

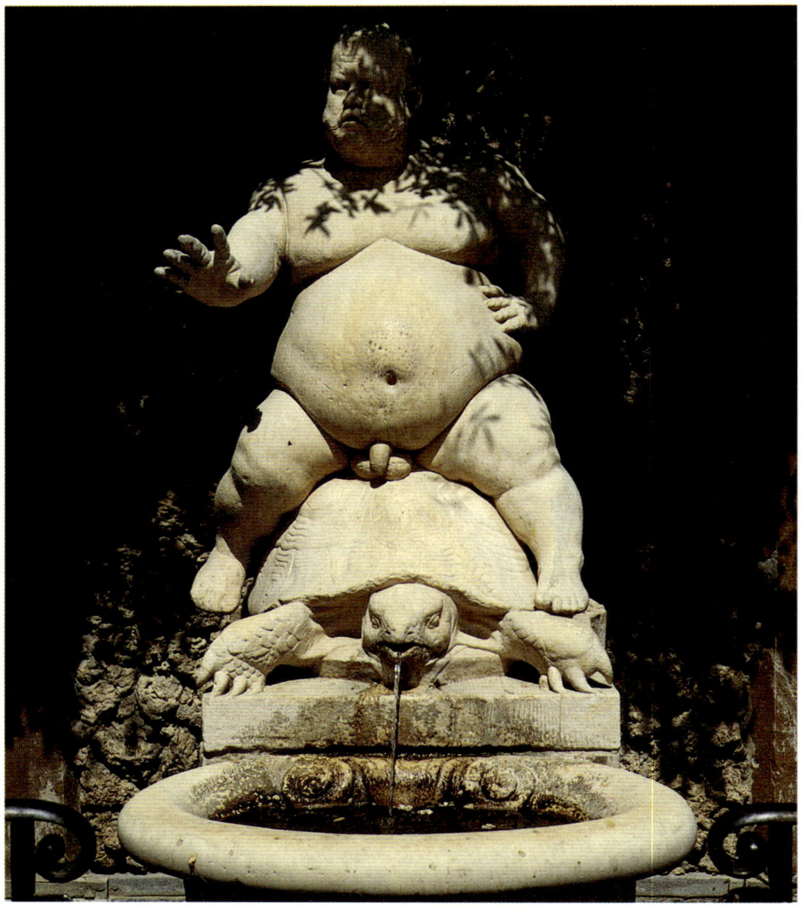

Viele Statuen auf feingearbeiteten, oft mit allegorischen Motiven verzierten Sockeln schmücken die verschiedensten Ecken des Boboli-Gartens. Zu den bedeutendsten gehören auf jeden Fall der »Bacchino«, der die Besucher am Eingang begrüßt, ein kleiner Brunnen, auf dem Pietro Barbino, Cosimos I. Lieblingszwerg am Hofe, abgebildet ist, und die Gruppe »Ceres und Apoll« von Baccio Bandinelli, die genau wie Michelangelos berühmte »Prigioni«, »Gefangene« und Giambolognas »Venus« für eine von Buontalenti künstlich angelegte Grotte anfertigt wurden (1583).

Der Palast wurde auf einem Felsfundament errichtet, so daß trotz seiner enormen Masse der Halt kein Problem darstellte. Brunelleschi hatte den Mittelteil in einfachen und grandiosen Formen konzipiert, mit Rustiken, deren Wölbung über drei Stockwerke hinweg abnahm. Zum Platz hin öffneten sich drei Portale und eine Reihe von Fenstern, die alle einander und, besonders originell,

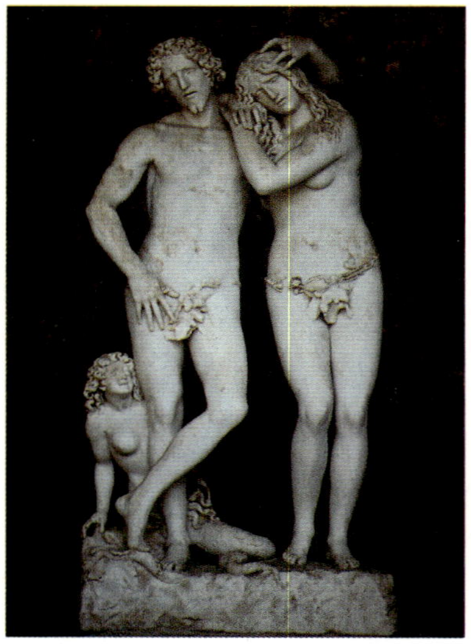

Den Garten betritt man durch die Porta di Bacco, die sich auf den Portikus links vom Palazzo Pitti öffnet. Von dort schlängelt sich einer der vielen luftigen, mit Hecken bestandenen Wege durch den ganzen Garten.

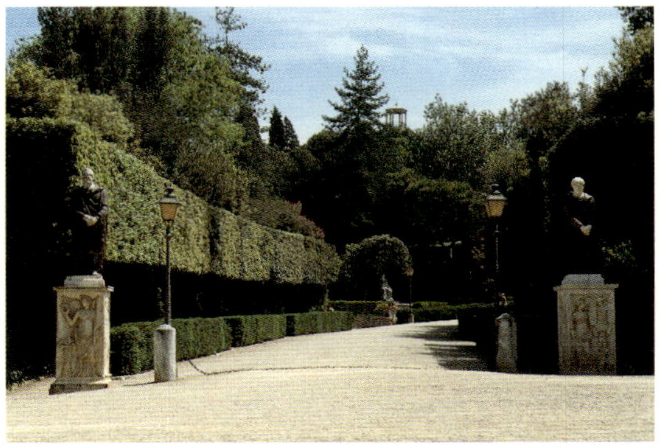

Die Palazzina della Meridiana, begonnen 1776 von Gaspare Maria Paoletti, fortgeführt von Giuseppe Cacialli und von Pasquale Poccianti Anfang des 19. Jahrhunderts vollendet: ein neuer Wohnbau, der sich zum Garten hin an den Palazzo Pitti anschließt.

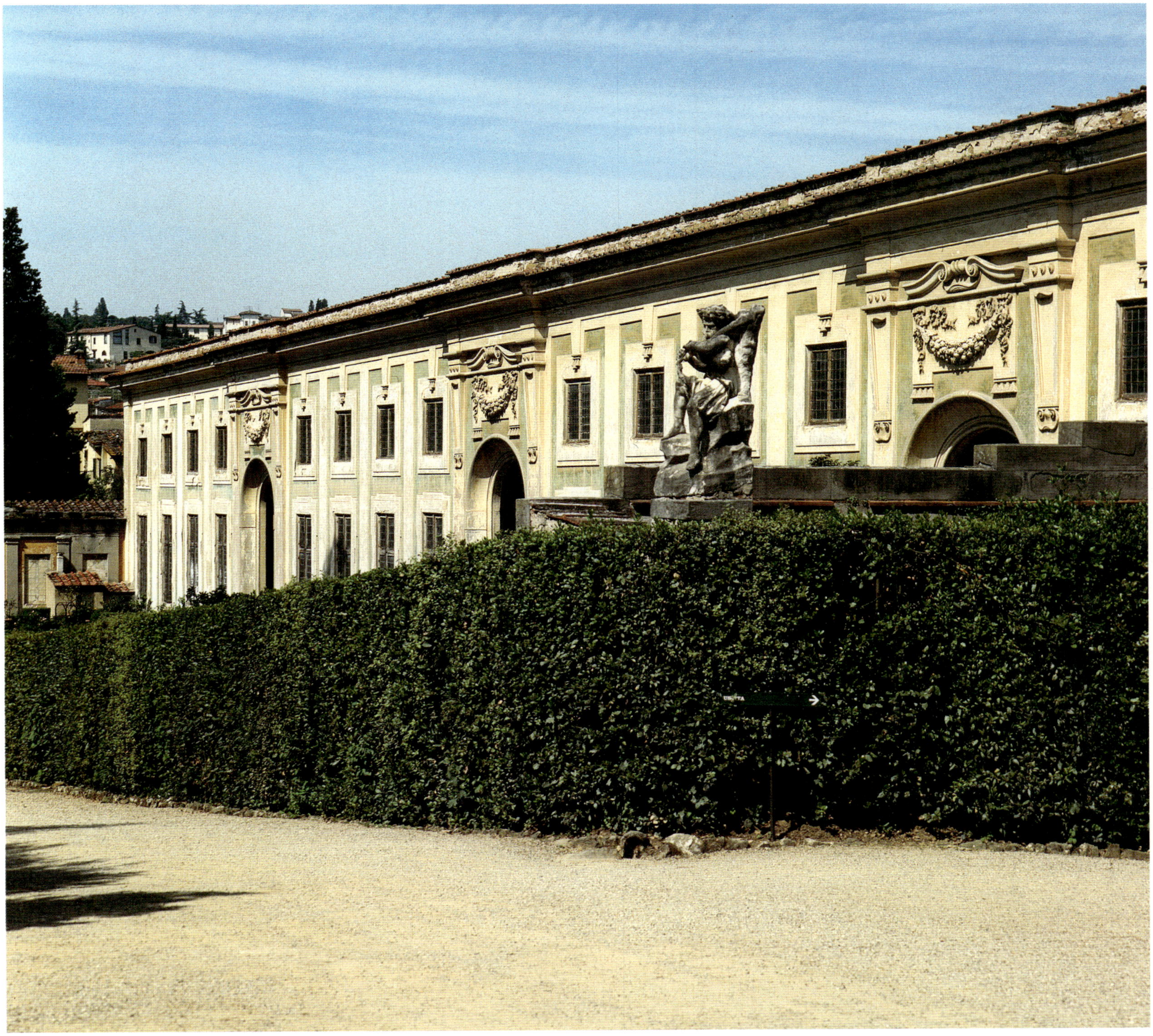

den Portalen ähnelten. Darüber hinaus waren die drei mittleren Arkaden des ersten Stocks offen und bildeten somit die übliche Loggia, der eine Galerie auf der der Campagna zugewandten Innenseite entsprach. Am Gebäudekomplex sieht man deutlich, daß das Gebäude

Auf der Innenseite befand sich der erste Stock wegen der Hangneigung direkt auf der Höhe des Gartens.
Ein stolzes und gleichzeitig originelles Anwesen also, dessen Vollendung jedoch 1465 unterbrochen wurde, als die Familie Pitti bankrott war. Aber als Cosimo und

Die sogenannte Sala IV des Museo degli Argenti war bis 1635 nur ein riesiger kahler Salon im Erdgeschoß. In jenem Jahr beauftragte Ferdinando II anläßlich seiner Hochzeit mit Vittoria Della Rovere Giovanni da San Giovanni damit, ihn mit Fresken auszumalen.
Deshalb sieht man auf dem Deckengemälde eine Darstellung der herzoglichen Hochzeit.

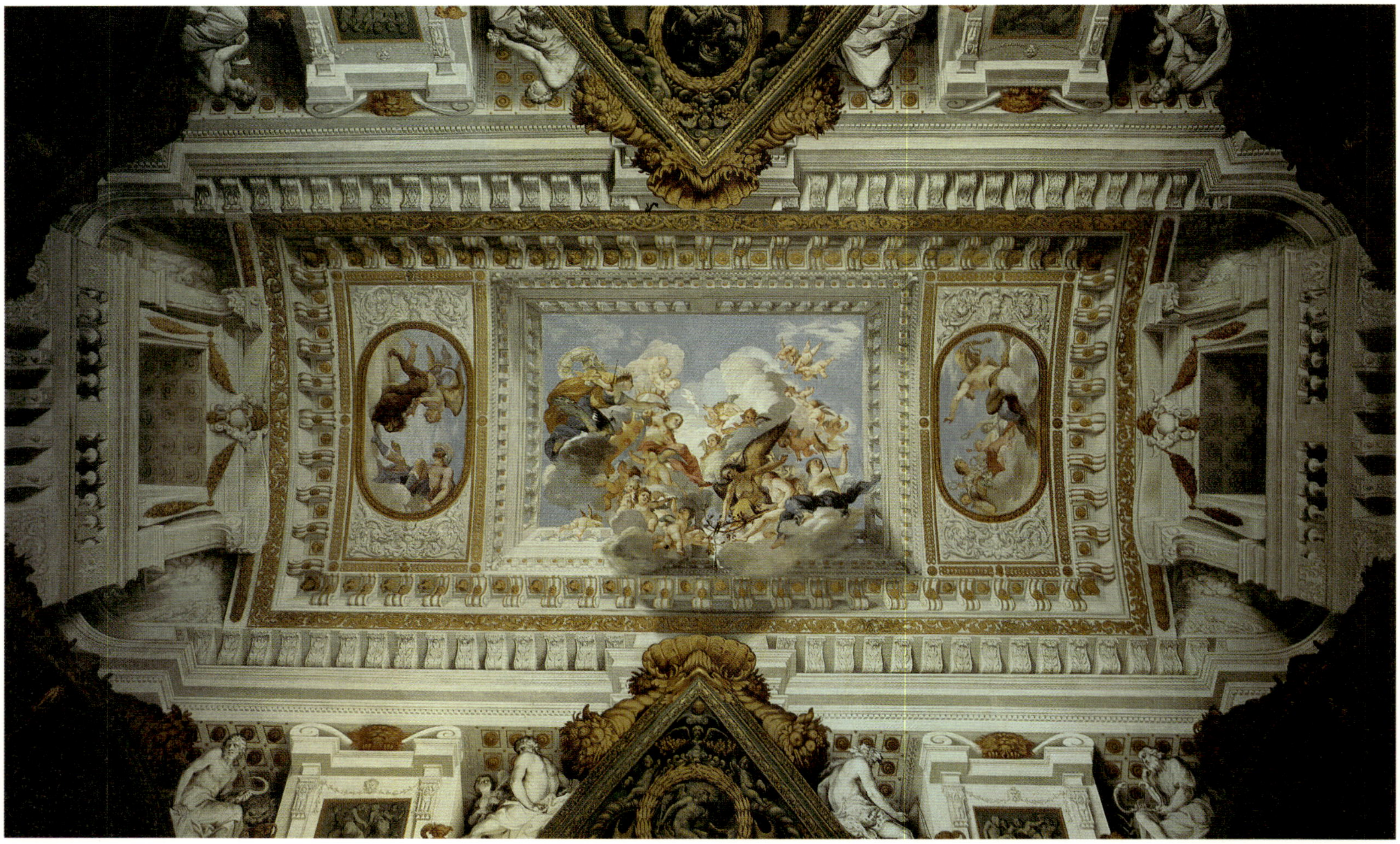

für eine Frontalansicht gedacht ist. Dies wird noch durch den Platz vor dem Gebäude unterstrichen, für den nicht so sehr das Bemühen um räumliche Aufteilung grundlegend war, sondern vielmehr bewußt gestaltete Fassadenoberflächen, die sich durch identische Wiederholung eines einzigen Motivs ergaben.

Eleonora es gekauft hatten, wurden die Arbeiten sofort wieder aufgenommen: die Erweiterung der Innenräume und die Vollendung des Äußeren übernahm Bartolommeo Ammannati, der das benötigte Gestein direkt aus dem Innenhof und dem Garten holte. Die Bauarbeiten, bei denen man sich an Brunelleschis Vorlage hielt,

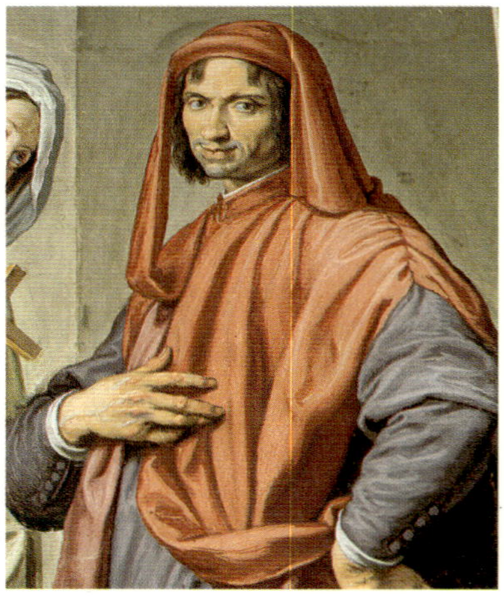

Die Bilderzyklen des Saals mit dem Porträt Lorenzos des Prächtigen, dem berühmtesten Medici, sollen eine indirekte Verherrlichung der Familie Medici sein.

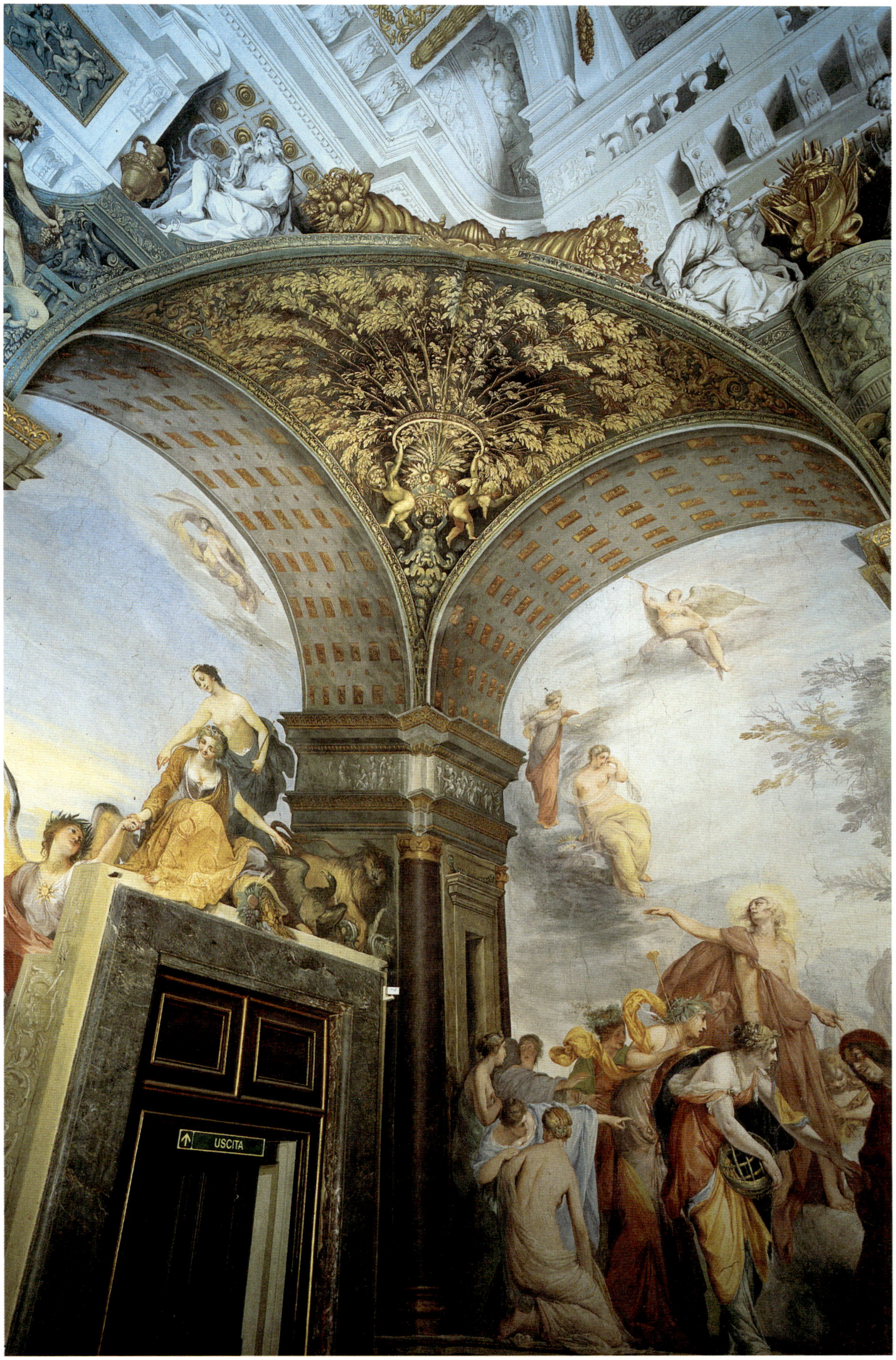

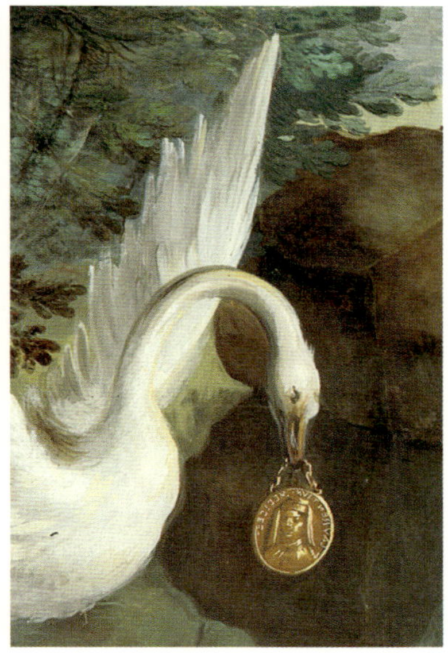

Die Fresken in der Sala IV stellen die Musen dar, die, vom Parnaß vertrieben, Zuflucht bei Lorenzo dei Medici suchen (der abgebildete Schwan hält eine Medaille im Schnabel, auf der Lorenzo abgebildet ist), der ihre frühere Kraft und den verlorenen Glanz wiederherstellt. Nach dem Tod Giovanni da San Giovannis (1636) wurde das Werk von anderen angesehenen Künstlern vollendet: Francesco Furini, Cecco Bravo und Ottavio Vannini.

zogen sich bis 1570 hin. Inzwischen kümmerte sich Niccolò Pericoli, genannt il Tribolo, um die Anlage der Gärten, die – mit den nachfolgenden Baumaßnahmen Buontalentis und Alfonso Parigis – die Gestalt bekamen, die die Boboli-Gärten in aller Welt berühmt gemacht hat. In den folgenden Jahrhunderten wurde die Fassade weiter vergrößert, zuerst von Giulio Parigi (1620) und später von seinem Sohn Alfonso (1640). Die beiden Seitenflügel, ein Entwurf Giuseppe Ruggieris, kamen zwischen 1764 und 1783 hinzu.
Aber schon 1565 – in nur sechs Monaten – sah Cosimo dei Medici eines seiner vordringlichsten Anliegen erfüllt: nach einem Entwurf Vasaris war nämlich ein monumentaler Laufsteg über den Arno gebaut worden, der die Wohnungen im Palazzo della Signoria direkt mit dem herzoglichen Anwesen, dem Palazzo Pitti, verband. So erschienen das Machtzentrum und die Privatwohnung trotz ihrer Entfernung voneinander vereint und bekräftigten symbolisch, daß von nun an unwiderruflich die Medici über Florenz herrschten. Somit besaß die Stadt einen dritten Palast, der mit seinen offenen und langgestreckten Linien und dem Garten, der nicht mehr ausschließlich von der Familie genutzt werden, sondern auch Repräsentationszwecken dienen sollte, aufgrund seines Konzepts, wenn nicht aufgrund seiner Größe in der Folgezeit zum Vorbild so vieler Bauten wurde.
Heute befinden sich dort das Museo degli Argenti, die Galleria Palatina und die Galleria di Arte Moderna.

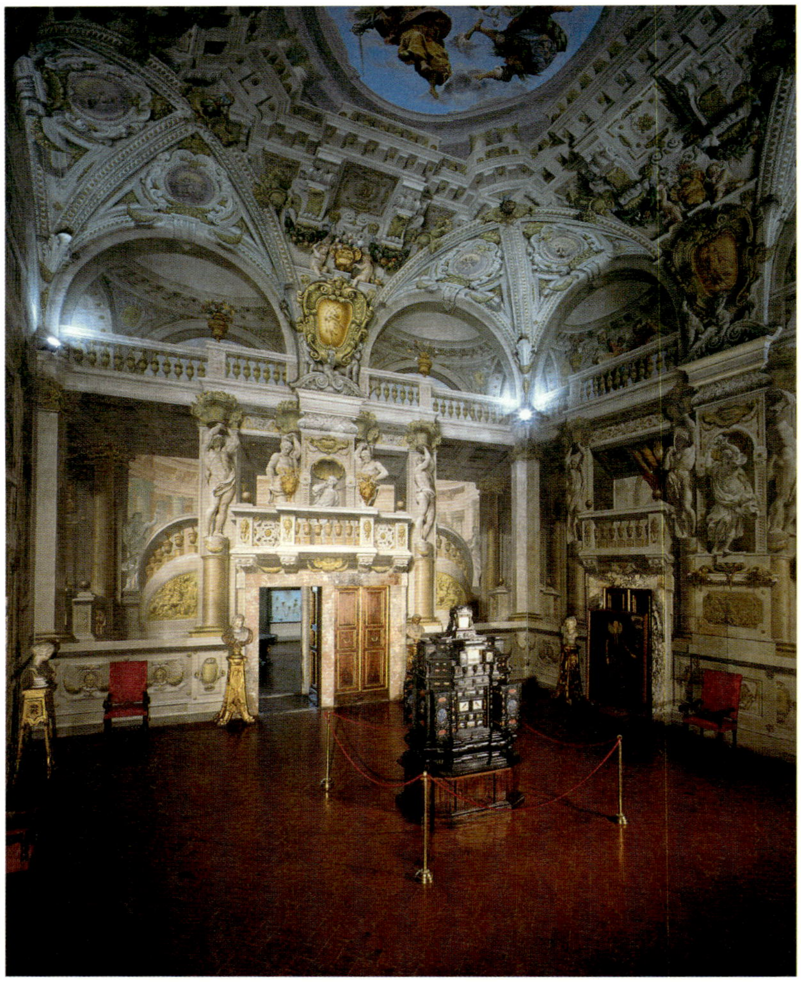

Die Sala III des Museo degli Argenti, ab 1636 von Angelo Michele Colonna und Agostino Mitelli überreich ausgeschmückt. Hier dominiert die Scheinarchitektur, die sich von Raum zu Raum in einer Serie von puren Phantasiekonstruktionen hinzieht. An der blauen Decke allegorische Szenen, die das Geschlecht der Medici verherrlichen.
In diesem Saal wird der berühmte Stipo di Alemagna aufbewahrt, den Ferdinando II 1628 geschenkt bekam.

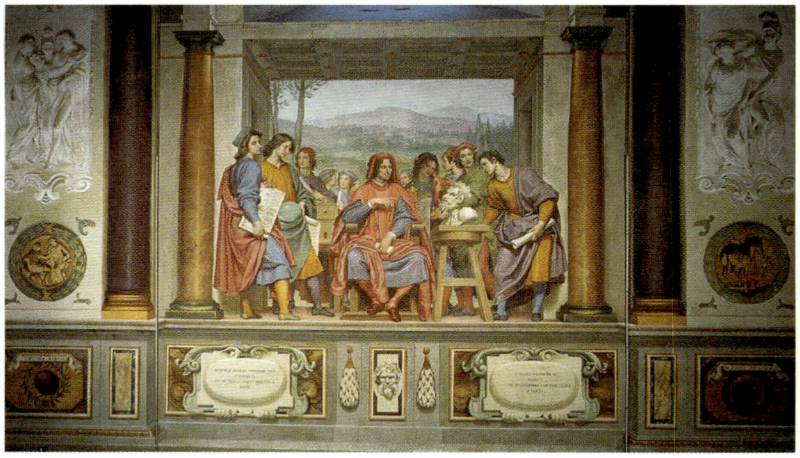

Noch zwei Fotos der Sala IV, der ersten richtigen Sala degli Argenti oder del Tesoro, nach der das ganze Museum benannt ist. Hier sind Silber, Edelsteine, Juwelen, Elfenbein, Porzellan, Stoffe und Gläser ausgestellt, die großenteils aus den Sammlungen der Medici, aber auch aus den Schätzen der Elettrice Palatina und aus privaten Schenkungen stammen.
Beachtenswert das berühmte Fresko mit der Darstellung Michelangelos, der Lorenzo einen Faunskopf, ein Werk Vanninis, zeigt.

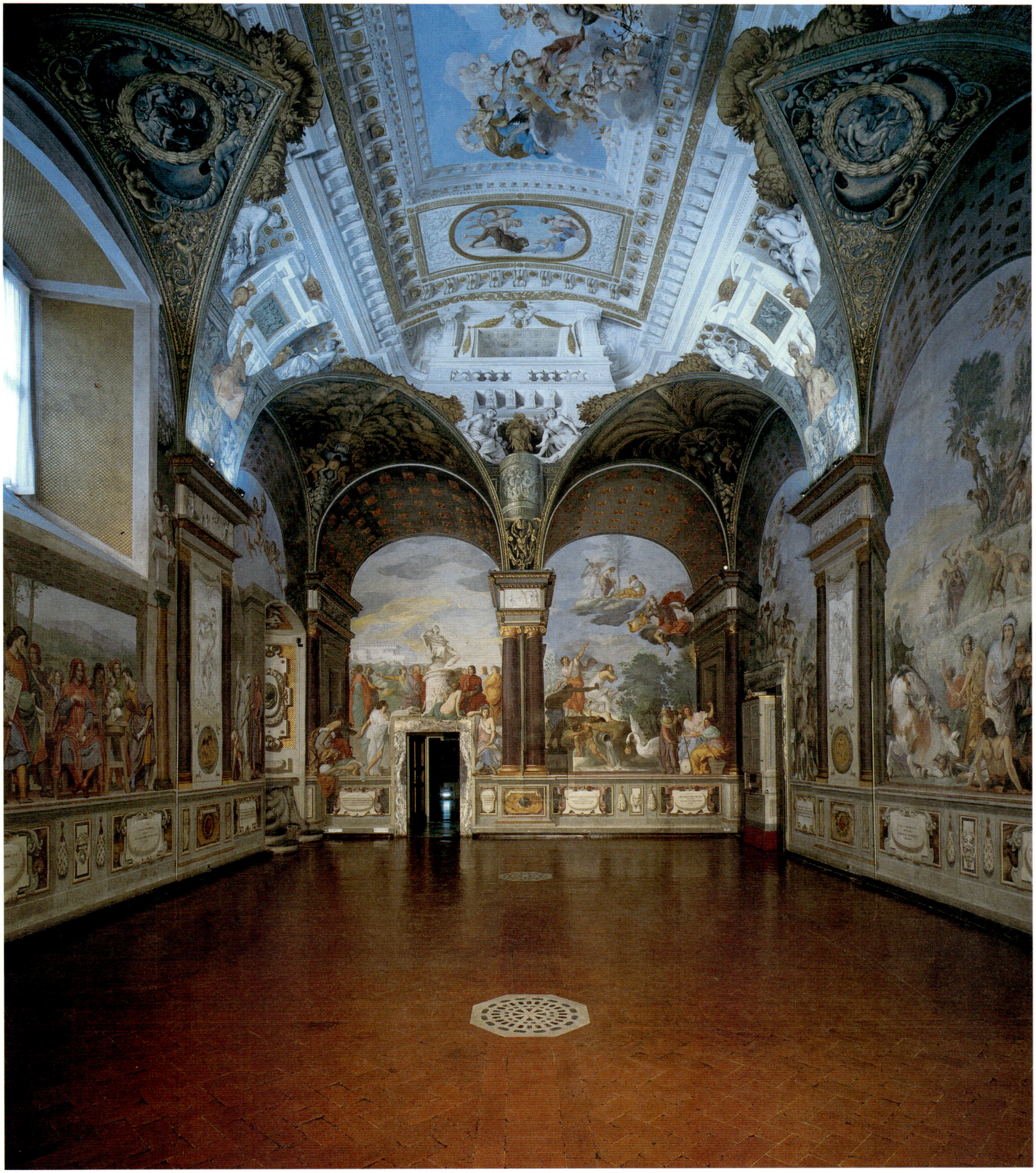

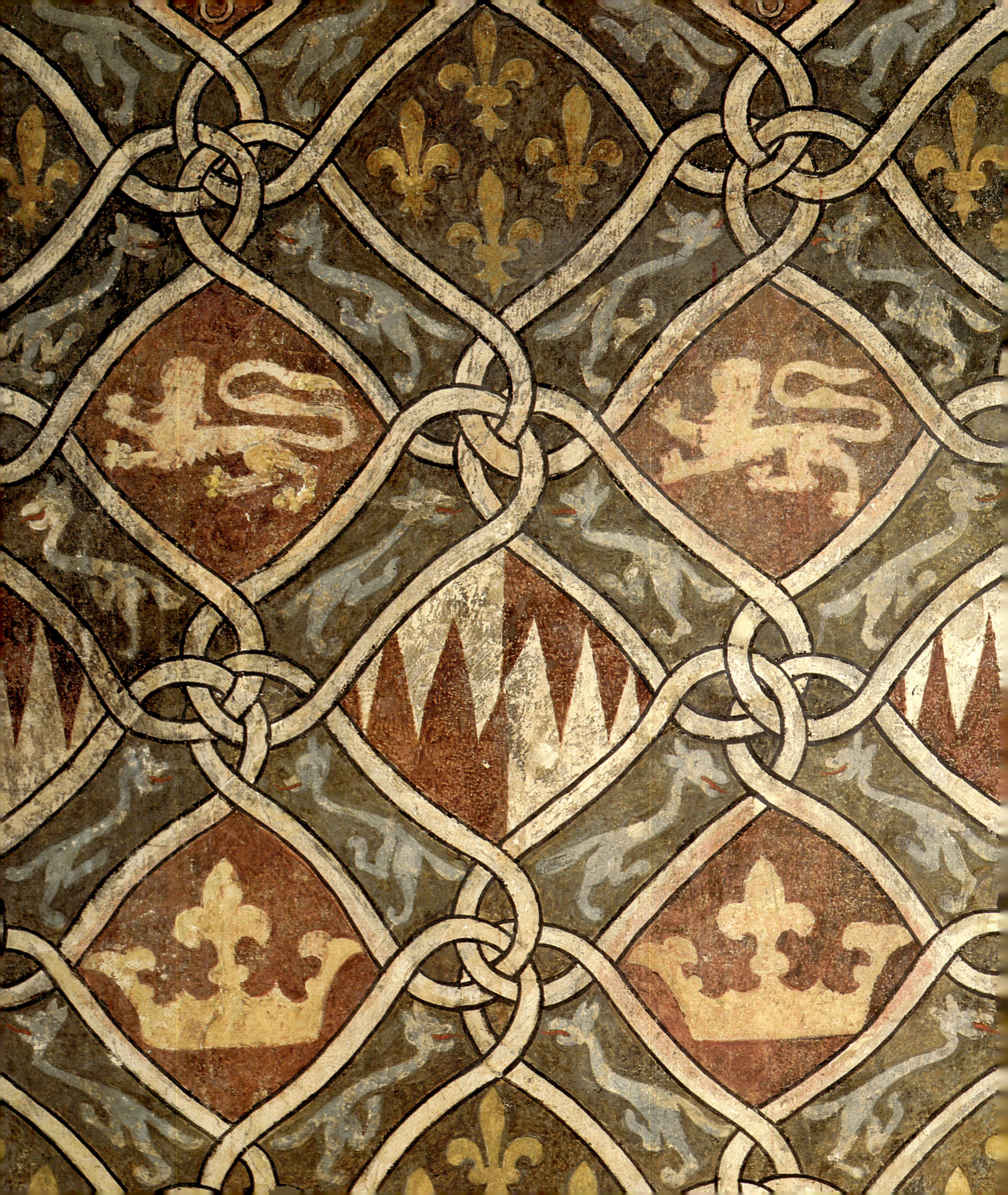

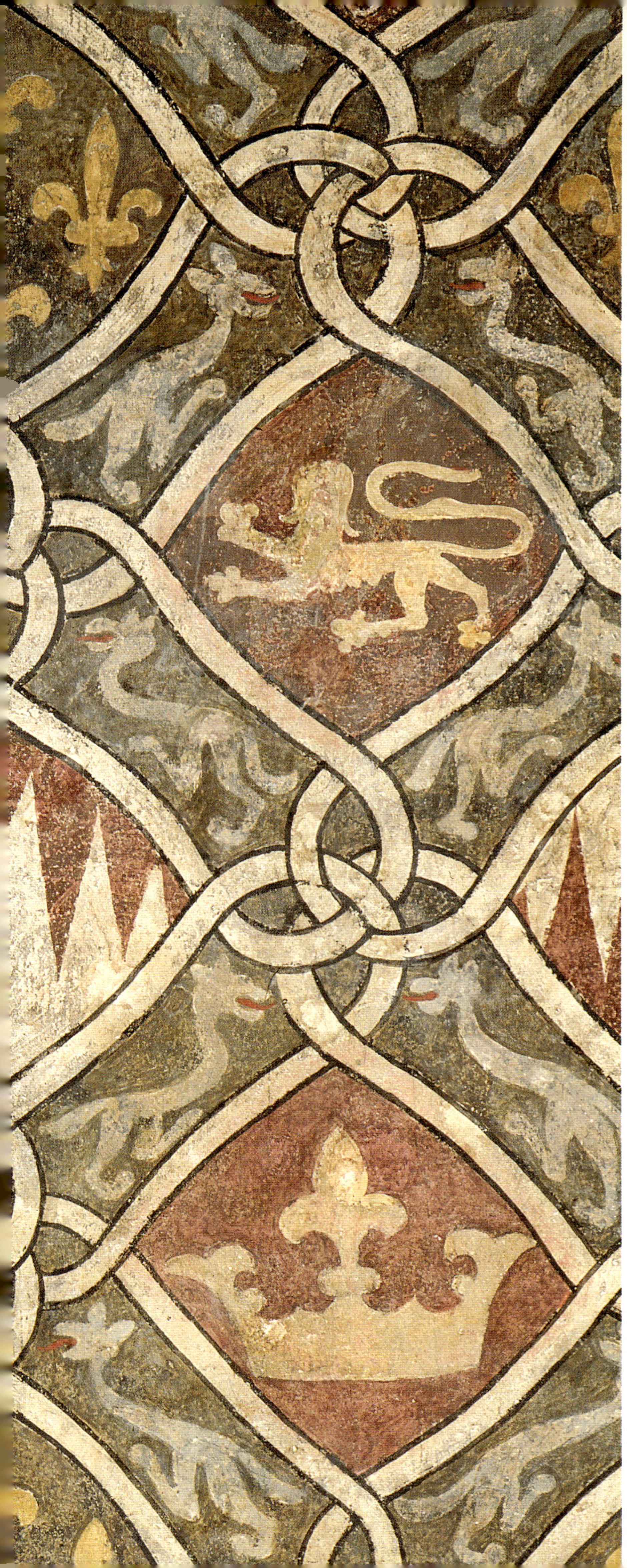

Die Zeit vor den Medici: die Epoche der Wohntürme

Palazzo Davanzati, Brautzimmer,
Detail des Wandfreskos

Palazzo Feroni

Im Lauf des 13. Jahrhunderts erlebte Florenz langandauernde innere Kämpfe, die anfangs durch die heftige Rivalität zwischen Guelfen und Ghibellinen, später dann zwischen den beiden guelfischen Parteien, der papsttreuen und der kaisertreuen, ausgelöst wurden. Ein sicheres Zuhause war damals – besonders für die Familien, die mehr im Vordergrund standen – äußerst wichtig: so entstanden die Wohntürme und die gedrungenen Paläste, die eine offensichtliche Verteidigungsfunktion hatten. Ein geeigneter Standort schienen die Ufer des Arno zu sein: hier konnten sie eine beherrschende und damit leicht zu verteidigende Position einnehmen und gleichzeitig durch ihre Lage an einem Brückenkopf direkte Kontrolle über diese strategisch bedeutsamen Punkte ausüben.
Bei einer dieser Brücken, der Brücke bei Santa Trinita am Borgo Santi Apostoli, befand sich ein Großteil der Häuser und des Grundbesitzes der reichen Familie Spini, die schon im 13. Jahrhundert eine hervorragende Stellung in der Stadt einnahm. Die Spini gehörten zur Zunft der Geldwechsler und waren

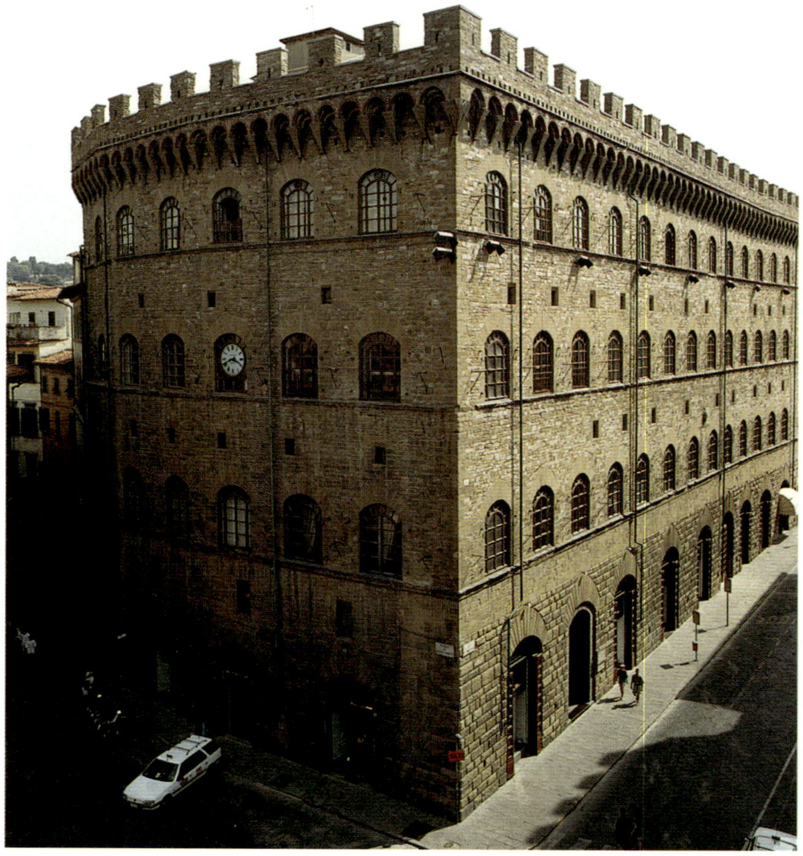

Der Palazzo blickt genau auf Höhe der Brücke bei Santa Trinita auf den Arno. Sein strenges, mittelalterlich geprägtes Aussehen ist unverwechselbar, mit der zinnengekrönten Brüstung und den auffälligen Hausteinen. Erwähnenswert ist auch, daß der Palazzo Feroni ursprünglich zwei Türme hatte, einen an der Ecke zur Piazza Santa Trinita, den anderen zum Arno hin, so daß die Straße neben dem Fluß durch einen großen Bogen unter diesem Turm hindurchführte. Der erste Turm wurde im 18. Jahrhundert entfernt, der zweite 1823, damit die Kutschen leichter passieren konnten.

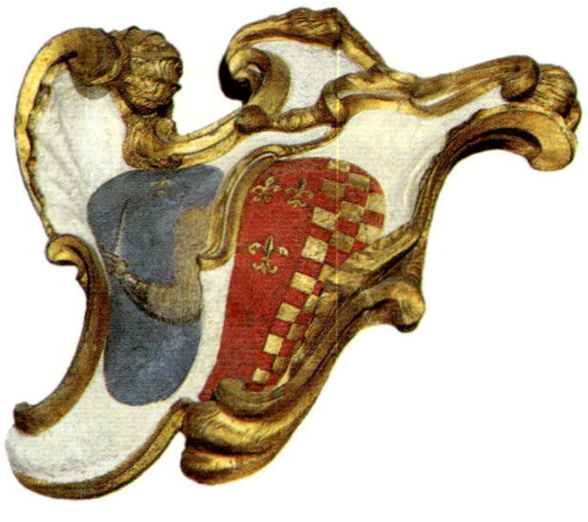

Die Wappen im Alkoven des ersten Stocks beziehen sich auf eine Heirat unter den Familien Feroni (Wappen links) und Bartolommei.

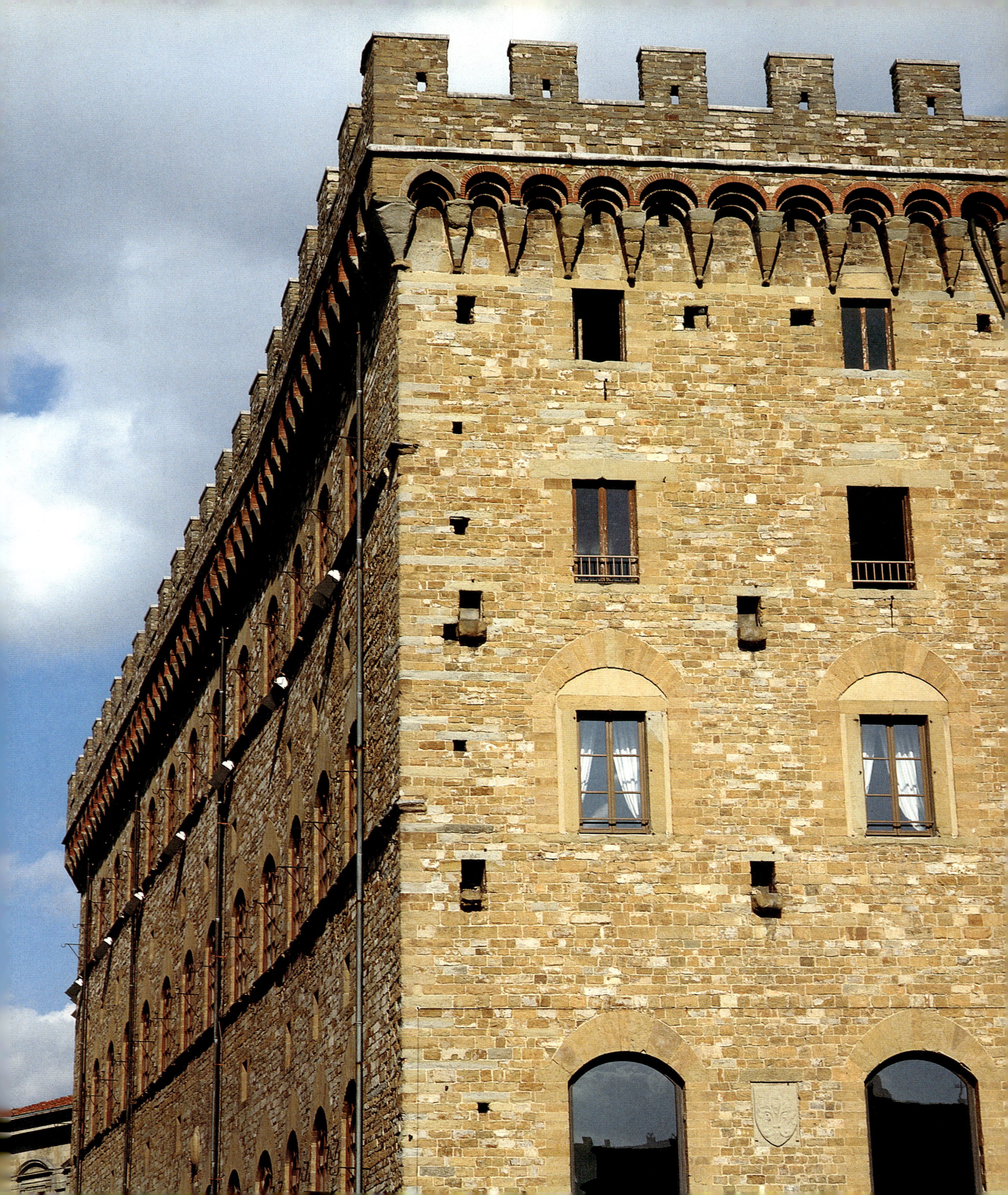

durch ihr Unternehmen lange Zeit die Bankiers des Papstes. Sie waren bevollmächtigt, den Zehnten in Deutschland, Polen, Ungarn und Böhmen einzutreiben und die entsprechenden Einnahmen zu verzinsen. Viele von ihnen zeichneten sich auch im öffentlichen Leben der Stadt aus; einer der ersten war Geri, der Ende des 13. Jahrhunderts als Generalleutnant des Königs Robert von Neapel und als Botschafter bei Bonifaz VIII. diente, nachdem er sich siegreich in den Reihen der Florentiner bei Campaldino geschlagen hatte. Genau dieser Geri nahm die verheerende Überschwemmung von 1288, die viele seiner Häuser am Arno beschädigt hatte, zum Anlaß, um an deren Stelle einen strengen und imposant wehrhaften Palast zu errichten, den wir noch heute kennen und der für ein Gebäude des 13. Jahrhunderts sehr beachtliche Ausmaße aufweist. Schon bald nach seiner Erbauung – einige Historiker meinen, nach Plänen des Auftraggebers selbst, für andere wurde er nach einem Entwurf von Lapo Tedesco gebaut – wurde der Palast für die beiden Familienlinien in zwei Teile geteilt. Den Flügel, dessen Fassade auf die Piazza Santa Trinita ging, bekamen Geri und seine Nachfahren, die dort bis 1651 wohnten, dem Jahr, in dem ein anderer Geri, Sohn des Cristofano, starb, ohne Erben zu hinterlassen. Von diesem Geri wissen wir, daß das Gebäude zu der Zeit, als es in seinen Besitz gekommen war, im Inneren noch in drei getrennte Anwesen gegliedert war, ein Erbe der alten Häuser des 13. Jahrhunderts. Zwischen 1606 und 1611 ließ er durch eine Reihe von

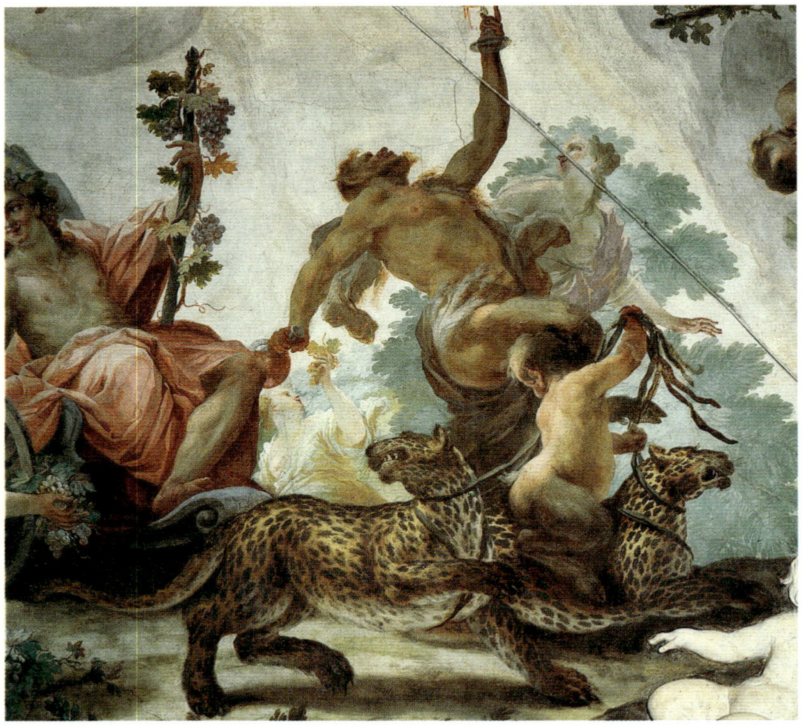

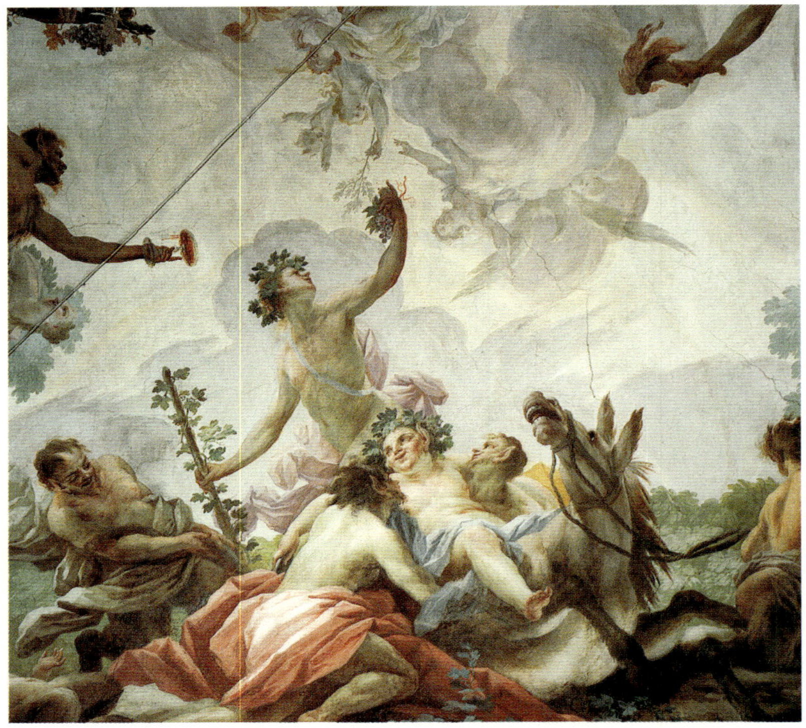

Einer der weitgehend original erhaltenen Räume im ersten Stock ist der Alkoven, ein Werk des damals berühmten Bildhauers, Dekorateurs und Architekten Lorenzo Merlini, das Simone da Bagnano Anfang des 18. Jahrhunderts in Auftrag gab.
Er besteht aus einer quadratischen Vertiefung und einem echten Alkoven mit pseudoelliptischem Grundriß; das Gewölbe des Vorzimmers malte Ranieri del Pace mit Szenen eines Bacchanals aus (hier sind zwei Details zu sehen); es ist von Putten aus Stuck von Merlini umrahmt. Der Alkoven ist hingegen mit vergoldetem Stuck mit Hirschen (dem heraldischen Symbol der Familie des Auftraggebers) und jubelnden Putten geschmückt, die ebenfalls nach dem Entwurf von Merlini entstanden.

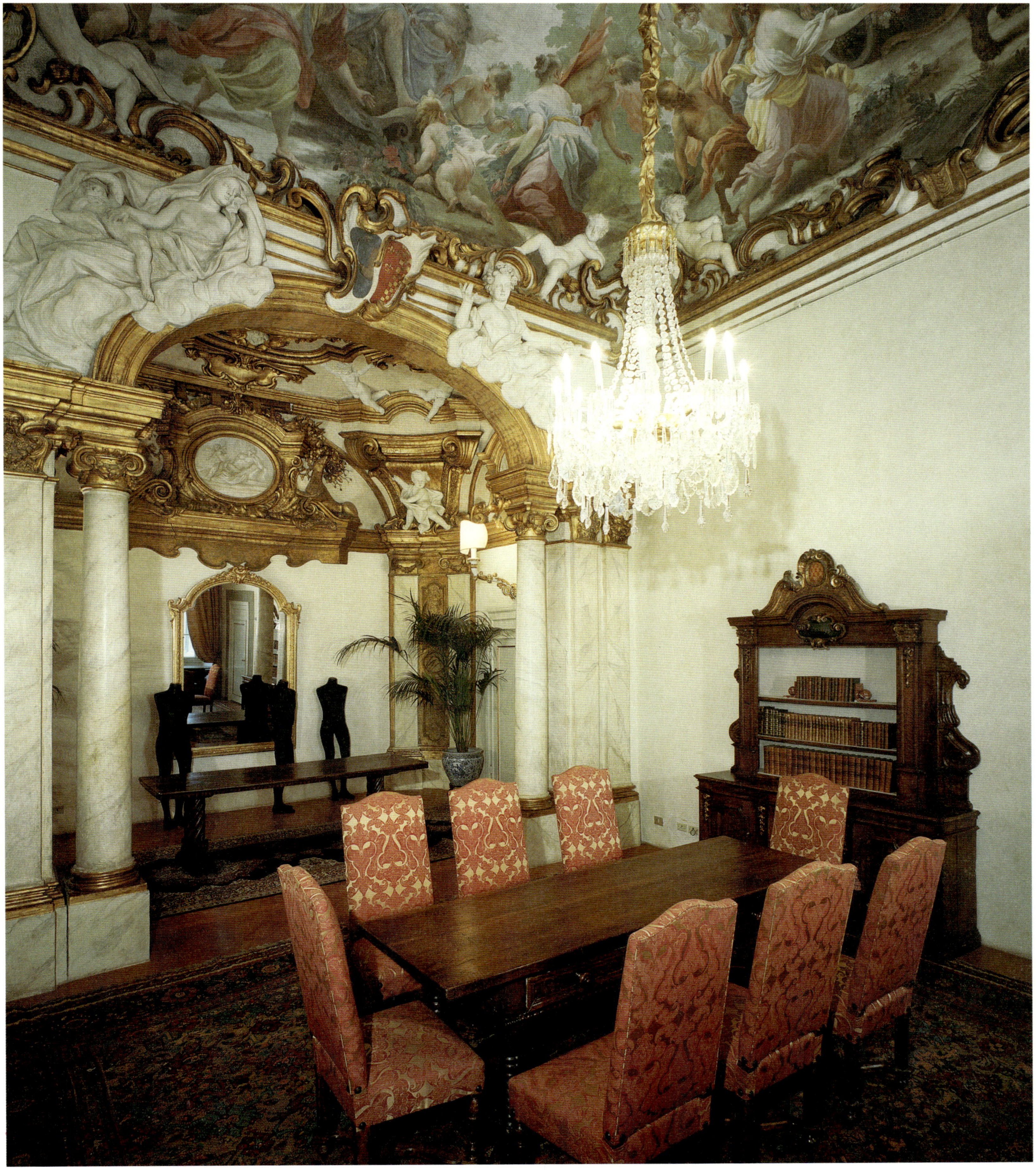

Baumaßnahmen die verschiedenen Wohneinheiten miteinander verbinden und beauftragte Bernardino Poccetti, die Räume mit Freskenzyklen zu schmücken. Nach dem Aussterben dieser Linie der Spini wechselte ihr Palastflügel mehrere Male den Besitzer: Zuerst gehörte er Niccolò Guasconi, dann Simone da Bagnano. Dessen Familie verlegte unter anderem auch die kleine Kapelle im Innern des Palastes an ihren heutigen Standort. Die Außenfassade bekam durch Giebel und Verzierungen ein eigentümlich barockes Aussehen. 1768 wurde ein anderer reicher Kaufmann, der Markgraf Francesco Antonio Feroni, neuer Besitzer. Zuvor, 1686, brachte Camilla, die einzige Erbin von Guglielmo di Jacopo Spini, den dem Arno zugewandten Teil des Palastes, der bis zur Mitte des 17. Jahrhunderts in der anderen Linie der Spini geblieben war, als Mitgift in die Familie Del Tovaglia ein. Von dieser ging er auf die Pitti über, und 1807 erwarb ihn dann Francesco Feroni: ab dem 19. Jahrhundert gehörte der Palast also einer einzigen Familie, den Feroni, nach denen er auch benannt wurde. 1834 wurde das ganze Gebäude Eigentum einer anderen wohlhabenden Familie, der Hombert, die es als elegantes und repräsentatives Hotel benutzten. In seinen luxuriösen Zimmern wohnten berühmte Persönlichkeiten, vom Fürsten Metternich bis Alexander von

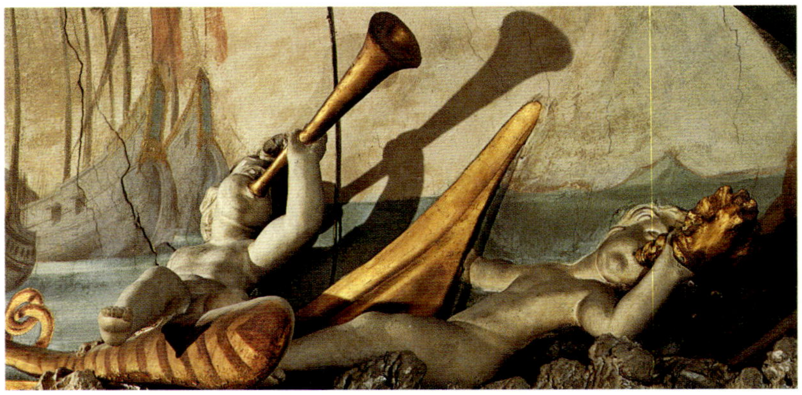

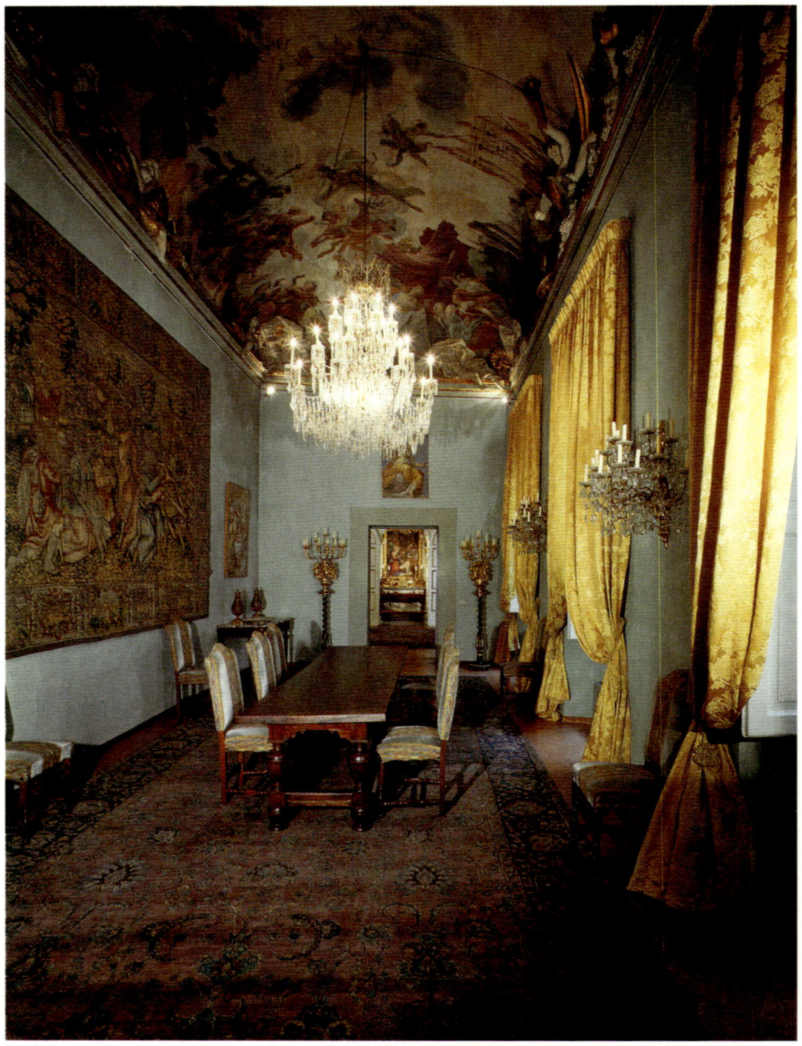

Die berühmte Galerie, in der sich die bekannte Gemäldesammlung der Spini befand – darunter Werke von Tintoretto, Andrea del Sarto und Jacopo Palma il Vecchio –, erhielt im 18. Jahrhundert neue Bemalung von Ranieri del Pace und Stuck von Merlini.
An der Decke sind in leichten, lebhaften Farben Szenen aus dem Leben der Iphigenie, nach Ovids »Metamorphosen« und der Tragödie des Euripides, dargestellt.
An den Wänden ebenfalls Gemälde und ein großer, sorgfältig gearbeiteter kostbarer Wandteppich, der durch seine Farbgebung besticht.

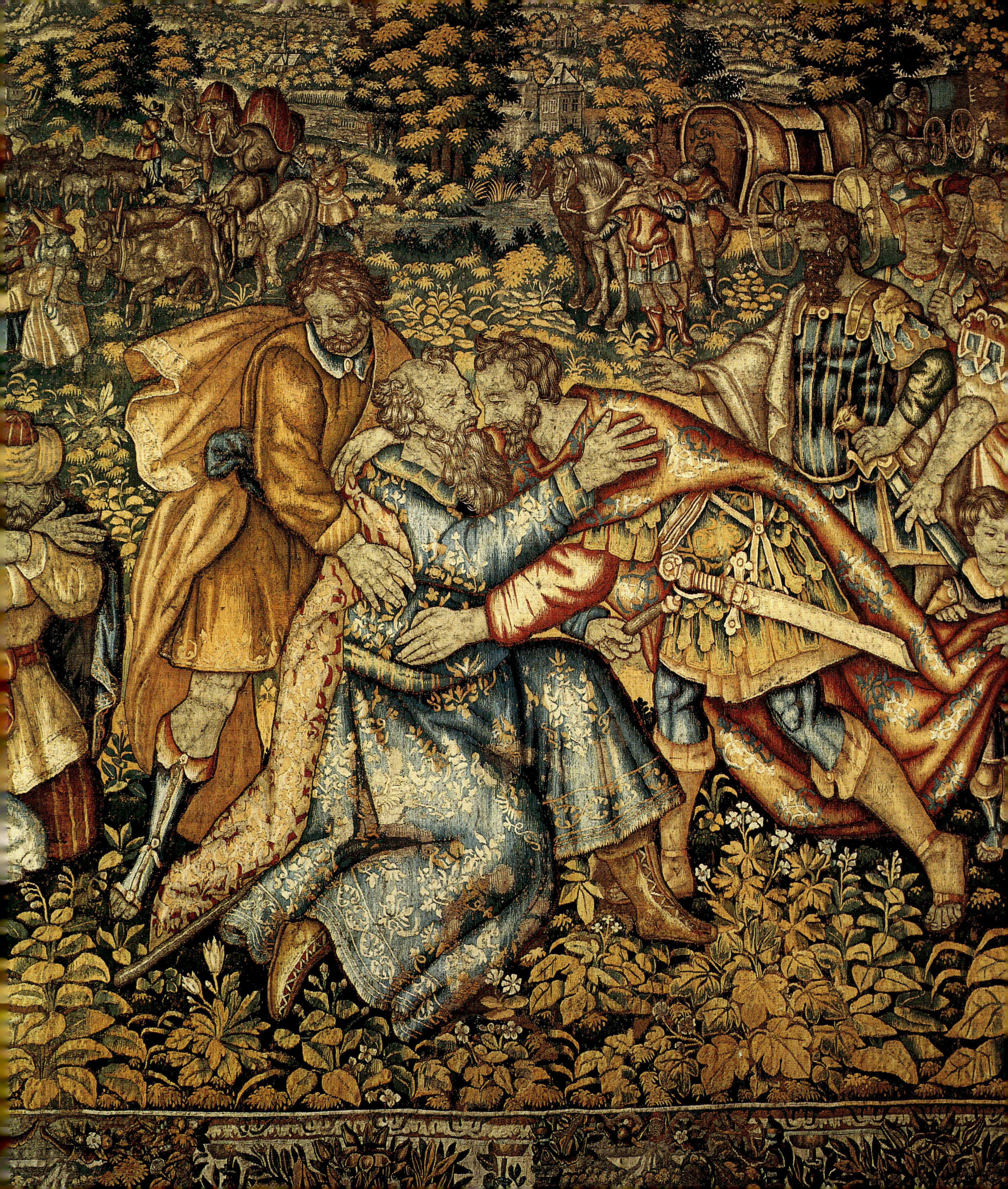

Rußland. Aber nicht lange diente es als Hotel: 1846 erwarb ihn die Stadt Florenz, um ihn zum Ratsgebäude umzubauen. Diese Funktion erfüllte das alte Anwesen des Geri Spini weitere zwanzig Jahre, bis Florenz den Titel Hauptstadt zugunsten Roms verlor. Von da an diente der Palazzo Feroni mehreren unterschiedlichen Zwecken. Bei der Wiederherstellung des ursprünglichen Äußeren entfernte man die von den Bagnano auf der Fassade angebrachten Aufbauten. Am 15. Januar 1881 überließ die Stadt Florenz im Rahmen eines Abkommens zur Begleichung von eigenen Schulden den Palast für 1.252.000 Lire der Cassa di Risparmio di Firenze, die ihn ihrerseits an Ruggero Casardi veräußerte. Seitdem nutzte man das Gebäude vorwiegend für kommerzielle Zwecke, und so ist es noch heute. Die Firmen, die das Gebäude nutzen, wissen ihre der modernen Geschäftstätigkeit entsprechenden Bedürfnisse den alten Strukturen anzupassen. Sie respektieren die besonderen Eigenheiten, ja sie rücken diese sogar in den Vordergrund.

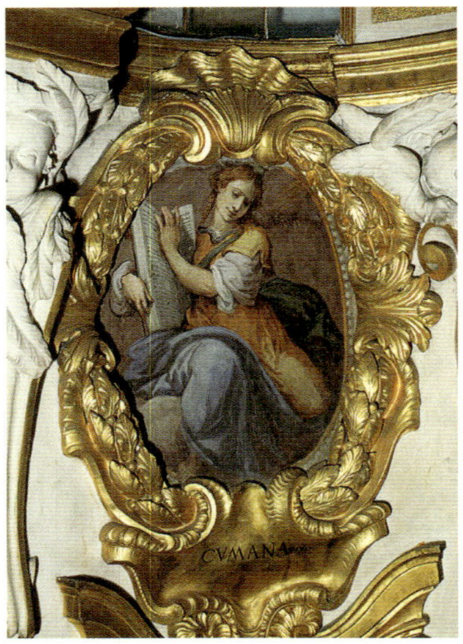

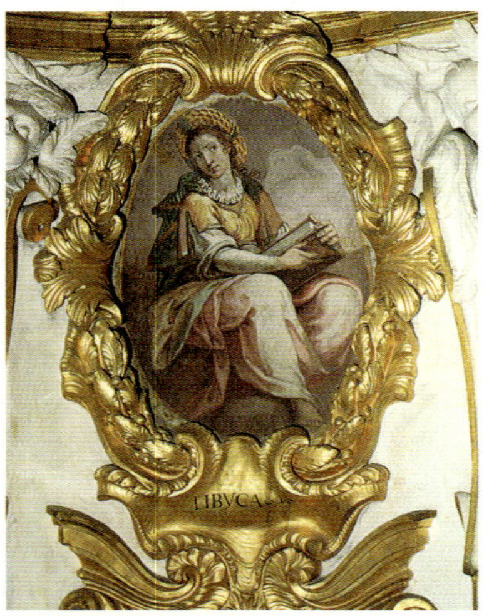

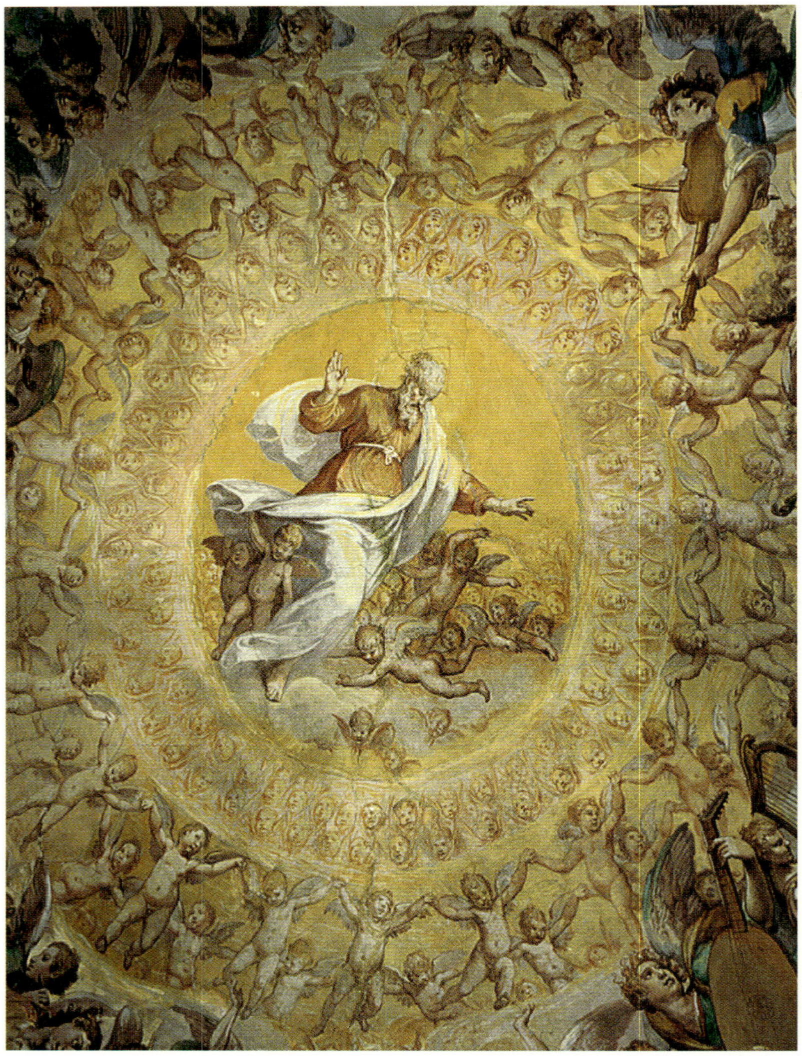

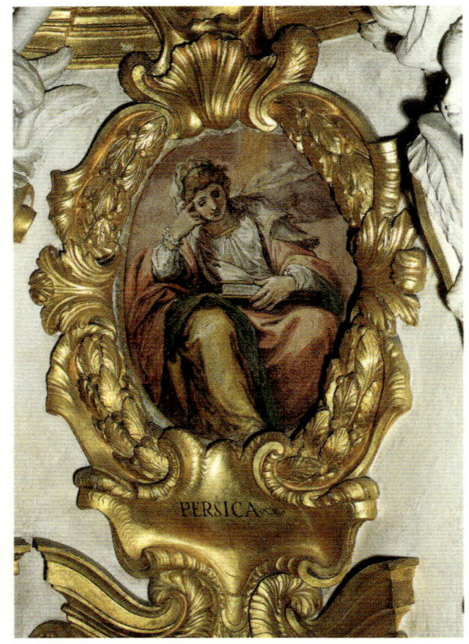

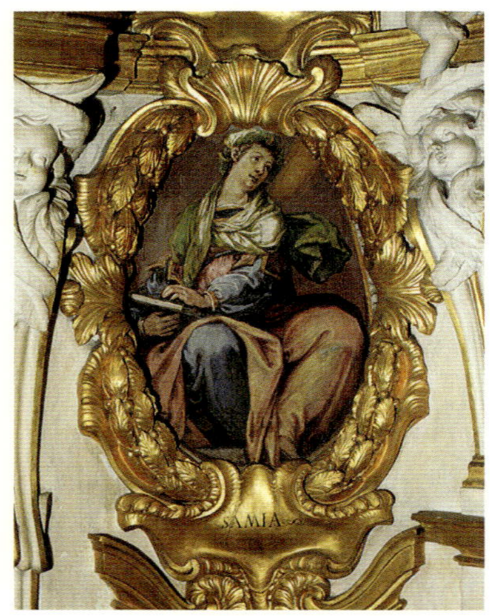

Die künstlerisch hochinteressante Kapelle befand sich früher im Erdgeschoß, da, wo jetzt die Treppen sind. Wieder war es Merlini, der sie im 18. Jahrhundert in den ersten Stock versetzte und mit weißem und goldenem Stuck verzierte. Die Dekorationen gehen auf das frühe 17. Jahrhundert zurück und stammen von Bernardino Barbatella, genannt il Poccetti. Auf ihn gehen auch das Altarbild mit der Anbetung der Hirten, die vier Sibyllen in den Wandecken und das Tonnengewölbe zurück, auf dem Gottvater, umgeben von Cherubimscharen und musizierenden Engeln, abgebildet ist.

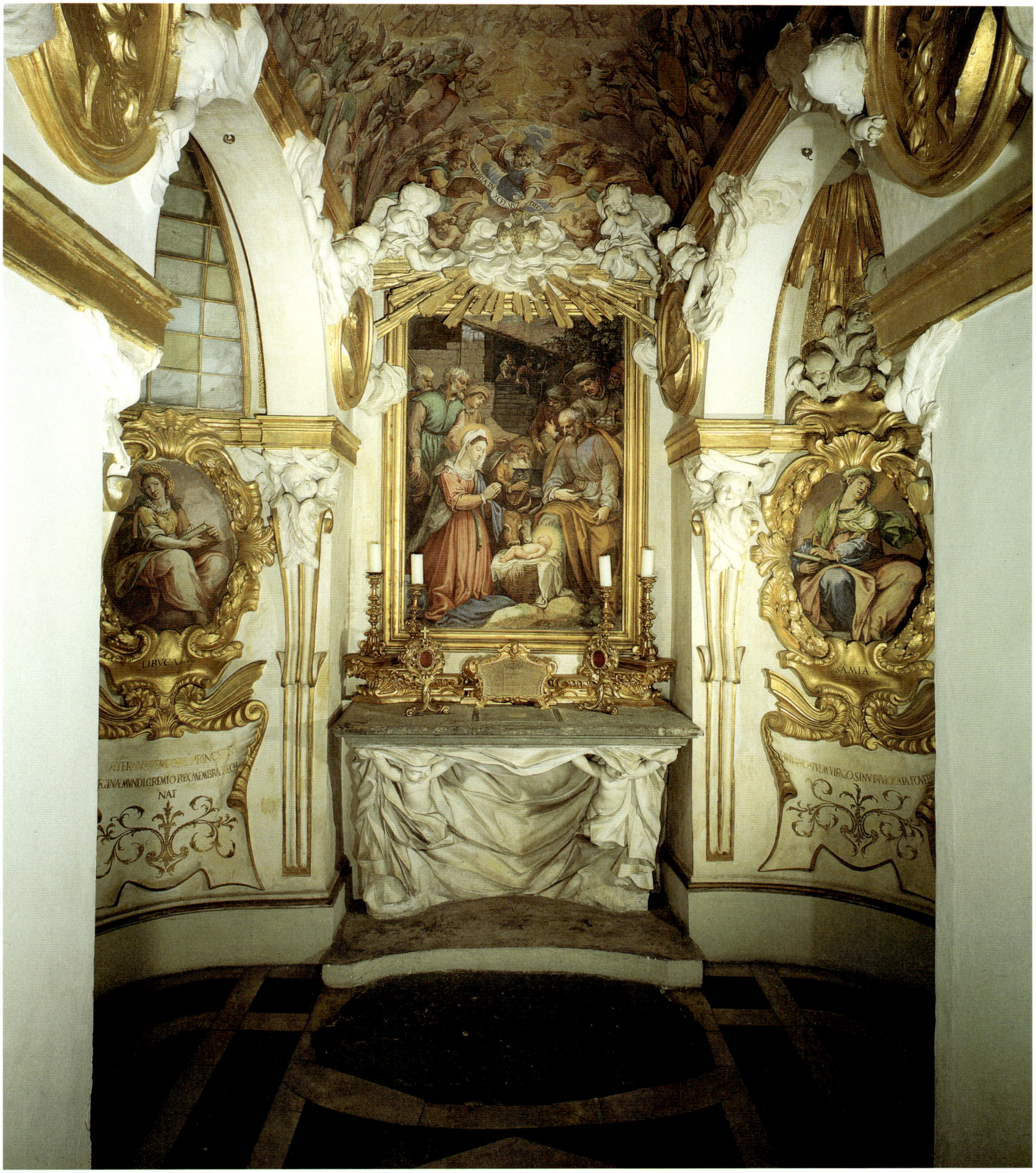
LIBYCA
NAT
SAMIA

Palazzo Malenchini Alberti

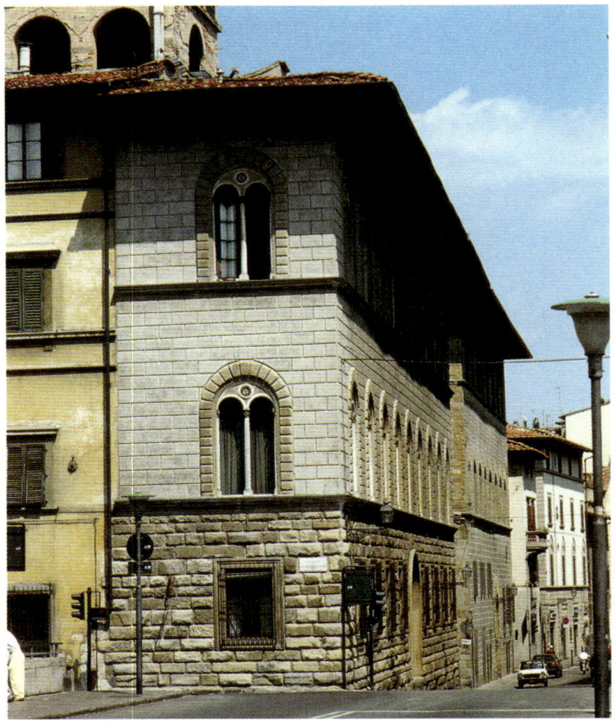

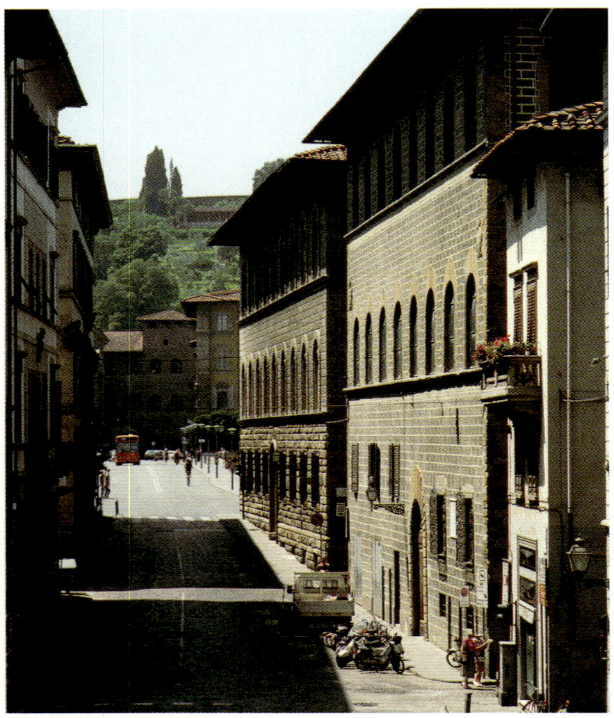

Im gesamten Bereich zwischen der Via dei Benci und der Piazza Santa Croce standen früher die Häuser der Guelfenfamilie Alberti. Sie stammte ursprünglich aus dem Casentino, war aber seit Beginn des 13. Jahrhunderts in Florenz ansässig. Ein Großteil dieser Häuser fiel unter dem wütenden Ansturm der Ghibellinen nach der siegreichen Schlacht von Monaperti (von den alten Bauten ist noch der Turm Ecke Borgo Santa Croce erhalten). Offenbar deshalb begannen die Alberti, Grundstücke in der Via dei Benci aufzukaufen, aber auf der Seite des Arno, am Ponte a Rubaconte, der damals alle Grazie hieß. Mitte des 14. Jahrhunderts gehörte der Familie Alberti in dieser Gegend bereits das gesamte Areal, auf dem heute der Palast und der dazugehörige Garten liegen, früher aber ein Häuserblock stand. Es steht außer Zweifel, daß die Alberti einen gewissen Einfluß auf das Leben der Stadt selbst ausübten: man denke nur an die von der Familie regelmäßig geleisteten Beiträge für die Erbauung der Kirche Santa Croce und an die Initiative von Jacopo Alberti, zu Ehren der Ma-

Der massige Palast nimmt die vom Arno und der Via di Benci gebildete Straßenecke am Ponte alle Grazie ein. Beachtenswert die Ausführung der Fassade aus dem 19. Jahrhundert im Stil des 15. Jahrhunderts. Am Arno liegt der Garten mit seiner üppigen Vegetation.

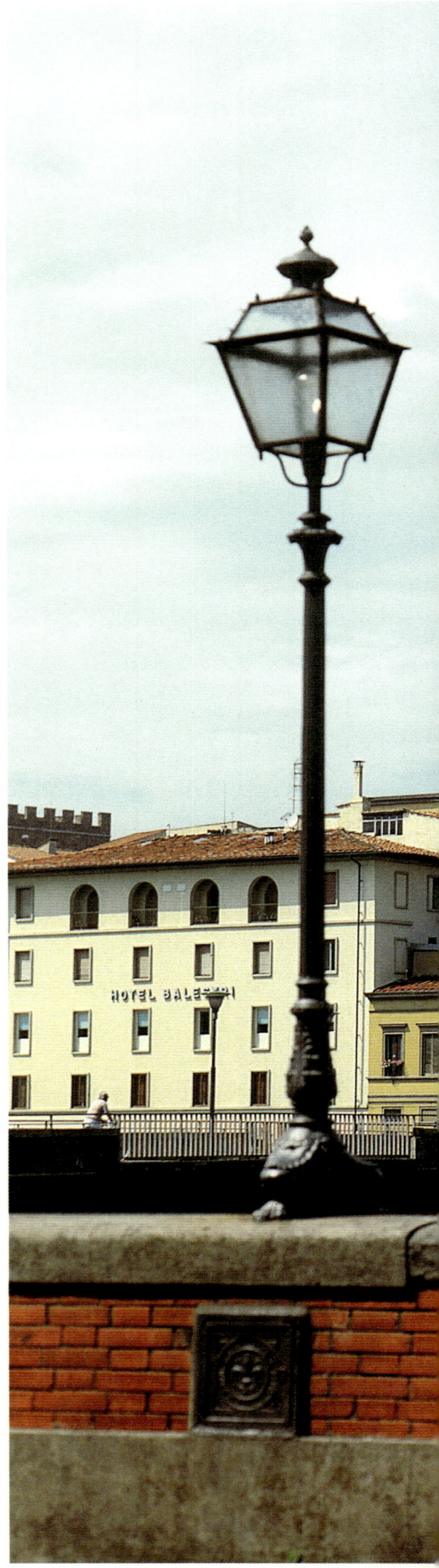

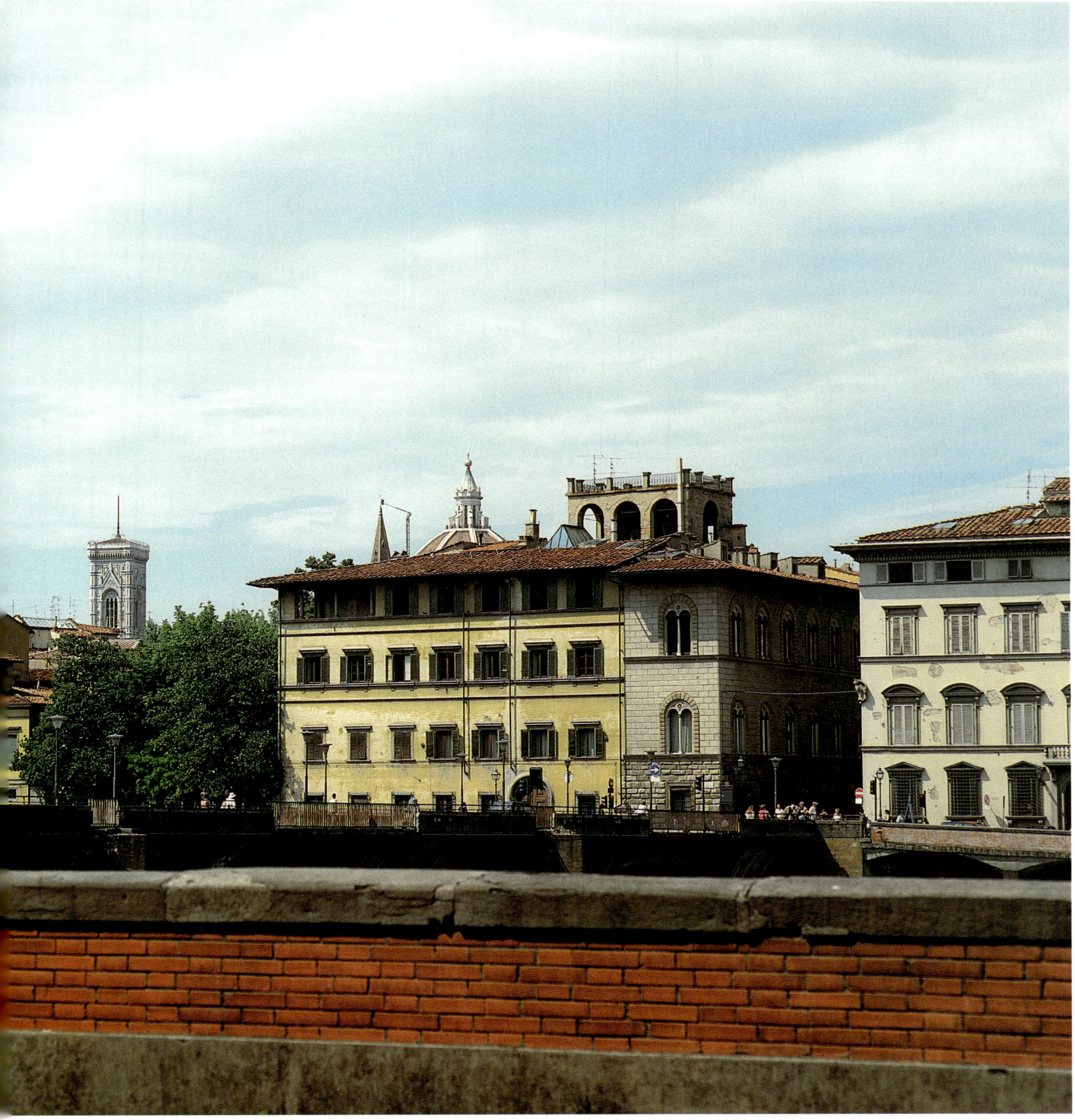

donna delle Grazie auf der Brücke, die deshalb umbenannt wurde, eine Kapelle zu errichten. Die Lage änderte sich auch dann nicht, als die Alberti aufgrund ihrer Rivalität mit der herrschenden Partei der Albizzi ins Exil geschickt wurden. Durch die Fürsprache der Medici kehrten sie 1434 zurück. Die Residenz in der Via dei Benci am Arno kann man erst im 18. Jahrhundert als Palast im eigentlichen Sinne bezeichnen. Giovan Vincenzio Alberti, Graf des Heiligen Römischen Reiches, der zuerst mit dem Großherzog Franz Stefan von Lothringen und später mit dessen Sohn Peter Leopold auf sehr vertrautem Fuß stand, ließ Fassade und Innenräume des Gebäudes vereinheitlichen (1760-1763). Der Sohn von Giovan Vincenzio und letzte Alberti, Leon Battista, hinterließ bei seinem Tod im Jahr 1836 sein gesamtes Erbe einem Neffen aus der Familie Mori Ubaldini, die den letzten Willen des Verstorbenen, seinen Namen fortzuführen, respektierte und ihrem eigenen den Namen Alberti anfügte. Die neuen Besitzer ergriffen sofort mehrere bedeutende Baumaßnahmen: Sie beauftragten den Architekten Vittorio Bellini, das Palastinnere und den Garten zu verschönern (so entstanden das »Tepidarium« – der Raum mit dem Warmwasserbassin in den Thermen wird so genannt – und die mit neoklassizistischen Säulen geschmückte Stirnseite, die den Garten zur Arnoseite hin

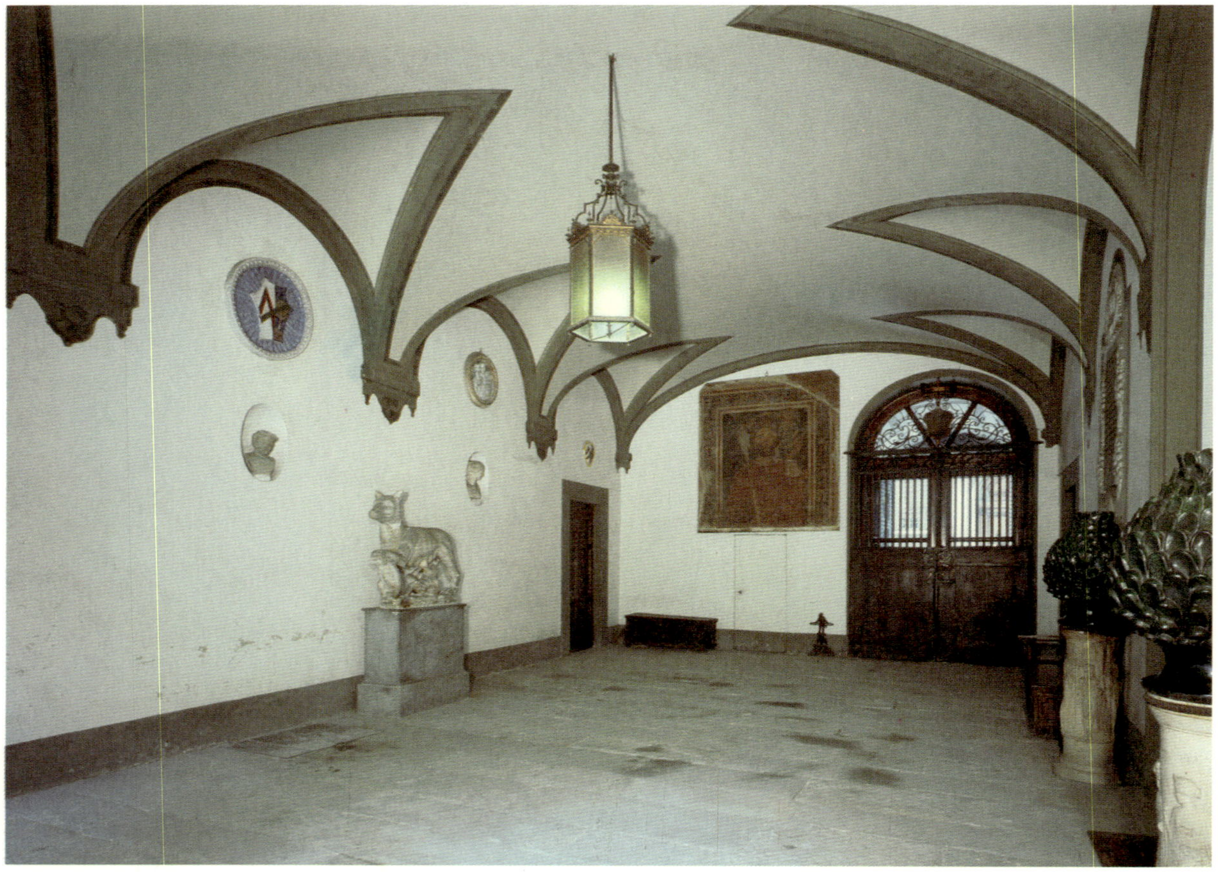

Das große Atrium mit seinem Gewölbe und (linker Hand) dem Wappen der Malenchini. Nachdem der Palast bei der Überschwemmung von 1966 schwere Schäden erlitten hatte, wurde er gründlich restauriert, so daß man noch heute seine beeindruckende Wirkung spüren kann.

Auch der Garten hat die Folgen der Überschwemmung gut überstanden, auch wenn viele alte Pflanzen unwiderruflich den Wasserfluten zum Opfer fielen. Hier erbaute der Architekt Vittorio Bellini im 19. Jahrhundert ein »ionisches Tepidarium«, also einen Raum mit beheiztem Wasserbecken, das inzwischen zu Wohneinheiten umgestaltet wurde.

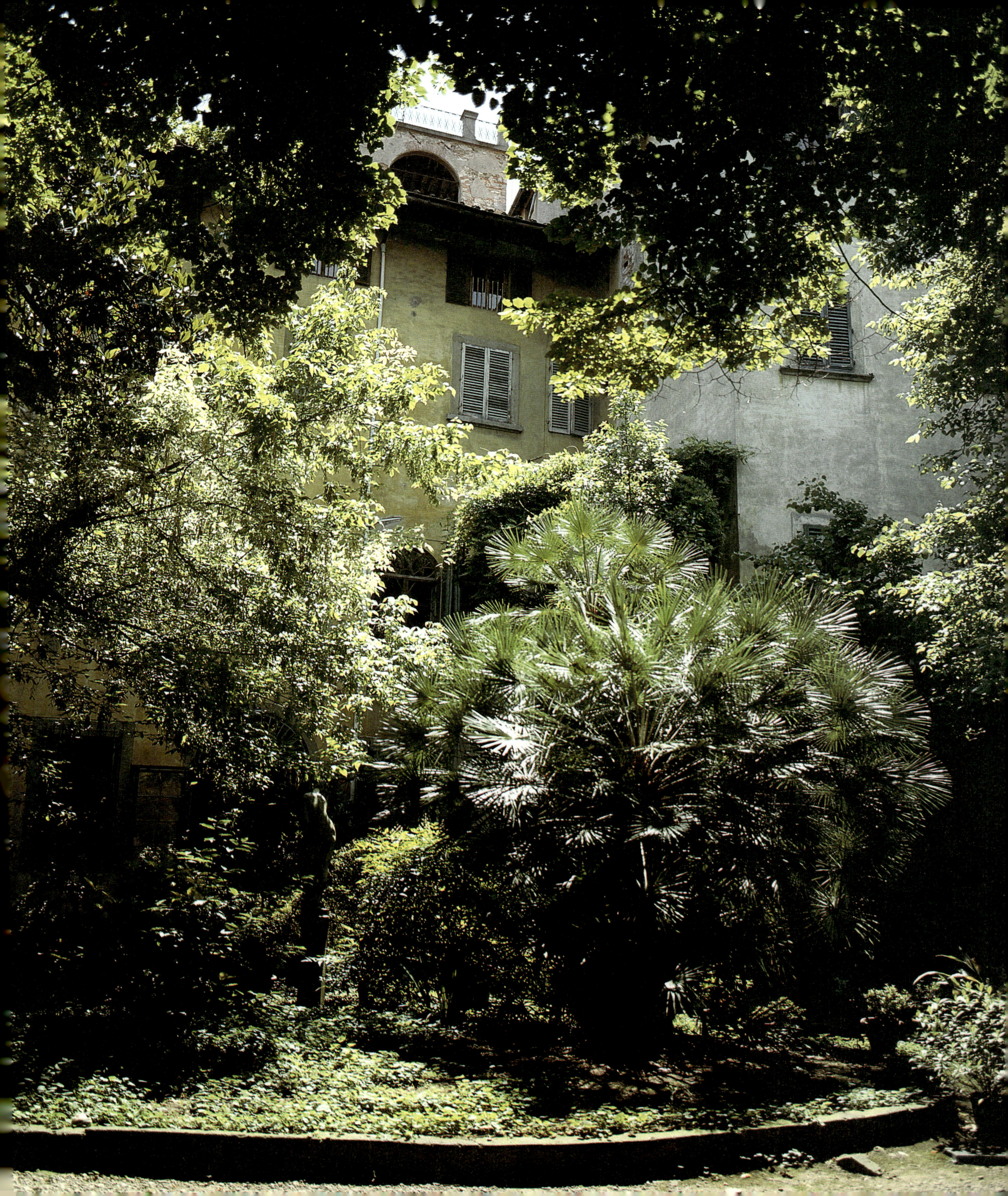

abschließt). Außerdem ließen sie eine Kapelle für das Heilige Bild errichten, das bis dahin in der Kapelle auf der Brücke verehrt worden war, von dort aber entfernt werden sollte. Der Architekt Rezzi versuchte 1849 mit gutem Erfolg, der Fassade ein strenges und elegantes Aussehen, wie aus dem 15. Jahrhundert, zu geben, das zu der ursprünglichen Gestalt des Palastes paßte. Nach kurzer Zeit aber sah sich Graf Arturo Alberti Mori Ubaldini aufgrund seiner hohen Schulden gezwungen, das Familienanwesen zu veräußern, und so kam es an eine Linie der Alberti del Giudice, die seit langem in Frankreich residierten. Die neuen Besitzer blieben aber nur etwa zwanzig Jahre in Florenz, und so ging ihr Palast Ende des 19. Jahrhunderts an den Markgrafen Luigi Malenchini über, einen Nachfahren jenes Vincenzio, der zum Senator des Reichs ernannt worden war, weil er sich während des Risorgimento als Patriot ausgezeichnet hatte. Und bis heute sind die Markgrafen Malenchini die Besitzer des Gebäudes. Im 20. Jahrhundert gab es zwei dramatische Ereignisse, die sich schwer auf die Grundfesten des Palastes auswirkten: die Zerstörung der Arnobrücken durch deutsche Minen im Jahr 1944 (der Palazzo Malenchini, auf gleicher Linie mit dem Ponte alle Grazie, wurde voll von der Druckwelle erfaßt) und die Überschwemmung von 1966, als die schlammigen

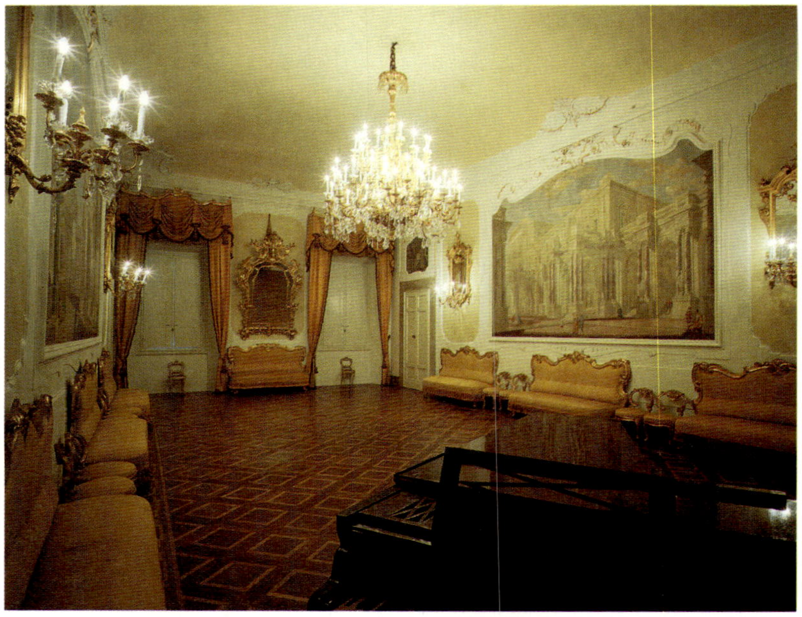

Der geräumige Ballsaal befindet sich im ersten Stock. Die weißgoldenen Dekorationen, die freskengeschmückten Wände mit architektonischen Motiven, die besonders im 18. Jahrhundert sehr geschätzt waren, und die ausgesuchte, zum Gesamtbild passende Einrichtung und Ausstattung verleihen dem Raum ein prunkvolles und elegantes Aussehen.

Den ersten Stock erreicht man über diese imposante Treppe, an deren Wänden prächtige, außergewöhnlich große Wandteppiche hängen. Die beiden Treppenarme führen zu einem lichtdurchfluteten Durchgangsraum mit zwei großen Glastüren, von denen man auf den rückwärts gelegenen Garten blicken kann. Bemerkenswert ist die schlichte und doch raffinierte Einrichtung dieser Räume.

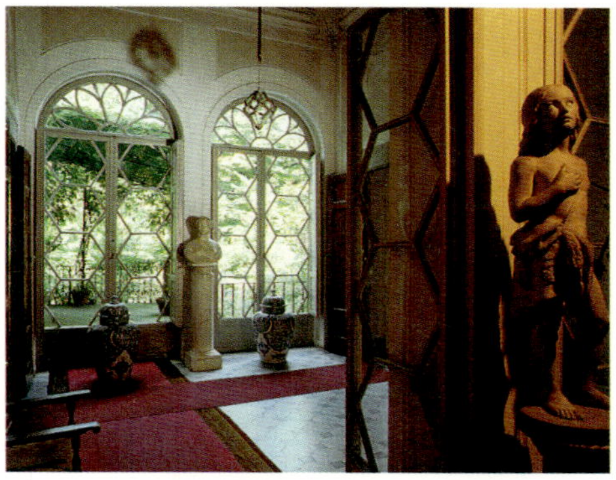

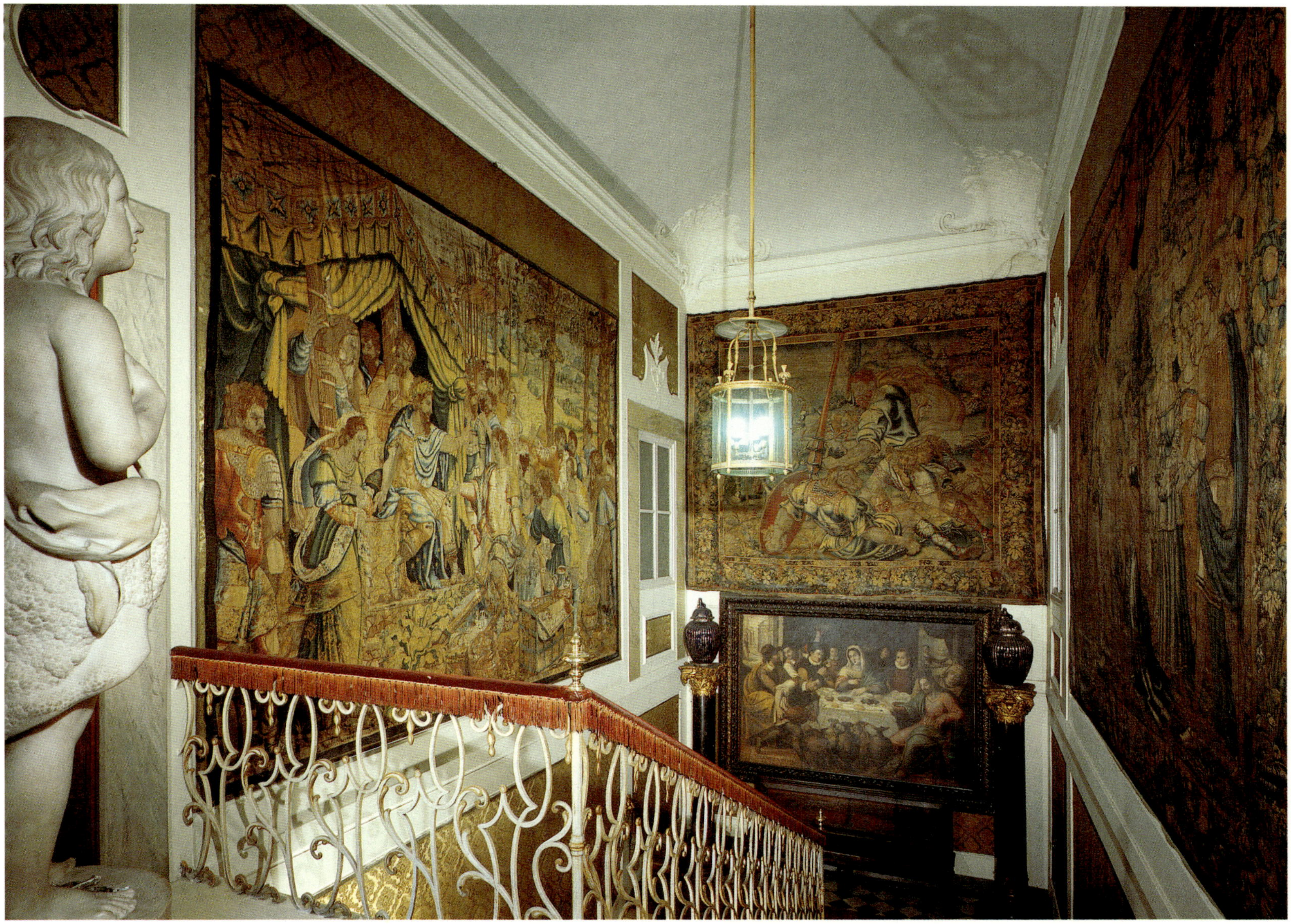

Wassermassen des Flusses das Erdgeschoß und den Garten mit seinen exotischen Pflanzen verwüsteten. Der Garten ist heute, wie übrigens das ganze Gebäude, wieder zu neuem Leben erwacht.

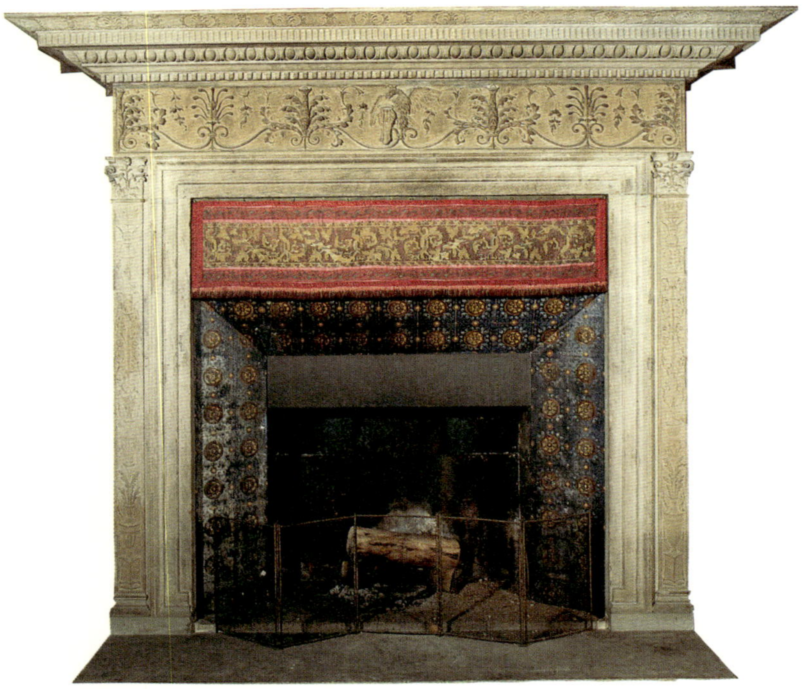

Einer der steinernen Kamine, wie sie auch in anderen Sälen im ersten Stock stehen. Diese waren hier im 19. Jahrhundert, zur Zeit der Herzöge von Chaulnes, üblich; sie stammen aus dem Herzogspalast in Gubbio.

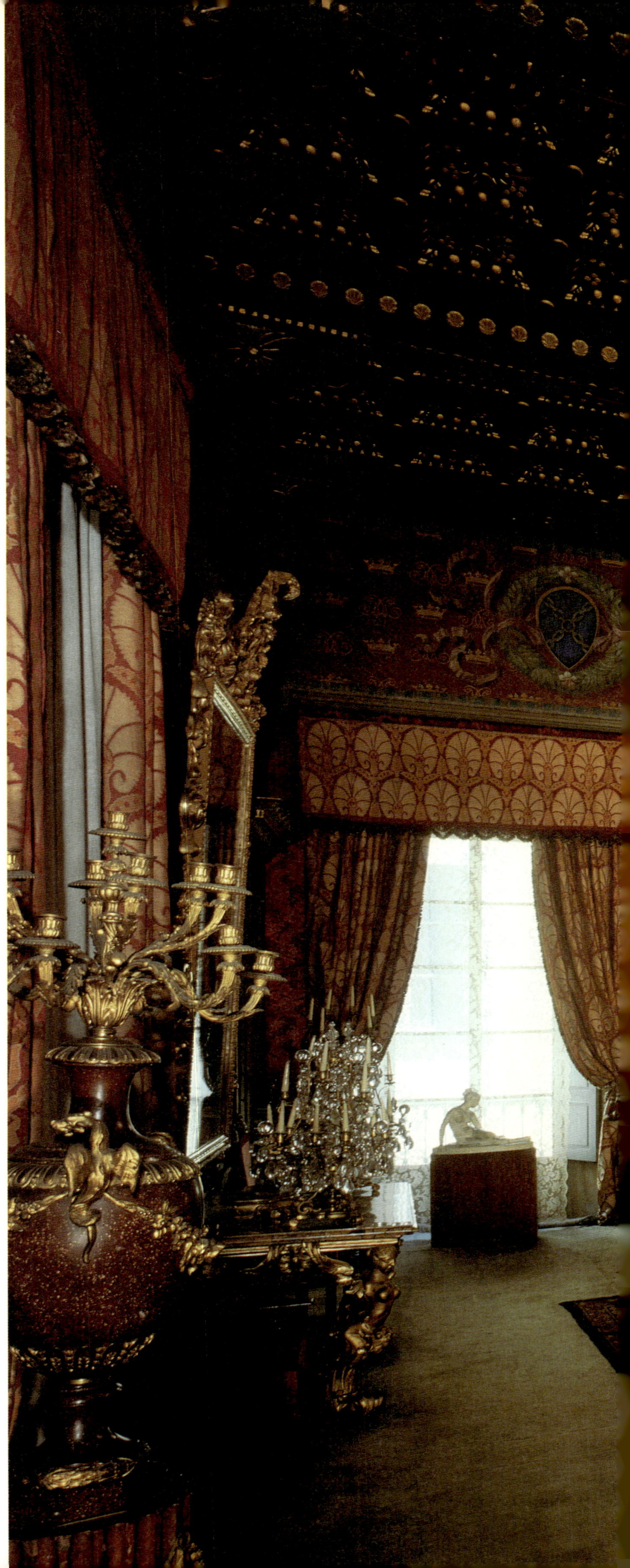

Die feuerroten Tapisserien, die Wandspiegel und Gobelins, der große Fries, auf dem das blaue Wappen der Alberti prangt, und die feingearbeitete Kassettendecke mit Rosetten und goldenen Verzierungen verleihen diesem Raum im ersten Obergeschoß seine Würde.

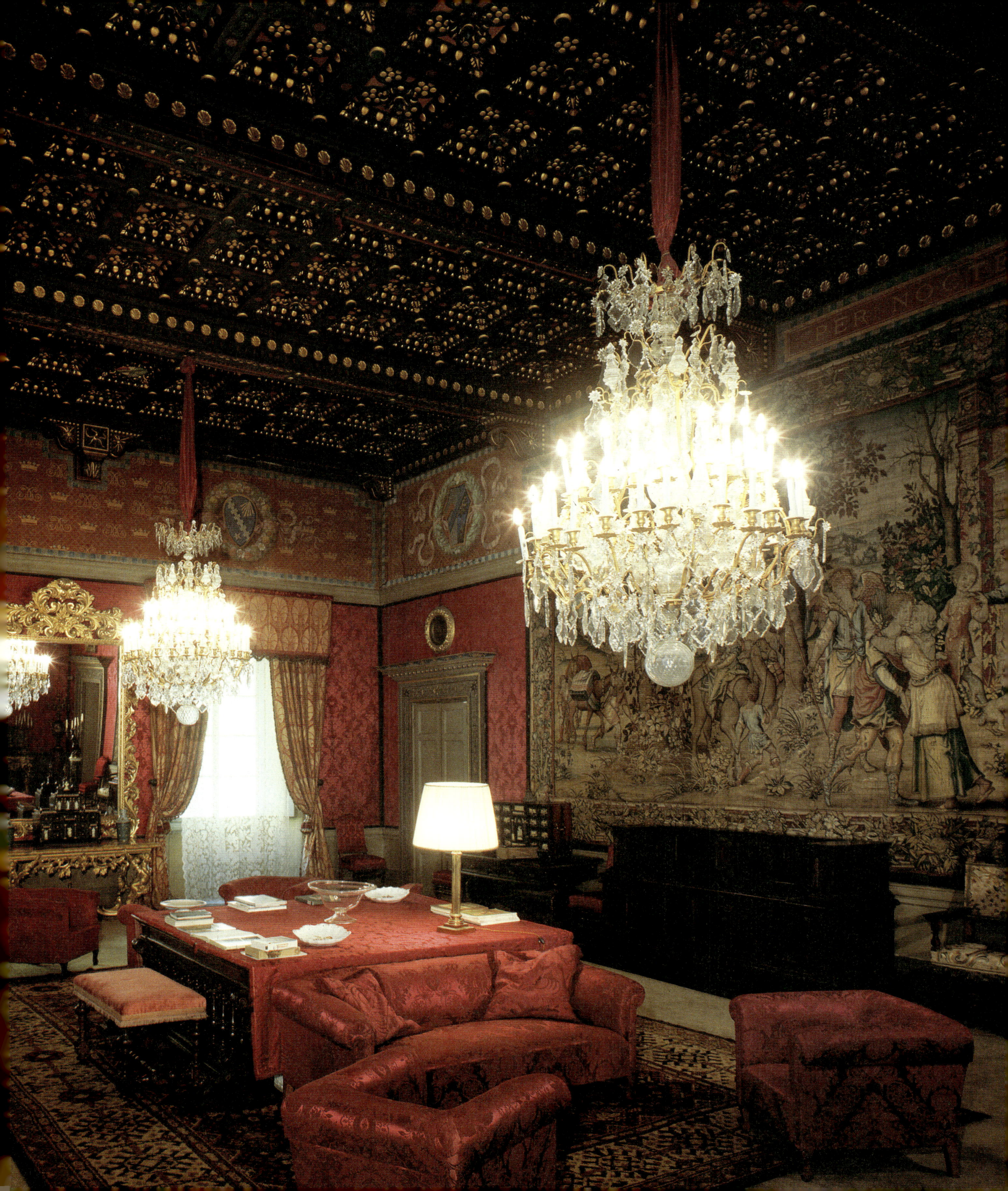

Palazzo Davanzati

Im Stadtzentrum ragt auf der Via Porta Rossa, auf halbem Weg zwischen dem imposanten Palazzo Strozzi und dem Arno, ein beeindruckendes Gebäude auf, das aufgrund seiner architektonisch so bedeutenden Eigenheiten lange Zeit wenig Interesse als Wohngebäude fand. Die beiden engen, steilen Treppen, die auf mehrere Stockwerke verteilten, finster und streng wirkenden Zimmer, die Orientierung des Gebäudes in die Höhe, eine Besonderheit für ein Bauwerk aus dem 14. Jahrhundert – all das paßte nicht zu dem Bedürfnis nach Bequemlichkeit und Raffinesse, das sich in den nachfolgenden Jahrhunderten immer mit der Vorstellung von einer Wohnstatt verband. Es handelt sich um den Palazzo Davanzati, der im 14. Jahrhundert von der mächtigen Familie Davizzi erbaut wurde. 1516 überließen die Davizzi das eigene Anwesen reichen Nachbarn, den Bartolini Salimbeni, die es ihrerseits 1578 an Bernardo Davanzati verkauften. Die Davanzati waren eine wohlhabende Familie, die es durch Handel zu Reichtum gebracht hatte. Bernardo vernachlässigte nicht die

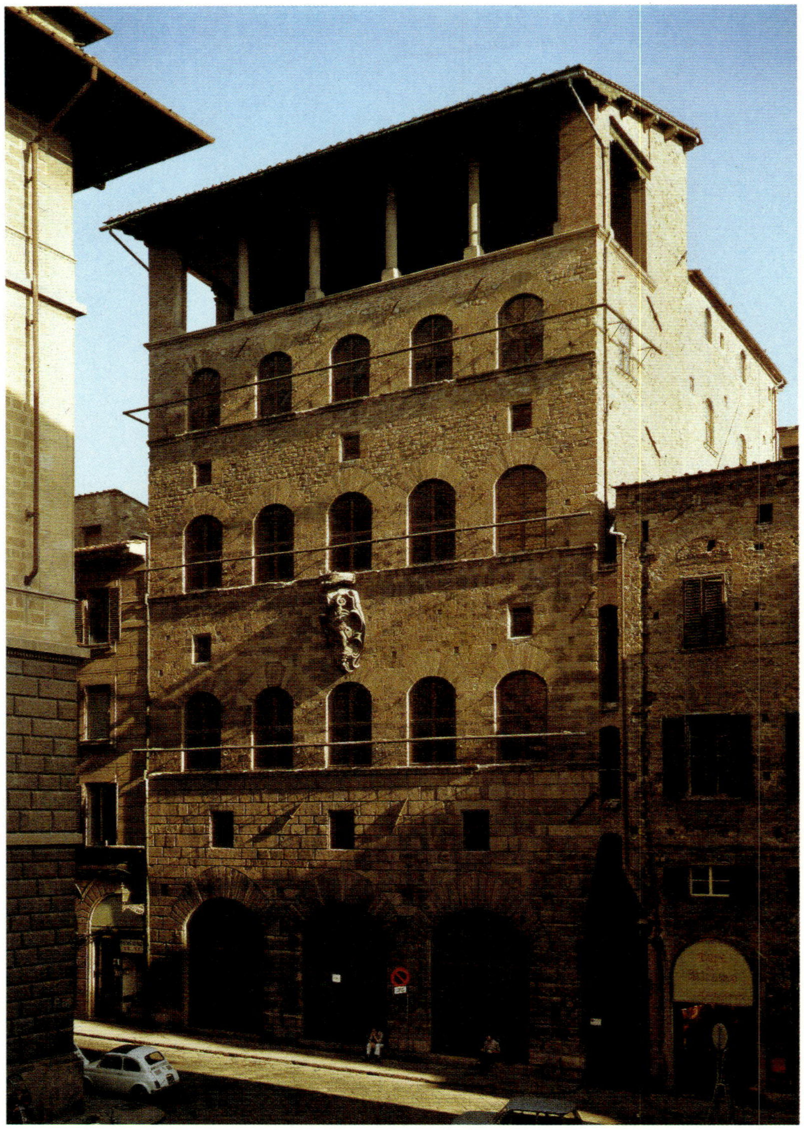

Die Sandsteinfassade, im Erdgeschoß aus Bossenwerk, die dank Volpi wieder ihre alte Form hat. Beachtenswert die vielen Schmiedeeisen, die drei für das 14. Jahrhundert typischen Portale und der Altan, der jedoch erst später statt des ursprünglichen Zinnenkranzes angefügt wurde.

Das steinerne Wappen der Familie Davanzati mit einem aufgerichteten Löwen prangt auf der von Volpi wiederhergestellten Fassade, über den Fenstern des ersten Stocks. Besonders beachtenswert sind die symmetrisch angeordneten Hausteine, die zum typischen Aussehen des Palastes beitragen.

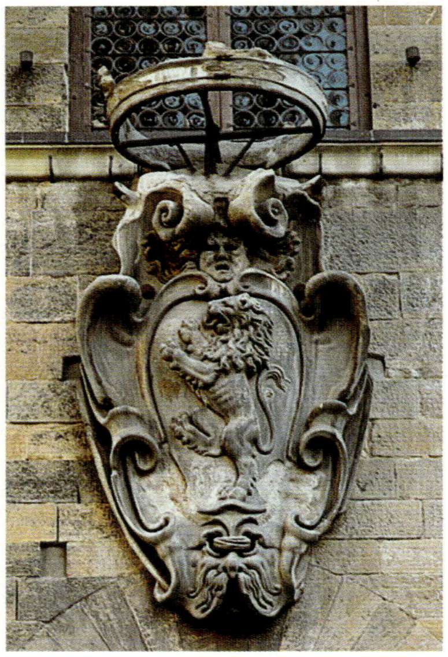

Ein beeindruckendes Bild vom Innenhof: charakteristisch die achteckigen Pilaster und die steil aufragenden Bögen. Dieser Hof ist so angelegt, daß er vom Außenbereich abgetrennt werden kann – ein Beweis für den Verteidigungscharakter des Gebäudes, auf welchen auch seine Architektur ausgerichtet war.

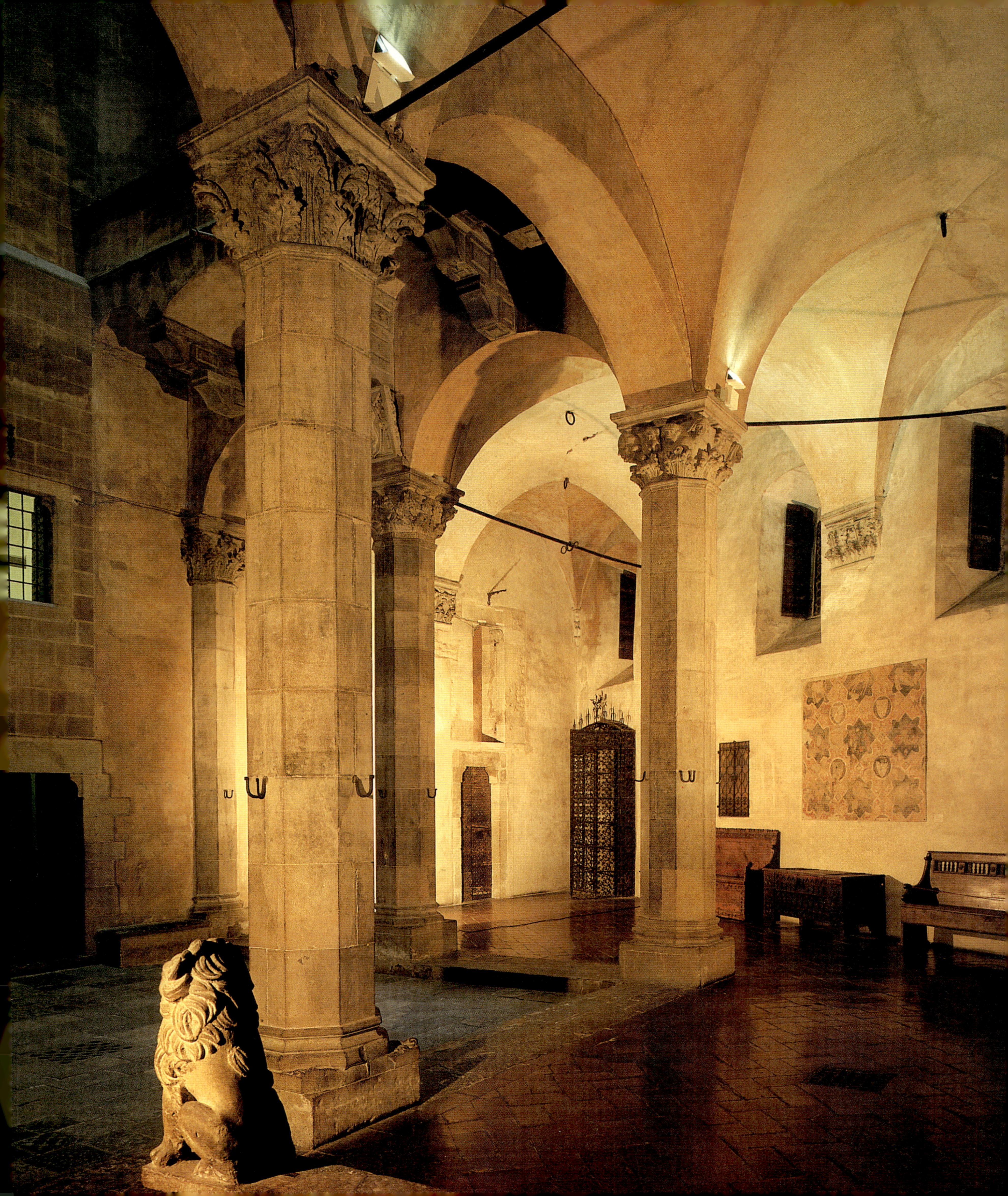

Ansicht der Treppe, die vom Freien ins erste und die oberen Stockwerke führt. Dieses seltene, original aus dem 14. Jahrhundert erhaltene Exemplar ruht auf großen, teils steinernen, teils hölzernen Konsolen und Strebebögen, auf denen man noch die alten Wappen der Davizzi sieht.

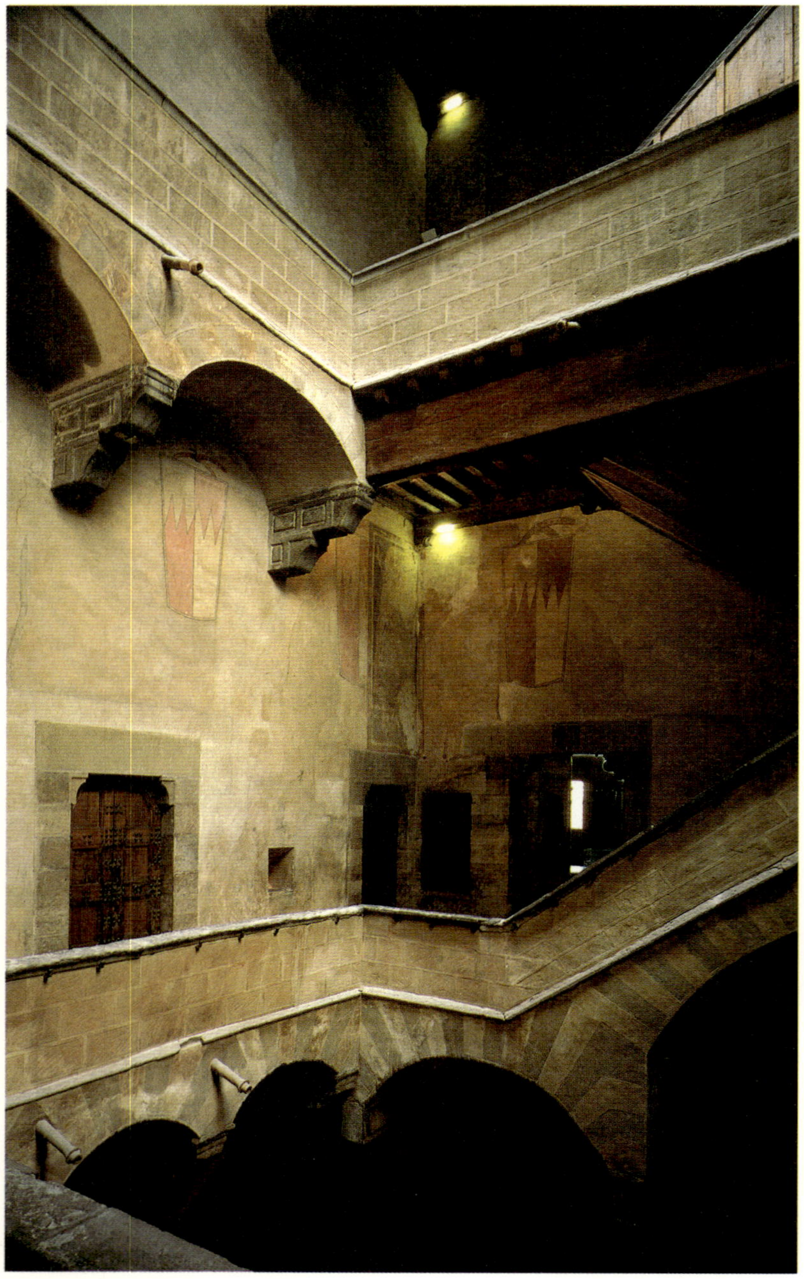

Detail des steinernen Säulenkapitells im Hof. Die kleine Gedenktafel darüber erinnert an die Ernennung Giuliano Davanzatis zum Ritter durch Papst Eugen IV.

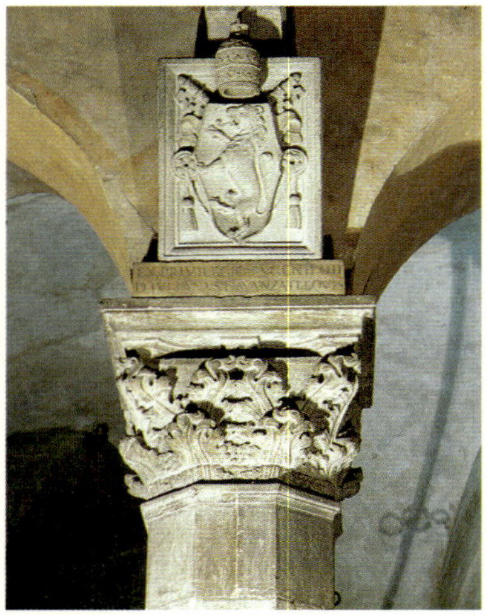

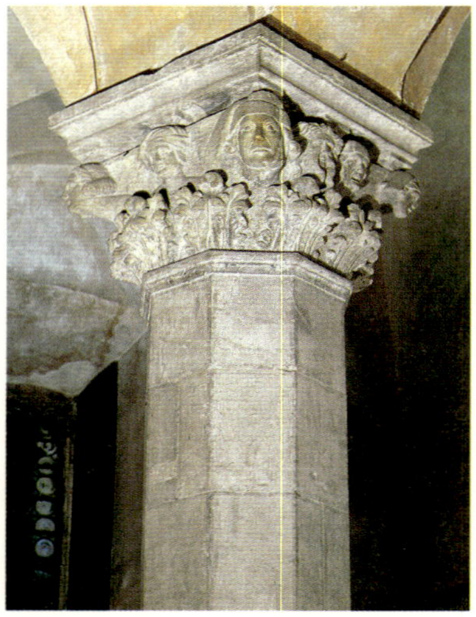

Das originellste Kapitell im Hof: Der Überlieferung zufolge stellen die aus Stein gehauenen Köpfe einige Mitglieder der Familie Davizzi, der alten Palastbesitzer, dar. Sie sollen im 14. Jahrhundert entstanden sein.

familiären Interessen: Er reiste in ganz Europa herum und widmete sich vor allem seinen Bankgeschäften in Lyon. Auch war er ein gebildeter Mann, der die Klassiker liebte (berühmt ist seine Tacitus-Übersetzung), und ein geschätzter Verfasser zahlreicher Essays. Als er den Palast erwarb, war er fast fünfzig Jahre alt, und im Jahr seines Todes, 1606, übergab er ihn seinen Söhnen, deren Nachfahren er noch weitere zwei Jahrhunderte erhalten blieb. Ab 1772 hatte hier dreißig Jahre lang die Accademia degli Armonici ihren Sitz, die Konzerte organisierte und die Verbreitung von Musik förderte (unter ihren Gesellschaftern ist Luigi Cherubini zu nennen) und sich der persönlichen Gunst der Großherzöge erfreute. Der letzte Davanzati, Besitzer des gleichnamigen Palastes, war Carlo, der 1838 seinem Leben ein tragisches Ende setzte, indem er sich aus der Loggia des oberen Stockwerks stürzte. Mit ihm starb die Familie aus, und das Immobilienvermögen wechselte mehrmals den Besitzer, bis 1904 Elia Volpi den Palast kaufte. Dieser wohlhabende Kunsthändler und Schüler von Bardini träumte davon, ein ganz besonderes Familienanwesen aus dem 14. Jahrhundert wiederaufzubauen; der Palazzo Davanzati schien dafür genau das richtige Objekt zu sein. Volpi machte sich sogleich an die Restaurierung; die Methoden, die er dabei anwandte, waren nicht immer

Gesamtansicht der sogenannten »Sala dei Pappagalli«, des Papageiensaals, im ersten Stock. Der Name kommt von der eigenartigen Wanddekoration, auf der man zwischen den Rauten unzählige, symmetrisch angeordnete Papageien sieht. Mit dieser Dekoration wollte man Stoffmuster nachahmen (wie auch die in Trompe-l'Œil-Technik gemalten »Falten« zeigen). Am oberen Rand der Wand lenkt ein Fries von kleinen gotischen Bögen den Blick auf ein ornamentales Motiv mit Bäumen und Vögeln. Bemerkenswert die Holzdecken, die mit Nägeln beschlagenen Fensterblenden (sehr klein, charakteristisch für die Häuser des 14. Jahrhunderts, die sehr abgeschieden und düster waren) und der riesige Mauerkamin (das weiß und rote Wappen in der Mitte gehörte den Davizzi, während das kleinere links auf blauem Grund auf die Alberti und das rechts auf weißem Grund auf die Ridolfi zurückgeht). Dieser Raum war das Eßzimmer und ist bis heute einer der wenigen erhaltenen ausgemalten Räume aus dem 14. Jahrhundert.

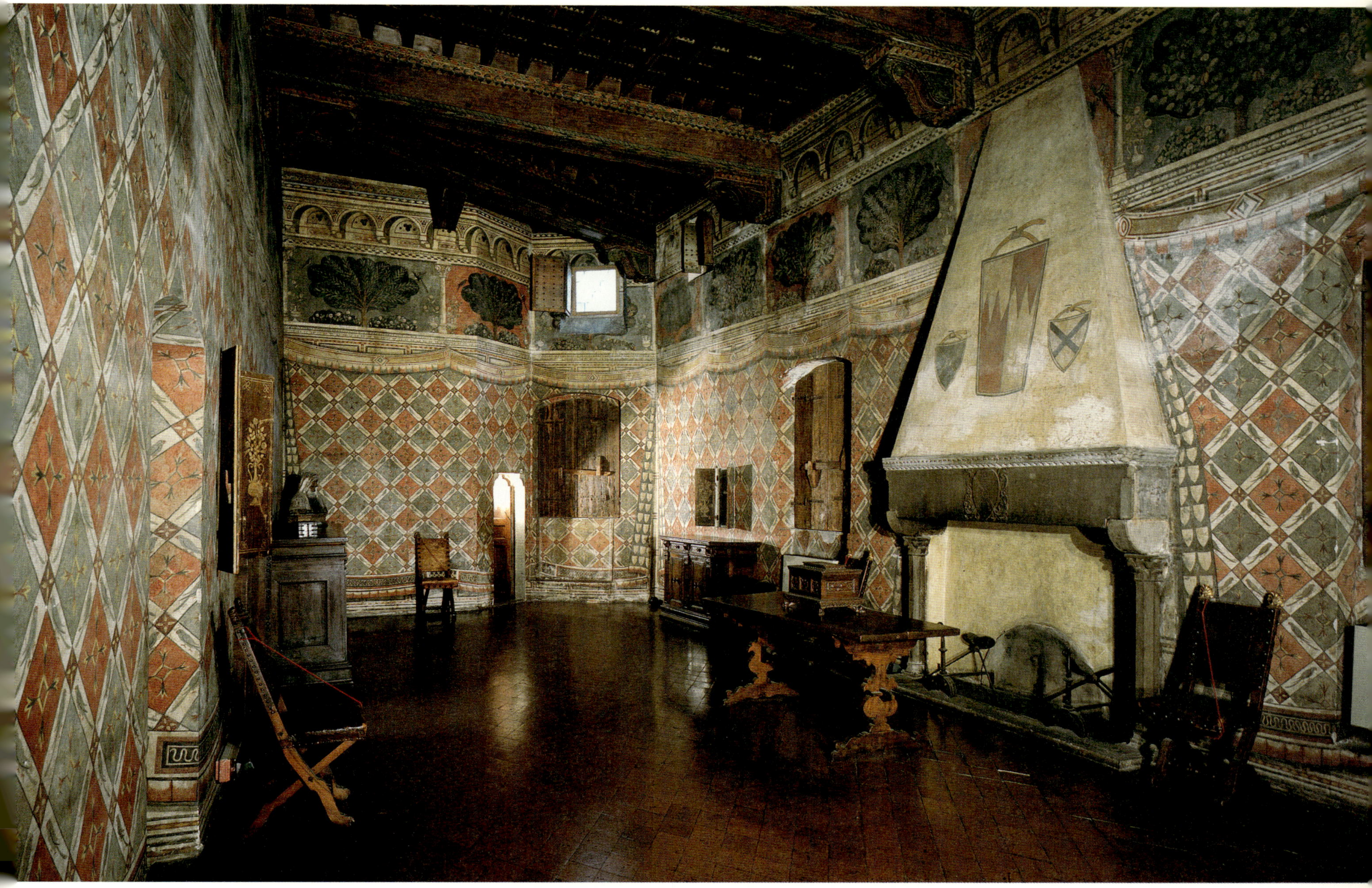

restauratorisch einwandfrei, besonders da, wo man auf falsche oder Neukonstruktionen zurückgriff, aber das Ergebnis zeugte am Ende doch von hohem Niveau. Die Fassade gewann damit ihr ursprüngliches Aussehen zurück, mit den drei großen Öffnungen mit Flachbogen im Erdgeschoß (wo im 15. Jahrhundert drei Wolläden untergebracht waren), den fünf symmetrischen Fenstern im ersten, zweiten und dritten Stock, den verschiedenartigen Schmiedeeisen (Pferderinge, Fackel- und Fahnenhalter, Stangen, an denen an Festtagen Stoffe oder Vorhänge aufgehängt wurden) und der großen Loggia mit der vorkragenden Dachtraufe.
Im Inneren wurden Zwischenwände und Mauern herausgeschlagen, die man im Lauf der Jahrhunderte errichtet hatte, und der jüngste Anstrich entfernt: so erlangten die auf Strebebögen ruhende Treppe und die großen Säle des ersten und zweiten Stockwerks ihre ursprüngliche Pracht zurück, angefangen bei den wertvollen Kaminen nach gotischem Muster und den freskengeschmückten Wänden, auf denen oft Motive von Stoffen und Vorhängen nachgeahmt waren, bis hinauf zur majestätischen, überdachten Loggia im dritten Stock.
Die Restaurierungsarbeiten waren 1910 beendet, und Volpi wollte das Werk mit einer großartigen und erlesenen, stilechten und wenn möglich zeitgemäßen Ein-

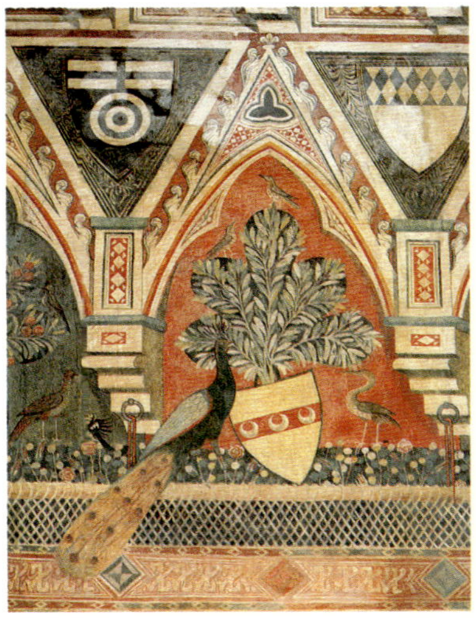

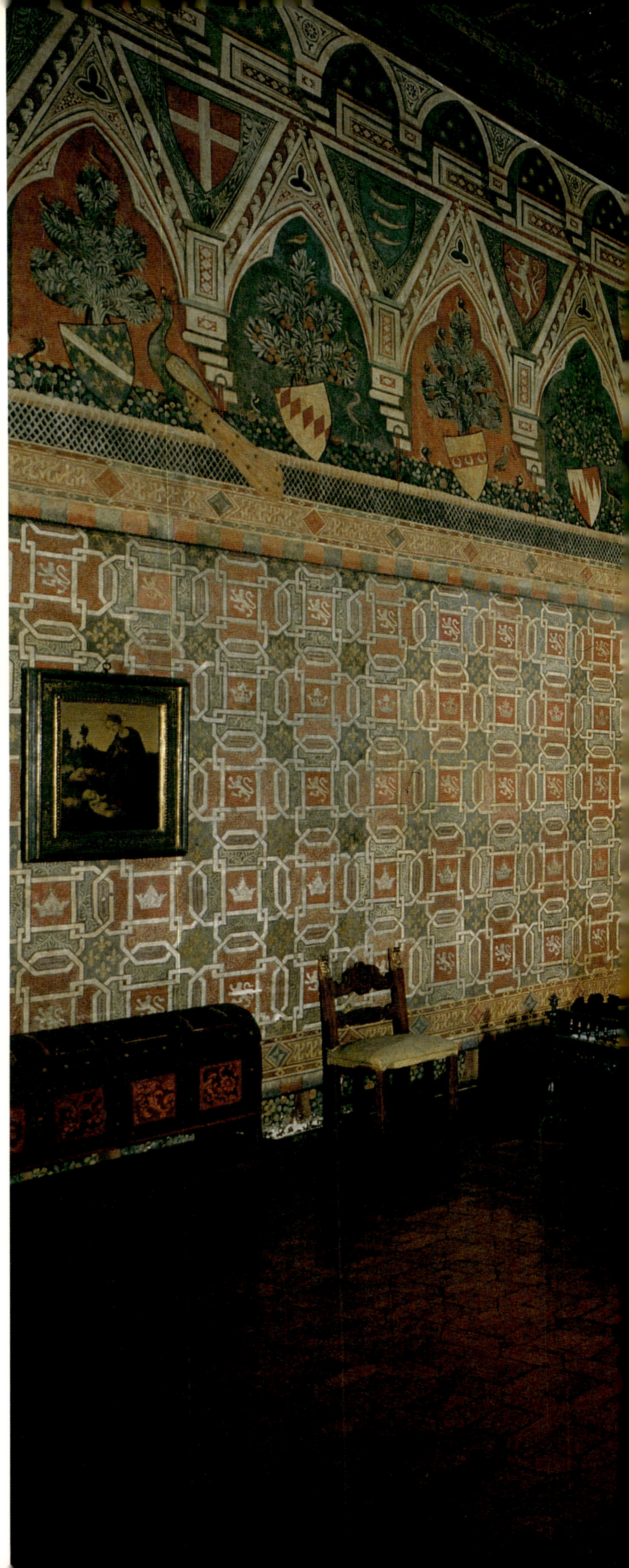

Die Sala di Pavoni, ein Schlafzimmer im ersten Stock, so genannt wegen der Pfauen auf dem oberen Teil des Wandfrieses. Die ganze Mauer wird durch kleine gotische Bögen rundherum symmetrisch unterteilt (jedem Bogen entspricht das Wappen einer mit den Davizzi verschwägerten Adelsfamilie). Auch hier ahmen die Wandfresken mit ihren Motiven Stoffmuster nach.

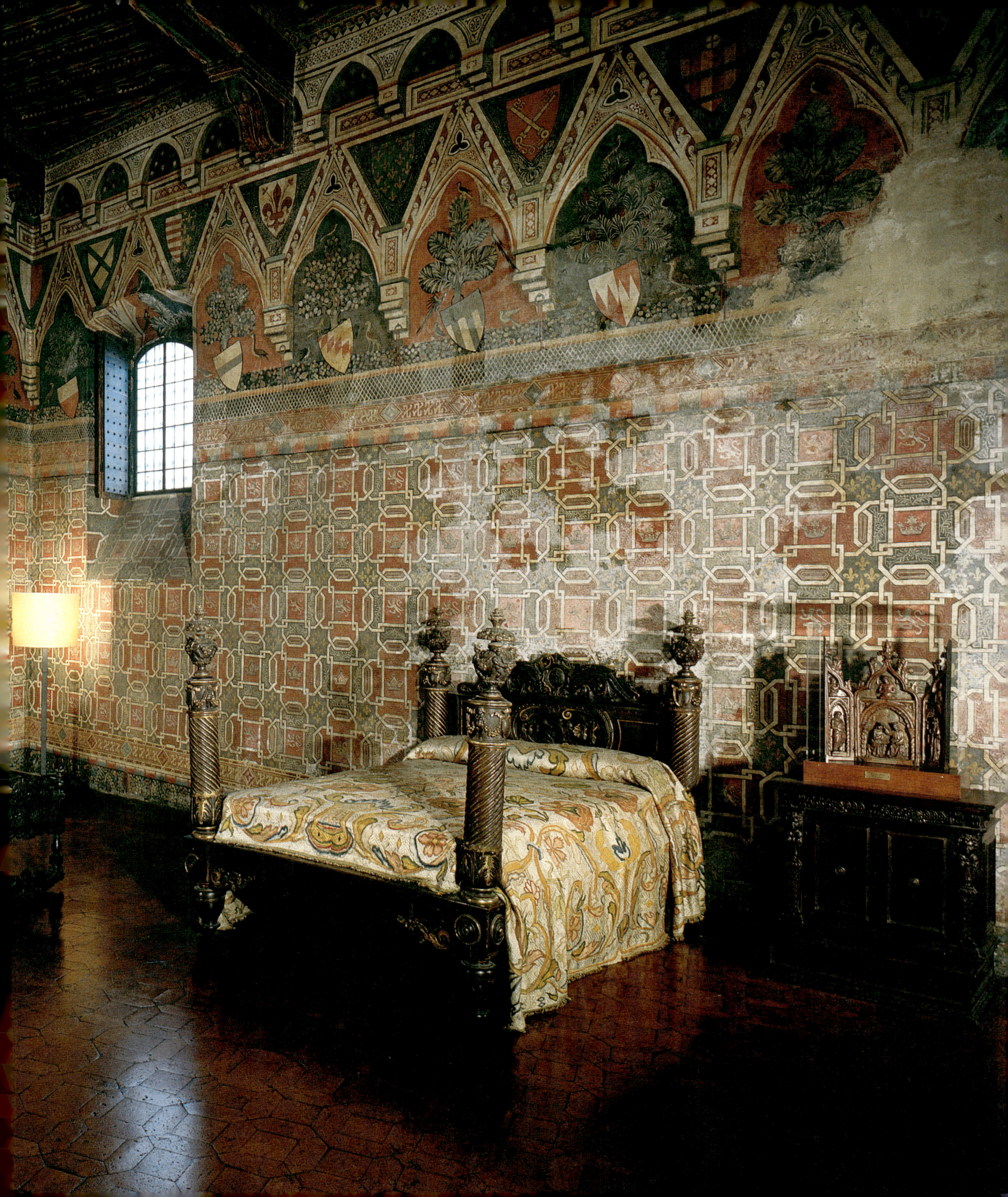

richtung krönen. Der in seiner ursprünglichen Schönheit wiederhergestellte Palazzo Davanzati erregte allgemeine Bewunderung und war beliebtes Ziel berühmter Besucher, darunter sogar des Königs von Italien. Aber eine so große Aufgabe stellte Volpis Finanzen auf eine harte Probe, so daß er sich bald darauf (ab 1911) gezwungen sah, einen Teil des wertvollen Mobiliars zu versteigern. Schließlich mußte er 1924 schweren Herzens auch den Palast selbst an den Kunsthändler Benguiat aus New York verkaufen. Dieser und sein Bruder Leopoldo brachten lediglich in den unteren Räumen gotische Fenster und orientalisierende Säulen an und ließen das Werk Volpis ansonsten unverändert.
1951 stand der Palast erneut zum Kauf; der Staat erwarb ihn und eröffnete dort 1956 das Museo della Casa fiorentina antica, eine auf der Welt einzigartige Einrichtung, die noch heute das wertvolle und sorgfältig erarbeitete Werk Volpis bewahrt.

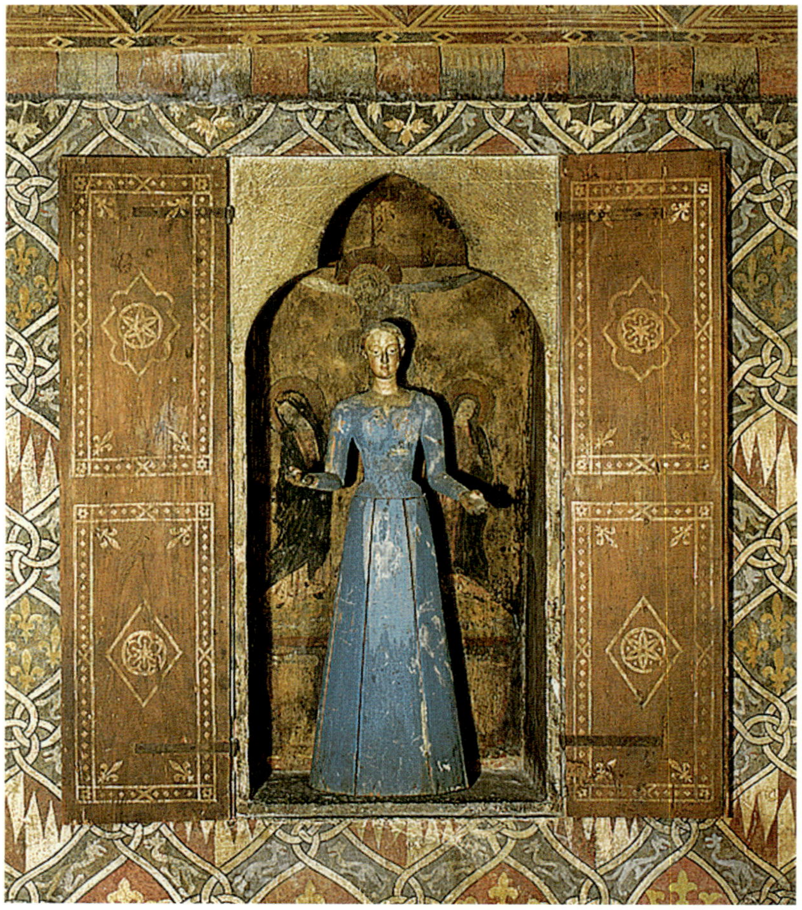

Das sogenannte Brautzimmer, der Raum mit der charakteristischsten Ausstattung im zweiten Stockwerk des Palastes. Dieses Zimmer wurde angeblich anläßlich der Hochzeit von Francesco di Tommaso Davizzi und Caterina Alberti im Jahr 1359 eingerichtet und mit Fresken ausgemalt. Beachtenswert der Kamin in der Ecke, der vor allem den Empfangsbereich wärmen sollte, und oben der Fries, der eine lange Liebesgeschichte, nämlich die der Chastelaine de Vergi, beschreibt.
Charakteristisch das Wandornament mit einem verschlungenen Motiv, aber noch typischer die Holzfigur in einer Nische in der Wand, betont durch eine Art dreidimensionales Trompe l'Œil.

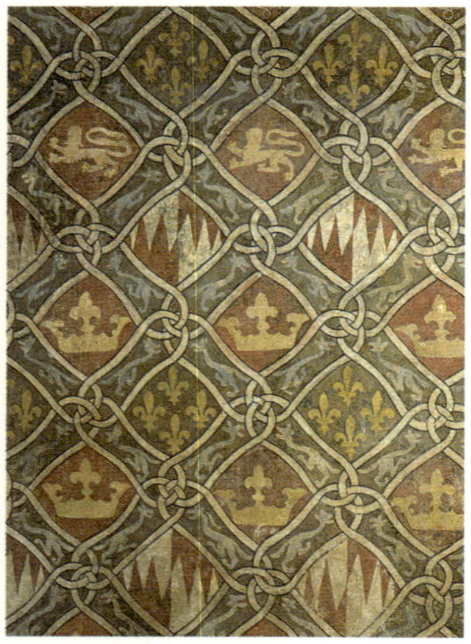

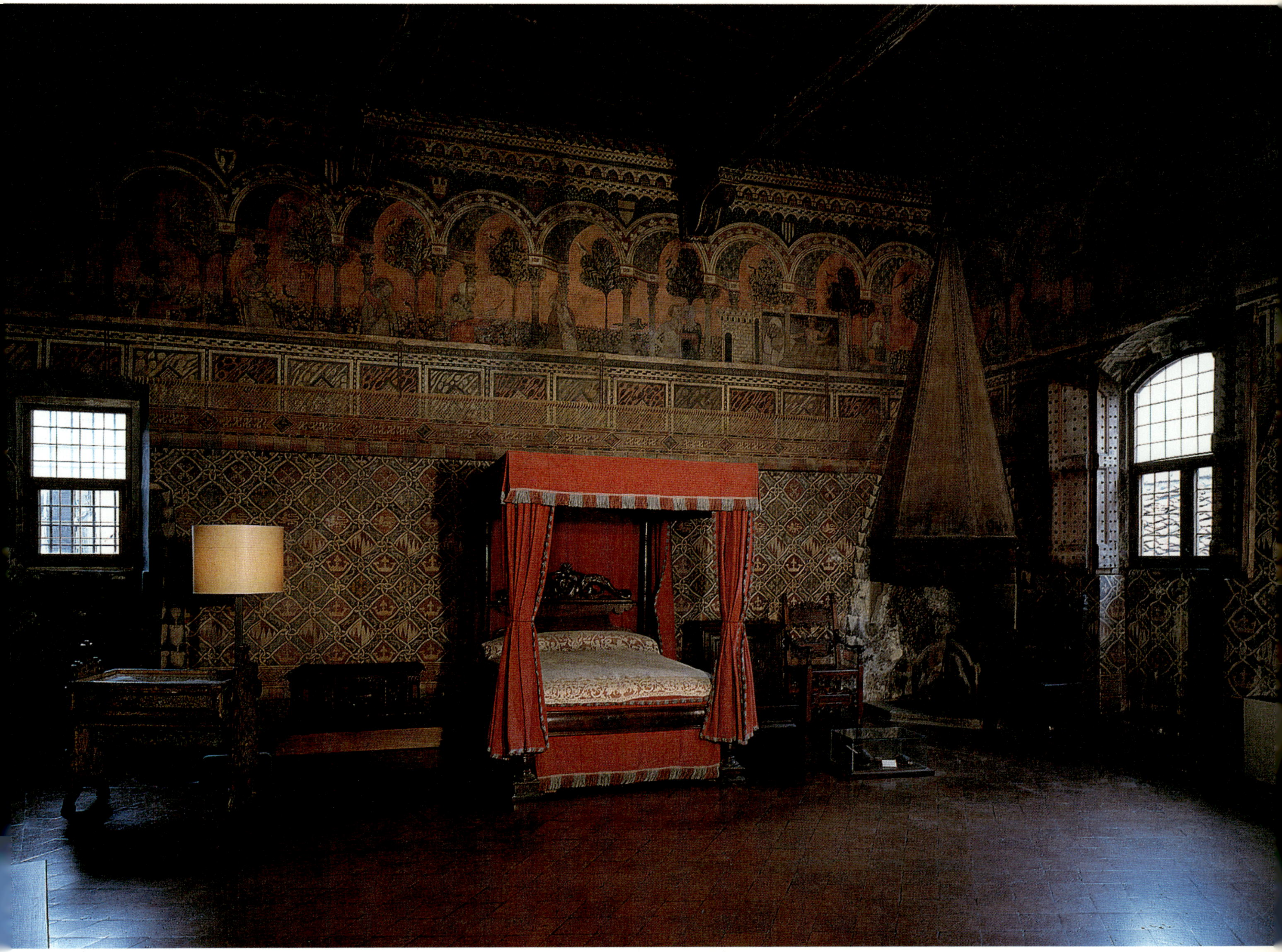

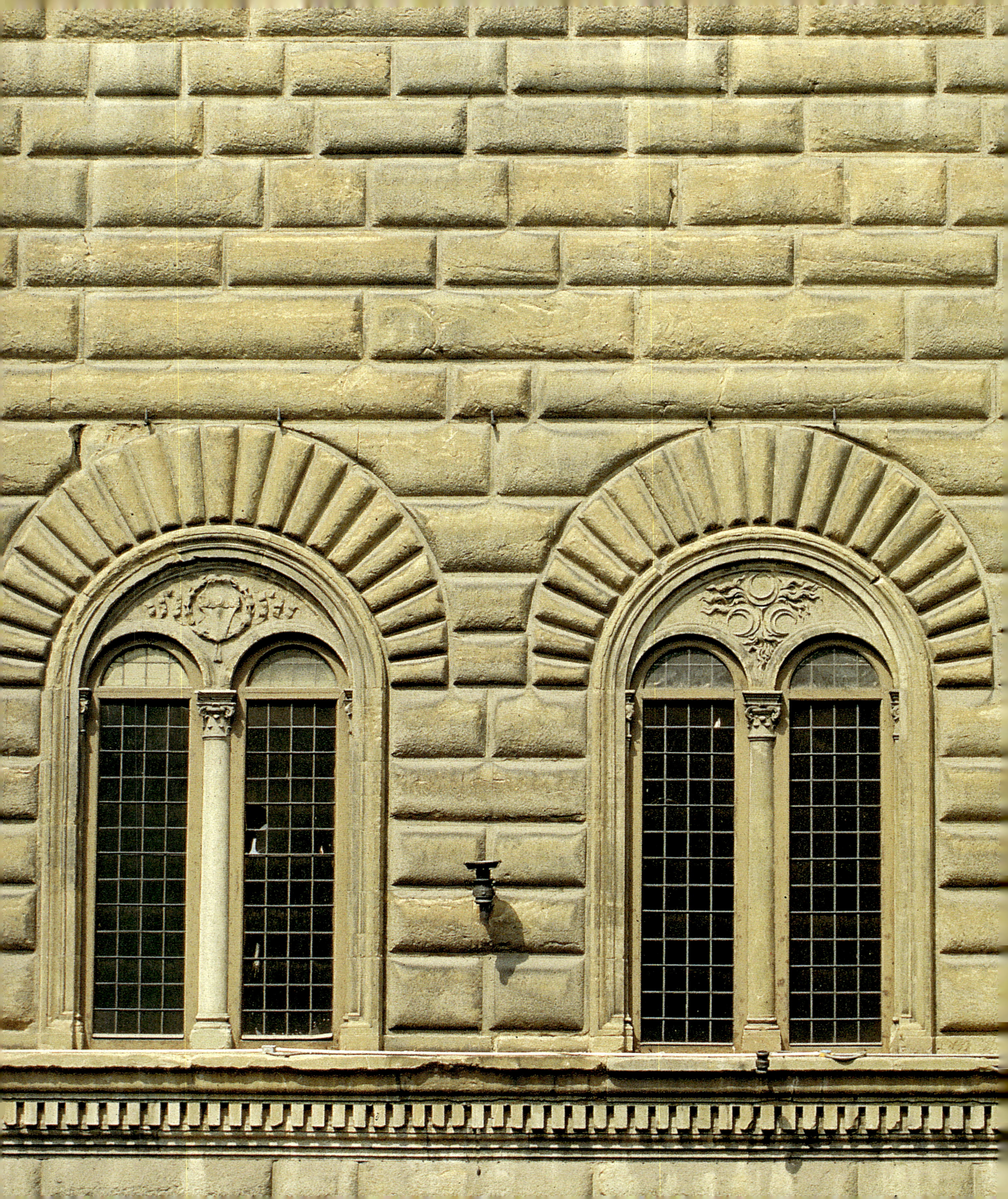

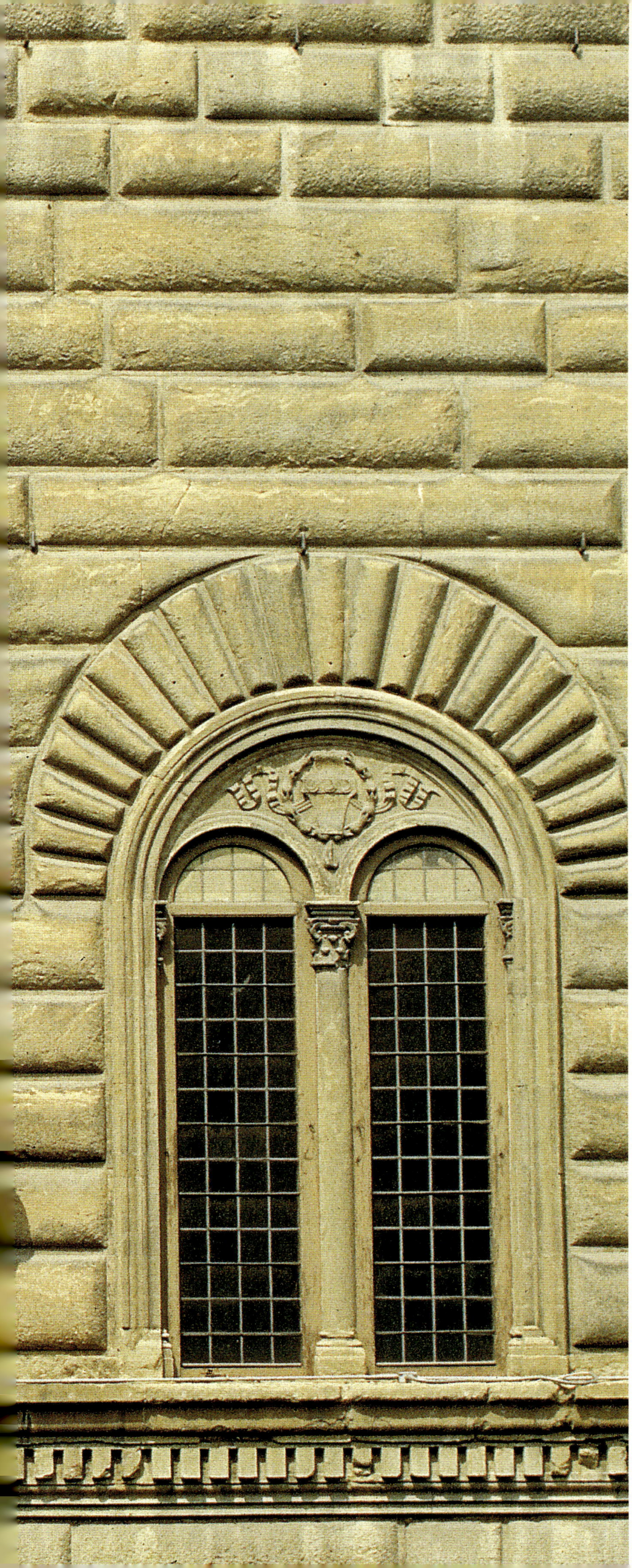

Die große Zeit der Medici

Palazzo Strozzi,
Detail der Fassade

Palazzo Strozzi

Genau im Zentrum von Florenz, bei der Piazza della Repubblica, auf der einst der Mercato Vecchio, der Alte Markt, stand, an der eleganten Via Tornabuoni (die bis zum 19. Jahrhundert Via dei Legnaiuoli hieß) steht der erhabene, mächtige Palast des reichen und angesehenen Kaufmanns Filippo Strozzi.

Dieser Filippo Strozzi begann in der zweiten Hälfte des 15. Jahrhunderts, von den früheren Besitzern – Tornaquinci, Popoleschi, Rucellai – systematisch Häuser, Türme, Höfe und Grundstücke auf einem rechteckigen Areal zu erwerben, auf dem einmal sein eigener Palast stehen sollte. Sodann beauftragte er einen gefragten Architekten, Benedetto da Maiano, mit dem Entwurf eines Gebäudes, das die prächtigen Anwesen in den Schatten stellen sollte, die sich die Medici, die Pitti und die Rucellai in den letzten zehn Jahren hatten bauen lassen.

Benedetto da Maiano konzipierte also 1488 ein rechteckiges Gebäude, dessen zwei symmetrische Teile jeweils für die beiden Söhne Filippo Strozzis gedacht waren. Am 4. Juli 1489

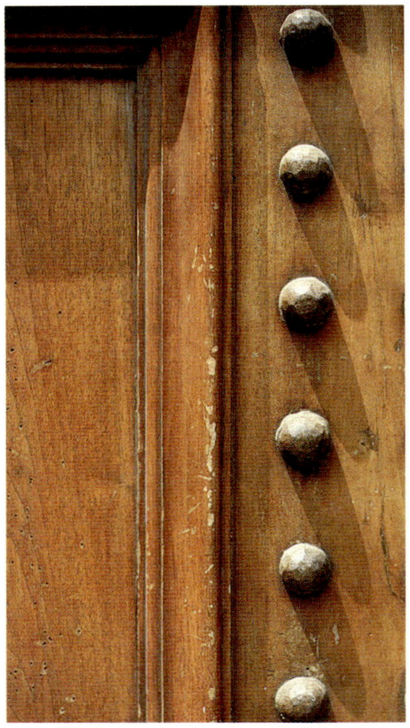

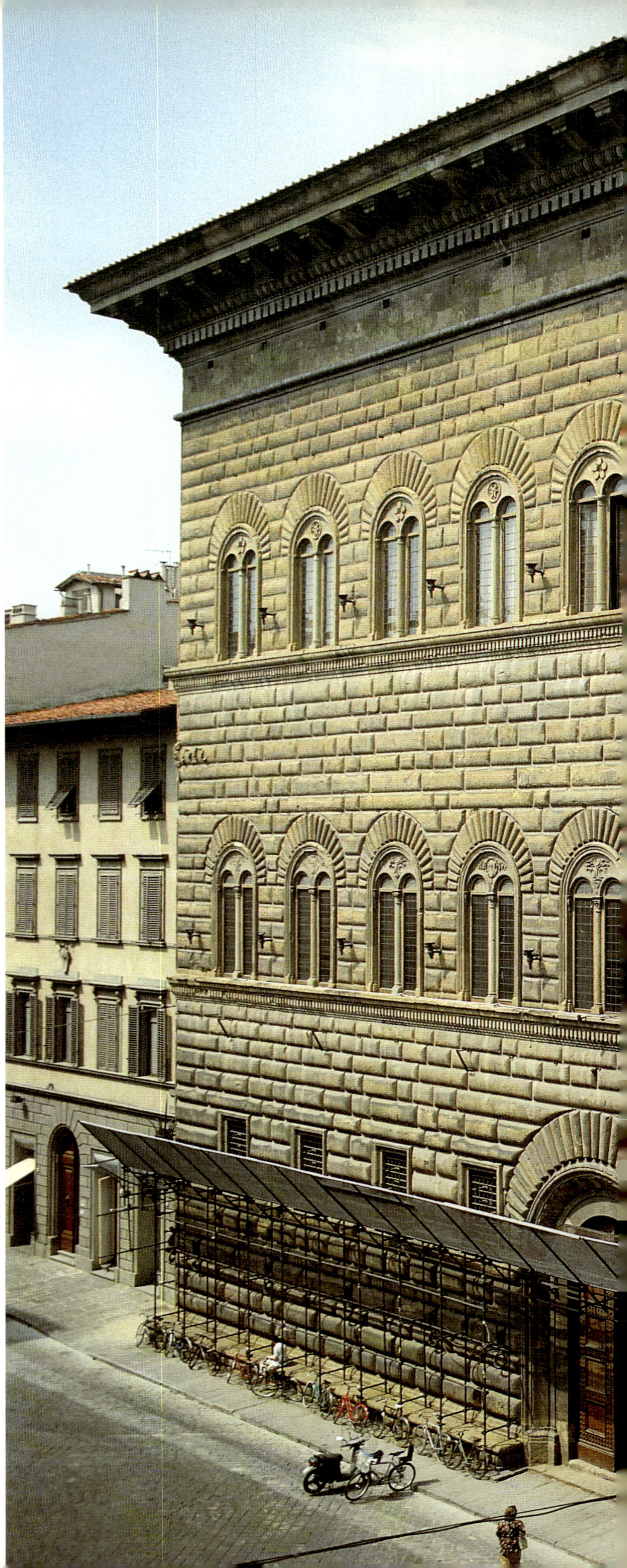

Die mächtige Fassade Ecke Piazza Strozzi und Via Strozzi. Deutlich erkennbar das zur Straße hin in der Mitte endende Gesims von Cronaca (siehe auch S. 108). Interessant das solide Tor, typisch für die Florentiner Palazzi.

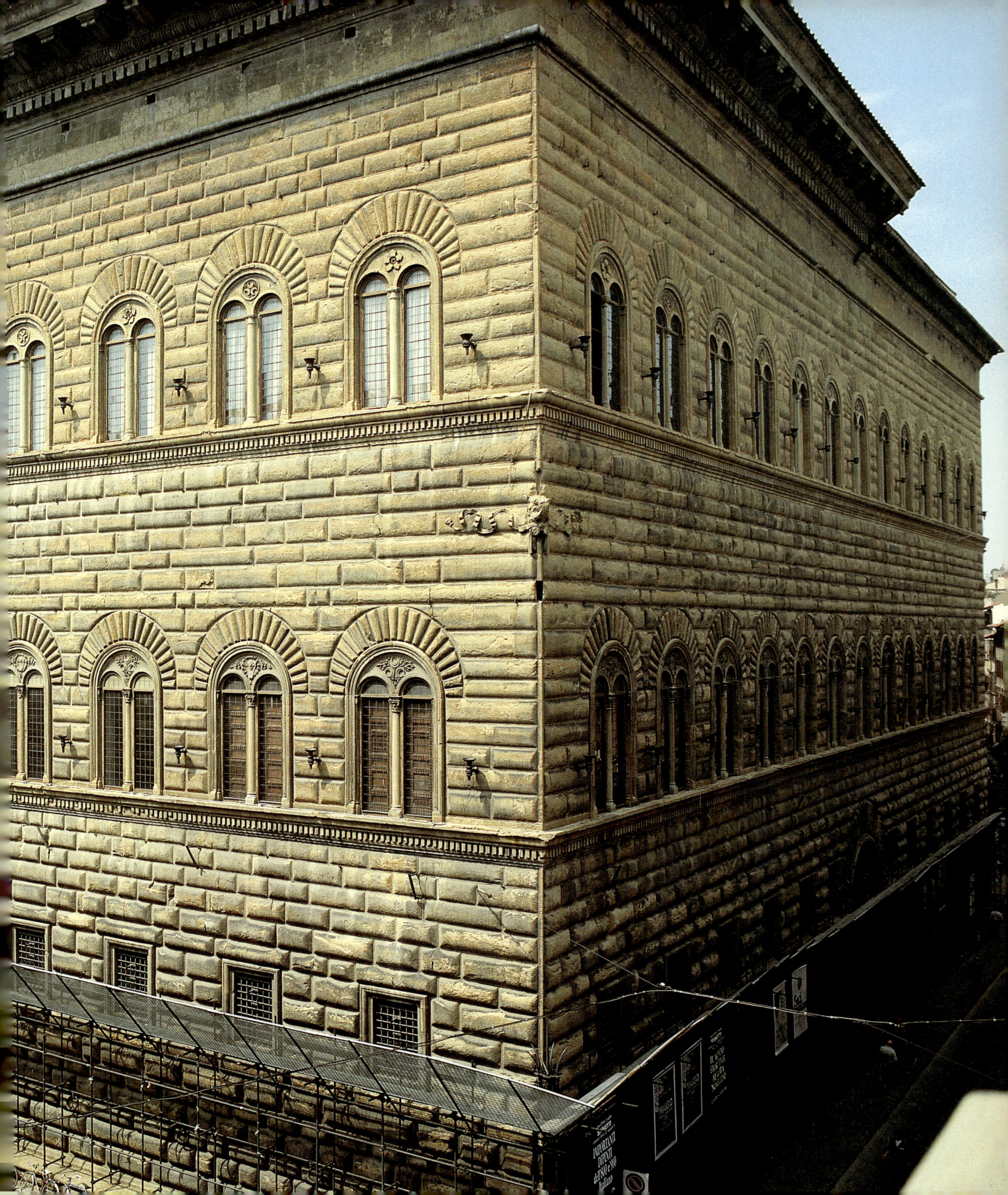

begannen die Bauarbeiten, doch etwa zur selben Zeit ging der Architekt, der auch für die künstlerische Ausgestaltung und die Ausstattung hätte sorgen sollen, nach Neapel. Strozzi wandte sich daraufhin an Giuliano da Sangallo, der in kurzer Zeit ein Holzmodell des künftigen Palastes, so wie er ihn sich dachte, erstellte. Dieses kleine Modell sollte einmal berühmt werden, aber seinerzeit überzeugte es den Auftraggeber nicht, der sogleich einen dritten Architekten, Simone del Pollaiolo, genannt Cronaca, zu Rate zog. Dieser verstand die Wünsche und Begehren Strozzis und wußte sie aufs beste umzusetzen: Ihm schwebten besonders hohe und schlanke Räume, ein dynamisch nach oben gestreckter Innenhof, eine trotz des symmetrischen und festgefügten Bossenwerks aufgelockerte Fassade und anmutige, zweigeteilte Fenster mit ungewöhnlich hohen Rundbögen, ebenfalls aus Haustein, vor. Der Palast erhielt ein kunstvolles, weit vorspringendes Kranzgesims. Unter der Aufsicht von Cronaca wurden die Arbeiten mit neuem Schwung in Angriff genommen, und man begann mit dem der Via Tornabuoni zugewandten Flügel. Nach einigen Jahren war das Erdgeschoß praktisch fertiggestellt, als Filippo Strozzi am 14. Mai 1491 unerwartet starb. Der Palast (oder genauer: das, was davon schon vollendet war) ging deshalb an die Söhne des Auftraggebers über, von

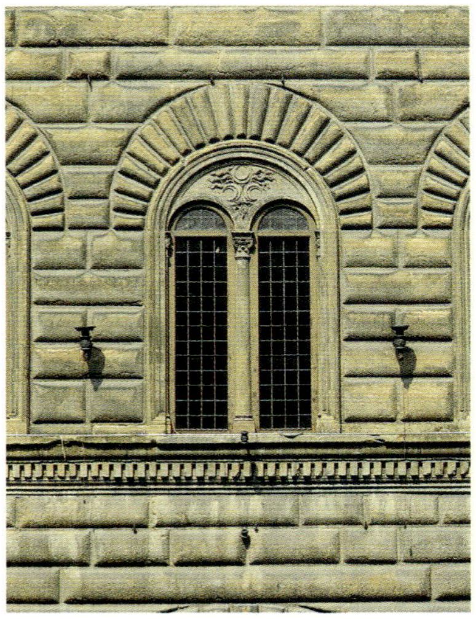

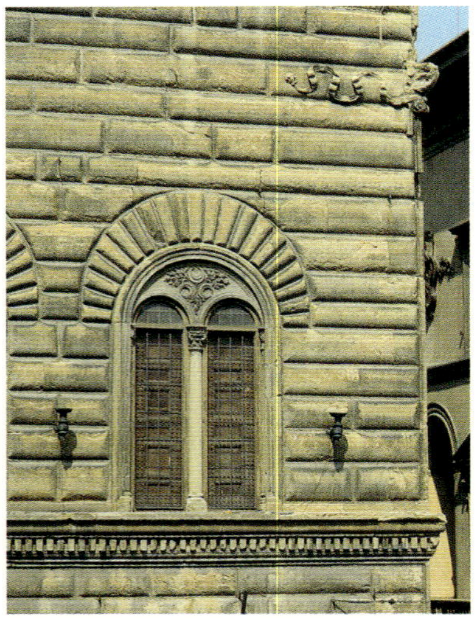

Berühmt sind die Fenster des Palazzo Strozzi, ja sie werden vielfach als die schönsten der Welt bezeichnet. Ungewöhnlich hohe Biforien mit gemauerten Rundbögen und im Bogenfeld das unverwechselbare heraldische Zeichen der Strozzi, die Monde, die sich in das kunstvolle lineare Bossenwerk einfügen.

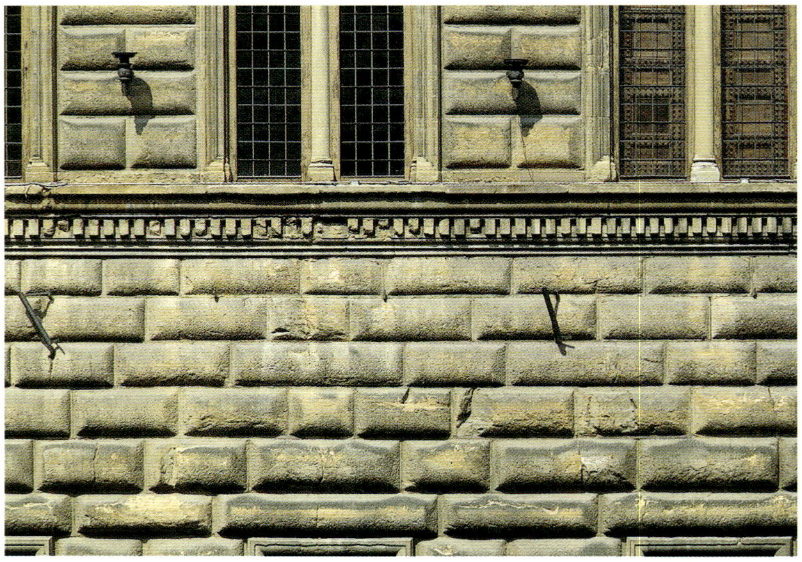

Die Fassade zur Piazza Strozzi hin wirkt in ihrer Gesamtheit harmonisch mit ihren quaderförmigen Hausteinen, den Gesimsen zwischen den Stockwerken und dem monumentalen Hauptgesims, einem wahren Meisterwerk Cronacas. Es wurde nur ein Teil vollendet, 1502, der heute noch erhalten ist. Wegen seiner Größe war die Anbringung des Gesimses äußerst schwierig.
Die schmiedeeisernen Halterungen zwischen den Fenstern wurden im Zuge der Restaurierung im 20. Jahrhundert überprüft und neu verbleit.

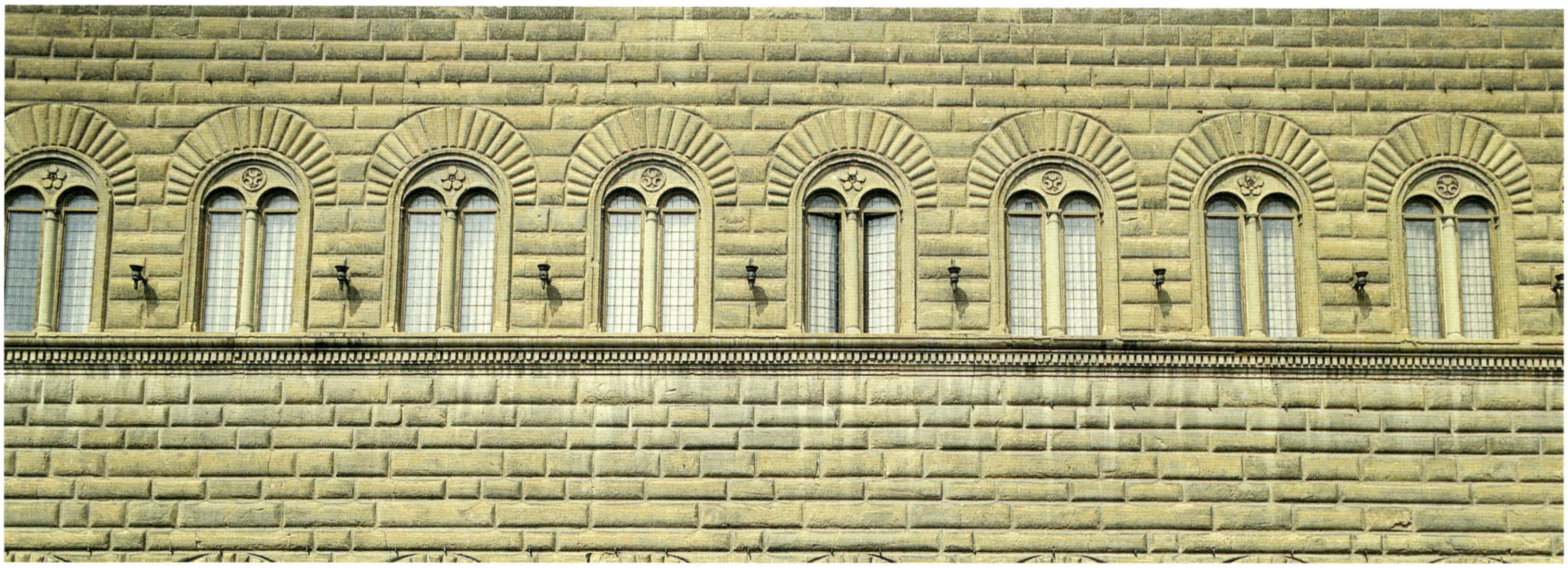

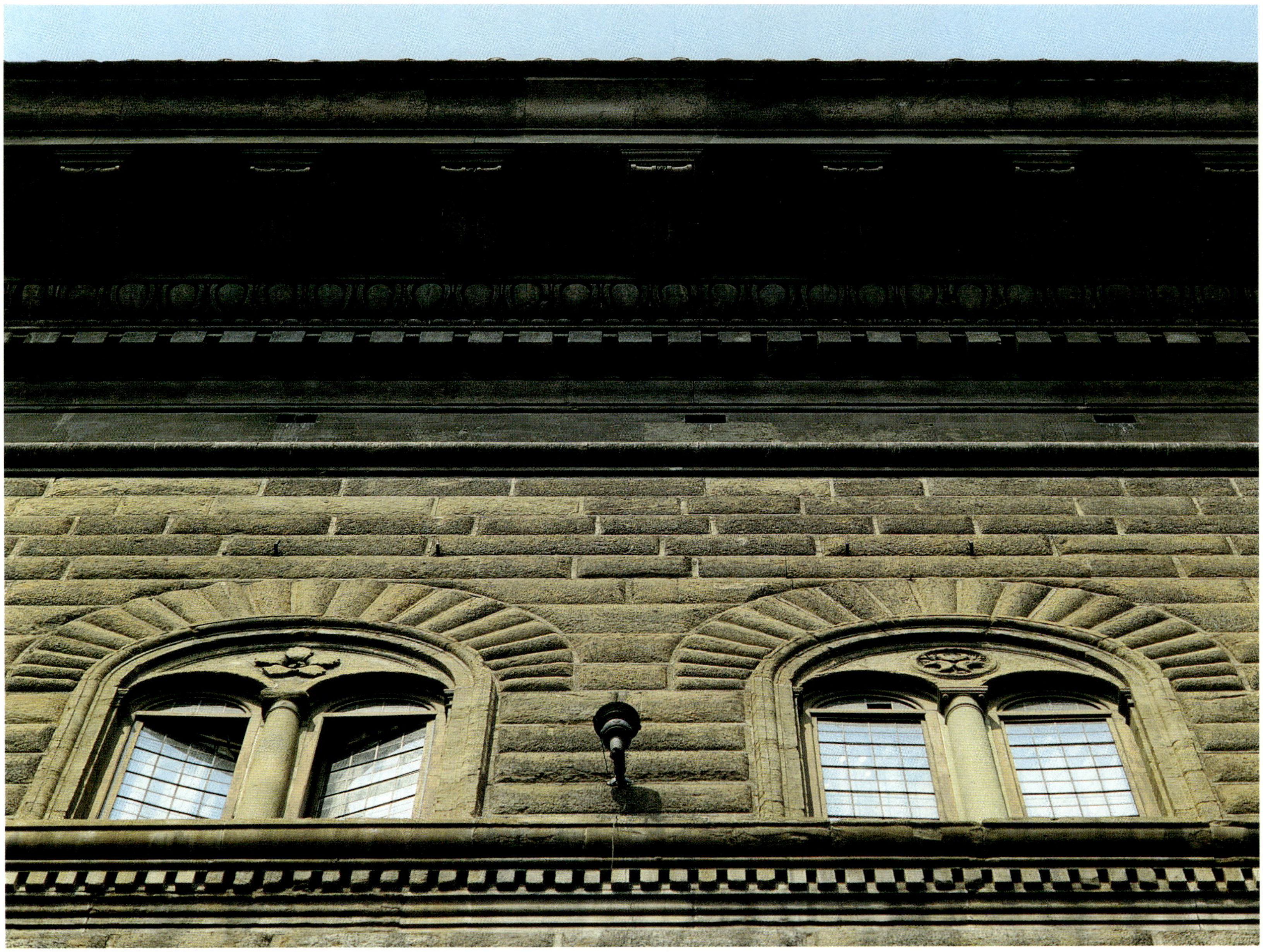

denen es mittlerweile drei gab: Alfonso aus erster Ehe des Vaters, dem der Teil zur Via Tornabuoni zufiel, und die beiden kleinen, knapp zweijährigen Buben Lorenzo und Gianbattista – der später von allen nur noch Filippo genannt wurde – aus zweiter Ehe, die den Teil des Gebäudes zur Via Strozzi und der gleichnamigen Piazza erbten. Die testamentarischen Verfügungen waren jedoch sehr präzise: Das Vermächtnis war davon abhängig, daß die Erben die Bauarbeiten weiterführten – eine Verpflichtung, die sich als höchst belastend erweisen sollte. Und so wuchs der Palast weiter. 1495 wurde der erste Stock fertiggestellt, drei Jahre später der zweite, und 1503 konnte man auch den Innenhof in seiner ganzen Pracht bewundern. Schon 1502 hatte man nach beträchtlichen technischen Schwierigkeiten auch mit dem Hauptgesims begonnen, aber nur in dem Teil des Gebäudes, der den beiden jüngeren Brüdern gehörte, während Alfonso, der in politische Angelegenheiten verwickelt war, nicht über genügend Ressourcen verfügte und deshalb einen Teil des Palastes unvollendet ließ. Als Alfonso 1534 starb, ohne Erben zu hinterlassen, ging sein Besitz an seine beiden Stiefbrüder über, unter denen es so aussah, als werde das ganze Anwesen wieder vereint. Fast wäre es auch so gekommen, aber Filippo, der Jüngere, der offen gegen die Macht der Medici oppo-

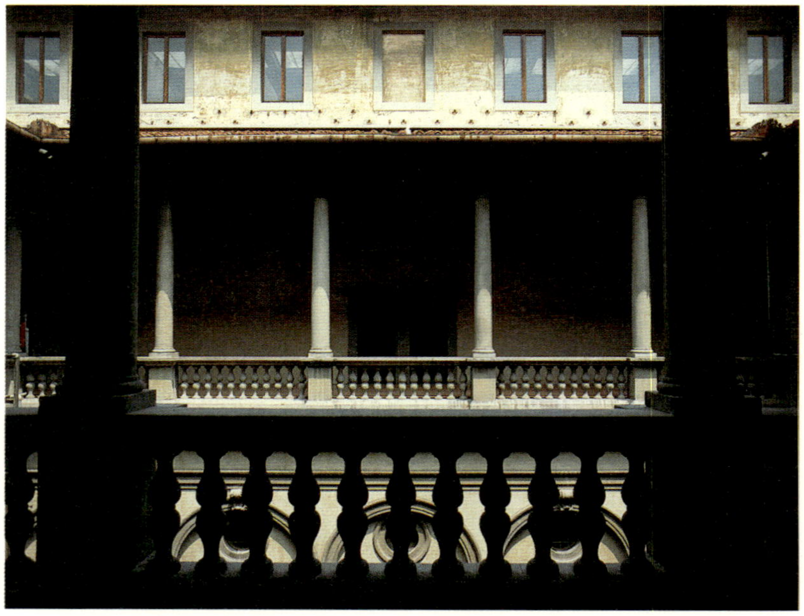

Auch der besonders hohe und schlanke Innenhof ist ein Werk Cronacas; er wurde 1503 vollendet. Der Innenhof mit seinen Gesimsen, den großen runden Fenstern und Loggien wurde, wie die übrige Fassade, teilweise aus Pietra Serena gefertigt. Dieser Stein leidet besonders unter den Umwelteinflüssen des Industriezeitalters. Deshalb ist das jetzige Äußere des Palastes weitgehend den Restaurationsarbeiten durch das Istituto Nazionale delle Assicurazioni, die seit 1938 durchgeführt werden, zu verdanken, bei denen viele Steine durch Material aus den Steinbrüchen ersetzt wurden, die man Ende des 15. Jahrhunderts benutzte.

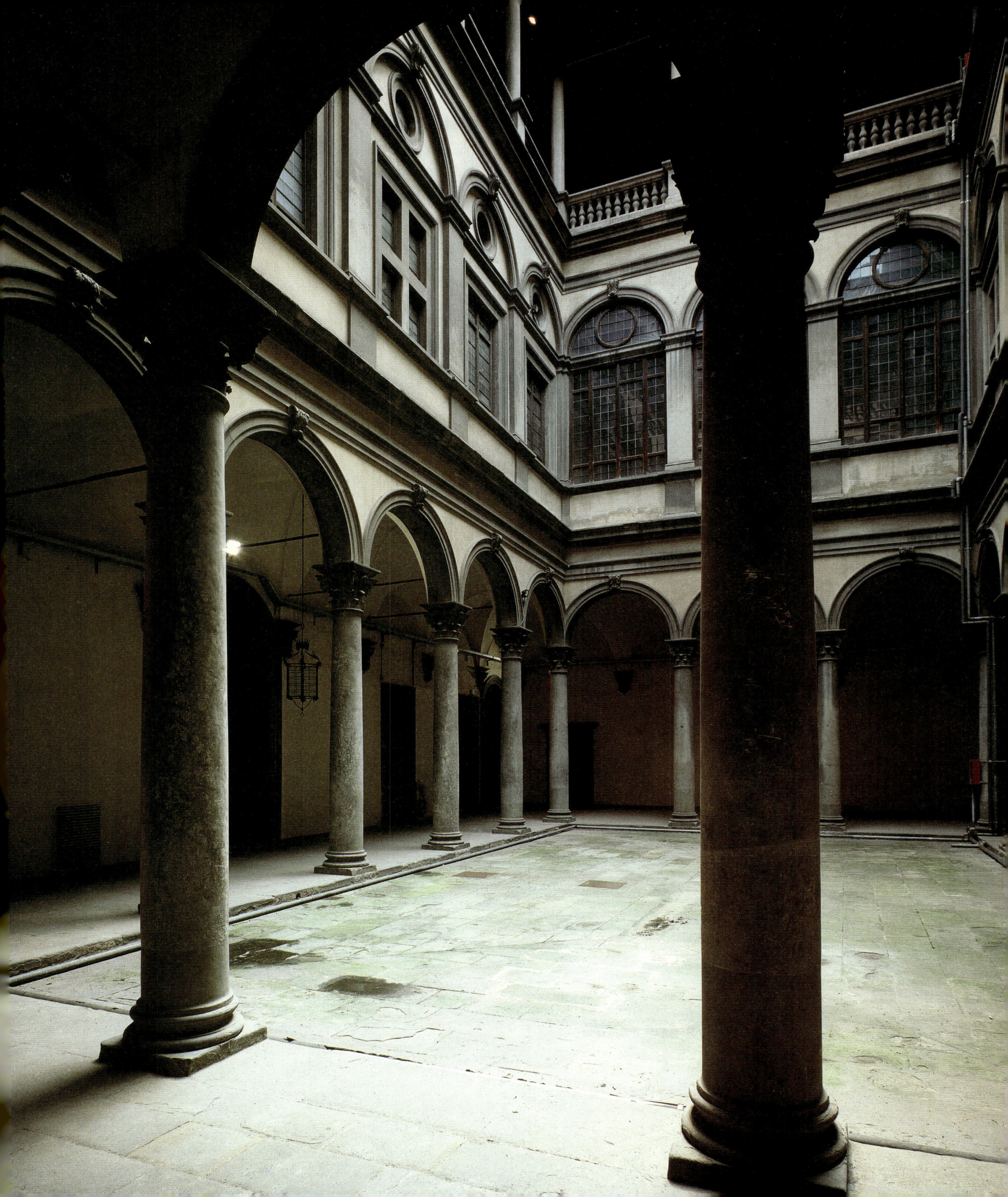

nierte, wurde 1536 verbannt, Güter wurden beschlagnahmt. Lorenzo kam besser weg, weil er in diese Auseinandersetzung nicht verwickelt war. Er mußte lediglich auf die Ausschmückungen seines Teils des Palazzo verzichten, mit denen er bereits Baccio d'Agnolo betraut hatte.

Erst 1568 gab Großherzog Cosimo I. Filippos Sohn, dem Kardinal Lorenzo, und dem Sohn von Lorenzo (dem Älteren), Leone, den beschlagnahmten Teil des Palastes zurück. So kam das ganze Gebäude wieder an die alten Besitzer und wurde Teil des öffentlichen Lebens von Florenz (denkwürdig waren die Feste und Empfänge, die bei mehreren Anlässen in den Sälen stattfanden). An seinem Inneren oder dem Mauerwerk wurde nichts Wesentliches mehr verändert. 1652 logierte anläßlich eines Treffens der Accademia della Crusca im Palazzo Strozzi die ganze großherzogliche Familie dort – Ferdinand II., mit seinen Brüdern Giovan Carlo, Mattias und Leopoldo –, aber von diesem Zeitpunkt an geriet die prächtige florentinische Residenz ziemlich in Vergessenheit, da die Strozzi nach Rom übersiedelten. Erst Mitte des 19. Jahrhunderts, als Fürst Ferdinand und seine Frau, Antonietta Centurione Scotto di Genova, endgültig nach Florenz zurückkehrten, erlebte der Palast wieder den Glanz alter Zeiten, was hauptsächlich Fürstin Antonietta zu verdanken war, die

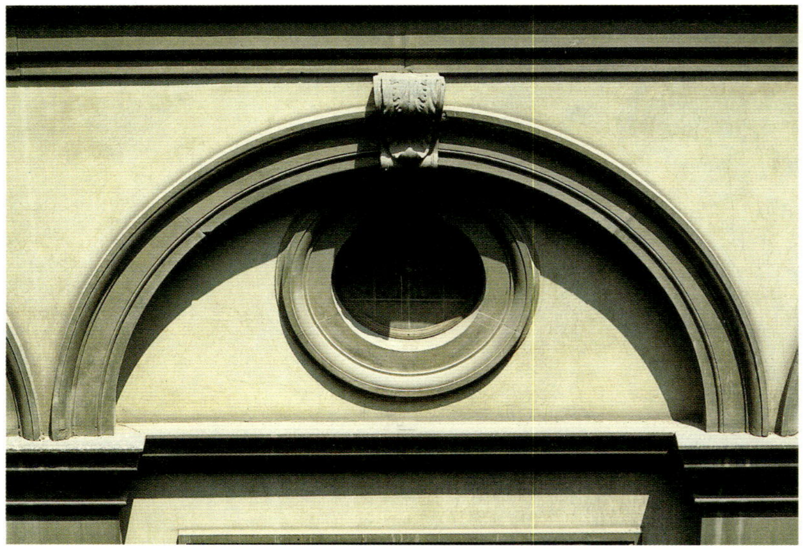

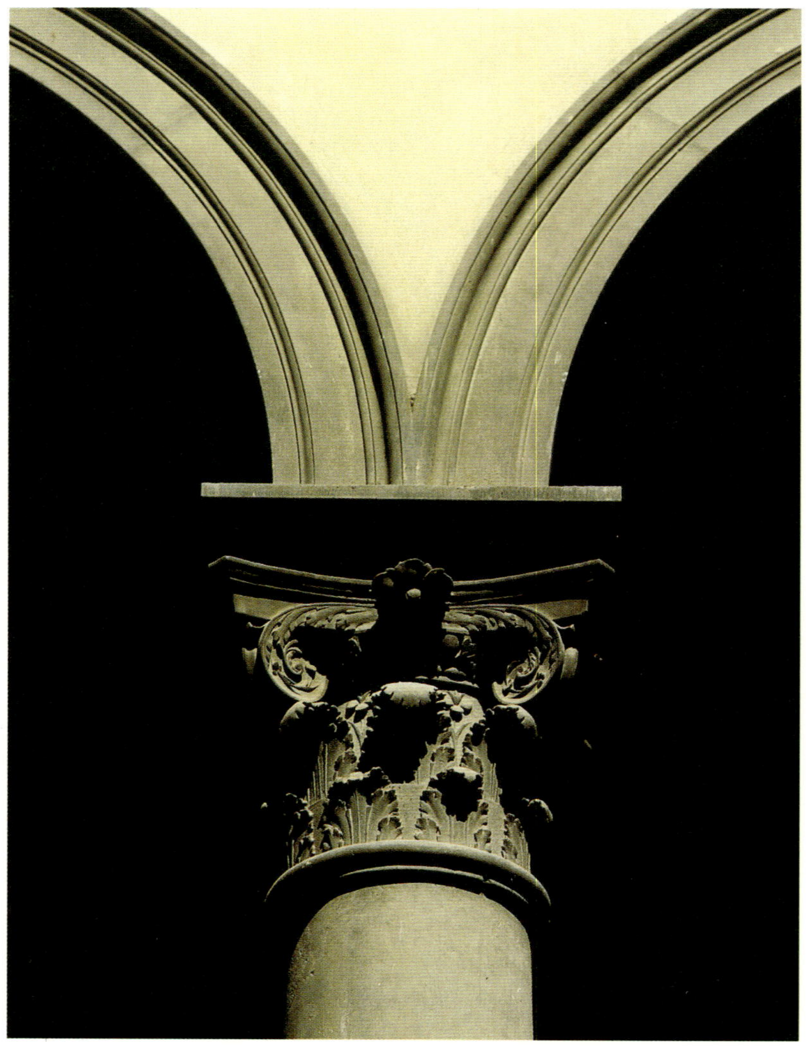

Vier verschiedene Aufnahmen vom Innenhof, auf denen die – gewollte – Betonung der Vertikalen gut sichtbar wird. Der Eindruck des Schlanken, in die Höhe Gestreckten wird sowohl durch die steinernen Gesimse als auch durch die hohen Fenster und Glastüren, die die kleine Loggia im ersten Stock abschließen, bewirkt. Die gemauerten Rundbögen über den Fenstern erinnern in ihrer Gestaltung an die der Fassade. Bemerkenswert auch die Kapitelle mit stilisierten Blättern.

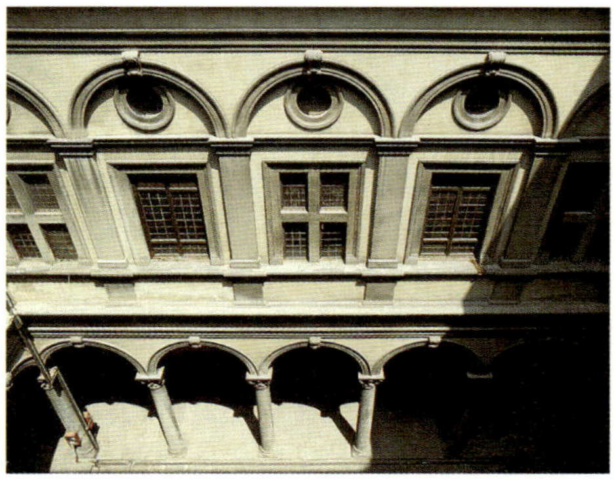

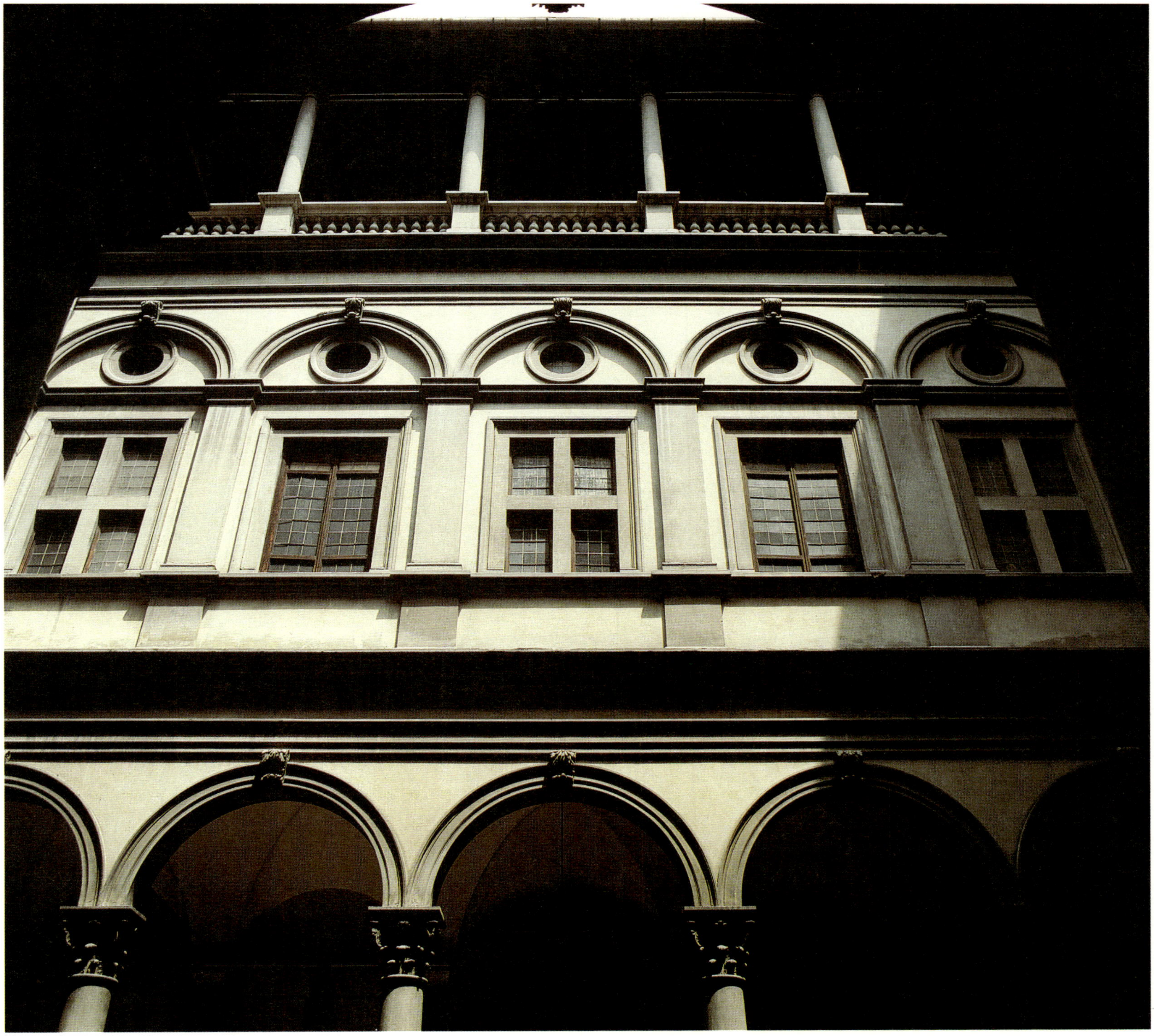

bei der vornehmen Gesellschaft der Stadt sehr beliebt war. Ihr ältester Sohn, Prinz Piero, beauftragte den Architekten Pietro Berti, aus den Räumen im ersten Stock ein elegantes Appartement zu machen, das ganz im Stil des 16. Jahrhunderts konzipiert und möbliert war, mit einem Ballsaal, einem Waffensaal, einer Bibliothek und mit Fresken von Augusto Burchi. Inzwischen hatte Pieros Frau, die reiche polnische Prinzessin Sophia Branika, für ihre eigenen eleganten Empfänge einige kleinere Zimmer im Jugendstil eingerichtet. Recht wenig ist davon übriggeblieben: Piero, der 1907 ohne Nachkommen starb, hatte den Palast dem Staat überlassen; aber die rechtmäßigen Erben fochten die testamentarischen Bestimmungen an und verkauften – nur um den Besitz zu erhalten – einen Großteil des Mobiliars und der Kunstgegenstände, um die Erbschaftssteuer bezahlen zu können. Daher blieb der Palast bis 1937 im Besitz der Familie und wurde dann an das Istituto Nazionale delle Assicurazioni verkauft, das ihn umfassend restaurieren ließ. Heute befinden sich in den Räumlichkeiten angesehene Einrichtungen wie das Gabinetto Scientifico Letterario G.P. Vieusseux und das Istituto di Studi sul Rinascimento.

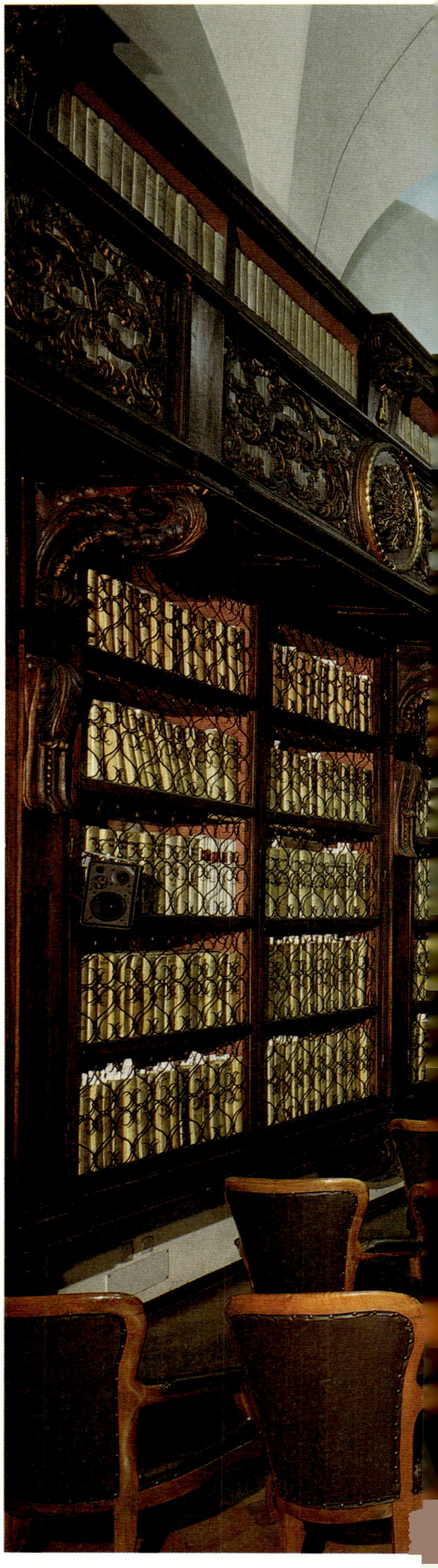

Einer der interessantesten Räume im Erdgeschoß ist die sogenannte Sala Ferri, ein großer Saal mit Gewölbedecke, die vom Gabinetto Scientifico Letterario G.P. Vieusseux – das in den angrenzenden Räumlichkeiten eine berühmte Bibliothek unterhält – für Versammlungen und Konferenzen genutzt wird. In den streng wirkenden, vergitterten Regalen dieses Saals sind Bücher aufbewahrt.

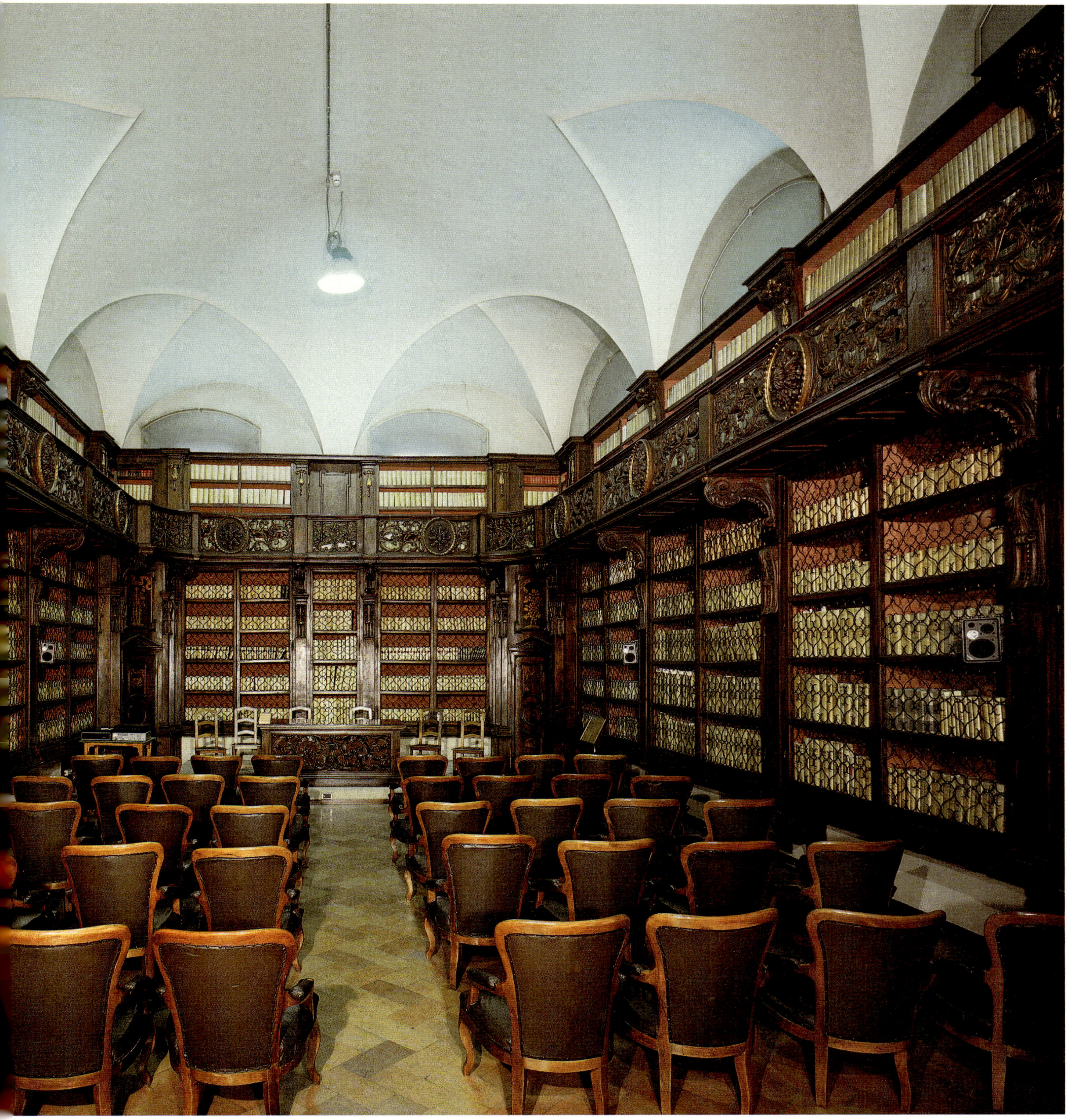

Palazzo Antinori

Es gibt in Florenz einen Palast, der durch die elegante und unaufdringliche Strenge, durch die Regelmäßigkeit seiner Linien und durch seine Geometrie, durch die Vollständigkeit der Elemente und die Genauigkeit der Details beispielhaft ist für den Wohnsitz eines wohlhabenden Kaufmanns des 15. Jahrhunderts. Es geht um den Palazzo Antinori ganz am Ende der Via Tornabuoni, gegenüber der Kirche, die damals San Michele hieß und die jetzt San Gaetano heißt.

Zum Ende des Jahres 1461 hatte Giovanni di Bono Boni, herausragender Vertreter der Geldwechslerzunft, von Lionardo Bordoni einige Häuser erworben und diese abreißen lassen, um dort sein Haus zu erbauen. Die Bauarbeiten zogen sich über einige Jahre hin und waren noch nicht beendet, als Giovanni Boni 1466 als junger Mann starb. Sein Vater führte die Arbeiten in den letzten Bauabschnitten weiter, die 1469 abgeschlossen wurden, und er war es auch, der das neue Gebäude am 11. Juli 1475 an niemand Geringeren als Lorenzo den Prächtigen verkaufte. Der Name des Architekten, dem die

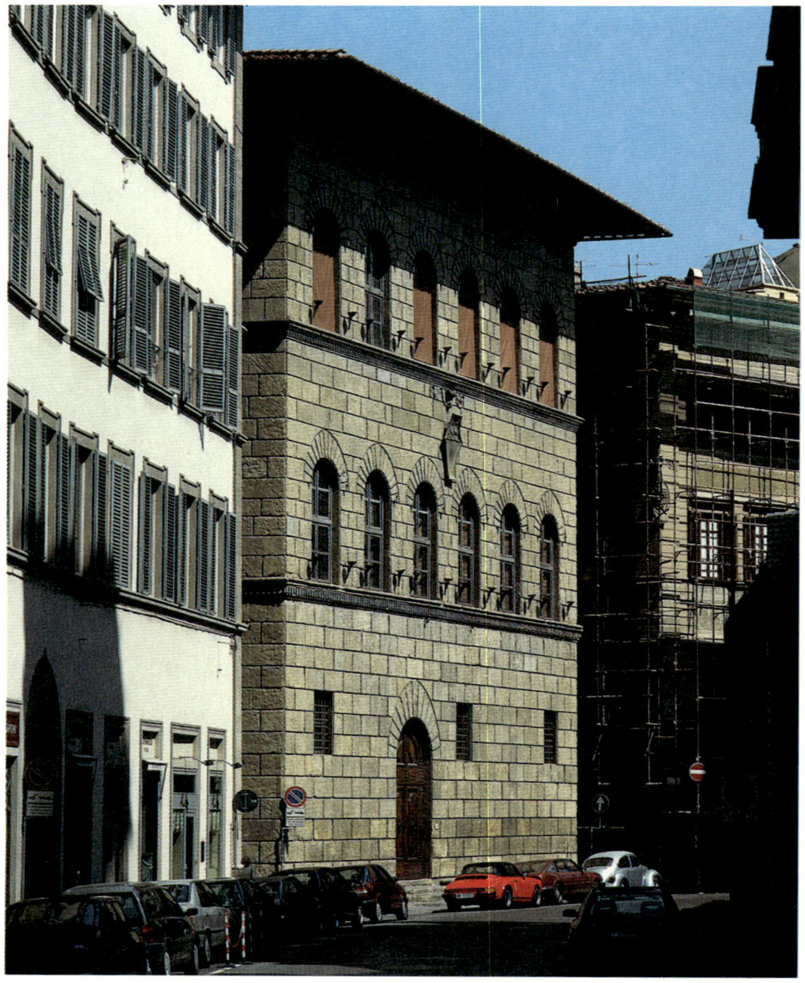

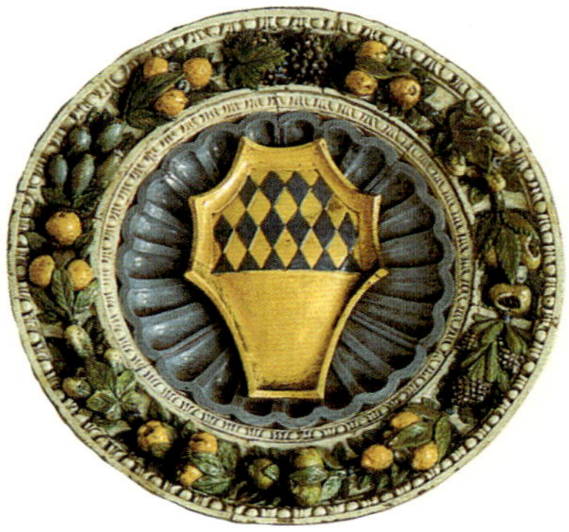

Die Fassade des Palazzo Antinori beherrscht den gleichnamigen Platz am Ende der Via Tornabuoni. Der gleichmäßige Entwurf und die Anordnung der Rustikaquader verleihen dem Bauwerk Linearität und Proportionen von großer Eleganz. In der Mitte ein steinernes Wappen der Familie Antinori, dessen Gegenstück im Innenhof ein identisches Wappen aus glasierter Terrakotta ist. Typisch für Florentiner Palazzi ist die steinerne »Straßenbank«; im 15. Jahrhundert hatten herrschaftliche Wohnsitze solche Bänke. Bank und Straße waren ein Ort des gesellschaftlichen Lebens. Heute sind diese Bänke nur noch in seltenen Fällen erhalten.

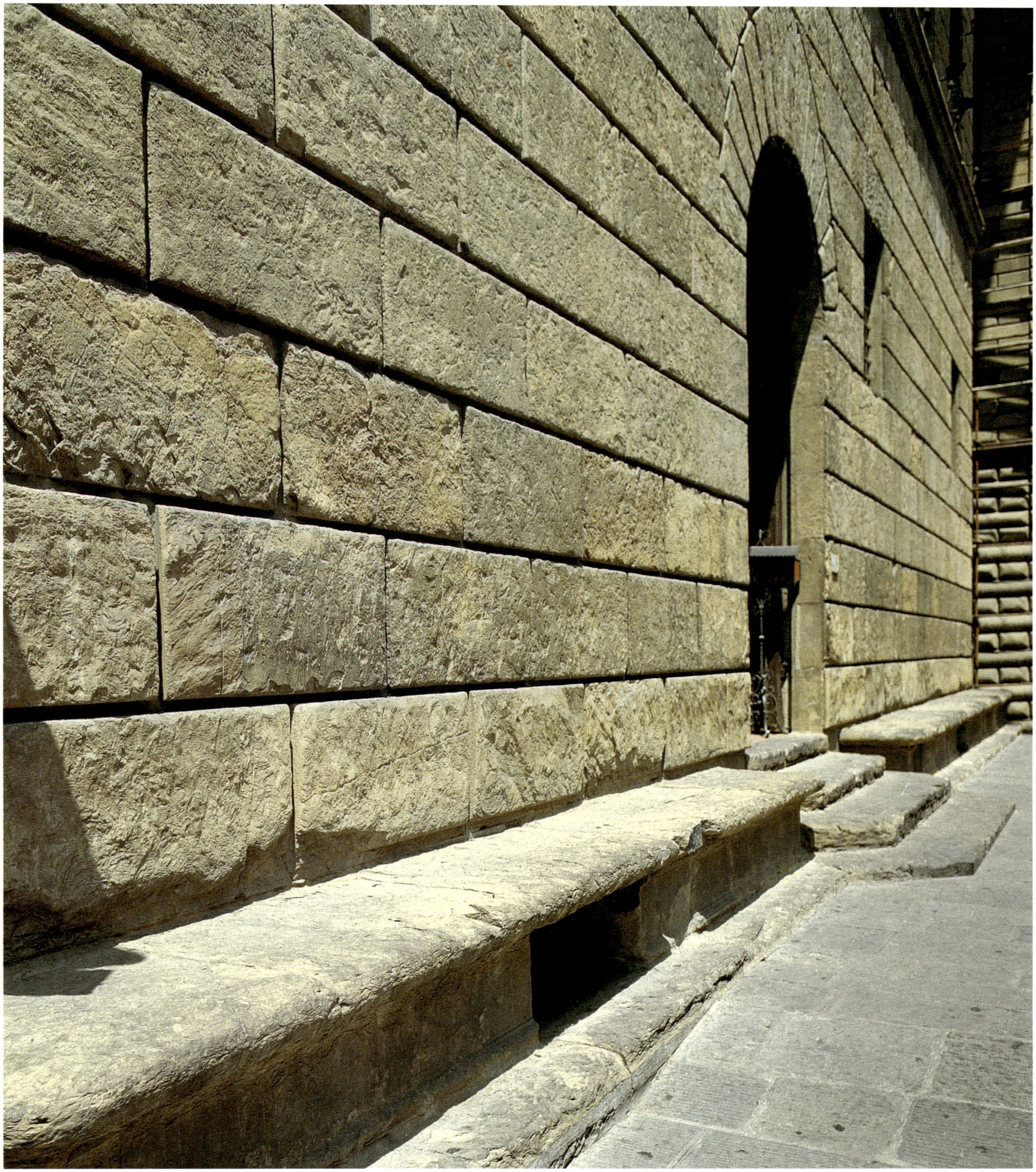

Verwirklichung des Palastes zu verdanken ist, ist nicht dokumentiert, aber vieles läßt darauf schließen, daß es sich um Giuliano da Maiano gehandelt hat. Nur einen Monat nach dem Kauf überließ der »Prächtige« den neuen Besitz zwei engen Freunden, Carlo und Ugolino Martelli, von denen ihn Niccolò Tommaso Antinori 1506 übernahm, ein Kaufmann und Mitglied einer der angesehensten Adelsfamilien von Florenz, die seit Jahrhunderten im Viertel Santo Spirito wohnte. Niccolò und seine drei Söhne, Alessandro, Camillo und Giovanbattista, waren die ersten, die nicht in dieser Gegend wohnten. Aber nur die beiden ersten erbten nach dem Tod ihres Vaters dessen Kaufmannsunternehmen, da der dritte offensichtlich von aufrührerischem Wesen und damit in seines Vaters Augen unzuverlässig war. Besonders Alessandro, Senator und mit einer Tornabuoni verheiratet, verstand es, einige Häuser in der Nähe seiner Residenz zu erwerben; er ließ sie abreißen. Daraufhin wurde der Palast zu seiner heutigen Größe erweitert; er liegt nun zwischen der Piazza Antinori, der Via delle Belle Donne und der Via del Trebbio. Ganz sicher legte man damals den ersten Garten an und veränderte die ihm zugewandte Fassade, die später weitere Umarbeitungen erfahren sollte (darunter besonders die vier »knienden« Fenster im Erdgeschoß). Damals aber war mit

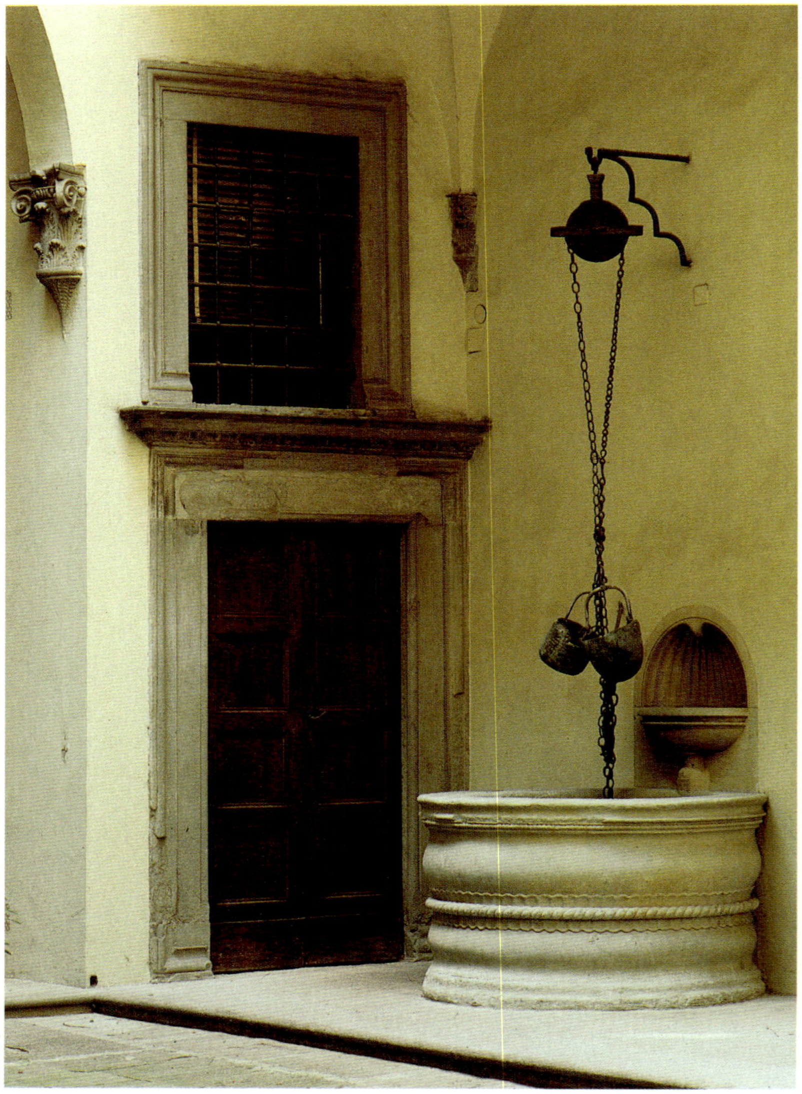

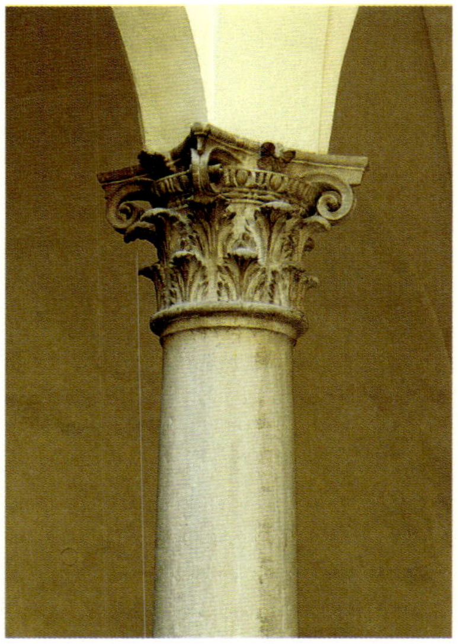

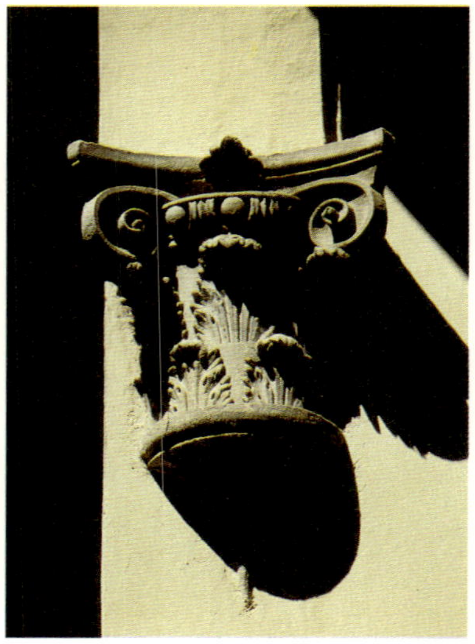

Zu jedem herrschaftlichen Wohnsitz gehörte ein Brunnen; so auch hier.
Graziös und schlank sind die Kapitelle der fünf Säulen mit stilisierten Blättern. Typisch für die Renaissance sind auch die zierlichen Konsolen, die die Bögen des Kreuzgewölbes in den Arkaden stützen.

Drei Seiten des Innenhofs des Palazzo Antinori bestehen aus Arkaden.

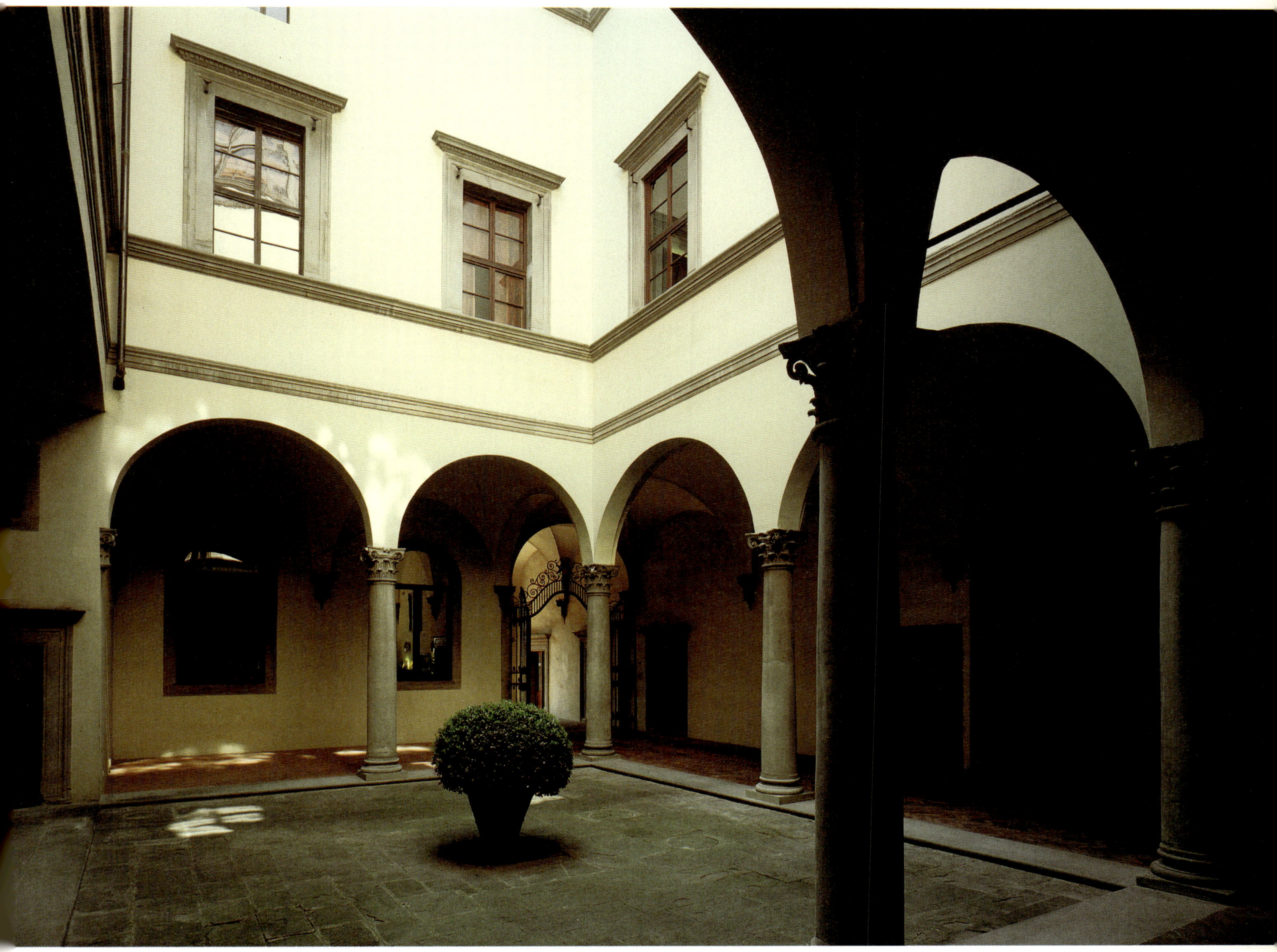

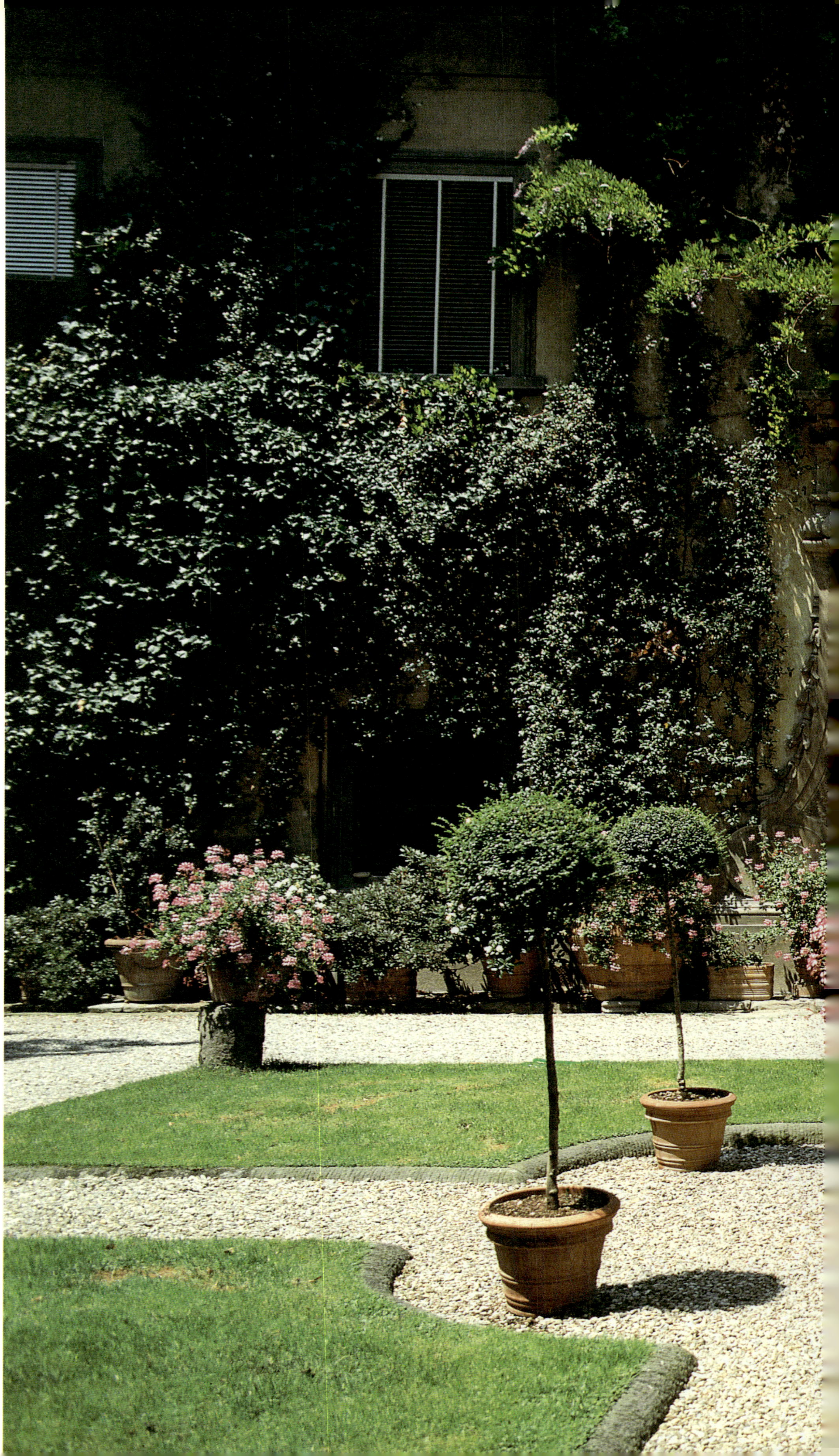

Der üppige Garten mit seinen geometrisch angelegten regelmäßigen Beeten wurde im Laufe des 16. Jahrhunderts im Auftrag Alessandro Antinoris auf dem schmalen Streifen zwischen engen Gassen angelegt. Dies geht aus einer zeitgenössischen Stadtansicht von Fra Stefano Bonsignori hervor, auf dem die kleine Grünfläche deutlich zu sehen ist.

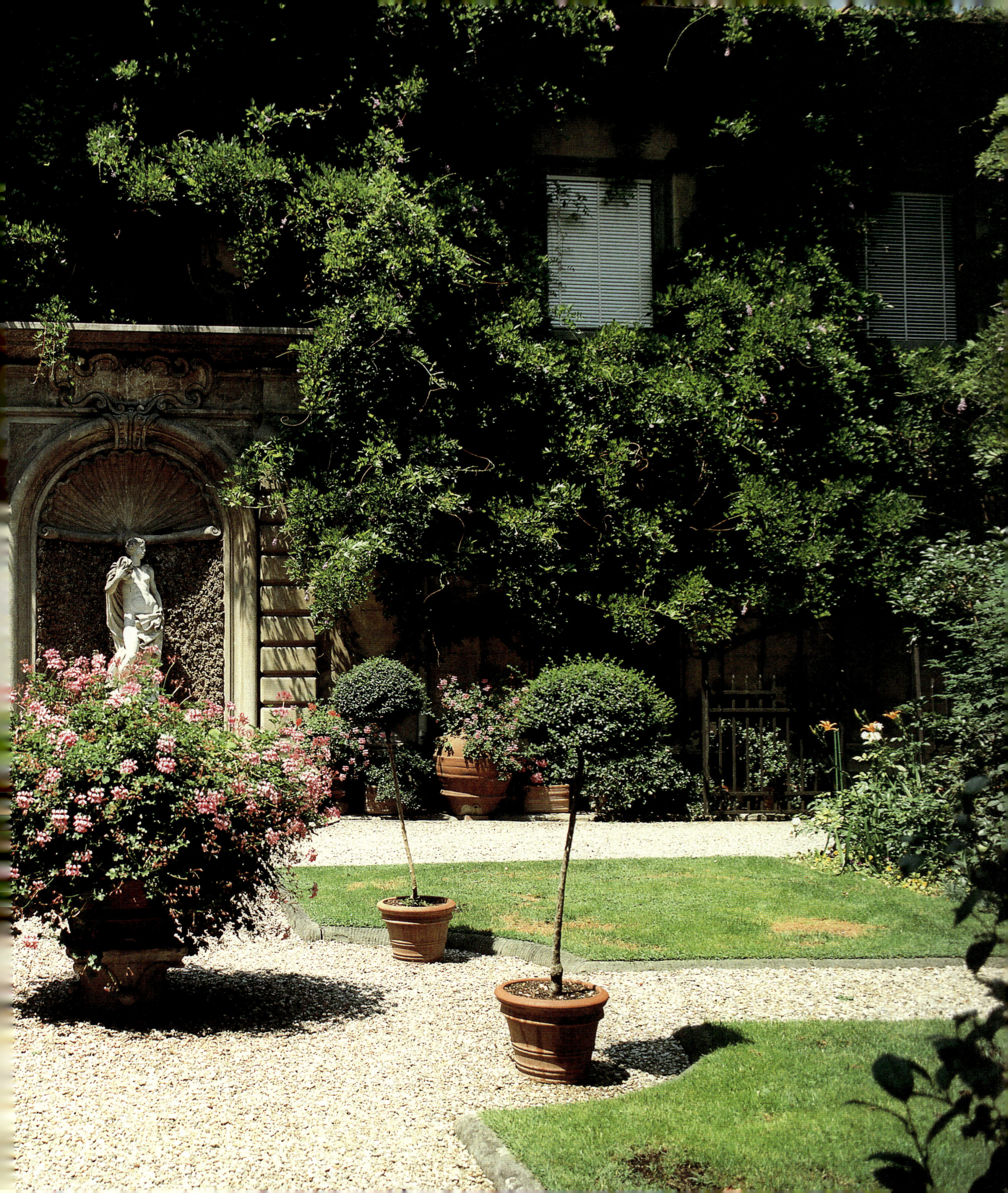

diesen Arbeiten Baccio d'Agnolo betraut: Beweis ist die Tür zum Garten, die ganz ähnlich gestaltet und an derselben Stelle plaziert ist wie die im Palazzo Bartolini Salimbeni. Außerdem war der berühmte Architekt zu jener Zeit eng mit den Antinori befreundet.

(denkwürdig bleibt der große Ball im Jahre 1752, an dem die Fürsten Esterházy di Galantha und die Regenten der Toskana, die Fürsten di Craon, teilnahmen). Dann sind noch Niccolò Gaetano und sein Sohn Vincenzo zu nennen, der mit knapp drei Jahren Waise wurde und von

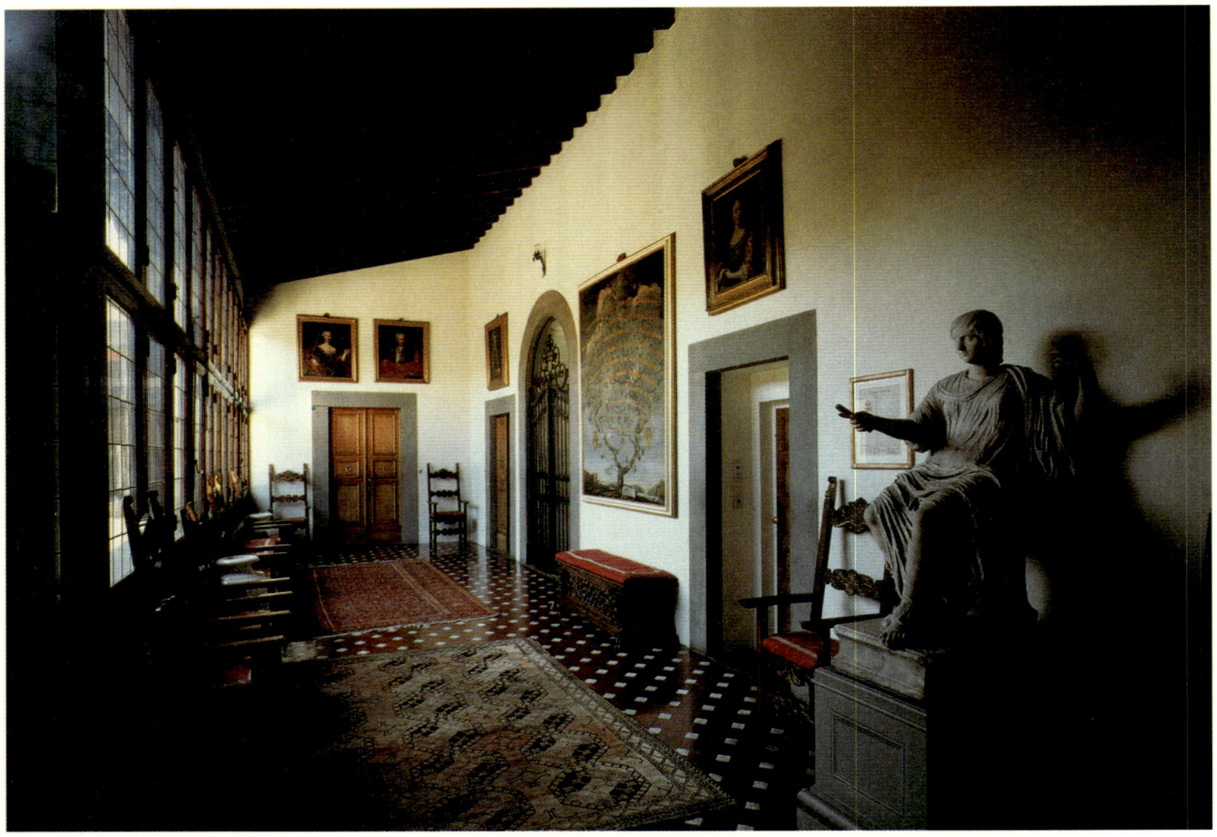

Im zweiten Stock des Palastes befindet sich die elegante Wohnung der Eigentümer. Besonders schön die Galerie um den Innenhof herum, durch deren große Glasfenster Licht hereinfällt. Beachtenswert auch die erlesene alte Einrichtung, zu der kostbare Wandteppiche, zeitgenössische Gemälde, eine große Darstellung des Familienstammbaums und klassizistische Skulpturen gehören, darunter auch ein Hermes.

Die von Alessandro abstammende Linie hat das Anwesen aus dem 15. Jahrhundert über Jahrhunderte hinweg bis heute bewahrt. Zu den herausragenden Persönlichkeiten der Familie zählen verschiedene Senatoren: Niccolò di Vincenzio, der eine Teresa Capponi heiratete, eine gebildete, lebhafte Frau, die den Palast zu einem beliebten Refugium für Schriftsteller und berühmte ausländische Gäste und zu einem bevorzugten Ort für Feste und Empfänge machte

fähigen Lehrern aufgezogen wurde, ein gebildeter Mann und Kunstliebhaber, der sich besonders wissenschaftlichen und mathematischen Studien widmete. Als Direktor des Gabinetto Fisico-Naturale (später Museo della Specola) wurde er von der wissenschaftlichen Abteilung aufgefordert, an der Fassung des Vocabolario della Crusca mitzuarbeiten; Großherzog Leopold II. von Toskana hat ihn als Lehrer für seine Söhne eingestellt.
Nach der Einigung Italiens

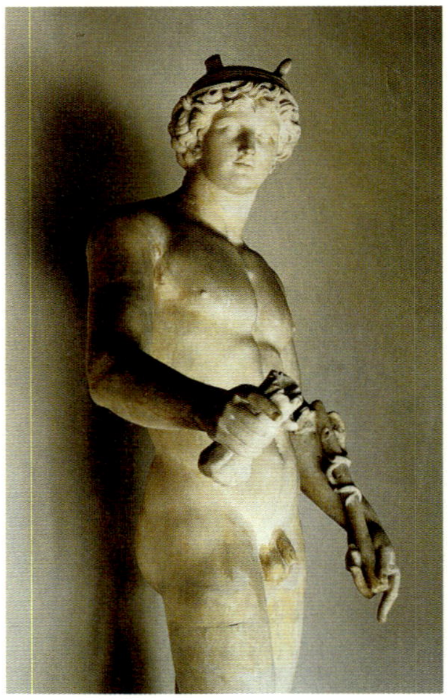

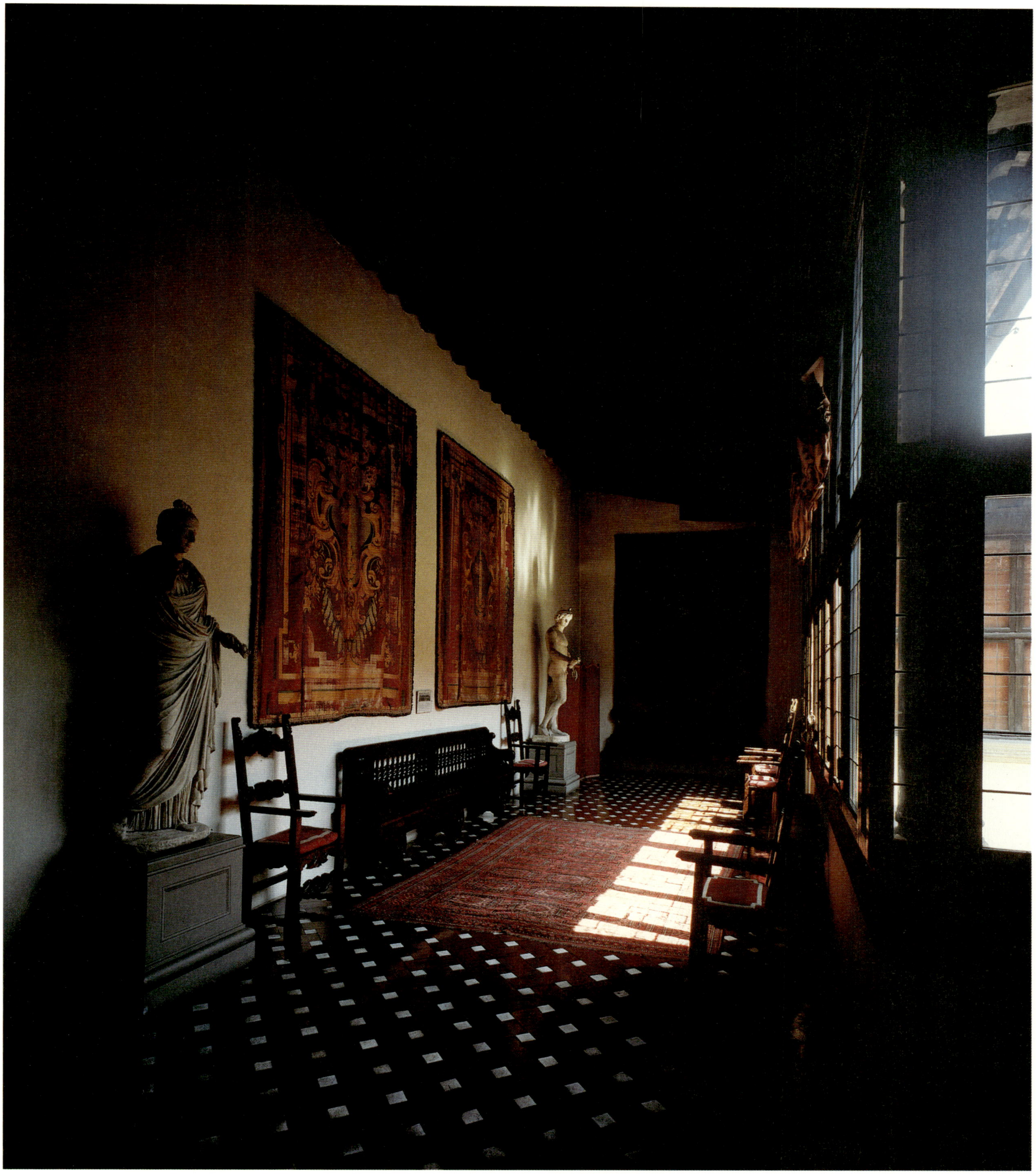

und einer Zeit des Exils in Lothringen führte Vincenzo Antinori, der sich nie in die Politik hatte hineinziehen lassen, ein zurückgezogenes Leben im Kreis seiner großen Familie, die uns noch heute von einem Gemälde Bezzuolis anschaut, das im Flur im zweiten Stock des Palastes hängt.
Seine Nachfahren haben das prächtige Anwesen, vor allem sein Mauerwerk, mehrmals restaurieren lassen.
Nach der endgültigen Verlagerung des British Institute und des Britischen Konsulats, die lange ihren Sitz im ersten Stock hatten, wurden später unter der Leitung des Architekten Emilio Dori sehr erfolgreich Arbeiten durchgeführt, die die Erhaltung des ursprünglichen Zustandes des Bauwerks zum Ziel hatten.
Der zweite, elegant eingerichtete Stock dient heute Repräsentationszwecken, während im Erdgeschoß eine berühmte »cantinetta« eingerichtet wurde, in der man die wertvollen Erzeugnisse der Güter und Fabriken der Antinori verkosten kann. Die Eigentümer haben sozusagen geschmack- und maßvoll den Respekt vor einem mit jahrhundertealten Traditionen verknüpften Erbe mit den Arbeitsanforderungen und heutigen Aufgaben eines Wohn- und Firmensitzes zu vereinen gewußt; so bildet dieser Palast aufgrund seiner Geschichte und seines architektonischen Wertes gewissermaßen den Diamanten in der Krone.

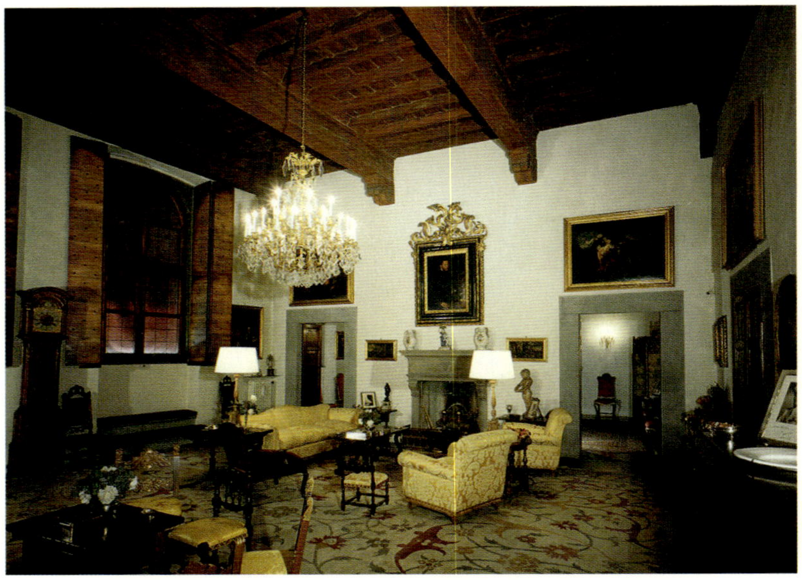

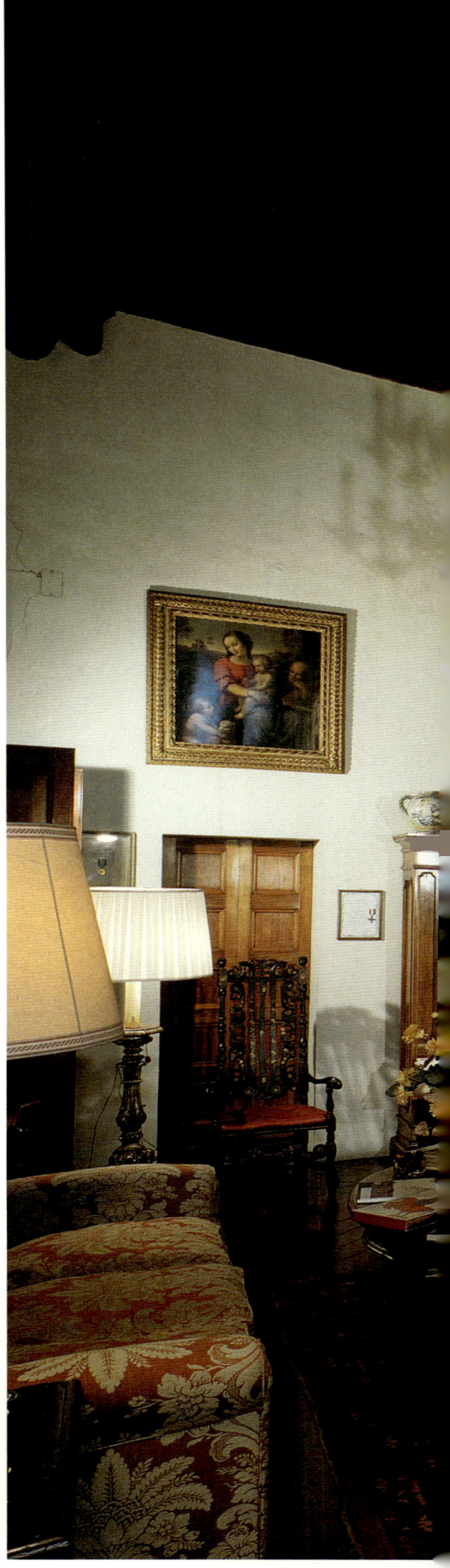

Zwei Räume im zweiten Stock. Im ersten, einem gemütlichen Salon mit schmuckem Kamin, beeindrucken die Holzdecke aus dem 15. Jahrhundert mit geschnitzten Konsolen und die großen, im Rauminnern angebrachten Fensterläden.
Der zweite Raum ist ein großes Studierzimmer mit einer umfangreichen Bibliothek in den Regalen an den Wänden; der Raum verdient aber vor allem wegen der unschätzbar wertvollen Gemälde Beachtung, die seine Wände zieren.

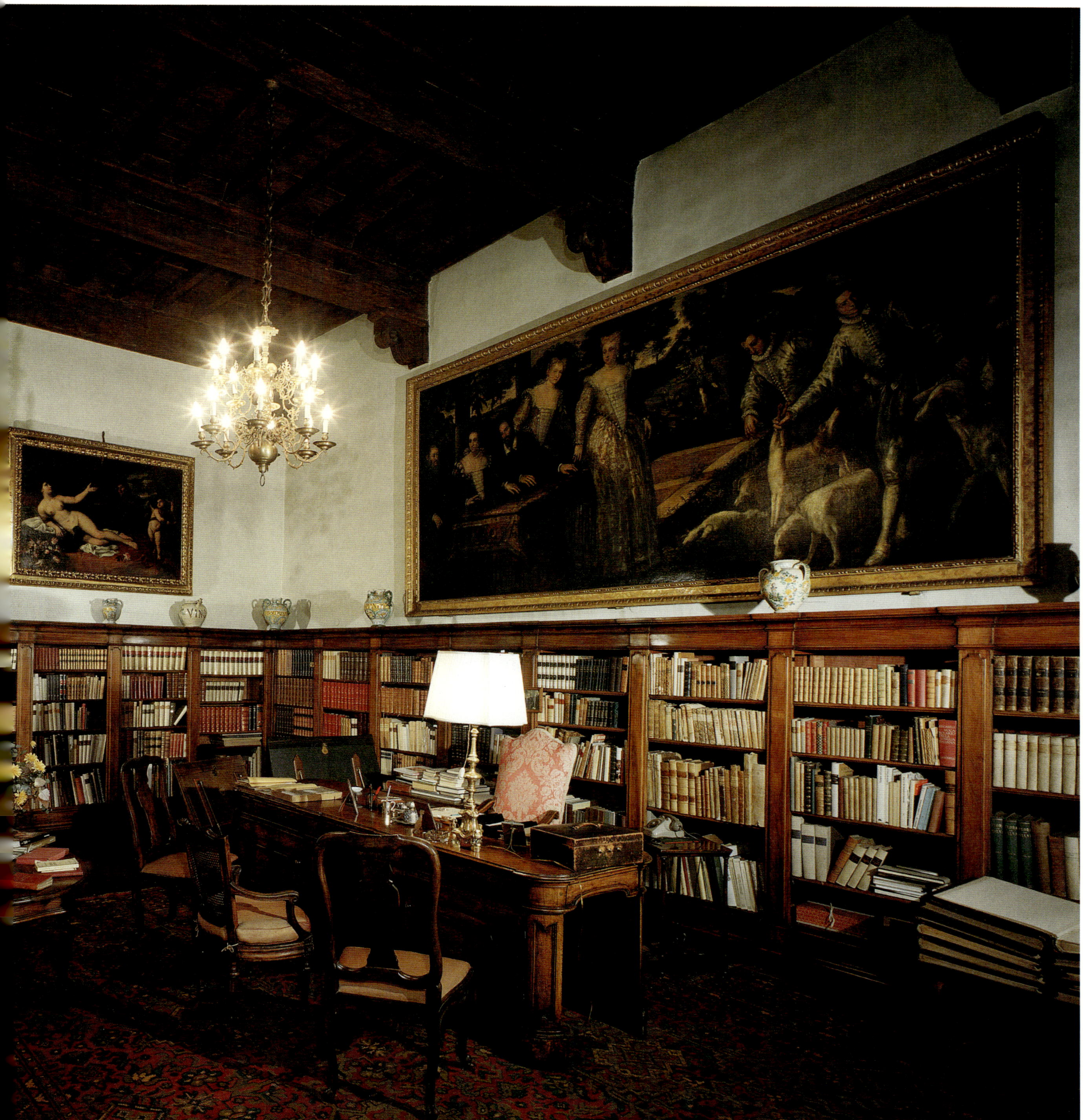

Palazzo Venturi Ginori

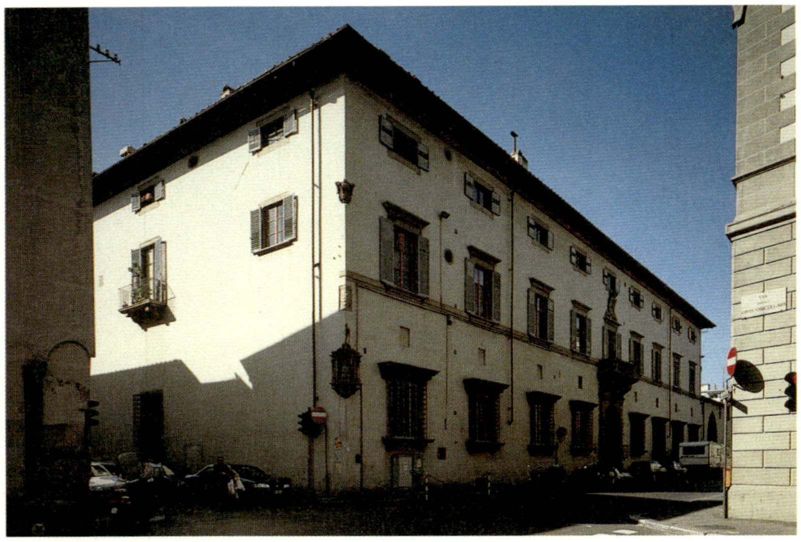

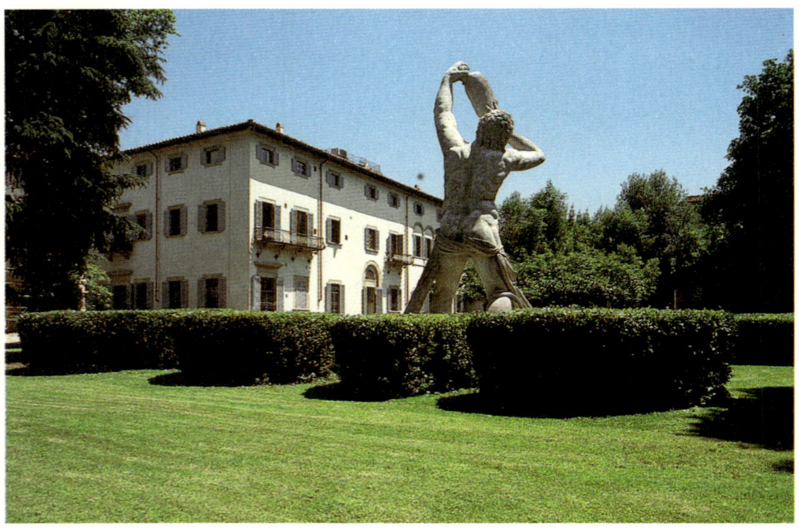

Die Fassade des Palastes und eine Ansicht des Gartens mit der rückwärtigen Fassade. An der Hauptfassade zur Via della Scala hin sieht man noch ein verblichenes Wappen der Rucellai und eine Madonna im Stil der Della Robbia. An der Innenfassade erkennt man eine Loggia mit drei Bogengängen, die bis in den ersten Stock reicht und der früher eine Loggia im Erdgeschoß entsprochen hatte.

Um die zeitliche Abfolge in der Darstellung der Palazzi einzuhalten, muß man bei diesem Palast auf den Garten oder besser gesagt auf den alten »orto«, den Nutzgarten, zurückgreifen. 1482 erwarb Nanina, eine Schwester Lorenzos des Prächtigen, und Frau von Bernardo di Messer Giovanni Rucellai, die ganzen Grundstücke auf diesem Areal. Es war durch das Wasser des in der Nähe fließenden Mugnone (der heute weiter nördlich fließt) in Sumpfgebiet verwandelt worden und deshalb auch als »Pantano« bekannt. Jahrhundertelang hatten hier die Donati, die Acciaiuoli, die Gianfigliazzi und verschiedene andere berühmte Familien Grundstücke besessen. 1186 war dort ein Leprakrankenhaus entstanden, bis Ende des 15. Jahrhunderts das einzige Gebäude in diesem Gebiet. In den ersten zwanzig Jahren hatte auch der Besitzer Bernardo Rucellai auf dem Gelände – das nach dem latinisierten Namen seiner Familie »Orti Oricellari« benannt wurde – einen einfachen Obst- und Gemüsegarten. Gegen Ende des 15. Jahrhunderts ließ er dort nach dem Entwurf von Leon Battista Alberti ein »Casino«, das heißt eine Art Landwohnsitz, bauen, wo sich die Familie in ihrer Freizeit aufhalten konnte. Später schmückte er das repräsentative Gebäude und den angrenzenden Garten mit Büsten, Statuen und alten Sarkophagen und stellte an der Ecke Via della Scala und

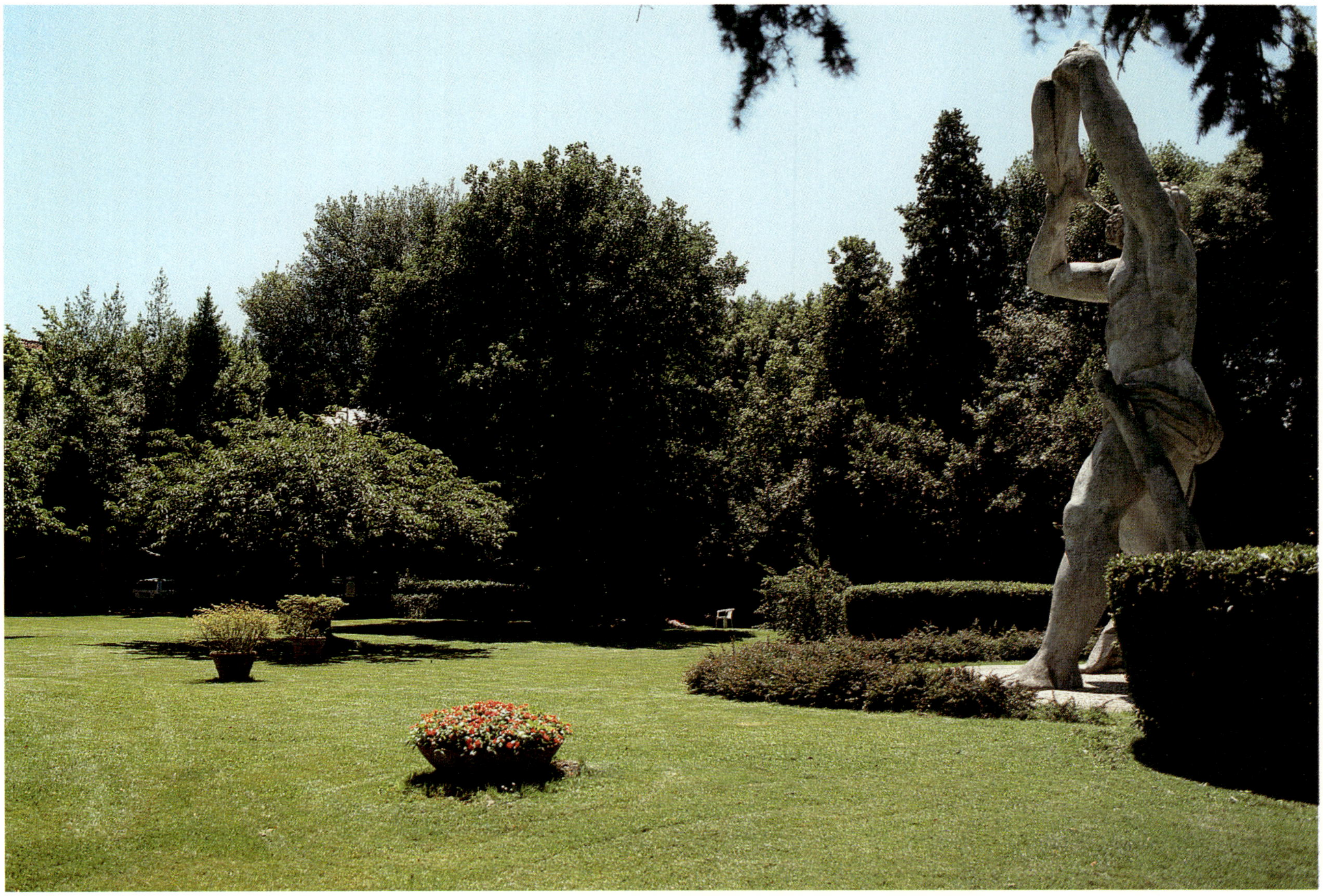

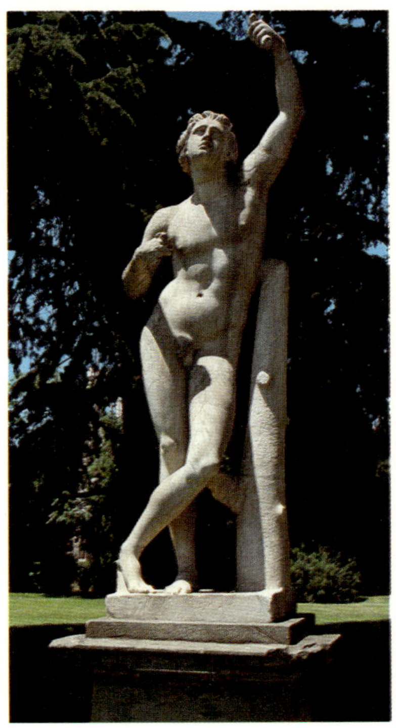

Der Garten, in dem bis zum 16. Jahrhundert von den Rucellai zusammengetragene Springbrunnen, Statuen und alte Obelisken standen, wurde Mitte des 17. Jahrhunderts von Antonio Novelli im Auftrag von Giovan Carlo dei Medici behutsam neu gestaltet. Diesem Künstler ist auch die Riesenstatue des Zyklopen (1650) zu verdanken, die früher in einem Springbrunnen stand. Aus Ziegelstein und Stuck gebaut, ruht ihr Gewicht nicht nur auf den Beinen, sondern auch auf dem gemauerten, herabhängenden »Tuch« und dem Knüppel auf der Seite des Giganten. Der Garten ist heute kleiner als früher, da er sukzessive aufgeteilt wurde.

Via degli Orti Oricellari eine Madonna im Stil der Della Robbia auf. Bernardo war mit den Medici verbunden und empfing in seinem Casino lange Zeit all die Wissenschaftler und Künstler – von Machiavelli bis Luigi Alamanni, von Giovanni Cavalcanti bis Giovanni Corsini –, die von den Medici persönlich gefördert und unterstützt wurden. Nach dem Tod Bernardo Rucellais im Jahr 1514 erbten seine beiden Söhne Giovanni, der 1525 starb, und Palla den Palast. Als die Medici 1527 auf ihn Jagd machten und er ins Exil gehen mußte, wurden der Palast und die Gärten verwüstet und geplündert. Nach ihrer Rückkehr nach Florenz blieben die Rucellai bis 1573 Besitzer des Casinos in der Via della Scala und verkauften es im selben Jahr an Bianca Cappello, die Geliebte des Großherzogs Francesco I. Nach seinem Tod gab der neue Großherzog Ferdinand I. ihn an Don Antonio dei Medici weiter, der ihn seinerseits an den Botschafter der Republik Venedig vermietete.

1608 kam er dann an Giannantonio Orsini, blieb im Besitz der Orsini bis 1640, ging dann wieder an die Medici und wurde Wohnstätte des Kardinals Giovan Carlo dei Medici. Dieser Bruder des Großherzogs Ferdinand II. war ein großer Kunstliebhaber; er ließ den Palast von Pietro Berrettini da Cortona und Angiolo Michele Colonna mit Freskenzyklen ausschmücken.

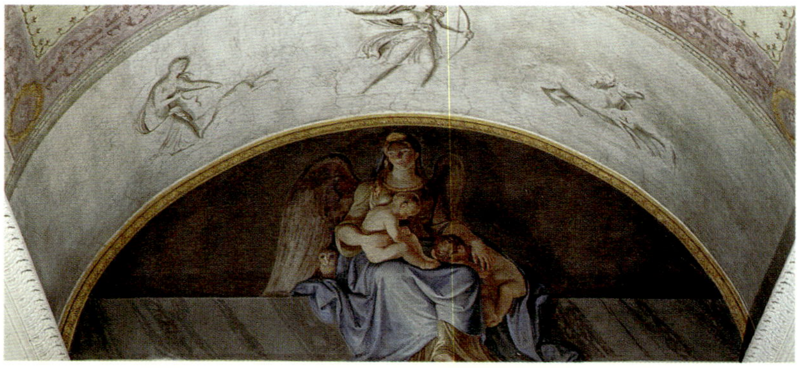

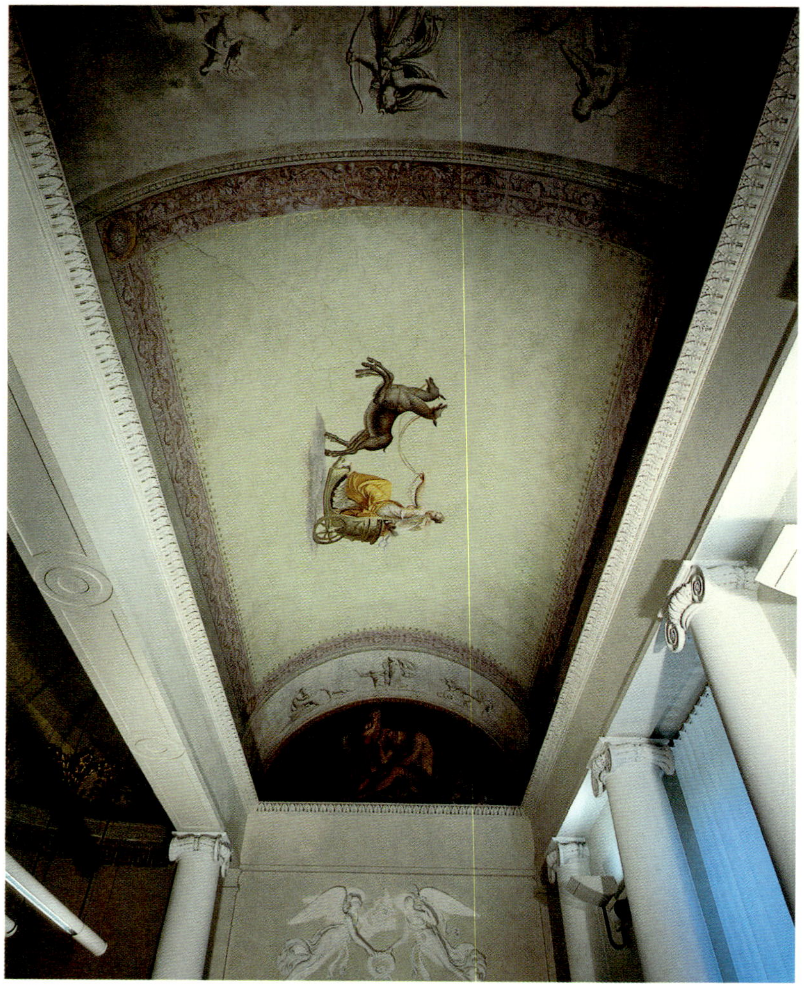

Von der Zeit des Kardinals Giovan Carlo dei Medici bis in die jüngste Zeit wurden die Säle des Palastes mehrmals mit Fresken ausgemalt. Es begann im 17. Jahrhundert mit Pietro Berrettini da Cortona und Angiolo Michele Colonna und endete im 19. Jahrhundert mit raffinierten Stuckarbeiten und den wertvollen bunten Verzierungen. Dieser Säulengang ist dafür ein besonders gutes Beispiel. Das Gegenstück zur mythologischen Gestalt der Diana (in ihrem zweifachen Gewand: Göttin der Jagd und des Mondes) ist das geflügelte Wesen in der Lünette, das sicher mehr mit der katholischen Ikonographie zu tun hat.

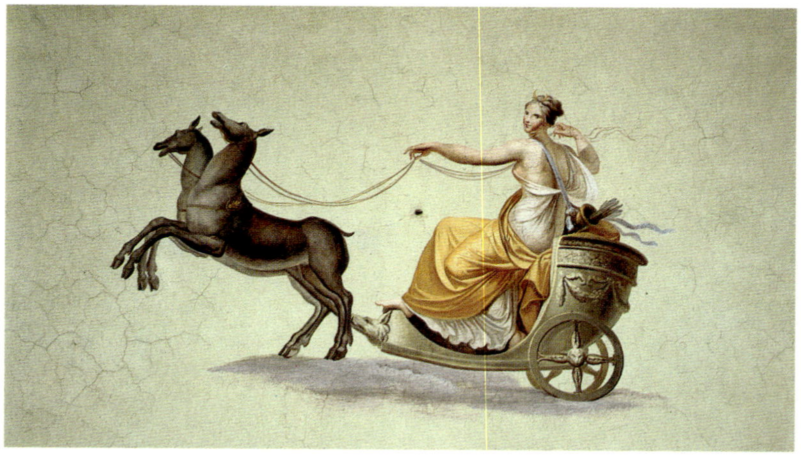

Eine der interessantesten Schöpfungen von Antonio Novelli ist zweifellos die sogenannte Höhle des Polyphem, eine mit versteinerten Schwämmen und Muscheln ausgekleidete Grotte unter dem Palast. Hier sieht man noch die Dekorationen mit den heraldischen Zeichen der Medici.

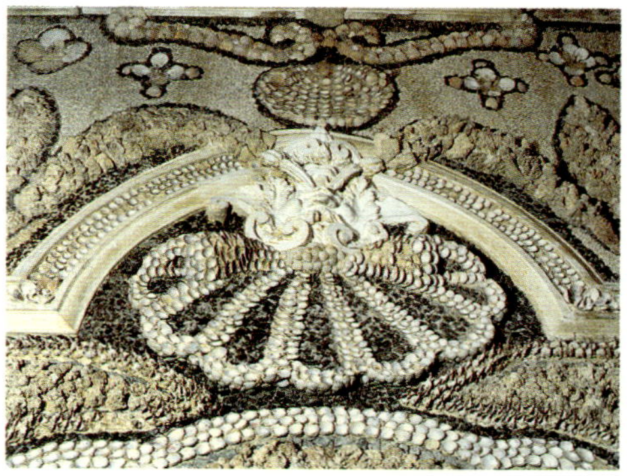

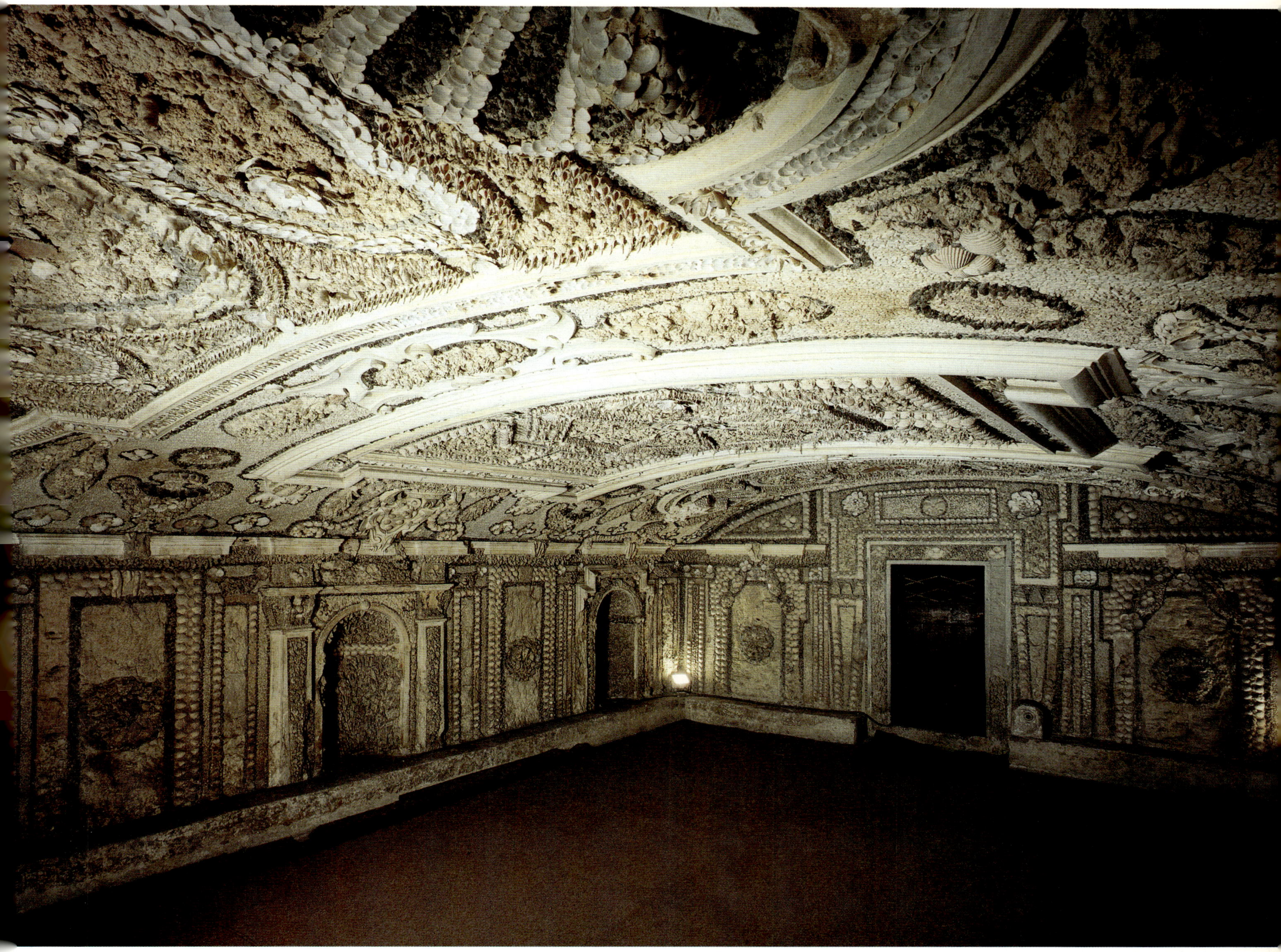

Dann brachte er dort seine wertvolle Gemäldesammlung mit Werken unter anderem von Raffael, Tintoretto, Tizian und Filippo Lippi unter. Schließlich beauftragte er Antonio Novelli, die Brunnen im Garten, die »Höhle des Polyphem« und die Riesenstatue des Kyklopen aus Ziegeln und Stuck zu bauen, deren Politur den Eindruck erweckt, die Skulpturen seien aus Marmor.
Als der Kardinal 1663 starb, mußte der Großherzog aufgrund seiner Schulden das Casino verkaufen, das der Markgraf Ferdinando Ridolfi erwarb. Dieser beauftragte Pier Francesco Silvani, die Wohnung zu vergrößern, die den Ridolfi dann bis 1765 gehörte. Dann erbte sie Giuseppe Stiozzi, der dort mit der Hilfe des Grafen und Architekten Luigi de Cambray-Digny einen romantischen Garten in englischer Manier anlegen wollte. Von den Stiozzi ging der Palast 1861 an die Fürstin Olga Orloff über und erlangte dank Giuseppe Poggi seine ursprüngliche Gestalt zurück. Der Salon wurde von Leopoldo Costoli mit Medaillons ausgeschmückt, auf denen die größten zeitgenössischen Denker abgebildet sind.
Ende des 19. Jahrhunderts gelangten Palast und Garten in den Besitz des Markgrafen Ippolito Venturi Ginori und gingen dann auf dessen Sohn Roberto über, der 1965 starb. Derzeit ist das alte Casino der Orti Oricellari Sitz der Florentiner Filiale der Cassa di Risparmio di Pisa.

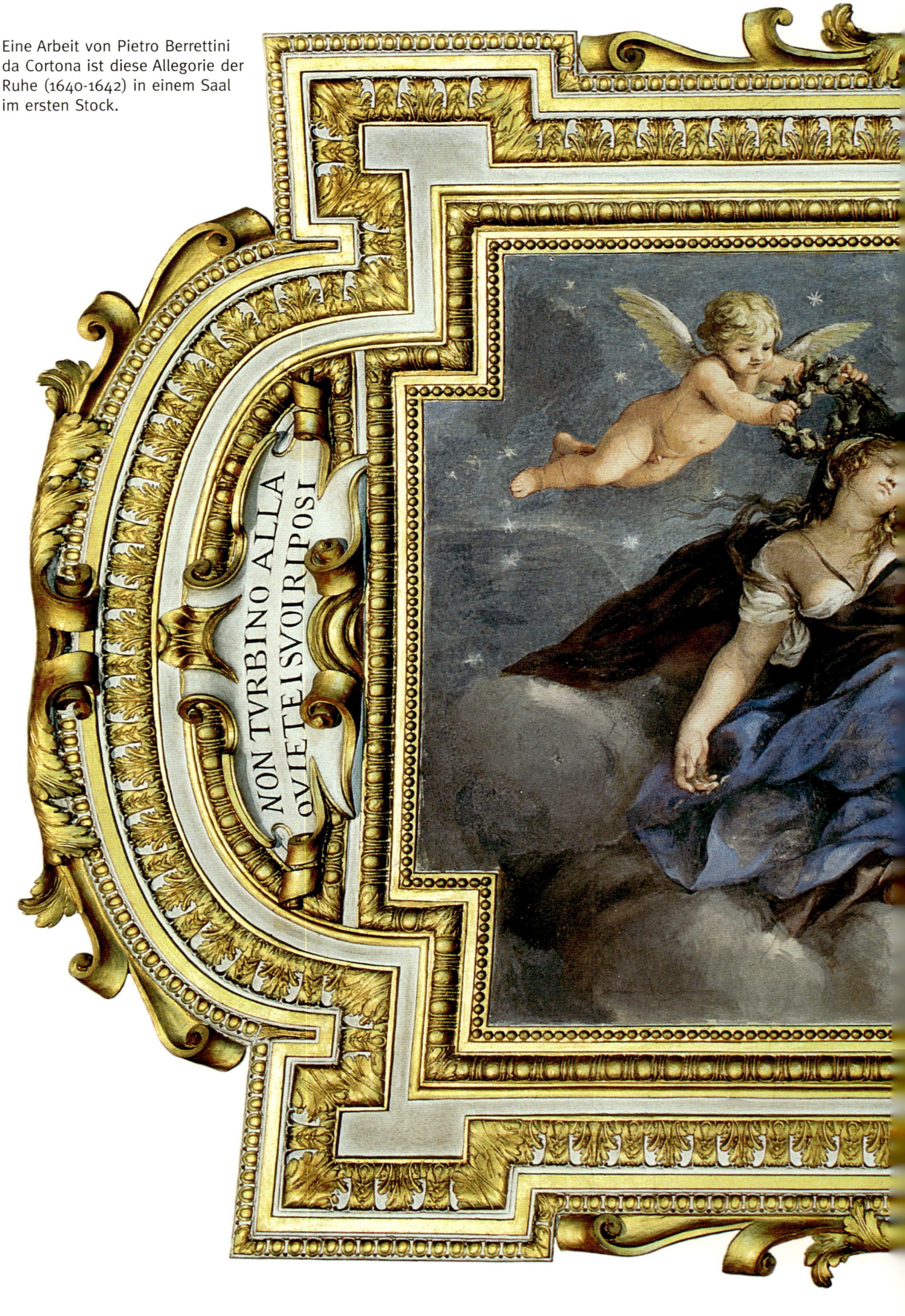

Eine Arbeit von Pietro Berrettini da Cortona ist diese Allegorie der Ruhe (1640-1642) in einem Saal im ersten Stock.

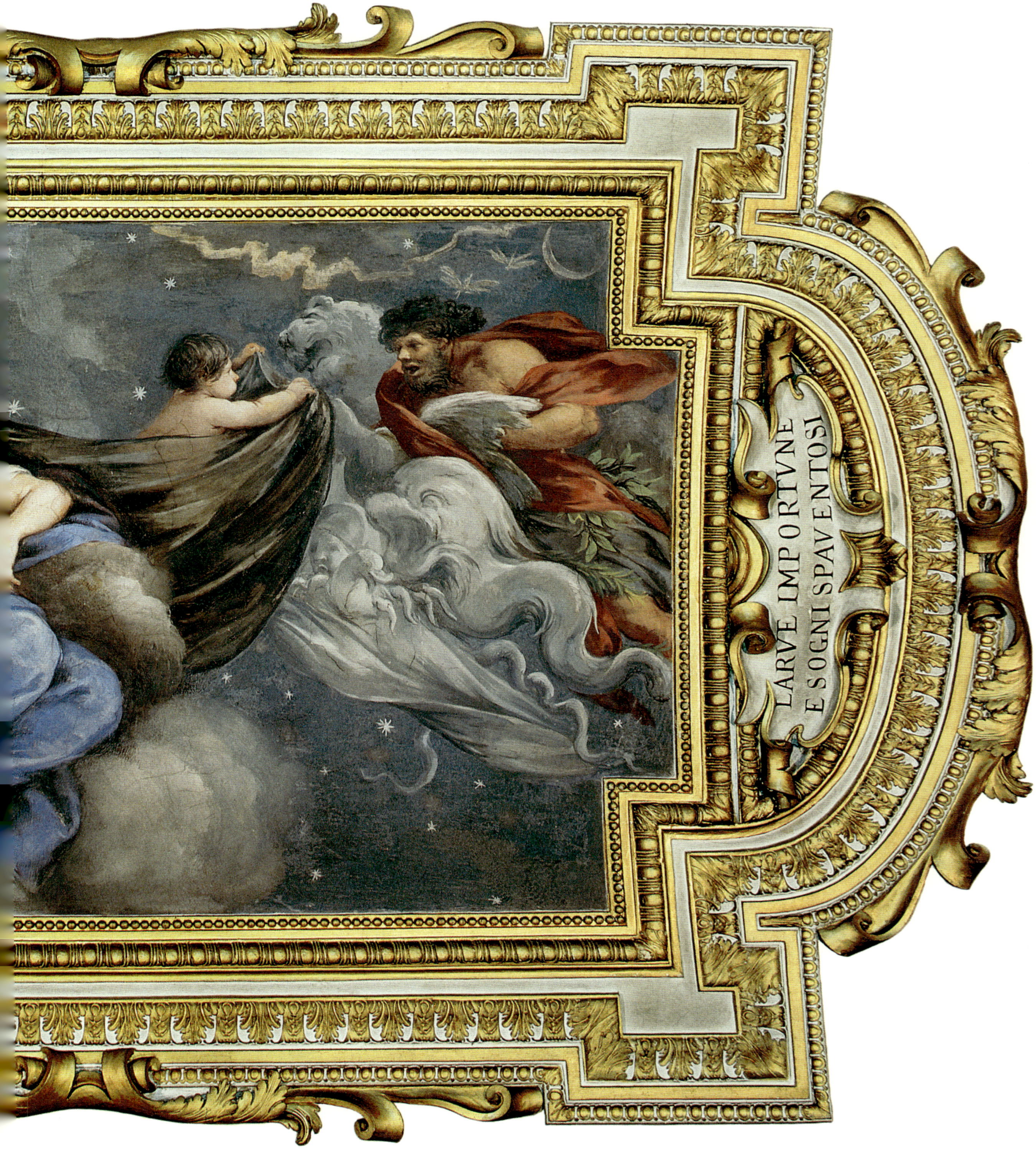
LARVE IMPORTVNE
E SOGNI SPAVENTOSI

Palazzo Rucellai

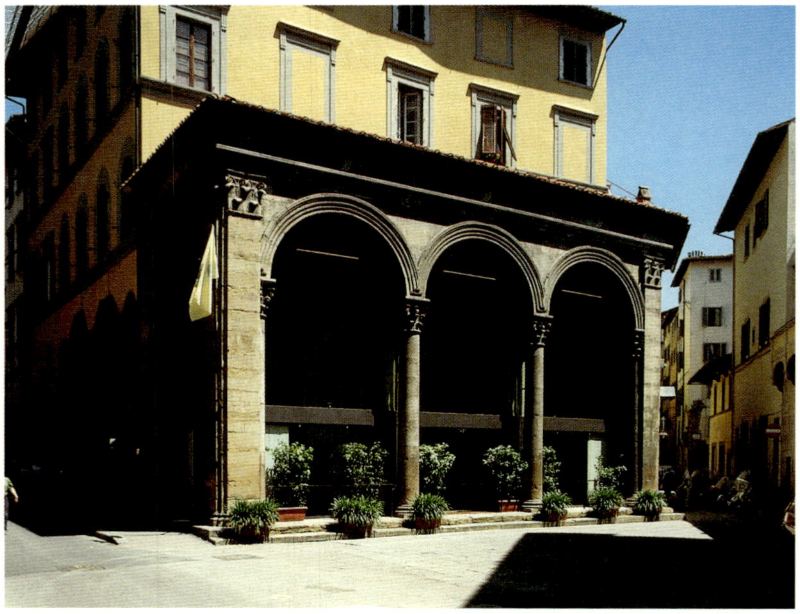

Zur Via della Vigna Nuova hin stehen diese Fassade – ein bemerkenswerter Entwurf von Leon Battista Alberti mit Portalen mit Sturzbögen, großen, mit Gesimsen und Rundbögen versehenen Biforien und flachem Bossenwerk mit den steinernen Wappen der Rucellai – und die große Loggia vor dem Palast, angeblich ebenfalls ein Werk Albertis.

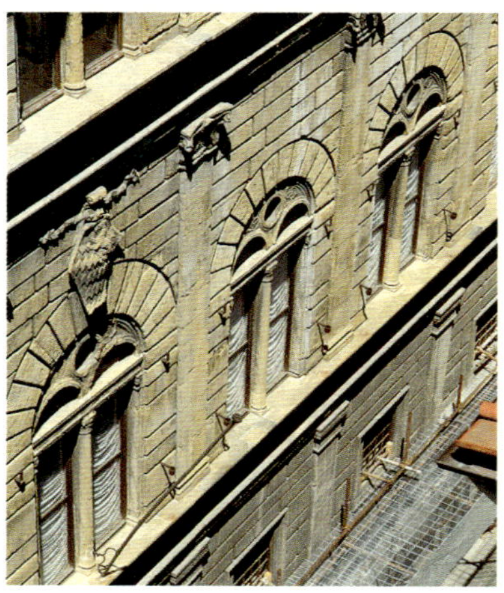

Mit dem Medici-Palast in der Via Larga, heute Via Cavour, war die Architektur in Florenz an einem Wendepunkt angelangt, der den Weg für fruchtbare und interessante Experimente freimachte. Eine der ersten und signifikantesten Etappen war in dieser Hinsicht zweifellos der Palast, der in der Via della Vigna Nuova für Giovanni Rucellai, einen angesehenen Geschäftsmann und berühmten Kunstmäzen und -liebhaber, entstand. Obwohl er der Schwiegersohn von Palla Strozzi, dem erbitterten Rivalen der Medici, war, gelang es Rucellai, herzliche Beziehungen zu der aufsteigenden Dynastie zu pflegen, wobei er vor allem die Festigung der Besitztümer seiner eigenen Familie im Auge hatte.
Um 1450 beauftragte er Leon Battista Alberti, ihm einen angemessenen Wohnsitz zu bauen. So entstand ein Palast mit origineller Fassade, in dem sich Elemente und Motive der römischen Klassik (der Sockel aus rhombisch gehauenen Steinen im Erdgeschoß, die kleinen quadratischen Fenster, die sich symmetrisch übereinanderreihenden architektonischen Linien) ganz natürlich mit eindeutig »moderneren« Eigenschaften verbanden (die schlanken zweibogigen Fenster der beiden oberen Stockwerke, der Fassadenschmuck aus flachem Bossenwerk).
Vorgesehen war für das Bauwerk, mit dessen Ausführung ziemlich sicher Bernardo

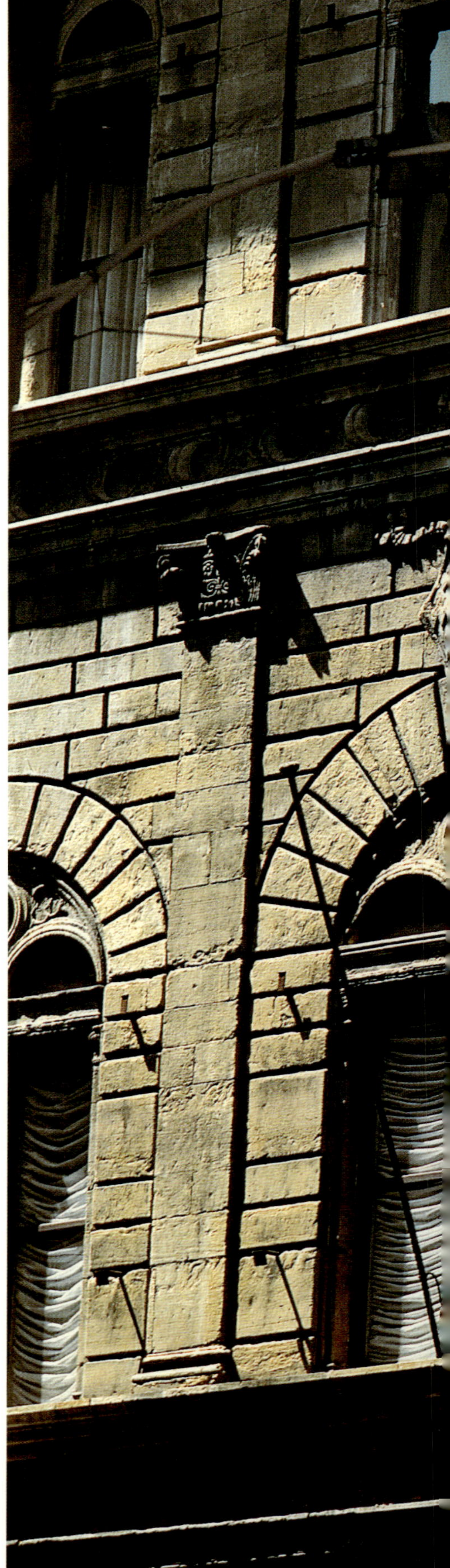

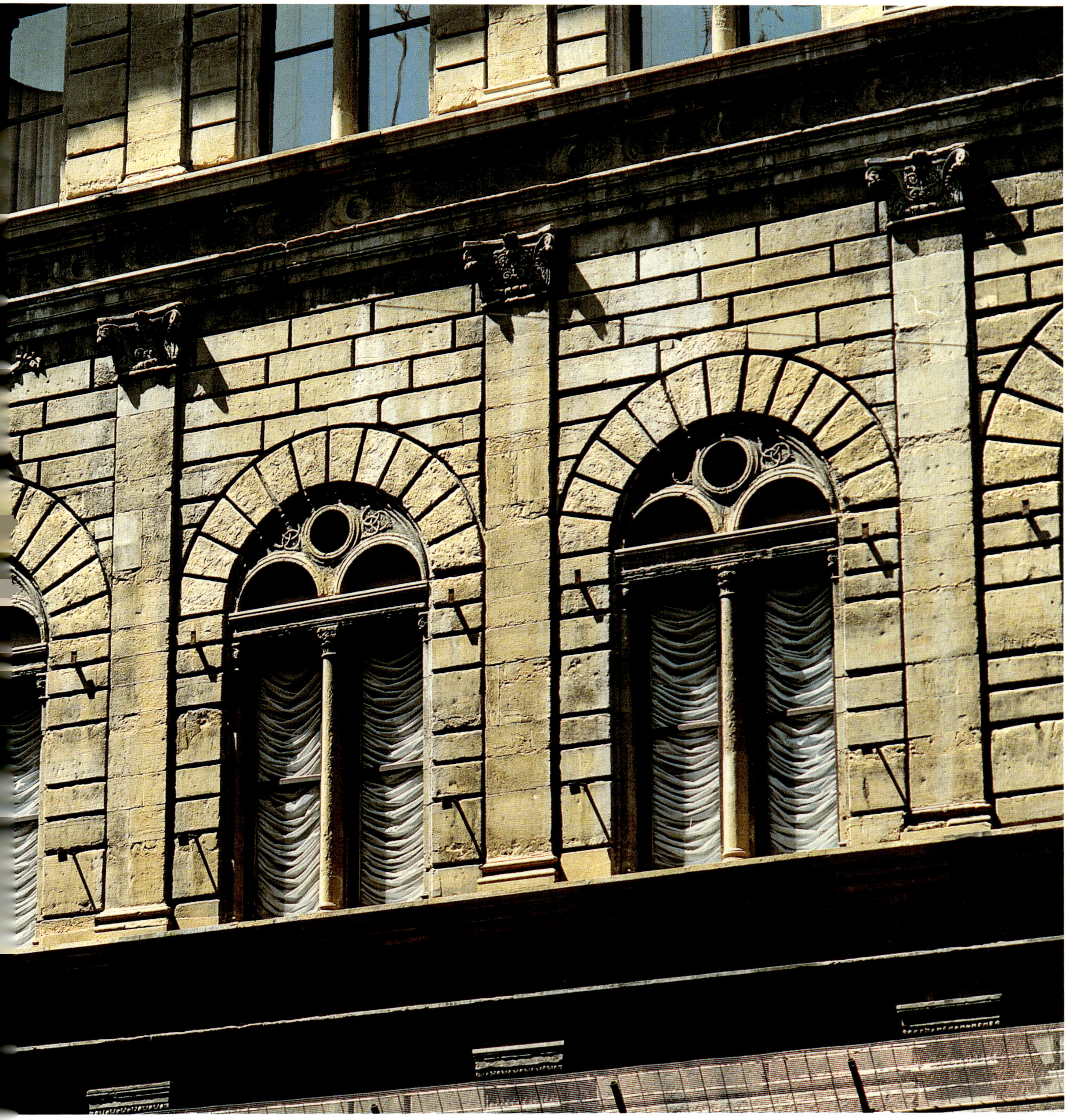

Rosselino betraut war, zunächst eine Fassade mit fünf Achsen mit Mitteltür, die anschließend auf sieben Achsen erweitert wurde. Dadurch kam ein neues Tor hinzu, und die Symmetrie wurde – wenngleich auch nicht perfekt – wiederhergestellt.
Giovanni Rucellai hatte zwei Söhne, Pandolfo (der ältere) und den 1448 geborenen Bernardo. Bei dessen glanzvoller Hochzeit mit einer Schwester von Lorenzo dem Prächtigen, Lucrezia, genannt Nannina, im Jahr 1466 wurde der Palast öffentlich eingeweiht: festlich geschmückt, mit einer Tribüne, die sich über den ganzen kleinen Platz davor erstreckte und die durch ihren Blumenschmuck und ihre Obstarrangements auffiel. Drei Tage lang wurde dort ununterbrochen getanzt, wurden festliche Bankette abgehalten.
Bald darauf ließ Rucellai gegenüber seinem neuen Palast – wahrscheinlich wieder durch Alberti – eine elegante Loggia mit drei durch schlanke Pilaster abgesetzten Bögen errichten, in der – wie damals üblich – die kaufmännischen Aktivitäten und Geschäfte abgewickelt werden sollten, die aber auch den Familienzusammenkünften und -festen dienen sollte. Im Lauf der Jahrhunderte soll diese Loggia zugemauert worden und ein separates Zimmer gewesen sein, wo sich im 17. Jahrhundert unter anderem das Atelier des berühm-

Der faszinierende große Ballsaal ist seit den jüngsten Umbauten heute das erste Zimmer, das man über die Wohnung im ersten Stock betritt. Bemerkenswert, ja eine Besonderheit sind die marmornen Treppchen vor den Fenstern.

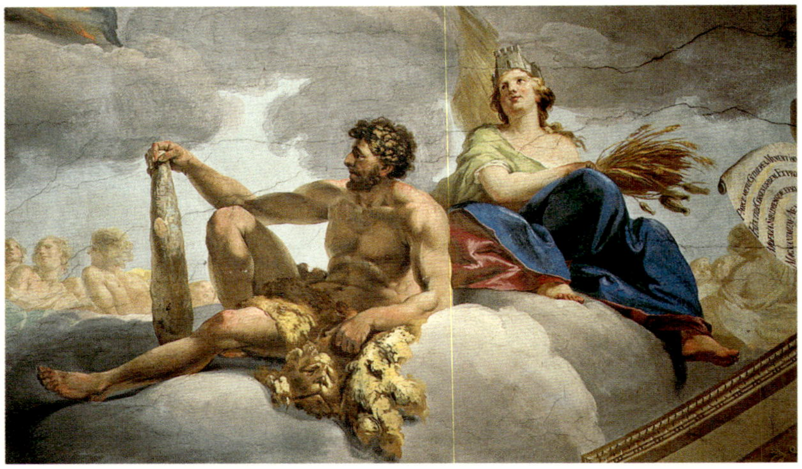

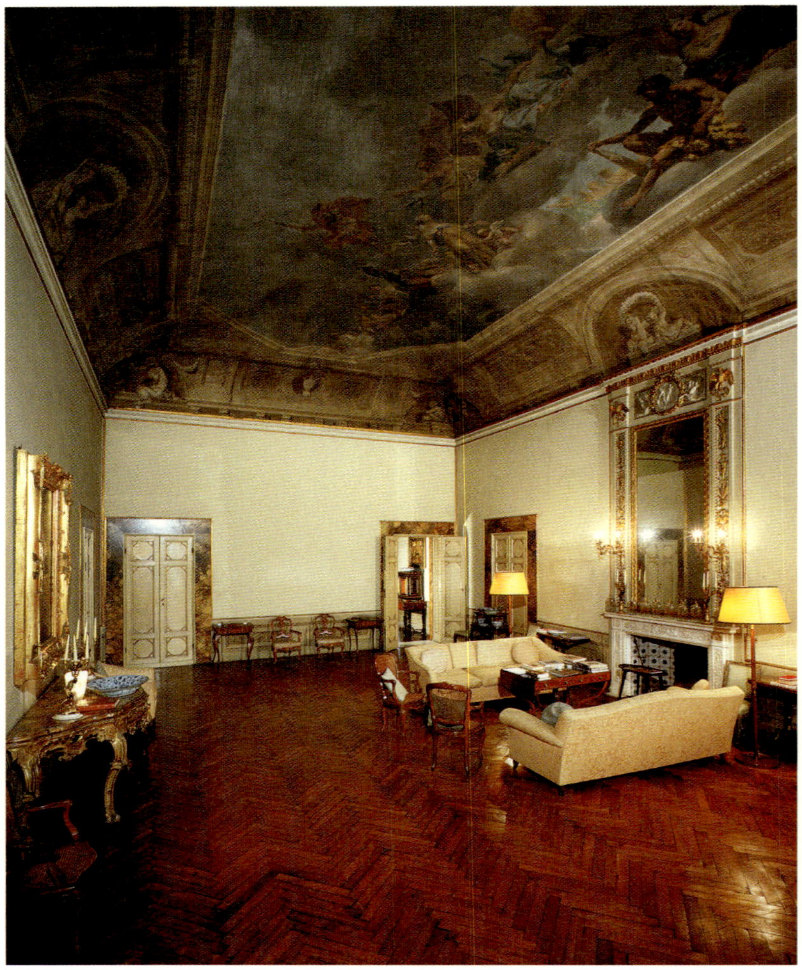

Der kleine Salon im ersten Stock mit dem auffallenden, stuckgerahmten Wandspiegel ist schlicht, aber elegant eingerichtet. Die Decke mit dem monochromen umlaufenden Fries wurde etwa Mitte des 18. Jahrhunderts von Gian Domenico Ferretti mit Fresken ausgeschmückt, auf denen man den ganzen Olymp mit Jupiter, Juno, Venus, Merkur, Ceres und Herkules sieht (Detail mit den beiden letztgenannten Gottheiten, Foto oben).

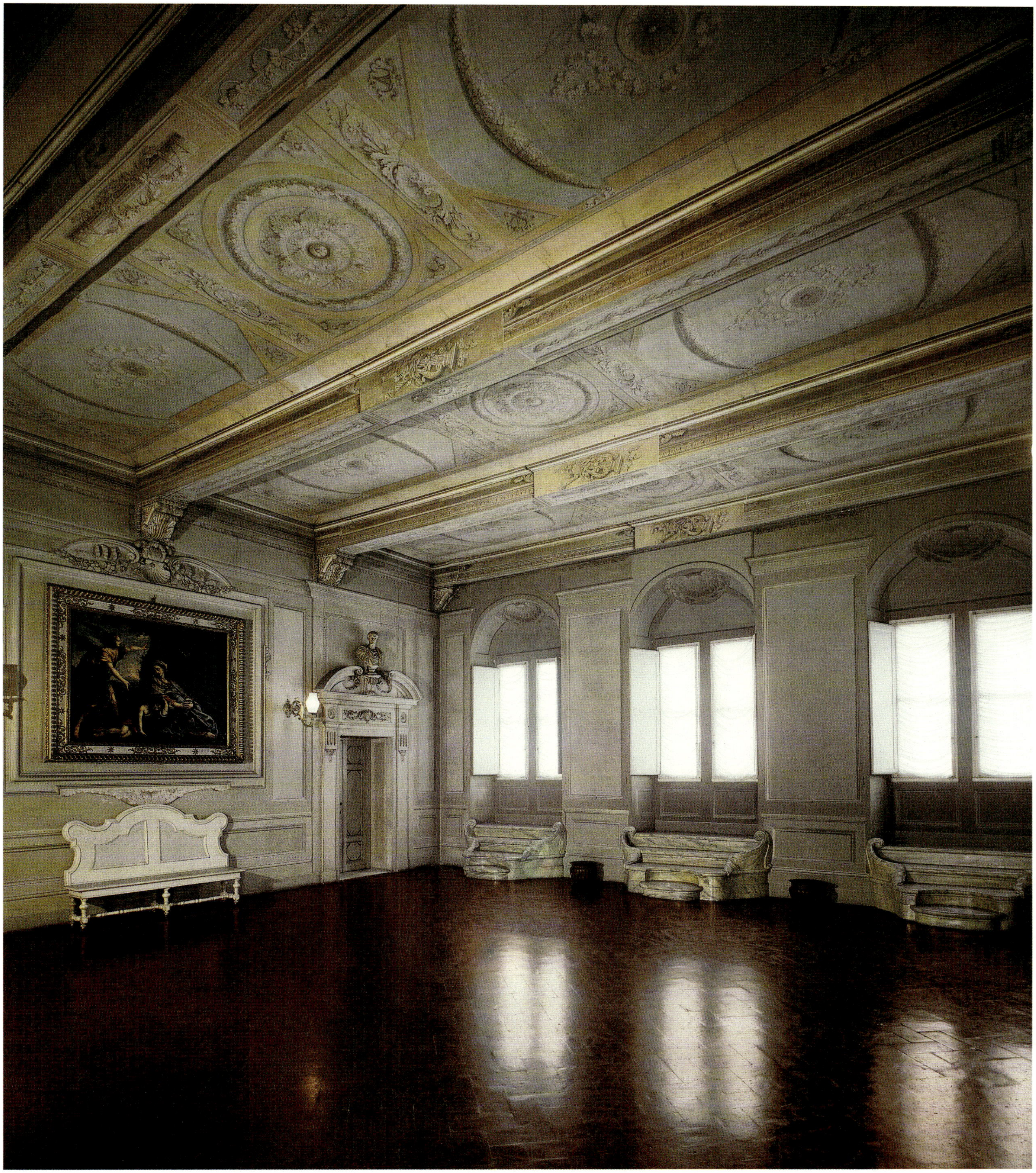

ten Bildhauers Foggini befand; später soll sie mehrmals wieder geöffnet worden sein. Durch die heutige Lösung – große Glasfenster, die seine Strukuren nicht verbergen – läßt sich der Raum nun ideal als Ort für Ausstellungen nutzen.
Die Nachfahren Giovanni Rucellais leben bis auf den heutigen Tag im Palast. Zu ihnen zählten Humanisten, Senatoren, Historiker und ein Mitglied der Accademia Colombaria, das der angesehenen Institution die eigene Wohnung für ihre Versammlungen überließ.
Mitte des 18. Jahrhunderts ließ Giuseppe Rucellai anläßlich seiner Hochzeit mit Teresa dei Pazzi zahlreiche Verschönerungsarbeiten im ersten Stock vornehmen. In diesem Zusammenhang sind die Fresken hervorzuheben, die großenteils Gian Domenico Ferretti zugeschrieben werden (beachtenswert insbesondere die in einer der beiden Galerien).
Spätere Eingriffe und Umbauten gab es dann noch im 19. Jahrhundert und Anfang des 20. Jahrhunderts, besonders die Verlängerung der großen Treppe, die bis dahin im ersten Stock endete; der zweite Stock war nämlich ursprünglich für Ankleideräume und Bedienstetenzimmer vorgesehen, und erst später richtete man dort herrschaftliche Wohnungen ein.
Genau zur Jahrhundertwende residierten im ersten Stock Graf Giulio und Gräfin Lysin, Witwe des Fürsten Woronzow, die beide für ihre

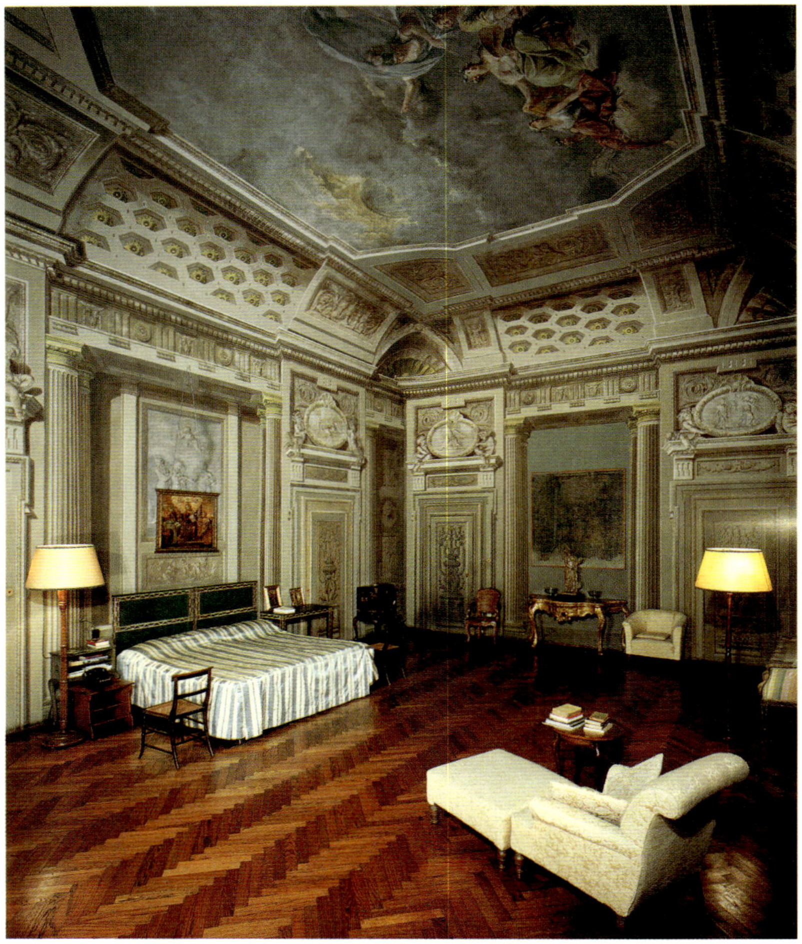

Ebenfalls im ersten Stock befindet sich dieses geräumige Schlafzimmer, dessen Wände ganz mit Scheinarchitekturelementen verziert sind. Auf dem Deckenfresko mit Motiven aus der Mythologie entrollen zwei Putti eine Skizze der Fassade von Santa Maria Novella auf. An deren Vollendung durch Leon Battista Alberti wirkte Giovanni Rucellai tatkräftig mit.

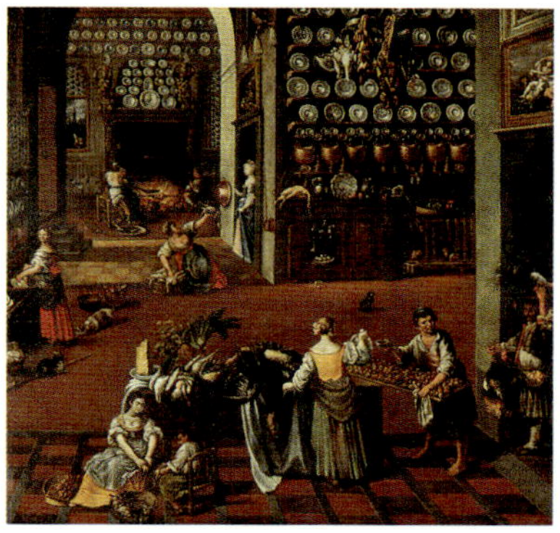

Ein interessantes Gemälde zeigt die klassische alte Küche des herrschaftlichen Palastes.

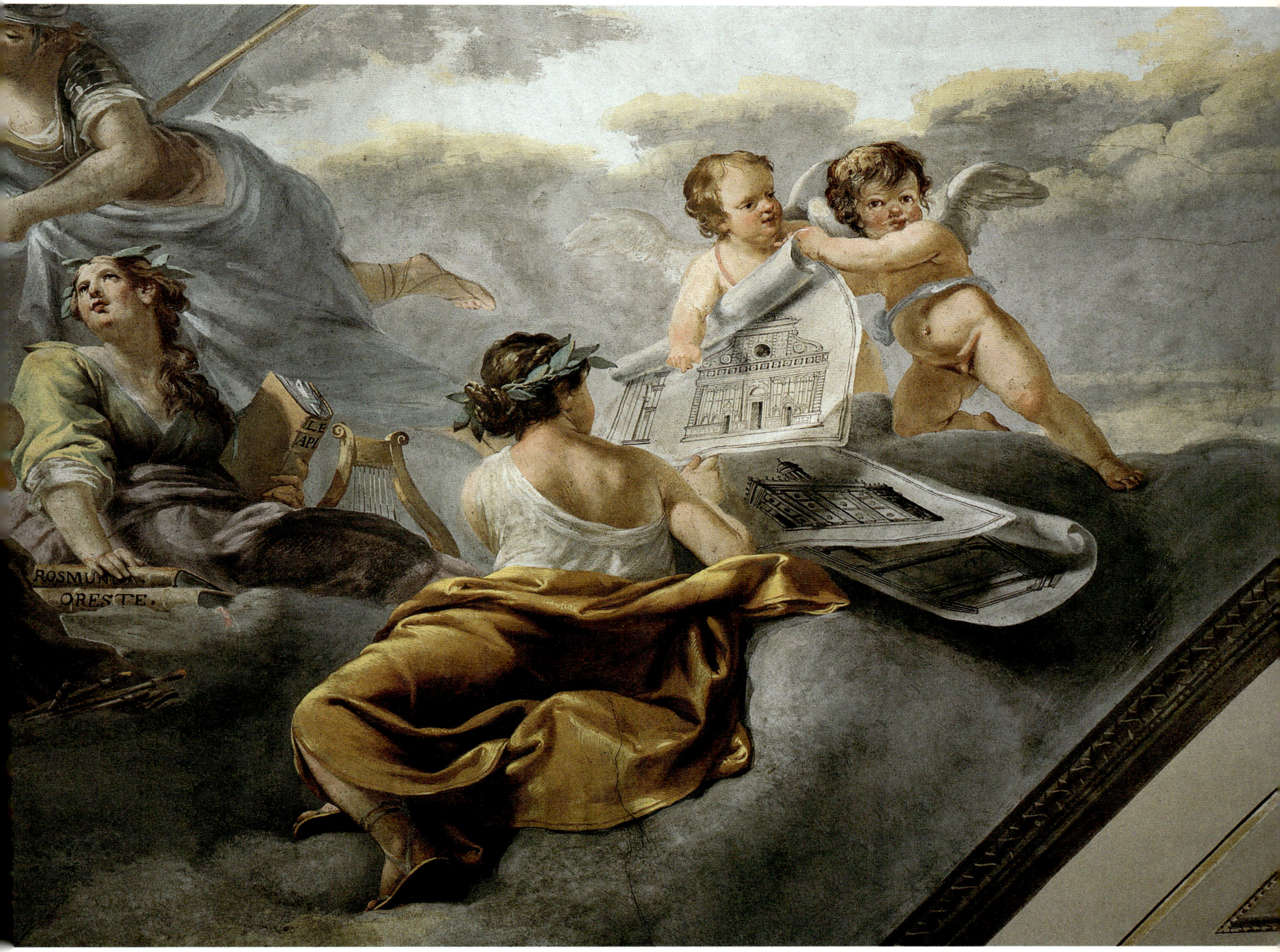

zahlreichen prunkvollen Empfänge bekannt waren; im zweiten Stock wohnten der Graf Cosimo und seine Frau Edith Bronson, eine gebürtige Amerikanerin und große Literatur- und Kunstliebhaberin, die Vorfahren der heutigen Palastbesitzer. Noch weiter oben, von der

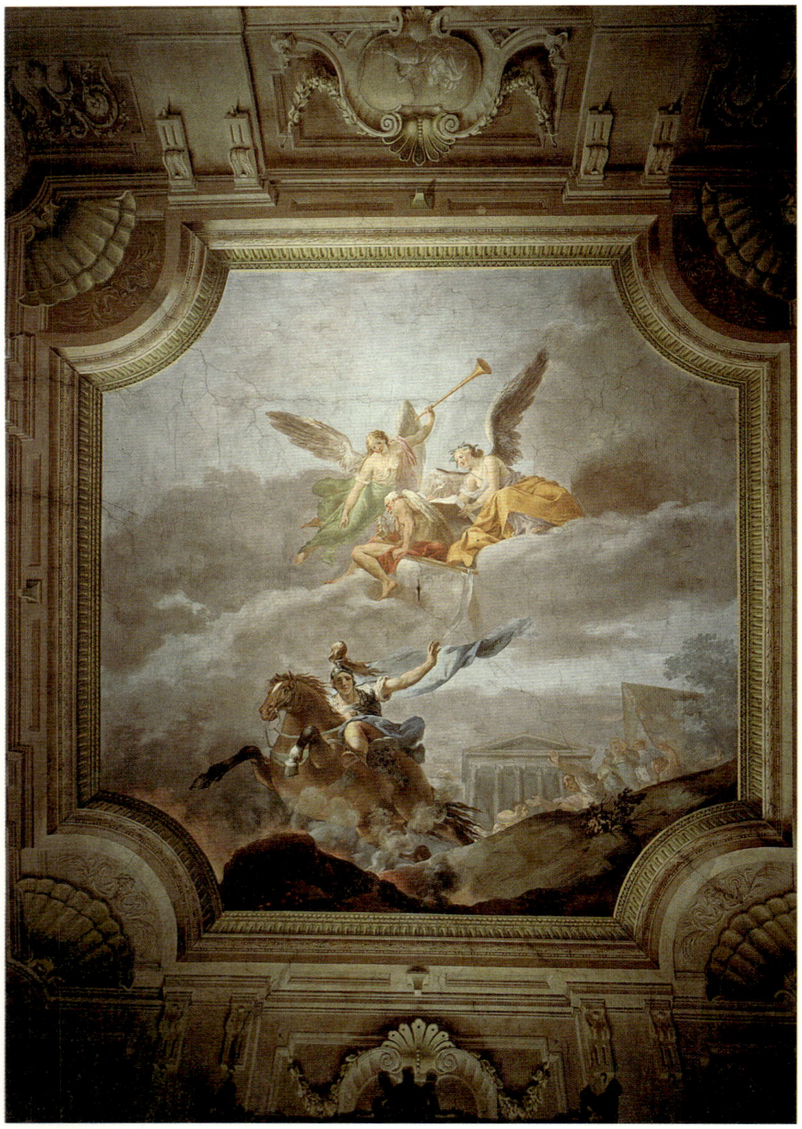

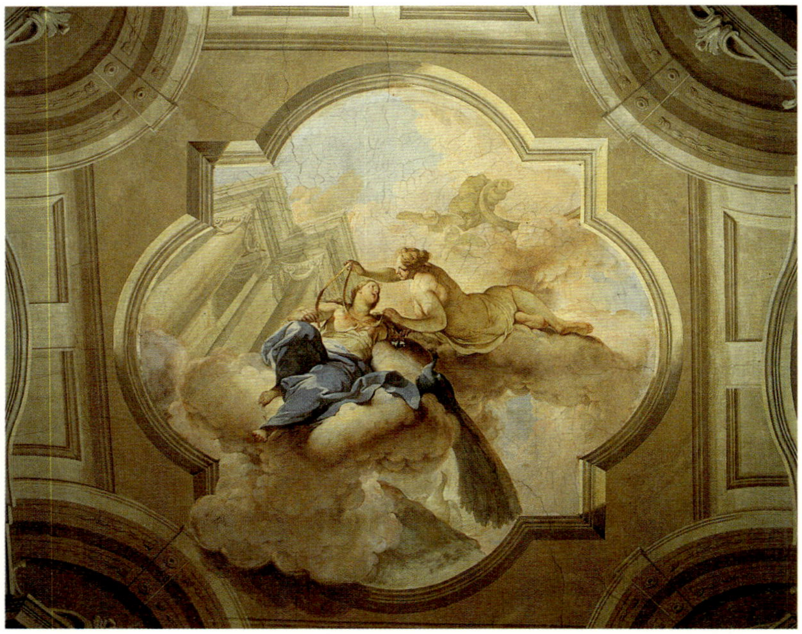

Straße aus praktisch nicht zu sehen, öffnet sich über dem Hauptgesims eine von einer Balustrade begrenzte Loggia, in der sich eine Zeitlang ein überdachter Garten befand; er wurde zugemauert und in eine Wohnung umgewandelt.

Zwei weitere kostbare Elemente des Palazzo Rucellai: eine Decke, auf der das Spiel mit der Perspektive mit dem klassizistischen Thema verschmilzt; und die Galerie von Pietro Anderlini, die Gian Domenico Ferretti 1756 mit einem mythologisch-allegorischen Gemälde schmückte.

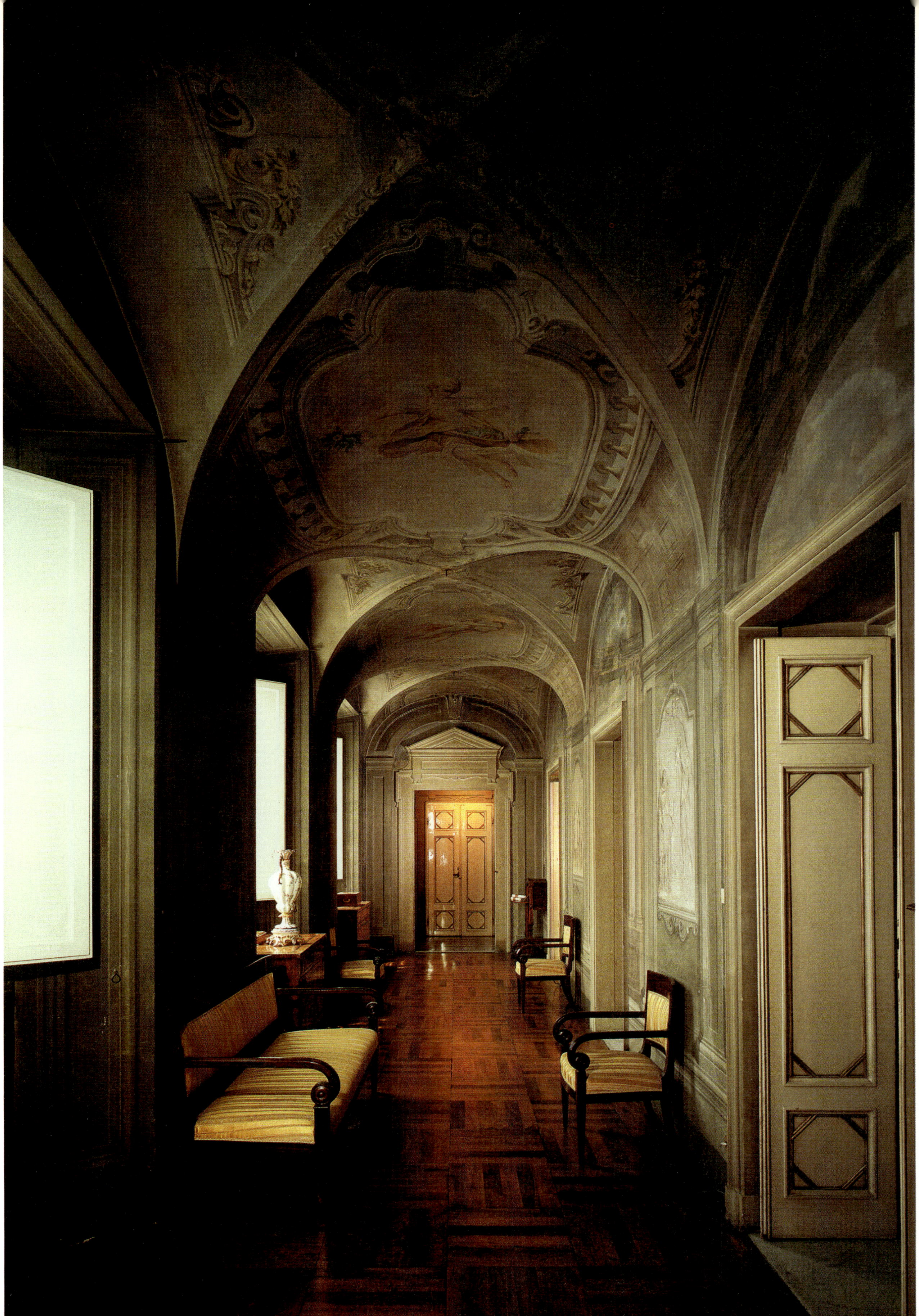

Palazzo Della Gherardesca

Im 15. Jahrhundert gab es einen Mann, Sohn eines einfachen Müllers, der vom Colle Val d'Elsa nach Florenz gekommen war, dort die ganze politische »Ochsentour« durchlaufen hatte und 1468 Sekretär der Republik Florenz und 1486 Gonfaloniere der Justiz geworden war. Aufgrund seiner schnellen Karriere und seiner großen Entschlossenheit zog sich dieser Mann, Bartolommeo Scala, die Kritik berühmter Persönlichkeiten zu, die ihm sogleich vorwarfen, daß er sich mit öffentlichen Geldern einen Palast nahe der Stadtmauern habe erbauen lassen.
Nachdem 1472 derselbe Scala auf Anweisung Lorenzo dei Medicis zahlreiche Grundstücke und Güter konfisziert hatte, die verschiedene religiöse Vereinigungen nahe der Stadtmauern besaßen und die die Ausbreitung der Stadt behinderten, gingen viele dieser Güter an Privatleute über, darunter ein Areal in der Nähe der Porta a Pinti, am Ende des gleichnamigen Borgo, das Bartolommeo Scala von den »Innocenti« erwarb, einer Institution, die sich um Waisen und ausgesetzte Kinder kümmerte.

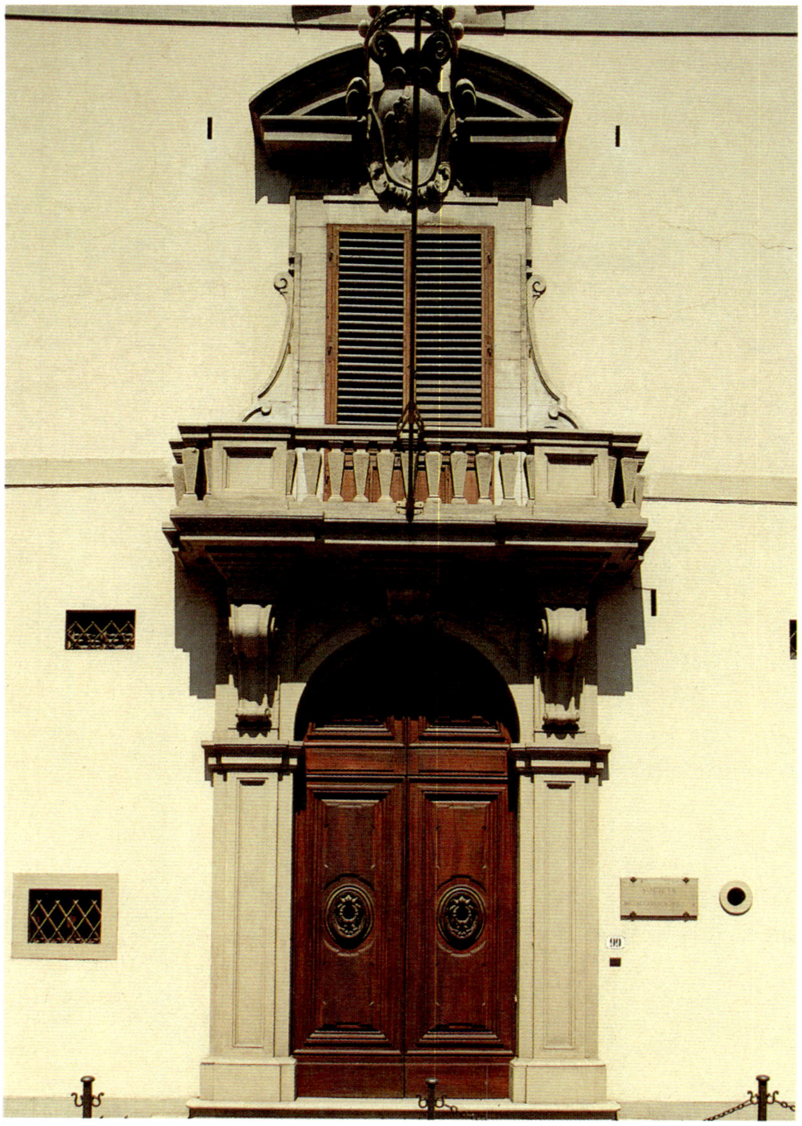

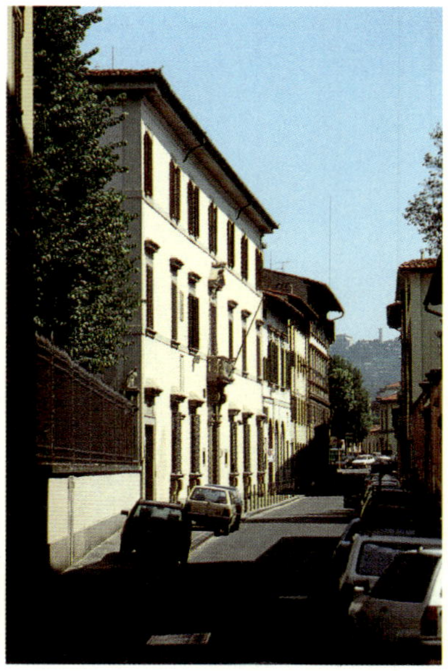

Am Borgo Pinti fällt die vom Architekten Antonio Ferri gebaute Fassade aus dem 18. Jahrhundert auf. Besonders hervorzuheben ist die Achse mit dem Tor, dem Balkon, dem großen Fenster und dem Familienwappen der Della Gherardesca.

Der weitläufige Garten, im 19. Jahrhundert von Graf Guido Alberto Della Gherardesca lange als Gemüsegarten genutzt, wurde im zeitgenössischen Stil der Romantik neu gestaltet.

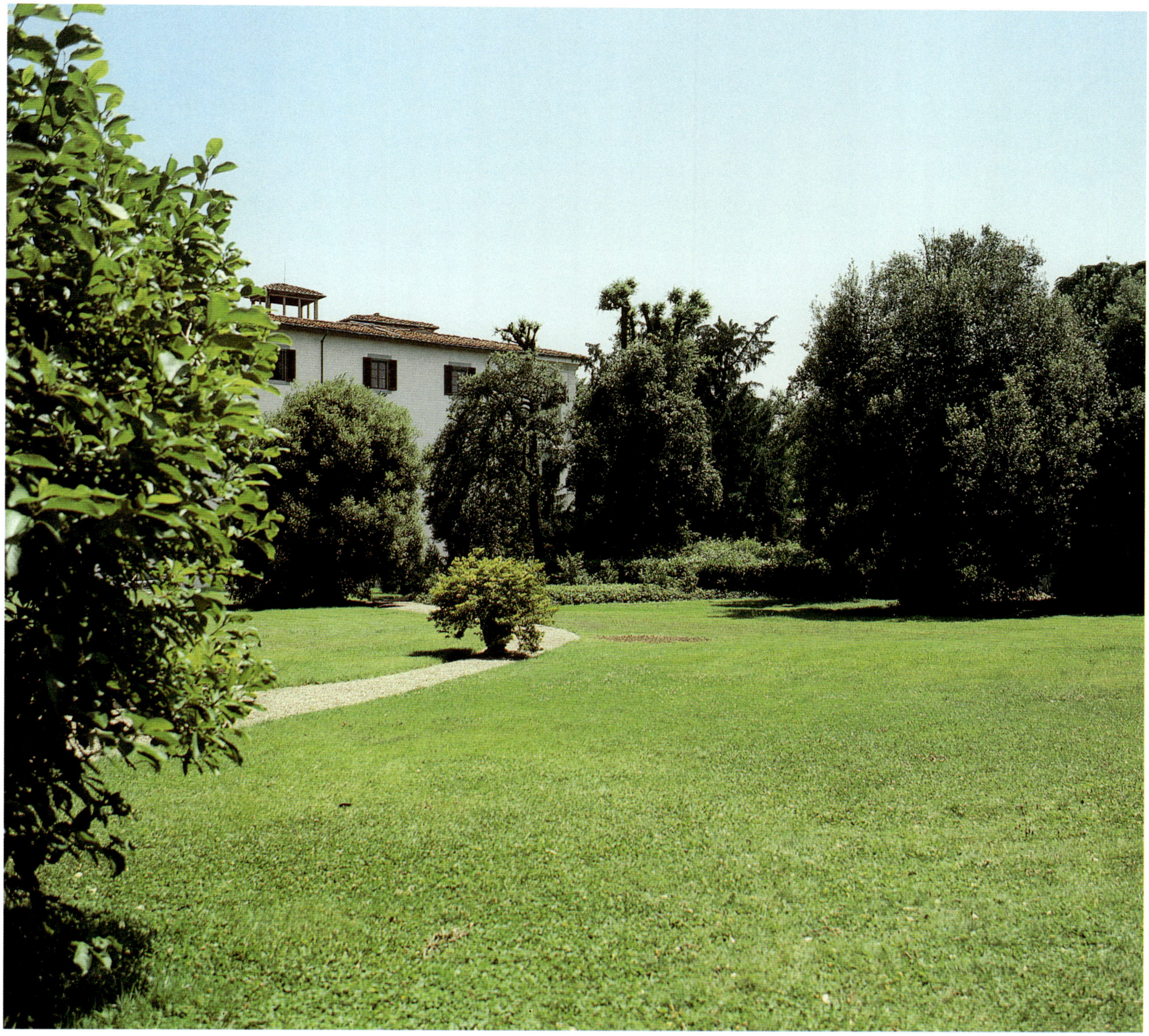

1480 entstand auf diesem Areal ein Palast, den Scala und seine Familie bewohnten.
Mit dem Bau war der Architekt Giuliano da Sangallo betraut, der aus den spärlich vorhandenen Bauten zwischen der Stadt und dem Land eine langgestreckte und lichtdurchflutete Wohnstätte im Grünen machen wollte; beredtes Beispiel dafür ist der Innenhof mit 12 großen Flachreliefs an allen vier Seiten, der in großzügige Arkaden und in niedrige Seitenmauern übergeht, so daß das Licht von oben ungehindert einfallen kann.
Die Scala vererbten den Palast und den angrenzenden Garten etwa ein Jahrhundert lang vom Vater auf den Sohn weiter, bis Giulio, dem das Schicksal nur drei Töchter, die alle ins Kloster gegangen waren, beschert hatte, verfügte, die rechtmäßigen Erben sollten nach seinem Tod das Gebäude und Nebengebäude an Kardinal Alessandro dei Medici verkaufen. Dies geschah im Jahr 1585.
Der neue Besitzer machte sich sogleich an die Instandhaltung und Verschönerung: Es entstanden Fresken in den Sälen, Ornamente und Dekorationen im Innenhof und ein Fenster zur Kapelle im Erdgeschoß, in der 1586/87 Stradano wirkte.
Als der Kardinal aber etwa zwanzig Jahre später, im Jahr 1605, als Papst Leo XI. Florenz endgültig verließ und nach Rom ging, gab er den Palast seiner Schwester

Drei weitere bezaubernde Gartenansichten mit dem Pavillon, wie er für diese Epoche typisch ist.
Die Marmorarbeiten besorgten im 19. Jahrhundert namhafte Künstler, von Giuseppe Cacialli bis Antonio Martini und Ottavio Giovannozzi.

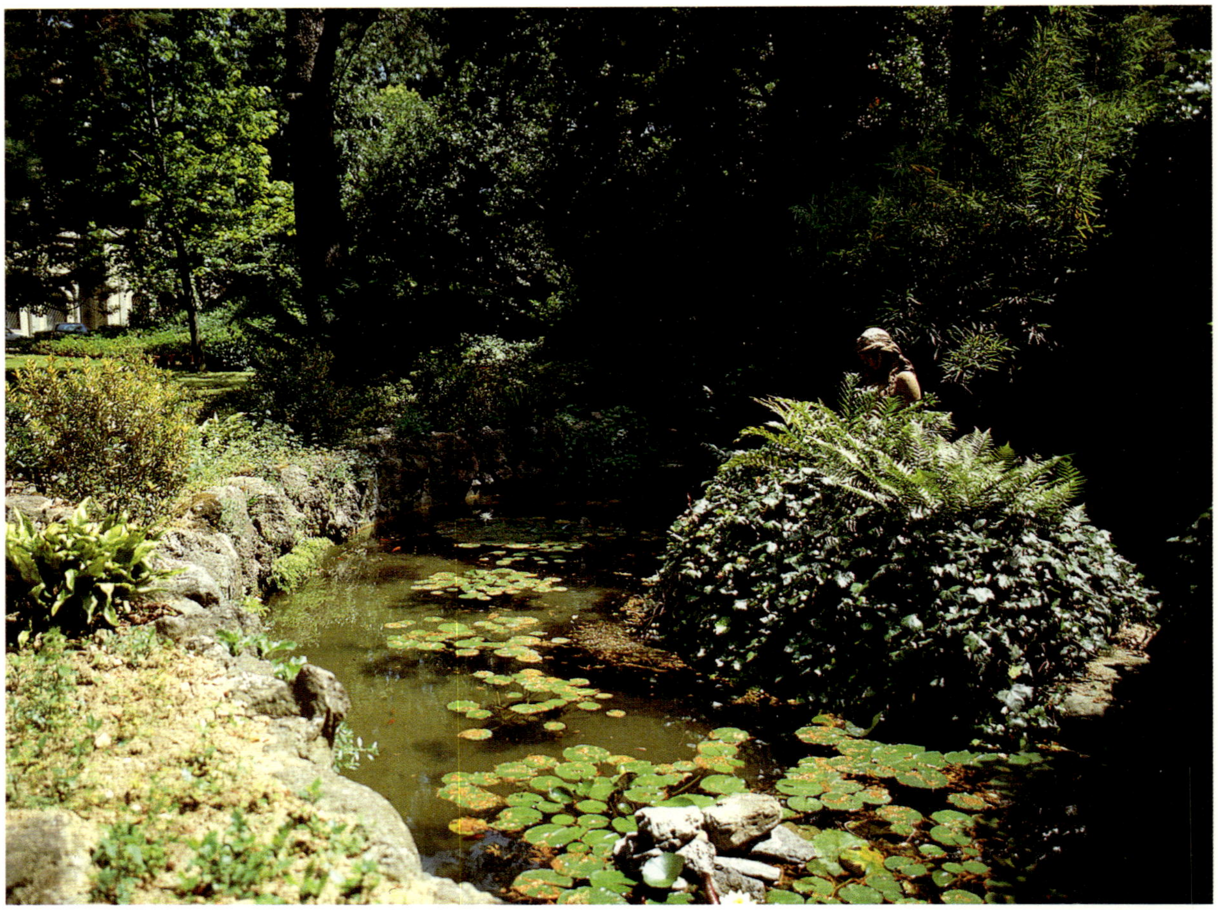

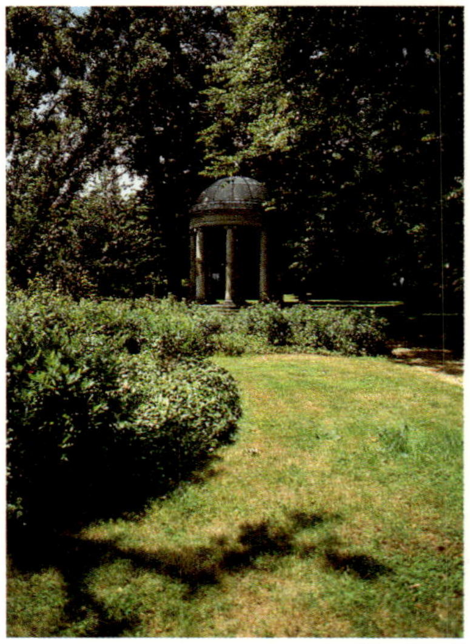

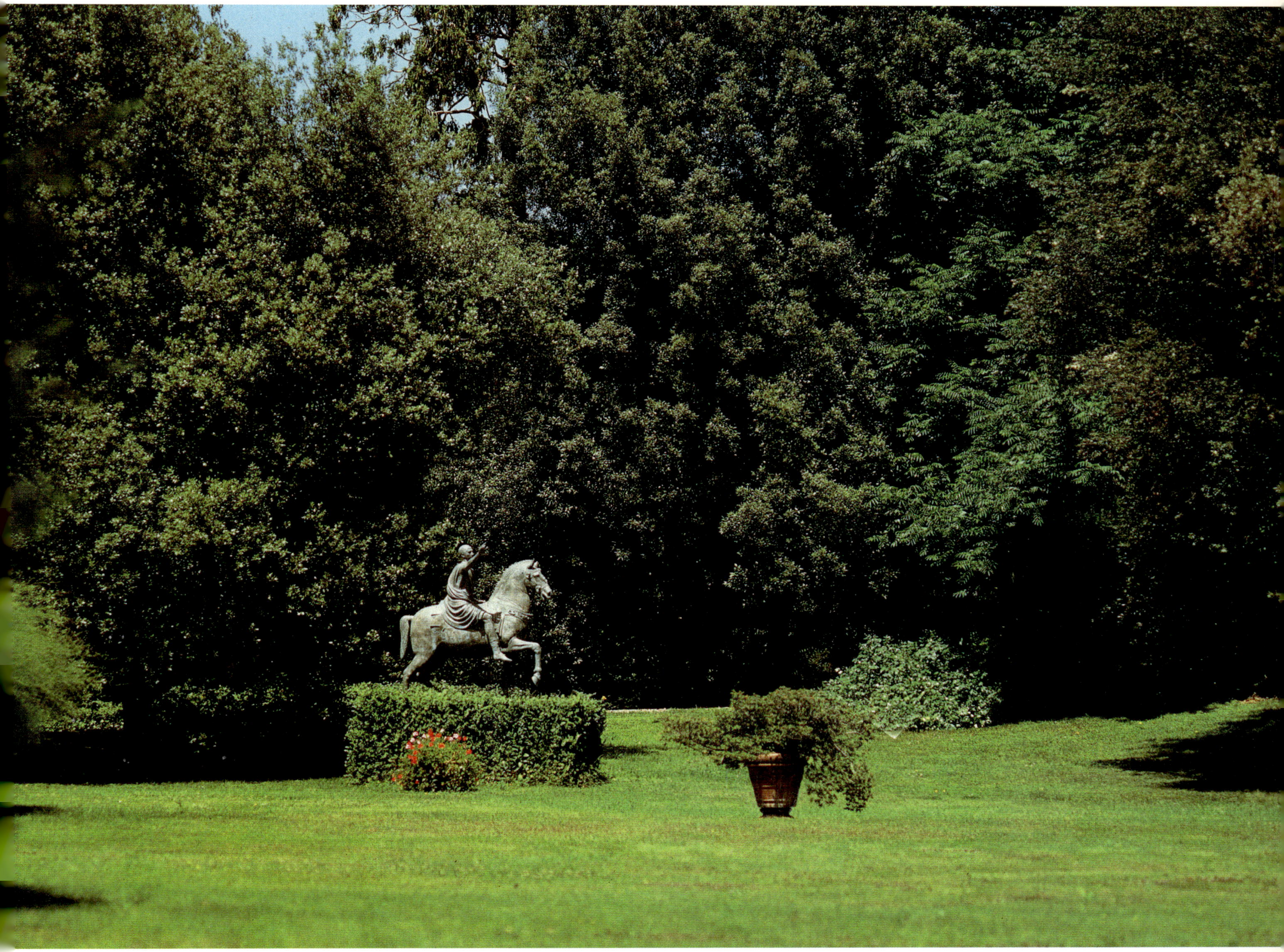

Constanza, der Frau des Ugo Della Gherardesca. Diese alte Grafenfamilie aus Donoratico, die seit langem Feudalbesitz an der Küste zwischen Pisa und la Maremma besaß, hatte sich in Florenz erst Mitte des 16. Jahrhunderts niedergelassen.
Der Palast am Borgo Pinti ist nicht nur benannt nach den Della Gherardesca, sondern verdankt ihnen auch sein Äußeres. Um 1720 nahm ein anderer Graf Ugo radikale bauliche Eingriffe vor: praktisch der ganze Palast bekam ein anderes Aussehen, nur der Innenhof aus dem 15. Jahrhundert blieb unverändert. Die Umgestaltung und Vereinheitlichung der Fassaden zur Straße und zum Garten hin besorgte der Architekt Antonio Ferri, der im Erdgeschoß mehr Fenster (im alten gab es nur zwei) einbauen wollte und zu beiden Seiten der Loggia zwei große massige Vorbauten setzte. Aus dem 18. Jahrhundert stammt auch das Tor mit Balkon und Wappen; die Fresken und den Stuck in den Sälen und der Galerie im ersten Stock führte Alessandro Geri aus.
Die Veränderungen am Garten erfolgten hingegen im 19. Jahrhundert: tatsächlich konnte man bis dahin nur den Teil dicht beim Palast als Garten bezeichnen, da die restlichen Grundstücke als Gemüsegärten dienten. Graf Guido Alberto ließ um 1820, dem Zeitgeschmack folgend, einen einzigen großen romantischen Garten mit dorischen und ionischen

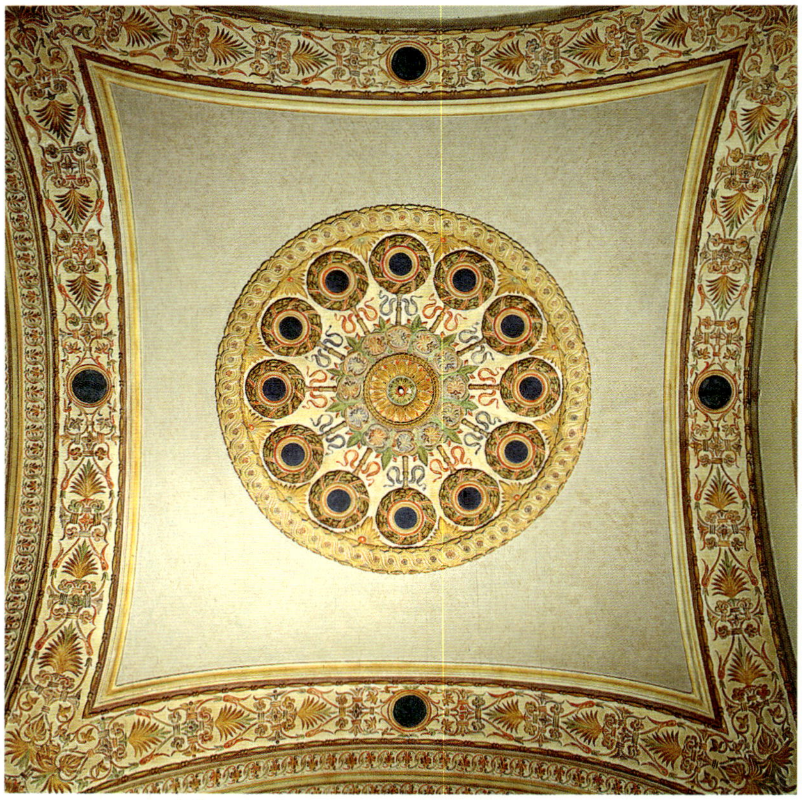

Ein wahres Juwel ist der Innenhof, ein Werk Giuliano da Sangallos, dessen Wände mit zwölf großen Flachreliefs aus Stuck zu klassisch-mythologischen Themen geschmückt sind. Beachtenswert: Die großen, massiven und niedrigen Pilaster (durch die nicht allzu große Höhe des Bauwerks fällt mehr Licht in den Innenhof); die Tonnengewölbe der Portiken, deren Decke – eine recht seltene Technik – mit einzeln eingesetzten Kassetten verziert ist; die große Rosette auf der Kappe, deren Rahmen dieselbe Farbe hat wie der übrige Dekor. Erst kürzlich wurde der Innenhof mit einem Glasdach geschlossen.

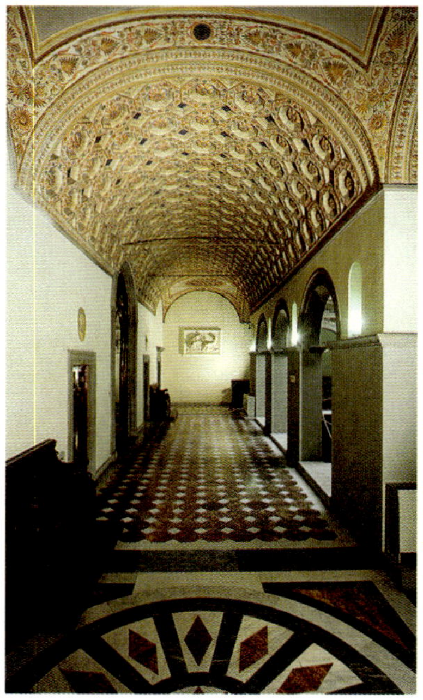

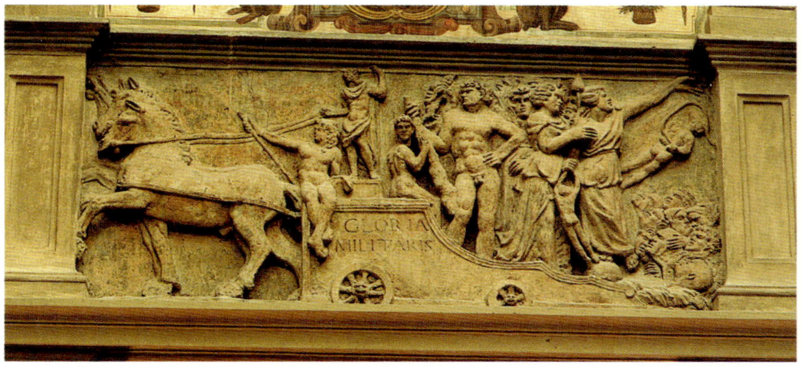
GLORIA
MILITARIS

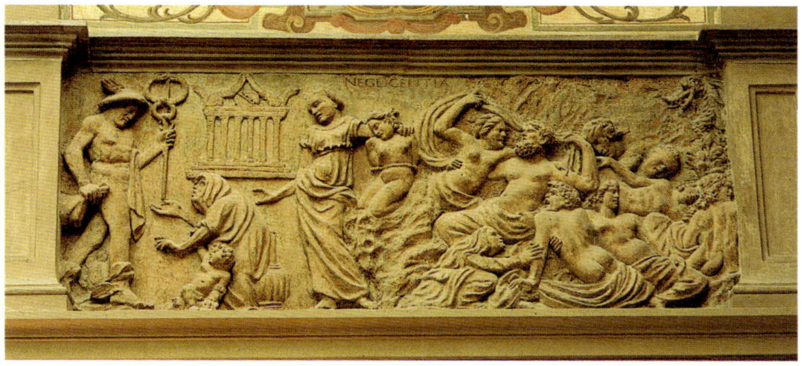

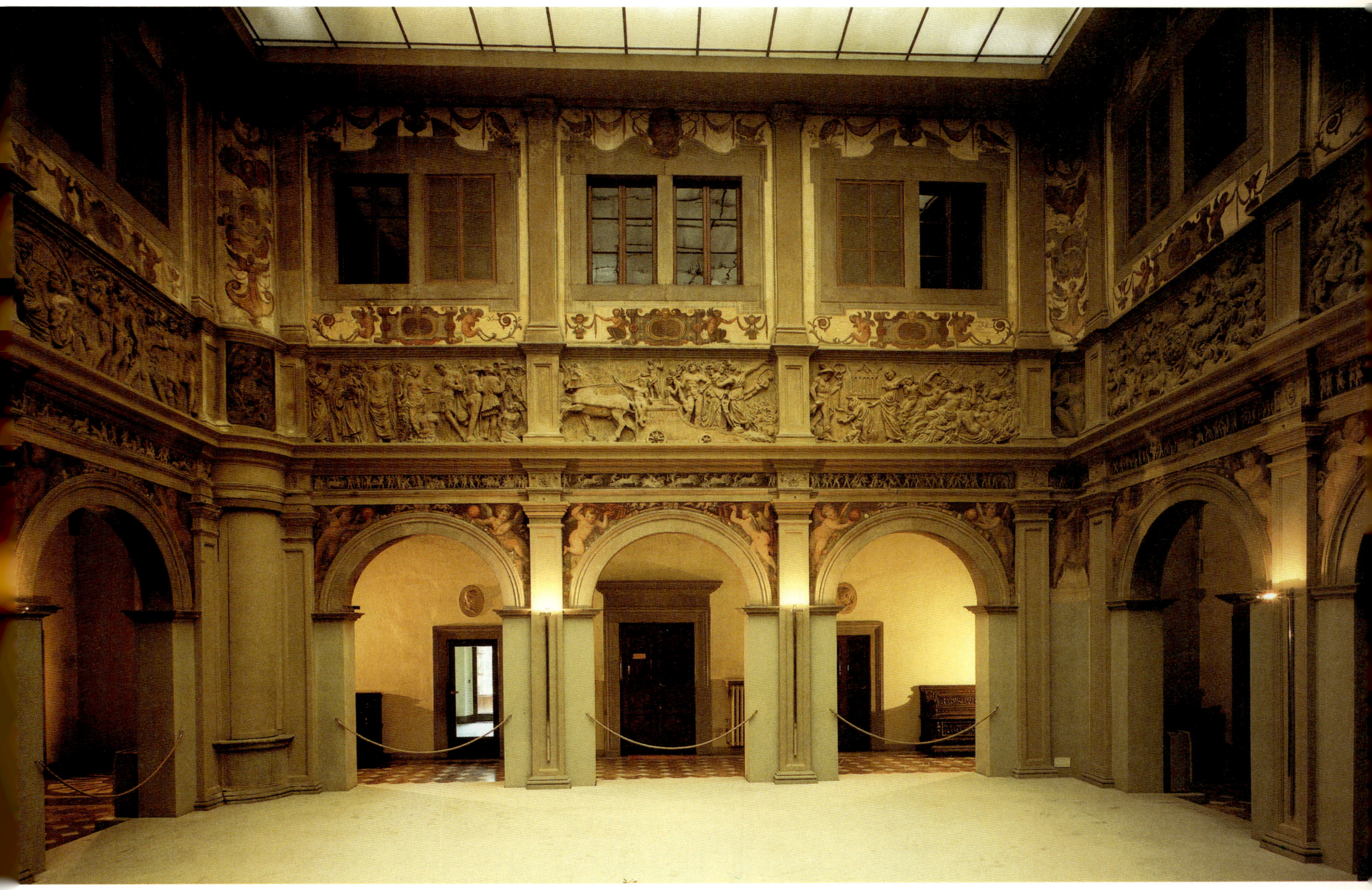

Tempelchen, mit kunstvoll angelegten schmalen Alleen und Wiesen und Statuen und kleinen Wäldchen anlegen. Diese Arbeiten übernahmen Giuseppe Cacialli, Antonio Marini und Ottavio Giovanozzi.
Ein halbes Jahrhundert später mußte ein anderer Della Gherardesca, Graf Ugolino, mit ansehen, wie die Stadtmauern eingerissen wurden und der Viale Principe Amedeo entstand, der im Norden genau am Garten entlang verlaufen sollte. Er ließ daher von dem Architekten Giuseppe Poggi das monumentale Gittertor und die Gebäude entwerfen und bauen, die noch heute den Garten auf dieser Seite begrenzen.
Von den Erben des Grafen Ugolino wurde der Komplex am Borgo Pinti an Ismail Pascha, den ehemaligen Vizekönig von Ägypten, vererbt, der ihn wiederum an die Società delle Strade Ferrate Meridionali und später, 1940, an den heutigen Besitzer, die Società Metallurgica Italiana, weitergab. Sie hat den Innenhof und die Räume im Erdgeschoß und im ersten Stock gründlich restauriert, und diese gehören zusammen mit dem angrenzenden üppigen Garten noch heute zu den prächtigsten Gebäudekomplexen in Florenz.

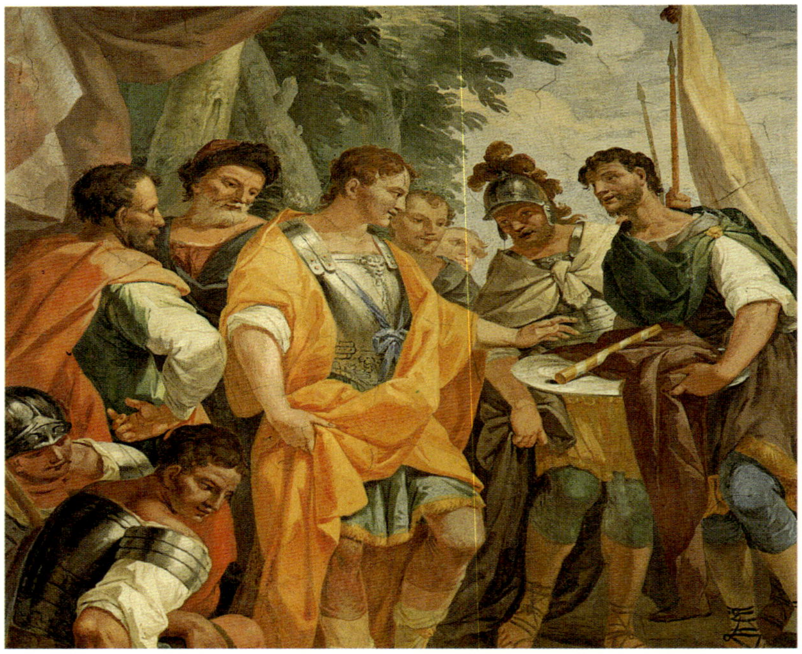

Besonders prächtig ist der mittlere Salon des ersten Stocks; herausragend: ein Globus von Coronelli. Die Wand- und Deckendekoration stammt aus dem 18. Jahrhundert und besteht aus sechs kleinen, in ovale Sopraporten und drei großen, in Stuckrahmen eingelassenen Gemälden sowie einer kunstvoll vergoldeten Kassettendecke. Die drei großen Gemälde stellen bekannte Ereignisse aus der Familiengeschichte der Della Gherardesca dar und werden Ferretti, Meucci und Soderini zugeschrieben (links ein Ausschnitt aus Soderinis Gemälde: »Die Berufung von Gaddo in die Regierung von Pisa im Jahr 1330«).

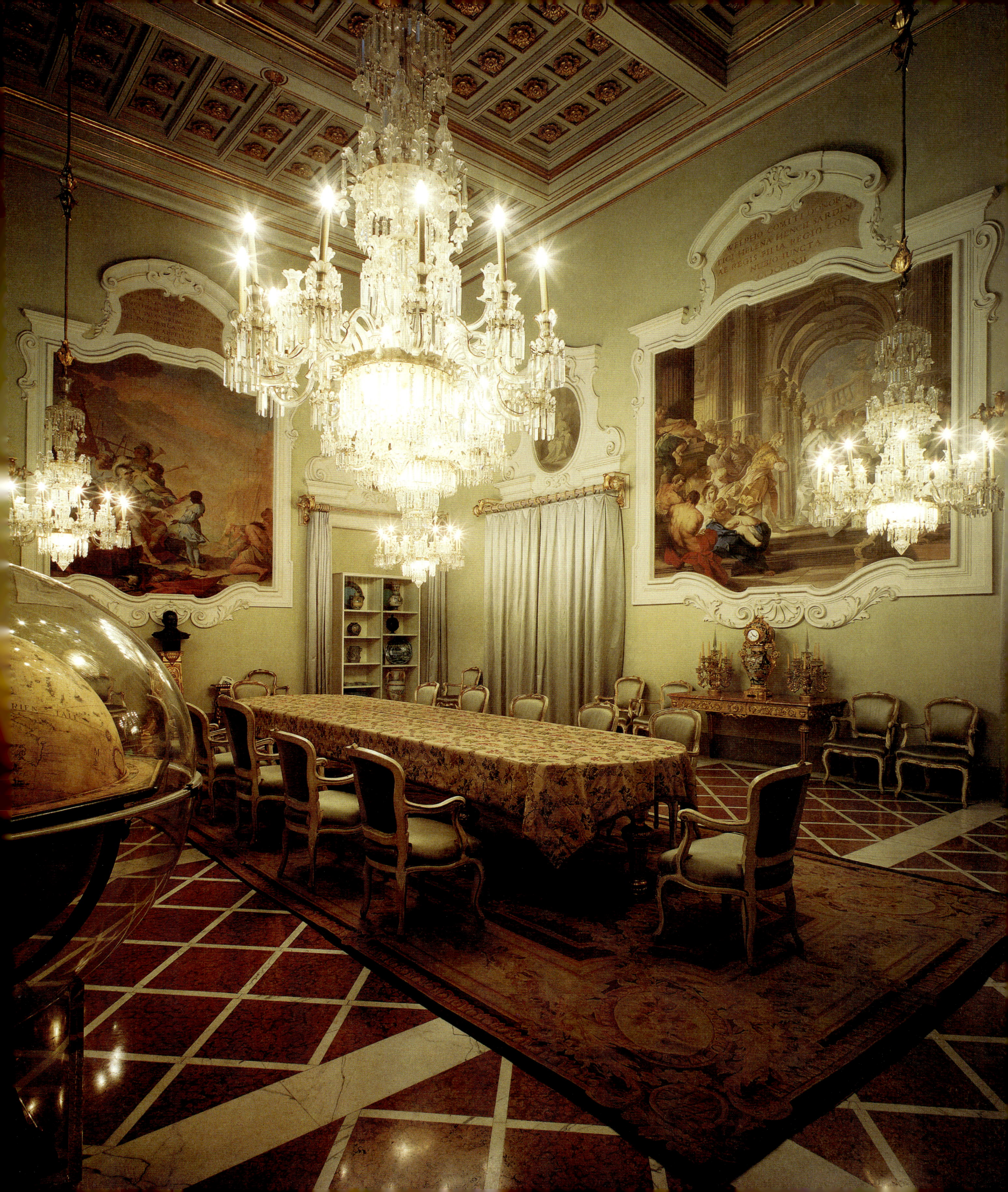

Palazzo Gondi

Nur wenigen ist vielleicht bekannt, daß das deutlich sichtbare Gefälle in einem ansonsten flachen Gelände an den Seiten des Palazzo Vecchio an der Via della Ninna und der Via dei Gondi von den Stufen des römischen Theaters herrührt, das hier einst stand und auf dessen Fundamenten alle späteren Gebäude errichtet wurden. Zu ihnen zählt auch der Palast an der Piazza San Firenze, den Giuliano da Sangallo Ende des 15. Jahrhunderts im Auftrag Giuliano di Lionardo Gondis erbaute. Dieser Kaufmann hatte es in Neapel zu Reichtum gebracht und sich auch die Achtung von König Ferdinand von Aragon erworben. Deshalb sprach ihm Alfonso, der Sohn Ferdinands und neuer König, bei seiner Rückkehr nach Florenz den Herzogtitel zu.
In Neapel hatte Gondi Sangallo kennengelernt, der dort im Dienste der Aragonier stand, und ihn beauftragte er 1489, einen Palast für seine Familie zu bauen. Die Gondi besaßen viele Häuser im Viertel Santa Maria Novella, aber ein Großteil ihrer Warenhäuser lag in der Gegend von Santa Croce. Genau dort erwarb Herzog

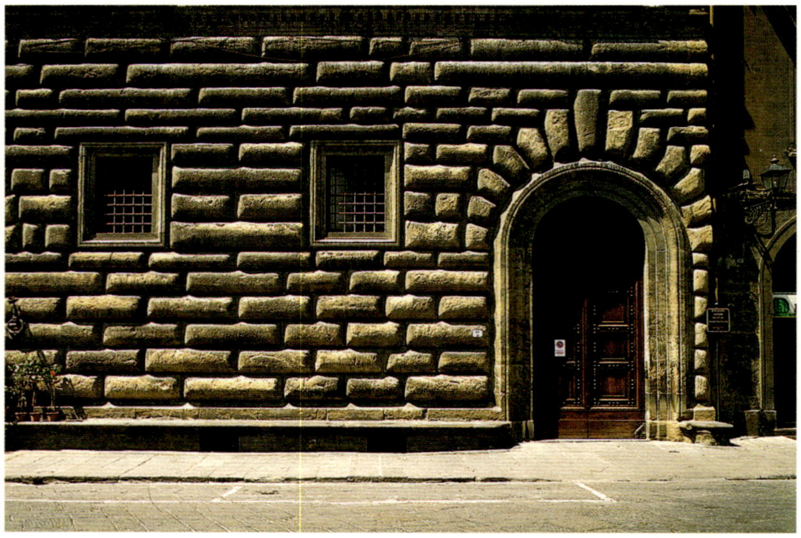

Der große Palast Ecke Via dei Gondi und Piazza San Firenze erscheint heute, als Ergebnis des Umbaus durch Giuseppe Poggi in der zweiten Hälfte des 19. Jahrhunderts, größer als er früher war, als die einheitliche Fassade an der Via dei Gondi praktisch noch nicht existierte und er auf der Seite zur Piazza hin nur sechs Fensterachsen aufwies. An der Ecke hebt sich das Adelswappen der Gondi von dem regelmäßigen Bossenwerk ab. Etwas erhöht, über der Dachtraufe, eine anmutige kleine Loggia mit schöner Aussicht.

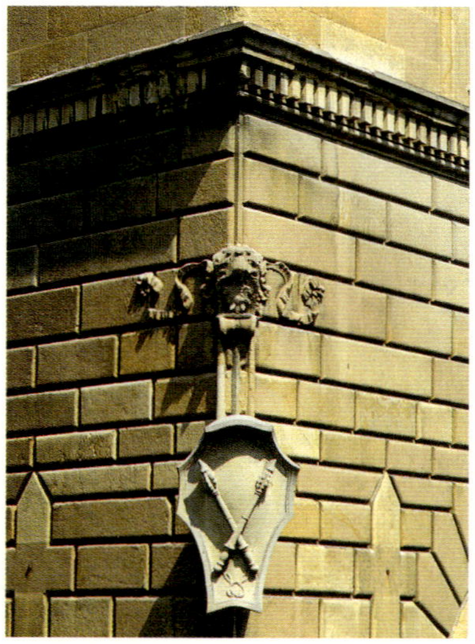

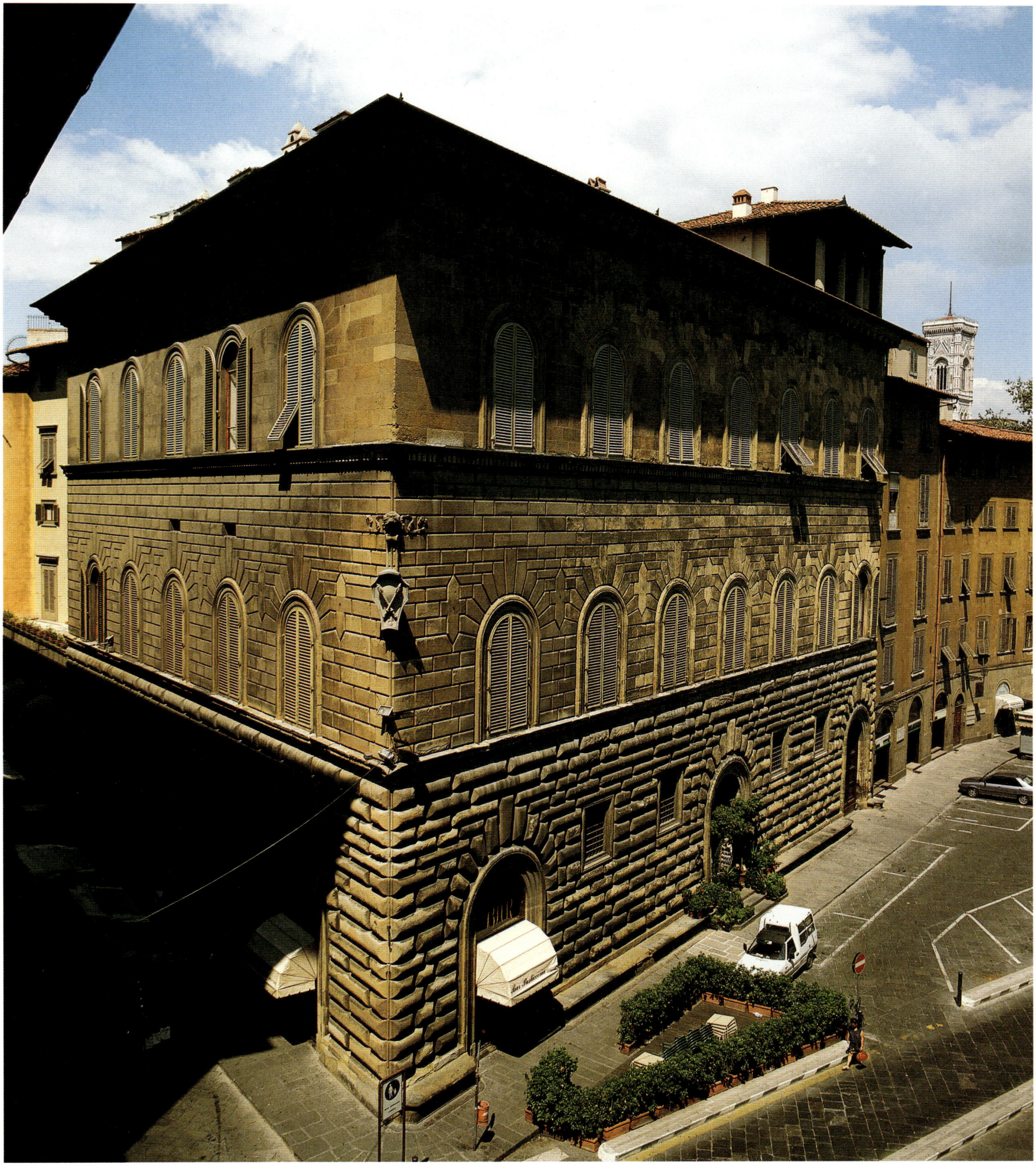

Giuliano neue Häuser von der Gemeinde, von den Zünften und der Familie Giugni, ließ sie abreißen und schuf so Platz für seine eigene Wohnstatt. Der neue Bau war aber kleiner als der, der heute zu sehen ist: Er war in sechs auf zwei Stockwerke verteilte Achsen mit Fenstern gegliedert, hatte zwei Türen, eine in der ersten Achse rechts, die andere in der vierten. Aus dem Testament des 1501 verstorbenen Giuliano Gondi geht hervor, daß er zu jener Zeit mit seiner Familie bereits in der neuen Residenz wohnte, der Bau aber noch nicht abgeschlossen war: die Erben mußten sich nämlich verpflichten, die Vollendung weiterzuführen und zu finanzieren. Es bleibt unklar, was mit dieser Vollendung gemeint war. Manche Historiker vermuten, daß das Gebäude zum Palazzo Vecchio hin verlängert werden und die anderen Häuser, die Gondi auf diesem Areal bereits besaß, mit einbeziehen sollte. Andere wiederum meinen, daß es auf der anderen Seite, zur Via Condotta hin, durch drei weitere Fensterachsen verlängert werden sollte, damit die beiden Türen in die Mitte rückten und das Ganze nicht mehr so asymmetrisch wirkte. Wie dem auch sei, diese Verlängerung wurde nicht verwirklicht, und die Fassade erregte weiterhin vor allem wegen ihres feinen Bossenwerks Aufmerksamkeit. Nicht weniger Bewunderung fanden aber die Dachterrasse mit Balkon auf dem Kranz-

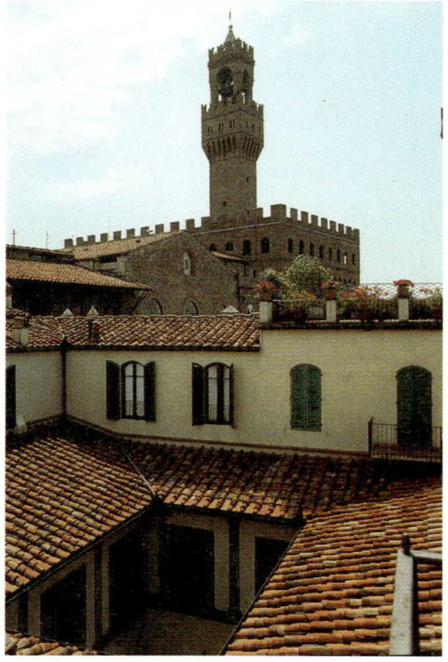

Die Wohnung des Hausherrn liegt jetzt im dritten Stock. Von dort aus sieht man, verblüffend nah, den Palazzo Vecchio.

Das regelmäßige Bossenwerk stammte ursprünglich von Giuliano da Sangallo und wurde später von Poggi wieder übernommen. Original sind auch die quadratischen Fenster der Lager- und Arbeitsräume im Erdgeschoß.

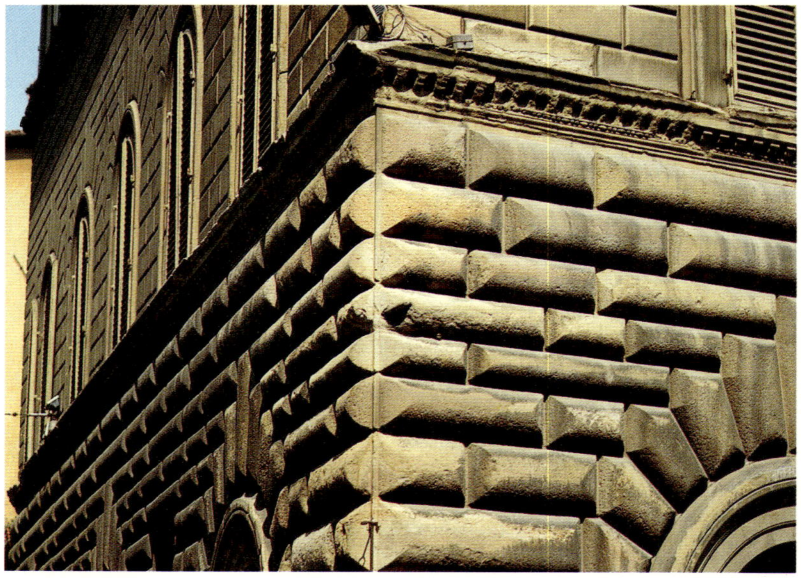

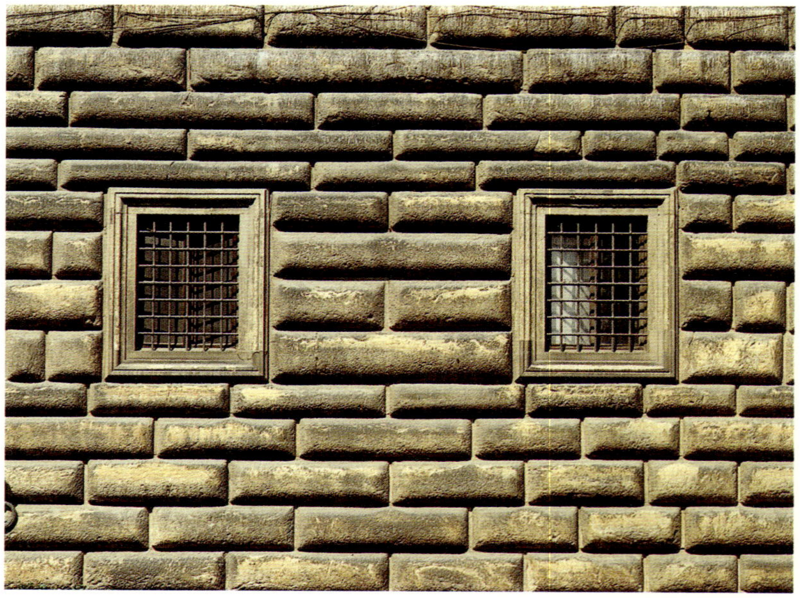

Von der ursprünglich schon vorhandenen, aber in späterer Zeit umgebauten kleinen Dachloggia aus kann man nach allen Seiten das Panorama von Florenz genießen. Ganz nah erscheinen die Türme und die zinnenbewehrte Brüstung des Bargello und, durch ein kleines Fenster, die Kuppel von Santa Maria del Fiore.

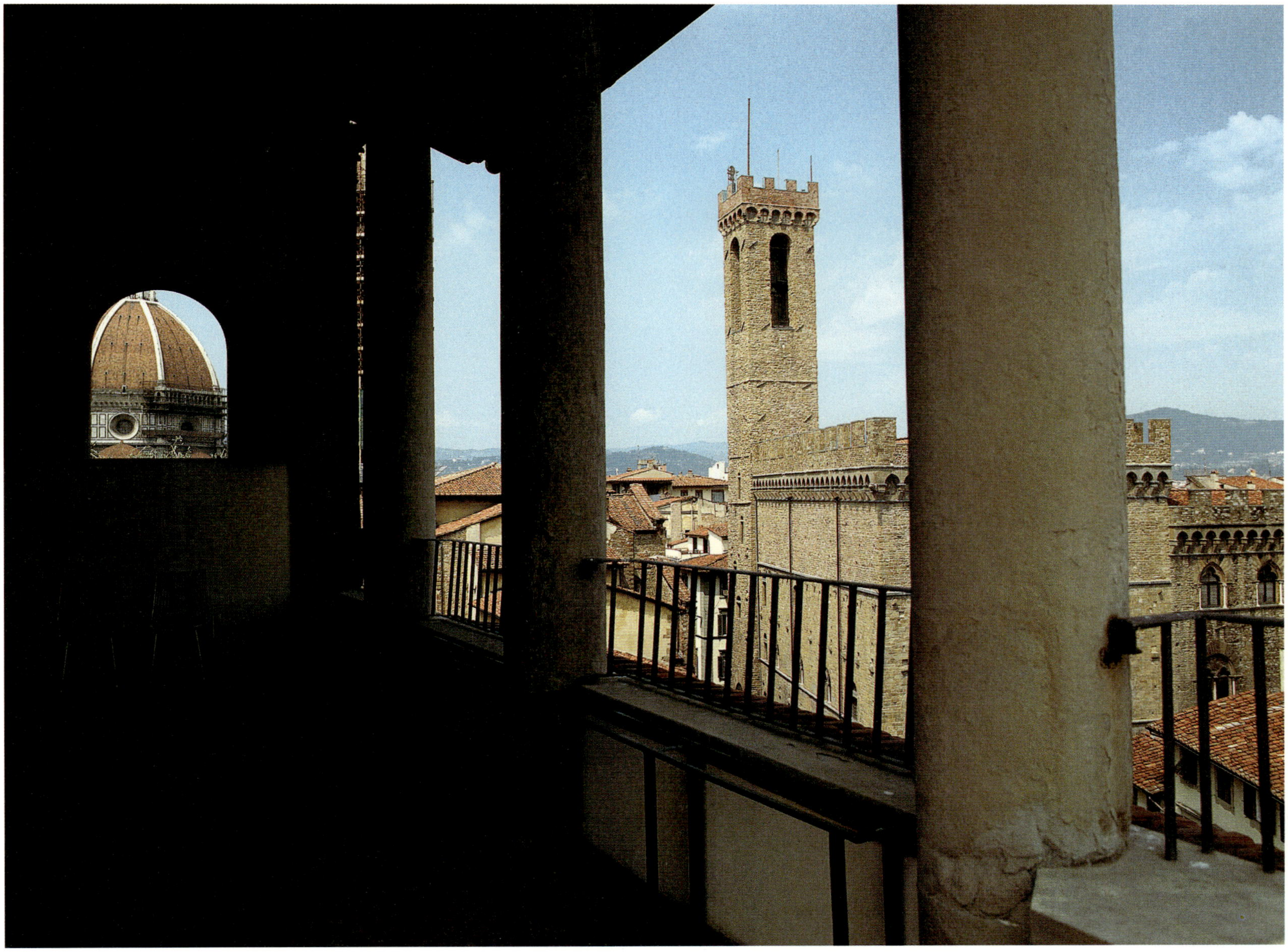

gesims, die den Palast nach oben hin abschließen sollte, und vor allem der wunderschöne Innenhof, eine der wertvollsten Arbeiten Sangallos. Seine geometrische Vollkommenheit und die geschmackvolle Linearität der Formen gipfeln in der harmonischen Treppe, die überreich mit behauenen Steinen verziert ist. Zwischen dem 16. und dem 17. Jahrhundert kam die Familie Gondi sowohl in Florenz als auch außerhalb immer mehr zu Ansehen: einige der Gondis wurden Senatoren, andere, die nach Frankreich übergesiedelt waren, wurden Herzöge von Retz und förderten die Verbindungen zwischen ihren italienischen Blutsverwandten und Paris, wohin einige als Botschafter gesandt wurden. Nur der Palast blieb unverändert, mit Ausnahme eines anmutigen Springbrunnens, der 1652 auf Wunsch eines anderen Giuliano Gondi in den Innenhof gesetzt wurde, als dessen künstlerische Vollendung. Ein wichtiger Wendepunkt kam 1686, als die beiden Söhne des Amerigo Gondi, Vincenzio und Angelo, den Besitz erbten. Sie beauftragten den Architekten Antonio Ferri, den gesamten Palastteil hinter dem Innenhof neu zu strukturieren: so entstanden die Stallungen und eine Reihe von Zimmern – entsprechend ausgeschmückt und mit Fresken berühmter Künstler, von Matteo Bonechi bis Lorenzo del Moro versehen –, darunter ein

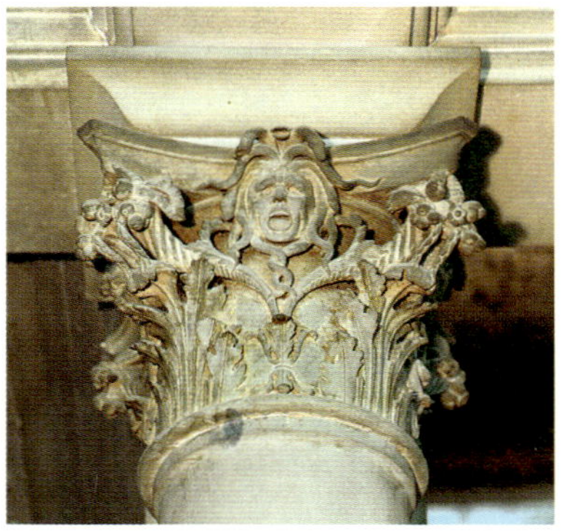

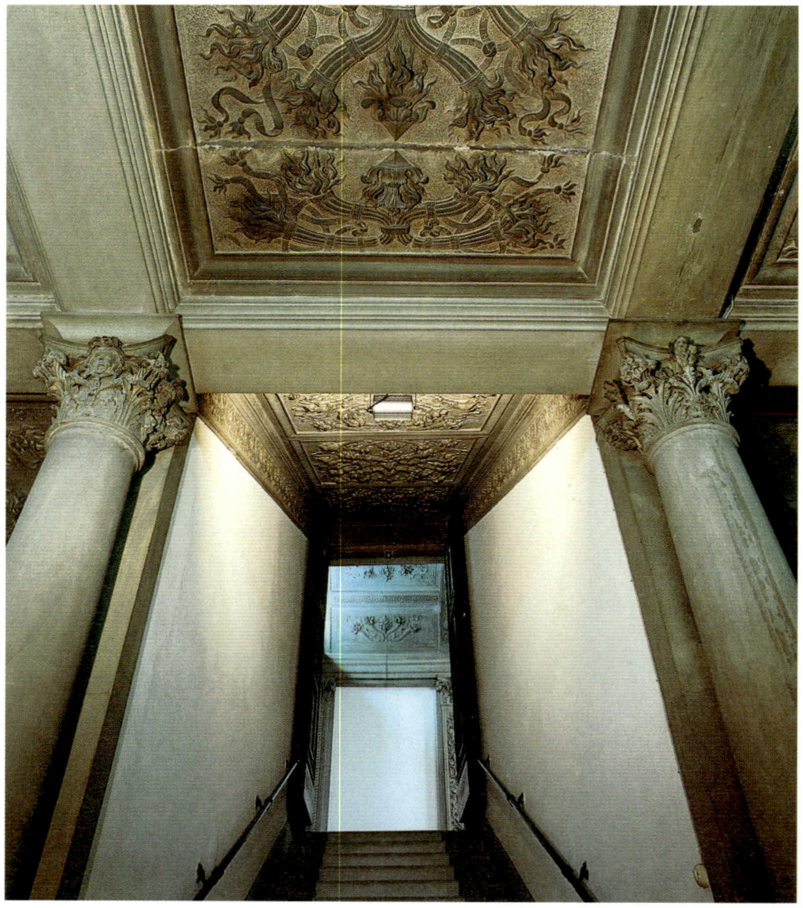

Der hohe, schlichte Innenhof des Palazzo Gondi mit den runden, wie Augen wirkenden Maueröffnungen, seinen umrahmten Fenstern und den steinernen Verzierungen im obersten Stock (wie es das von unten aufgenommene perspektivische Foto zeigt) gehört sicher zu den Meisterwerken Giuliano da Sangallos. Original ist die harmonische Treppe in den ersten Stock hinauf mit Verzierungen aus behauenem Stein, die sich auch an der Decke des Treppenhauses fortsetzen.
Die Säulenkapitelle im Innenhof und im Treppenhaus weisen dieselben stilisierten und grotesken Blätter auf, die ihnen Stabilität und Eleganz verleihen.

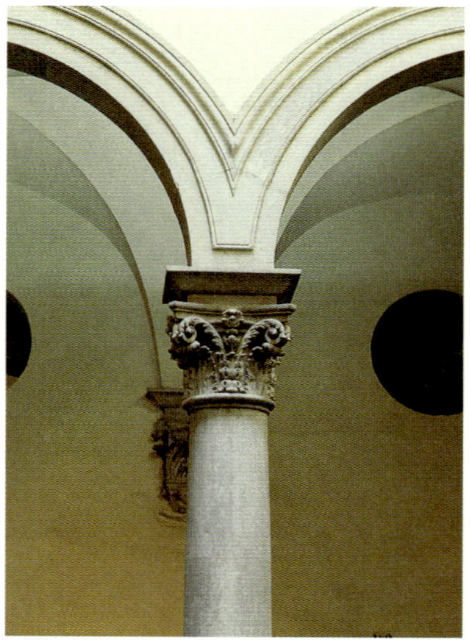

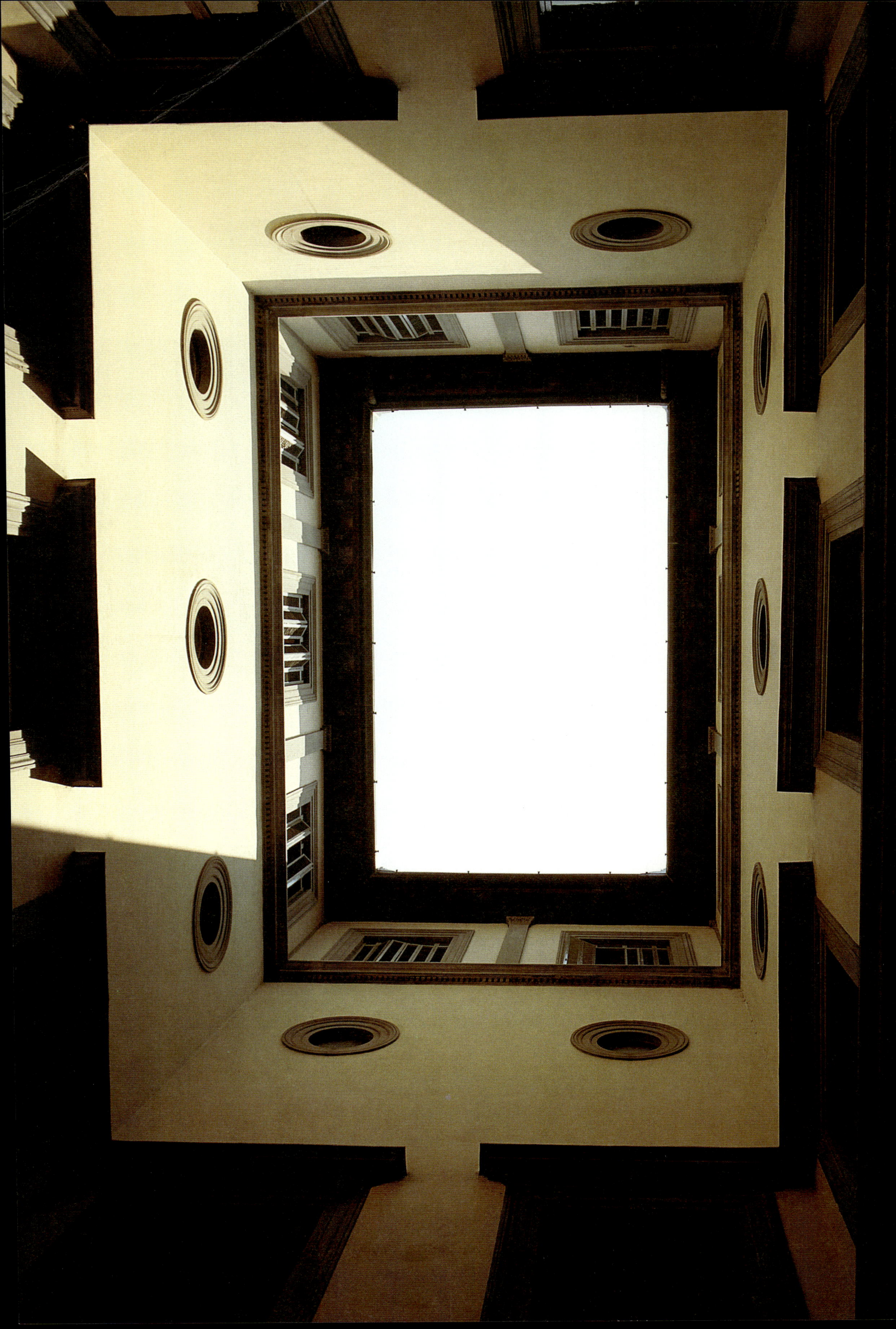

prachtvoller Alkoven für die Hochzeit von Angelo mit Elisabetta Cerretani. Erst zwei Jahrhunderte später entdeckte man spätere (aber einschneidende) bauliche Eingriffe, denn 1870 wurde im Zuge der allgemeinen städtischen Neuordnung des Zentrums von Florenz die enge Via dei Gondi längs des Palazzo Vecchio verbreitert, wobei man die kleinen Besitzungen der Familie auf diesem Areal beschlagnahmte und abreißen ließ. Der Markgraf Eugenio nutzte die Gelegenheit und ließ von dem Architekten Poggi den letzten Willen seines Ahnen Giuliano, nämlich die Vollendung des Palastes, in die Tat umsetzen. Poggi führte den Auftrag perfekt aus: er fügte der Fassade auf der Südseite eine Fensterachse an und bezog damit auch jene Tür mit ein, die dem Bauwerk eine perfekte Symmetrie verleiht; in der Via dei Gondi errichtete er aus den Steinen der Steinbrüche von Monteripaldi und Altomena eine fünfachsige Fassade und drei Türen, die gut zu denen von Sangallo paßten; innen baute er eine Treppe, die vom Torweg, der Durchfahrt der Kutschen, direkt in den ersten Stock führte, und verlieh dem Palast seine heutige Gestalt.
Nach ihm nutzte in diesem Jahrhundert nur der Architekt Emilio Dori die Zimmer im ersten und zweiten Stock als Büros und zu Studien. Im dritten Stock, wo ursprünglich Ankleideräume und Mansarden vorgesehen waren, wurde die Wohnung des Hausherrn eingerichtet, zu der auch eine wunderschöne kleine Loggia gehörte. An diese baute man mehrere Terrassen an, die noch heute die Wohnung zu einem der schönsten Aussichtspunkte über die ganze Stadt machen.

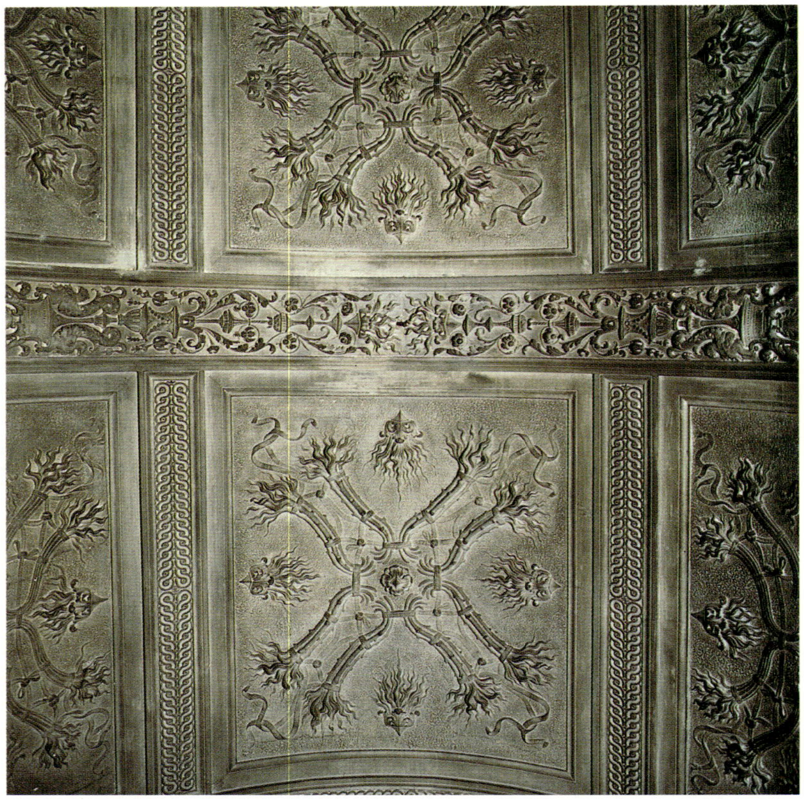

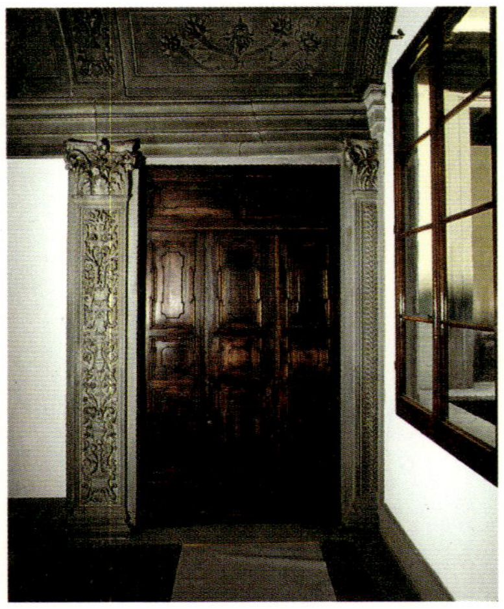

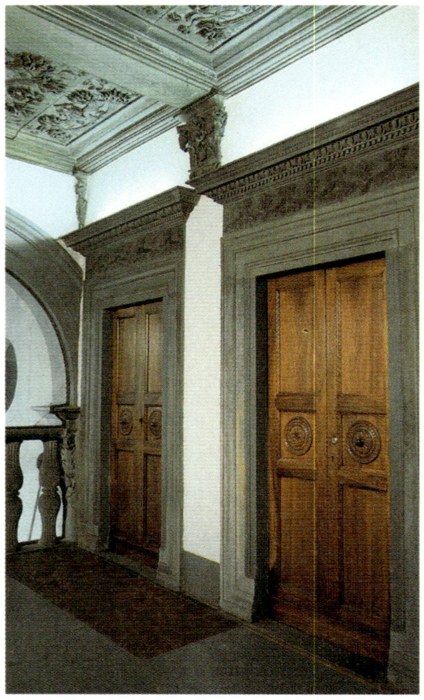

In mehreren Räumen des Palastes trifft man auf steinerne Dekorationen und Verzierungen mit grotesken Figuren und sehr kunstvoll ausgeführten floralen Motiven, wie bei diesen Türrahmen auf den Treppenabsätzen.

Im großen Salon im heute unbewohnten ersten Stock ist noch ein imposanter Kamin aus dem 16. Jahrhundert mit einem großen Flachrelief erhalten. Darauf ist zwischen Reliefsäulchen und den Wappen der Gondi und der mit ihnen verschwägerten Familien ganz detailliert und ausgesprochen plastisch der Hofstaat des Gottes Neptun abgebildet.

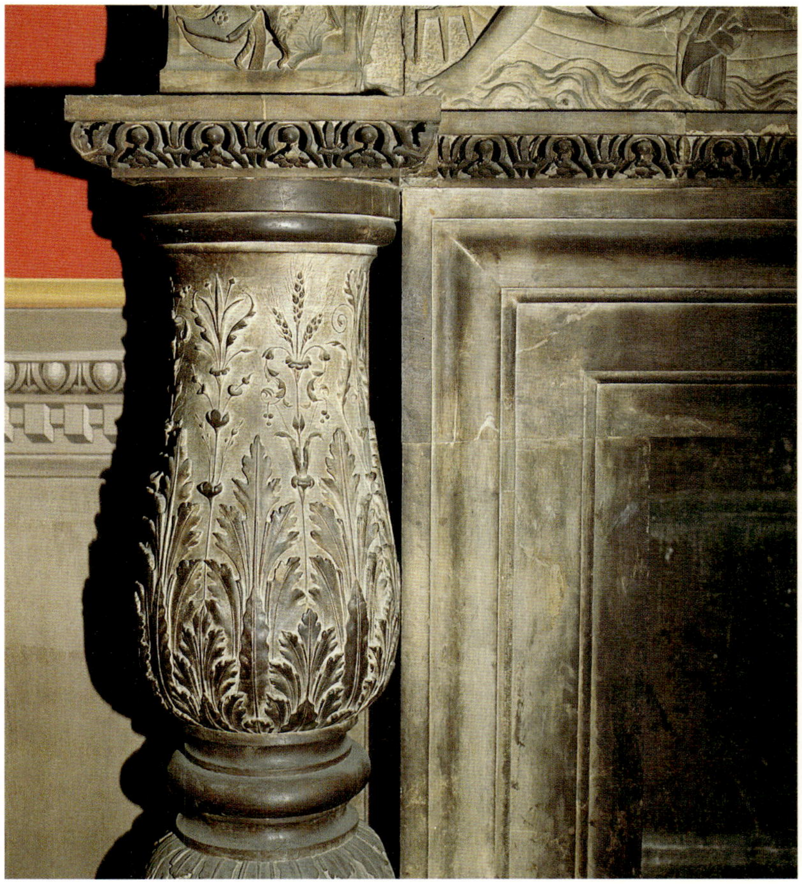
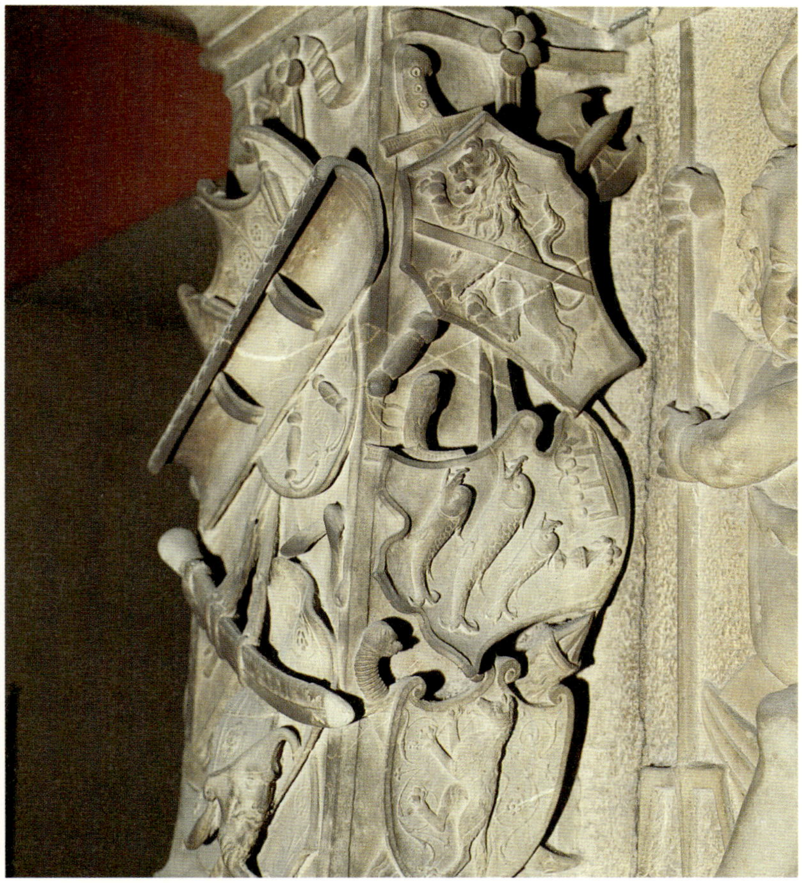
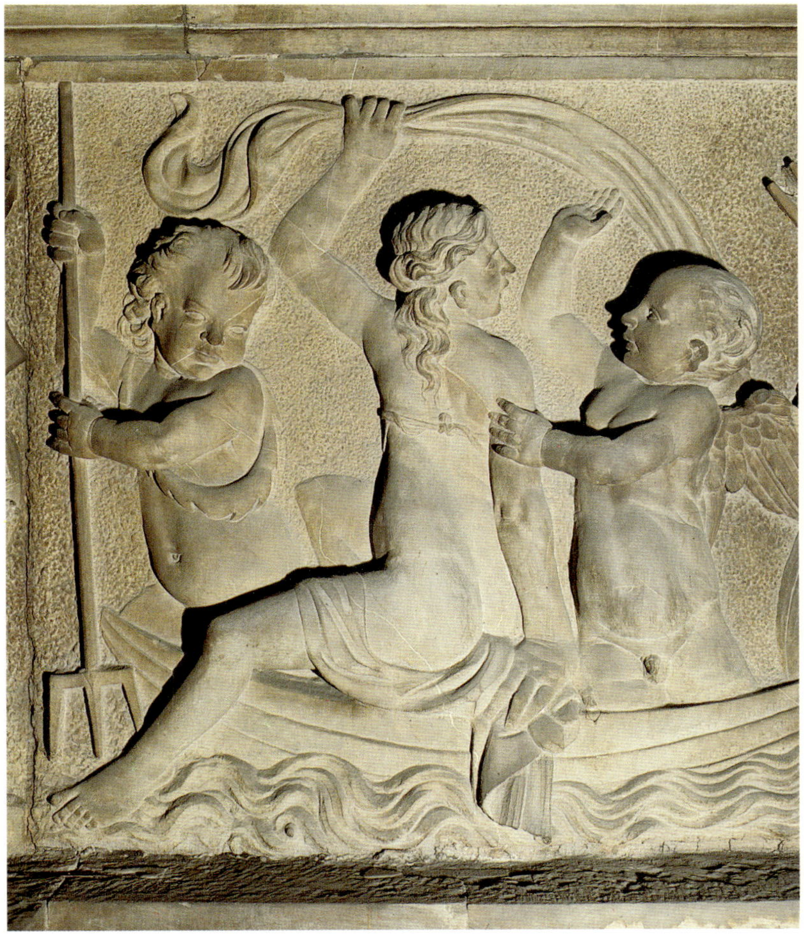
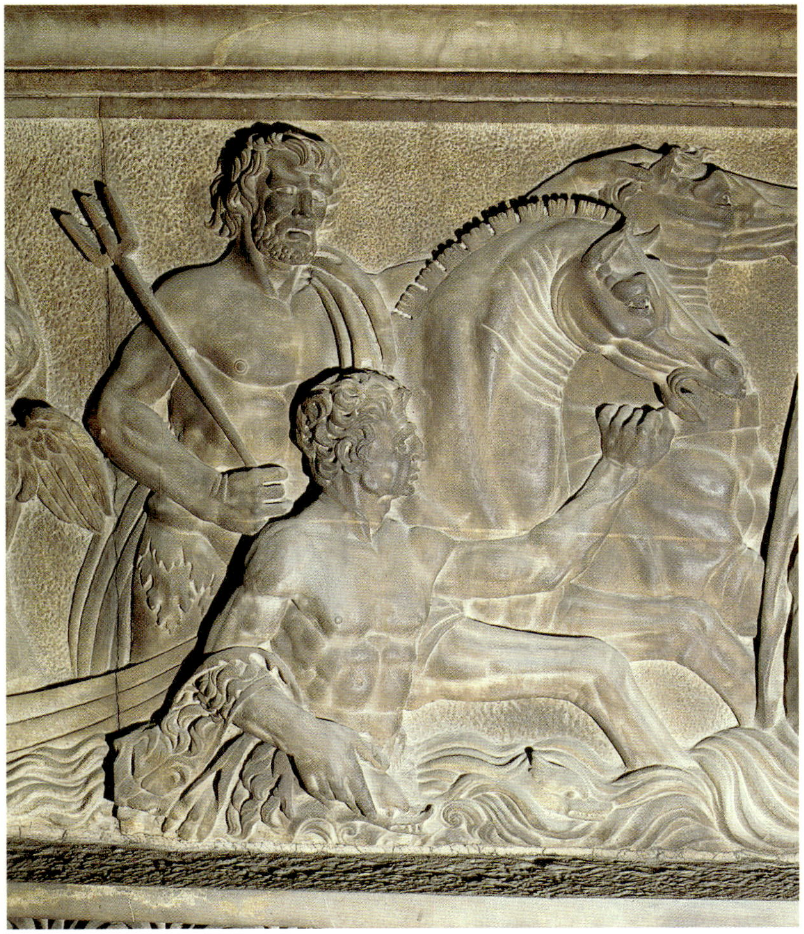

Palazzo Ximenes da Sangallo

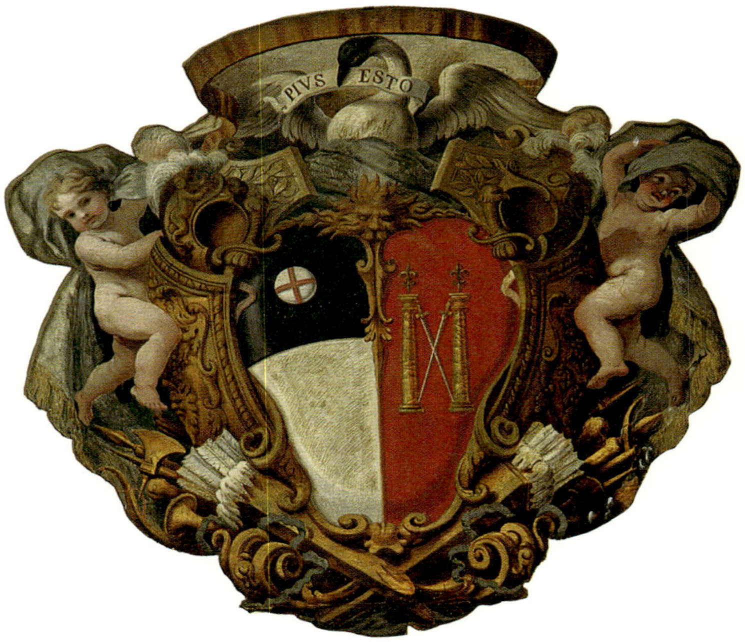

Giuliano und Antonio Gamberti waren zwei angesehene Architekten im Florenz des ausgehenden 15. Jahrhunderts; sie gingen unter dem Künstlernamen Sangallo in die Kunstgeschichte ein. Um 1490 begannen sie, Grundstücksparzellen am Borgo Pinti zu erwerben, und aus der Decima repubblicana geht hervor, daß Giuliano bereits 1498 dort ein Haus hatte bauen lassen. Es handelte sich aber weniger um ein Haus im eigentlichen Sinn, als vielmehr um einen Palast, denn er war 1510 – und das bezeugt auch Vasari – wegen seiner Gemälde, die in den Zimmern hingen (darunter einige von Botticelli und Paolo Uccello) und der vielen »alten Sachen aus Rom« berühmt, die in den Sälen ausgestellt waren.
1603 verkauften die Nachfahren von Giulianos Sohn Francesco das »Haus« an Sebastiano di Tommaso Ximenes de Aragona, der aus einer kastilischen Familie stammte, und in Portugal, in Lissabon, durch ertragreiche Handelstätigkeit zu Reichtum gekommen war.
Tommaso, der zusammen mit seine Brüdern Ferdinando und Emanuele seit Anfang

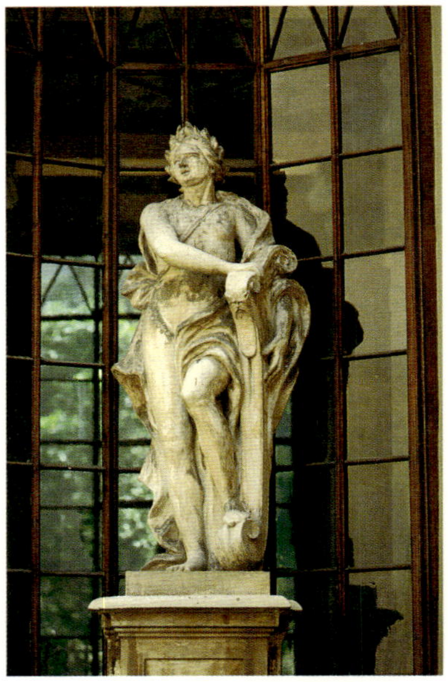

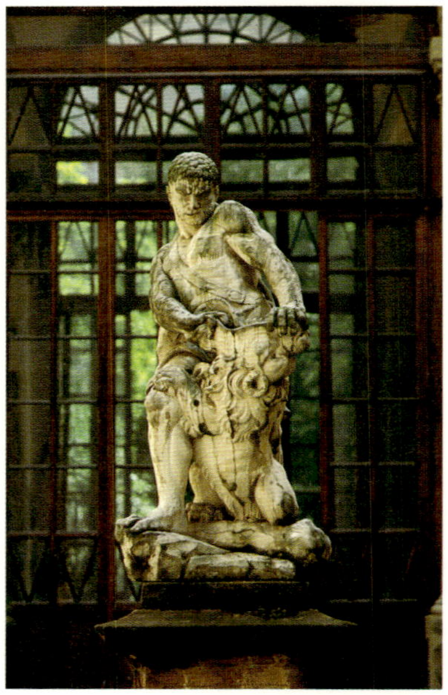

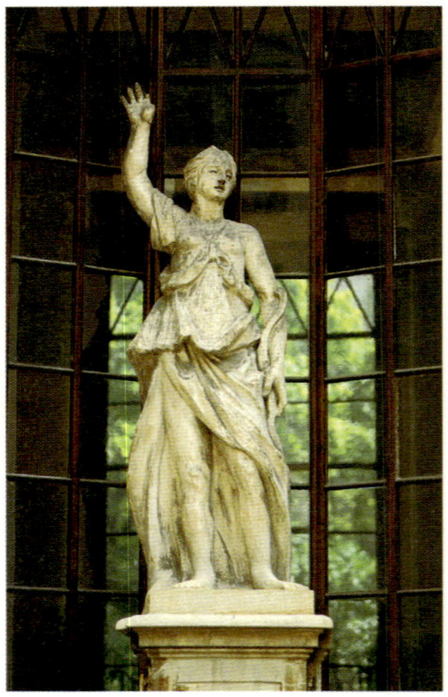

Im Palast der Ximenes und der Panciatichi (deren beider Wappen hier in lebhaften Farben leuchten und dem Besucher sofort auffallen) gibt es viele originelle Elemente. Das Haus der da Sangallo und der Ximenes war schon immer berühmt für seine zahlreichen Kunstwerke. Man kann sie auch heute noch betrachten, wie z.B. diese drei klassizistischen Statuen vor dem Glasfenster, das von dem einzigartigen Innenhof in den Garten führt. Zwischen Apoll und Diana steht Herkules, der den nemeischen Löwen besiegt.

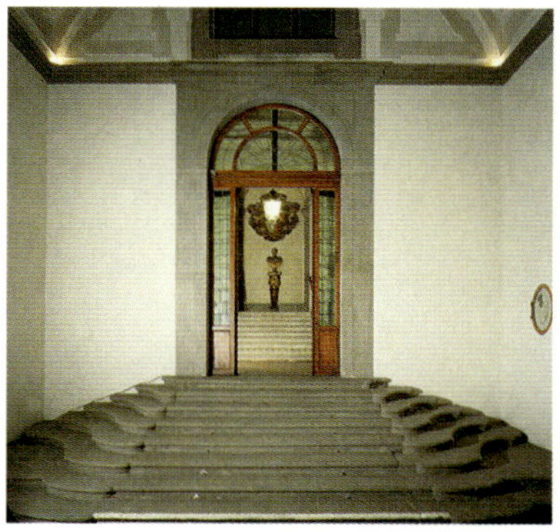

Von der Gegenfassade zum Garten hin mit der verglasten Loggia des Erdgeschosses (ein Gegenstück zu der im Innenhof) und dem darüberliegenden Balkon ist recht wenig erhalten: ihr ursprüngliches Aussehen ging zunächst im Zuge der baulichen Eingriffe der Silvani, später dann durch die von den Panciatichi veranlaßten Umbauten verloren. Von hier führt eine bequeme Treppe zu den Wohnungen.

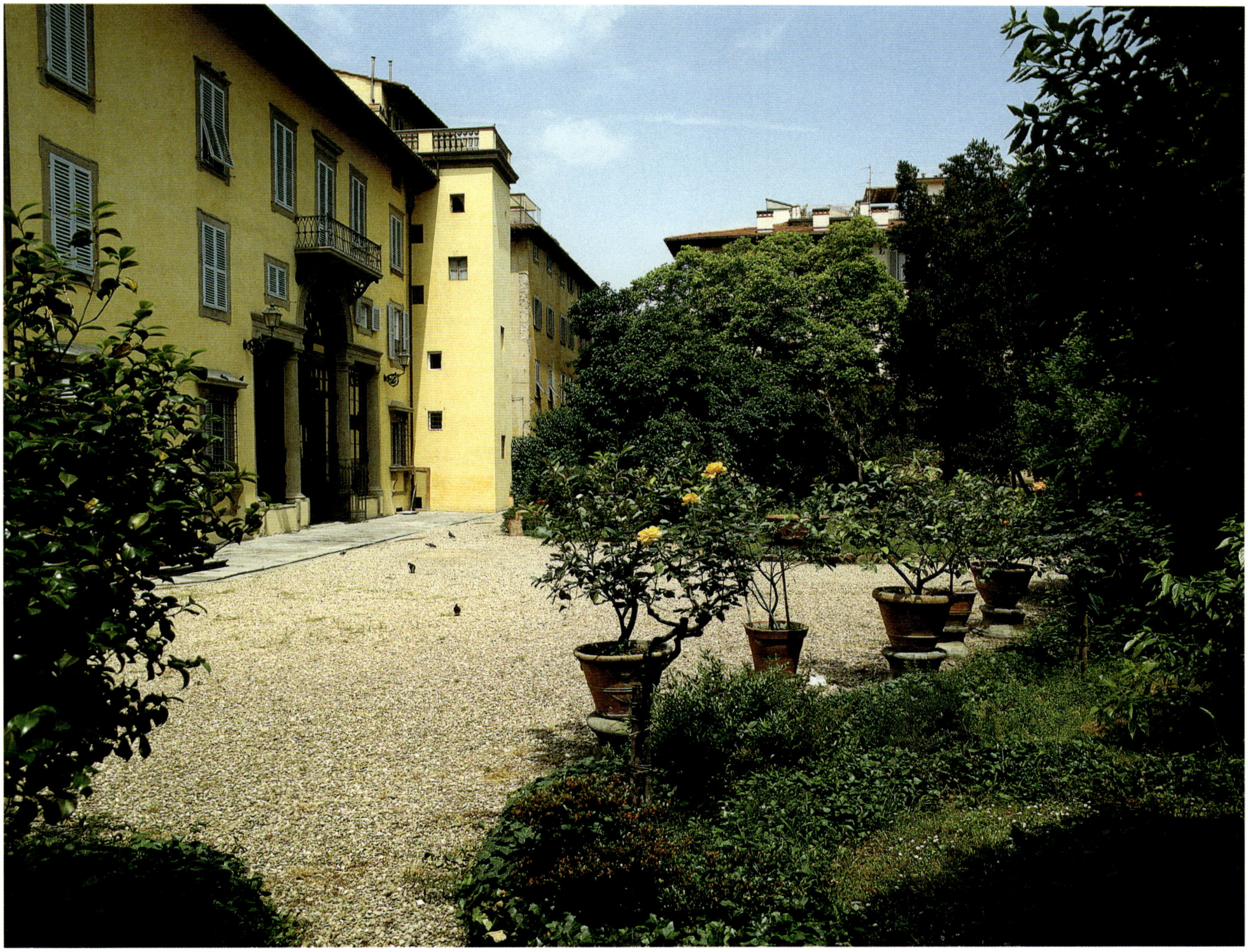

des 17. Jahrhunderts in Florenz wohnte, hatte sich den Titel eines Signore di Saturnia und eines Senators und vor allem das Wohlwollen des Großherzogs erworben. So war es kein Zufall, daß sein Sohn Sebastian Caterina, die Tochter Raffaels dei Medici aus der Linie der Markgrafen von Castellina, zur Frau bekam und – um seine nunmehr gefestigte, gesellschaftlich herausragende Stellung zu bekräftigen – beschloß, den Palast der da Sangallo zu erwerben. Anschließend beauftragte er einen anerkannten Künstler, Gherardo Silvani, damit, das Gebäude zu vergrößern, die Fassade jedoch zu erhalten (kleine Spuren dieser systematischen baulichen Eingriffe sieht man noch heute auf der Mittelachse der Hauptfassade und an den fünf Fenstern, die dort symmetrisch in mehreren Reihen hervortreten).
Nach Ablauf mehrerer Jahrzehnte und nachdem verschiedene Ximenes de Aragona im Besitz des Palastes gewesen waren, wurden die Säle des ersten Stocks nach und nach dekoriert und ausgeschmückt. Höhepunkt waren dabei die Ornamente im berühmten Ballsaal.
Zu den angesehenen Gästen, die in den erlesenen Räumen logierten, gehörte auch General Napoleon Bonaparte. Er hielt sich im Juni 1796 auf Einladung des dort residierenden Ministers der Französischen Republik in Florenz auf, der selbst seinen Dauerwohnsitz in einem

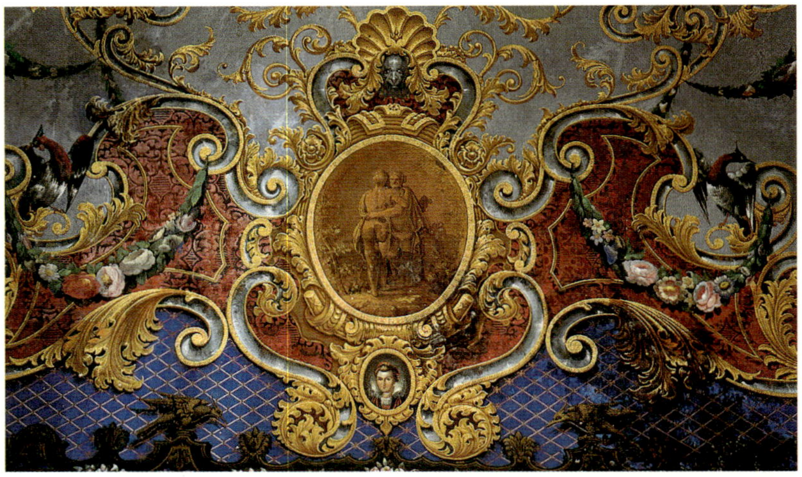

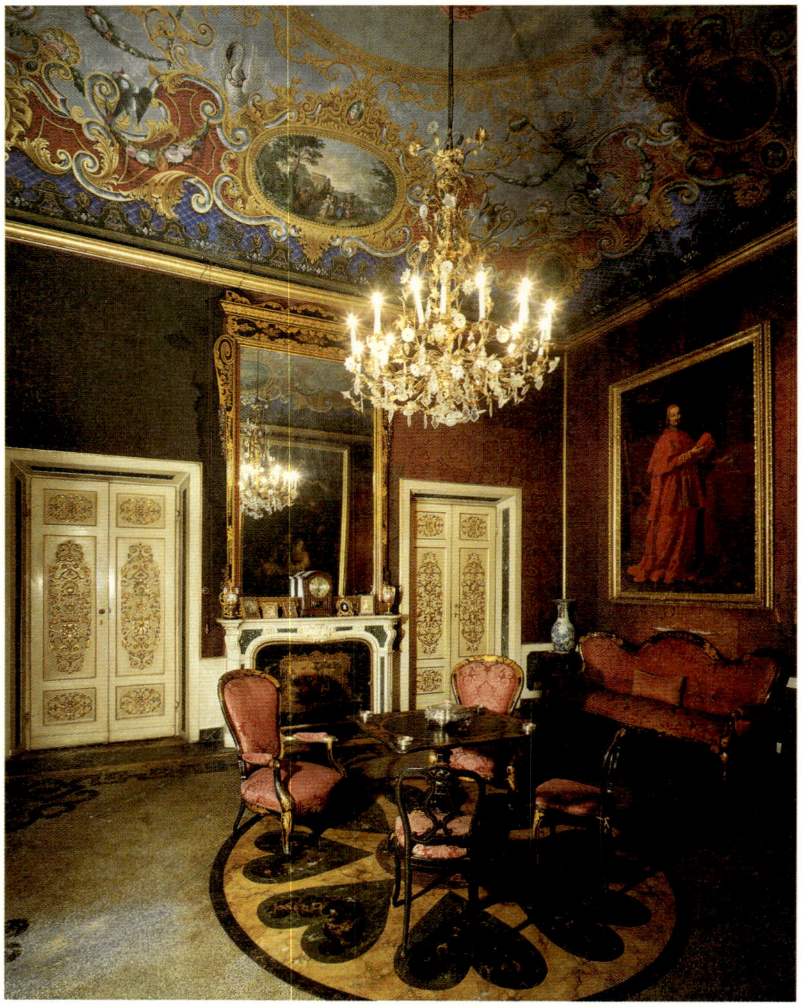

Im ersten Stock gibt es zahlreiche sehr interessante Räume, wie den Roten Salon mit geschmackvollen Tapeten und einer intensiv farbigen Decke, auf der sich floraler Dekor mit entzückenden kleinen Gemälden abwechselt.

Wirklich originell ist dieses kleine Refugium mit einer Galerie kleiner Porträts. Neben der erlesenen Einrichtung und der kunstvollen Dekoration beeindruckt aber besonders die kleine Glasdecke, durch die Licht in den Raum fällt.

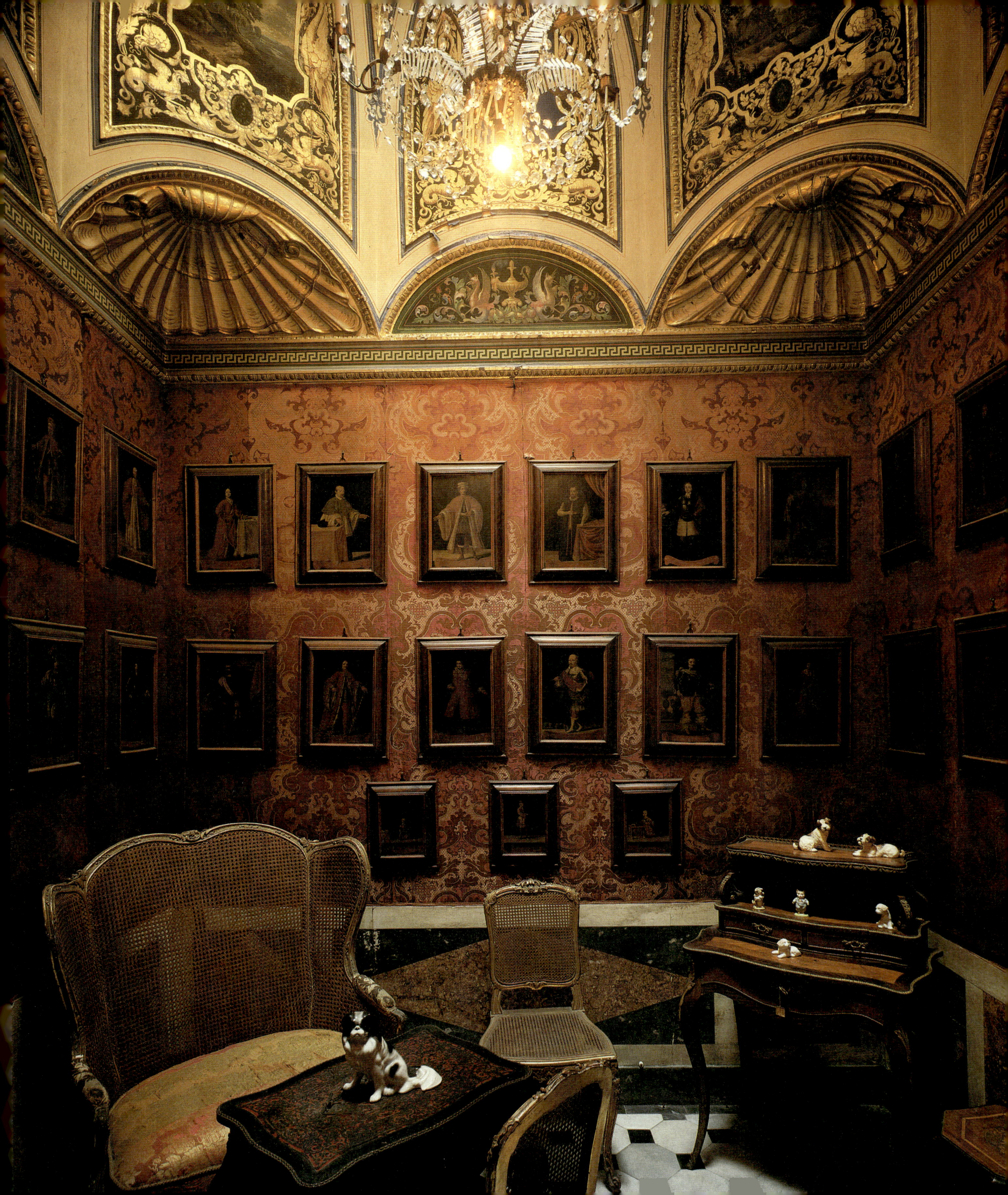

Appartement im ersten Stock des Palazzo Ximenes hatte. Hier verbrachte der künftige Kaiser eine Nacht in einem bequemen Bett im Alkoven und wartete auf seinen Empfang beim Großherzog.
Mit dem 19. Jahrhundert erlosch die Linie der männlichen Nachfolge der Ximenes de Aragona, und die Wohnstatt der Familie, die nun in der weiblichen Linie weitervererbt wurde, wechselte mehrmals den Besitzer: der letzte Ximenes, Ferdinando, vererbte sie 1816 den Söhnen einer Schwester, Bandino und Pietro Leopoldo Panciatichi, deren Familie ihn einige Jahrzehnte lang besaß. In dieser Zeit kümmerte sich Maria Anna Paolucci Panciatichi um die Anlage des mit kleineren Baumgruppen bestandenen Garten, der aber durch die angrenzende Via Giulia an Größe eingebüßt hatte. Ebenso betrieb sie die Erneuerung einer der Fassaden mit Blick auf die angrenzende Grünfläche ganz im Stil des 17. Jahrhunderts.
Ende des 19. Jahrhunderts ging der Besitz an die Grafen von San Giorgio über, dann später an die Grafen Arrigoni degli Oddi, und als die Gräfin Oddina den Fürsten Francesco Ruffo di Scilla heiratete, brachte sie den Palast als Mitgift in die Ehe.
Ihre Nachfahren wohnen noch heute in dem jahrhundertealten Anwesen, das noch immer durch die prunkvollen Räume im ersten Stock und die Gemäldegalerie besticht.

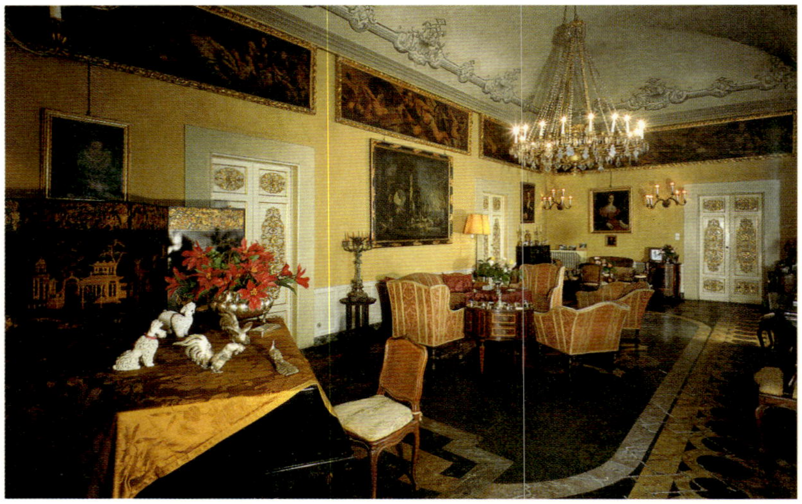

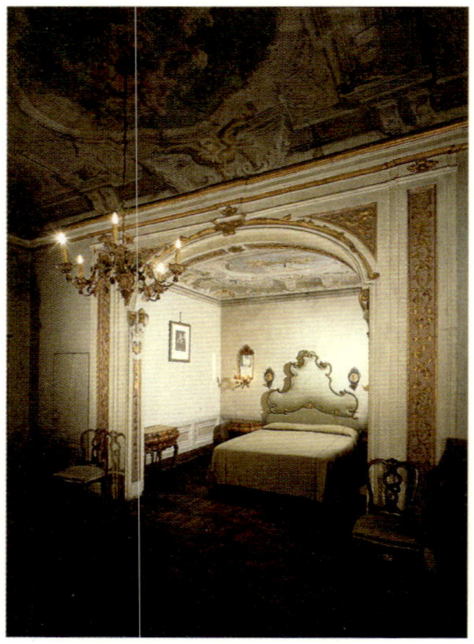

Noch drei interessante Räume: der große Salon mit Gemälden unter der Decke, die wie ein Fries wirken; der Alkoven in einer Nische, der ganz im Stil des 18. Jahrhunderts reich mit Fresken ausgemalt ist (genau in diesem Zimmer übernachtete 1796 der junge General Napoleon Bonaparte); und schließlich der geräumige Saal mit erlesener Einrichtung, feinen Tapeten und einer beeindruckenden Decke. Deren ausgefeilte monochrome Ornamentik wird von kleinen lebhaften Bildern und dem Deckenfeld unterbrochen, auf dem sich drei kleine schwebende Putten von dem intensiven Himmelblau abheben.

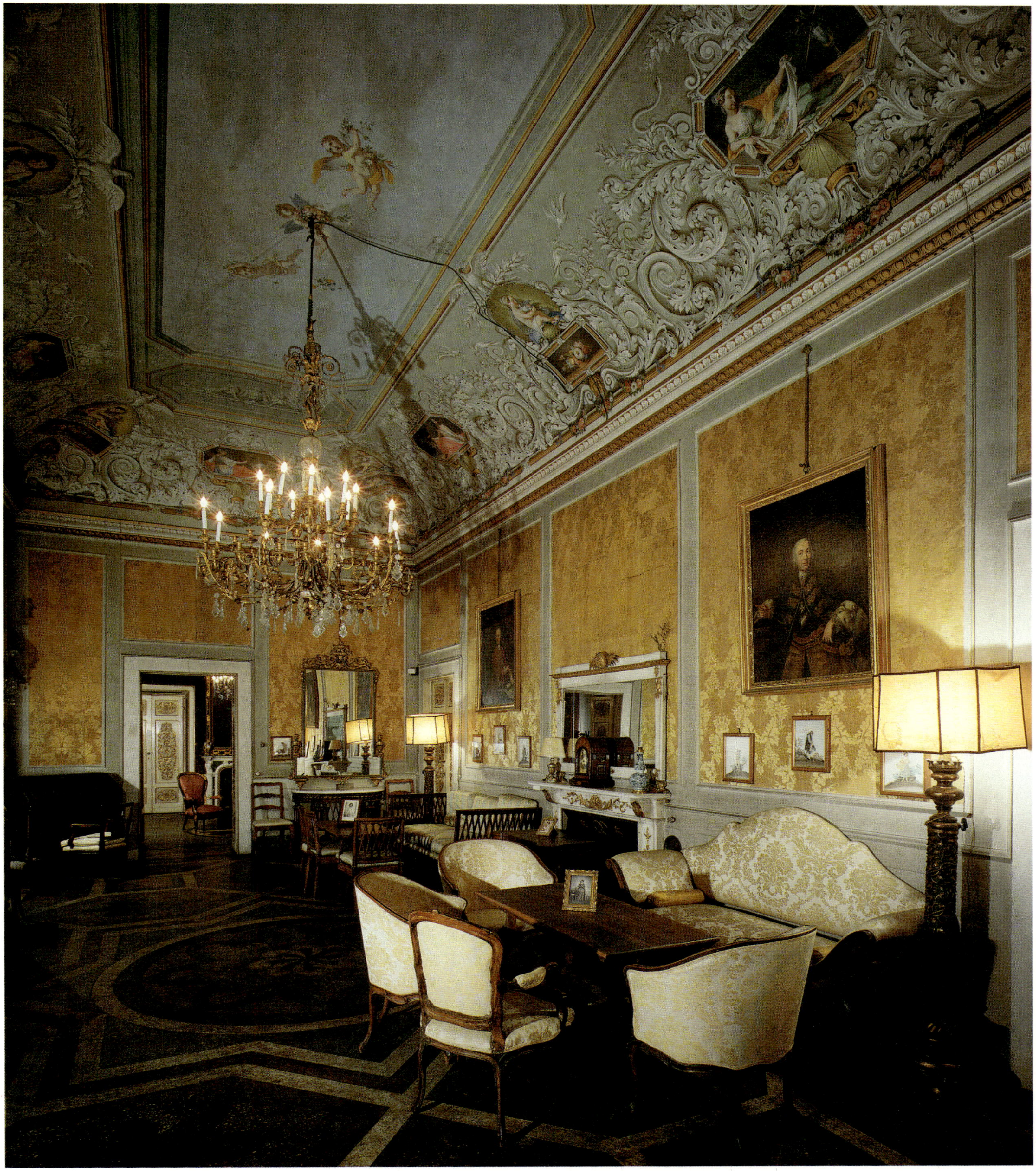

Das große Deckenfresko aus dem 18. Jahrhundert mit einer Szene aus der Mythologie und die Wappen der Panciatichi auf einem Wandteppich beherrschen den geräumigen, schlicht eingerichteten Speisesaal mit seinem monochromen Dekor mit Scheinarchitektur – ein Ergebnis der Restaurierungs-, Verschönerungs- und Umwandlungsarbeiten, die die Ximenes de Aragona im Laufe des 18. Jahrhunderts durchführen ließen.

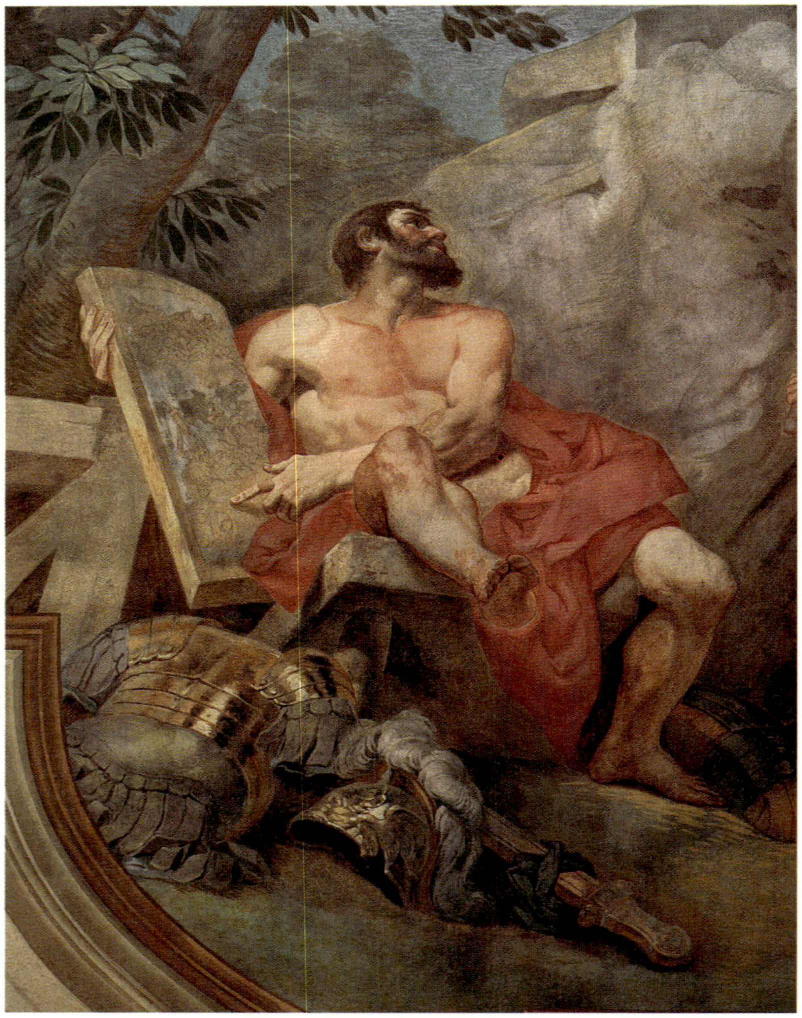

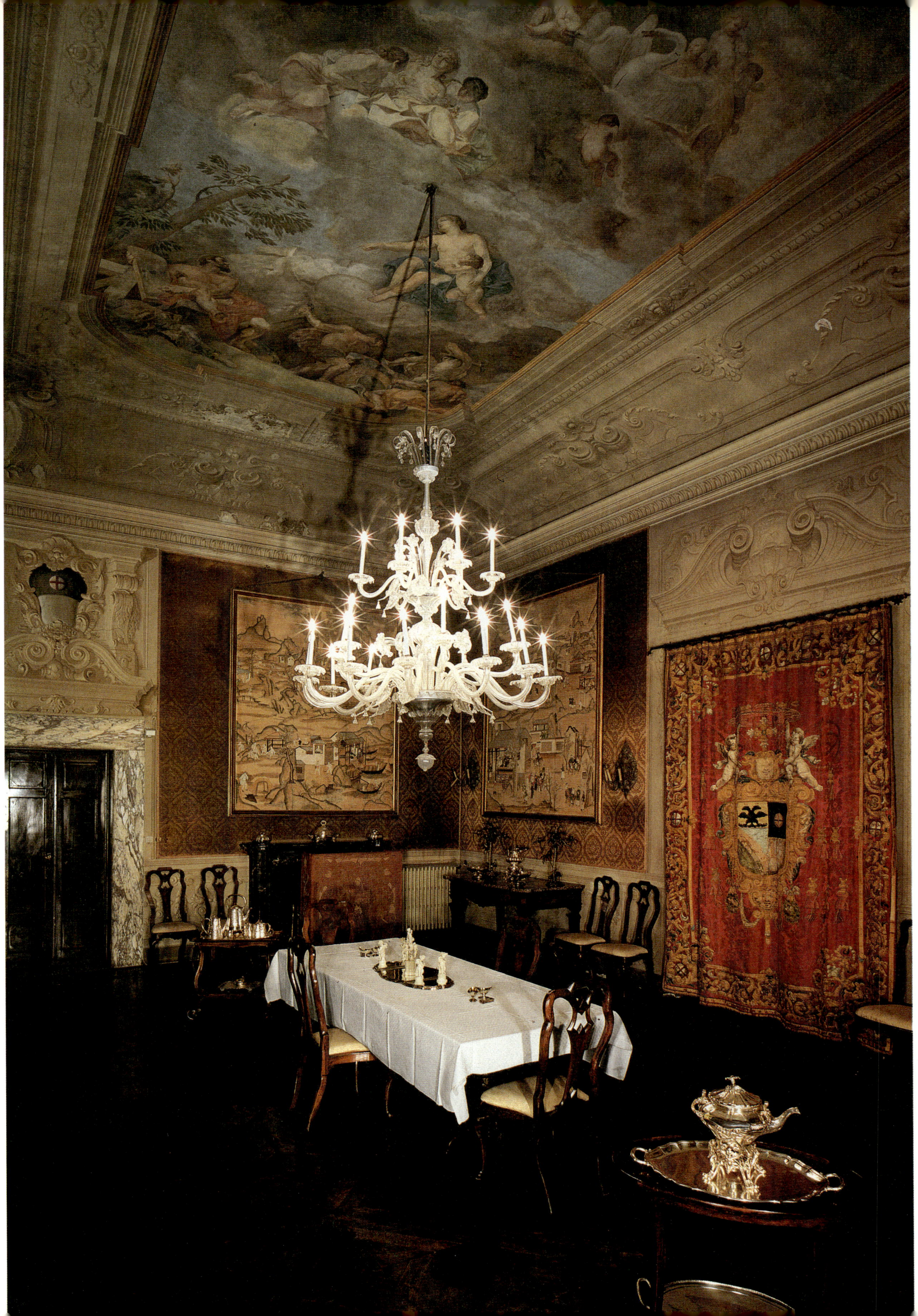

Palazzo Cocchi

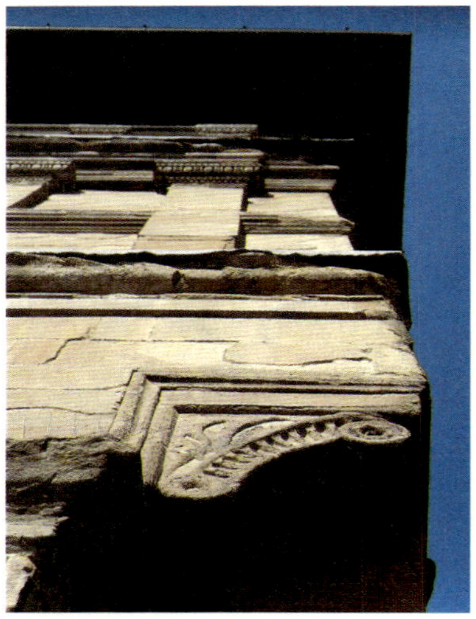

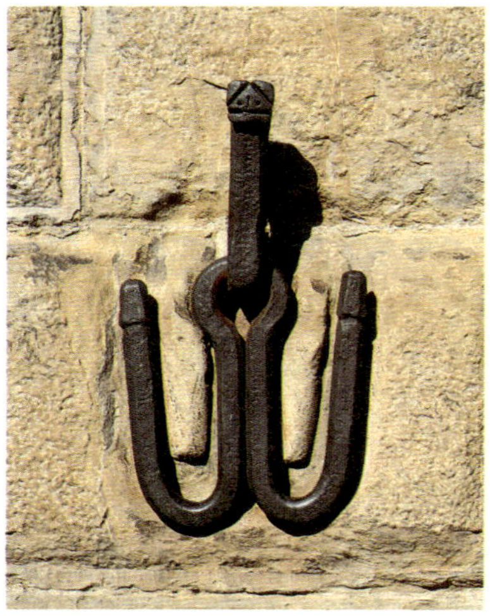

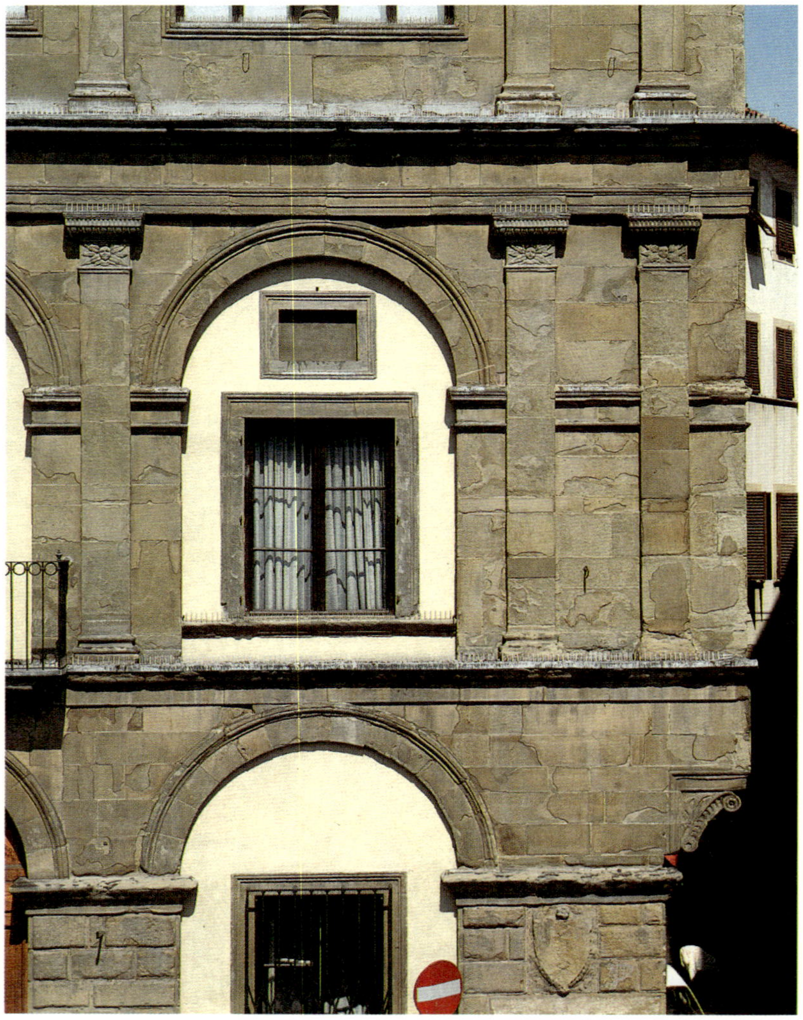

Die außergewöhnliche Fassade des Palazzo Cocchi besticht durch Elemente unterschiedlicher geometrischer Form und aus verschiedenen Epochen. Beachtung verdienen auch die Eckkonsolen an der seitlichen Vorkragung, die für das Mittelalter typischen schmiedeeisernen Haken zum Anbinden der Pferde am Mauerwerk aus Haustein, das von den Häusern der Peruzzi stammt, die hier einst standen, und die in Bögen, Gesimse und Flachpilaster gefaßten Fenster.
Das mittlere Fenster wurde Anfang des 18. Jahrhunderts in eine Tür mit einem dazugehörigen kleinen Balkon umgewandelt, damit man die Feste und Zeremonien auf der Piazza Santa Croce besser mitverfolgen konnte.

Genau gegenüber der berühmten Basilika Santa Croce, wo das antike römische Theater stand, dessen Form man noch heute am Verlauf vieler Straßen der Gegend erkennt, standen zwischen dem 13. und dem 14. Jahrhundert die meisten Häuserblocks der Peruzzi. Einen Teil davon erwarb im 15. Jahrhundert die Familie Cocchi Donati, um dort ihren eigenen Palast zu errichten. Nach Meinung einiger Kunsthistoriker wurde Baccio d'Agnolo mit den Arbeiten beauftragt, nach Meinung anderer – da sich das Gebäude anhand von Grundbucheintragungen auf die Zeit um 1470 bis 1480 datieren läßt – scheidet er aber als Urheber aufgrund von Ungereimtheiten bezüglich seiner Lebensdaten aus (der Baumeister wurde nämlich 1462 geboren). Sicher ist, daß die einzigartige Fassade des Palazzo Cocchi schon immer für Diskussionen und Neugierde in Künstler- und Gelehrtenkreisen gesorgt hat: an ihr sind noch deutlich Elemente des früheren Gebäudes aus dem 14. Jahrhundert erkennbar, das in das neue integriert wurde (vor allem im Erdgeschoß die Kragsteine und Gesimse). Besonders interessant sind aber die oberen Stockwerke des Gebäudes, wo noch viele geometrische und architektonische Elemente erhalten sind: die flachen Pilaster, die Gesimse, die Bögen, die Fenster mit oder ohne Architrave, die Biforien. Die Elemente sind

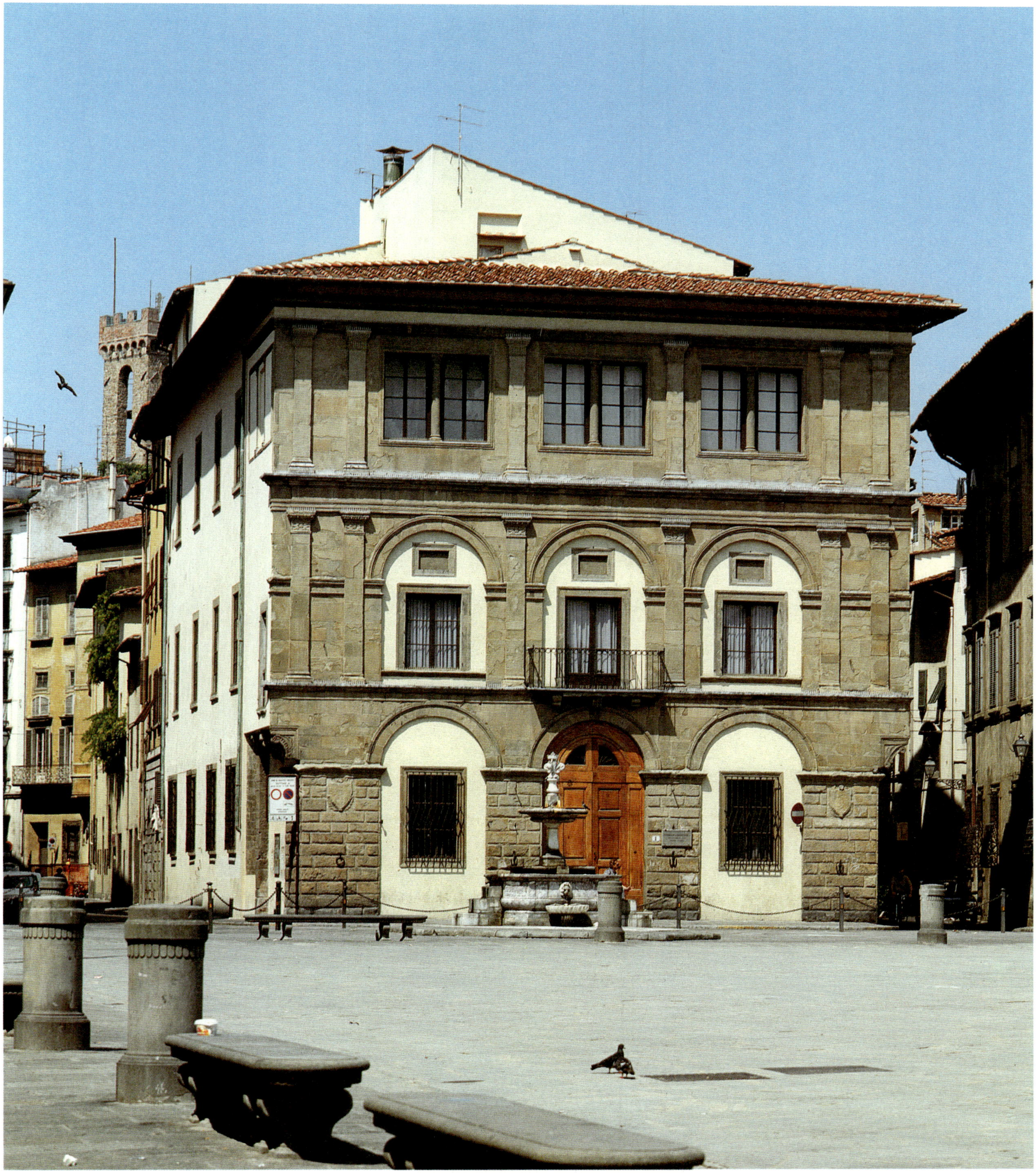

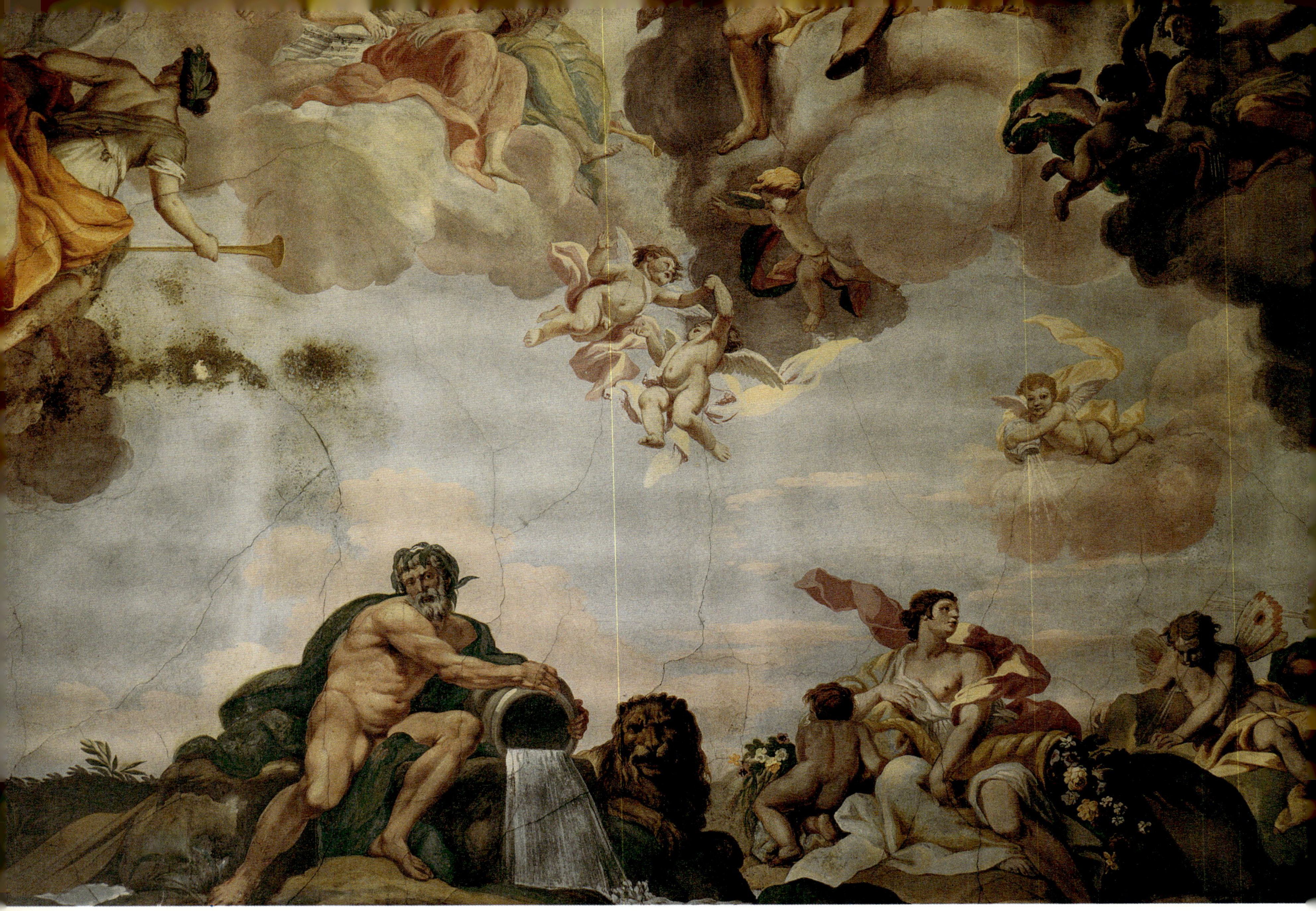

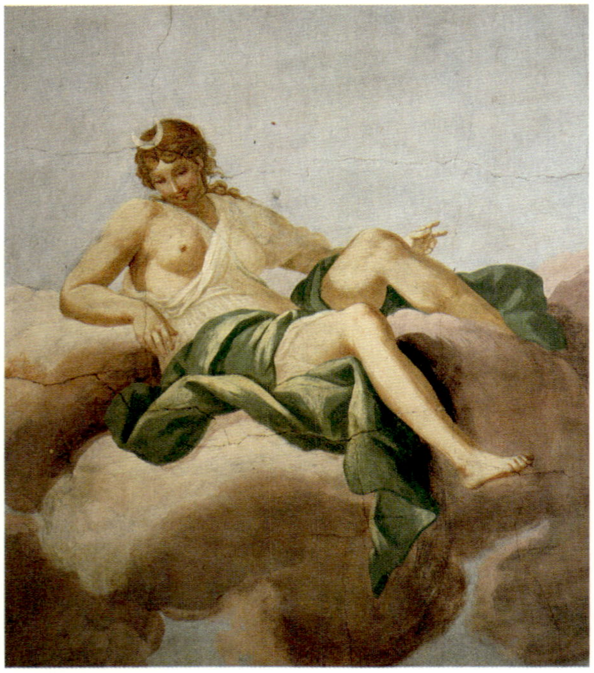

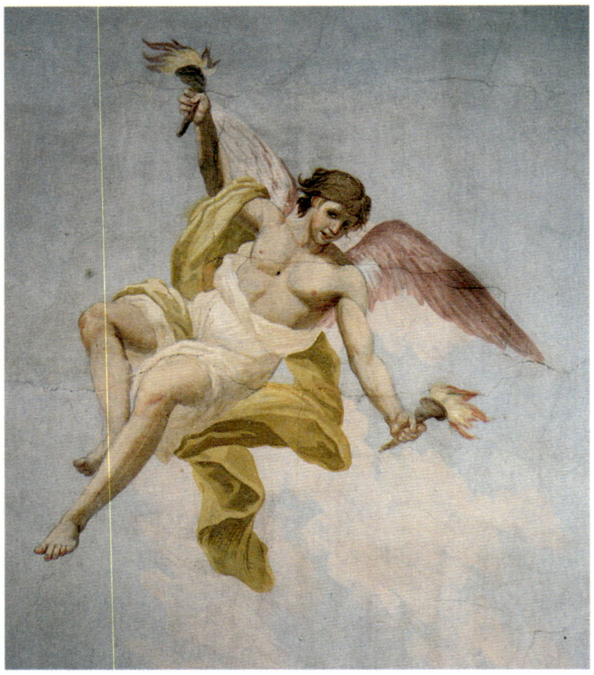

Die Treppe aus Sandstein wurde Ende des 18. Jahrhunderts von dem Ingenieur Gaetano Bercigli so gebaut, daß auf jedem Stockwerk eine Loggia entstand und der Innenhof besonders weit und geräumig wirkte. Die Gewölbe der einzelnen Treppengeschosse schmückte wahrscheinlich Giuseppe Colligno Ende des 18. Jahrhunderts mit Fresken aus. Die Fotos auf dieser Seite zeigen Details des Freskos Arno/Winter, mit dem Florentiner Löwen im Hintergrund, sowie Zeus und Selene.

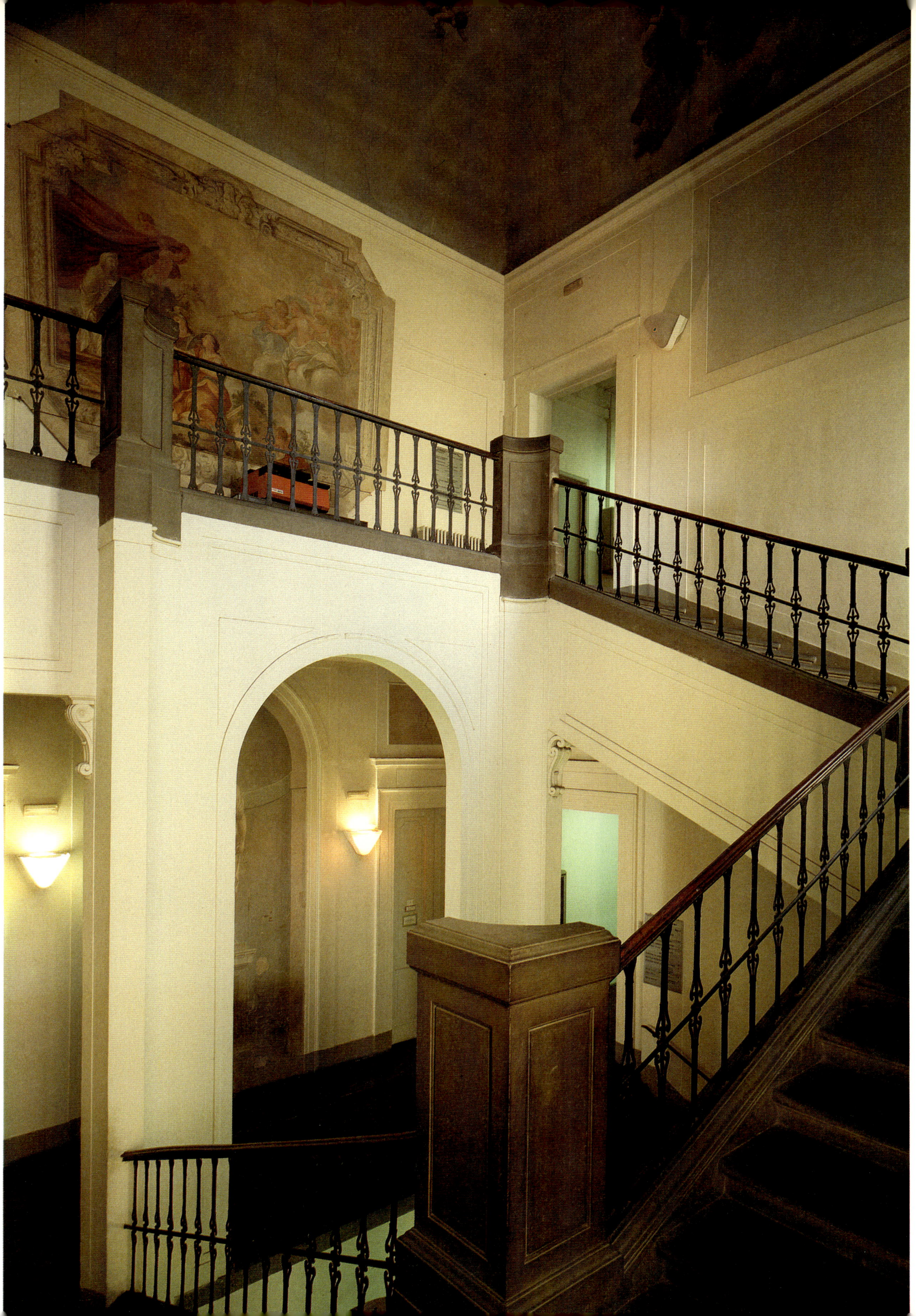

nicht miteinander verbunden, aber insgesamt so kunstfertig kombiniert, daß sie ein merkwürdig harmonisches Ensemble bilden. Soviel offensichtliches Bemühen um Geometrie ließ als Urheber des Palastes die Hand Giuliano da Sangallos vermuten, der nach Studien der klassischen Architektur in Rom nach Florenz zurückgekehrt war. Diese Zuordnung ist zwar plausibel und wird durch offensichtliche Analogien zu anderen Arbeiten des großen Architekten gestützt, bleibt aber dennoch bis heute nur eine Hypothese. Besitzer des Palastes waren die Cocchi Donati, eine im republikanischen Florenz angesehene, mit den Da Fortuna und den Sangalletti verschwägerte Familie, und zwar bis zum Tod ihrer letzten Nachfahrin, Maddalena, Frau des Markgrafen Ottavio Orazio Pucci in der zweiten Hälfte des 18. Jahrhunderts. Ihre Tochter Lucrezia brachte den Palast als Mitgift in ihre Ehe mit einem Serristori, und dieser Familie gehörte er noch das ganze 19. Jahrhundert. In diesen Jahrhunderten wurde nichts an der Bausubstanz des Palastes verändert. Man ließ lediglich in einigen Räumen Fresken im damals herrschenden Stil (18. und 19. Jahrhundert) anbringen, die man teilweise heute noch bewundern kann. 1892 wurde der Palast an die Stadt Florenz verkauft, die dort eine Schule einrichtete. Erst seit kurzem sind dort Gemeindeämter untergebracht.

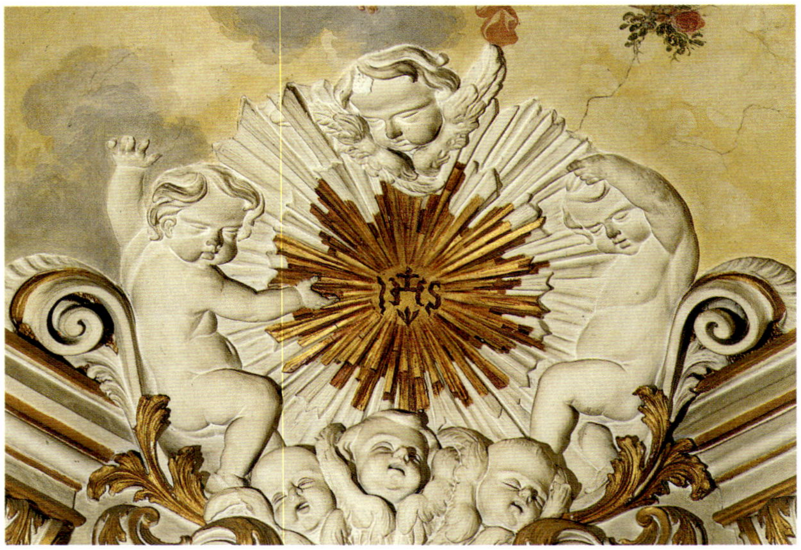

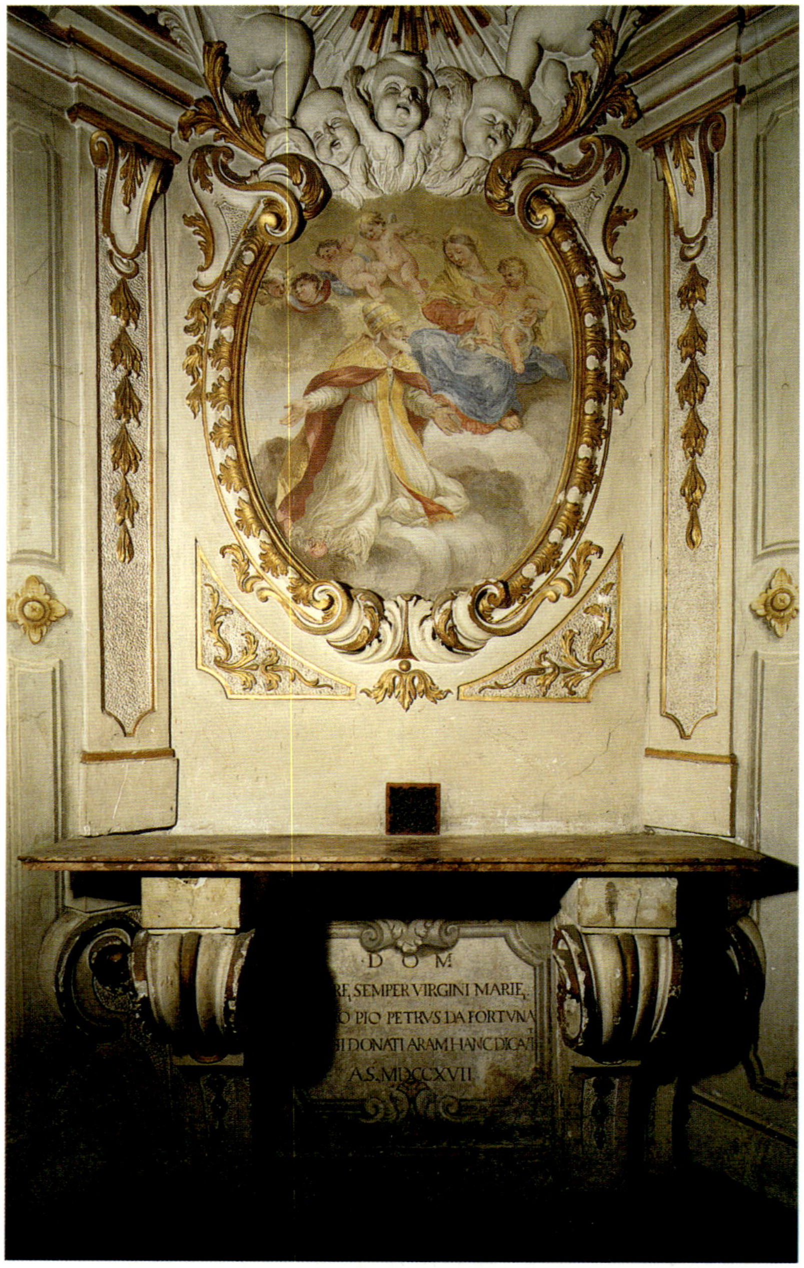

Im Auftrag Piero Cocchi Donatis entstand 1717 die kleine Kapelle im ersten Stock mit einer Madonna mit dem Jesuskind, angebetet von Sankt Pius V. Die gesamte Ausmalung, ganz im Stil des klassischen Florentiner Spätbarocks, stammt von Dionisio Predellini. Bemerkenswert sind die goldweißen Stuckverzierungen (wie jene um das strahlenförmige Monogramm des Heilands mit Cherubim- und Puttenköpfen), die Engelchen mit Blumen an der Decke, die Girlanden und das Blattwerk an den Wänden.

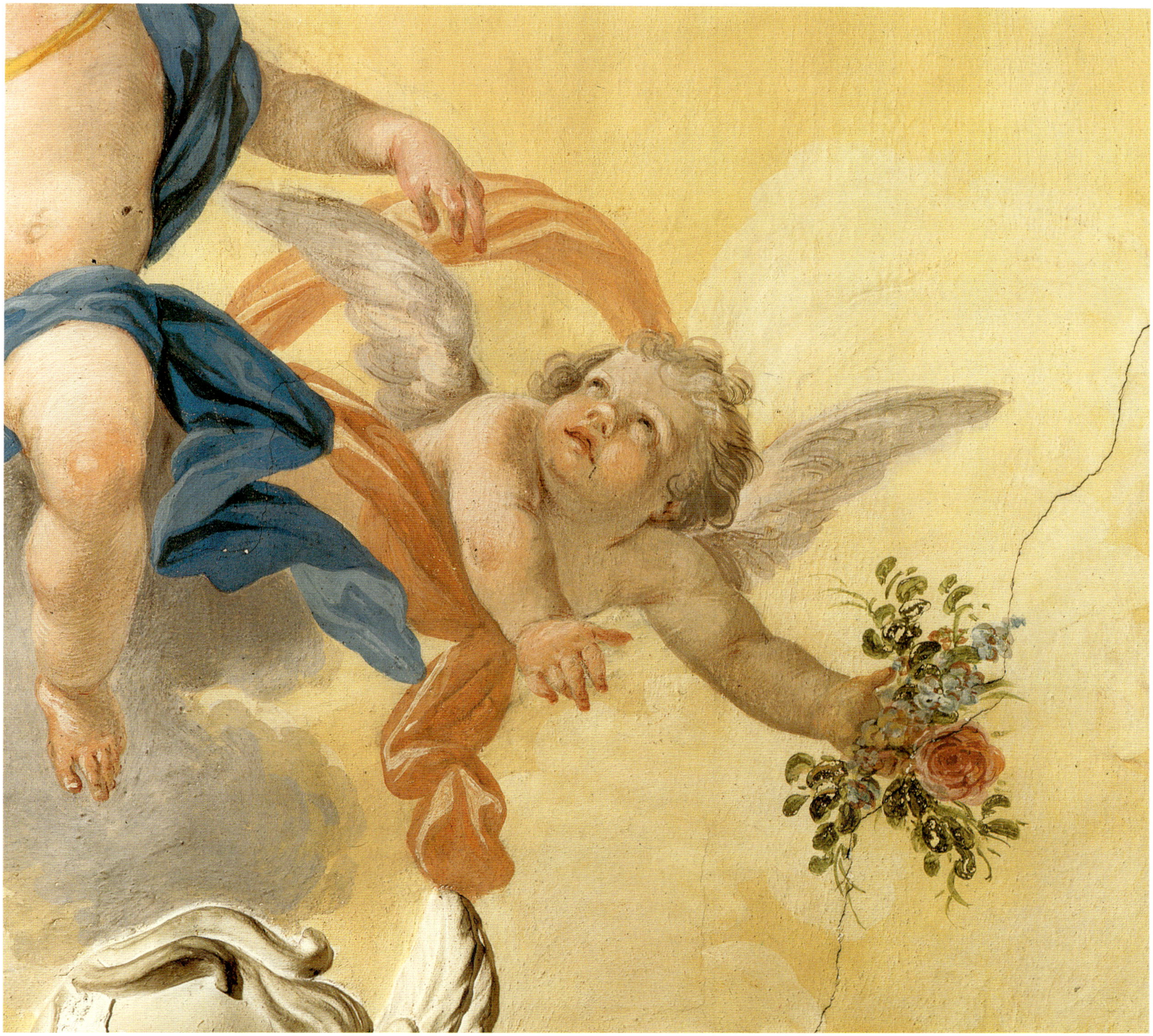

Palazzo Capponi delle Rovinate

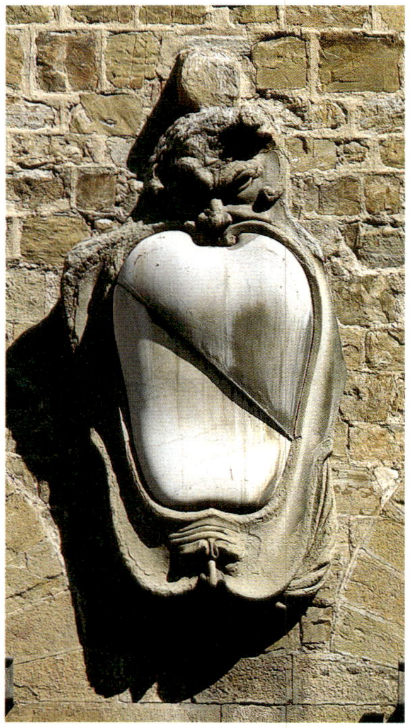

Das Wappen der Familie Capponi zwischen zwei Fenstern im ersten Stock.

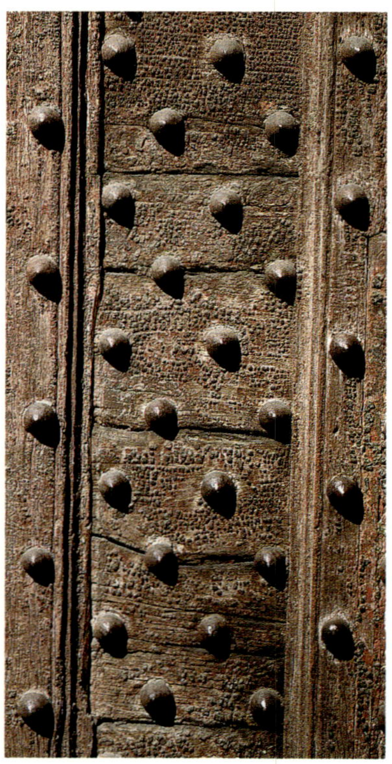

Detail des Tors des Palazzo delle Rovinate; typisch florentinisch: Die Holzstifte in der massiven Holztür.

Die Familie Capponi war immer eine der angesehensten (und eine der größten) Florentiner Familien. In der ganzen Stadtgeschichte bekleideten ihre Vertreter öffentliche Ämter (Priore und Gonfalonieri während der Republik, Senatoren unter dem Prinzipat und später Kardinäle und hohe Prälaten) oder zeichneten sich durch denkwürdige Taten aus (klassisches Beispiel ist der heftige Widerstand Pier Capponis gegen den französischen König Karl VIII., der 1494 Florenz besetzt hatte. Ganz zu schweigen von dem Senator Gino Capponi, der sich im 19. Jahrhundert – vor Gründung und im neuen Königreich Italien – hervortat). Die Familie spaltete sich schnell in verschiedene Linien und verschwägerte sich mit den größten Bürgergeschlechtern, die sich durch die Einheirat einer Capponi in die eigenen Reihen für adliger hielten. Deshalb besaß die Familie auch viele prächtige Wohnsitze in der ganzen Stadt, von Santo Spirito bis San Frediano, von der Via Larga – heute Via Cavour – bis zur später so benannten Via Gino Capponi. Aber der erste Palast, in dem sie wohnten (und der

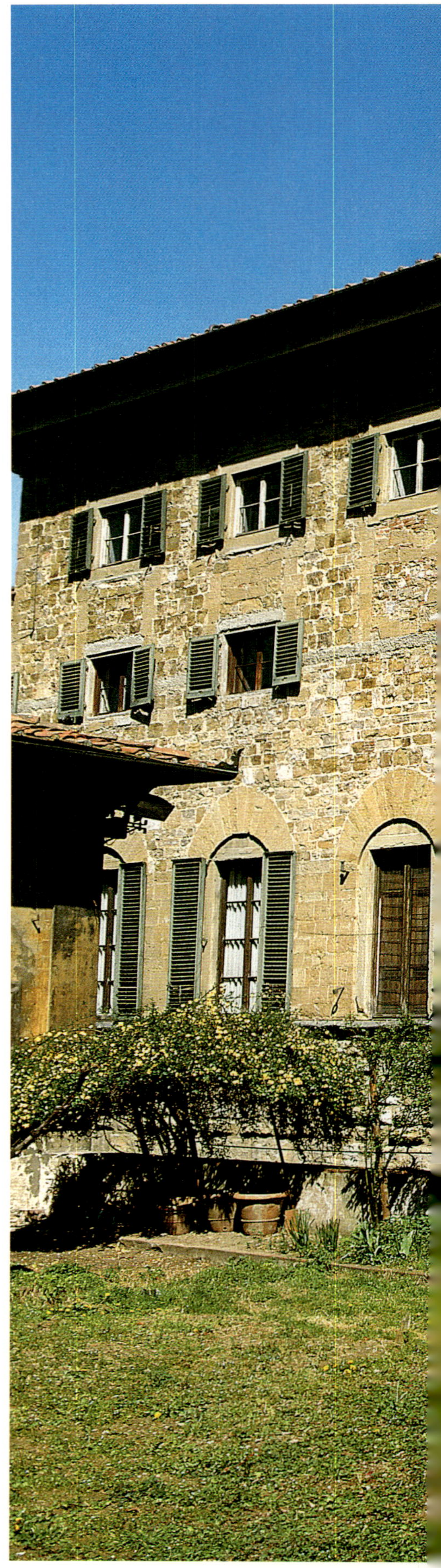

Die Fassade des Palastes verläuft entlang der engen Via de' Bardi. Auffallend die unterschiedliche Größe der Steinquader, die kleinen Fenster der Warenlager und Ankleideräume in den oberen Stockwerken und in der Mitte das Wappen der Capponi zwischen zwei Wappen der da Uzzano.

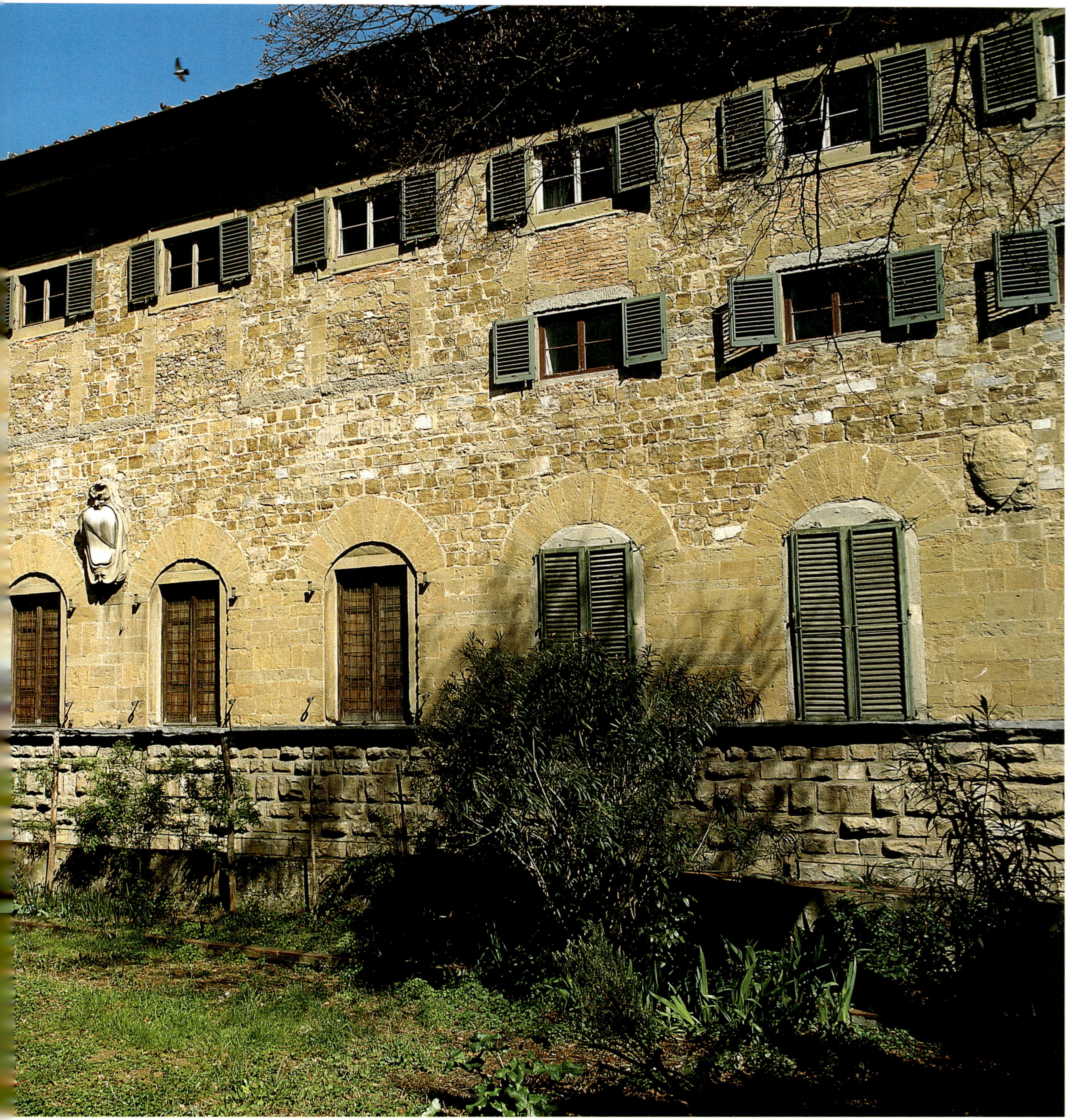

noch heute einer Linie der Familie gehört), war der in der Via de' Bardi. Er hieß allgemein »delle Rovinate« (Trümmerpalast), da der darüberliegende Hang mehrmals abgerutscht war und schwere Schäden und Todesfälle verursacht hatte, so daß gegen Mitte des 16. Jahrhunderts Cosimo I. dei Medici dort die Errichtung neuer Gebäude ausdrücklich verbot. Der Palast ist sicher sehr alt, etwa vom Anfang des 15. Jahrhunderts. Er entstand im Auftrag von Niccolò da Uzzano, der laut Vasari Lorenzo di Bicci mit der Planung beauftragt hatte. Auch wenn sich diese Urheberschaft nicht beweisen läßt, weist der Palazzo Capponi doch ganz bezeichnende Eigenschaften auf, vor allem die Fassade im Erdgeschoß mit dem unregelmäßige Bossenwerk, Vorläufer späterer Arbeiten von Michelozzo und Brunelleschi. Die Spuren von drei großen Eingängen sind noch sichtbar, ebenso die drei für Gebäude des 14. Jahrhunderts typischen Vorkragungen, die später offensichtlich zugemauert wurden.
Aber dies war nicht der einzige bauliche Eingriff an der Fassade: zu erwähnen sind noch die »knienden« Fenster und die vielen Gesimse, die jedoch die strenge Linearität der Fassade nicht beeinträchtigen, an deren Seiten zwei symmetrisch angeordnete Wappen der da Uzzano prangen. Der Palast wartet jedoch noch mit einer anderen Besonderheit auf, einer rückwärtigen Fassade zum Arno hin, die völlig anders aussieht. Diese wurde nämlich von dem Architekten Poggi Mitte des 19. Jahrhunderts ausgeführt, als man im Zuge der allgemeinen Neuordnung und Verschönerung des Zentrums von Florenz die mehrteilige symmetrische

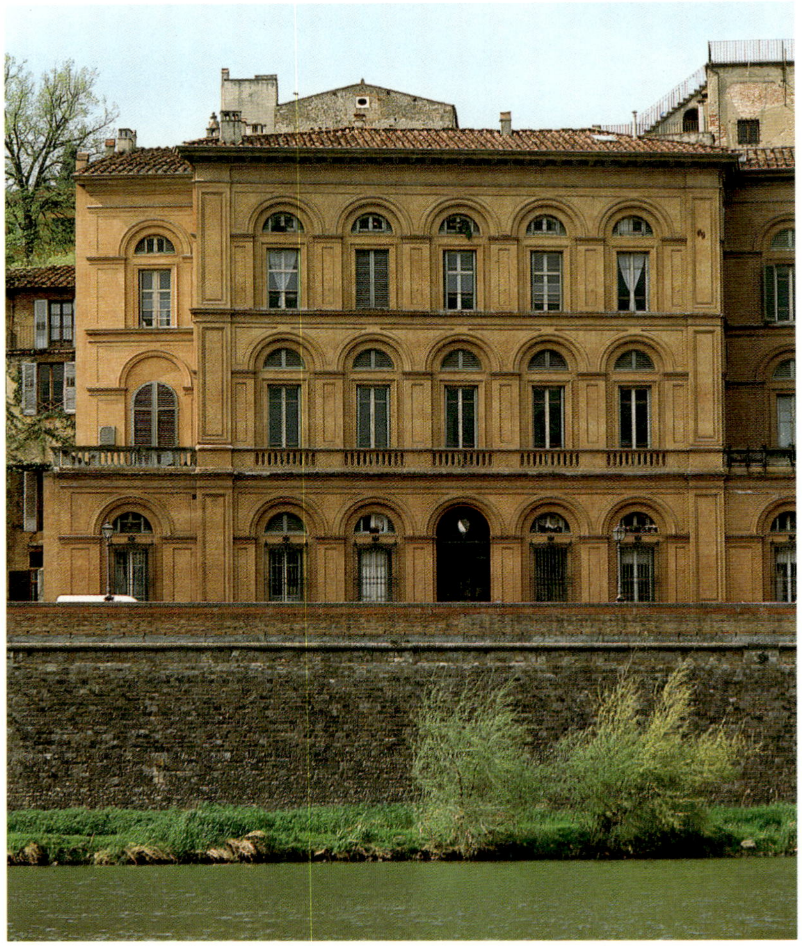

Die Fassade zum Arno hin unterscheidet sich beträchtlich von der an der Via de' Bardi. Sie entstand in der zweiten Hälfte des 19. Jahrhunderts nach einem Entwurf des Architekten Giuseppe Poggi. Da er sie für unansehnlich und damit für einen so exponierten Ort ungeeignet hielt, vereinheitlichte er die asymmetrische ursprüngliche Fassade. Eine geglückte Lösung sind die Seitenbalkone, über die mehr Licht in die Zimmer des ersten Stockes gelangt.

Fassade zum Arno hin als unpassend empfand. Mit Zustimmung der Grafen Luigi und Ferdinando wurde deshalb die heute noch sichtbare Lösung gefunden: zwei geräumige seitliche Terrassen, die in die Säle im ersten Stock mehr Licht gelangen lassen. Ein anderer, ausgesprochen ungewöhnlicher Teil, der seiner Zeit weit voraus war, ist der Innenhof.

Der Innenhof ist typisch für das späte 14. Jahrhundert, gleichzeitig aber höchst innovativ: die achteckigen Pilaster tragen Kapitelle mit stilisierten Blättern und künden die Portiken der Kreuzgewölbe dahinter an. Bemerkenswert die Sgraffiti, die den rechteckigen Innenhof umlaufen.

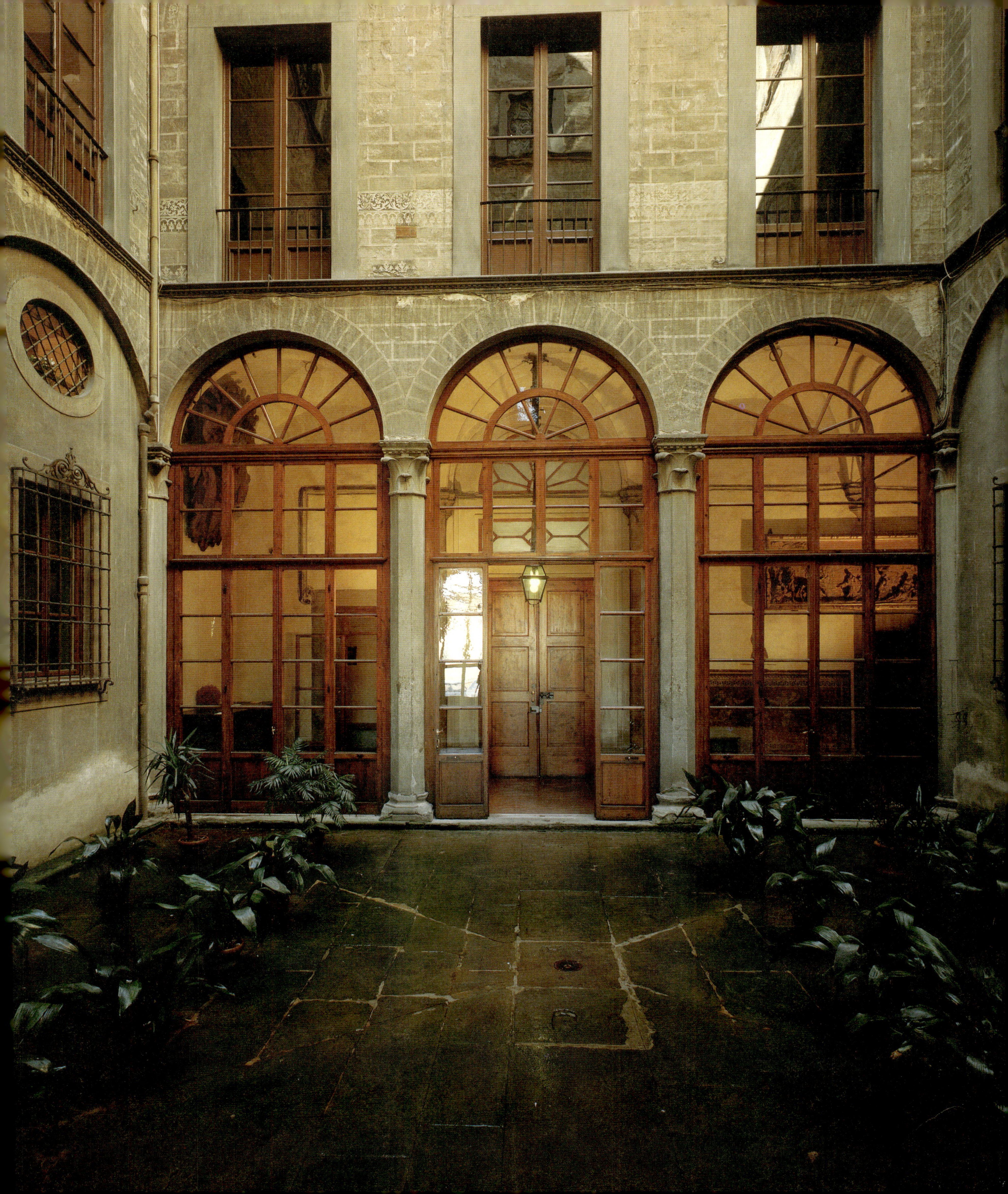

Seine Sgraffiti stammen aus dem 14. Jahrhundert, doch die stilisierten Blätter der Kapitelle und die Kreuzgewölbe nehmen mit der rechteckigen Form und den breiten Arkaden an den Seiten schon den Stil der Architektur des 15. Jahrhunderts vorweg. Auch der erste Stock wartet mit interessanten Räumlichkeiten auf, angefangen bei dem geräumigen, von vier Fenstern erhellten Salon von wahrhaft beachtlichen Ausmaßen. Hier sehen wir Wandschmuck, in seiner Ausführung und den Themen typisch für das 18. Jahrhundert und inspiriert von verkleinerten Landschaftsdarstellungen und Kampfszenen. Daneben fallen zwei kleinere Zimmer auf, der Rote und der Gelbe Salon.
Die seidene Tapete (ein Produkt der Landgüter der Capponi) und die sorgfältig ausgewählten Möbel und Einrichtungsgegenstände sind in den Farben gehalten, nach denen die Salons benannt

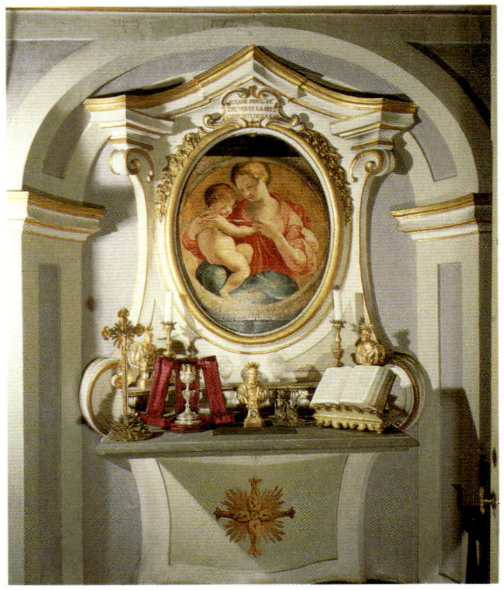

Vom Roten Salon aus gelangt man in die anmutige kleine Kapelle aus dem 18. Jahrhundert mit einer Madonna mit dem Jesuskind von Jacopo Pontorno.

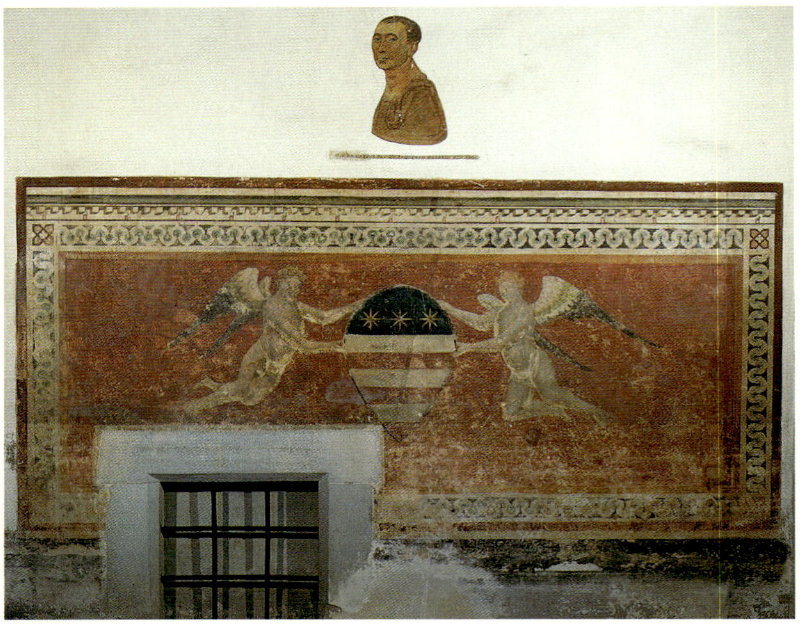

Ein eigenwilliges Porträt von Niccolò da Uzzano, dem früheren Besitzer und Auftraggeber des Palastes, über den beiden geflügelten Figuren, die auf einem Wandgemälde, das einen Teppich vortäuscht, sein Wappen hochhalten.

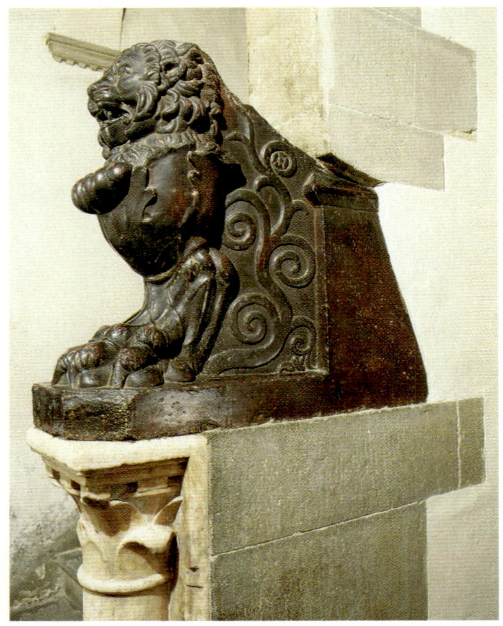

Dieser bronzene Löwe begrüßt die Eintretenden. Der Löwe war das Symbol der städtischen Freiheit und auch als Wappentier der Gegenspieler des Adlers, der das Kaiserreich symbolisierte.

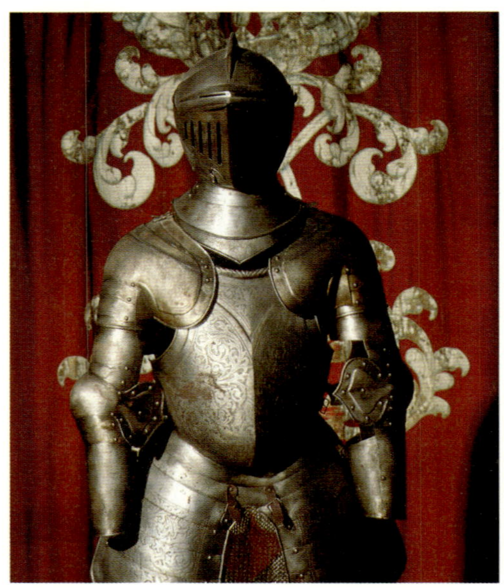

Detail einer Rüstung im ersten Stock. Sie geht ursprünglich auf das 16. Jahrhundert zurück, wurde aber aber im 19. Jahrhundert teilweise erneuert.

Detail eines Regals mit Büchern aus dem Familienarchiv, gesammelt ab dem 15. Jahrhundert. Es fehlen nur die rein administrativen Bände, die im Archivio di Stato di Firenze aufbewahrt werden.

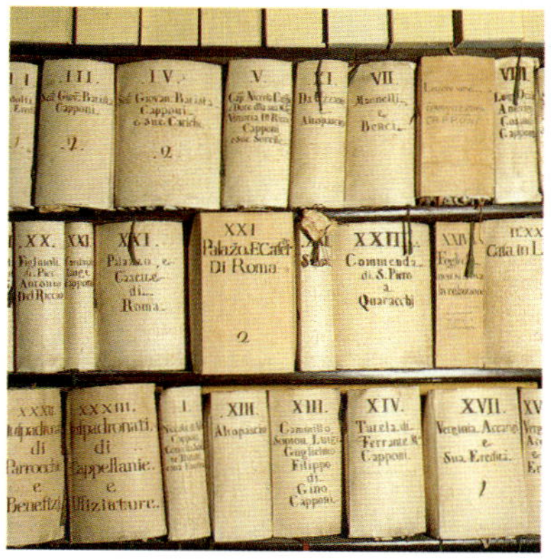

Der imposante Salon im ersten Stock mit Kassettendecke, Vorhängen mit Wappenabbildungen, einer für das 19. Jahrhundert typischen Einrichtung und großen Gemälden aus der Zeit des 18. und 19. Jahrhunderts.

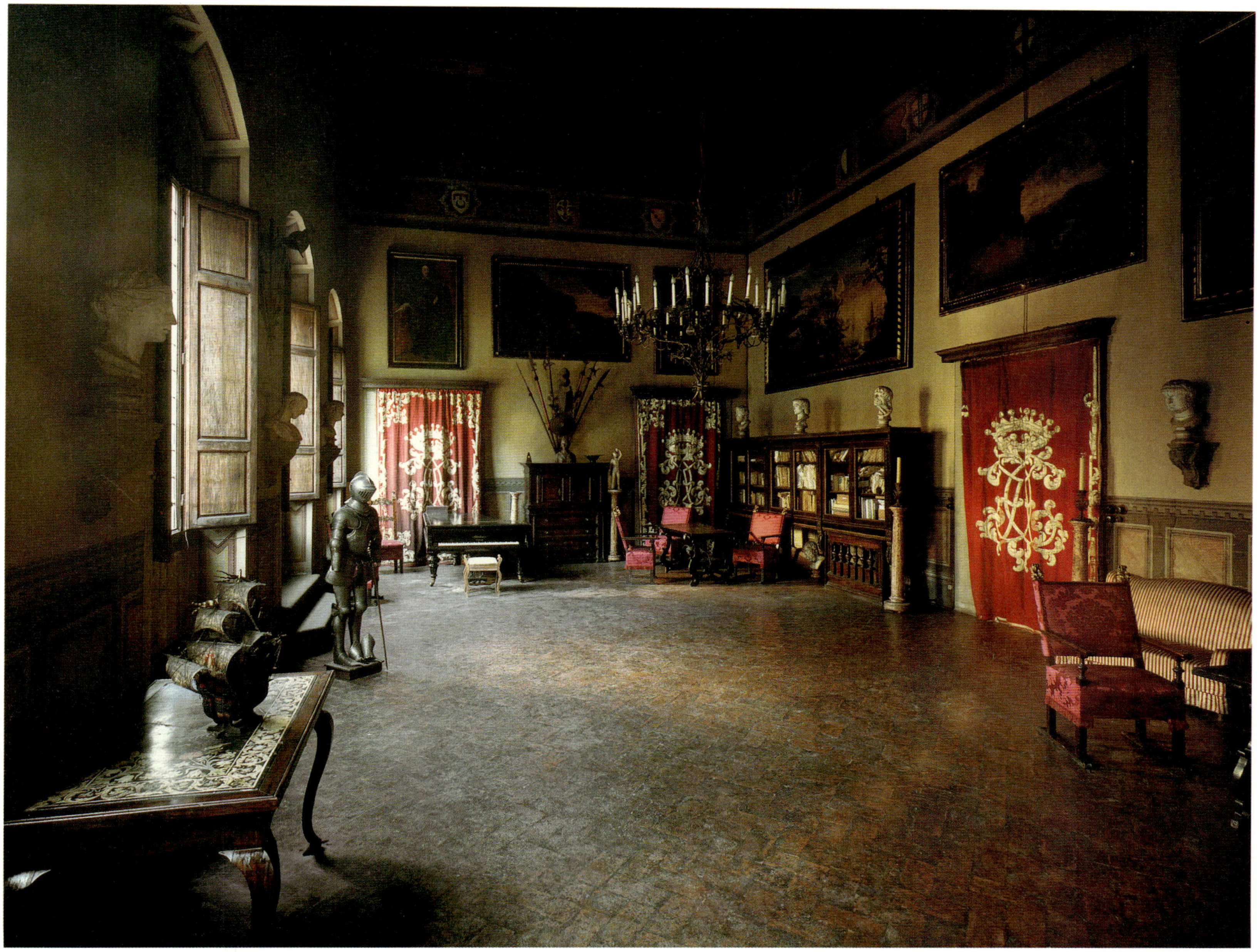

sind (die, im Stil des 19. Jahrhunderts gestaltet und ausgestattet sind).
Im Gelben Salon gibt es eine bedeutende und wertvolle Gemäldesammlung, ein Beweis für das besondere Gespür, das die Capponi schon immer auszeichnete. Nicht zufällig thront in der Kapelle aus dem 18. Jahrhundert, die sich zum Roten Salon hin öffnet, eine Madonna, ein Werk Pontormos, neben einem beeindruckenden farbigen Glasfenster mit religiösen Motiven aus dem 16. Jahrhundert und einer Reliquiensammlung sowie einem Fresko, das im allgemeinen auf die Zeit der da Uzzano datiert wird.
Der Palast blieb jahrzehntelang Eigentum dieser Familie, bis Agnolo, Sohn des Niccolò, ihn Mitte des 15. Jahrhunderts seinem Cousin Niccolò, dem Sohn von Pier Capponi und Dianora da Uzzano, vererbte. Von da an wechselte das Gebäude mehrmals seinen Besitzer (es verblieb bis zum 17. Jahrhundert bei Niccolòs Nachkommen, ging dann an die Seitenlinie Ferrante und von dieser an die Linie über, der jener andere Ferrante angehörte, der in der ersten Hälfte des 18. Jahrhunderts den gesamten ersten Stock renovieren und mit Fresken ausmalen ließ), blieb aber immer bei einer der Linien innerhalb der Familie. Und den Capponi gehört er noch heute und wird mit seiner Architektur, Malerei, Dekoration und Einrichtung sehr sorgfältig gehütet.

Fresko aus dem 18. Jahrhundert mit allegorischen Zügen: eine Minerva, Symbol der Weisheit, bezwingt einen Löwen, das Symbol für Kraft. Dieses Fresko schmückt die Decke eines Raumes, der zum Garten führt.

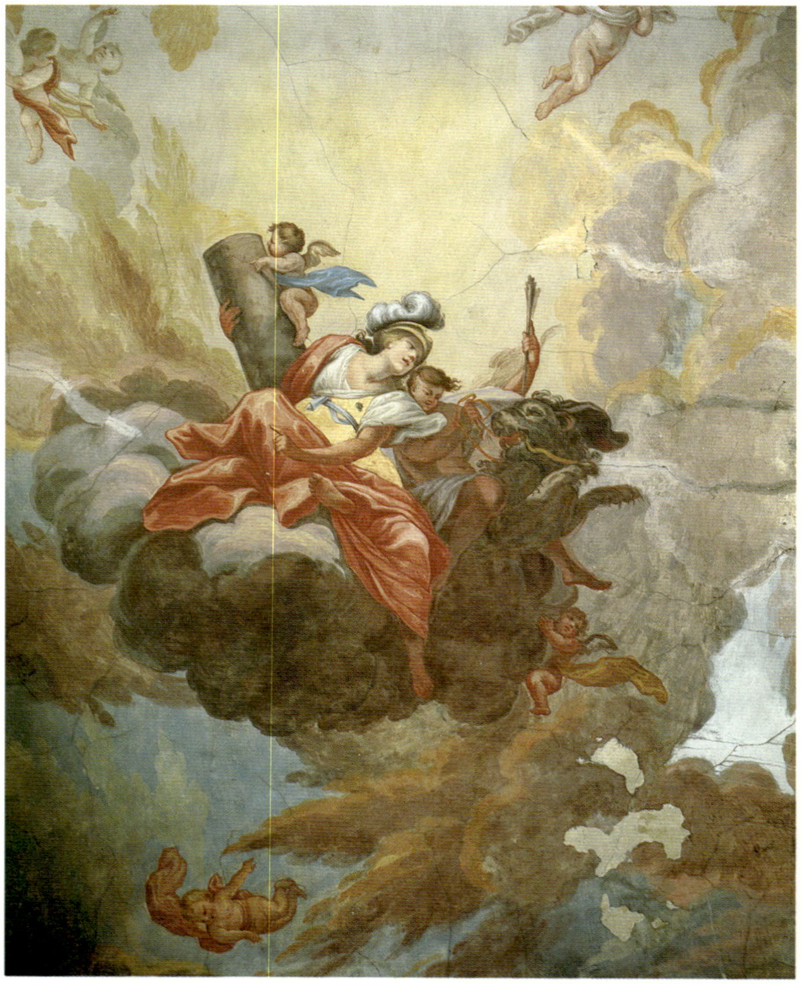

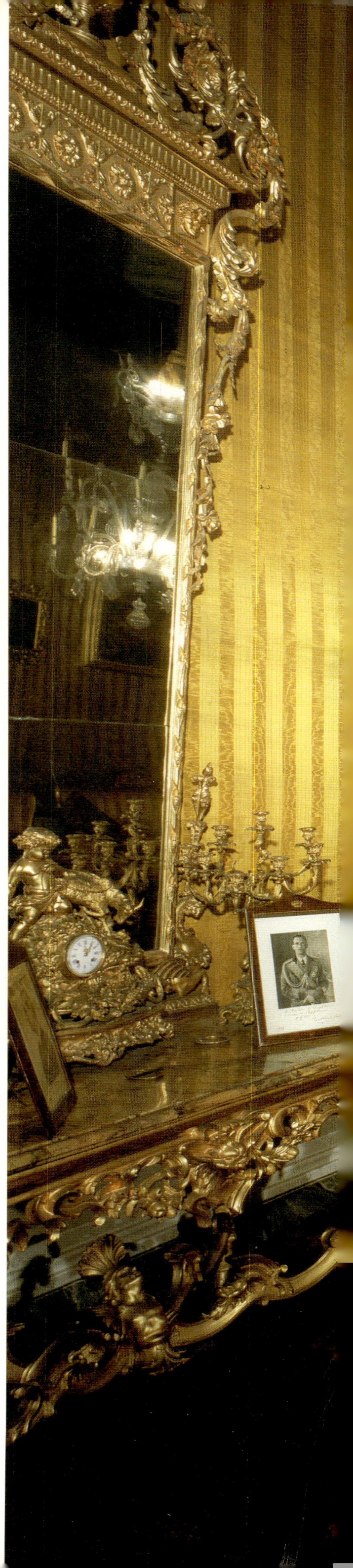

Der erlesene Gelbe Salon, den man vom großen Saal aus betritt. Bemerkenswert die feinen Tapeten aus Seide, ein Erzeugnis von den Landgütern der Capponi.

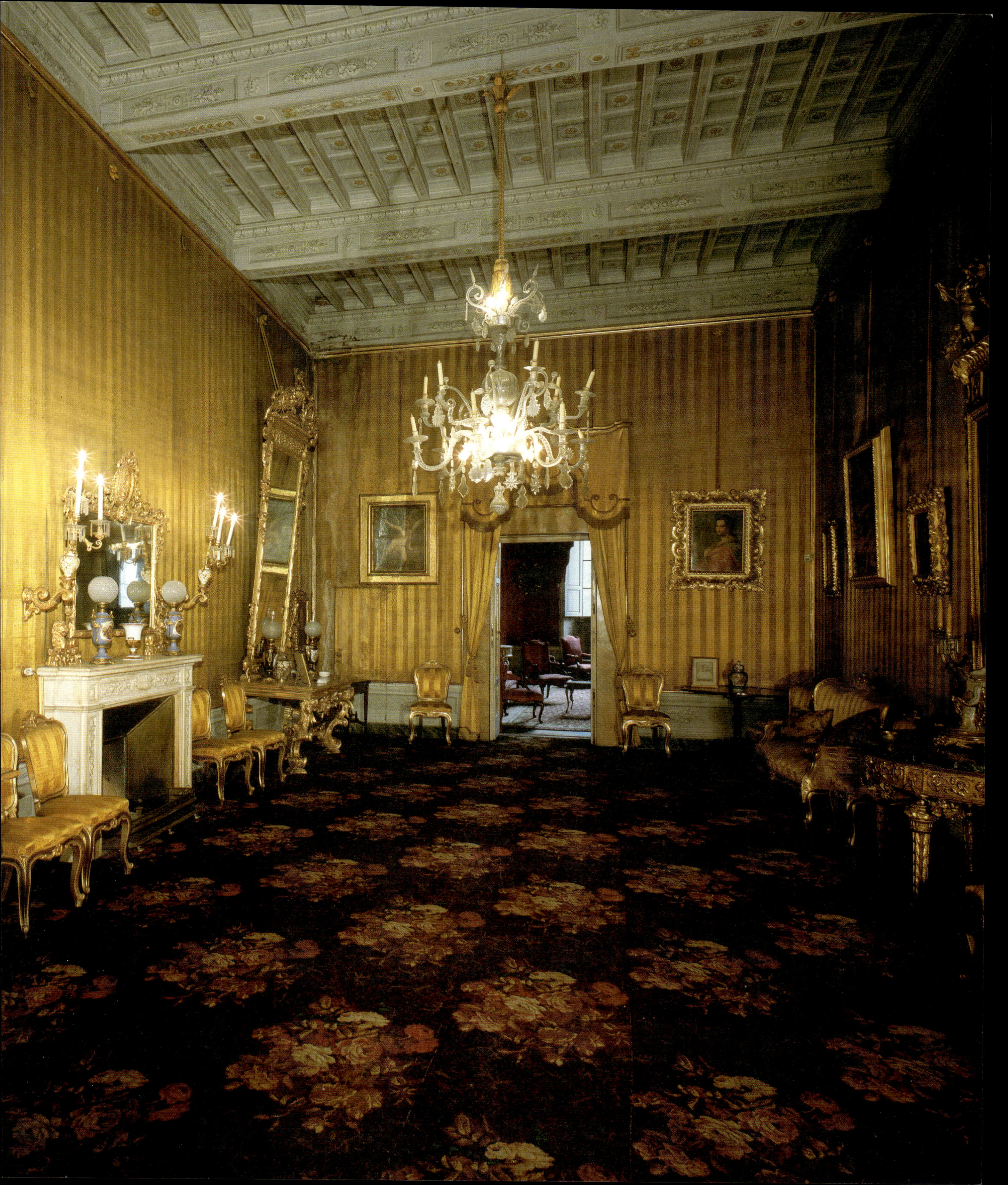

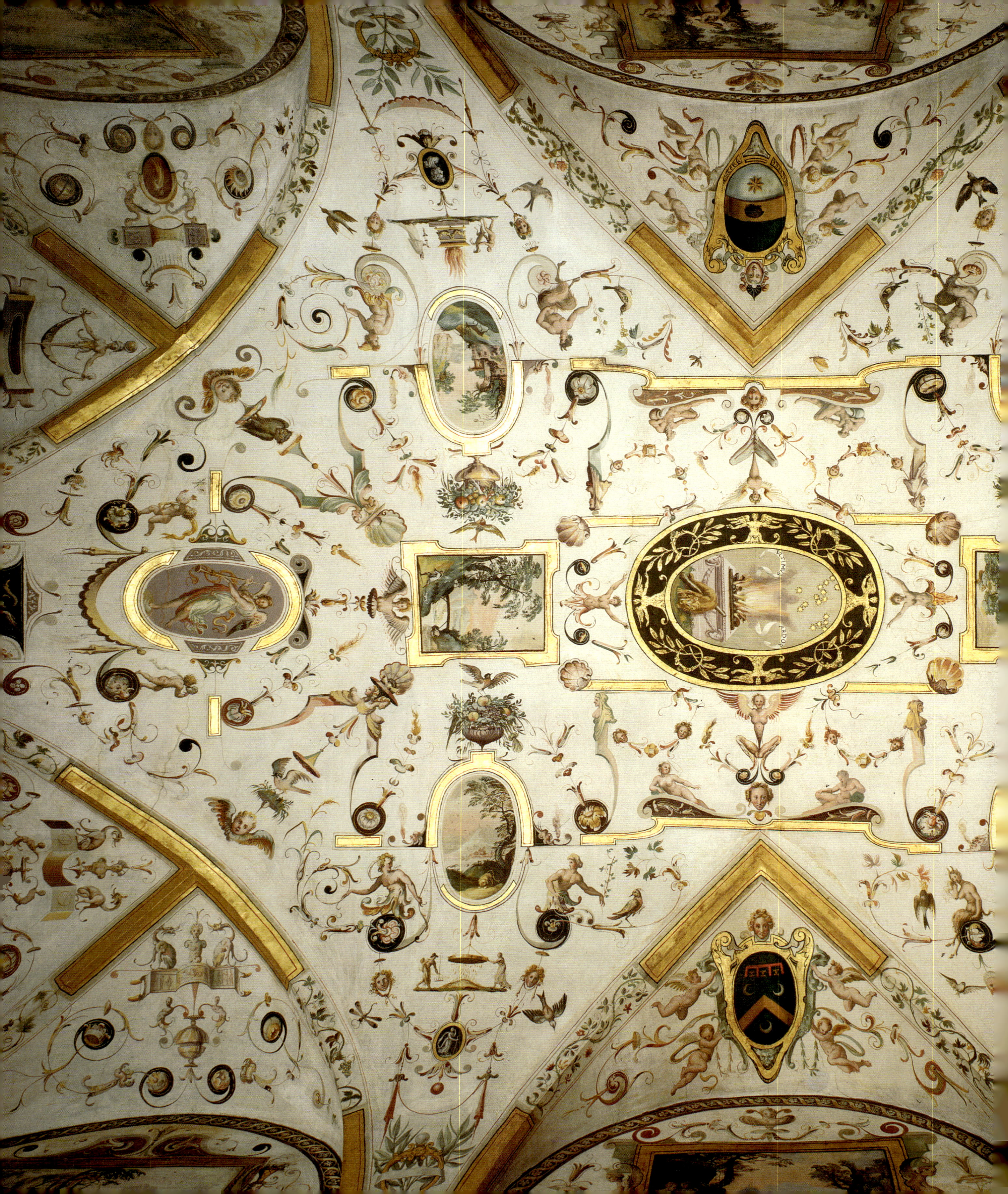

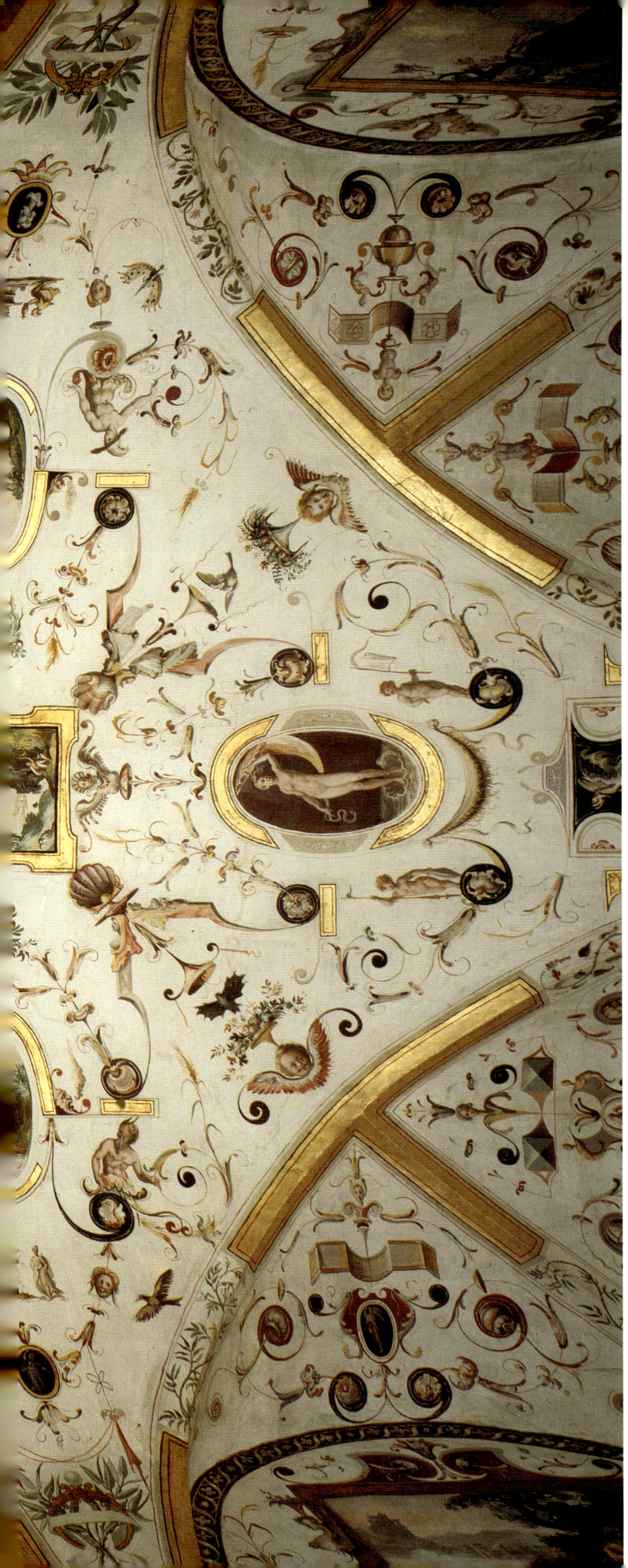

Patrizierhäuser im Florenz der Großherzöge

Palazzo Portinari Salviati, Dekoration von Alessandro Allori und Mitarbeitern, kleiner Saal neben dem Cortile degli Imperatori.

Casino Torrigiani del Campuccio

Im dichtbesiedelten Viertel Oltrarno, dem Stadtteil auf der anderen Seite des Arno, liegt im Gewirr der Straßen und Gassen unvermutet eine der größten Grünflächen von Florenz. Dieser Park entzieht sich den Blicken, da er auf der einen Seite durch die Mauern und Gebäude der Via dei Serragli, die seit Jahrhunderten schnurgerade zur Porta Romana hin verläuft, und auf der anderen Seite durch einen der wenigen noch erhaltenen Teile der alten Stadtmauer geschützt ist. Und doch ist er mit seinen jahrhundertealten Bäumen, seinen gepflegten, geometrischen Beeten, seinen klassizistischen Statuen und gewundenen Wegen eines der eigenwilligsten und interessantesten Elemente der ganzen Stadt. Als die Torrigiani zu Beginn des 16. Jahrhunderts die ersten Häuser und Gemüsegärten in der Via del Campuccio erwarben, gehörte diese Gegend jedoch sicher nicht zu den elegantesten, und sicher war sie kein Wohngebiet: stehende Gewässer – denn Drainagearbeiten und Wasserregulierung waren versäumt worden – machten sie ungesund (außerdem gab es auf den Grundstücken nahe

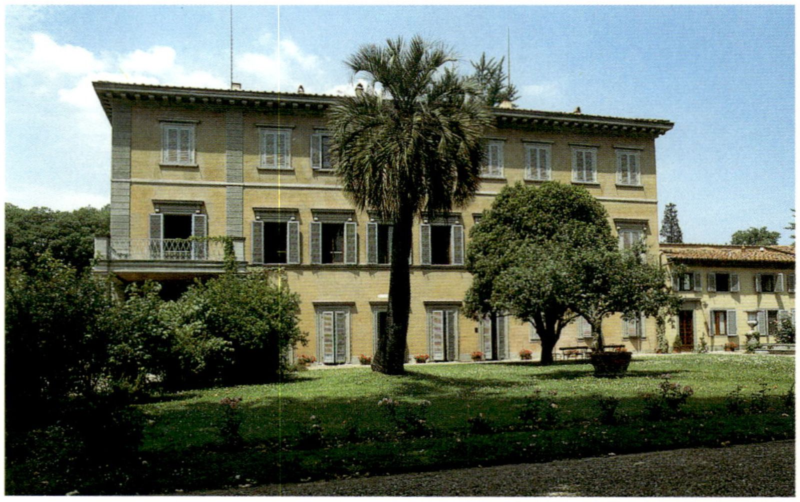

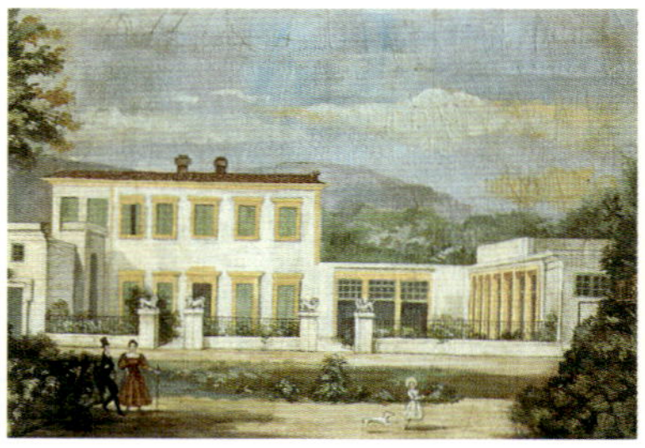

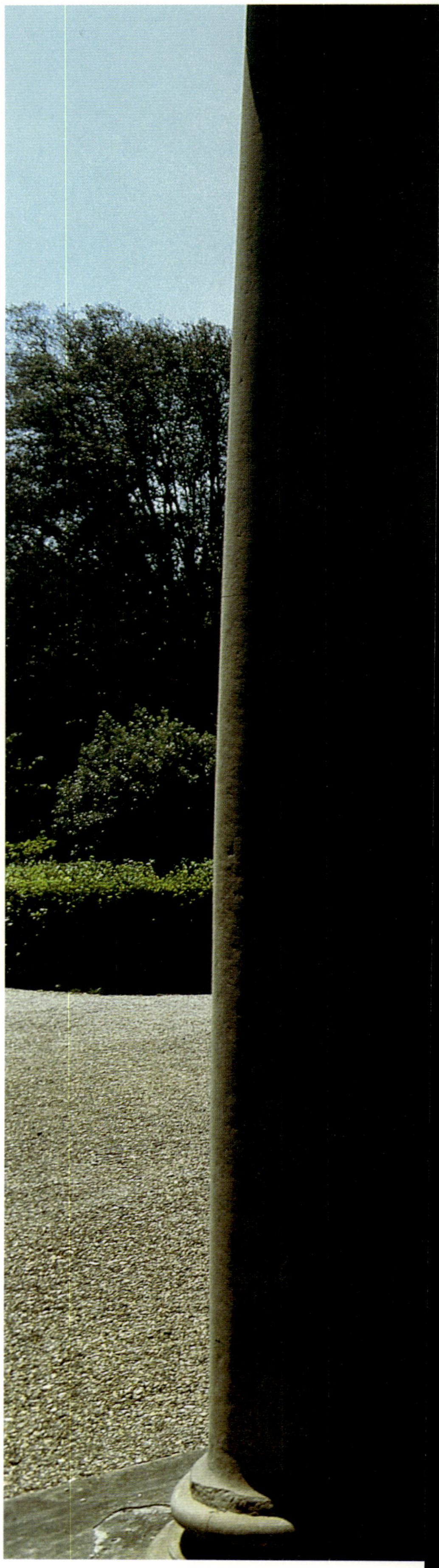

Zwei Gebäude fallen im Garten auf: die Villa aus dem 19. Jahrhundert (oben), die an der Stelle des alten Lustschlößchens der Del Rosso entstand und deren ursprüngliches Aussehen man noch heute auf einer Darstellung aus dem 19. Jahrhundert betrachten kann (kleines Bild); und die Villa an der Via del Campuccio, von Bernardo Fallani erbaut und von Gaetano Baccani modernisiert. Von ihrem luftigen Portikus aus hat man einen zauberhaften Blick auf den Garten und den prächtigen Wachtturm.

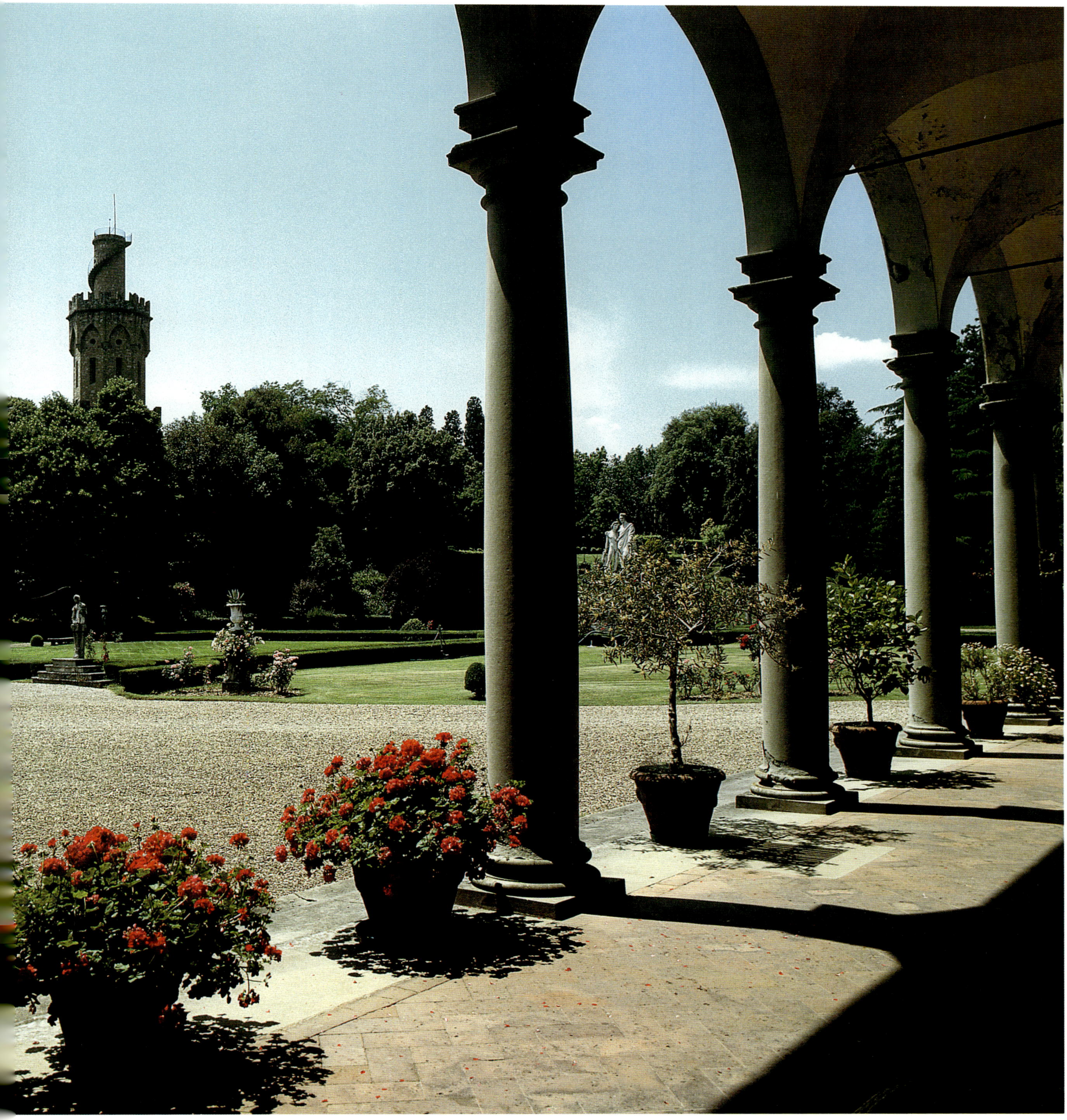

der Stadtmauern im Viertel Oltrarno lange Zeit keine Gebäude und Wohnungen, sondern nur Gemüsegärten oder Brachland; wahrscheinlich hatten deshalb die Behörden dort nicht eingegriffen). Selbst die Luft litt so sehr unter dem fauligen Wasser, daß sie vielfach ausdrücklich als »verdorben« bezeichnet wurde. Aber die Torrigiani ließen sich nicht entmutigen und verfolgten beharrlich ihr Ziel: den Bau eines eleganten, zwischen Stadt und Land gelegenen und von ausgedehnten lieblichen Grünflächen umgebenen Lustschlößchens, wo man ganz im Stil der Zeit Feste feiern, sich nachmittags entspannen und im Hochsommer der drückenden Hitze der Stadt entfliehen konnte.

Raffaello Torrigiani erwarb als erster seiner Familie in dieser Gegend zwei Häuser und einen Nutzgarten. Auch sein Sohn Luca sicherte sich weitere Grundstücksparzellen. Dann begann man mit der Trockenlegung, dem Umbau und der Vergrößerung der Nebengebäude, und schon Ende des 16. Jahrhunderts gab es zur Via del Campuccio hin ein großes herrschaftliches Anwesen. Inzwischen verbreitete sich allmählich der Ruf der Obst- und Gemüsegärten der Torrigiani und ihrer qualitativ hochwertigen Erzeugnisse. Noch berühmter wurden aber in kurzer Zeit die Feste, die man in dem mit Zedernwäldchen und Jasmin bepflanzten Park feierte.

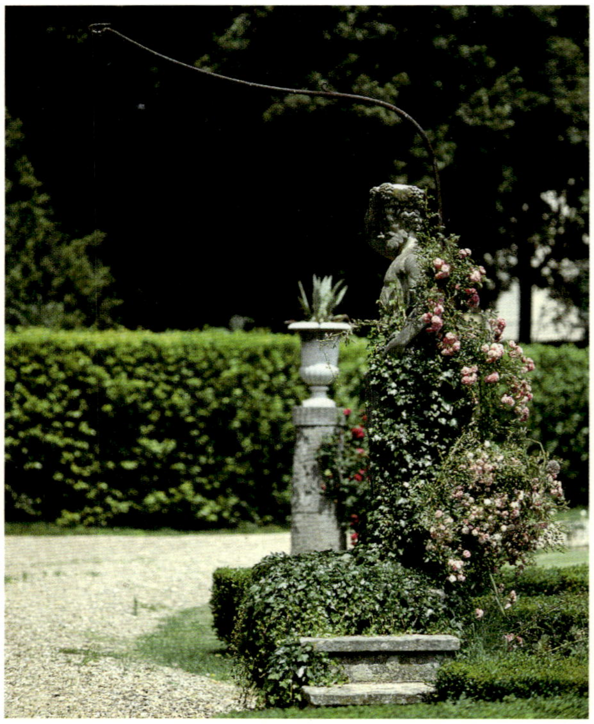

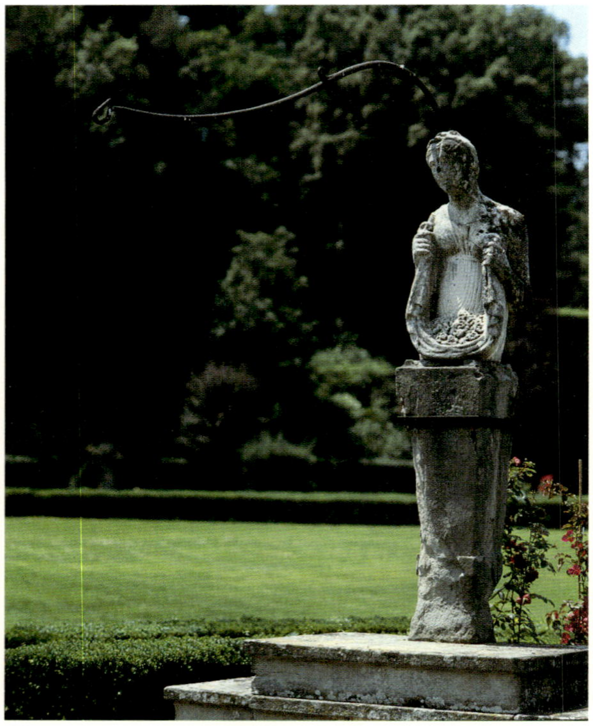

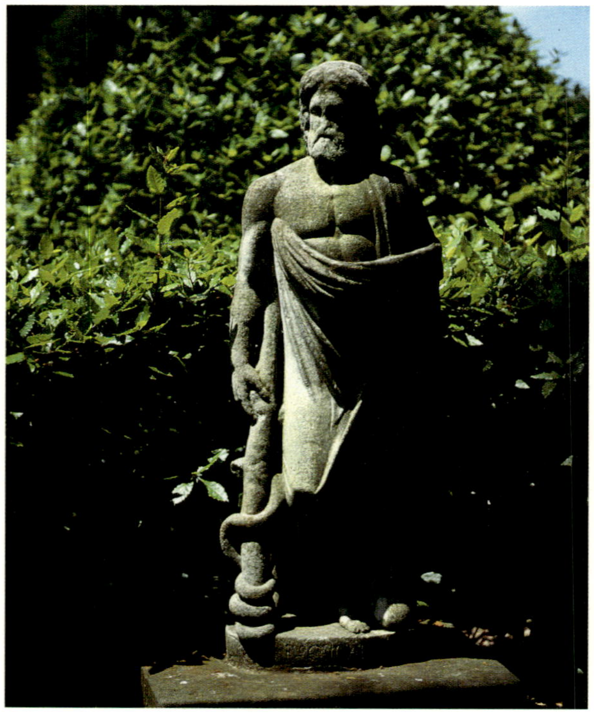

Der Markgraf Pietro Torrigiani sammelte Anfang des 19. Jahrhunderts eine Reihe von Statuen – oder ließ sie anfertigen – sowie römische Sarkophage und Marmorvasen, um seinen Garten zu verschönern, darunter zwei lebensgroße Statuen des Äskulap und der Ceres von Peruzzi und eine Steinfigur, einen Winzer darstellend, von Lorenzo Bartolini. Viele der Kunstwerke aus der Sammlung zieren noch heute die Wege und Beete des Gartens.

Wie man rechts auf dem detaillierten Plan aus dem 19. Jahrhundert erkennen kann, hatte Cambray-Digny den Garten praktisch neu strukturiert und neu angelegt. Es entstand ein perfekter »englischer« Garten mit Gewächshäusern für die tropischen Pflanzen und botanischen Raritäten, durch die das Anwesen der Torrigiani berühmt wurde.

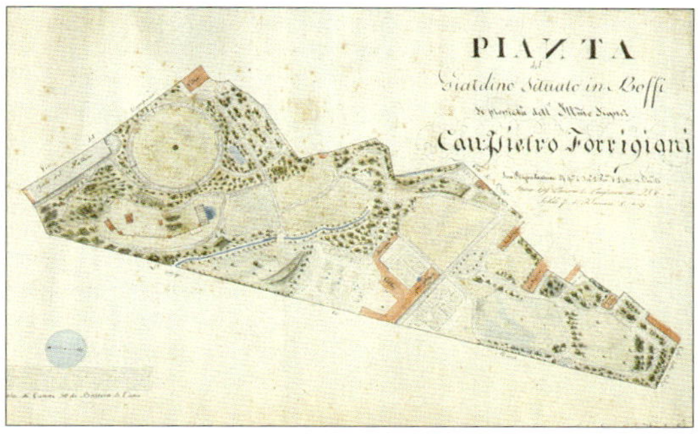

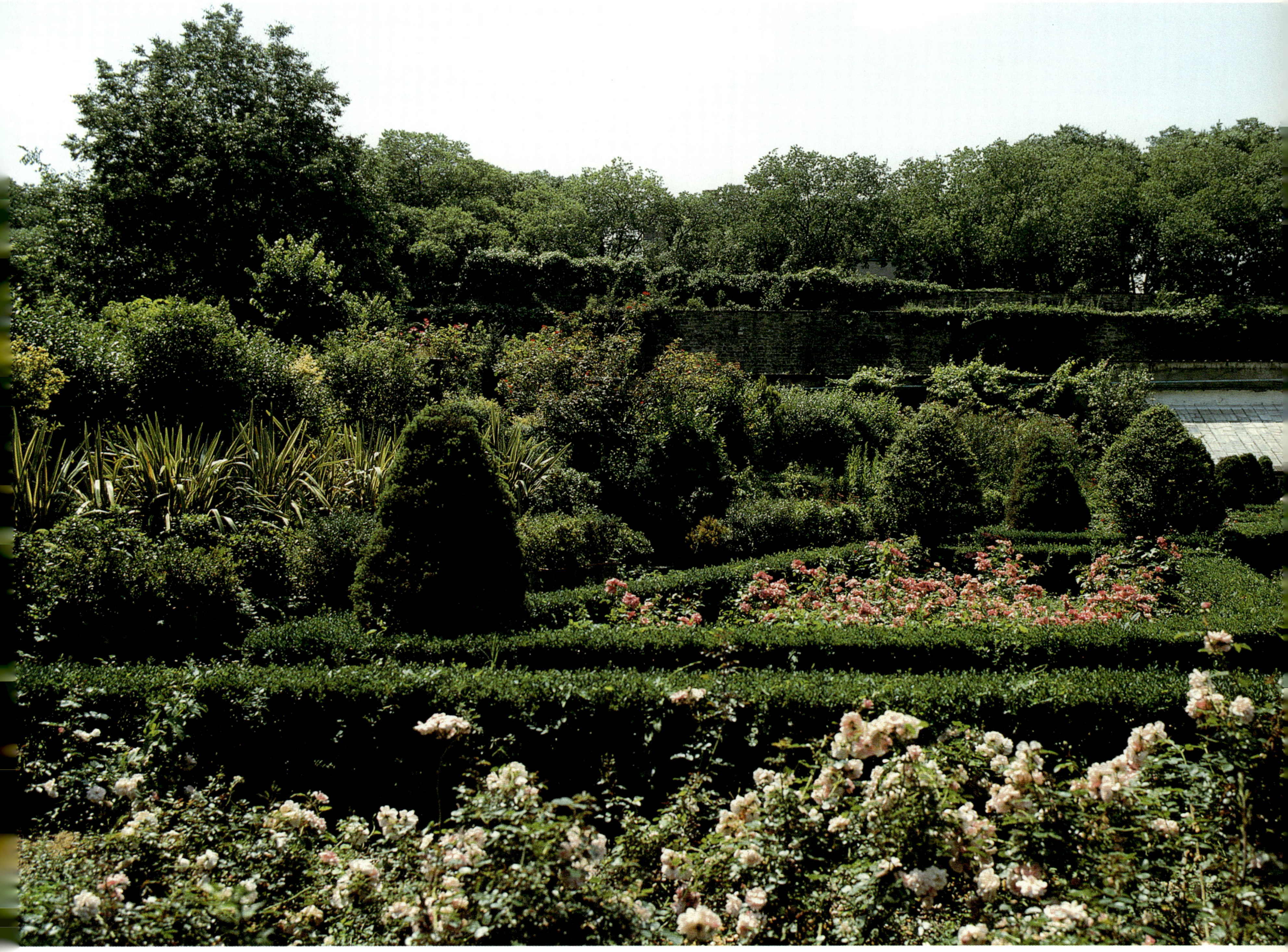

Im 17. Jahrhundert und weitgehend auch im 18. Jahrhundert wurde der Park kaum verändert, außer daß die Pflanzungen nach und nach spezialisiert wurden und einige seltene, botanisch interessante Arten hinzukamen. 1777 ging das Erbe eines Großonkels, des Kardinals Luigi Torrigiani, des letzten männlichen Nachkommen der Familien, auf den kleinen Pietro Guadagni über, den damals erst vier Jahre alten Sohn von Teresa Torrigiani. Als er größer wurde, nahm er den Nachnamen seiner Mutter an und zeigte sich am Garten besonders interessiert, den er sogleich erweitern ließ. Zwischen 1802 und 1817 kaufte er zuerst die Grundstücke an der Stadtmauer, auf denen die »zweite Mauer« verlief – und auch heute noch verläuft –, die Cosimo I. dei Medici im 16. Jahrhundert als zusätzlichen Schutz hatte errichten lassen; sodann erwarb er ein kleines Schloß von den Del Rosso mit einer langen Straße, die in die Via dei Serragli mündete und an der in der Mitte des Gartens das Landhaus erbaut wurde; schließlich kaufte er noch ein anderes Lustschlößchen, ebenfalls an der Via dei Serragli. So erhielt der Garten, der mit einer Fläche von fast zehn Hektar bis zur Porta Romana reicht, seine heutige Größe.
Die Architekten Luigi Cambray-Digny und später Gaetano Baccani verwandelten die Anlage in einen durch und durch romantischen

1821 ließ Gaetano Baccani ein kleines Schlößchen abreißen; er errichtete hier den originellen Wachtturm, der konkret an den Namen und das Wappen der Torrigiani erinnert. Im Innern befinden sich eine Bibliothek sowie ein Kabinett für astronomische Geräte, darunter einige Teleskope; ganz oben auf dem Turm liegt eine offene Dachterrasse.

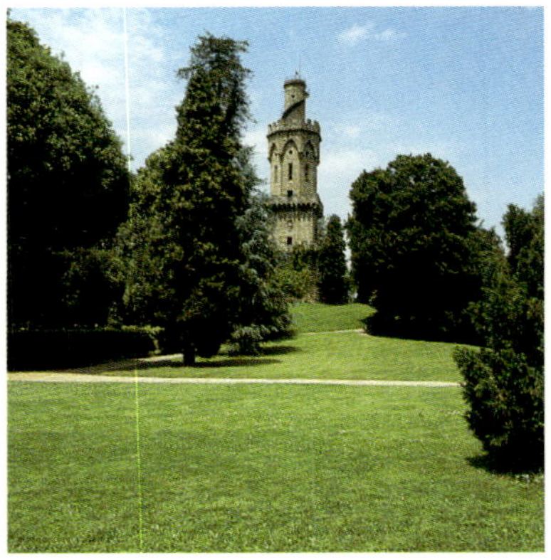

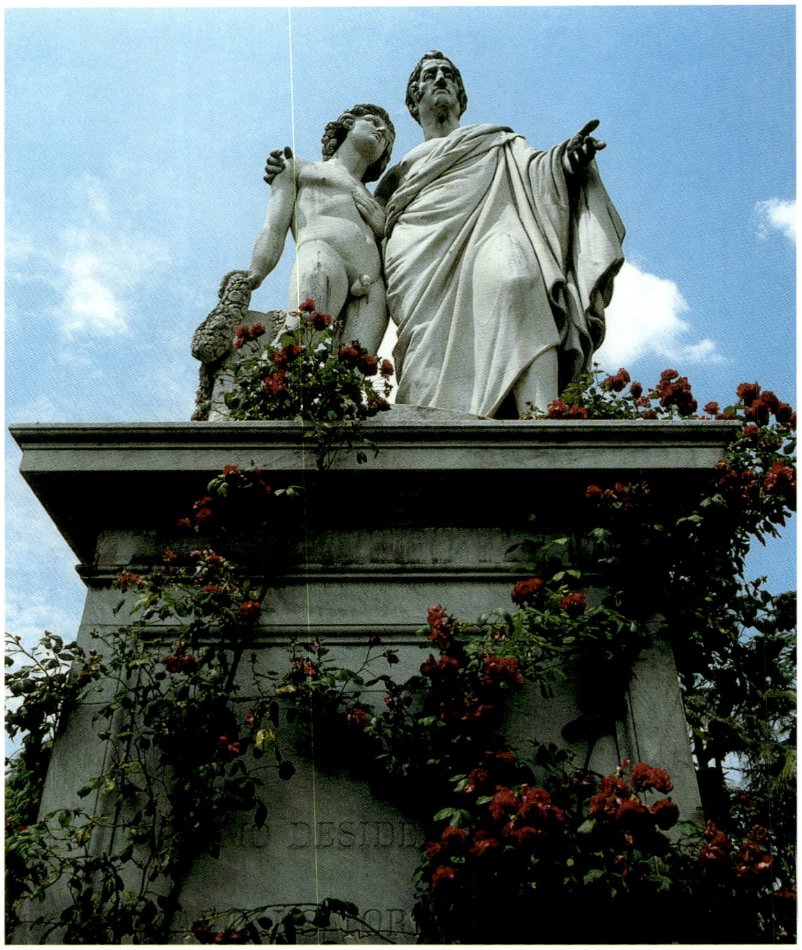

Carlo, der zweitgeborene Sohn des Markgrafen Pietro Torrigiani, wollte in seinem Garten die Erinnerung an dessen Schöpfer über die Zeiten bewahren. So entstand, in der Mitte eines großen Beetes, die klassizistische Gruppe von Fedi mit dem weisen Vater, der dem Sohn, einem Knaben noch, den Weg weist.

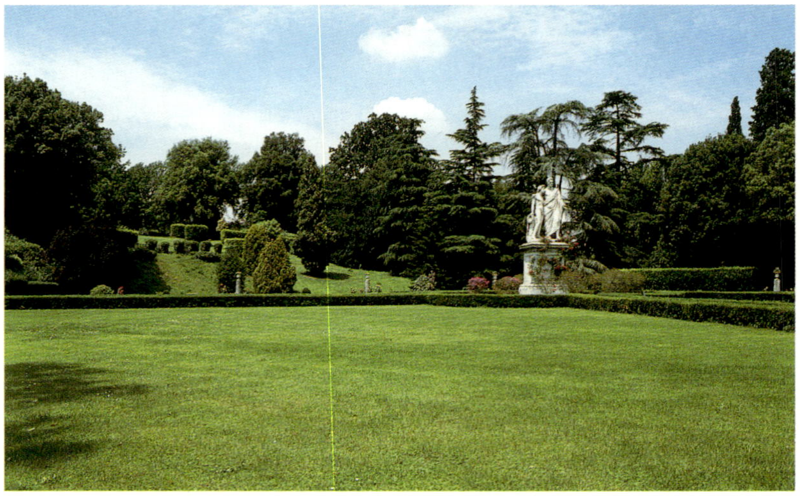

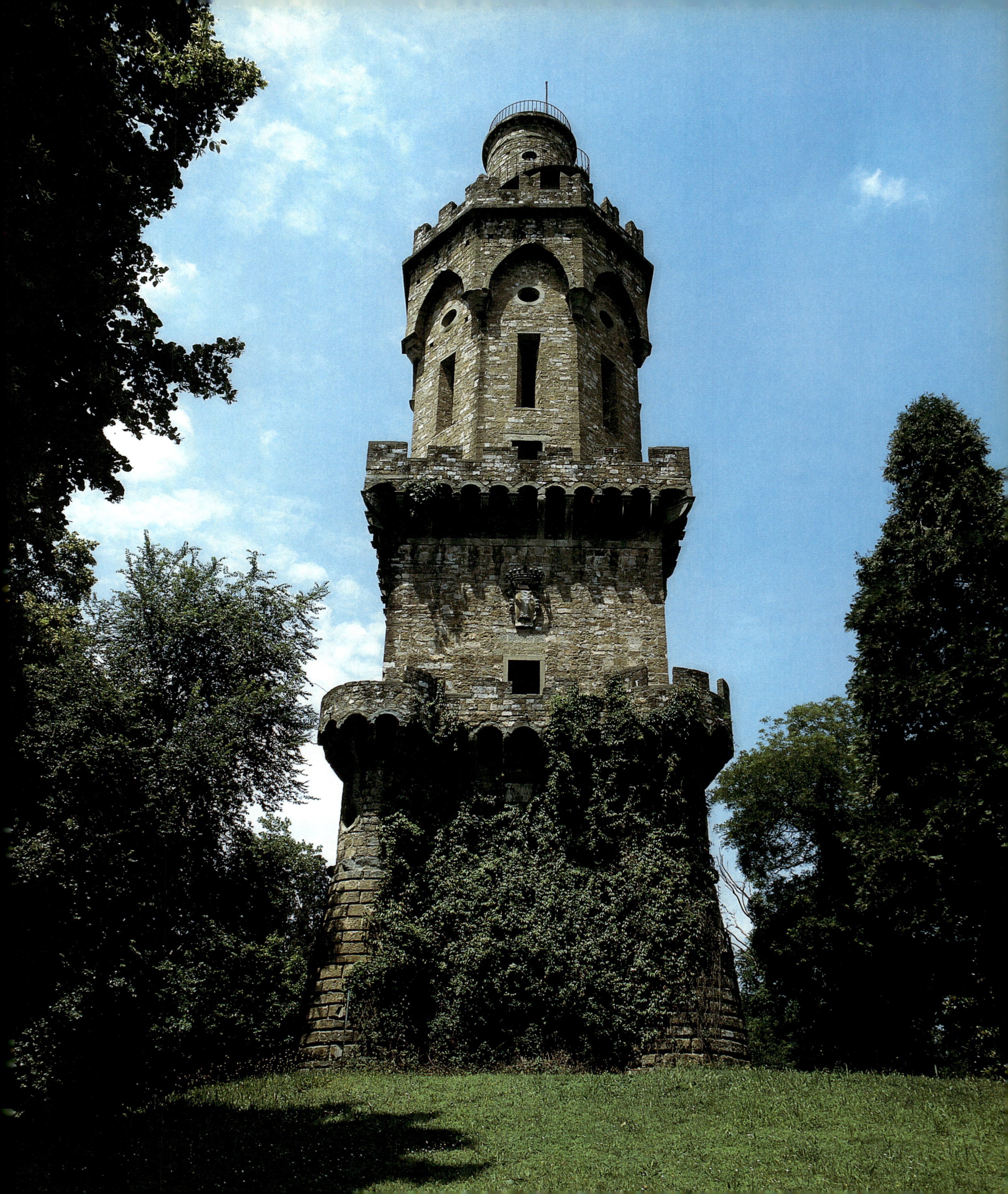

Garten mit drei herrschaftlichen Residenzen, Wegen, kleinen Plätzen, Wäldchen, Beeten – darunter viele runde, um die herum eine Rennbahn angelegt wurde, die heute immer noch Hippodrom genannt wird –, einem großen Wachtturm von Baccani mit dem deutlich erkennbaren Wappen der Torrigiani, in dem ein Kabinett für astronomische Geräte untergebracht war, klassizistischen Tempelchen und der »Höhle des Merlin«. Diese weitläufige Grünfläche wurde zu einem der bekanntesten Orte in Florenz. Besonders beliebt war der Park bei vielen Persönlichkeiten aus dem Ausland, die sich im 19. Jahrhundert auch in einigen Räumen der Villen einmieten konnten: von Lady Charlotte Campbell, Tochter der Fürstin d'Argyll, zum Prinzen Gustav von Schweden und zum Grafen de la Rochefoucauld konnten sie alle den großen und mit beachtlichem Auswand gepflegten Botanischen Garten bewundern. Noch heute hat der Torrigiani-Garten, in dem es unter anderem auch einen ausgedehnten Pflanzgarten gibt, nichts von seiner Faszination eingebüßt, wenngleich er aufgrund erbrechtlicher Regelungen zwischen den verschiedenen Familienzweigen aufgeteilt wurde. So ist leicht verständlich, daß der Sohn des Markgrafen Pietro Torrigiani diesem genau in der Mitte des Gartens, zu dessen Entstehung er so viel beigetragen hatte, ein Denkmal setzen ließ.

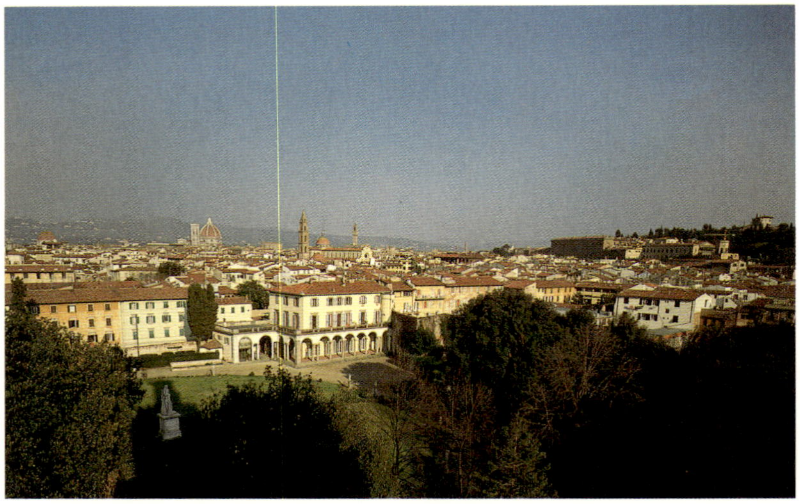

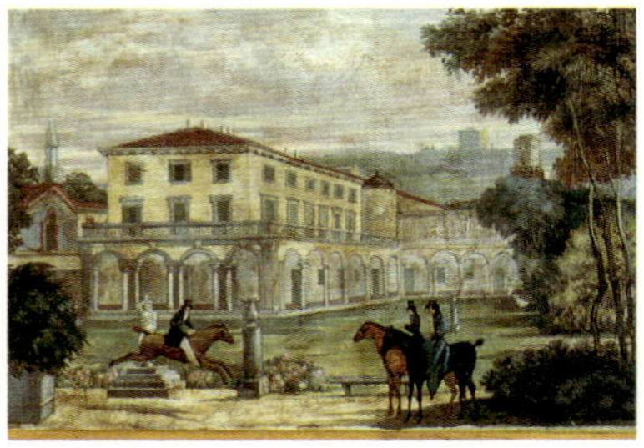

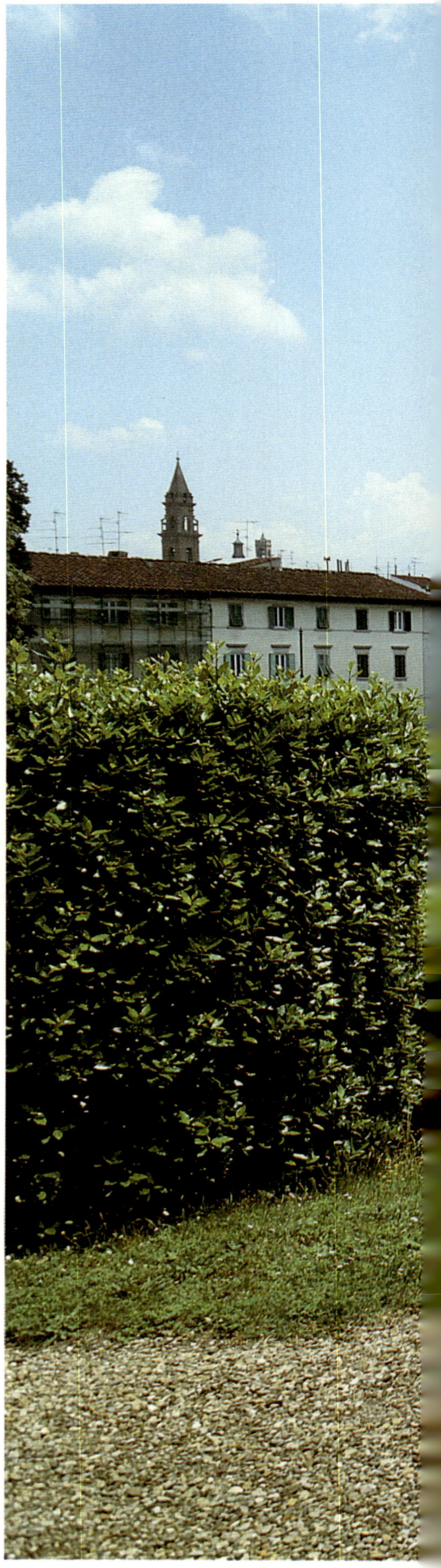

Die Ursprünge der Villa an der Via del Campuccio liegen weit zurück: hier stand ein einfaches Schlößchen, das Raffaello Torrigiani 1531 erwarb. Bereits im 16. Jahrhundert wurde es zu einem herrschaftlichen Haus umgebaut und schließlich Mitte des 17. Jahrhunderts auf Wunsch des Senators Carlo Torrigiani und seiner Frau Camilla Strozzi erweitert. Sein heutiges Aussehen bekam es im 19. Jahrhundert. Vor dem Haus liegt das große Rundbeet mit der Statue des Markgrafen Pietro Torrigiani und seines Sohnes Carlo.

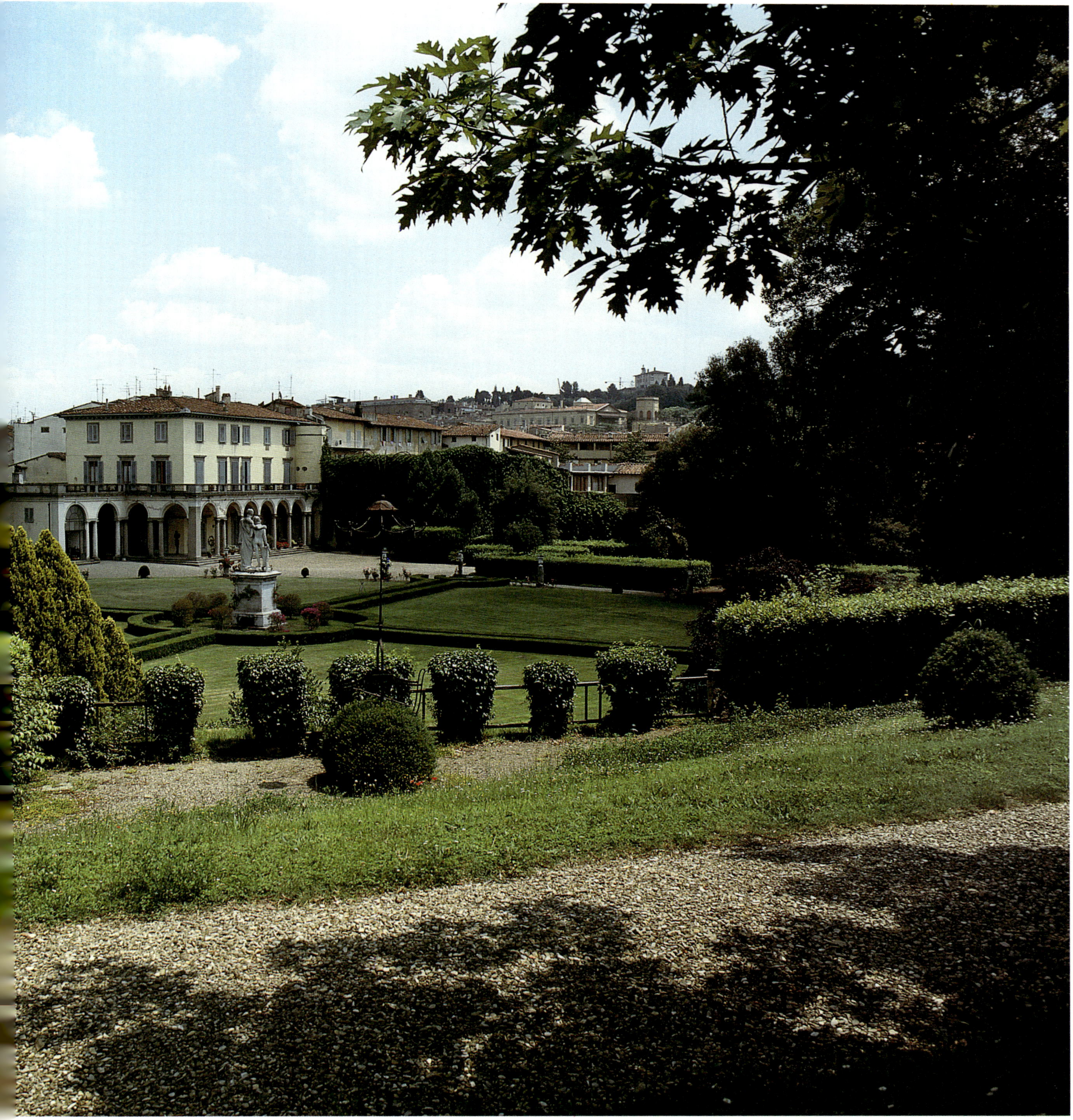

Palazzo Nonfinito

Die Häuser Ecke Via del Proconsolo und Borgo degli Albizzi gehörten lange Zeit der Familie Pazzi – daher auch der Name »Canto dei Pazzi«, Pazzi-Ecke –, deren Name auf tragische Weise mit der Verschwörung gegen die Medici von 1478 verbunden ist. Am 10. November 1592 kaufte Alessandro Strozzi, der Sohn des Senators Camillo, diese Gebäude auf und ließ sie abreißen, um dort seinen eigenen Palast zu bauen. Der Architekt Bernardo Buontalenti entwarf das Erdgeschoß (mit den typischen Fensterkörben vor den rechteckigen »knienden« Fenstern und dem mächtigen Tor zum Borgo degli Albizzi hin, dem Haupteingang) und den gesamten ersten Stock. Die sehr aufwendigen Arbeiten begannen am 15. Juli 1593. Da der Bau aber auch mit hohen Ausgaben verbunden war, merkte Strozzi bald, daß er es allein unmöglich schaffen würde, das Gebäude vollständig zu errichten. Also beschloß er, seinen Stiefbruder Roberto, einen unehelichen Sohn Camillos, an dem Unterfangen zu beteiligen. Er hatte ihn legitimiert und nach Venedig geschickt, wo er sich – übrigens mit

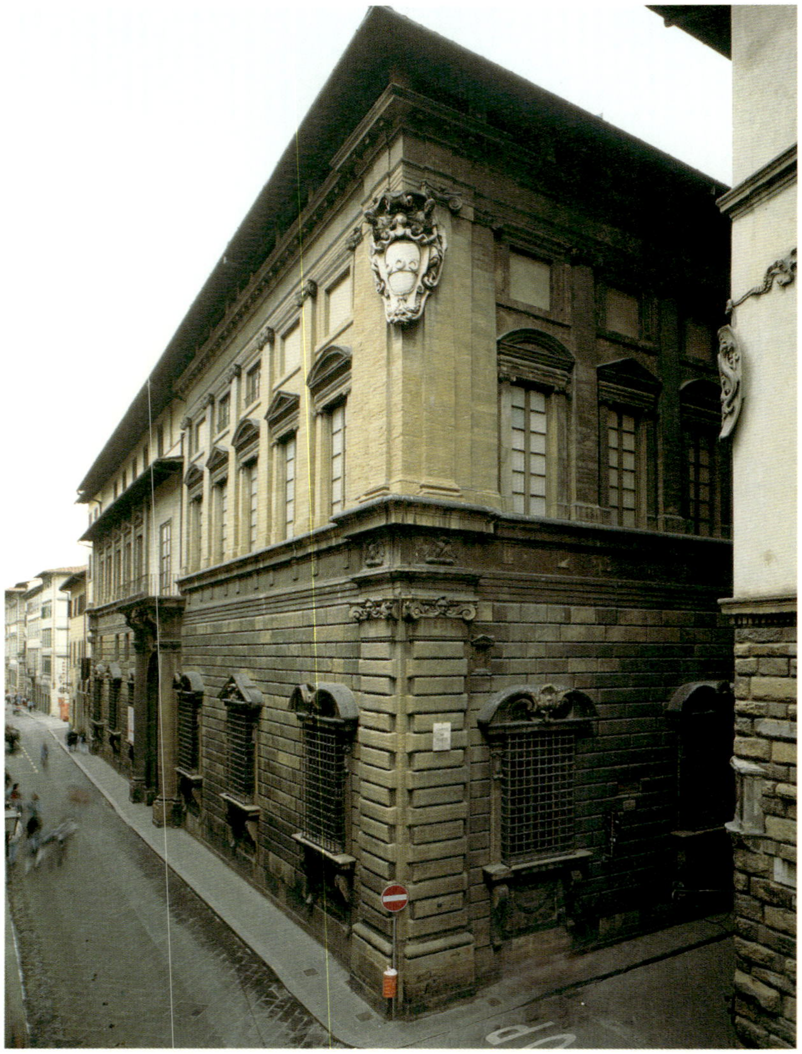

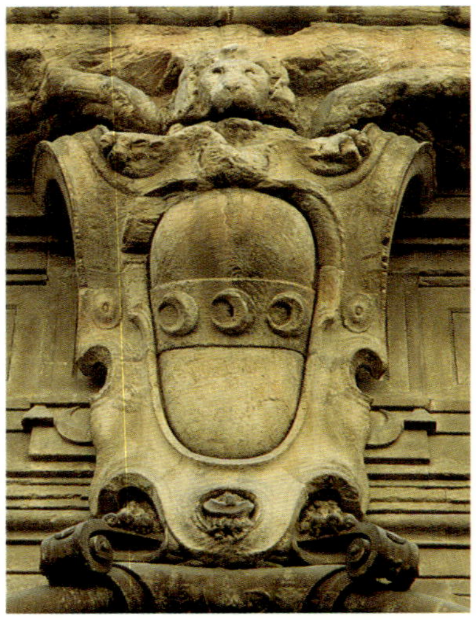

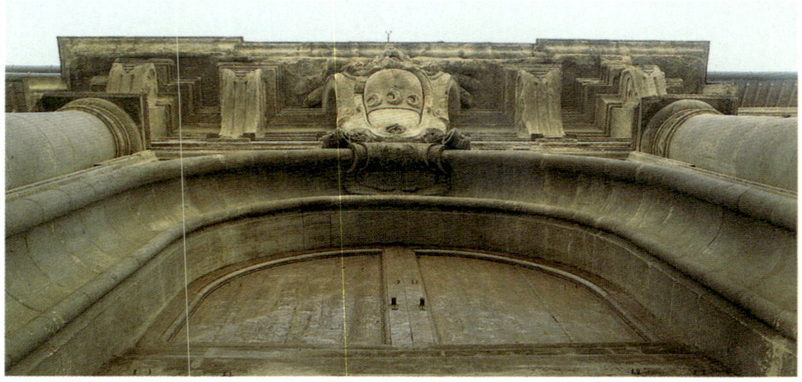

Die Pläne und Entwürfe für die beiden Fassaden stammen von Bernardo Buontalenti. Mit Sicherheit sind von ihm die »knienden« Fenster im Erdgeschoß, die beiden Tore mit dem Balkon und dem Wappen und der Entwurf für den ersten Stock. Allerdings vollendete er sein Werk nicht, und daher wurde die Fassade zur Via del Proconsolo von Giovanni Caccini fertiggestellt; ihm verdanken wir insbesondere die Vervollständigung des Tors und das große Wappen der Strozzi an der Straßenecke.

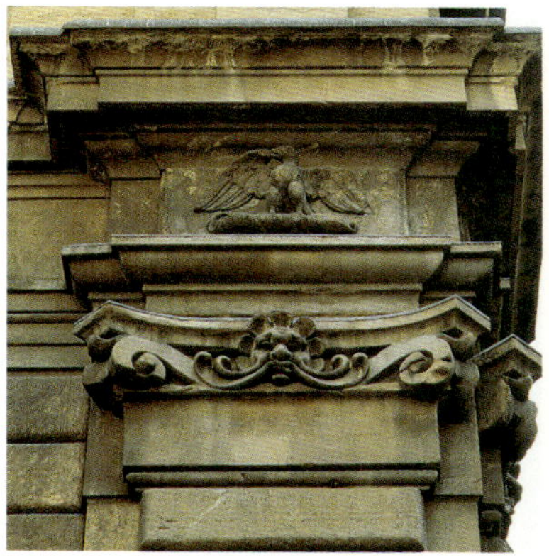

Die Fassade zum Borgo degli Albizzi war als Hauptfront des Palastes konzipiert und blieb es lange Zeit, obwohl sie an einer engen Straße stand. An ihr fallen das Tor Buontalentis auf, über das Silvani schrieb, daß er »noch nie ein schöneres gesehen« habe, des weiteren das steinerne Wappen der Strozzi, der Balkon und der kunstvoll mit Girlanden und Grotesken verzierte Fries unter den Gesimsen.

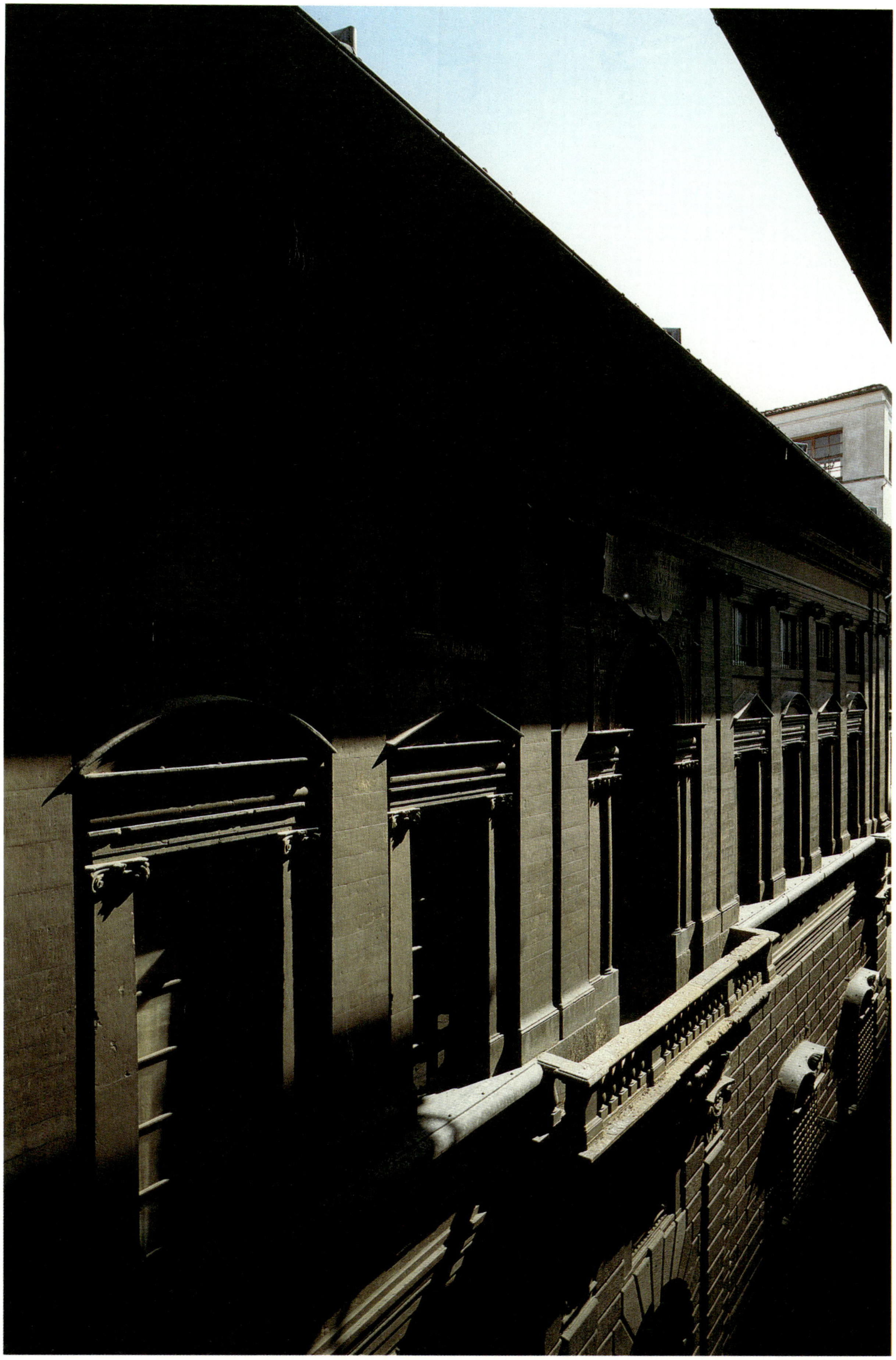

großem Erfolg – als Kaufmann betätigen sollte. Roberto kaufte 1596 den halben Komplex und ein Jahr später auch die andere Hälfte, so daß er alleiniger Besitzer des Anwesens wurde. Da Roberto Strozzi lange in venezianischer Umgebung gelebt hatte, beauftragte er mit der Weiterführung der Arbeiten zunächst einen venezianischen Architekten: Vicenzio Scamozzi. Aber Scamozzi führte die Bauarbeiten nicht zum gewünschten Ergebnis, weshalb die Aufsicht über das Werk schon bald Künstlern aus der Toskana übertragen wurde: Giovanni Caccini vervollständigte die Fassade und das Tor zur Via del Proconsolo und führte das große Wappen an der Hausecke zu beiden Straßen aus; Vignola arbeitete im ersten Stock an dem Teil zur Via del Proconsolo hin; Ludovico Cardi, genannt il Cigoli, baute den Innenhof; ein Werk von Santi di Tito da Sansepolcro ist hingegen die gewaltige Treppe, die sich leicht mit denen von Vasari messen kann. So viele berühmte Beiträge ließen die Kosten in die Höhe schnellen, und so erging es dem Palast wie vielen anderen: auch Roberto Strozzi verausgabte sich und mußte die Arbeiten unterbrechen, so daß Teile des Innenhofs und des Zwischengeschosses über dem ersten Stock unvollendet blieben und das Gebäude zu Recht Palazzo Infinito, der »Unvollendete Palast«, genannt wurde.

Der elegante Innenhof ist ein Werk Ludovico Cardis, genannt il Cigoli, aber die leicht palladianischen Rhythmen in Linienführung und Anordnung der Bögen, Säulen und Halbsäulen lassen – zumindest was den Entwurf angeht – an eine Beteiligung des Architekten Vincenzo Scamozzi aus Vicenza denken.

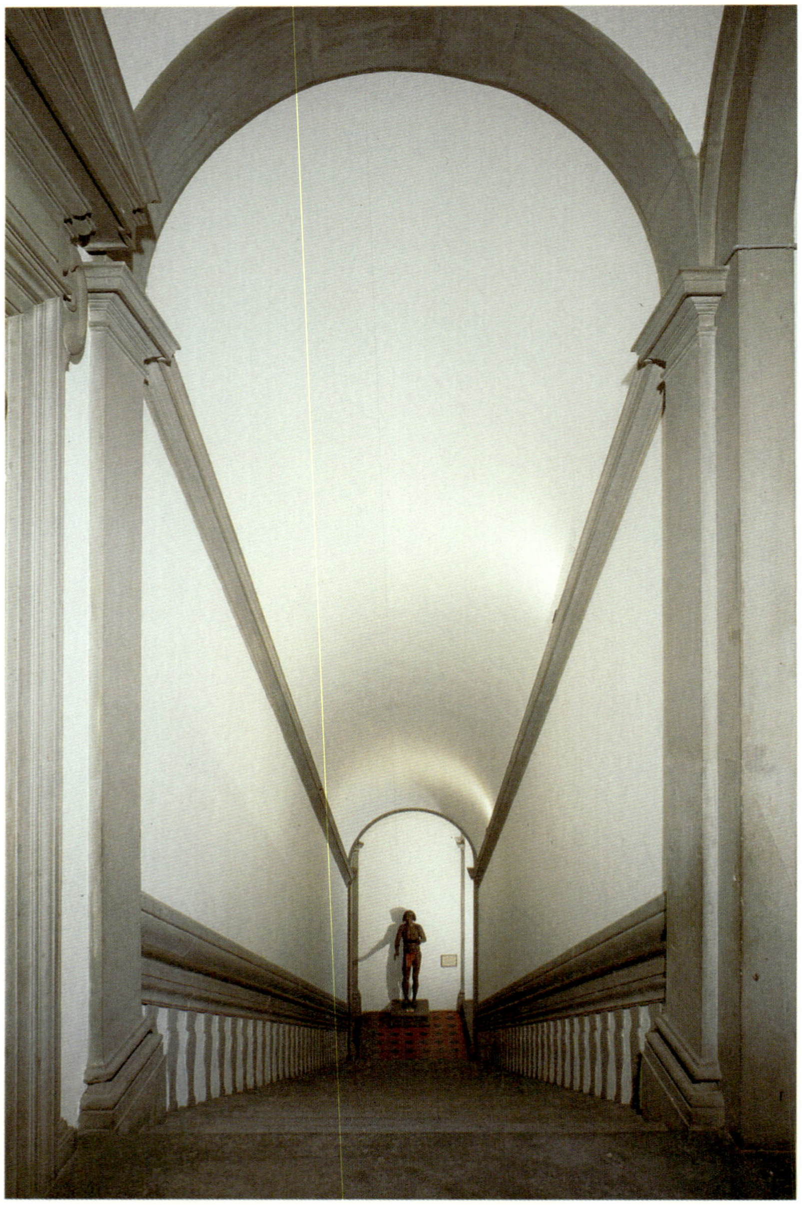

Die gewaltige, breite, Anfang des 17. Jahrhunderts von Santi di Tito da Sansepolcro gebaute Innentreppe. Im Hintergrund, am Fuß der Treppe, erkennt man die hölzerne Riesenstatue aus dem Museo Nazionale di Antropologia, die einen Eingeborenen aus Patagonien darstellt. Die Skulptur wurde in der zweiten Hälfte des 18. Jahrhunderts auf Wunsch des Großherzogs Pietro Leopoldo angefertigt, nachdem der englische Kapitän Byron nach einer Weltreise unter anderem berichtet hatte, der größte Einwohner Patagoniens sei 2,43 Meter groß gewesen.

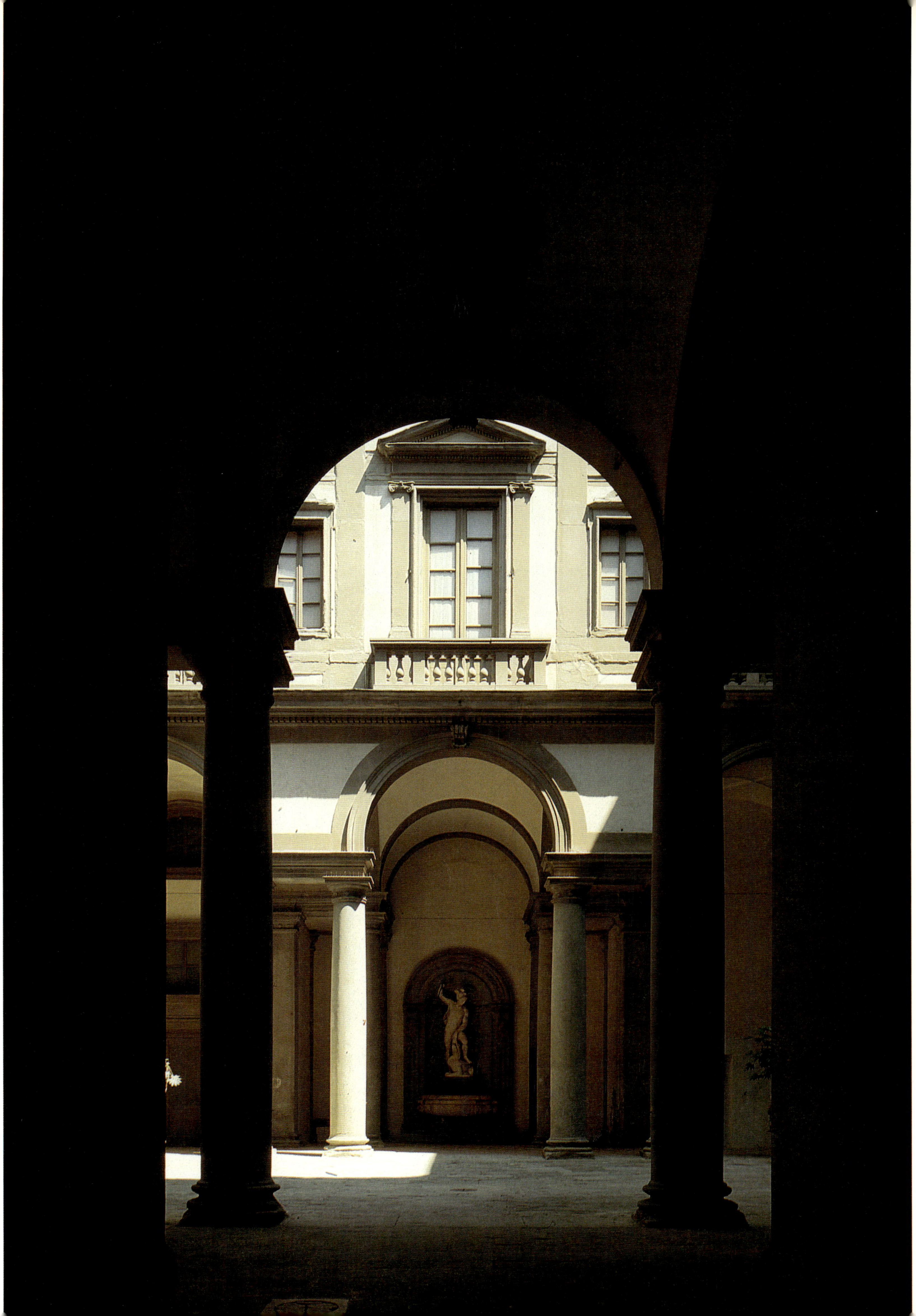

Das prachtvolle Anwesen ging im Lauf der Zeit an mehrere Seitenlinien der Strozzi, die aber weder den Bau vollendeten noch die Innenräume weiter ausgestalteten. 1802 erwarb Giovanni di Francesco Guasti den Palast und verkaufte ihn zwölf Jahre später an die toskanische Regierung. So wurde der Palazzo Infinito Sitz des Innenministeriums und der Direktion der gefürchteten lothringischen Polizei. Nach der Einigung Italiens, als Florenz für kurze Zeit Hauptstadt war, residierte dort der Staatsrat; später gelangte der Bau in den Besitz der Poste e Telegrafi. Seit 1920 befinden sich dort das Istituto di Antropologia und das 1869 von Paolo Mantegazza gegründete Museo Nazionale di Antropologia e Etnologia der Universität Florenz, das bis heute zu den größten und renommiertesten anthropologischen Museen gehört.

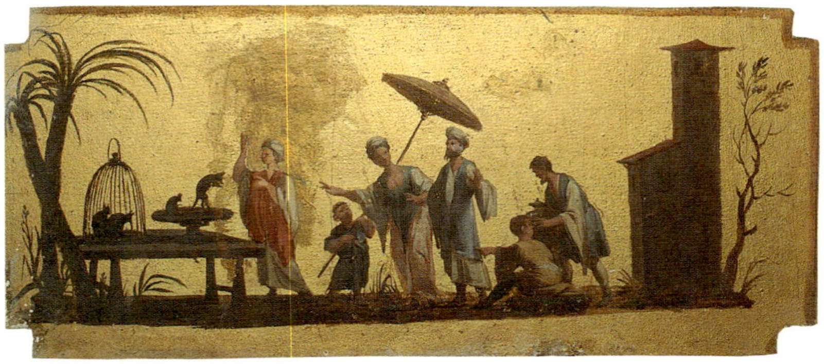

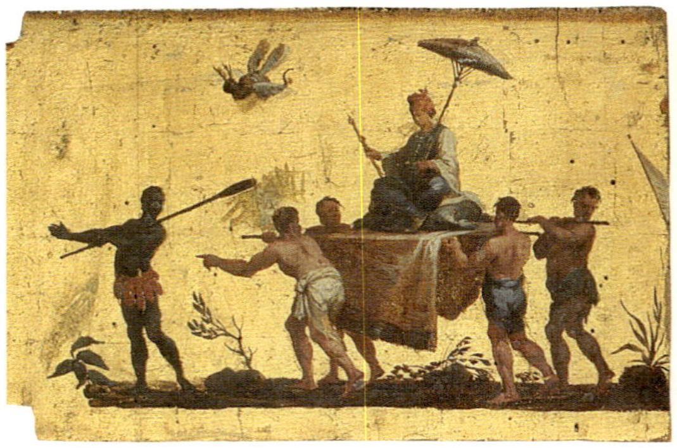

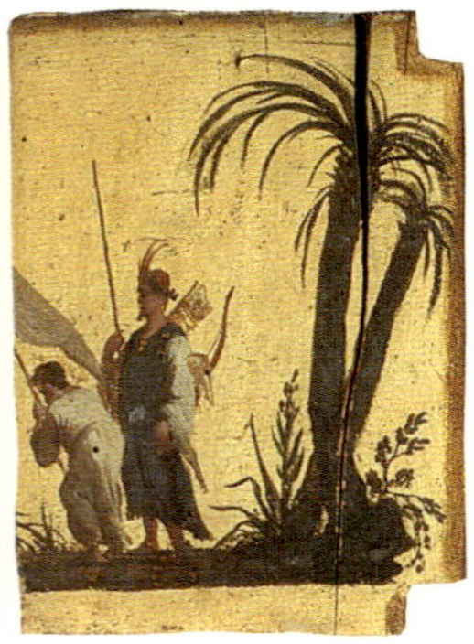

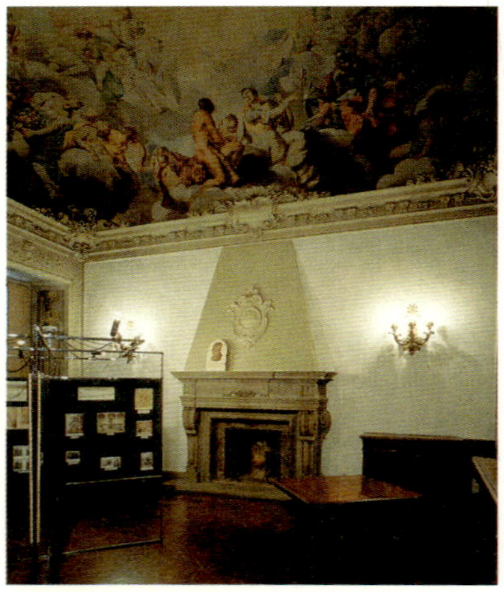

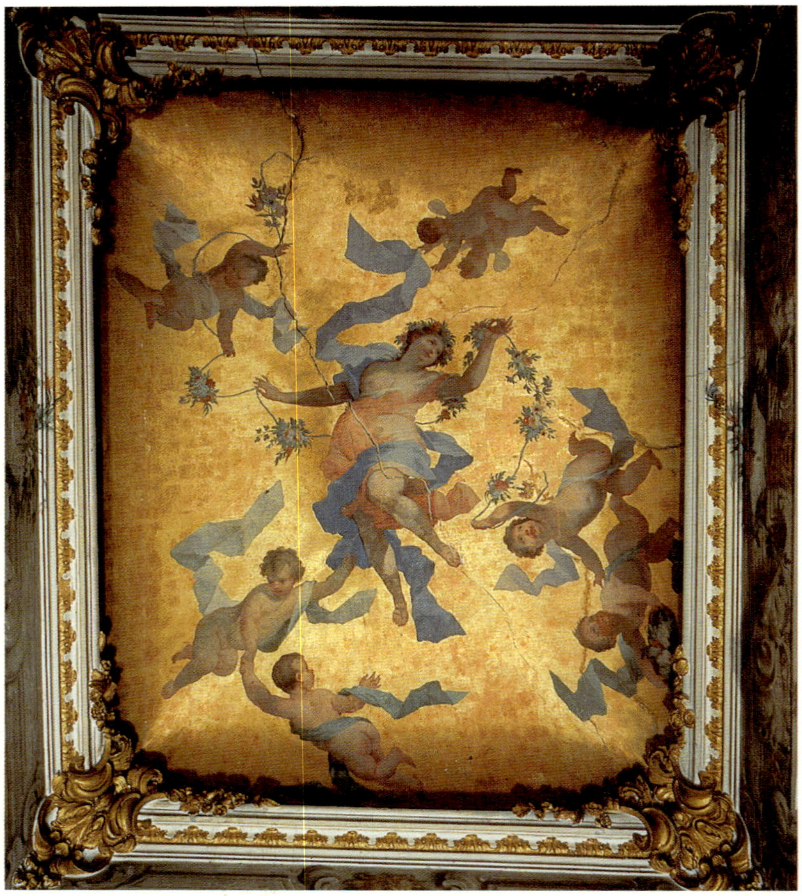

Im ersten Stock, wo sich heute das Museo di Antropologia befindet, fällt eine kleine, ganz mit Fresken ausgemalte Kapelle auf. Zu den reichen Verzierungen aus dem 17. Jahrhundert gesellten sich im 18. Jahrhundert anmutige Chinoiserien. Der Fliesenboden ist aus intarsiertem Marmor, und an der Decke sieht man eine allegorische Szene auf goldenem Grund. Ebenfalls im ersten Stock ist ein ganz entzückender Ecksaal mit einem auffälligen Kamin erwähnenswert, auf dem die Gedenktafel steht, die die Società Italiana di Antropologia e Etnologia ihrem Präsidenten Giuseppe Genna gewidmet hat, einem im letzten Jahrhundert berühmten Anthropologen. Bemerkenswert ist auch die vollständig erhaltene Decke, ein Werk Domenico Ferrettis (18. Jahrhundert).

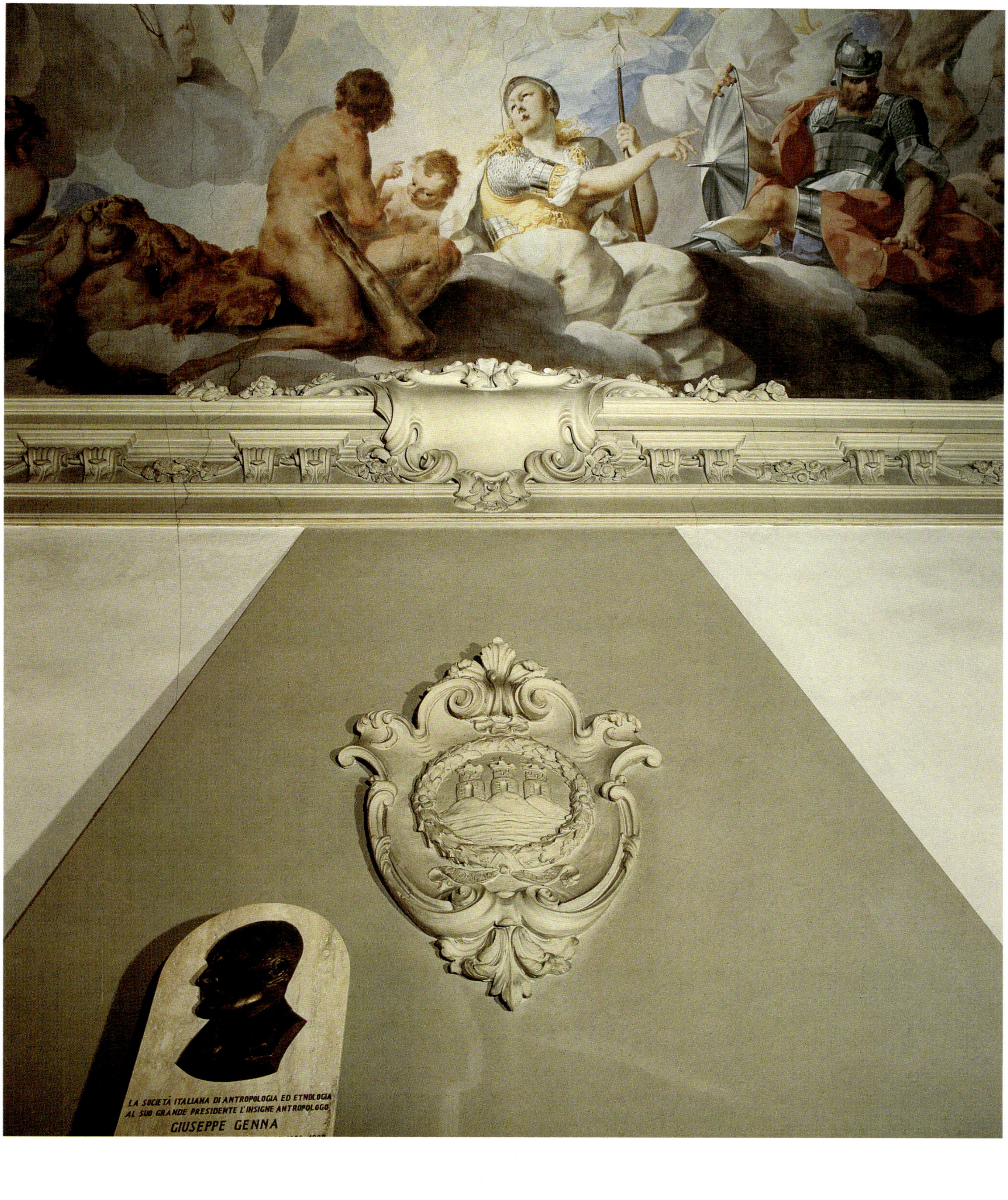
LA SOCIETÀ ITALIANA DI ANTROPOLOGIA ED ETNOLOGIA
AL SUO GRANDE PRESIDENTE L'INSIGNE ANTROPOLOGO
GIUSEPPE GENNA

Palazzo Bartolini Salimbeni

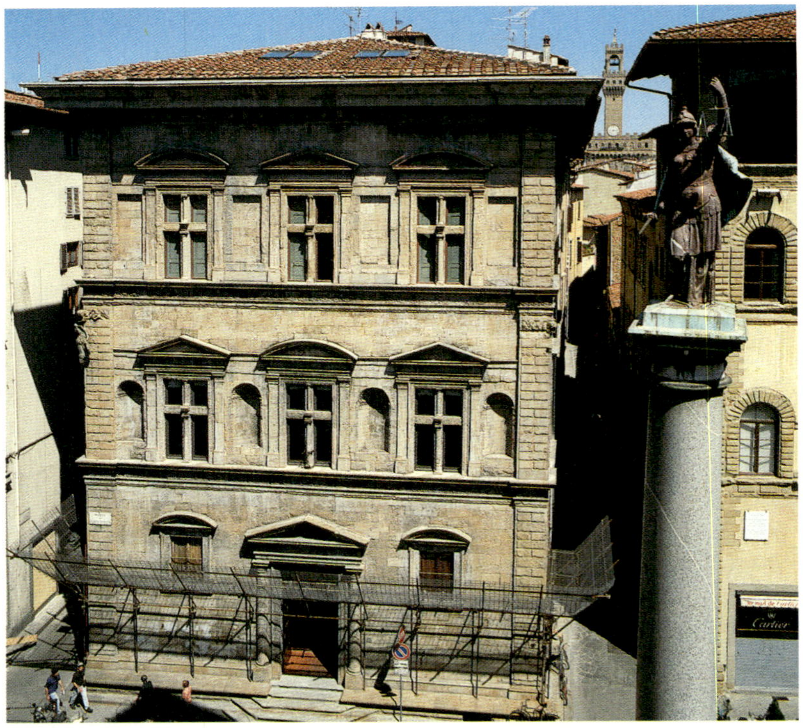

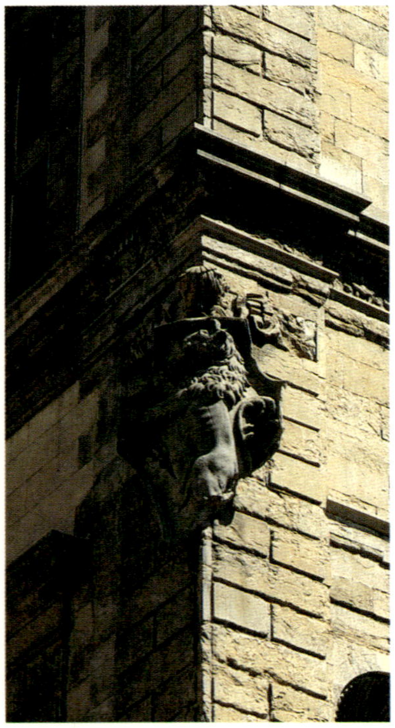

Die Fassade an der Piazza Santa Trinita, ein Werk Baccio d'Agnolos, erschien in der ersten Hälfte des 16. Jahrhunderts revolutionär: die erhabenen Säulen an der Pforte, die vorspringenden Gesimse, die Nischen für Statuen und das mächtige Hauptgesims waren sehr ungewöhnlich. Alltäglicher ist zweifellos das steinerne Wappen mit dem aufrechtstehenden Löwen, dem Symbol der Bartolini Salimbeni.
Sehr schön sind auch die ausgefallenen Fenster mit steinernem Fensterkreuz und dreieckigen beziehungsweise bogenförmigen Fensterdächern. Auf den Fensterkreuzen steht der Wahlspruch »Per non dormire« – Nur nicht schlafen. Vor dem Palast, hinter dem man den Turm des Palazzo Vecchio sieht, ließ Cosimo I. zur Erinnerung an den Sieg über Siena eine monolithische Säule mit der Statue der Justitia, ein Werk Francesco del Taddas, aufstellen.

Unter den Kaufleuten des 14. und 15. Jahrhunderts war es Brauch, den Geschäftsgang sorgfältig in Warenein- und -ausgangsbüchern zu vermerken.
Auch die Bartolini Salimbeni machten hierin keine Ausnahme. Sie stammten ursprünglich aus Siena, waren aber schon Anfang des 14. Jahrhunderts nach Florenz übergesiedelt, hatten sich gut ins dortige politische Leben eingeordnet und waren mit vielen öffentlichen Aufgaben betraut. Als Anhänger und enge Verbündete der Medici hatten sie es mit dem Seidenhandel zu Reichtum gebracht.
Als im 15. Jahrhundert Giovanni di Bartolomeo di Leonardo Bartolini Salimbeni einen Palast genau gegenüber der Kirche Santa Trinita, zwei Schritte vom Palazzo Feroni entfernt, bauen ließ, beschloß er als gewissenhafter Kaufmann, über alle Ausgaben und Zahlungen im »Libro della muraglia«, dem »Mauerbuch«, Buch zu führen, dessen erste Eintragungen auf den 27. Februar 1519 datiert sind (also 1520, weil nach dem florentinischen Kalender das Jahr am 25. März begann).
Dieses Buch ist für uns heute zu einer unerschöpflichen Informationsquelle geworden. Ihm entnehmen wir, daß Giovanni Bartolini – wie er sich kurz nannte – in der auserwählten Gegend einige Häuser und Läden für 1929 Gulden gekauft hatte; er ließ diese Gebäude gleich abreißen. Wir wissen auch, daß

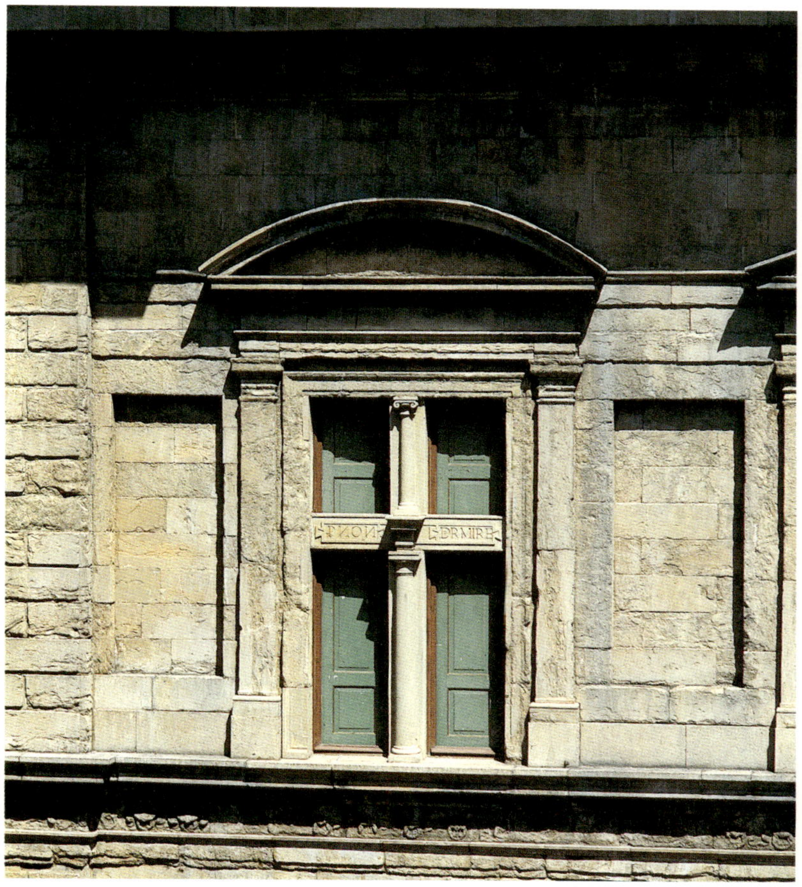
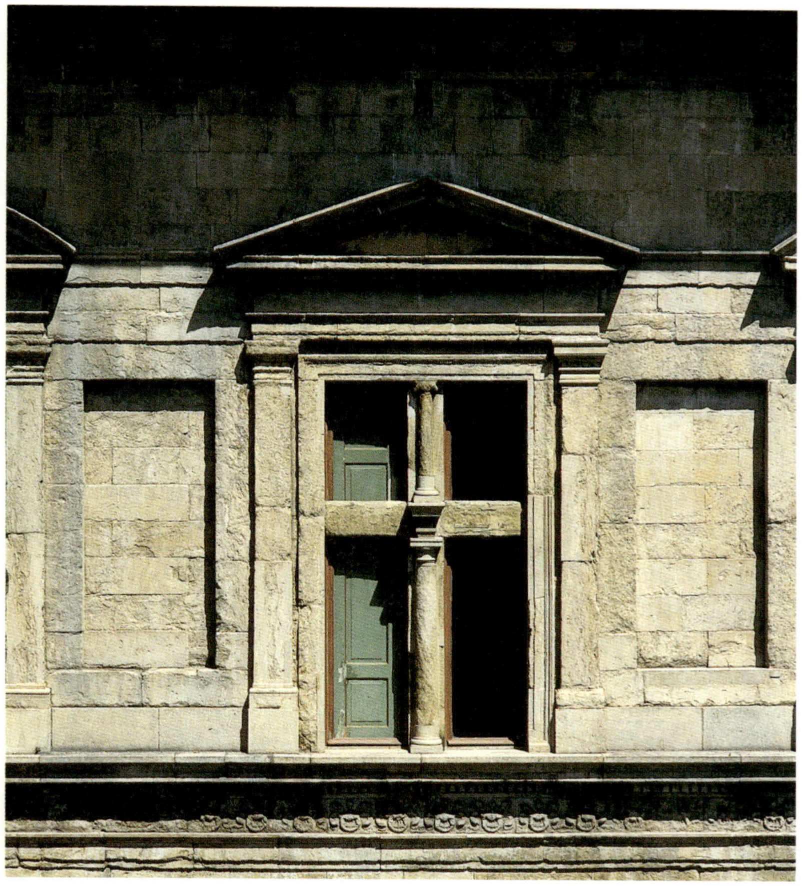
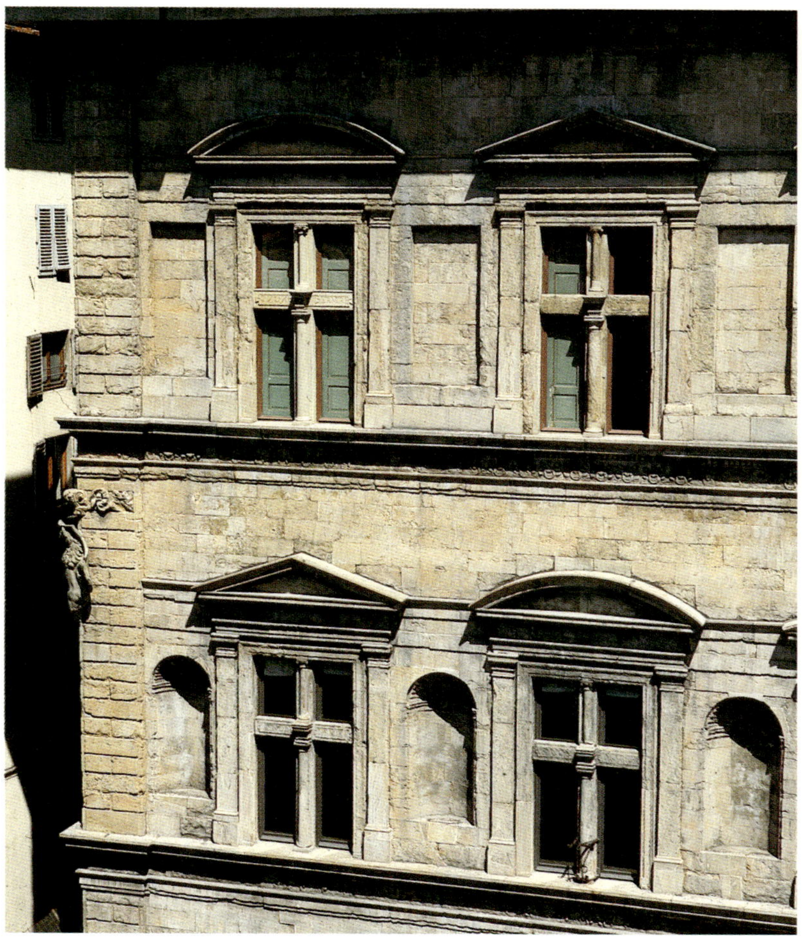
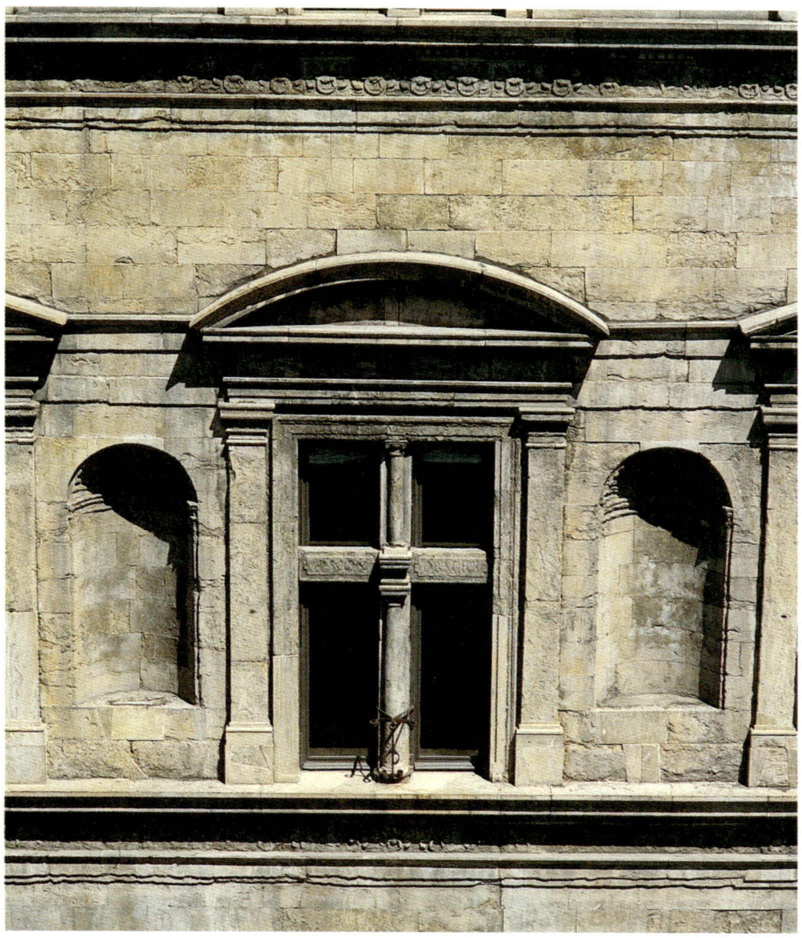

mit dem Bau der »Muraglia« (Mauer) von Anfang an Baccio d'Agnolo betraut war, ein fähiger Baumeister, der daran bis zum 28. Mai 1523 arbeitete, als man den Bau sozusagen für abgeschlossen erklären konnte und sich die Ausgaben bereits auf etwa 10.000 Gulden beliefen.
In dieser dreijährigen Bauzeit entstand ein ganz originelles Gebäude, so originell, daß es heftige Kritiken und strengen Tadel auf seinen Schöpfer regnete. Besonders die Fassade löste einige Polemik aus: sie war zu innovativ für ihre Zeit, mit der Dachtraufe und den vorspringenden Gurtgesimsen, den rechts und links vom Portal vorstehenden Säulchen und den abwechselnd dreieckigen und bogenförmigen Giebeln über Tür und Fenstern, zwischen denen sich Nischen für Statuen befanden. Baccio d'Agnolo begegnete den Kritiken mit Klugheit und brachte auf dem vorspringenden Giebel des Portals die Inschrift »Carpere promptius quam imitari« an – kritisieren ist einfacher als nachmachen. Und die Entwicklung gab ihm recht: Seine modernen Lösungen fanden in den folgenden Jahrzehnten zahlreiche überzeugte Anhänger. An dieser Stelle sei auch auf eine andere Inschrift auf der Fassade des Palastes hingewiesen: »Per non dormire« – Nur nicht schlafen! –, das Motto der Familie Bartolini Salimbeni, das daran erinnert, wie einer von ihnen, um als Erster auf dem Markt zu sein und sich einen sehr

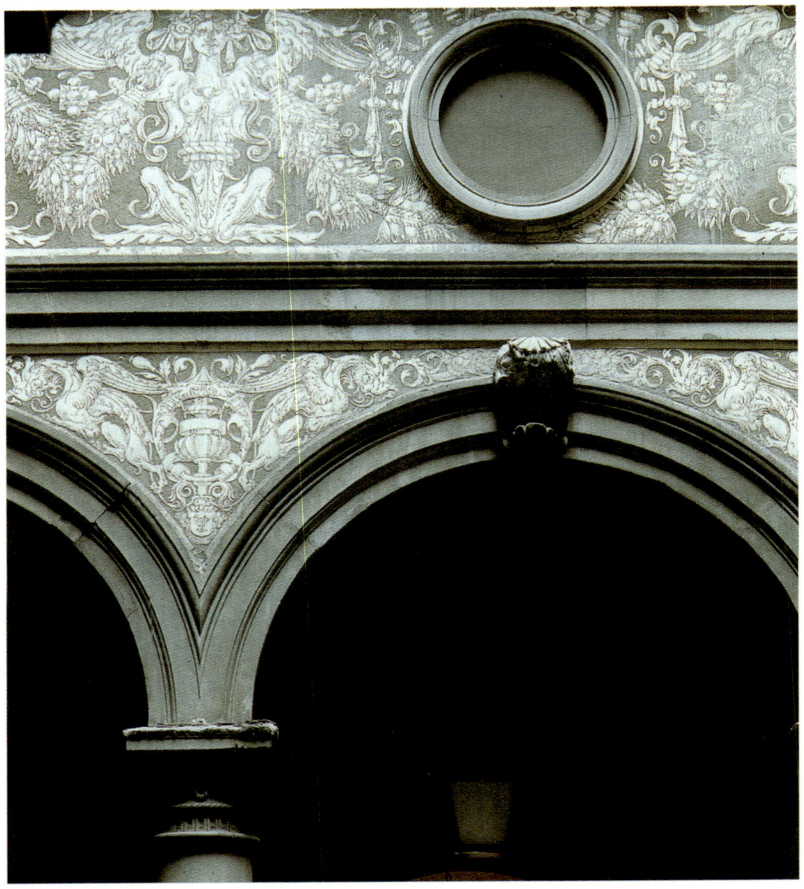

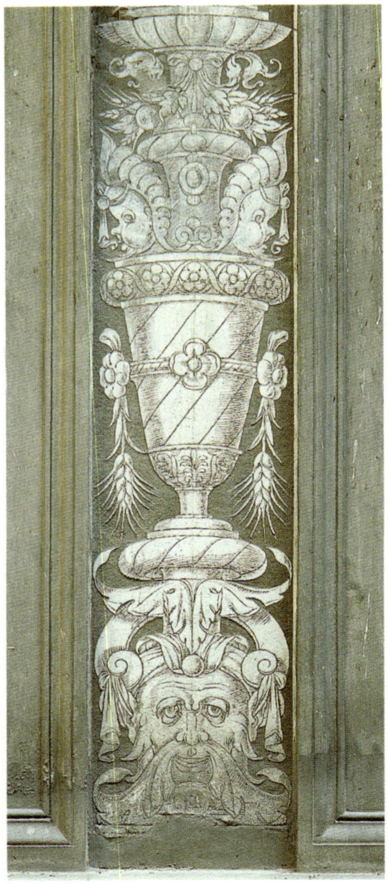

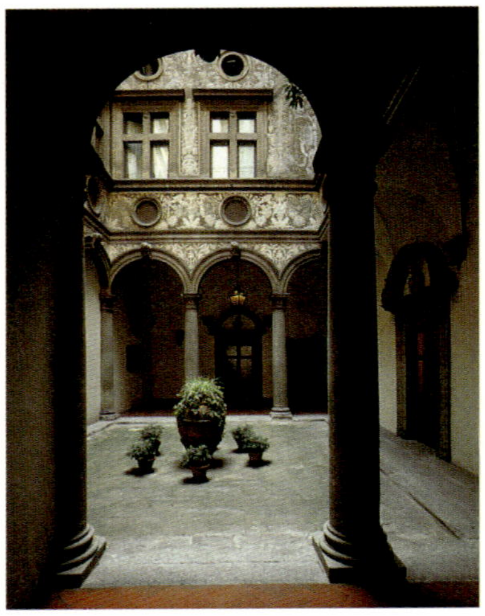

Der Innenhof des Palastes ist ein wahres Kleinod mit seinen feinen Verzierungen und Grotesken-Sgraffiti bis in den zweiten Stock hinauf, die Andrea Feltrini zugeschrieben werden. Im ersten Stock liegt eine Seitenloggia (Foto rechts) mit schlanken kleinen Bögen und einer Kassettendecke; im zweiten Stock eine alte vierseitige Loggia. Über dieser Loggia, die zwar jetzt zugemauert ist, deren Umrisse aber noch deutlich erkennbar sind, liegt eine zweite Loggia nach Süden hin.

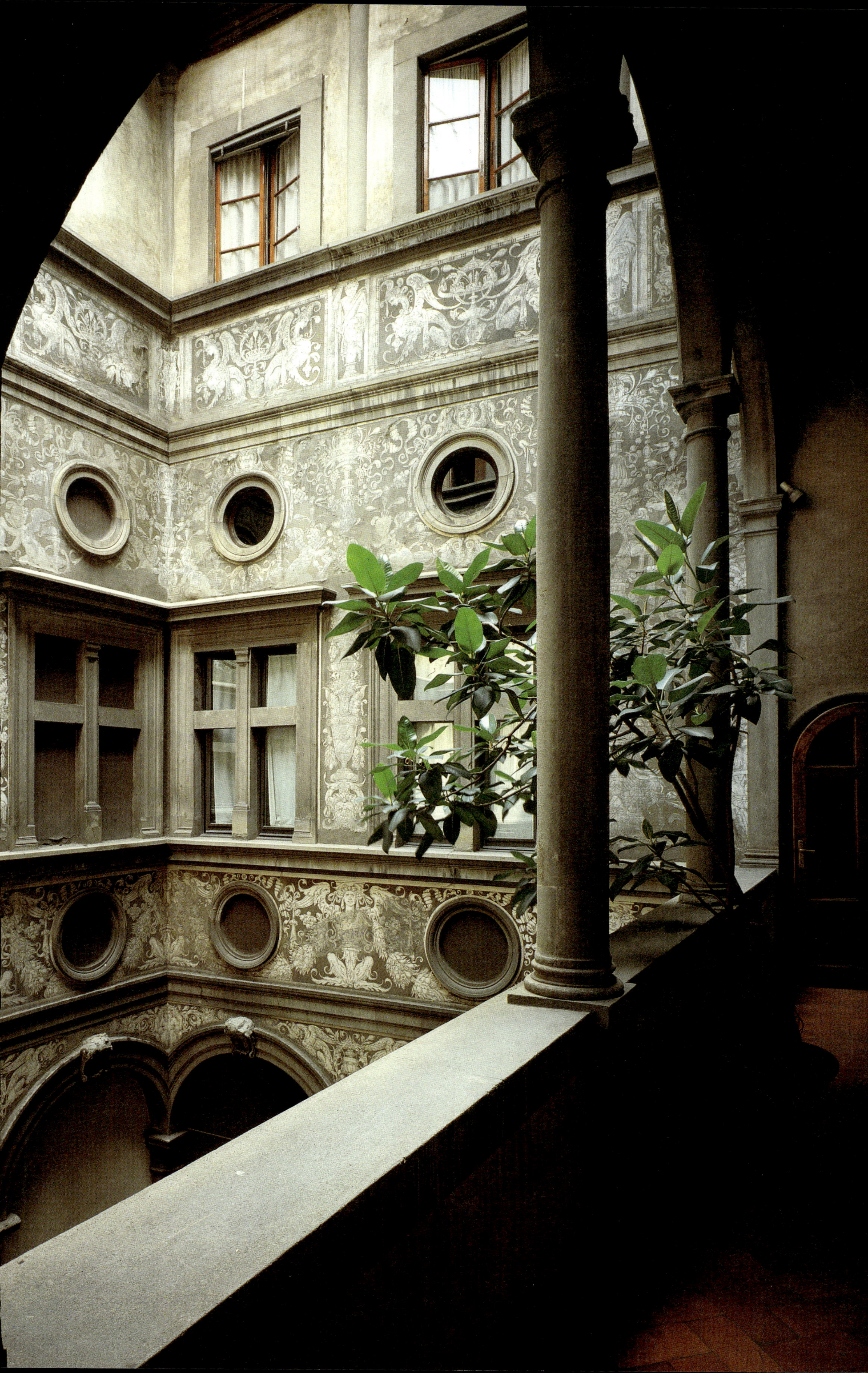

günstigen Posten Seide zu sichern, kurzentschlossen Opium in den Wein seiner direkten Konkurrenten mischte (nicht zufällig ist auf einem Fries ganz unverwechselbar Mohn zu sehen ...). War die Fassade zur Kirche Santa Trinita die umstrittenste, so ist auch die auf die Via Porta Rossa mit ihrem imposanten Tor, den Fenstern mit massivem steinernem Fensterkreuz und den Rundfenstern unter der Dachtraufe erwähnenswert. Man kann auch nicht übersehen, daß für die Fassaden des Palastes ganz gegen die Gewohnheit alle Steinsorten verwendet wurden, die im 16. Jahrhundert in Florenz üblich waren: Pietra serena, Pietraforte und Pietra bigia. Der äußerst dekorativ gestaltete Innenhof löste hingegen einstimmige Begeisterung aus. Ursprünglich befanden sich auf drei Seiten Arkaden mit einer kunstvoll ausgeschmückten Loggia im ersten Stock und einer Loggia, über der kurioserweise noch eine Loggia nach Süden hin ruhte. Bis in den zweiten Stock sind die Wände mit Sgraffiti bemalt. Interessant sind auch die Treppe mit ihrem steinernen Handlauf und die Säle der oberen Stockwerke. Für sie stand wegen der Straßen auf beiden Seiten des Palastes nur wenig Raum zur Verfügung.
Die Bartolini Salimbeni residierten bis 1839 ununterbrochen in diesem eleganten Anwesen und vermieteten es dann, wie es damals üblich war. Aus dem Palast wurde eines der nobelsten Florentiner Hotels, das Hôtel du Nord, und beliebtes Ziel bekannter Persönlichkeiten, zu denen auch Herman Melville gehörte. 1863 kam der Besitz an den Fürsten Pio di Savoia, und in den folgenden Jahrzehnten kamen Teile davon an die Malvezzi, die

Die zweite Loggia ganz oben unterm Dach wurde wahrscheinlich später angefügt, weist aber für das 16. Jahrhundert typische Elemente auf. Sie öffnet sich nach drei Seiten und ist nach Süden ausgerichtet; von hier oben aus bietet sich ein phantastischer Rundblick auf das historische Stadtzentrum.

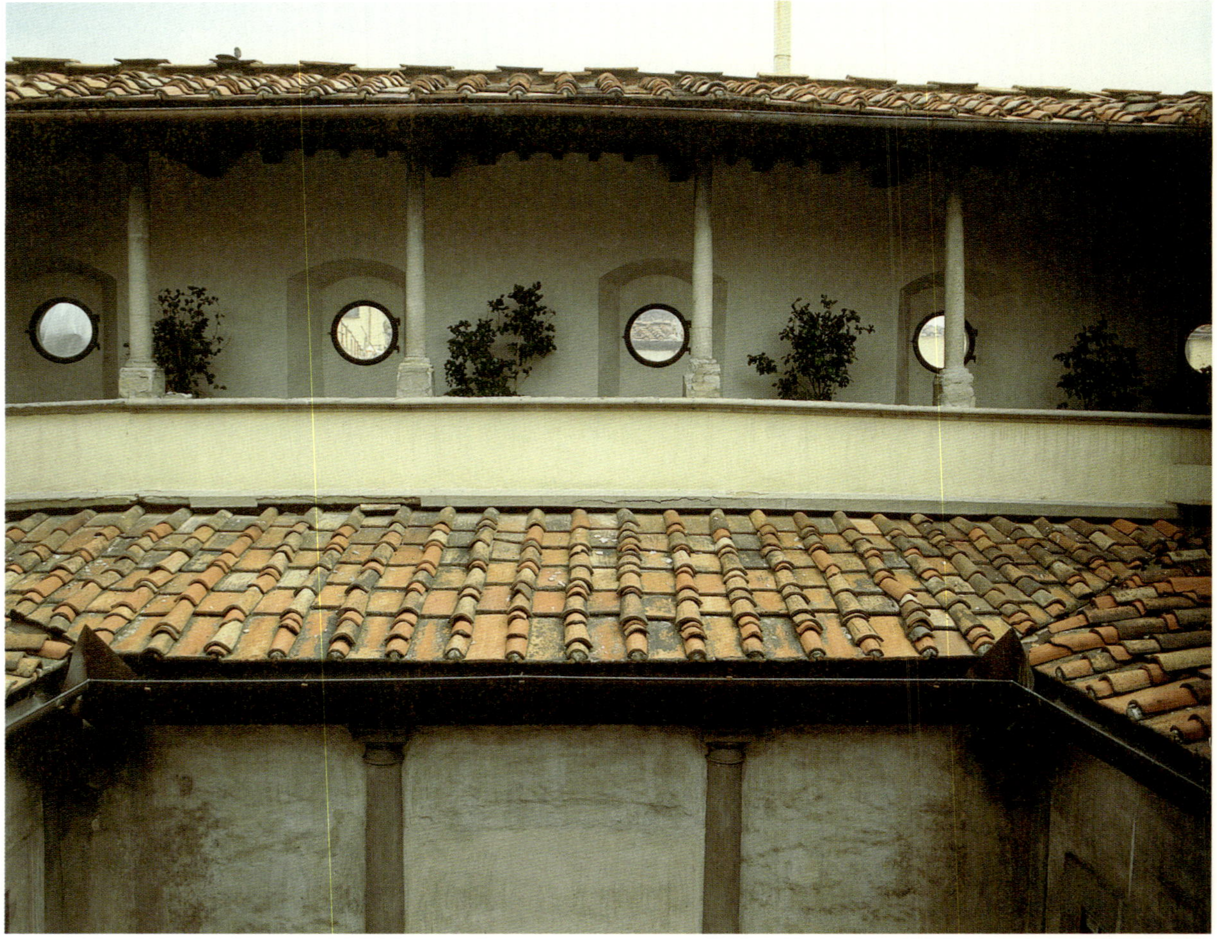

Sanvitale, die Laparelli und die Franzoni, bis ihn die Markgrafen Salina Amorini aus Bologna ganz erwarben. Als Sitz des Französischen Konsulats wurde der Palast 1961 gründlich restauriert, wodurch man aber nur teilweise die fortschreitende Zerstörung der Fassade aus dem 16. Jahrhundert aufhalten konnte.

Auf diesem Foto kann man noch einmal die faszinierende Schönheit des Innenhofs aus dem 16. Jahrhundert mit seinen Verzierungen, Strukturen, seiner maßvollen Harmonie und seiner Originalität betrachten.

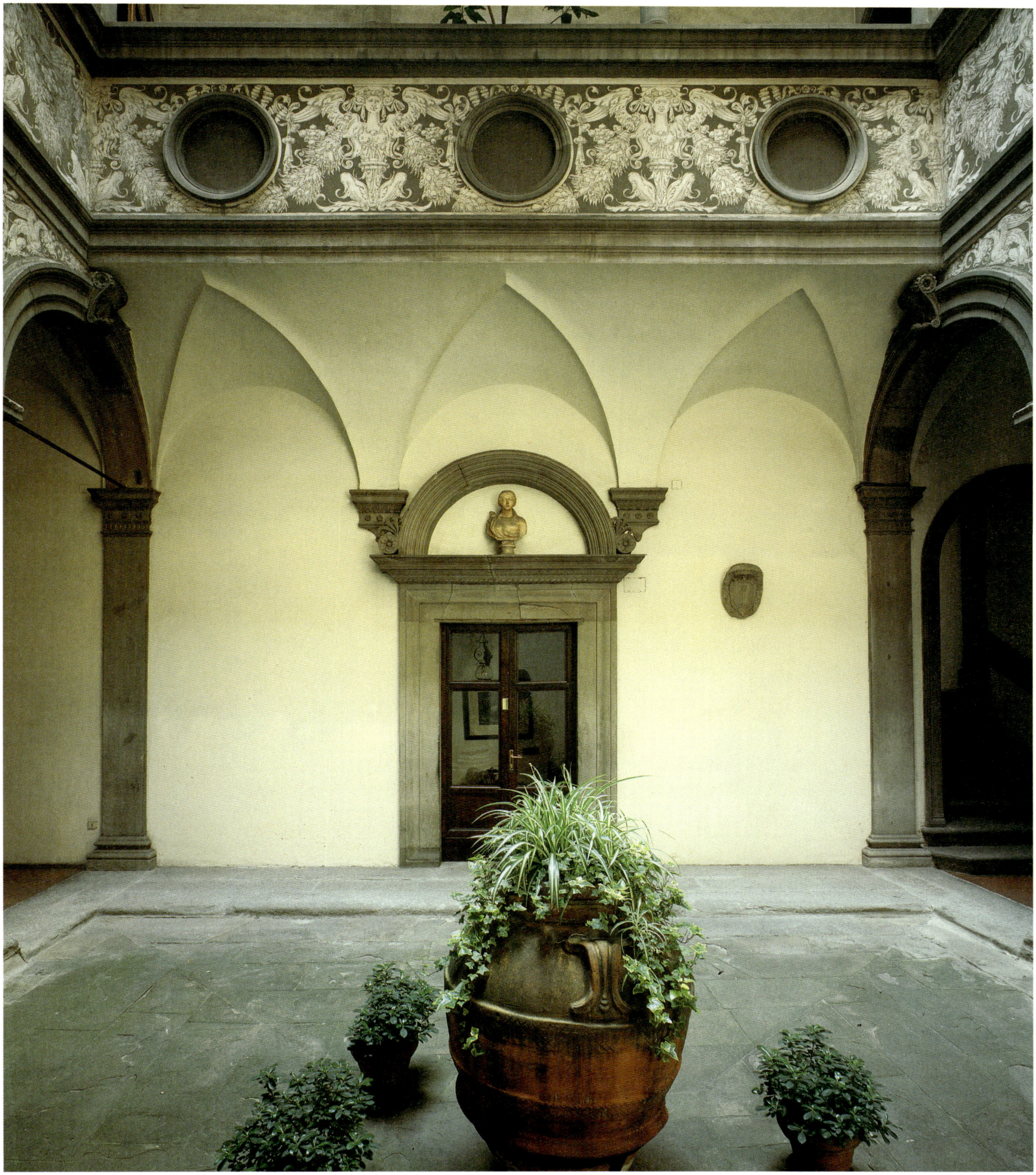

Palazzo Bargellini, ehemals *Da Verrazzano*

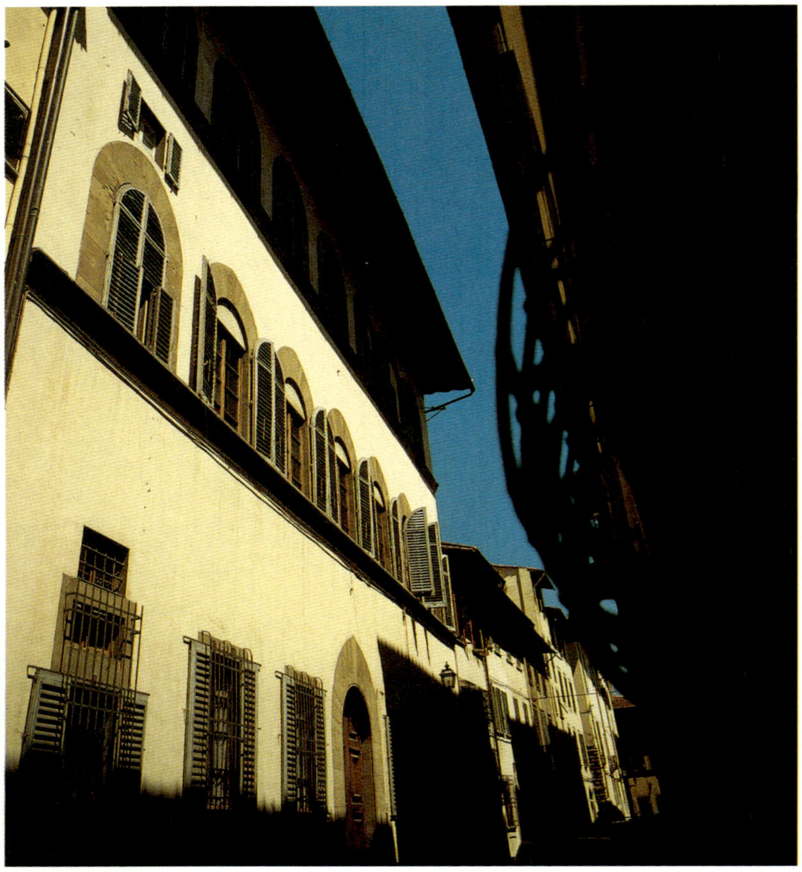

Im Herzen des alten Stadtviertels Santa Croce, nicht weit entfernt von der Nordseite der uralten Basilika, eingezwängt zwischen die dichtgedrängt stehenden Häuser, erhebt sich in der abseits liegenden Via delle Pinzochere (die nach einem franziskanischen Terziarenkloster benannt ist, das sich früher hier befand) ein streng wirkender großer Palast, der zusätzlich durch seine Straßenbank betont wird. Dies ist das alte Anwesen der Da Verrazzano, das auch heute noch originelle und interessante Merkmale aufweist: angefangen bei besagter Straßenbank bis hin zu den großen Fenstern der beiden oberen Stockwerke, über die sich nur wenig hervorgehobene Bögen aus Stein wölben, und der Dachtraufe, die ungewöhnlich weit, fast bis in die Straßenmitte, vorspringt. Auch der Innenhof verdient Beachtung: Ursprünglich befanden sich auf zwei gegenüberliegenden Seiten Portiken, von denen heute nur der beim Eingang liegende mit seinen wertvollen Kapitellen erhalten ist. Vom Hof gelangt man in einen kleinen, bezaubernden – allerdings im Laufe der Jahrhunderte vergrößerten – Garten, eine Nische in einem Ring hoher Häuser, von der man trotz ihrer beeindruckenden uralten Bäume von außen überhaupt nichts ahnt. Eigenartig ist auch die steile Treppe zum ersten Stock mit dem alten steinernen Handlauf, aber noch viel origineller ist zweifellos die

Die Fassade des Palazzo Da Verrazzano weist noch sehr interessante originelle Elemente auf: die Steinbank, die Fenster mit flachen, plastisch hervortretenden Hausteinrahmen, die weit vorkragende Dachtraufe und die maßvolle Harmonie des Ensembles. Interessant ist auch der kleine Hof mit einem seitlichen Portikus mit diffizil gearbeiteten Blattwerkkapitellen, von dem aus man direkt in den hübschen Garten gelangt. Früher gab es zwei Seitenportiken, aber die zweite Loggia wurde in späterer Zeit zugemauert.

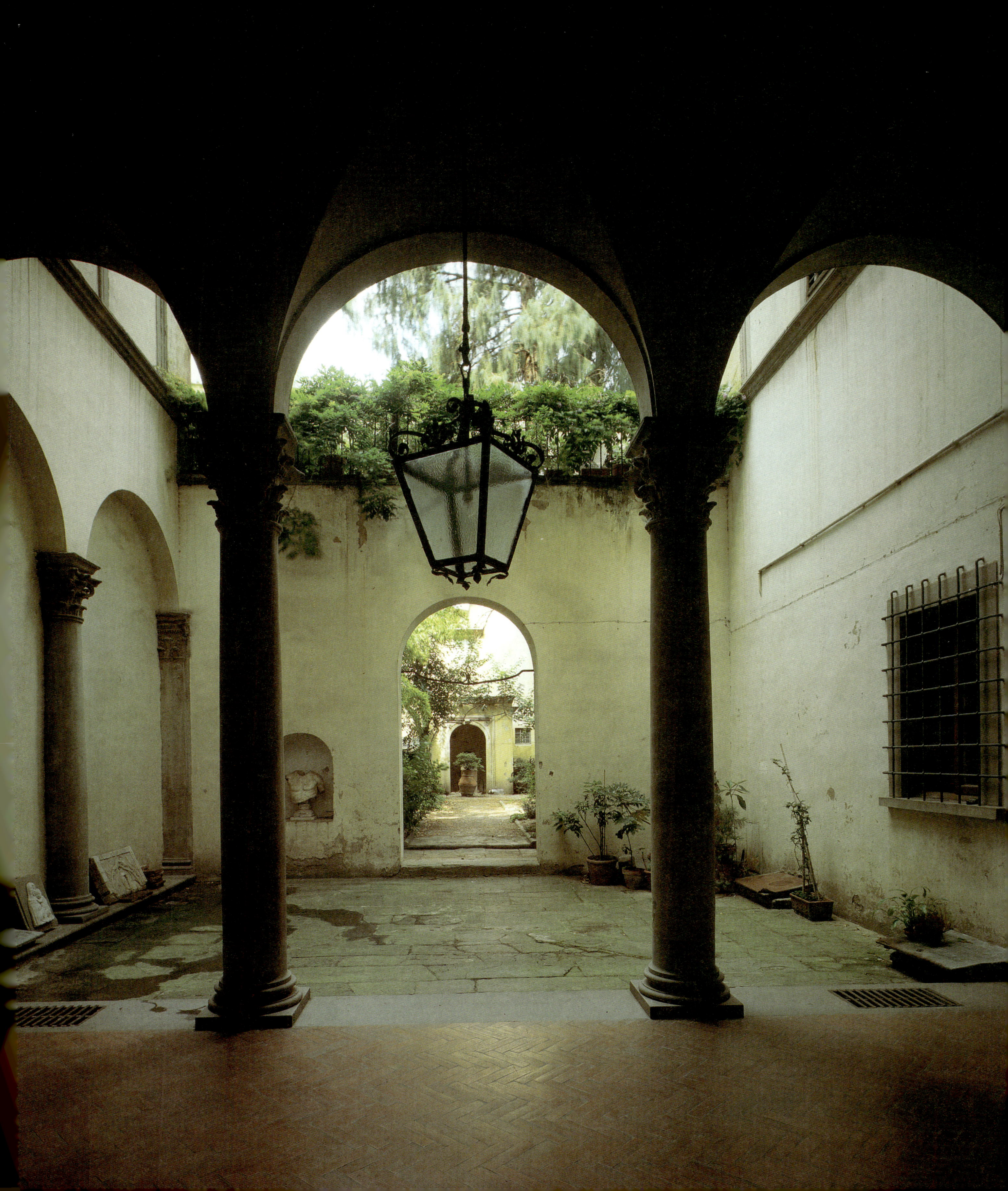

ebenfalls steinerne Wendeltreppe, die von den Kellern bis in das oberste Stockwerk des Palastes reicht. Auf wen das Gebäude zurückgeht, läßt sich nicht mit Gewißheit sagen: oft hat man in ihm die Hand Baccio d'Agnolos sehen wollen, aber das konnte noch nicht mit Sicherheit belegt werden.
Sicher ist hingegen, daß an der Stelle, wo im 16. Jahrhundert der Palast entstand, im 15. Jahrhundert das Haus Poggio Bracciolinis, eines der wichtigsten Vertreter des Florentiner Humanismus, stand. Dieses Haus sowie andere angrenzende Gebäude kaufte dann Giovanni Del Zaccheria, von dem das Ensemble 1505 an Gherardo di Michele Da Cepperello überging. Heute gilt es als erwiesen, daß eben die letztgenannte Familie die alten Behausungen abreißen ließ, um dort einen einzigen großen Palast zu bauen. Aber sie besaß ihn nur kurze Zeit, denn bereits 1578 war er im Besitz der Alamanneschi. In den folgenden Jahrhunderten erfolgten mehrere komplizierte Besitzerwechsel. 1650 kauften die Dell'Antella das Anwesen in der Via delle Pinzochere, zwölf Jahre später übernahm es Isabella Gerini, die Gemahlin des Senators Andrea Da Verrazzano, die aus derselben Familie wie der berühmte Seefahrer stammte.
Weil den Da Verrazzano das Anwesen am längsten gehörte, wurde der Palast schließlich allgemein nach ihnen benannt. Als diese Familie

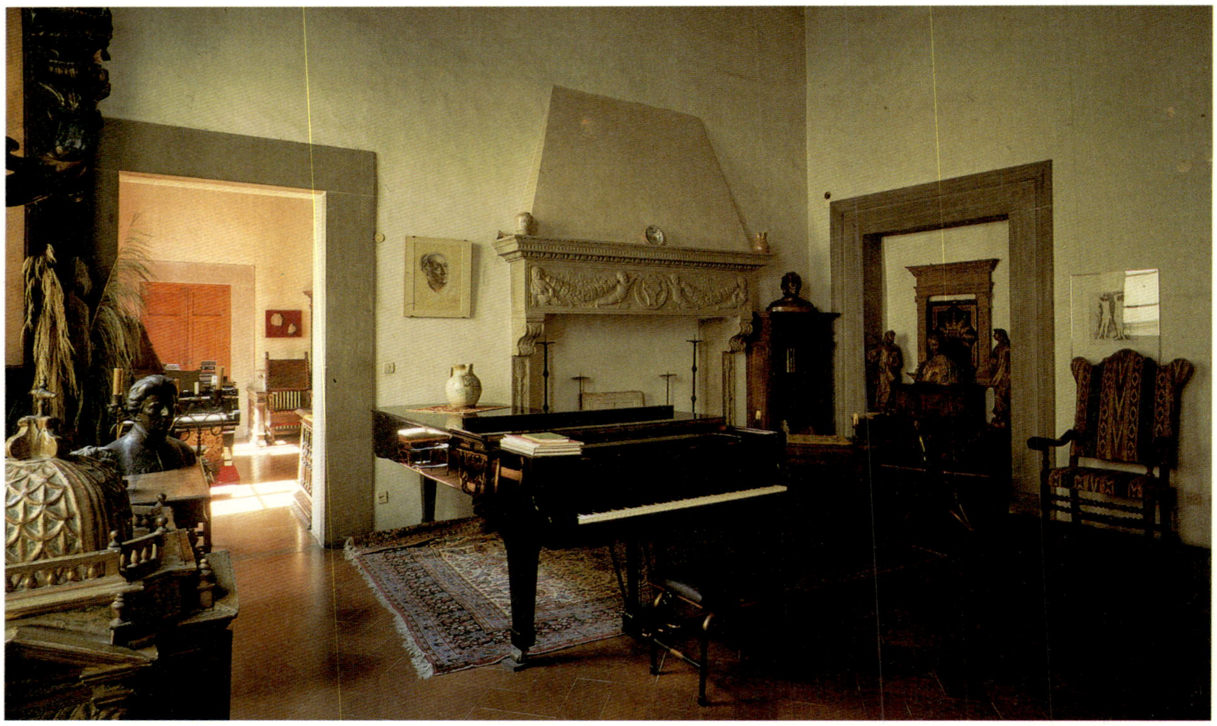

Mit größter Sorgfalt hat die Familie Bargellini die Säle im ersten und zweiten Stock restauriert. Bemerkenswert der Raum mit dem Kamin, von dem man in das einstige Studierzimmer Piero Bargellinis, des Schriftstellers und Bürgermeisters von Florenz, gelangt und das seitdem, also seit den siebziger Jahren, beinahe unverändert geblieben ist.
Besonders bemerkenswert sind die Kunstwerke und die erlesene Einrichtung, die völlig auf die ursprünglichen Strukturen des Palastes abgestimmt sind.

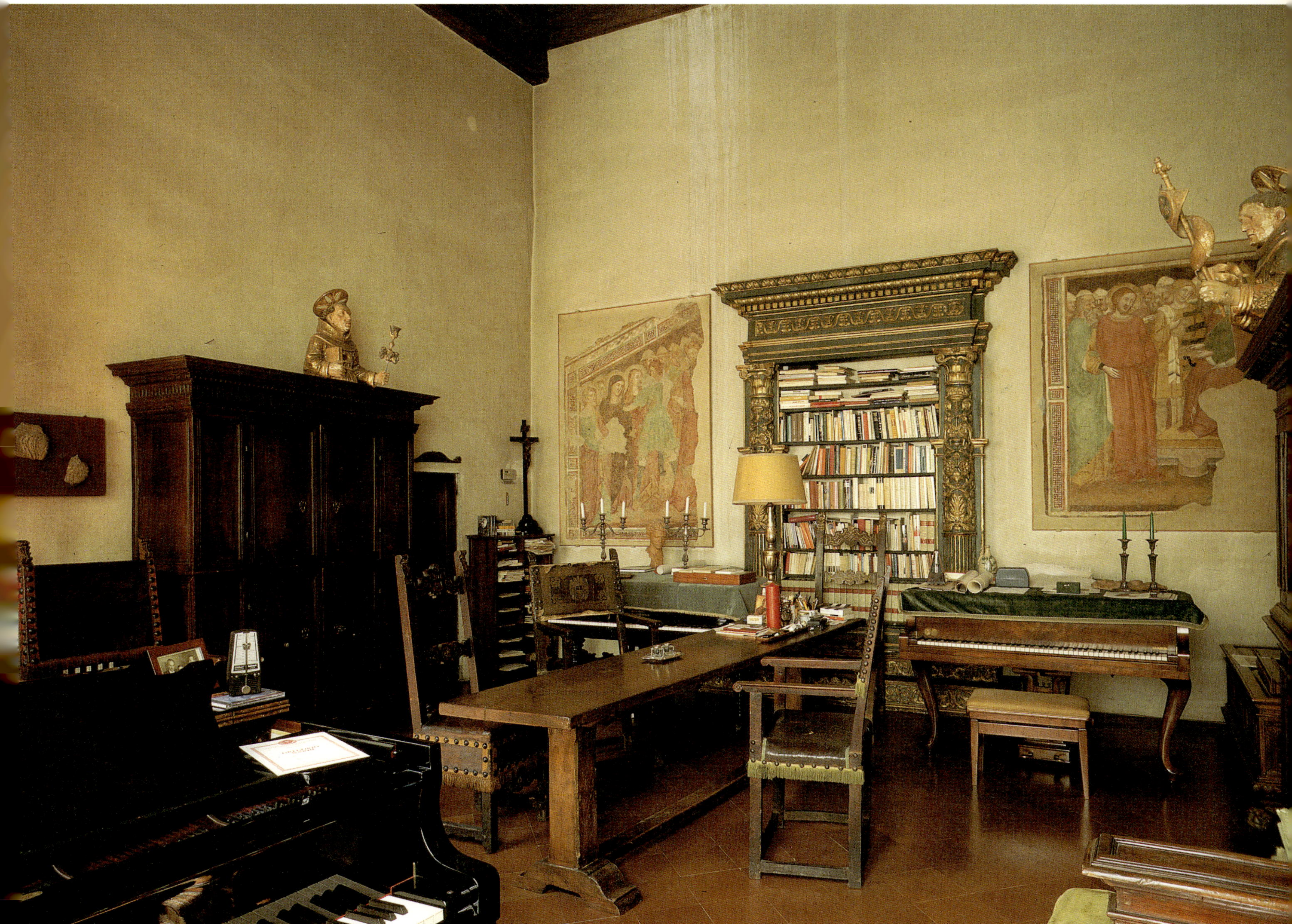

aber 1819 ausstarb, ging er zuerst an die Casamorata und dann an die Parenti über. Schließlich kam er an die heutigen Besitzer, die Familie Bargellini, die ihn mit Engagement und Kompetenz gründlich restaurierte und wiederherstellte. In diesem alten Anwesen war das Schreibzimmer von Piero Bargellini, der nicht nur Bürgermeister von Florenz, sondern auch ein geschätzter Schriftsteller war und sich um die Baumaßnahmen in seiner Stadt so verdient gemacht hat. Ausgerechnet als Bürgermeister erlebte er eine der schlimmsten Katastrophen in der Florentiner Geschichte der letzten Jahrzehnte: die Überschwemmung vom 4. November 1966. Das Viertel Santa Croce war mit am stärksten betroffen, und auch am Palazzo Bargellini, der fünf Meter unter Wasser stand, ging die Verwüstung durch den Schlamm auf den Straßen und im Erdgeschoß nicht spurlos vorüber. Heute weist scheinbar nichts mehr auf diese dramatischen Augenblicke hin, aber die Erinnerung an den Mann, den man wegen seines monatelangen unermüdlichen Einsatzes später nur noch den »Bürgermeister der Überschwemmung« nannte, lebt weiter.

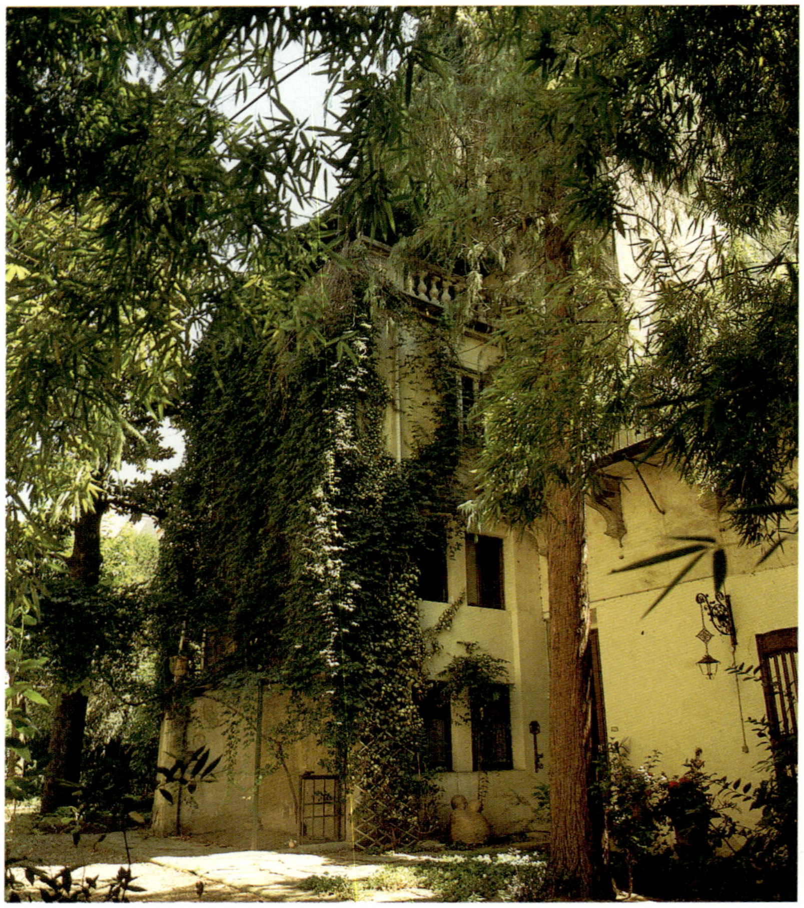

Der Garten des Palastes ist eine Oase inmitten eines dichten Gewirrs von hohen Häusern. Ursprünglich war er kleiner als jetzt (er war viereckig und wurde erst später erweitert, als die angrenzenden Grundstücke aufgekauft wurden). Große, uralte Bäume stehen dort; besonders eine Magnolie wird von der Florentiner Umweltbehörde als »Umweltgut« geschützt. Von oben erkennt man die Silhouette des Doms und daneben die Türme der Badia und des Bargello.

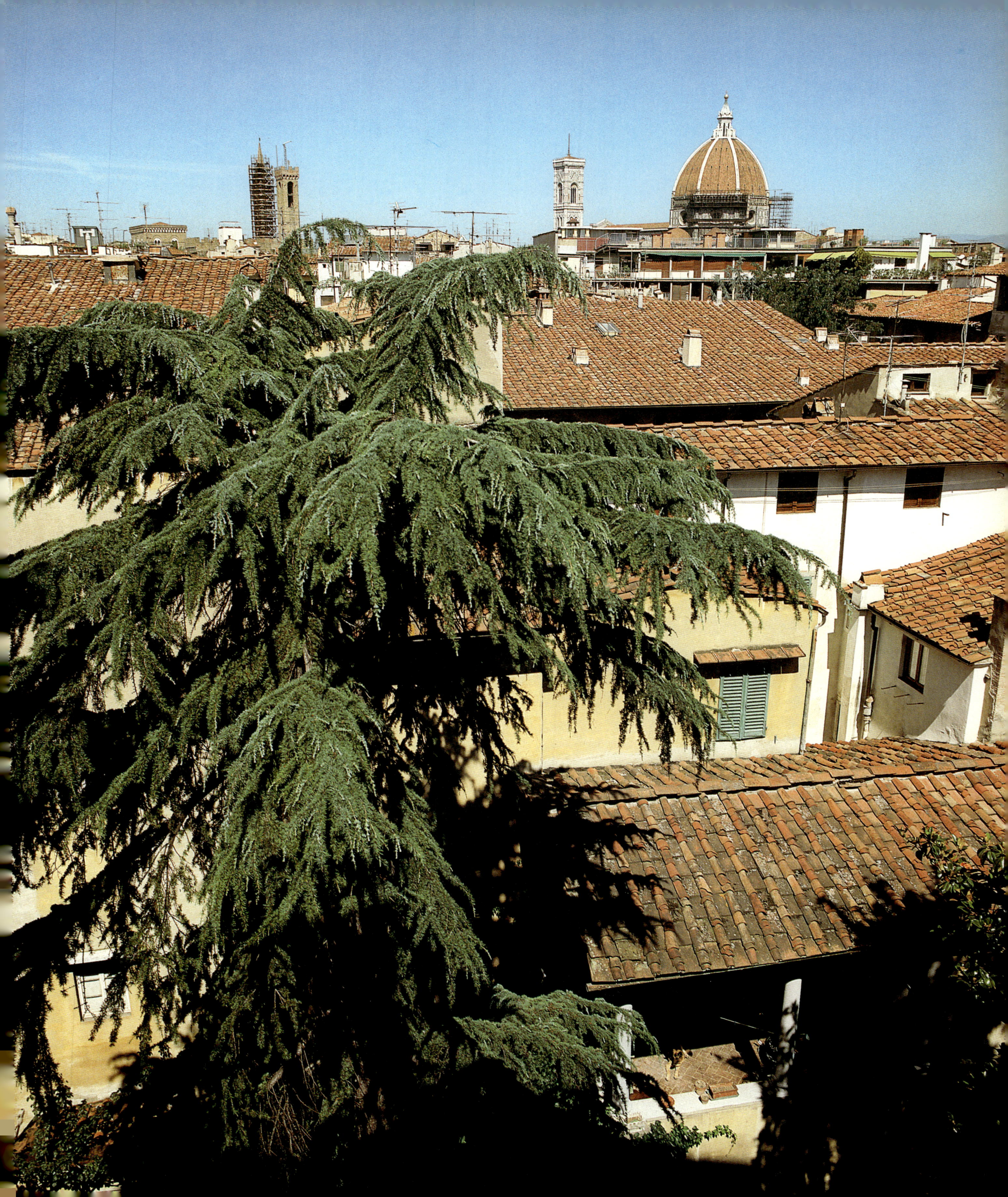

Palazzo Giugni

Wenn ein Kaufmann zu ansehnlichem Wohlstand gelangt war, baute er sich sozusagen als sichtbaren Beweis seines Reichtums einen Palast. So machte es auch Simone da Firenzuola, der Bruder des bekannten Schriftstellers Angelo: 1565 erwarb er ein Haus mit Nutzgarten in der Via Alfani und beauftragte Bartolomeo Ammannati damit, es abzureißen und an seiner Stelle ein stolzes Gebäude zu errichten. Der Palast muß in recht kurzer Zeit vollendet worden sein, denn schon 1577 wohnten dort seine Besitzer; er erregte allgemeines Interesse, auch weil offensichtlich mit bestimmten Lösungen experimentiert worden war: beachtenswert ist beispielsweise das Tor mit seiner Umrahmung aus Haustein und, darüber angebracht, bewegten dorischen Elementen; oder die kunstvolle Schlichtheit der Fenster, die mit dem ausgeprochen komplexen Wappen kontrastiert. Ebenso interessant ist der Innenhof, der ganz in Pietra serena gehalten ist, mit separaten Loggien im Erdgeschoß und den beiden geschlossenen Loggien im ersten Stock. Offensichtlich war auch der

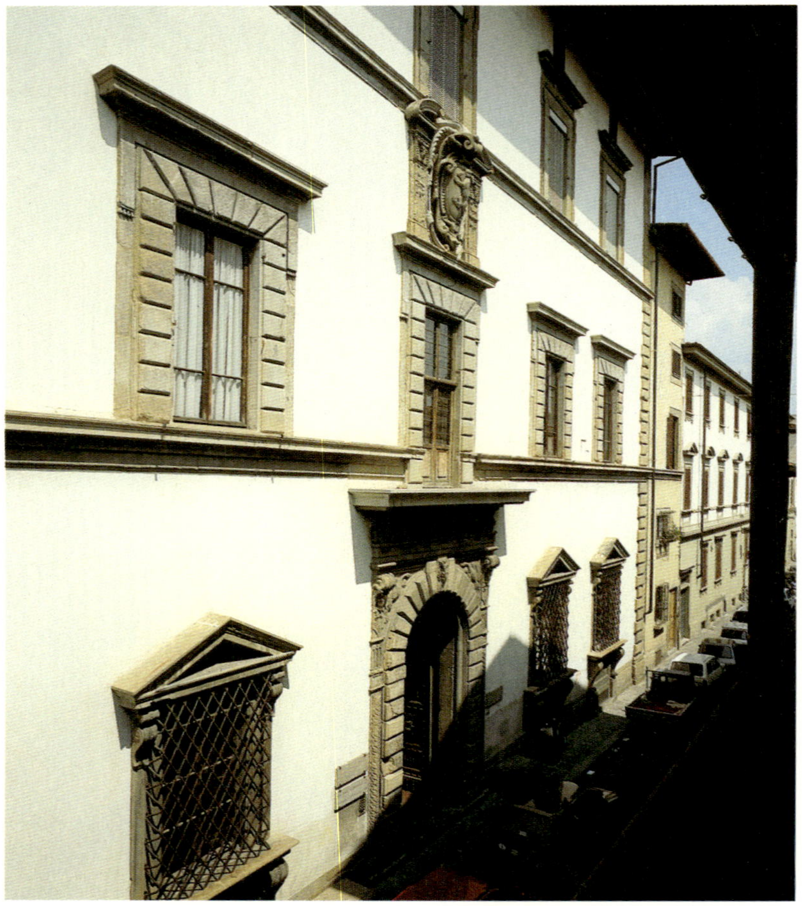

Auch die rückwärtige Fassade zum Garten hin ist immer noch faszinierend, besonders nach der jüngsten Restaurierung durch den Ingenieur Francesco Fraschetti. Bemerkenswert ist vor allem die Harmonie des Mittelkorpus mit der originellen Loggia als Höhepunkt. Das große Adelswappen über dem Eingang, das auf dem Foto nur undeutlich zu sehen ist, wurde vom Opificio delle Pietre Dure angefertigt und ersetzt das Original aus dem 16. Jahrhundert, das derzeit restauriert wird.

Die Fassade zur Via Alfani gilt als Meisterwerk des Manierismus. An ihr probierte Bartolomeo Ammannati oft einander widersprechende Lösungen aus (wie die einfachen Fenster in Kontrast zu dem wuchtigen Wappen). Aber die Ergebnisse waren recht beachtlich und im großen und ganzen harmonisch. Das Wappen der Familie Giugni sieht man auch als Verzierung auf einer der Galerietüren aus dem 18. Jahrhundert.

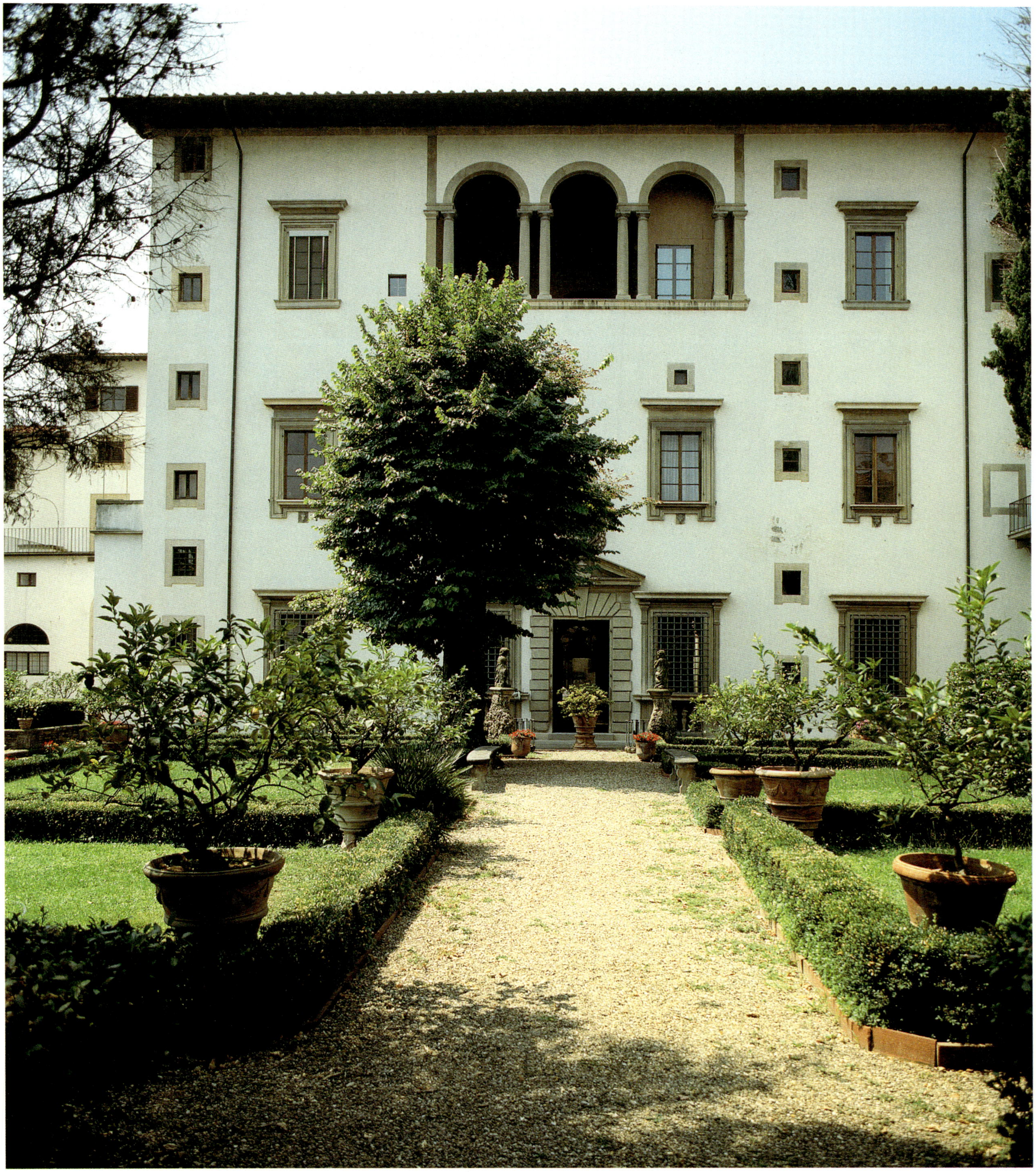

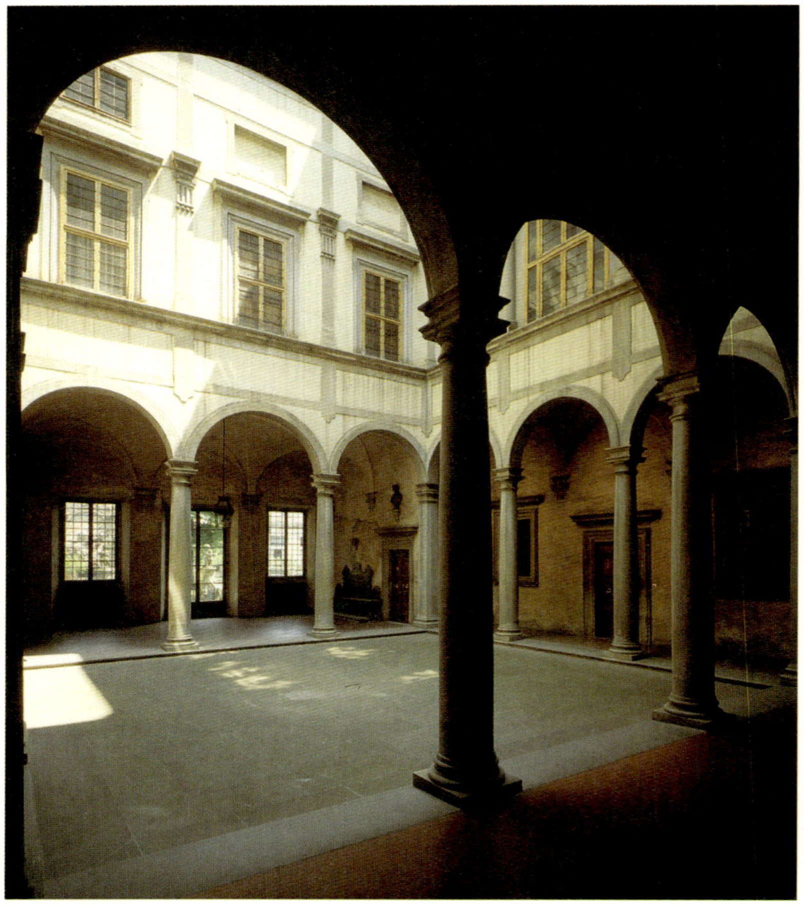

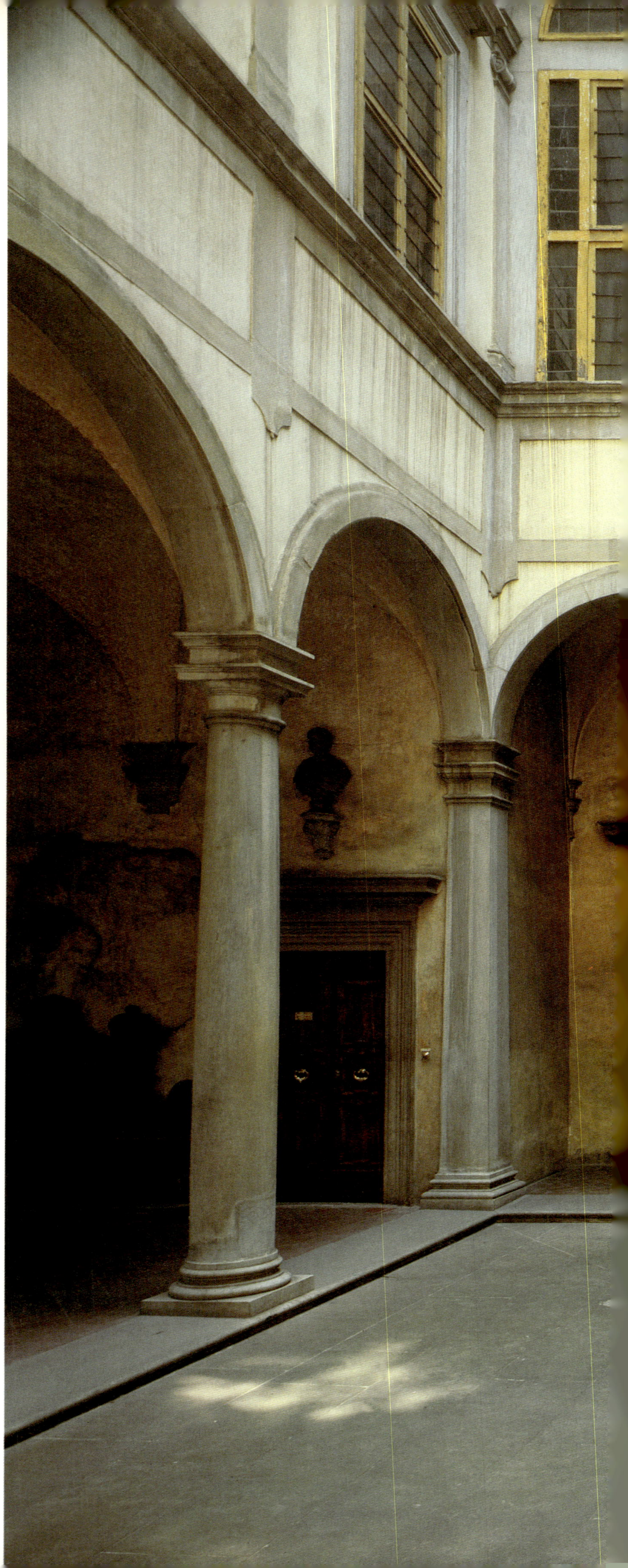

Der Innenhof mit interessanten Details: Gesimse, die die einzelnen Abschnitte des Hofes betonen; vier separate Loggien im ersten Stock, die voneinander durch die Innenräume abgetrennt sind, in die sie führen; zwei mit Glasfenstern verschlossene Loggien im ersten Stock. Bemerkenswert ist die überall vorherrschende vertikale Spannung.

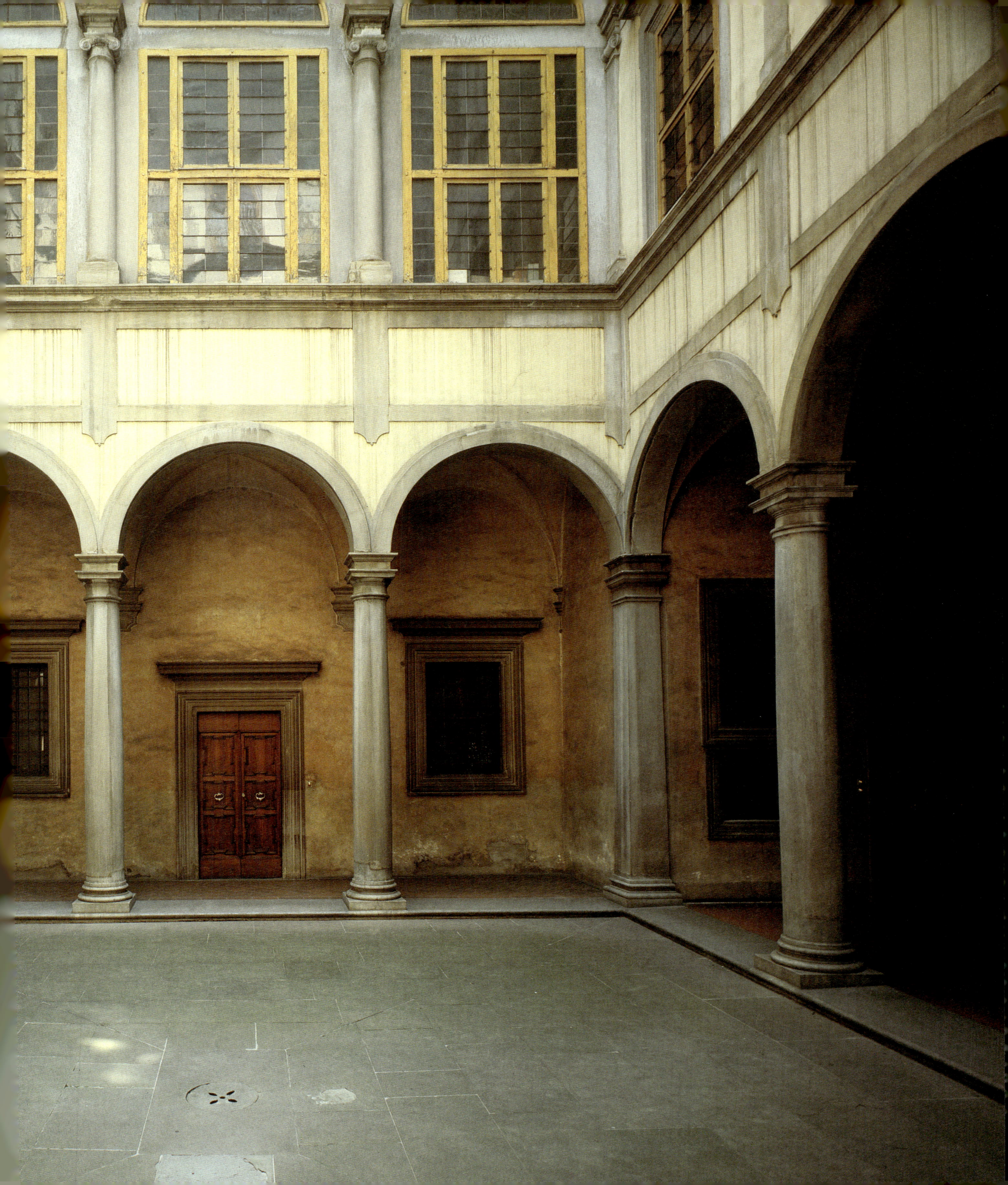

Auftraggeber mit Ammannatis Werk zufrieden, wenn es stimmt, daß er in seinem 1592 notariell beurkundeten Testament seinen beiden Söhnen Filippo und Angelo ausdrücklich verbot, den Palast zu veräußern. Statt dessen sollte er an deren männliche Nachkommen vererbt werden. Da aber die beiden Söhne von Simone da Firenzuola ohne Erben starben, bekam ihre Schwester Virginia, die Frau von Vincenzio Giugni, das Gebäude, und nach deren Tod im Jahre 1640 ging es ganz in den Besitz dieser Familie über, die zu den ältesten und ruhmreichsten in Florenz gehörte. Virginias Sohn Niccolò, Senator und Markgraf von Camporsevoli, richtete seinen Wohnsitz in diesem Palast ein und ließ sofort einige Veränderungen vornehmen (Beispiele für diese Bau- und Ausstattungsmaßnahmen sind etwa die Friese in den Zimmern und das prachtvolle Wasserbecken im Garten). Seine Nachkommen ließen das Gebäude um einen Anbau auf der linken Seite erweitern, wo im Erdgeschoß eine einzigartige »Grotte« entstand, ein Werk Lorenzo Migliorinis mit zahlreichen Gebilden aus Tropfsteinhöhlen, und eine prachtvoll freskierte Galerie im ersten Stock mit vielen Gemälden, darunter eine große Anzahl mediceischer Porträts, eingerichtet wurde. Die Giugni waren bis 1830 im Besitz des Palastes, dann ging er an den Grafen Giovan Maria della Porta und seine Frau,

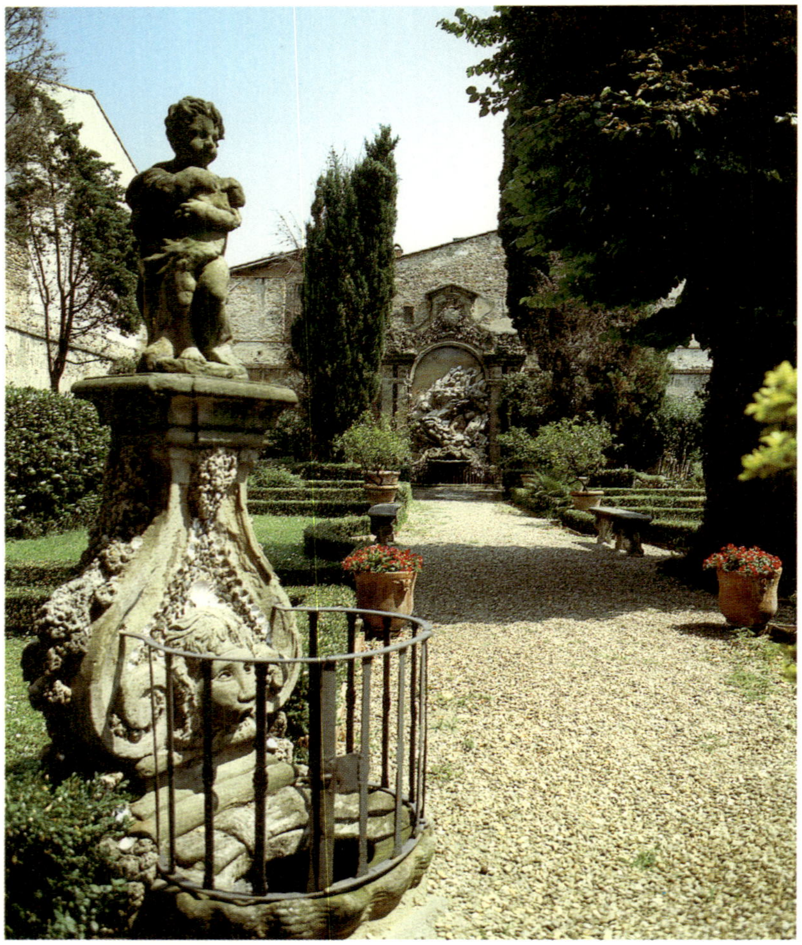

Im Lauf des 17. Jahrhunderts wurde der Garten völlig neu angelegt. Aus dieser Zeit stammen auch Marmorverzierungen und ein Springbrunnen mit einer großen Statue eines Riesen, der von Felsblöcken fortgerissen wird.

Nach der Erweiterung des ganzen Gebäudes entstand im Erdgeschoß die eigenartige Grotte, die Lorenzo Migliorini im letzten Jahrzehnt des 17. Jahrhunderts auf im Auftrag von Niccolò Maria Giugni baute. Besonders beachtenswert sind die barock üppigen, die Jahreszeiten allegorisierenden Dekorationen.

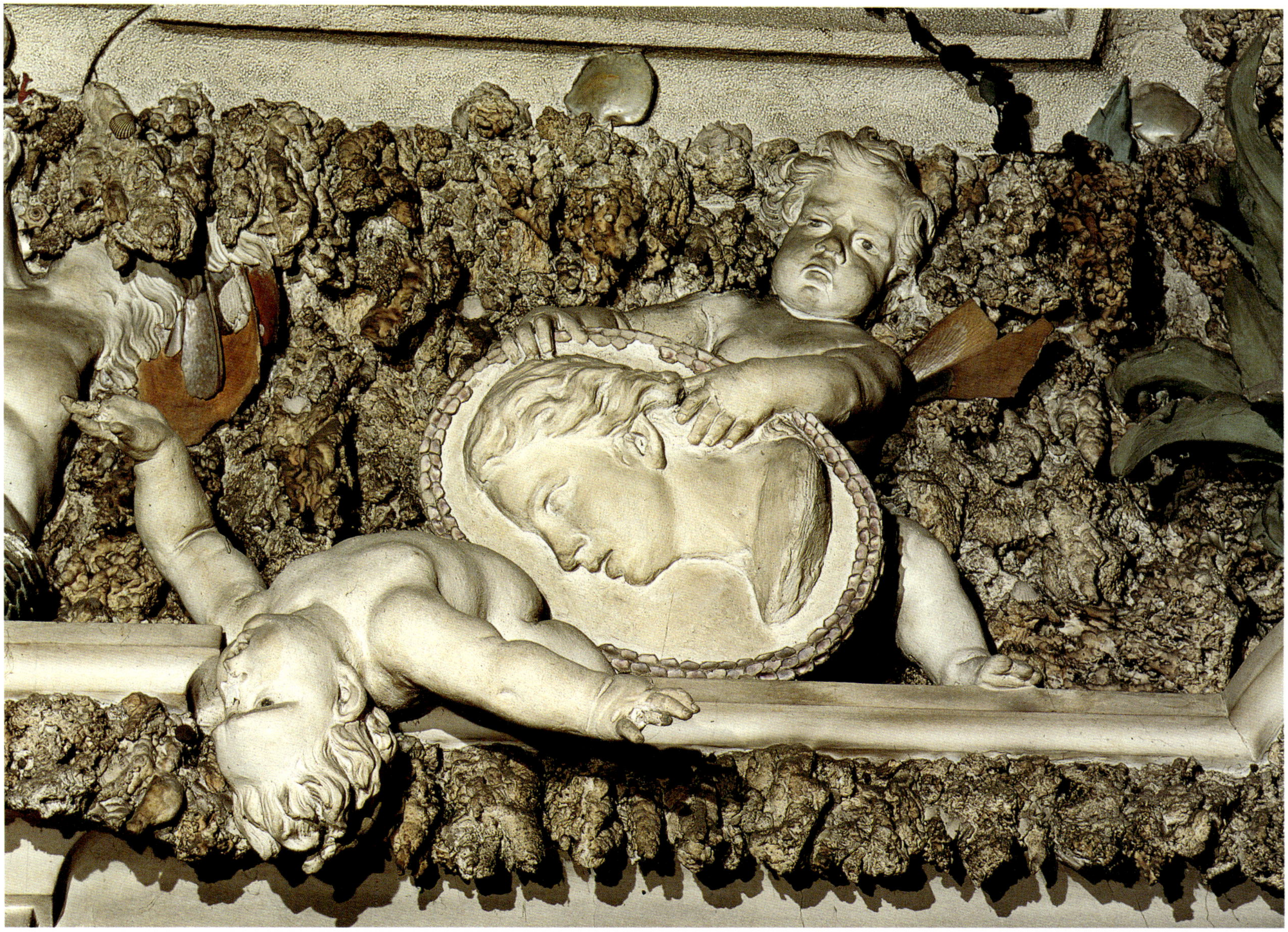

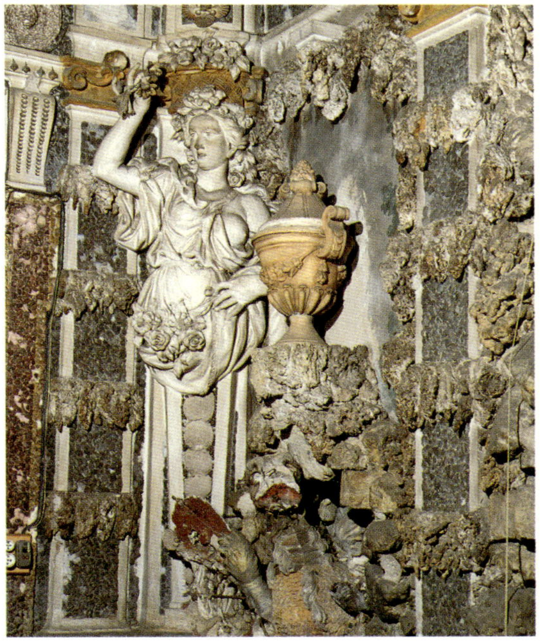

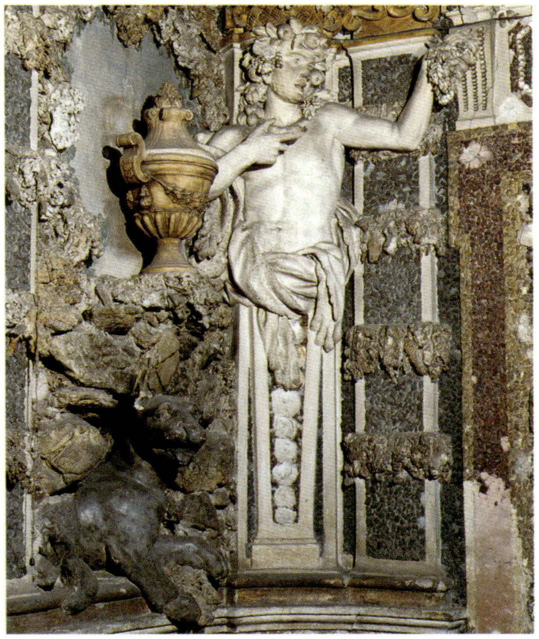

Caterina Doria Colonna, über. Die neuen Besitzer führten erstmals wesentliche Restaurierungen durch. Aber weitaus wichtiger waren die, die die Familie Fraschetti Anfang des 20. Jahrhunderts vornahm, in deren Besitz sich der Palast heute noch befindet. Sie wollte vor allem die

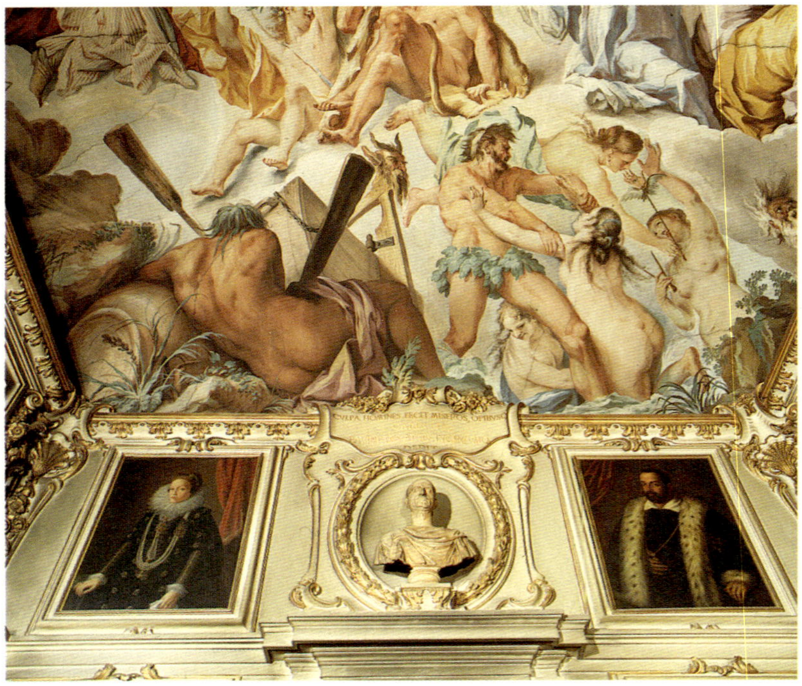

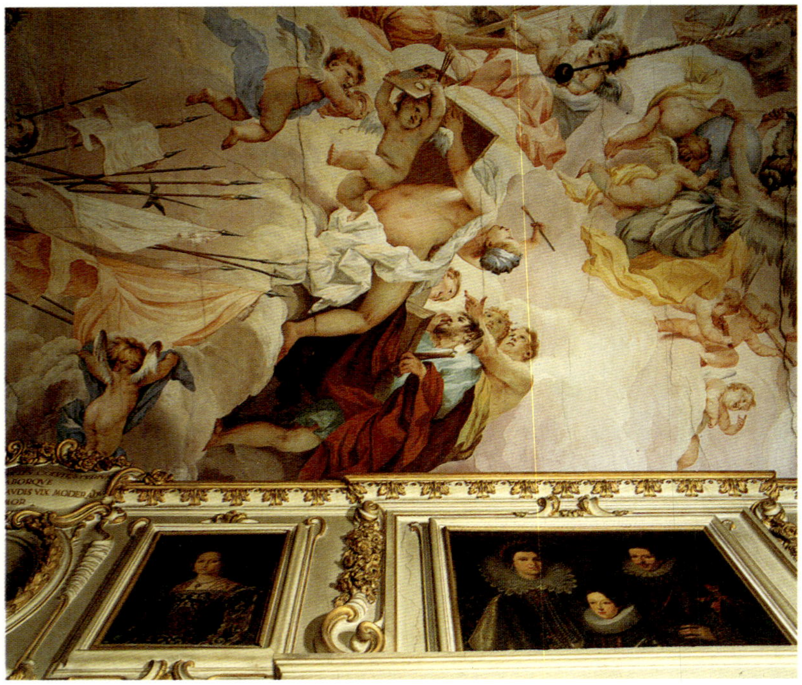

alten Proportionen und das frühere Aussehen wiederherstellen, indem sie alles Überflüssige entfernte, was im Lauf der Jahrhunderte die Räume verändert hatte – beispielsweise den Salon im ersten Stock, der nach Entfernen der beiden Zwischenwände seine ursprüngliche Größe wiedererlangte –, und erst vor kurzem wurde auch die rückwärtige Fassade zum Garten hin in ihrer alten strengen Eleganz wieder instandgesetzt. Derzeit ist in den großen Sälen im ersten Stock das Lyceum fiorentino, eine angesehene Kultureinrichtung, untergebracht.

Die Gemäldesammlung wurde im Auftrag von Niccolò Maria Giugni im ersten Stock eingerichtet, wahrscheinlich 1691 anläßlich seiner Hochzeit mit Luisa di Giovanni Giraldi. Das Deckengemälde von Alessandro Gherardini, auf dem dieser auch ein Selbstbildnis einfügte, zeigt eine Apotheose der Kunst und des Künstlers. An den Wänden hängen Porträts der Familienmitglieder der Medici und perfekte Kopien der Gemälde Vasaris vom Palazzo Vecchio, dazwischen wertvolle Stuckarbeiten und Büsten. Insgesamt hat der Raum seinen ursprünglichen Zauber unverändert bewahrt.

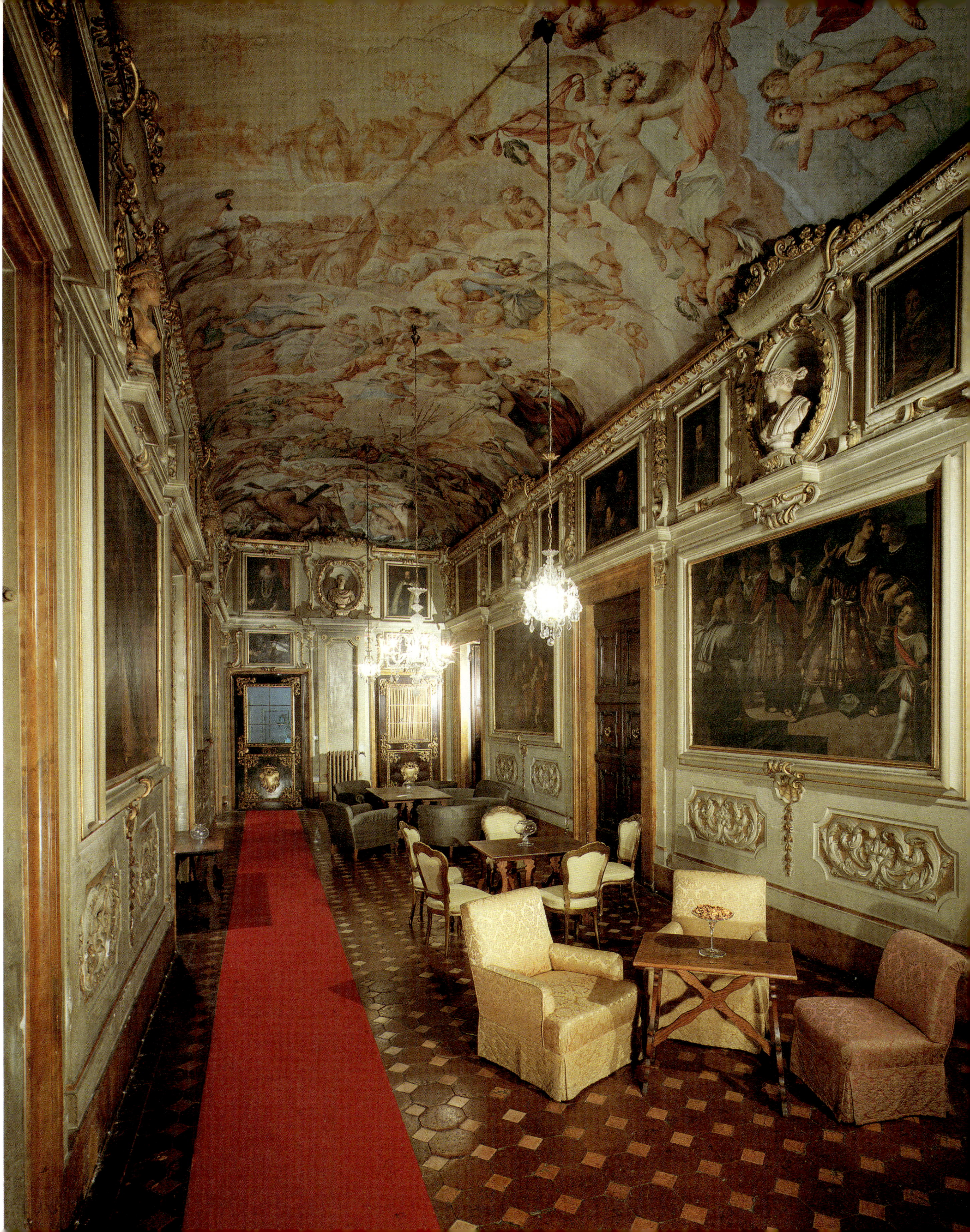

Palazzo Budini Gattai

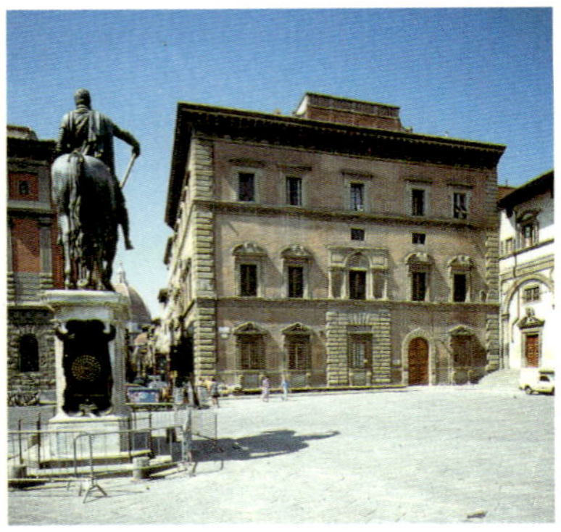

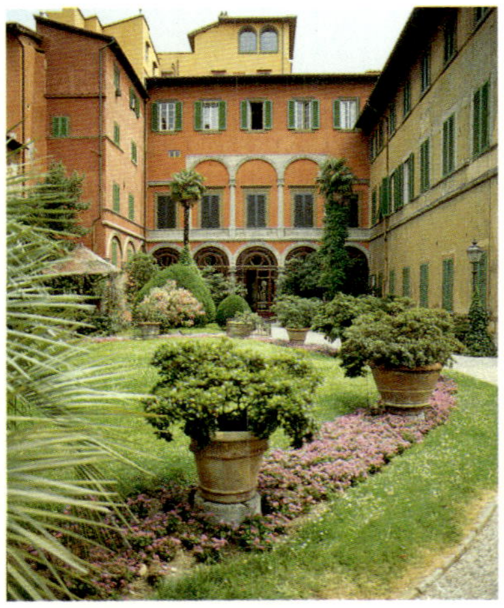

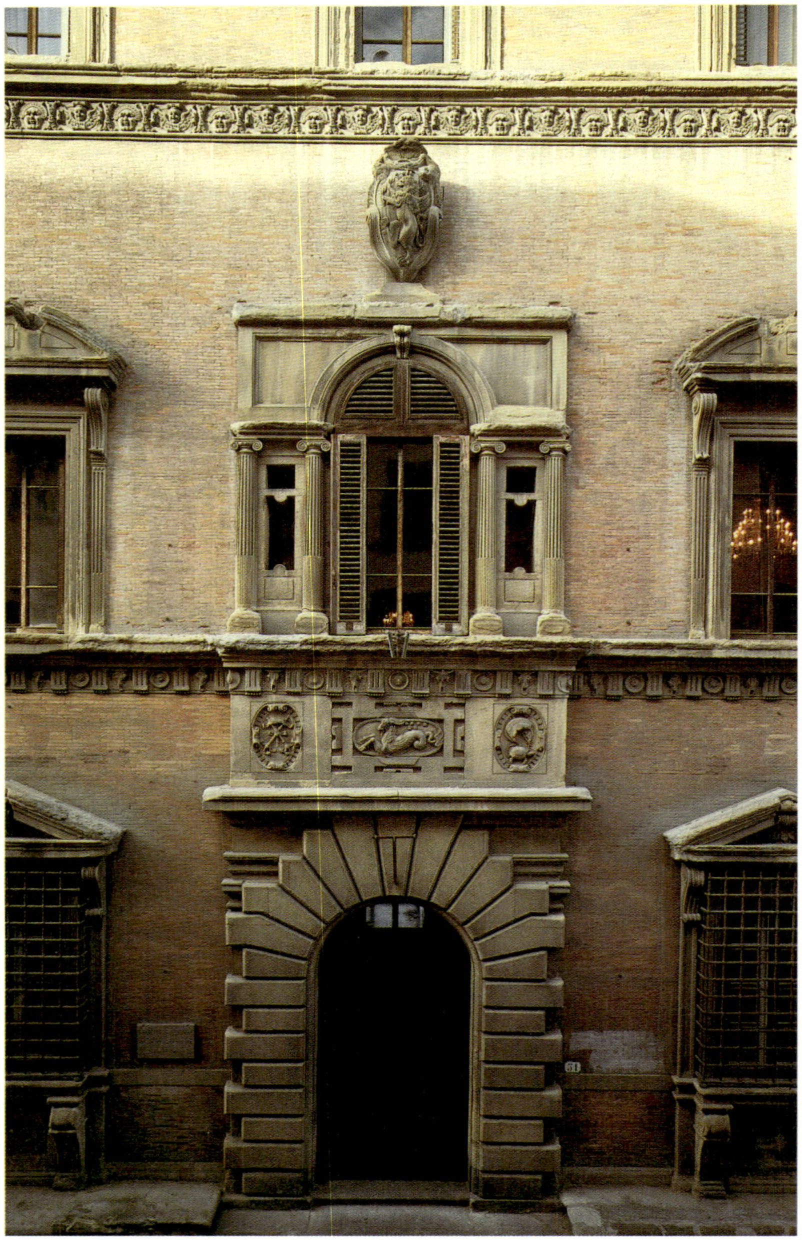

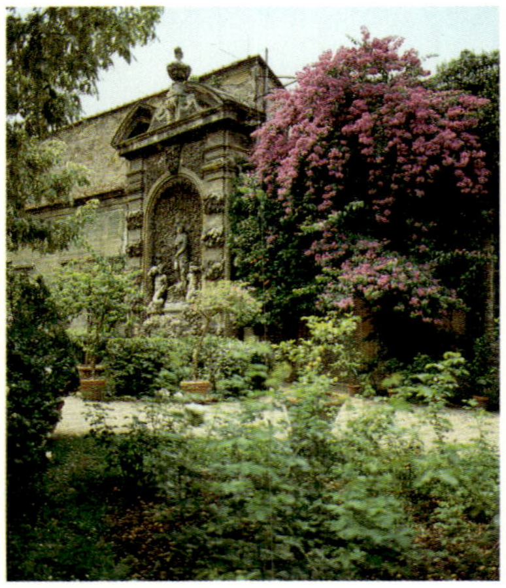

Am Palazzo Budini Gattai gibt es viele interessante Elemente: Das Tor an der Via dei Servi mit einem großen, von vier Pilastern gerahmten Fenster und das steinerne Wappen der Grifoni; die Fassade an der Piazza Santissima Annunziata hat aus Symmetriegründen ebenfalls eine vorspringende Mittelachse, die sich auf das dritte Fenster stützt. Dadurch wird noch deutlicher, daß die Nebentür nicht in der Mitte liegt; die rückwärtige Fassade mit den Arkaden zum Garten hin; der Garten mit dem Venusbrunnen, der Giovanni Bandini zugeschrieben wird.

Der alte Palazzo Grifoni, heute als Palazzo Budini Gattai bekannt, kann mit Fug und Recht als herausragender Vertreter der letzten Generation der historischen florentinischen Paläste gelten, die in der zweiten Hälfte des 16. Jahrhunderts für Würdenträger am Hof oder Günstlinge von Cosimo und Francesco I. dei Medici erbaut wurden. Aus Platzgründen erbaute man sie in Gegenden etwas außerhalb des Zentrums. Sie mußten genau umrissenen funktionellen und repräsentativen Erfordernissen genügen und boten gleichzeitig ein Experimentierfeld für neue Dekorationslösungen und originelle architektonische Erfindungen. So auch der Palazzo Grifoni, der zwischen 1557 und 1563 von Ugolino di Iacopo Grifoni, einem reichen Hofbeamten, Sekretär und Günstling von Cosimo und früheren Majordomus des Herzogs Alessandro, erbaut wurde. Dieser hatte bis 1549 von den Ricci einige Häuser zwischen der Via dei Servi und der Piazza della Santissima Annunziata aufgekauft. Acht Jahre später betraute er den damals prominentesten Architekten, Bartolomeo Ammannati, für einen Betrag von hundert Dukaten mit dem Bau seines eigenen Palastes. Ammannati baute zur selben Zeit gerade auch andere Paläste und erarbeitete für den Palazzo Grifoni besonders interessante Lösungsvorschläge: Fassaden ganz aus unverputztem Backstein, was eine wichtige Neuheit im Stadtbild war;

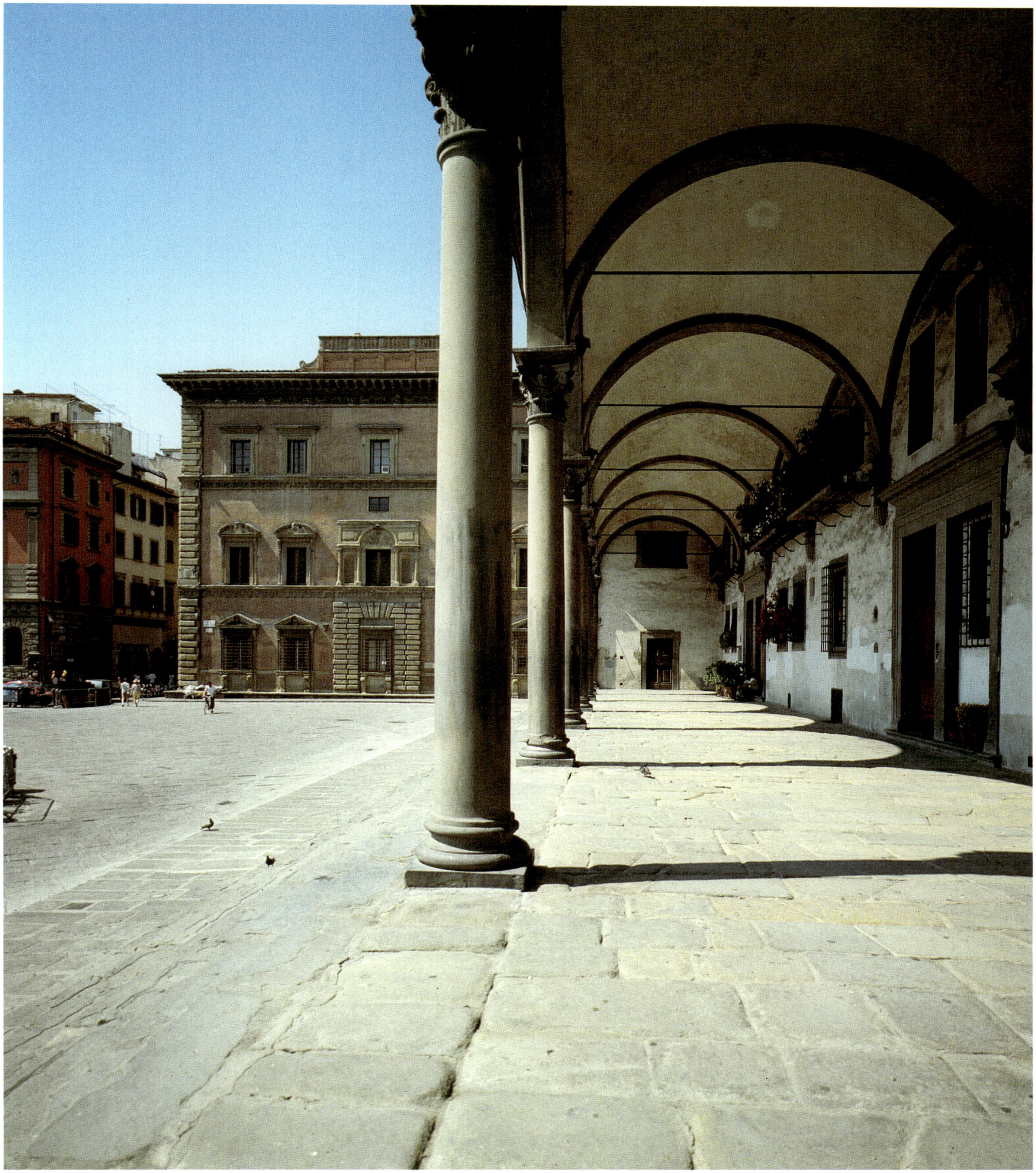

Ende des 19. Jahrhunderts wurden alle Wohnungen im Erdgeschoß und im ersten Stock restauriert, teilweise umgebaut (besonders die ebenerdigen Zimmer, die ursprünglich zumindest zum Teil als Durchgangszimmer und Arbeitsräume gedacht waren) und sehr geschmackvoll eingerichtet. Beispielhaft sind der Rote Salon im Erdgeschoß und der Eingang zur Wohnung im ersten Stock.

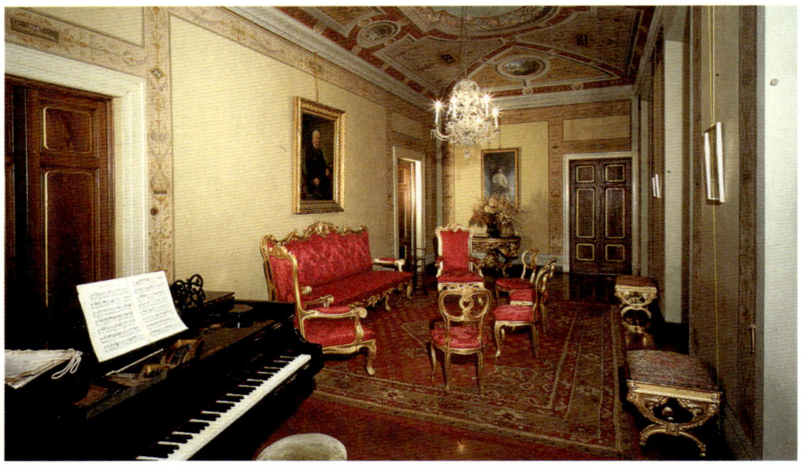

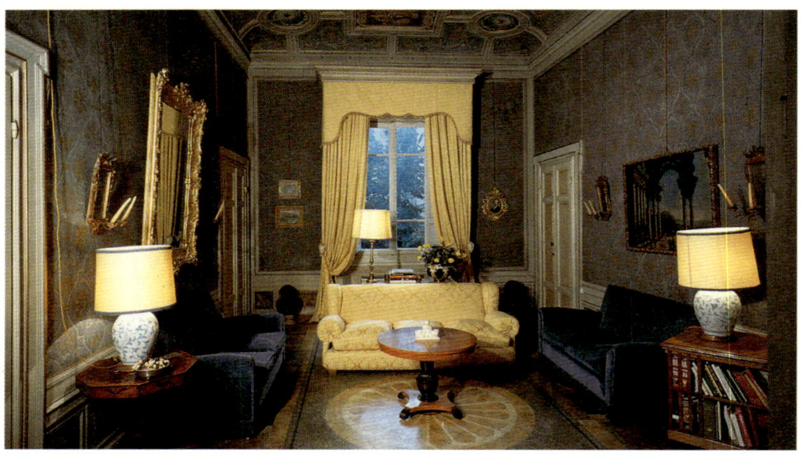

große Fenster im Erdgeschoß statt der Vorkragungen und Arkaden bei Palästen des 15. Jahrhunderts; sodann die Betonung der Mittelachsen der beiden Fassaden. Schließlich kombinierte er an der Via dei Servi das Tor, das von Säulen umrahmte Fenster im ersten Stock und das Geschlechterwappen. Dies wiederholte er an der Fassade zur Piazza Santissima Annunziata hin unter Miteinbeziehung des dritten Fensters des Erdgeschosses (so daß sich die Eklipse des seitlichen zweiten Tors, der Kutscheneinfahrt, ergab); außerdem brachte er äußerst umsichtig und bedacht ausgesuchten Türen- und Fensterschmuck an, der perfekt zur Gesamtfassade paßte; eine weitere Neuerung war die ebenfalls von Ammannati reich mit originellen Konsolen geschmückte Innenloggia mit fünf Arkaden zum Garten hin. Auch auf den Garten konzentrierte sich das Interesse des Architekten. Vielleicht wollte er damit das Fehlen eines Innenhofs kompensieren, der ja ein immer wiederkehrendes Element des florentinischen Palastes war. Bemerkenswert ist der Venusbrunnen, der nach Ansicht einiger Kunsthistoriker ebenfalls von Ammannati, nach Ansicht anderer (besonders Middeldorfs) von Giovanni Bandini stammt.
1563 konnte man den Palazzo Grifoni im wesentlichen als vollendet bezeichnen, mit Ausnahme des zweiten Stockwerks, dem zum Schluß

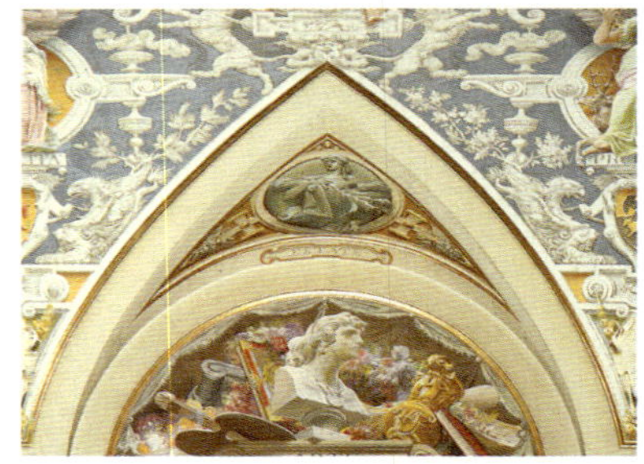

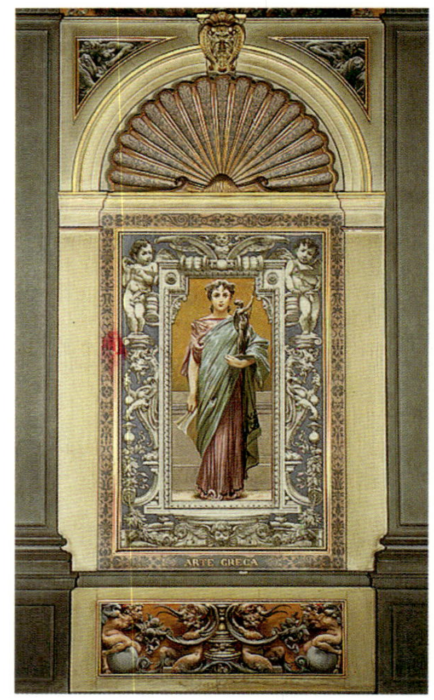

Recht interessant ist die Innentreppe, deren Hauptarm und zwei Seitenarme in den ersten Stock führen. Sie entstand 1892 nach einem Entwurf Giuseppe Boccinis und wurde wahrscheinlich von Giulio Bargellini ausgeschmückt, durch den sie ein für das späte 19. Jahrhundert typisches Aussehen erhielt.

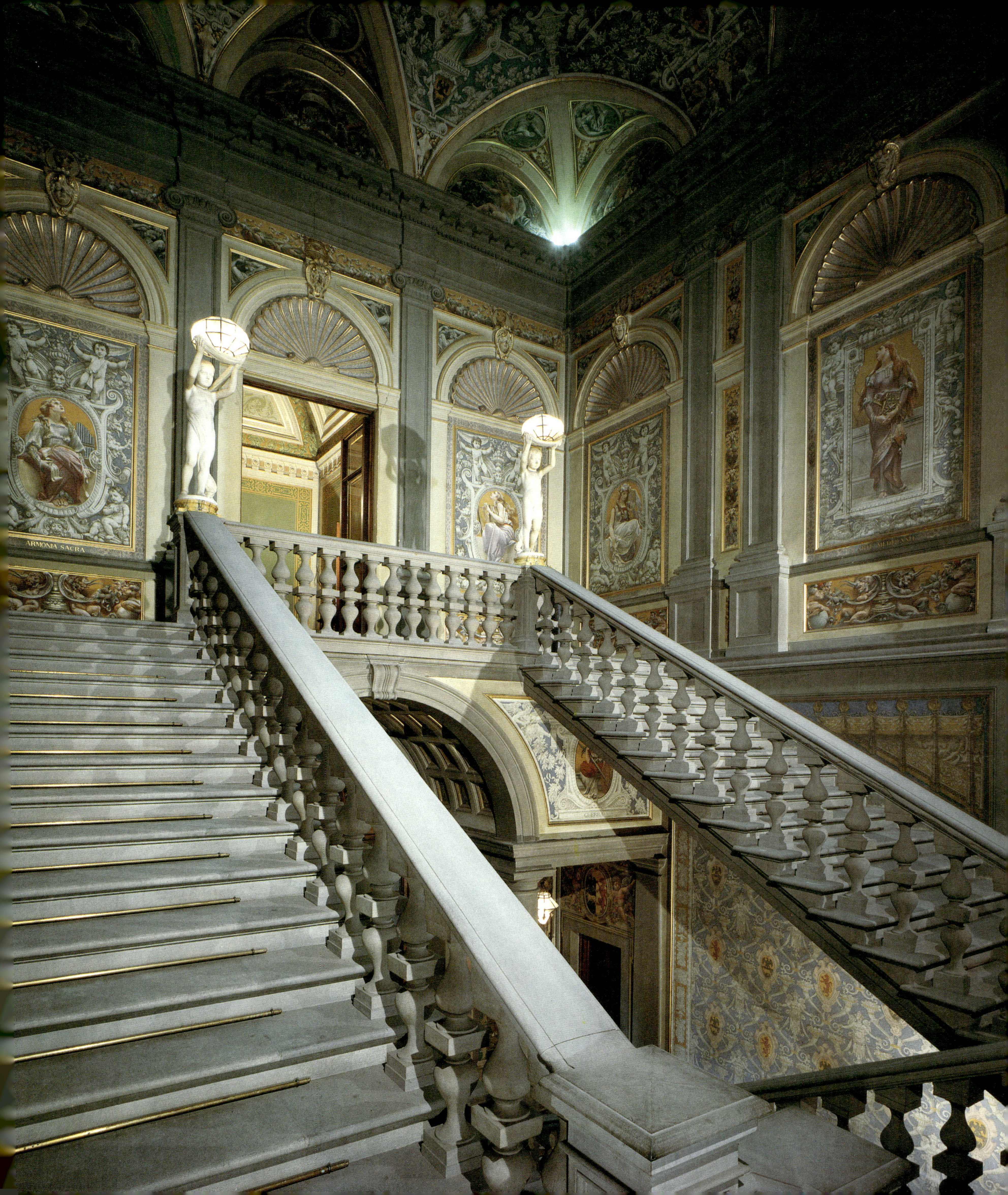
ARMONIA SACRA

drei Zimmer auf der Seite fehlten, wo die Piazza Santissima Annunziata an den Loggiato dei Serviti grenzt. Diesen Mangel, der natürlich in der Florentiner Gesellschaft nicht unentdeckt blieb, beseitigte man erst in den dreißiger Jahren des 18. Jahrhunderts auf Anweisung von Pietro Gaetano Grifoni, der den zweiten Stock und die Fassade ergänzen ließ. Unter dessen Frau, Lisabetta di Piero Capponi, die für ihre Schönheit und ihren Salon berühmt war, erlebte der Palast nach eineinhalb Jahrhunderten relativer Ruhe wieder eine glanzvolle Zeit. Als die Grifoni Ende des 18. Jahrhunderts ausstarben, erwarb Ferdinando Riccardi den Palast und vererbte ihn bei seinem Tod 1847 den Manelli. Diese verkauften ihn an Niccolò Antinori, von dessen Erben ihn Leopoldo Gattai um 1890 erwarb. Er besaß zusammen mit seinem Schwiegersohn Francesco Budini ein großes Bauunternehmen, das im Zusammenhang mit der städtebaulichen Neuordnung von Florenz mit bedeutenden Arbeiten betraut war. Dies hing mit dem Eintritt von Florenz in das italienische Reich und seiner damaligen Rolle als Hauptstadt zusammen. Darüber hinaus verdienten die beiden Firmeninhaber mit wichtigen Aufträgen außerhalb der Stadt eine Menge Geld, von dem sie Ende des Jahrhunderts zahlreiche Landgüter und eben den Palast in der Via dei Servi kauften.

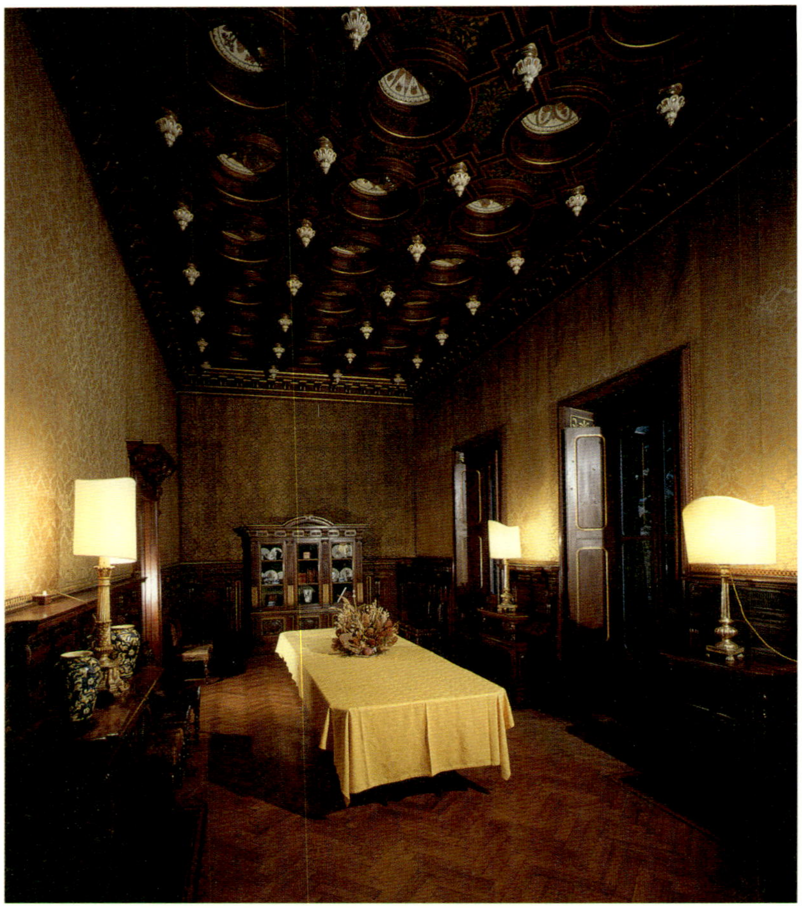

Die erlesenen eleganten Möbel und Tapeten, ein Ergebnis der umfangreichen Restaurierungs- und Umbaumaßnahmen, die Ende des 19. Jahrhunderts beendet wurden, sind besonders auffällig im Speisezimmer im Erdgeschoß, das mit einer weiteren Besonderheit aufwartet: der Kassettendecke aus dem 19. Jahrhundert mit einzigartigen Keramikeinsätzen.

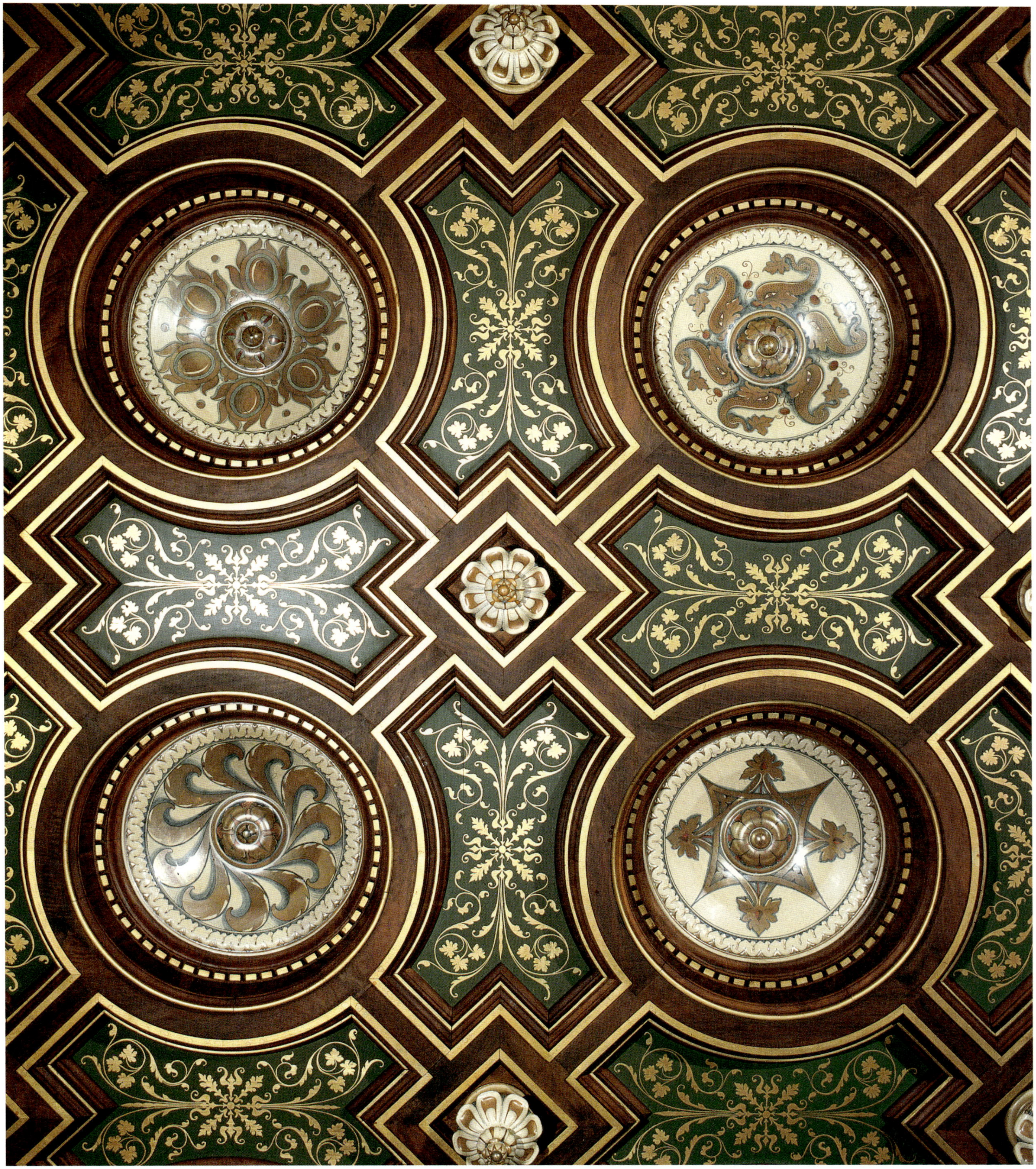

Giuseppe Boccini restaurierte ihn dann sogleich gründlich und gestaltete sein Inneres im zeitgenössischen Stil des späten 19. Jahrhunderts, so wie man es heute noch sieht. 1892 entstand die monumentale Innentreppe. Ihre reichen Verzierungen stammen von Burchi und Bargellini,

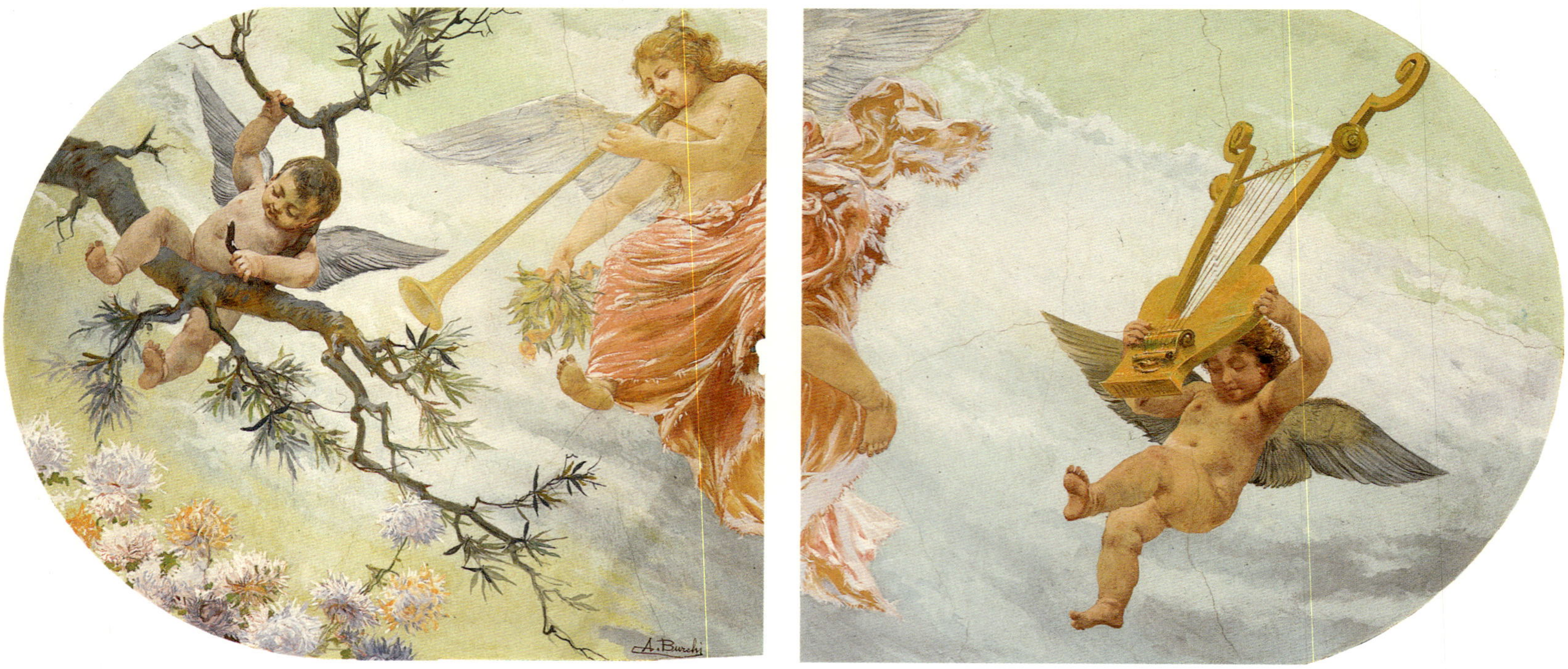

die beide für Boccini arbeiteten. Die Treppe führt zum ersten Stock, ihr Aufgang ist mit Fresken und Holzornamenten geschmückt und mit behutsam ausgewählten Stilmöbeln und Einrichtungsgegenständen ausgestattet, die man noch heute bewundern kann. Bemerkenswert ist in einem Salon im ersten Stock der Fußboden mit Ölmalerei des Stukkateurs Fercini, der dort die Bilder mit ländlichen Motiven reproduzierte, die Raffaello Sorbi für die Budini Gattai gemalt hatte und die in einem anderen Saal des ersten Stocks zu sehen sind.

Die dominierenden kräftigen Farben der Tapeten passen gut zum großen Roten Salon im ersten Stock und seinen Einrichtungsgegenständen.
An der Decke sind wertvolle Fresken zu sehen: in der Mitte, umgeben von einem großen, reich verzierten Rahmen, eine Allegorie, wahrscheinlich eine Allegorie der Musik, eine Arbeit des ausgehenden 19. Jahrhunderts.

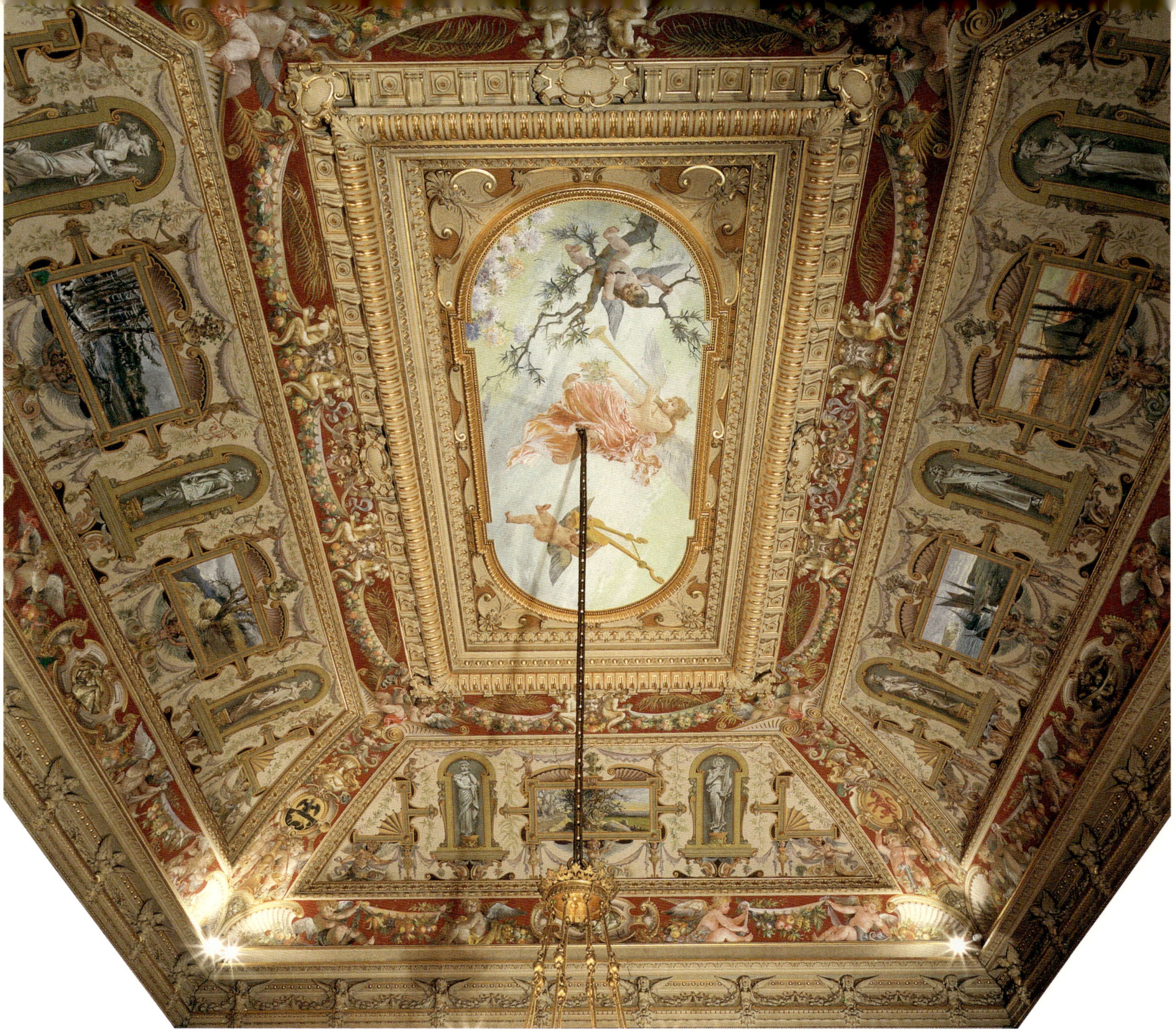

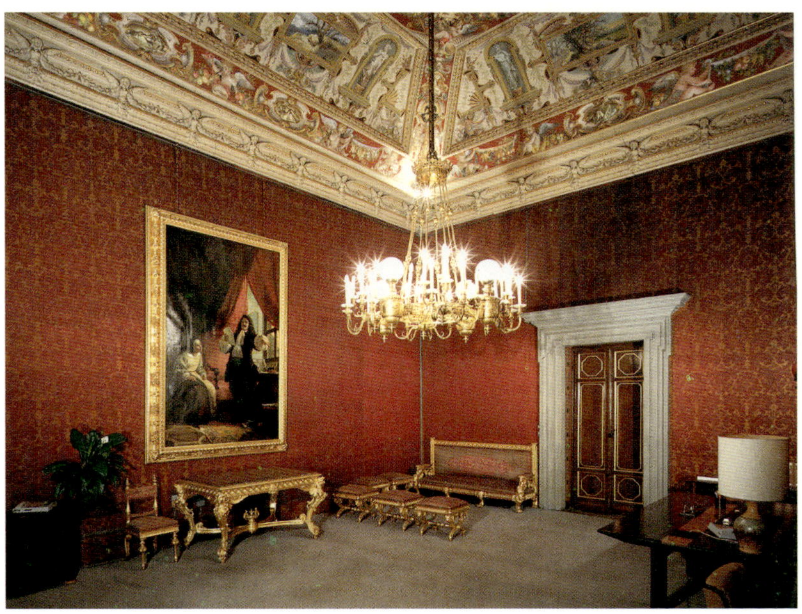

Auch die Fassade wurde restauriert, die Straßenbank wiederhergestellt und die Friese, die steinernen Fenster- und Gesimsdekorationen erneuert. Der Palast gehört noch heute den Erben von Leopoldo Gattai und Francesco Budini, die die Namen beider Ahnen beibehalten haben. Sie bewohnen jedoch nur einen Gebäudeflügel: der andere Teil wurde nämlich 1971 an die Regione Toscana vermietet, die ihn zum Sitz des Regionalkomitees machte. Ende 1994 ist die Regione aber ausgezogen, und die Räume in der Via dei Servi, die mehr als zwanzig Jahre lang öffentliche und Repräsentationsfunktion hatten, dienen jetzt wieder allein ihren alteingesessenen Besitzern.

Die prunkvolle Sala dei Bovi (Ochsensaal) im ersten Stock zur Piazza Santissima Annunziata hin verdankt ihren Namen einer Besonderheit: auf dem Fußboden reproduzierte der erfahrene Künstler Fercini, der Anfang des 20. Jahrhunderts im Dienst der Budini Gattai stand, in technisch perfekter Ölmalerei einige Gemälde mit ländlichem Thema von Raffaello Sorbi. Die Originale befinden sich im Eßzimmer im ersten Stock (Foto unten). Seitdem der Salon Sitz des Regionalkomitees ist, überdeckt ein Teppichboden den ursprünglichen Fußboden. Die Freskendecke hingegen fällt deutlich ins Auge; in der Mitte eine Idylle mit Schwänen und Pfauen.

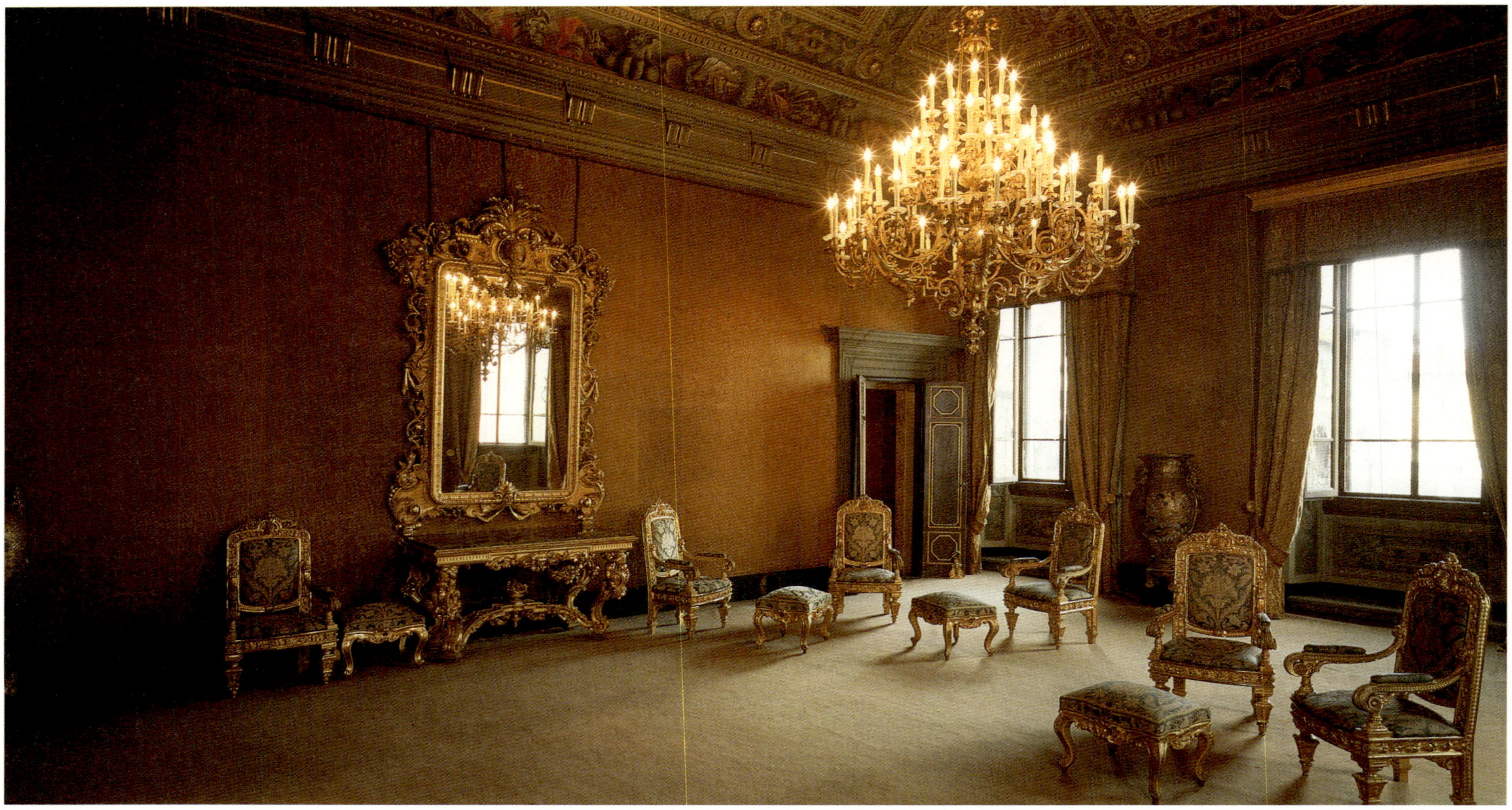

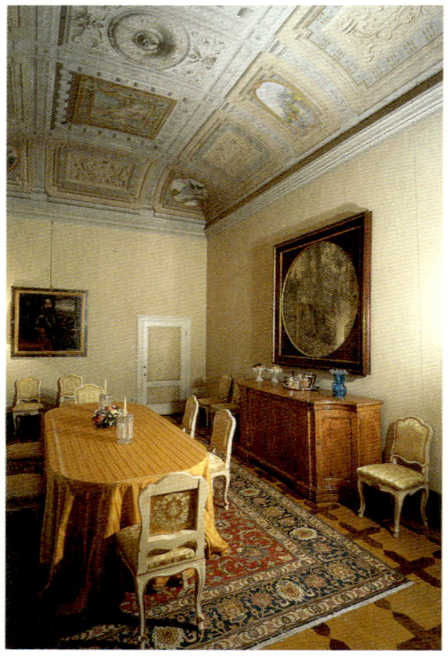

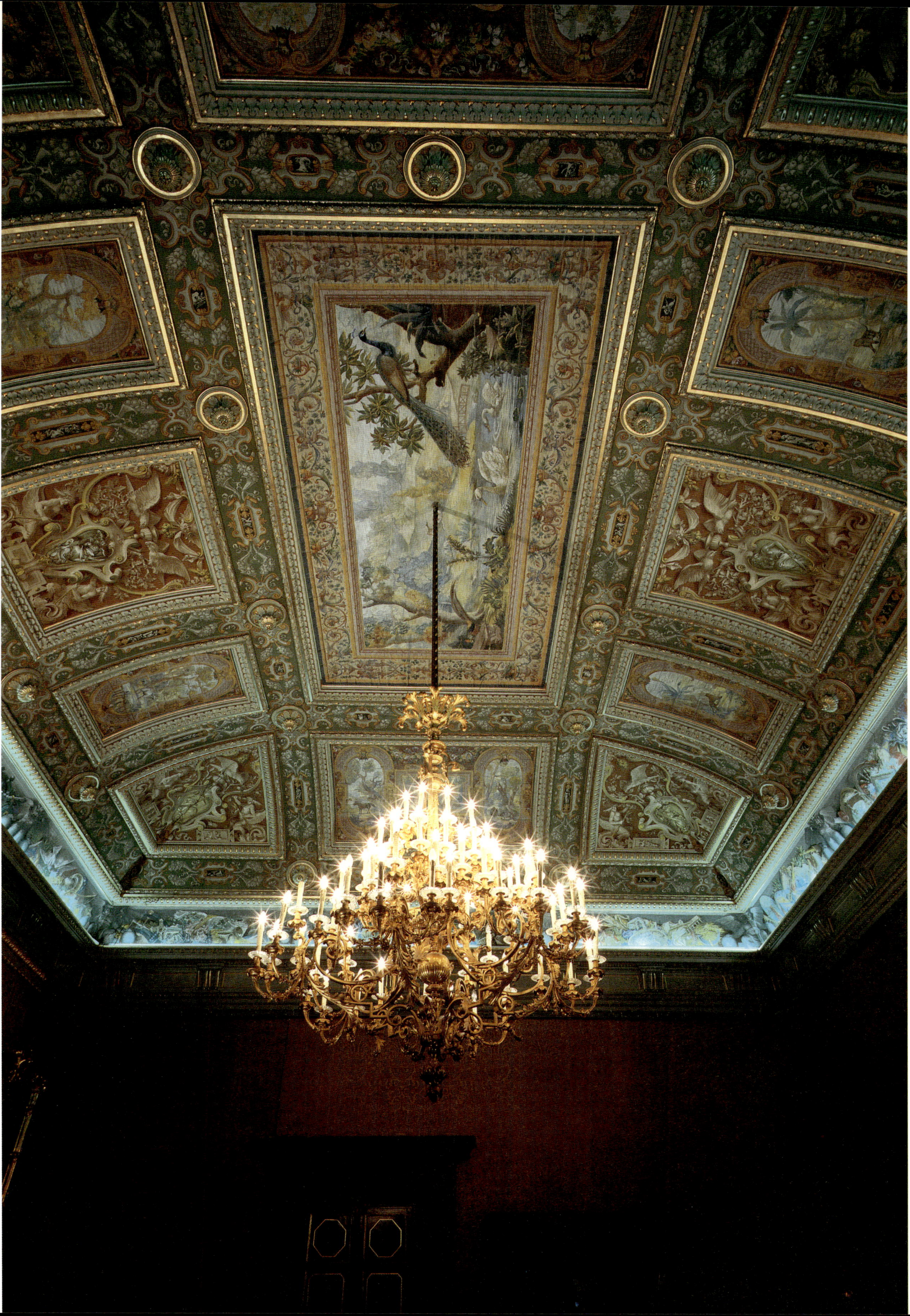

Palazzo Corsini Suarez

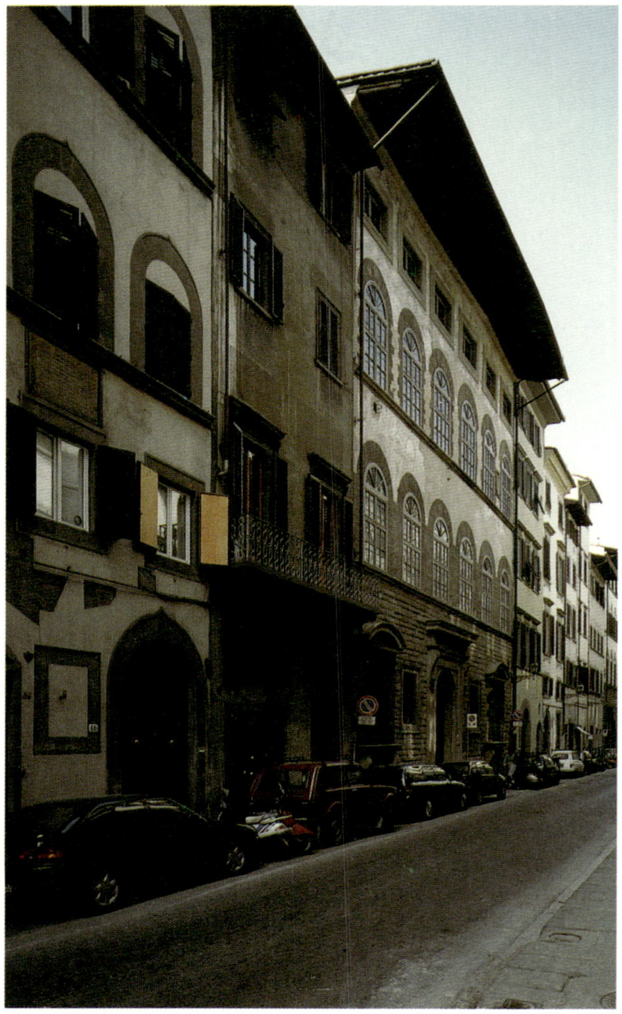

Die Fassade an der Via Maggio hat sechs Fensterachsen. Die Fenster im ersten und zweiten Stock sind älter, die »knienden« Fenster im Erdgeschoß und die mit flachen, plastisch hervortretenden Hausteilen gerahmten Fenster im dritten Stock stammen eindeutig aus späterer Zeit und sind ein Werk Gherardo Silvanis.

In der Gegend von Santo Spirito standen die ältesten Häuser der Corsini, die Mitte des 12. Jahrhunderts aus dem Val di Pesa nach Florenz gekommen waren. Als fleißige Kaufmannsfamilie leiteten sie bereits 1300 eine Handelsgesellschaft und besaßen große Reichtümer. Nicht einmal die Zahlungsunfähigkeit des Königs von England, Eduards III., dem die Florentiner Unternehmen beträchtliche Darlehen eingeräumt hatten, vermochte der Macht dieser Familie zu schaden, während bei den Bardi und den Peruzzi der Ruin absehbar war.

Im 14. Jahrhundert entstand das Häuserensemble der Corsini in der Via Maggio, und die solidesten gehörten Messer Filippo (1334-1421), dem Bruder von Kardinal Pietro und mehrmaligen Botschafter. Seine privilegierte Stellung hatte jedoch unangenehme Folgen: während des Aufstandes der Wollschläger, der sich gegen die mächtigsten Familien und die Übermacht der privilegierteren Zünfte richtete, wurden all seine Häuser niedergebrannt und fast völlig zerstört. Er aber ließ sich nicht entmutigen und machte sich an den Wiederaufbau, sobald sich die Situation beruhigt hatte. So entstand ein beeindruckender Palast mit der für das späte 14. Jahrhundert klassischen Form, mit zwei Reihen großer Fenster im ersten und zweiten Stock, die noch heute zu sehen sind, und einer sechsachsigen, stren-

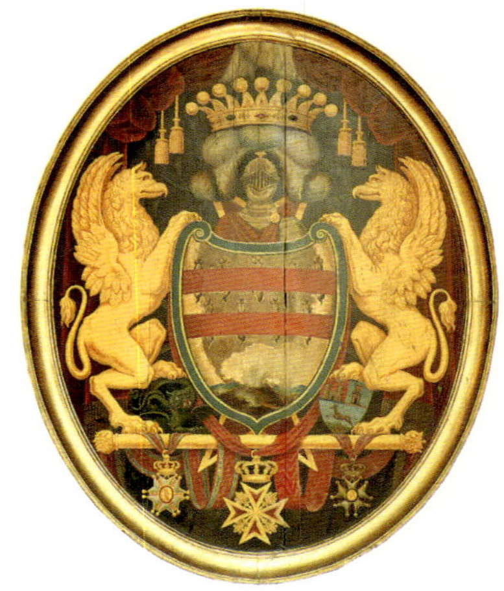

Das Adelswappen der De Larderel wird im Archivio Contemporaneo aufbewahrt.

Gherardo Silvani führte auch die charakteristische, weit vorkragende Dachtraufe aus geschnitztem Holz aus. Eine Besonderheit sind ihre Verzierungen mit heraldischen Motiven (die Muscheln waren das besondere Symbol der Suarez).

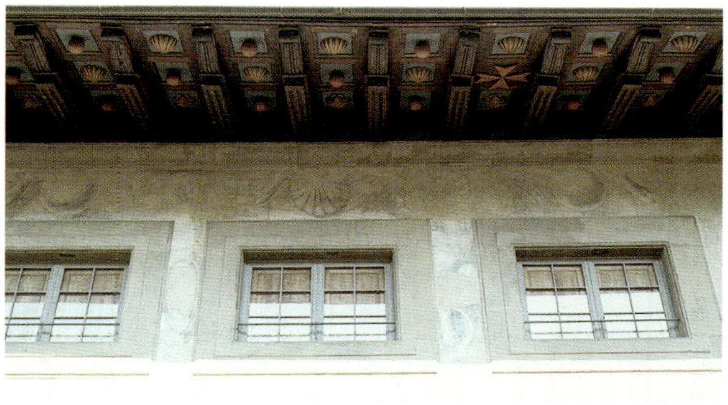

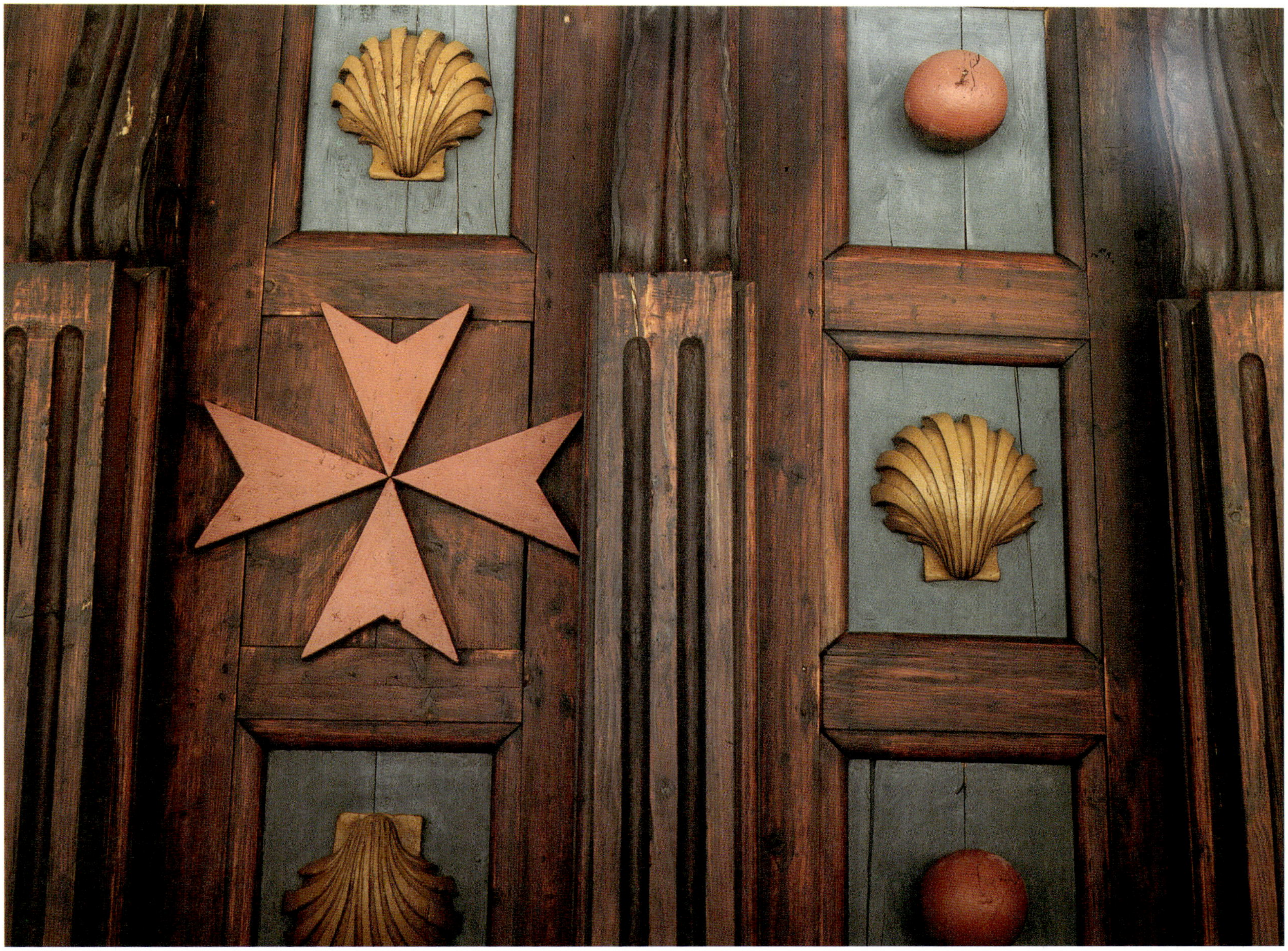

gen, eleganten Fassade. Der Palast wurde später an den zweitgeborenen Sohn Filippos, Gherardo, vererbt und gehörte dessen Nachkommen bis 1559. Im Verlauf von dreißig Jahren wechselte der Palast zweimal den Besitzer: zuerst ging er an Marzio Marsico und dann an Matteo Bartoli. 1590 erwarb ihn ein portugiesischer Adliger, Baltasar Suarez de la Concha, ein höfischer Edelmann, der mit dem Großherzog persönlich verschwägert war (er war mit der Schwester von Camilla Martelli, der zweiten Frau von Cosimo I., verheiratet). Außer dem Palast kaufte Suarez auch zwei angrenzende Häuser auf der Rückseite (der Innenseite, die parallel zur Via Maggio verläuft).
Er ließ sodann aus den drei Gebäuden ein einziges machen, wobei er die beiden kleineren Häuser in den Palast mit einbezog und diesem damit einen Ausgang mit einer zweiten, schmäleren Fassade zum Borgo Tegolaio hin verschaffte.
Dann ließ er den Innenhof vergrößern, der später um Kapitelle und Architrave bereichert wurde.
Anfang des 17. Jahrhunderts gab Baltasars Sohn Fernando bei einem bewährten Baumeister, Gherardo Silvani, einige Verschönerungsarbeiten am Gebäude in Auftrag, darunter höchstwahrscheinlich die Fassade des Erdgeschoßes mit den »knienden« Fenstern und dem großen Mitteltor sowie den ganzen dritten Stock mit kleineren Fenstern und einer auffallend

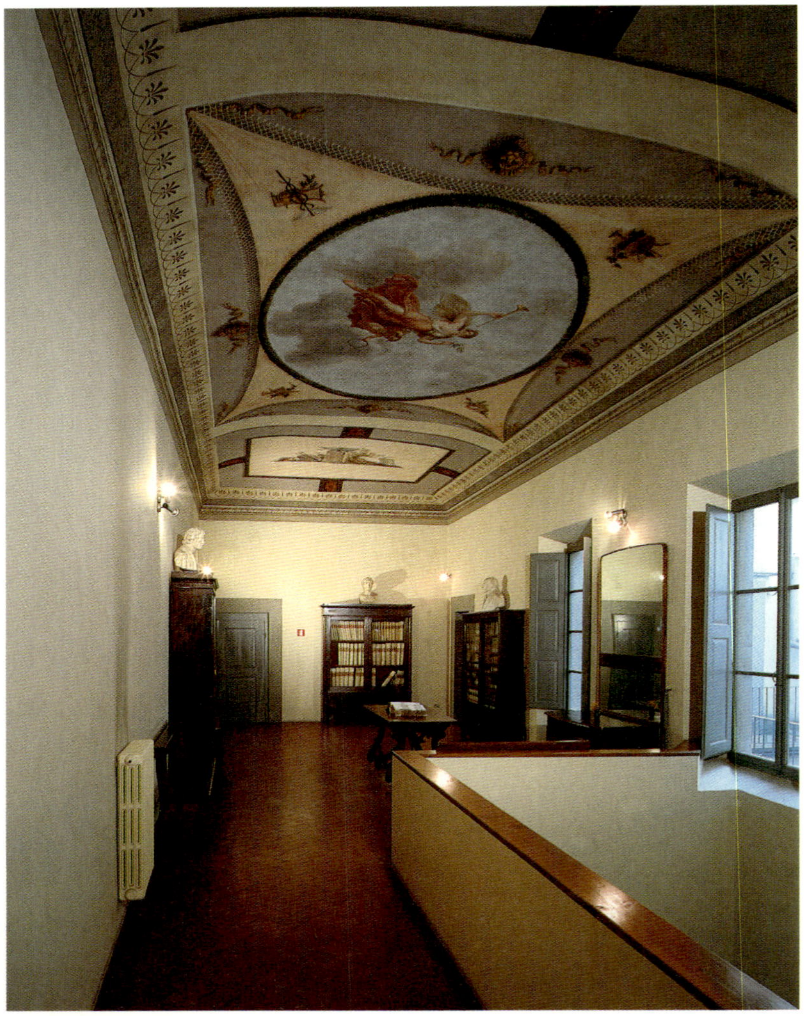

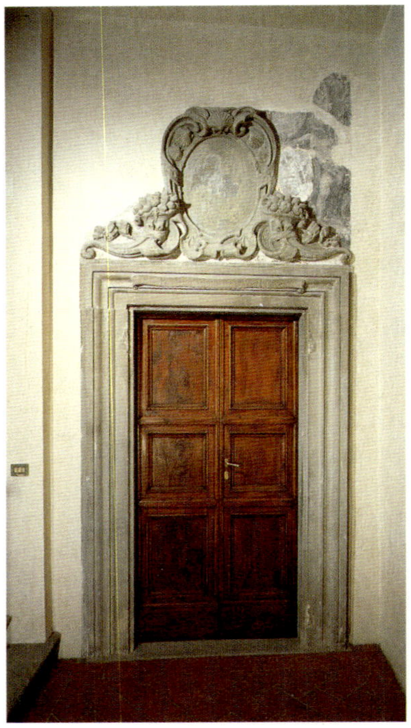

Wenn man den Palast vom Borgo Tegolaio aus betritt, gelangt man in diese strenge, lichtdurchflutete Eingangshalle mit ihrer auffälligen Decke, die durch ihre klare Farbgebung und schlichte Eleganz besticht. Die Fresken stammen aus dem 18. Jahrhundert. Auf der Tür des Zwischengeschosses steht auf dem steinernen Band noch der Name des früheren Besitzers, Baltasar Suares, und darüber sein heraldisches Zeichen, die Muscheln.

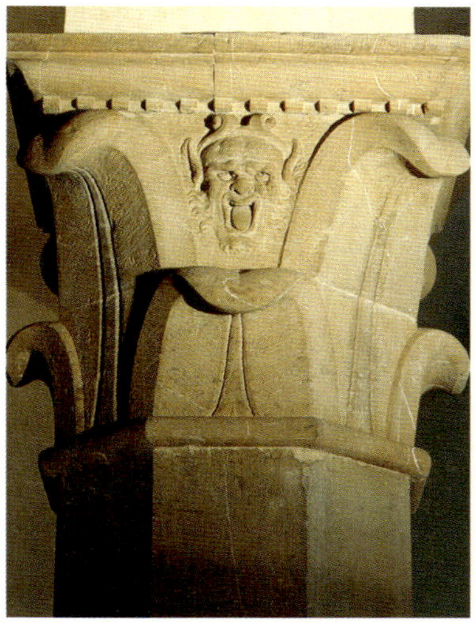

Im Innenhof sind noch zahlreiche Elemente aus dem späten 14. Jahrhundert erhalten, wie die achteckigen Pilaster. Später fügte man ausgearbeitetere Architrave und Kapitelle an (hier ein Beispiel mit stilisierten Blättern und groteskem Schmuck). Ganz ungewöhnlich erscheint der auf Lünetten ruhende Balkon, der den ganzen ersten Stock umläuft (17. Jahrhundert).

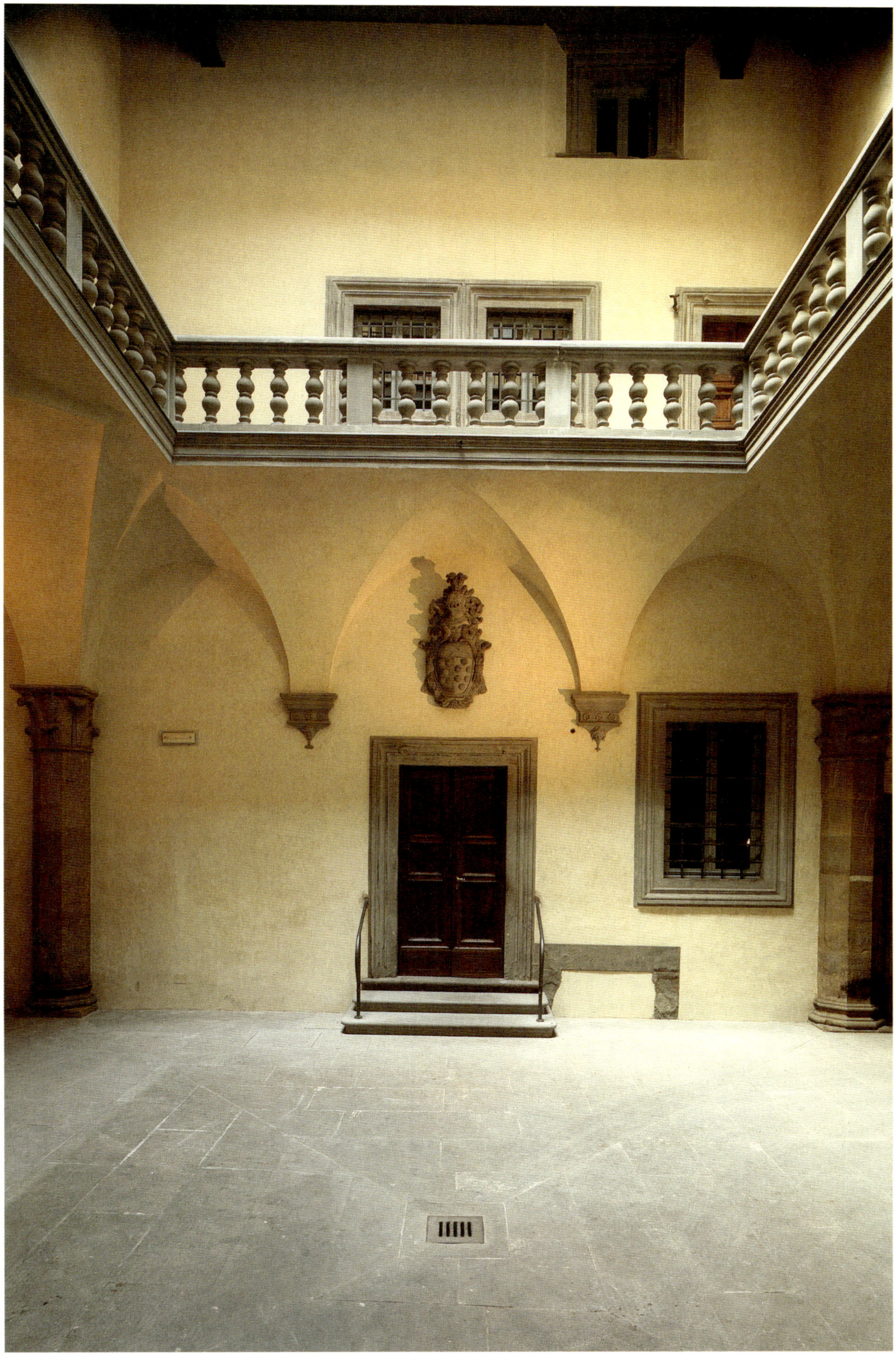

weit vorkragenden Dachtraufe, die mit geschnitzten Wappensymbolen verziert war. Ihr entspricht im Inneren das eindrucksvolle Vordach mit den geschnitzten Rosetten, das den Innenhof auf drei Seiten schützt. Der Innenhof an sich ist schon interessant durch seinen ungewöhnlichen Schnitt, den Balkon rund um den ersten Stock und die originalen achteckigen Pilaster aus dem 14. Jahrhundert, denen auch die später eingefügten Kapitelle und Säulen aus der Zeit der Suarez nachempfunden sind (sie tragen nämlich das Wappen der Suarez und das Kreuz des heiligen Stefan: die Suarez waren bis 1589 Inhaber der Florentiner Ballei – der hierarchisch ersten und einflußreichsten – des angesehenen Ritterordens des heiligen Stefan. Und da auch der Palast mit dem Familienvermögen automatisch zur Ballei gehörte, war er auch lange Zeit als Palazzo della Comenda di Firenze bekannt).
Als die Familie ausstarb, wurde der Palast Staatsbesitz und Sitz eines Kommissariats für Öffentliche Sicherheit. Die ersten Restaurierungsarbeiten erfolgten 1918; sie wurden von den Gemeindebehörden finanziert, aber einschneidendere und bedeutendere Eingriffe erfolgten erst in den siebziger Jahren, als die Stadt Florenz, der Besitzer des Palastes, dort das Archivio Contemporaneo Scientifico Letterario G.P. Vieusseux einrichtete. Um diese sehr renommierte

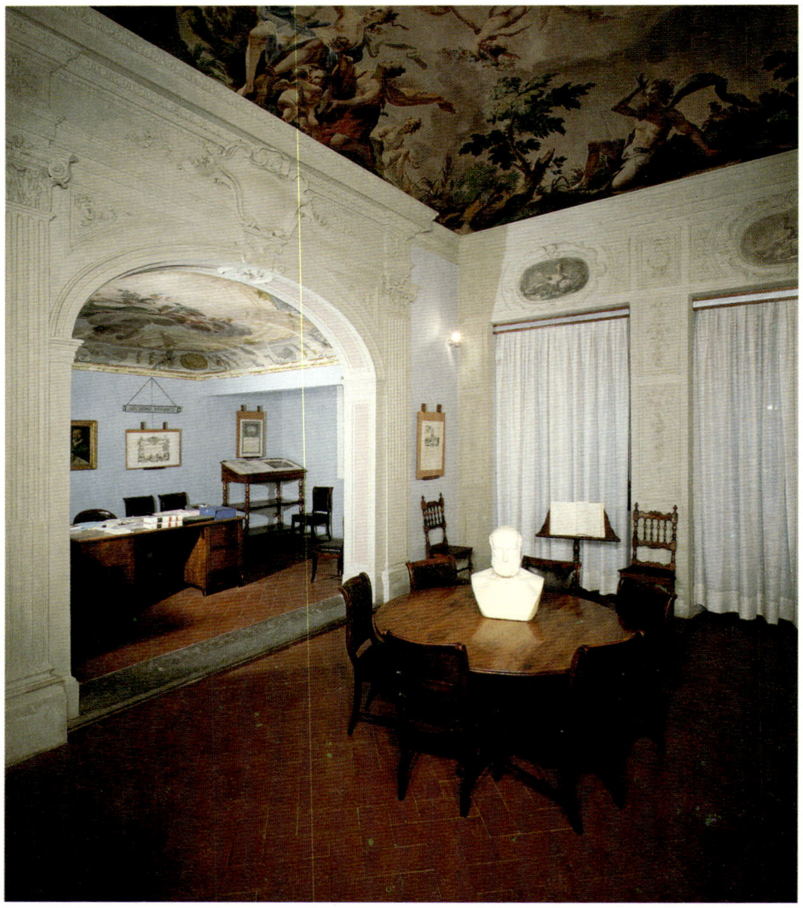

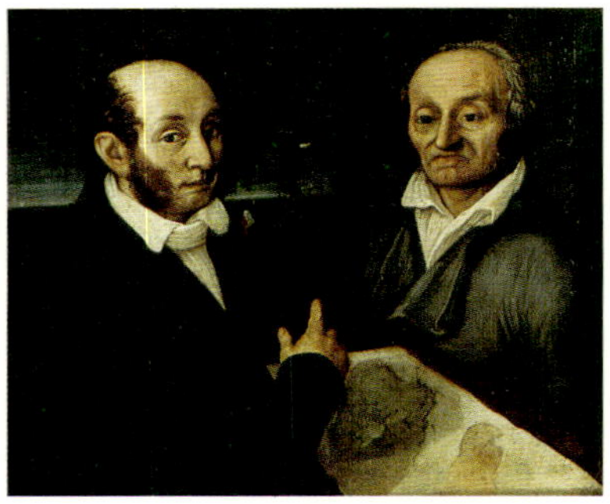

Zu den interessantesten Räumen des ersten Stocks gehört der Alkoven, ein reich mit Fresken bemalter, für das 18. Jahrhundert typischer Raum mit Stuckdekor und einer Wandnische, in der das Bett stehen sollte. Auf den Decken mit im 18. Jahrhundert, in dem besonders ländliche Themen beliebt waren, häufig anzutreffenden Motiven schauen hier und da die Muscheln der Suarez hervor. Dieses Zimmer erinnert zweifach an Giovan Pietro Vieusseux: mit einer Marmorbüste und einem Gemälde, auf dem er zusammen mit seinem Vater Pietro abgebildet ist, dem er von seinen Abenteuern in und außerhalb Europas erzählt (Anfang 19. Jahrhundert).

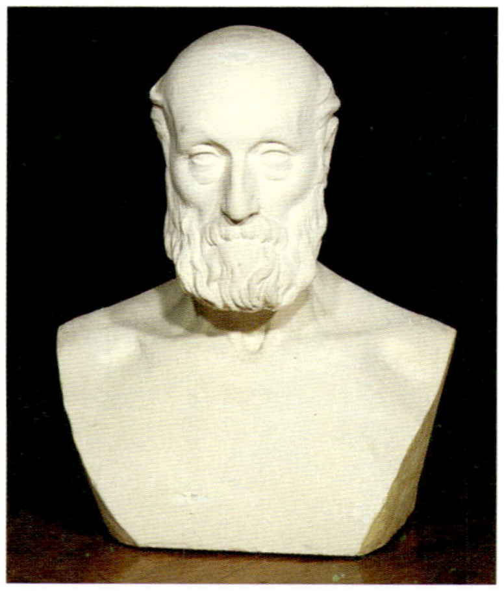

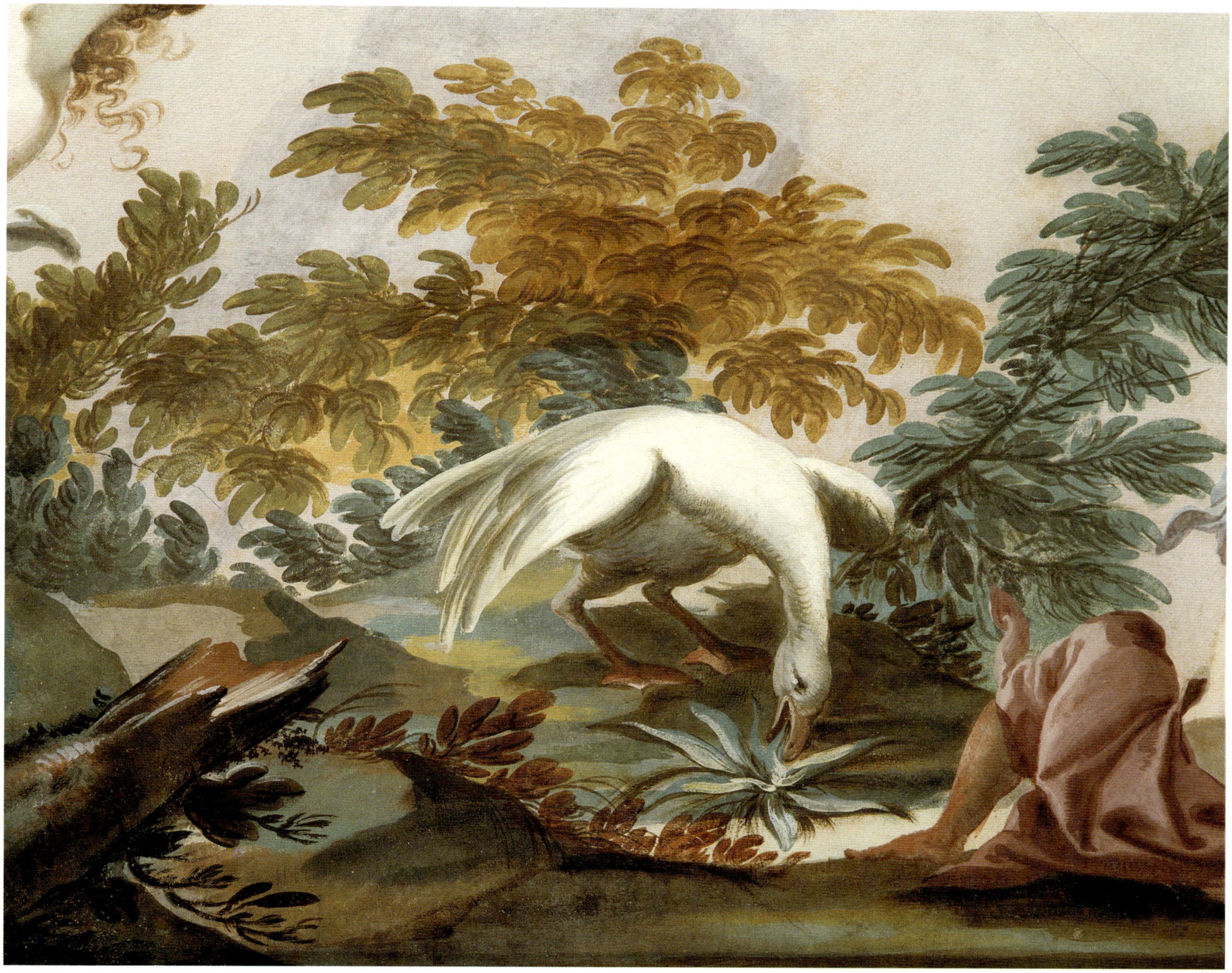

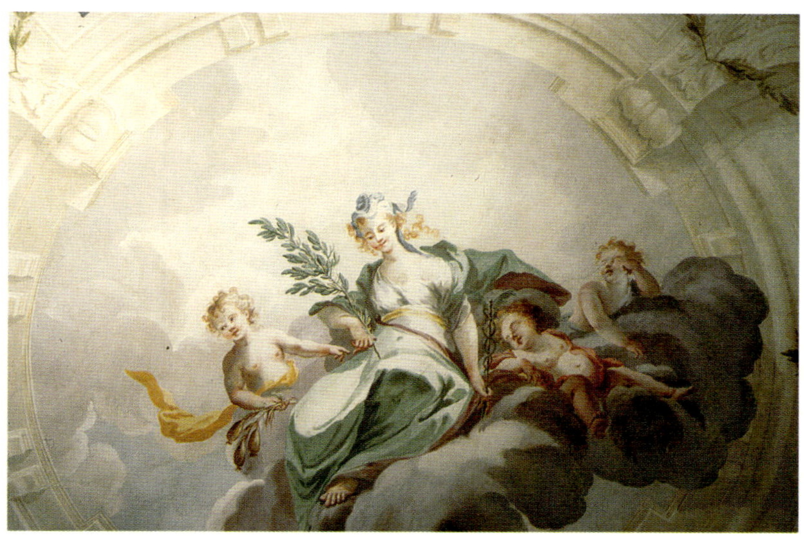

Florentiner Kultureinrichtung kümmerte sich lange Zeit Alessandro Bonsanti, ein Intellektueller und nachmaliger Bürgermeister der Stadt. In dem 1979 eingerichteten und wenige Jahre später für die Öffentlichkeit zugänglich gemachten Archiv gibt es wertvolle Bücherbestände, Schenkungen von Werken angesehener Vertreter der italienischen Kultur des 19. und 20. Jahrhunderts (Giuseppe Montanelli, Emilio Cecchi, Angiolo Orvieto, Giuseppe De Robertis, Eugenio Montale und Alessandro Bonsanti selbst). Es ist heute eines der attraktivsten Kulturzentren des Oltrarno. In den neunziger Jahren verlagerte man auch das Atelier für Bücherrestaurierung ins Erdgeschoß, das auf Anordnung des Gabinetto Vieusseux sofort nach der katastrophalen Überschwemmung von 1966 ins Leben gerufen wurde. Dessen Aufgabe war es, die Bücher der Bibliothek des Palazzo Strozzi zu retten, die allesamt schwere Schäden durch Wasser, Schlamm und Öl erlitten hatten. Tausende von Büchern wurden dank dieses Spezialistenzentrums gerettet, das mehr als zwanzig Jahre in der Certosa di Galluzzo, dem Zisterzienserkloster im Florentiner Vorort Galluzzo, wirkte. Und viele andere – darunter auch Bestände der Biblioteca Nazionale Centrale – werden künftig in den neuen Räumen in der Via Maggio restauriert werden.

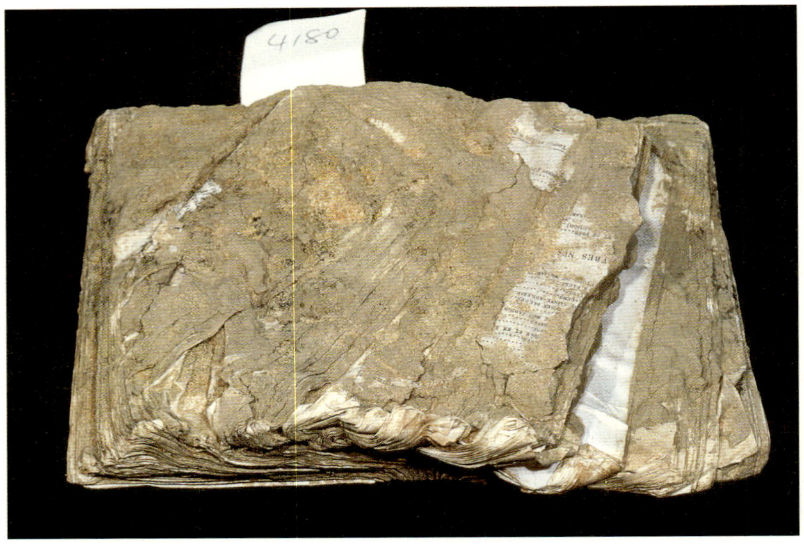

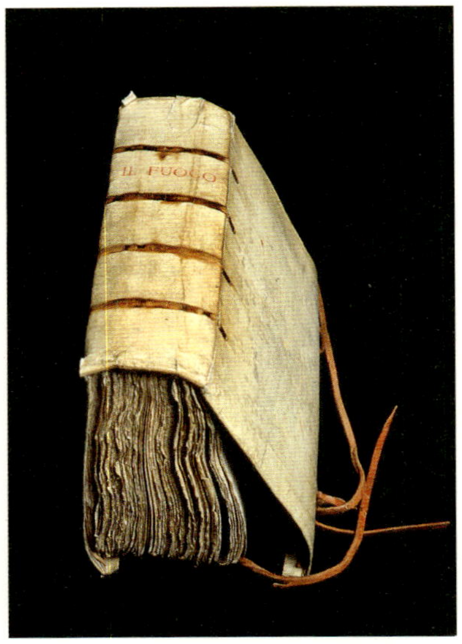

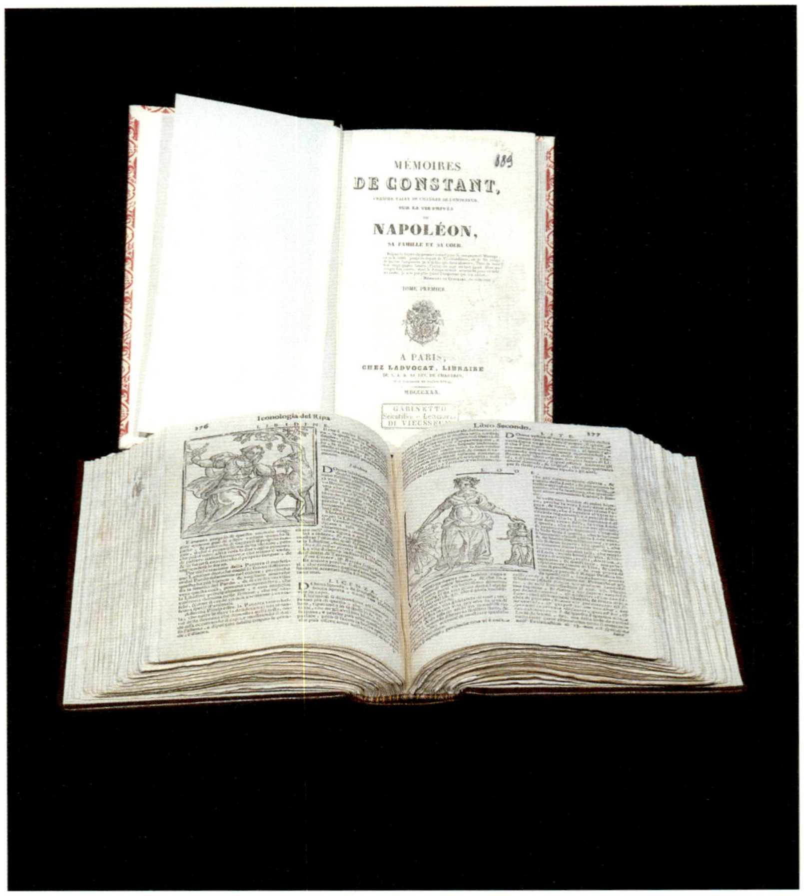

Das Restaurieren der Bücher in der Spezialwerkstatt des Palazzo Corsini Suarez erfordert das Äußerste an Sorgfalt, Geduld und Fachwissen, denn viele Bände wurden bei der Überschwemmung von 1966 durch Wasser, Öl und Schlamm schwer in Mitleidenschaft gezogen. Aber das Ergebnis einer so gründlichen und engagierten Arbeit übertrifft oft noch die rosigsten Erwartungen.

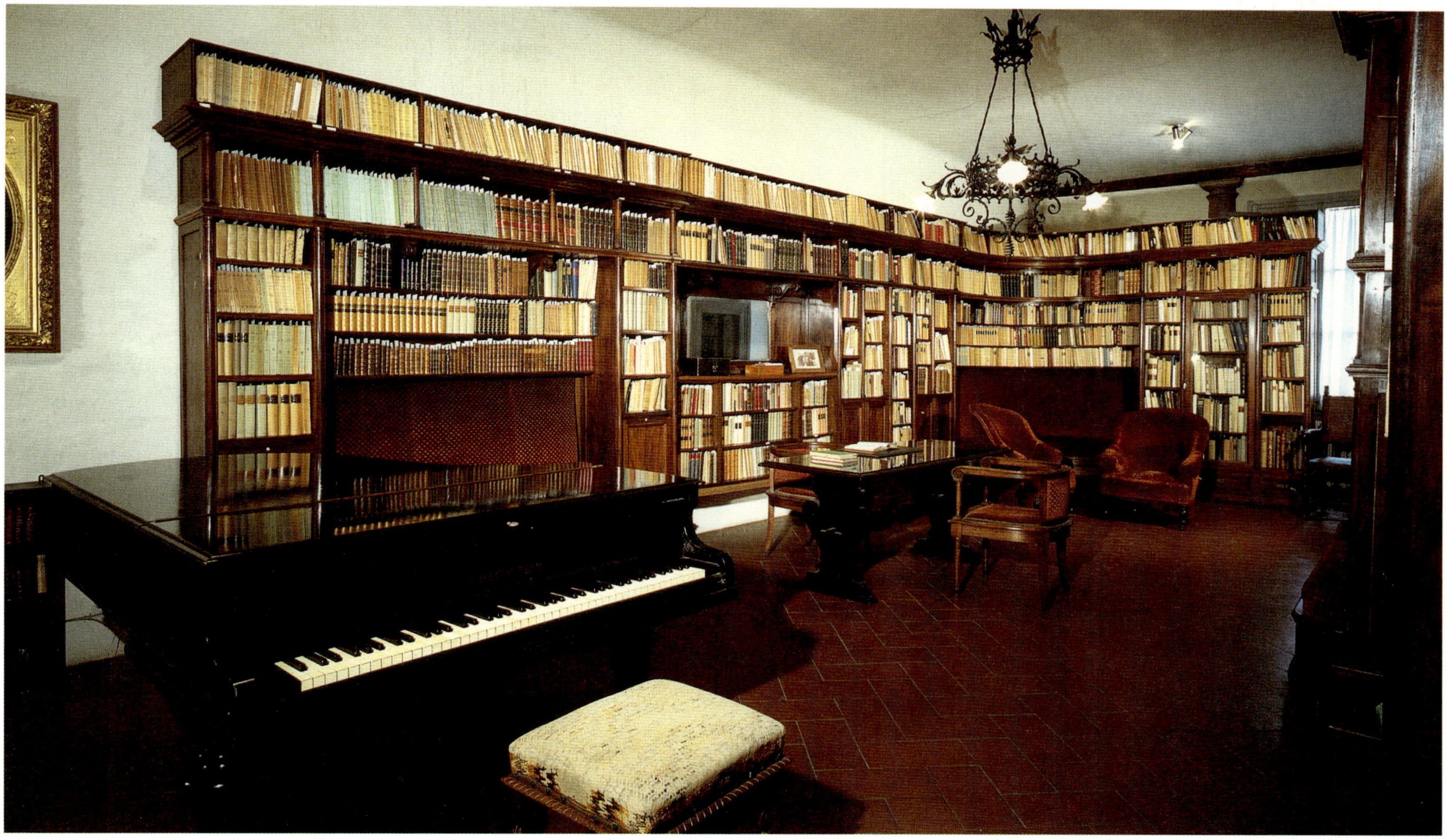

In einem geräumigen Saal im zweiten Stock befindet sich die große Bibliothek von Angiolo Orvieto, die er zusammen mit dem gleichnamigen Raum dem Archivio Contemporaneo vermacht hatte. Sie und das ganze Zimmer wurden genau so wiederhergestellt, wie sie im Haus des Angiolo Orvietos eingerichtet waren.
Im dritten Stock die sehenswerte Sala della Capriata, die in den achtziger Jahren dieses Jahrhunderts nach einem Entwurf von Francesco Gurrieri entstand und die für Versammlungen und Konferenzen bestimmt ist.

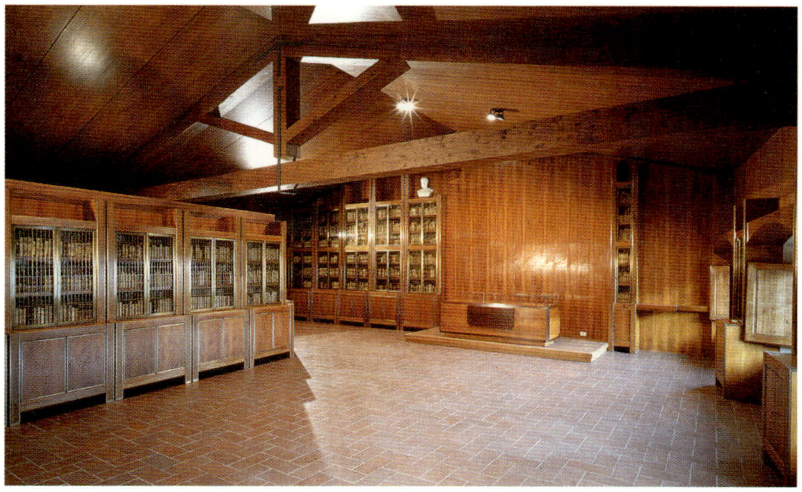

Palazzo Ricasoli Firidolfi

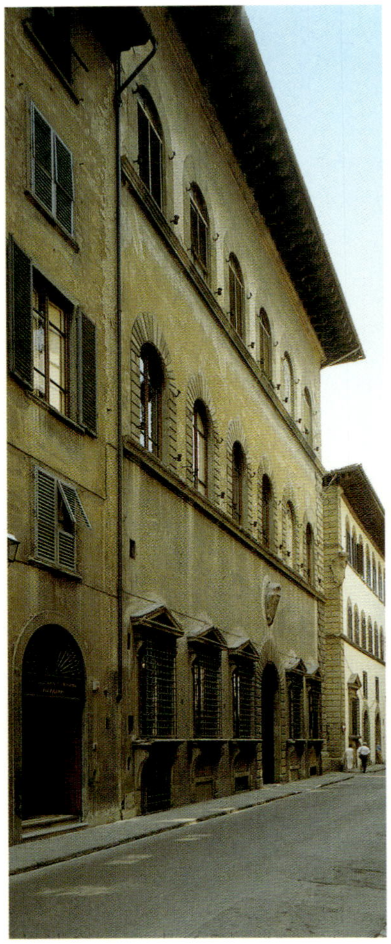

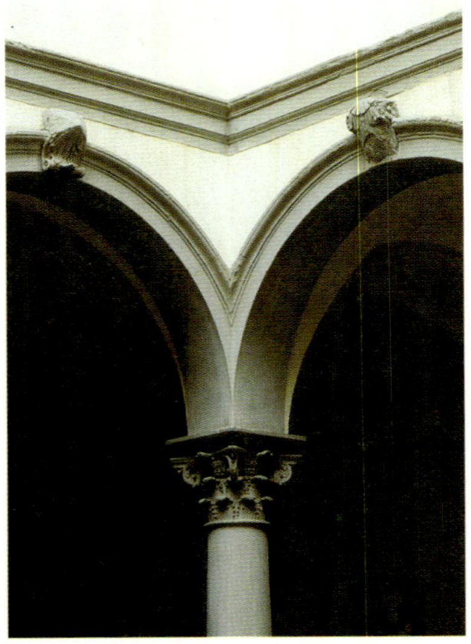

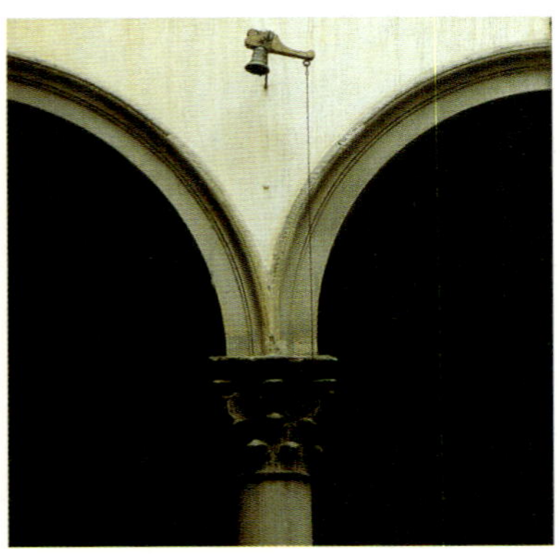

Die imposante Fassade zur Via Maggio mit dem Wappen der Ricasoli Firidolfi zeigt deutlich, daß die Fenster des Erdgeschosses später als die anderen eingefügt wurden, die aus dem 16. Jahrhundert stammen. Ein intaktes Bild aus der Entstehungszeit bietet hingegen der Innenhof aus dem 16. Jahrhundert; die Säulen haben kunstvolle Kapitelle, die Bögen steinerne Umrahmungen. Die charakteristischen Rundfenster sind hier lediglich Blendfenster, durch runde Umrahmungen vorgetäuscht.

Eine der wichtigsten Straßen des dichtbesiedelten Viertels Oltrarno ist die Via Maggio, die ihren Namen nicht, wie man vermuten könnte, dem gleichnamigen Monat (Mai) verdankt, sondern dem Umstand, daß sie lange Zeit die Hauptstraße der Gegend war (Maggio steht eigentlich für »maggiore«). Es kann also nicht verwundern, daß ausgerechnet an dieser Straße einige der prächtigsten Paläste von Santo Spirito entstanden. Vom Palazzo Corsini Suarez war schon die Rede, und wir wollen uns nun den Palazzo Ricasoli Firidolfi näher anschauen. Nicht die Ricasoli, sondern die Ridolfi ließen ihn erbauen, die Anfang des 16. Jahrhunderts in dieser Straße einige Häuser von den Velluti und den Migliori erworben hatten. Der Senator Giovanni Francesco Ridolfi ließ diese Gebäude dann abreißen, um an ihrer Stelle seinen Palast zu erbauen, in dem er mit seiner Frau Camilla Pandolfini wohnen wollte.

Es war etwa um das Jahr 1530. Die Söhne und Nachfahren von Giovanni Ridolfi und Camilla Pandolfini spielten aufgrund ihres Kunstsinns im gesellschaftlichen und politischen Leben der Stadt eine wichtige Rolle; Folge davon war, daß sich bald zahlreiche wertvolle Skulpturen und Gemälde in ihrem Besitz befanden. Als jedoch im 17. Jahrhundert die männliche Linie der Familie ausstarb, wurden alle

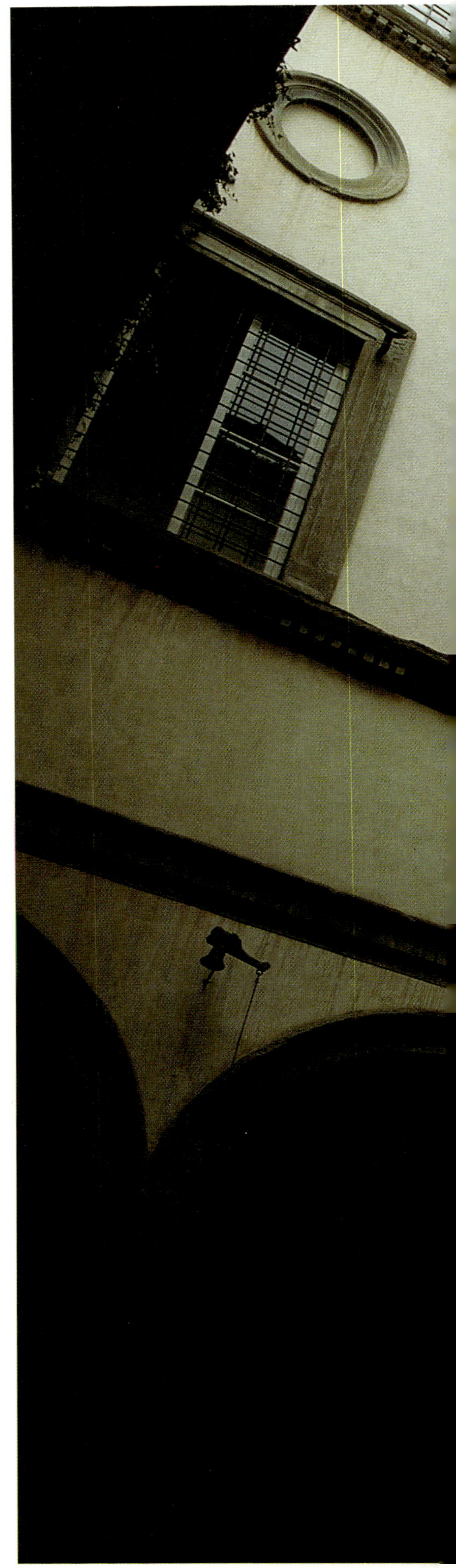

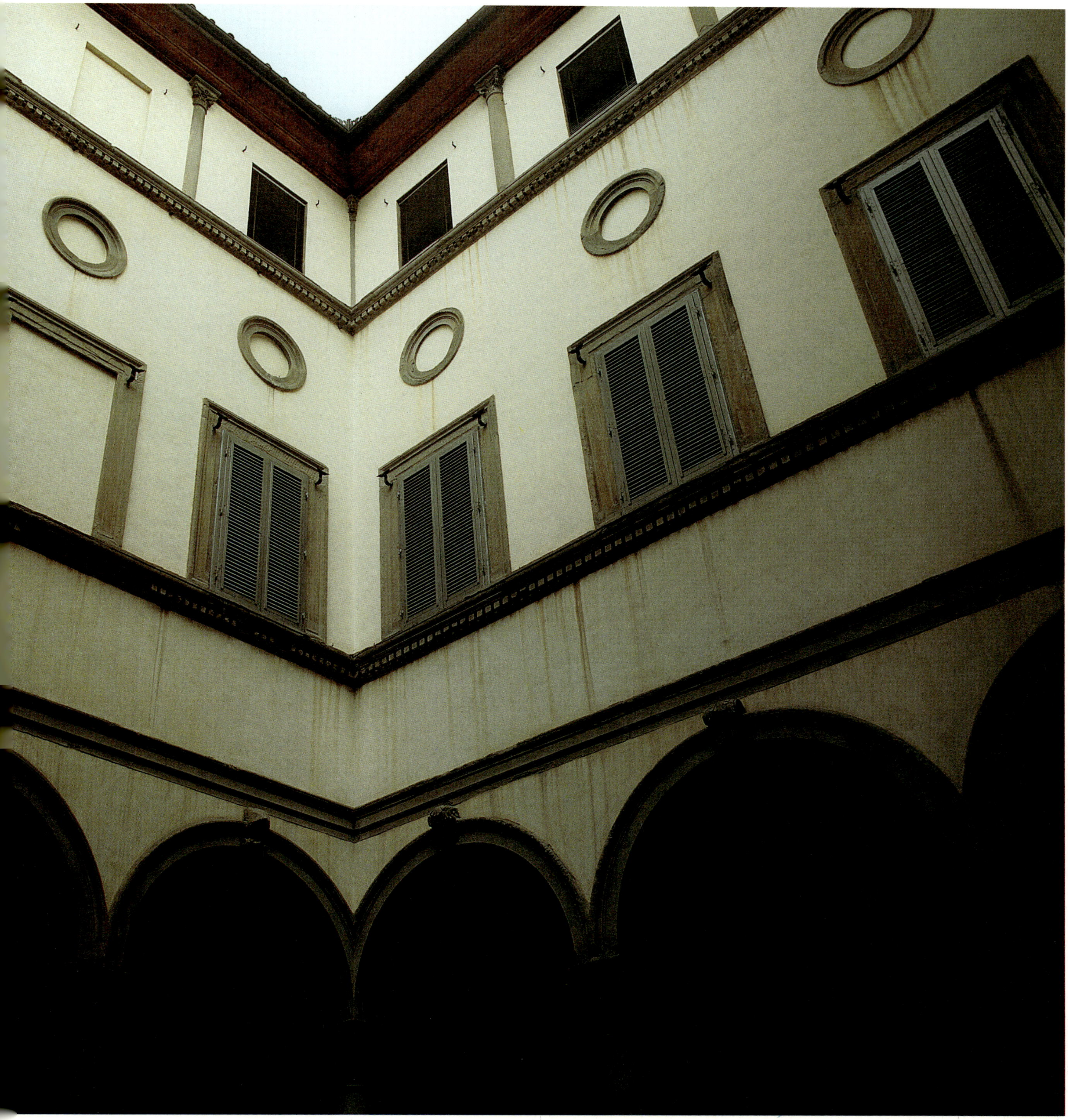

Kunstwerke aus dem Familienbesitz an eine andere Familie Ridolfi weitervererbt, Nachfahren von Piero und einer Tochter Lorenzos des Prächtigen, der Komtesse dei Medici. In ihrem Besitz verblieben sie bis 1756; dann wurden sie an Maria Lucrezia Firidolfi verkauft, die den neuen, von einer der Ricasoli-Linien übernommenen Familiennamen angenommen hatte. Im Lauf der Jahrzehnte und durch mehrere Heiraten vereinten sich die Linien dieser Familie (zuerst heiratete Giovanni Francesco Ricasoli Zanchini Lucrezia Firidolfi, dann vermählte sich ihr Sohn Alberto mit Elisabetta, der Alleinerbin von Bettino Ricasoli), und der Palast wurde demzufolge nach den Ricasoli benannt.
Die Ricasoli, die sich im Lauf der Zeit mit den Corsini und den Rosselli Del Turco verschwägerten, wohnten bis in die ersten Jahrzehnte dieses Jahrhunderts weiterhin im Anwesen an der Via Maggio und waren ebensogroße Kunst- und Kulturliebhaber wie die Ridolfi; sie besaßen eine bekannte Bibliothek und eine nicht weniger berühmte Sammlung von Kunstwerken, zu der auch Gemälde von Fra Bartolommeo und Caravaggio gehörten. Sie ließen unter anderem die Säle und den Salon im 18. und 19. Jahrhundert mit Fresken ausschmücken. Besonders interessant war die Kapelle, deren Schmuck ein Werk Vasaris sein soll.
Man weiß nicht genau, welcher Künstler den Palast

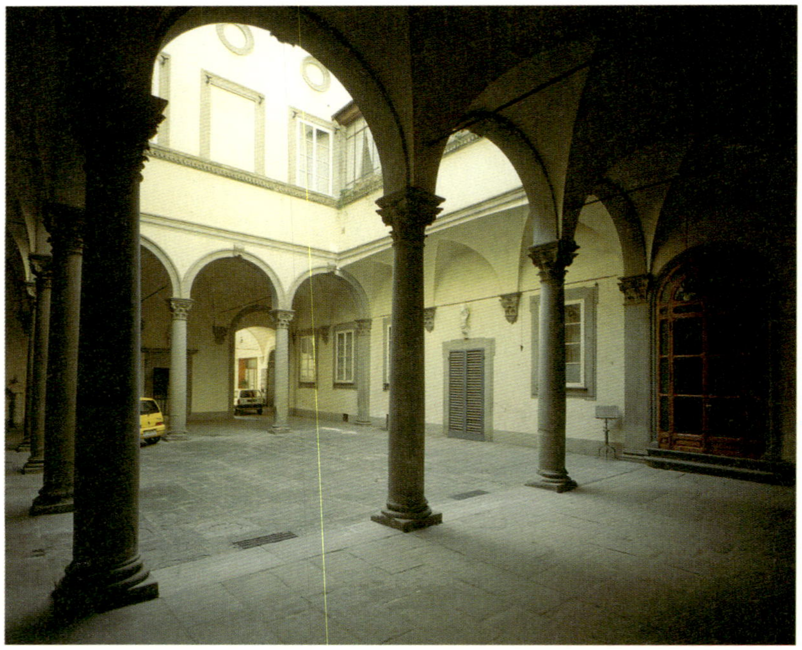

Noch eine Ansicht des Innenhofs, die seine schlichte Eleganz zeigt. Besonders interessant sind die Konsolen, auf denen das Wappen der Ridolfi im Wechsel mit einem Bild von Johannes dem Täufer, des Schutzheiligen des Auftraggebers des Palastes, Giovanni Francesco Ridolfi, abgebildet ist.

In den Räumlichkeiten im ersten Stock fanden oft prunkvolle Empfänge statt. Sie wurden deshalb besonders gepflegt. Vor allem der große Salon mit seinen wertvollen Deckenfresken aus dem 19. Jahrhundert mit mythologischem Thema sticht ins Auge; ein Detail, »Die Befreiung der Winde«, wird auf der folgenden Seite gezeigt.

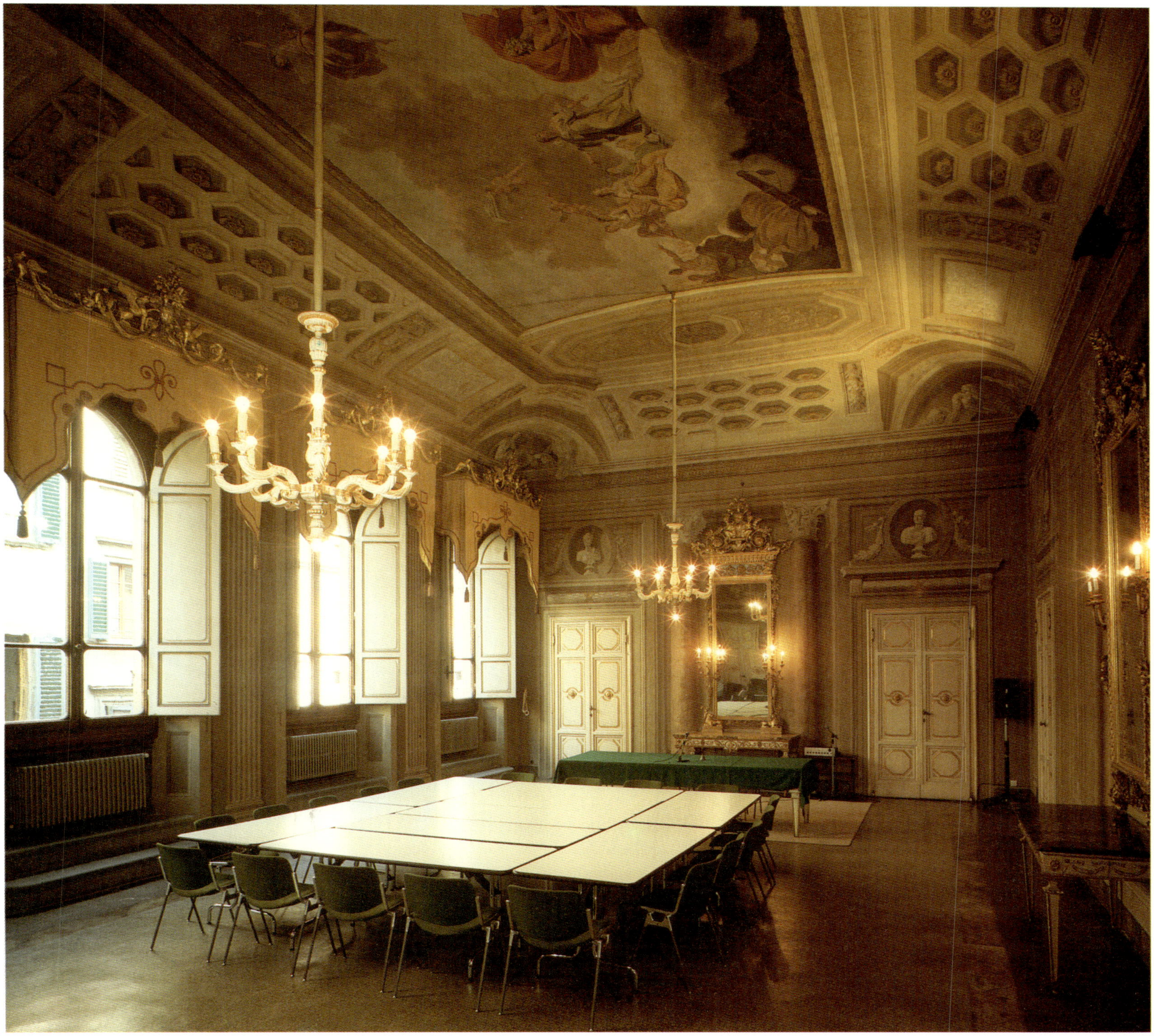

entworfen hat. Fest steht, daß die Fassade ursprünglich keine Fenster im Erdgeschoß hatte und daß die heute sichtbaren, die »knienden«, erst später eingesetzt wurden. Der Innenhof hat hingegen sein ursprüngliches Aussehen bewahrt. Er ist von einfacher Eleganz, mit seinem schlichten, aber mit kunstvoll gearbeiteten Kapitellen und Kragsteinen gezierten Laubengang, die das Wappen der Ridolfi und das Bild von Johannes dem Täufer tragen, dem Schutzheiligen des ersten Palastbesitzers Giovanni Francesco Ridolfi. Aus der Zeit der Entstehung des Palastes stammt auch die steile Treppe mit ihren steinernen Verzierungen, die zum ersten Stock hinaufführt, dessen Eingangshalle noch so aussieht wie im 16. Jahrhundert. Die zahlreichen Gemälde in den Sälen stammen mit Sicherheit aus späterer Zeit und nehmen biblische und mythologische Themen auf, so wie es dem typischen Geschmack des 18. Jahrhunderts entsprach. Aus dem 19. Jahrhundert stammen die Fresken im großen Salon, deren Urheber wir auch namentlich kennen. Wenn wir aber auch heute noch die verschiedenen Elemente in ihrer ganzen Schönheit bewundern können, die diesen Palast (der jetzt den Ricasoli gehört und für kommerzielle Zwecke genutzt wird) zu einem der kostbarsten des ganzen Viertels machen, dann ist das einer Initiative des erwähnten Barons Alberto Ricasoli Firidolfi (der in der zweiten Hälfte des 19. Jahrhunderts umfangreiche Baumaßnahmen zur Wiederherstellung des Äußeren des Palastes finanzierte) zu verdanken sowie einer Reihe von Restaurierungen, vor allem an den Innenräumen und den wertvollen Fresken.

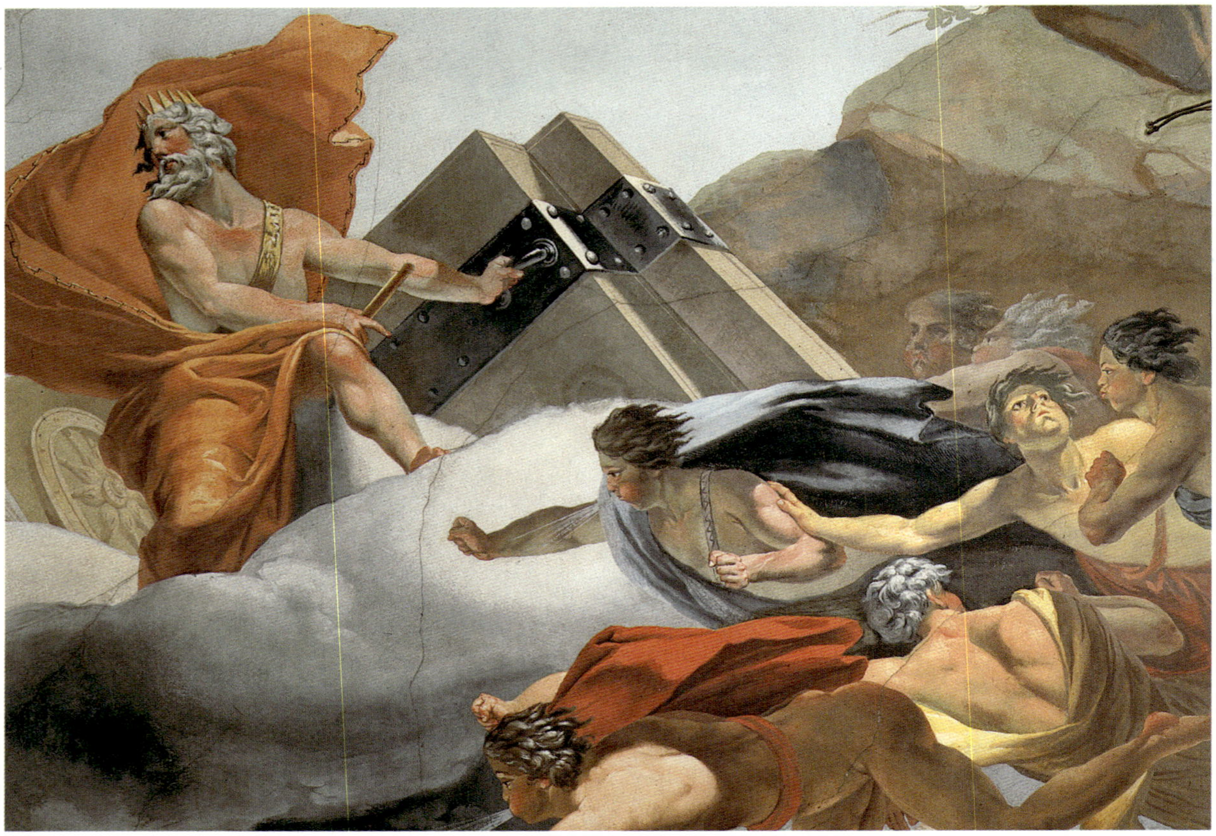

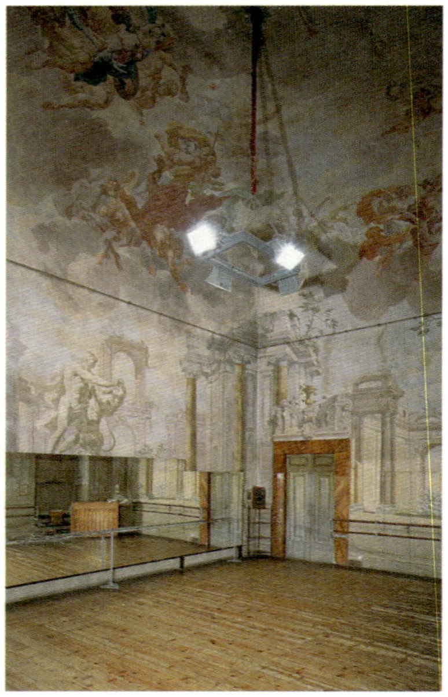

Der faszinierende Raum im Erdgeschoß beherbergt heute eine Tanzschule. Wände und Decke sind vollständig mit Fresken bemalt, deren Themen auf das 18. Jahrhundert hinweisen: die Wände in Trompe-l'œil-Malerei mit der klassizistischen Darstellung von Bauwerken und Ruinen, die kunstvollen Figuren in den Gewölben und die genaue Perspektive verleihen dem Ganzen ein wahrhaft besonderes Aussehen.

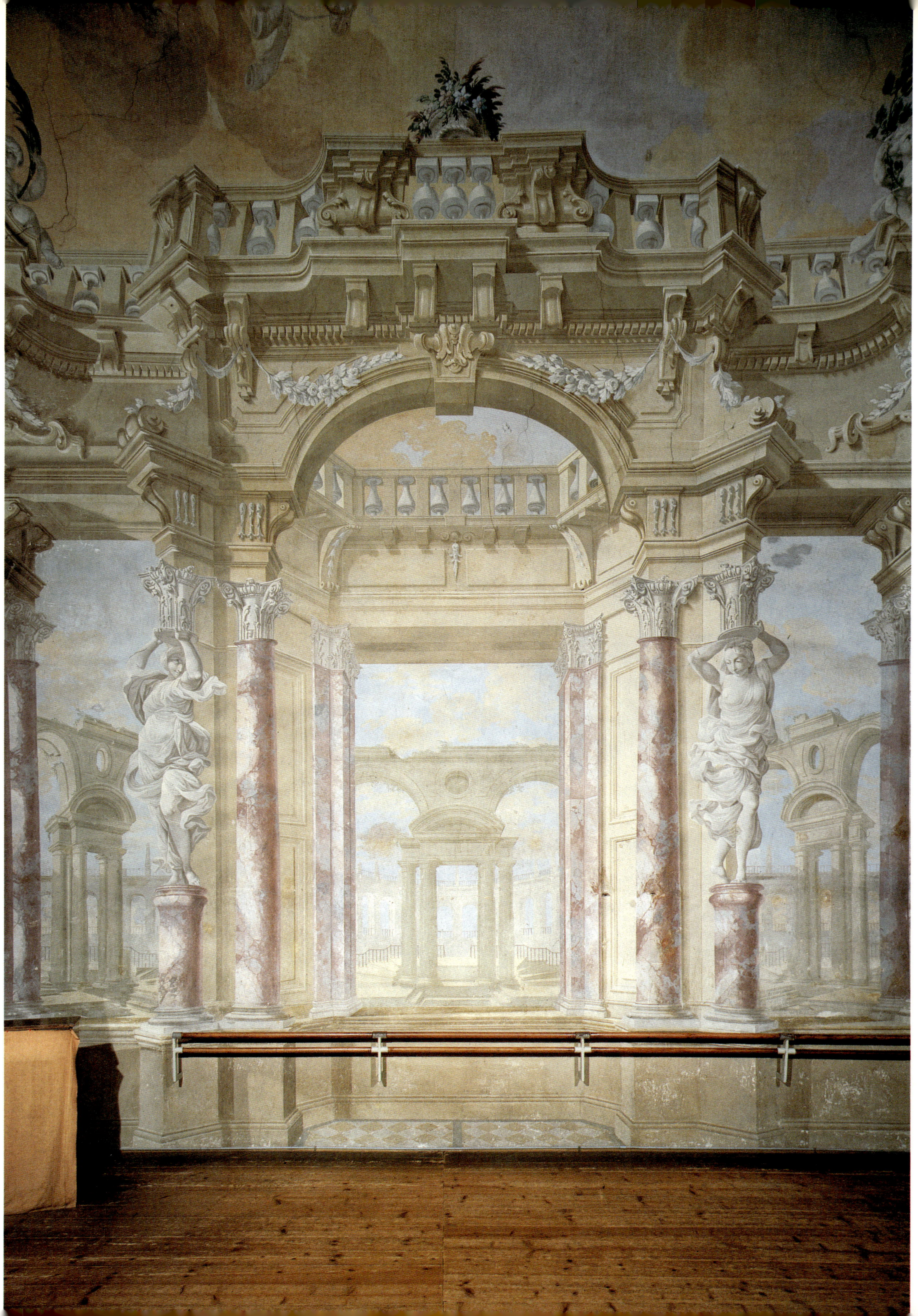

Palazzo Rosselli Del Turco

Eine der wenigen romanischen Kirchen in Florenz ist nicht so bekannt, wie sie es verdient hätte. Es geht um die nicht nur entzückende, sondern sehr interessante Apostelkirche auf der Piazzetta del Limbo – so benannt, weil sich dort früher ein Kinderfriedhof befand; die Seelen der ungetauften Kinder dachte man sich im Limbus, der Vorhölle, und Ungetaufte wurden nicht auf dem normalen Friedhof bestattet –, am engen Borgo SS. Apostoli. Eigentlich fällt der kleine Bau zwischen den hohen, wuchtigen Gebäuden nicht besonders auf, zumal an seiner Nordseite vor mehr als vierhundert Jahren ein beeindruckender Adelspalast erbaut wurde. Anfang des 16. Jahrhunderts waren die Borgherini eine sehr angesehene Familie. Sie besaßen einige Häuser am Borgo SS. Apostoli, ganz nahe bei der Kirche. Diese Familie beauftragte Baccio d'Agnolo damit, die Häuser zu einem ihrer Macht würdigen Palast zusammenzufassen und umzubauen. Der erste Auftraggeber war Salvi Borgherini, und es steht fest, daß das Gebäude 1515 bereits fertig – oder zumindest ohne weiteres bewohnbar – gewesen

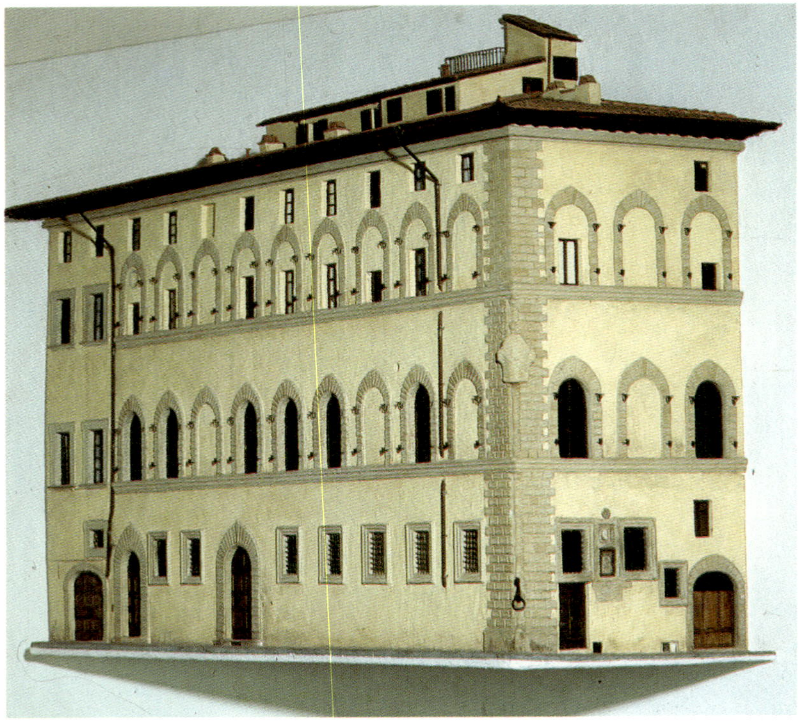

Der Borgo SS. Apostoli ist so schmal, daß man die Fassade, ein Werk Baccio d'Agnolos, und den massigen Palastbau nicht in ihrer Gänze zeigen kann. Auf dieser Nachbildung des Gebäudes (1992), angefertigt von R. Menchiari, im Besitz der heutigen Palastherren, ist sie zu sehen.
Interessant ist auch das Wappen des Ritters Giovanni Del Turco, das einem alten Band aus dem Archivio Rosselli Del Turco entnommen ist.

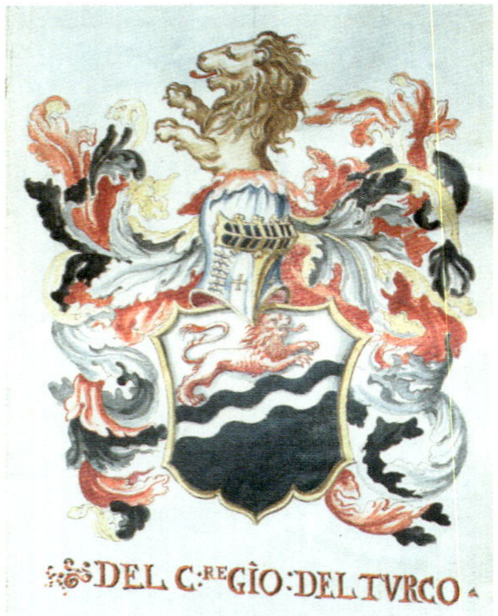

Einen Ausschnitt der Hauptfassade sieht man vom alten Orto dei Borgherini aus, der auf der anderen Straßenseite liegt und der den vom Palast abgetrennten Garten darstellt. Auf der geradlinigen klaren Fassade fallen die großen umrahmten Fenster ins Auge.

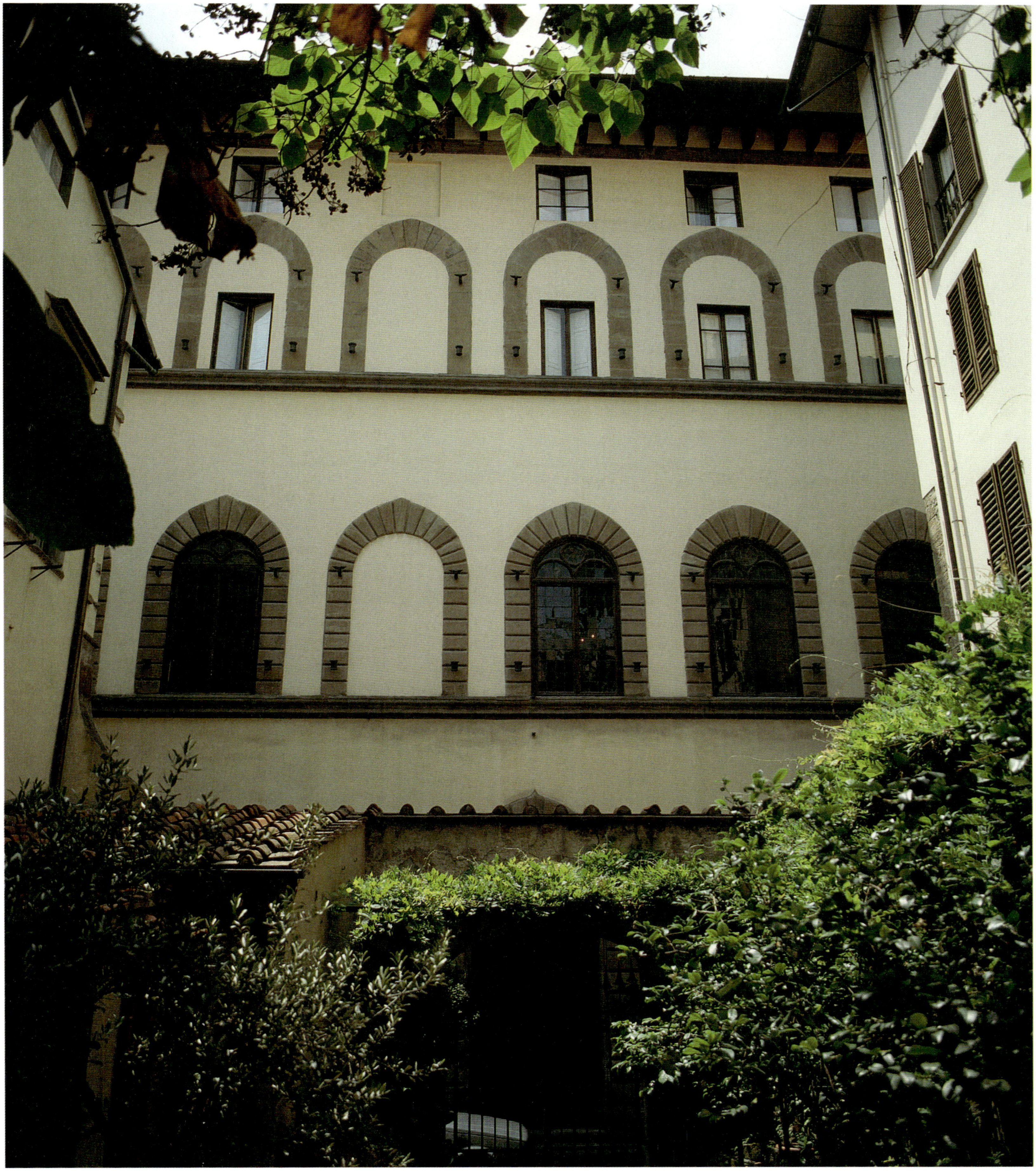

Die schmiedeeiserne Fahnenhalterung an der Ecke des Palastes, die auch heute noch Aufmerksamkeit und Neugierde erregt, ist höchstwahrscheinlich nicht authentisch, sondern wohl eine Kopie aus dem 19. Jahrhundert.

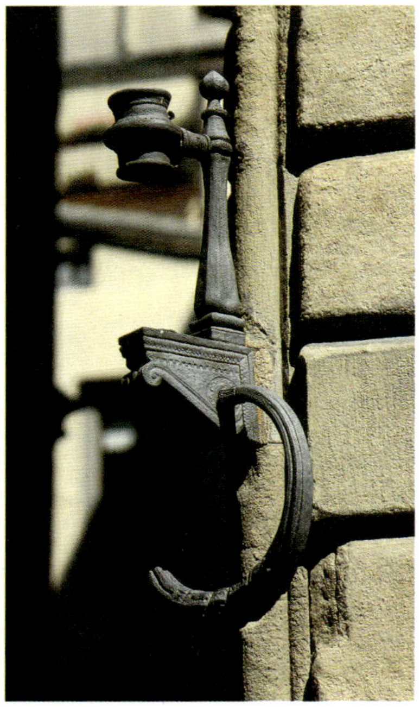

sein muß, weil in jenem Jahr Pierfrancesco, sein Sohn, Margherita Acciaiuoli heiratete und der Vater auch die legendäre, aus Walnußholzmöbeln und verschiedenen Ausstattungsgegenständen aus dem gleichen Material bestehende Aussteuer von Baccio d'Agnolo anfertigen ließ: fein geschnitzte und bemalte Sitztruhen, Truhen und Betten mit kunstvoll gearbeiteten Kopf- und Fußteilen, die die Säle des Palastes schmückten. Sie müssen so schön gewesen sein, daß die Republik Florenz während der Belagerung von 1530 erwog, sie dem König von Frankreich zum Dank zu schenken, und nur durch den energischen Widerstand Margheritas (Pierfrancesco befand sich zu jener Zeit im Exil) konnte dies verhindert werden.

Baccio d'Agnolo hatte um 1507 mit den Arbeiten begonnen, stieß aber sehr bald auf ein Problem: die angrenzende Kirche schränkte die räumliche Ausdehnung stark ein; die Südseite des Palastes stieß direkt an die Kirche an. Eine der für das Projekt sehr weitreichenden Folgen war, daß man statt eines Innenhofs, für den nicht genügend Platz war, auf die ursprüngliche Lösung zurückgriff, nämlich ein Atrium dicht am Chorraum und der Apsis zu bauen, bei der die zweiarmige Treppe beginnt, die in den Durchgangsraum des ersten Stocks führt (die beiden anderen Arme zum zweiten Stock wurden in der Folge teilweise abgerissen und

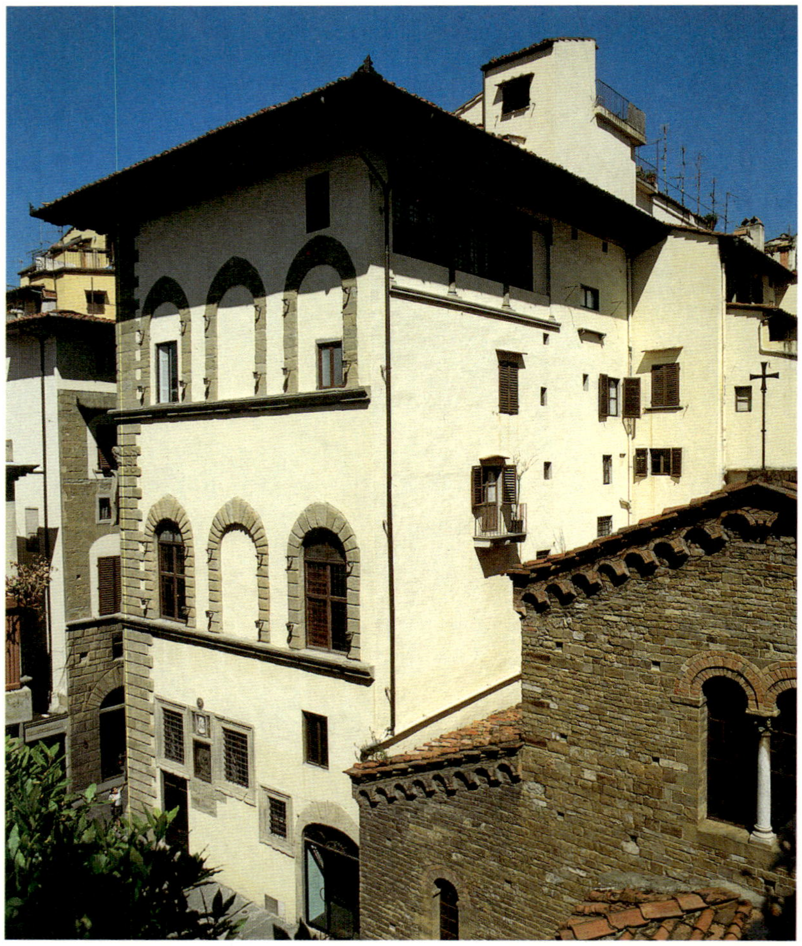

Die schmale Fassade an der Piazza del Limbo mit den charakteristischen, in die Mauer eingelassenen Heiligenbildern und den Gedenktafeln stößt unmittelbar an die Südseite der alten, unverwechselbar romanischen Kirche SS. Apostoli.
Die zentrale Lage des Palastes im Florentiner Stadtbild unterstreicht der Blick von der Dachterrasse, die in der zweiten Hälfte des 19. Jahrhunderts angelegt wurde. Im Bild Palazzo Vecchio, Orsanmichele, Bargello und Dom.

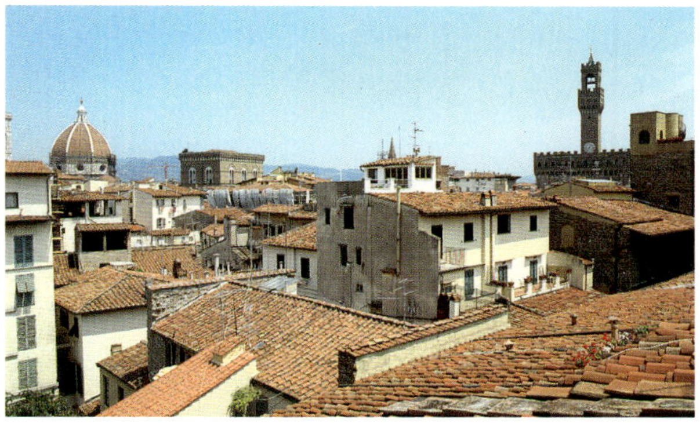

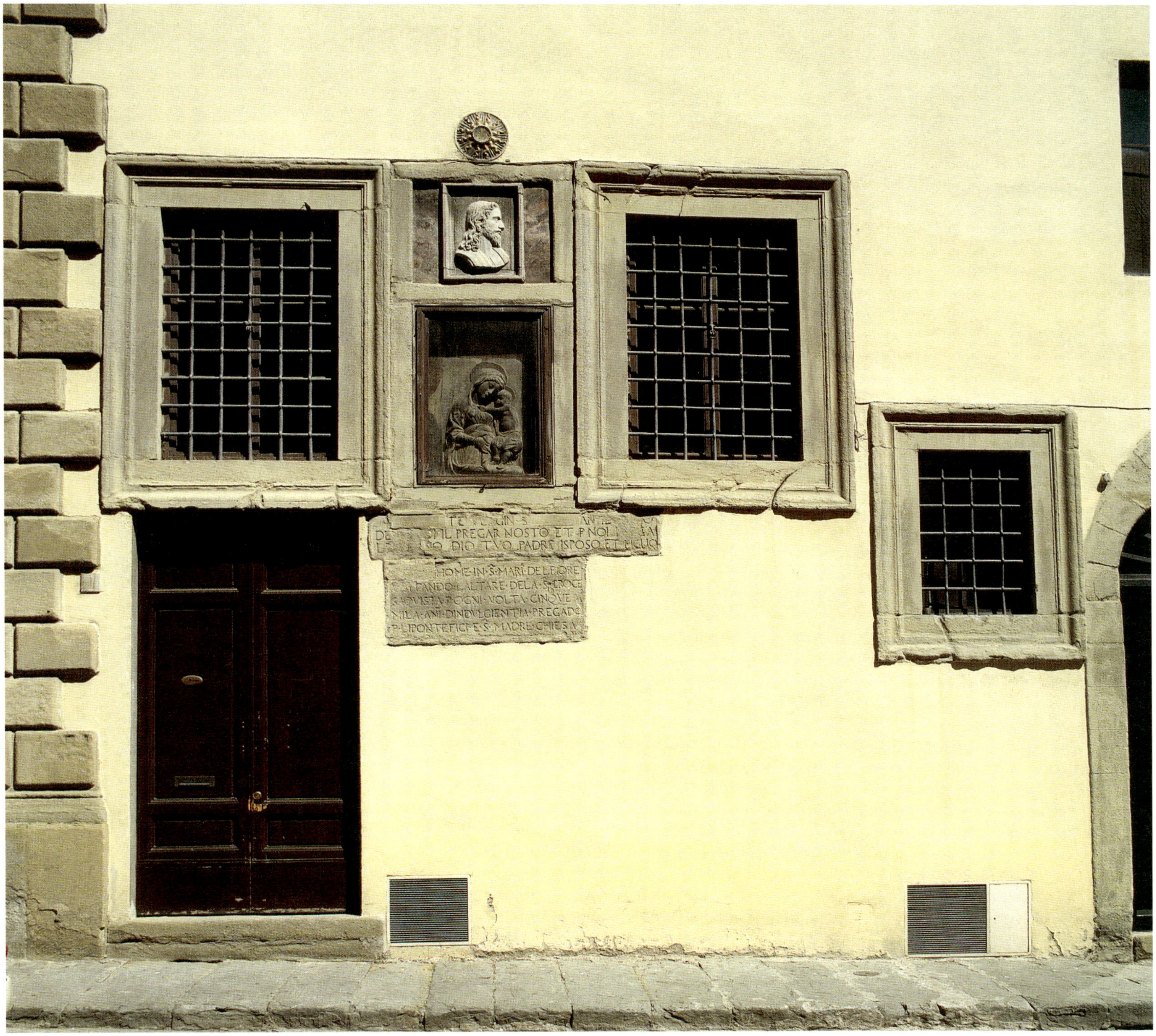
IL PREGAR NOSTO ET P NOI
DIO TVO PADRE ISPOSO ET
HOME·IN·S·MARI·DEL FIORE
FANDO·L ALTARE·DELA·S·CROCE
VOLTA·CINQVE
MILA·ANI·DINDVLGIENTIA·PREGAD
P·LI PONTEFICI·E·S·MADRE·CHIES

umgebaut). Besonders eigenartig: die Treppendecke besteht ganz aus Stein. Im ersten Stock liegt der schöne Salon, für den Benedetto da Rovezzano gleich nach seiner Rückkehr aus Frankreich (1505) einen ganz mit Flachreliefs geschmückten Kamin baute, der jetzt im Museo del Bargello ausgestellt ist. Einen weiteren Kamin, mit geraden Linien, schuf er für ein angrenzendes Zimmer, das, sicherlich zu Recht, als Brautzimmer von Pierfrancesco und Margherita gilt. Interessant sind auch die hölzernen Dachkammern, die von einem richtigen »Team« von Schreinern und spezialisierten Handwerkern ausgeführt wurden, die Baccio d'Agnolo zuarbeiteten und die auch alle Türen und alle kunstvoll mit Nägeln beschlagenen Fensterläden herstellten. Baccio krönte sein Werk mit einem Altan über der Kirche dei SS. Apostoli mit drei Fensteröffnungen nach Süden hin.
Um 1530 erwarben Pierfrancesco und sein Bruder Giovanni einige Häuser gegenüber dem Palast, wo sie einen der damals so modernen Gärten und den Nutzgarten anlegen wollten, für den anderswo kein Platz war.
Es entstand dort ein kleines, merkwürdiges grünes Anhängsel, das aber durch den Borgo SS. Apostoli vom Patrizieranwesen getrennt war (und immer noch ist).
Der Palast blieb bis 1749 im Besitz der Borgherini. Dann nahm das Uffizio dell'Abbondanza dem aufgrund

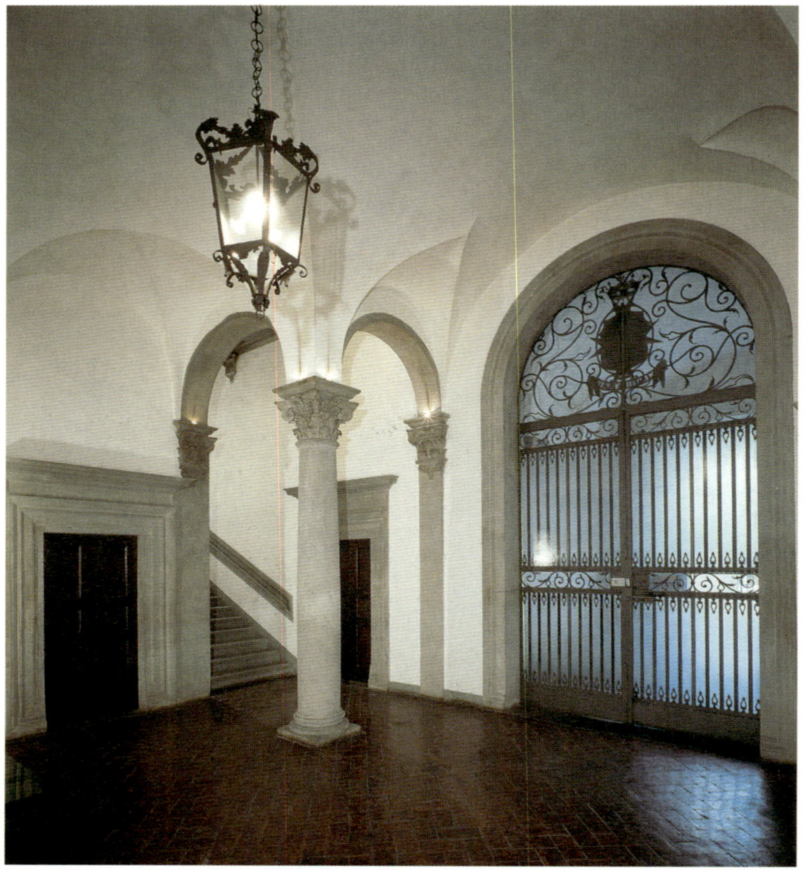

Das Atrium mit dem Eisengitter ersetzt den fehlenden Innenhof. Der recht ungewöhnliche Grundriß des Raumes ergibt sich durch zwei zueinander verschobene Vierecke. Die Kapitelle und Konsolen sind mit ziemlicher Sicherheit ein Werk Benedetto da Rovezzanos.

Der Treppenabsatz wird von einer Sandsteinsäule mit statischen und ornamentalen Funktionen geschmückt, wie es bei Bauten der damaligen Zeit häufig vorkam. Ungewöhnlicher sind hingegen die elliptischen Fenster, durch die Licht in den Raum fällt, und die Treppendecke aus gehauenem Stein; sie ist in mehrere Joche unterteilt.

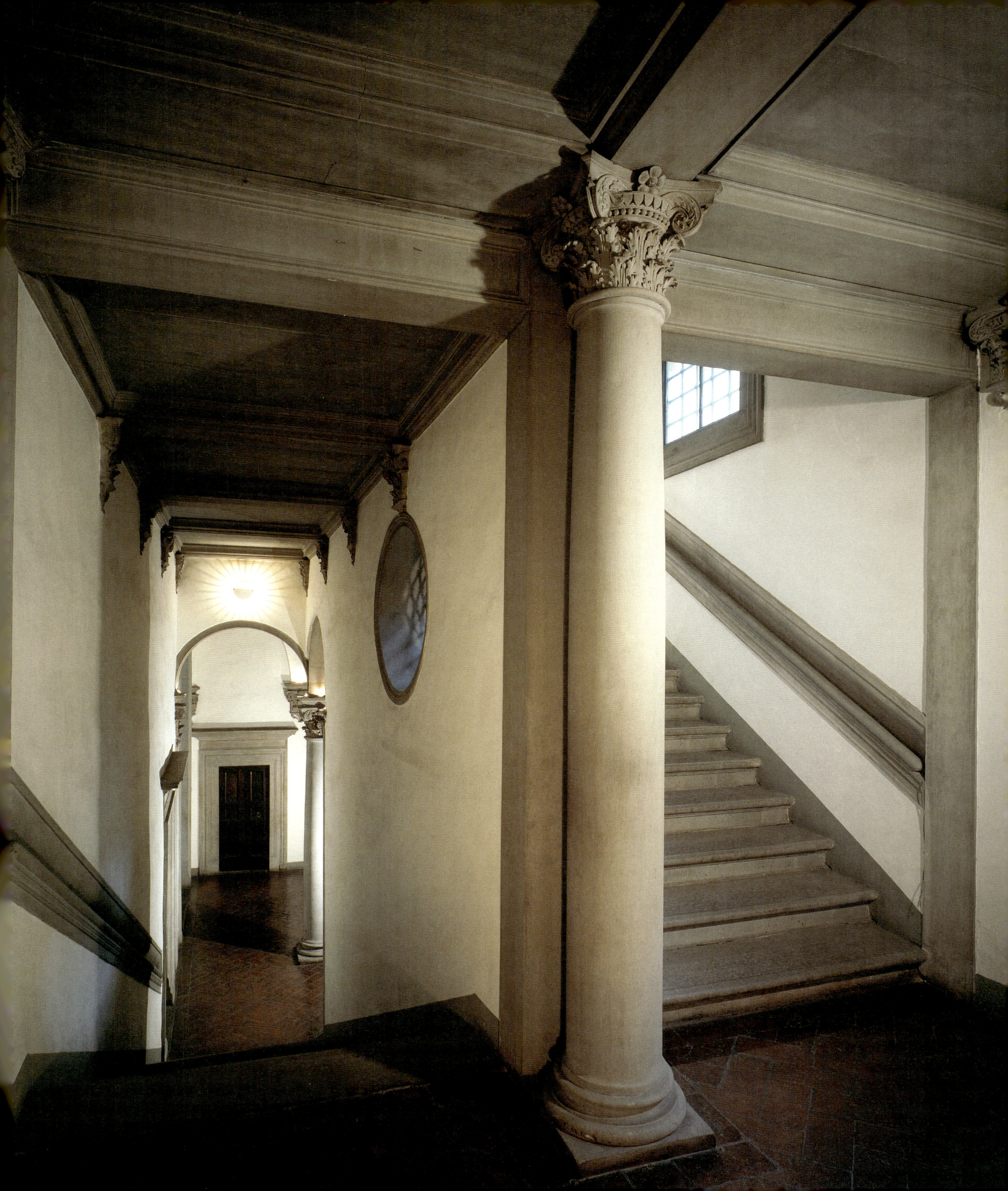

zweier Richtersprüche verschuldeten Senator Pier Francesco den Palast weg, um die Gläubiger auszahlen zu können, und überließ ihn den Brüdern Giovan Antonio, Stefano und Girolamo di Chiarissimo Rosselli Del Turco für 7.564 Scudi; dieser Familie gehört er heute noch. Ab Mitte des 19. Jahrhunderts gab es auch erste Veränderungen an der Bausubstanz: Giovan Battista, Sohn des Markgrafen Luigi, ließ das Aussichtstürmchen und den langen Balkon oben auf dem Dach erbauen. Nach seinem Tod (1865) ging sein Besitz an seinen Bruder, den Kanonikus Vincenzo, über, der links vom Haupteingang ein zweites Eingangsportal eröffnen ließ, da man die verschiedenen Wohneinheiten unterteilen und, wie es damals üblich war, vermieten wollte. Im Palast war auch eine Zeitlang eine Schule untergebracht. Beim Tod Vincenzos im Jahr 1891 bewohnte sein Verwandter Antonio del Turco den gesamten ersten Stock. Er teilte auch den Hauptsalon in zwei kleinere, prunkvolle, im Stil der Zeit reich ausgestattete Salons. Etwa in den zwanziger Jahren unseres Jahrhunderts wurde schließlich der erste Treppenarm, der vom ersten in den zweiten Stock führte, abgerissen und mit anderer Ausrichtung neu aufgebaut.

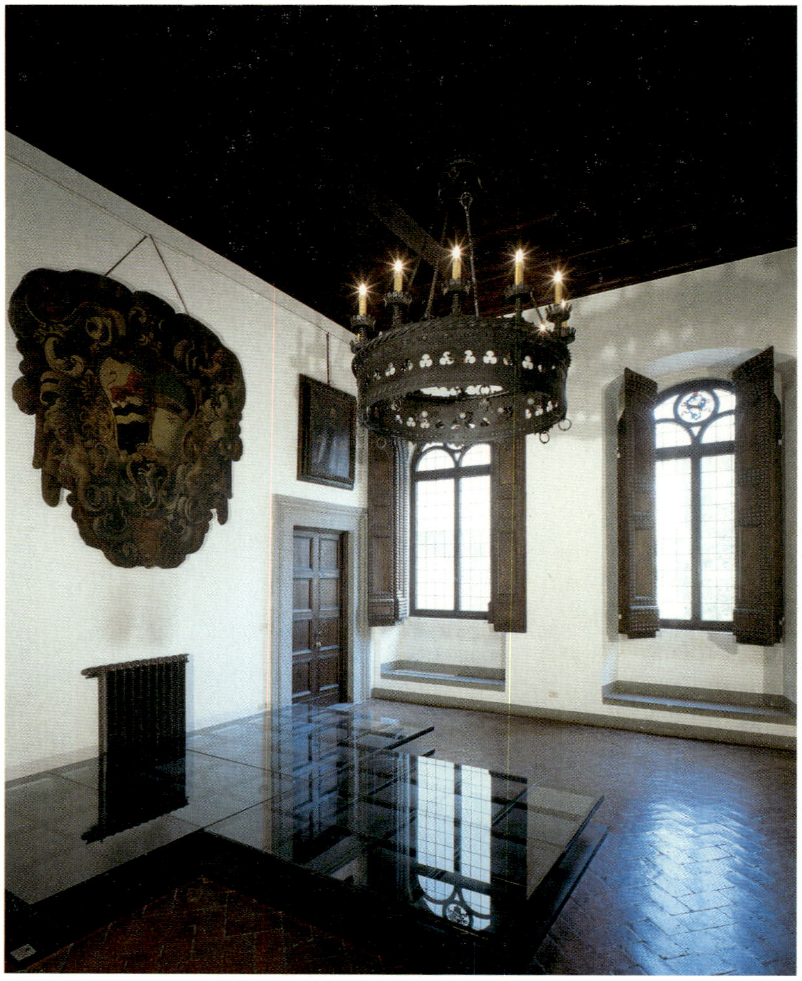

Der Salon im ersten Stock zeigt sich in seiner ganzen Ursprünglichkeit. Die Holzdecke, ein Werk der »Legnajoli«, der Mitarbeiter Baccio d'Agnolos, wurde im 19. Jahrhundert in intensiven azurblauen und goldenen Farbtönen restauriert. Die mit Nägeln beschlagenen Fensterläden (einer stammt aus dem 16. Jahrhundert, die anderen wurden später im Auftrag von Antonio Rosselli Del Turco diesem nachgebaut), die vereinten Wappen der Rosselli und der Ricciardi, die Fensterscheiben mit den bunten Wappen der Besitzer – all dies verleiht dem Raum das typische Aussehen eines Salons aus dem 16. Jahrhundert. Die auch heute noch bestehende Unterteilung des Palastes erfüllt einen ganz bestimmten Zweck: Im obersten Stockwerk wohnen noch heute die Besitzer, und im ersten – separaten – Stockwerk ist ein berühmtes Modehaus eingerichtet.

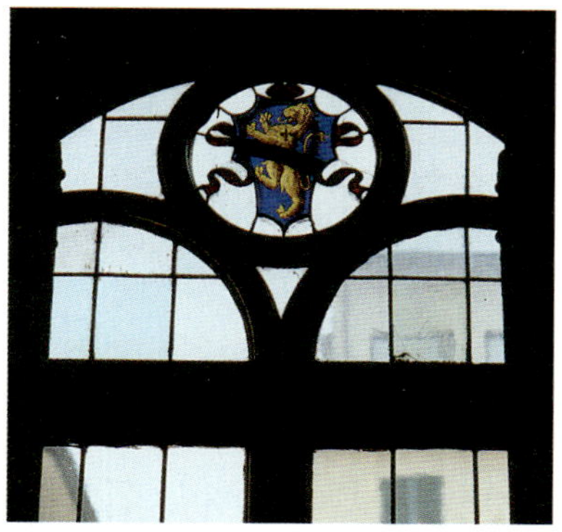

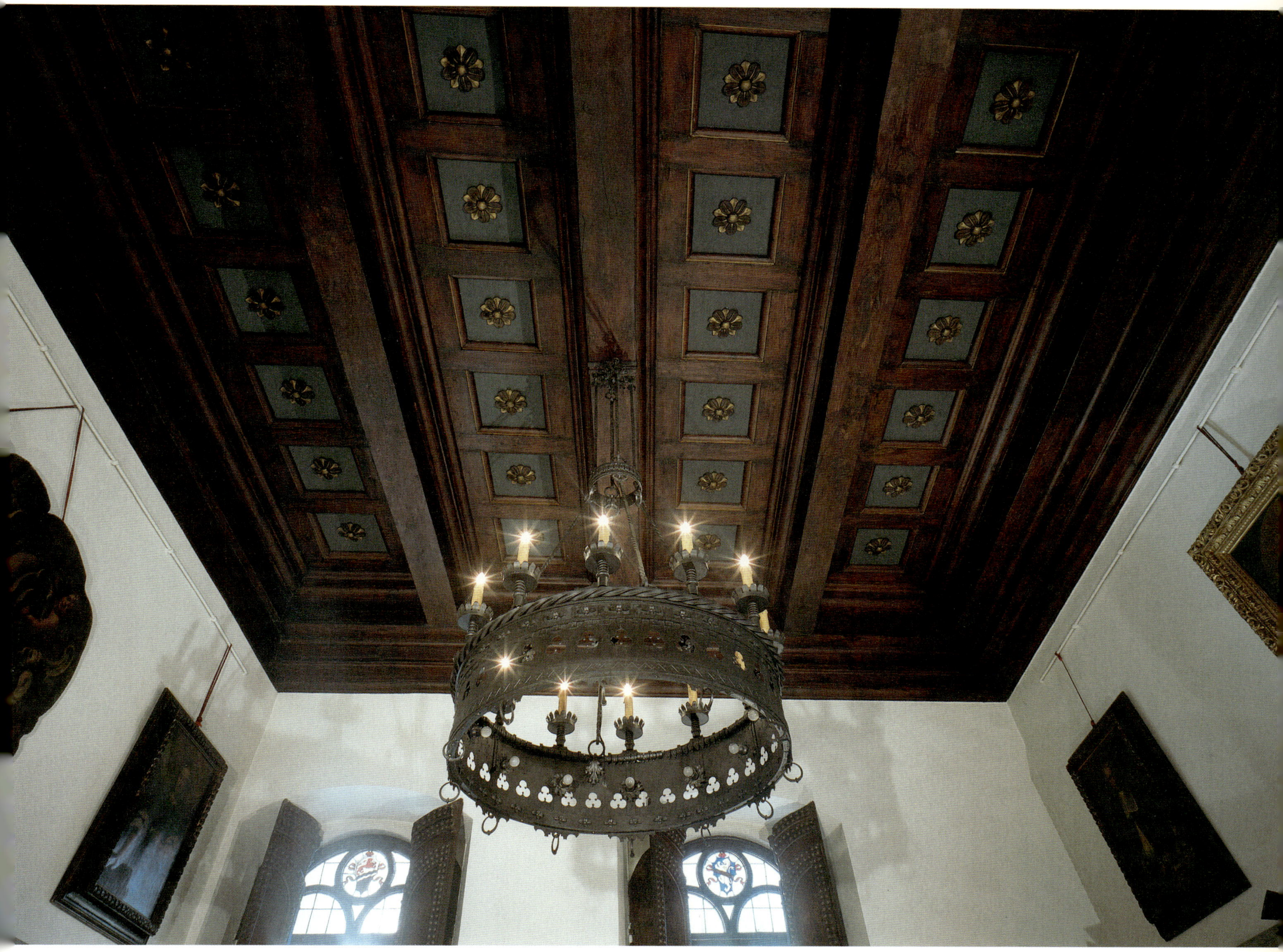

Palazzo Ginori

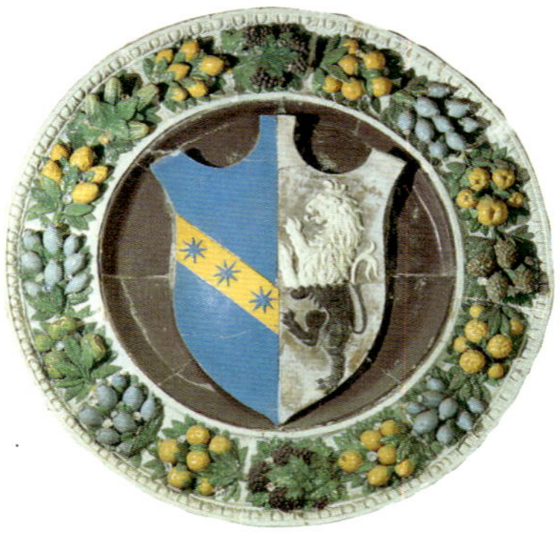

Die Ginori hatten es als Bankiers zu Reichtum gebracht und mehrmals von ihren Geschäftseinnahmen Gebäude in der Pfarrei San Lorenzo in der Nähe der alten Basilika erworben. Anfang des 16. Jahrhunderts fiel eine herausragende Persönlichkeit der Familie, Carlo, Sohn des Lionardo, durch zahlreiche öffentliche Ämter und eine ausgeprägte Neigung zum Mäzenatentum auf (er umgab sich gern mit Künstlern und Schriftstellern und protegierte unter anderem Andrea del Sarto).
Er erwarb 1515 für 1.500 Gulden ein Haus und zwei kleine Häuschen, die der inzwischen erloschenen Familie Ubaldini da Pesciola gehört hatten (diese Häuser lagen ebenfalls in jenem Abschnitt des Borgo San Lorenzo, der später dann Via Ginori genannt wurde).
Ab 1516 ließ er die alten Gebäude abreißen, um dort seinen eigenen Adelspalast zu erbauen. Es steht fest, daß zu den Künstlern um Carlo Ginori auch Baccio d'Agnolo gehörte; dieser berühmte Baumeister sollte Schiedsrichter in Grenzstreitigkeiten rings um das zu errichtende Gebäude sein; auch beauftragte ihn Carlo Ginori mit

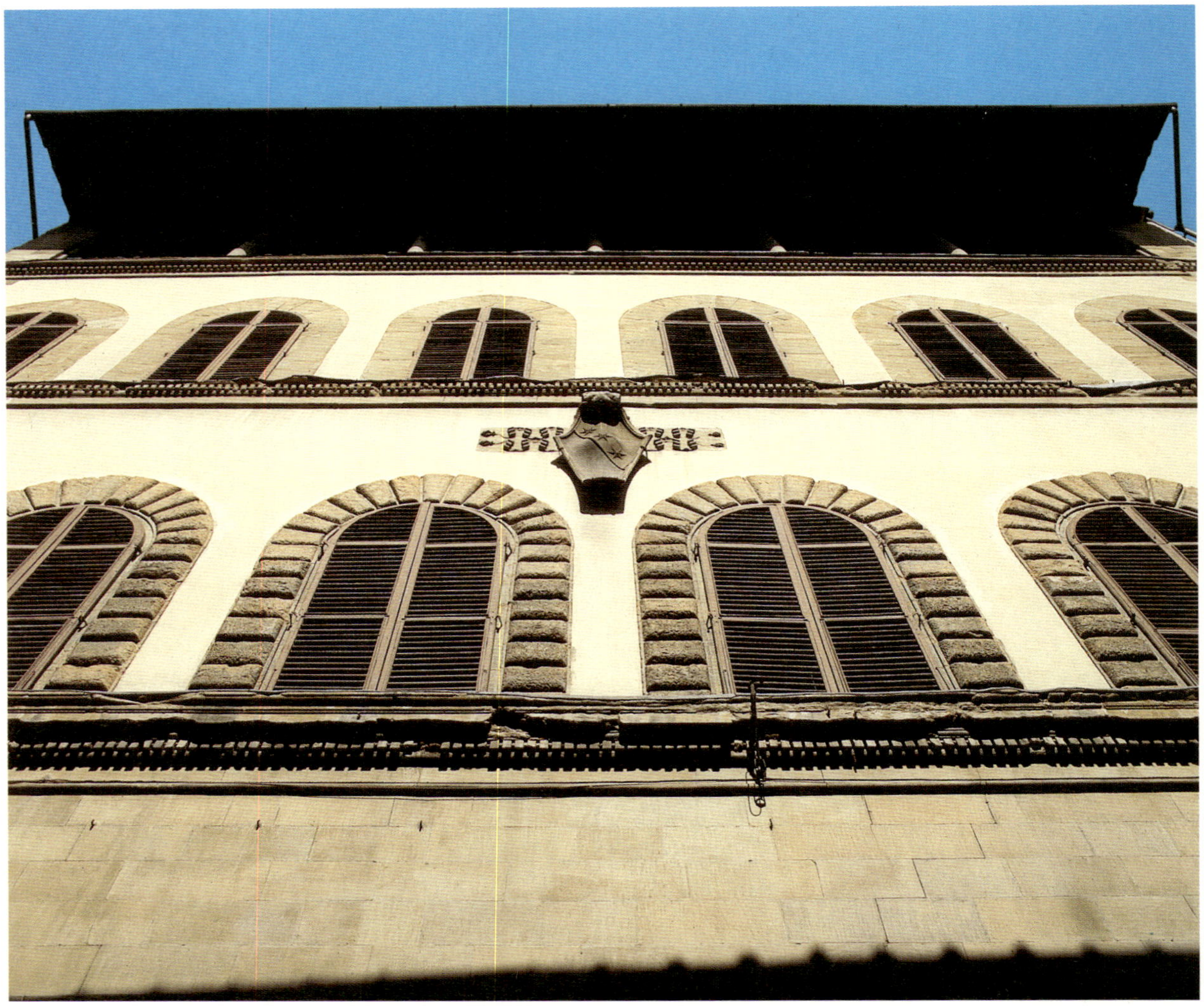

Die Fassade des Palazzo Ginori ist höchstwahrscheinlich ein Werk Baccio d'Agnolos. Auf dem Foto kommen sehr deutlich die regelmäßig angeordneten Fenster, die weit vorspringende Dachtraufe und das beeindruckende steinerne Wappen der Ginori zur Geltung, dem im Innenhof ein analoges Familienwappen, jedoch aus mehrfarbiger Terrakotta, entspricht.

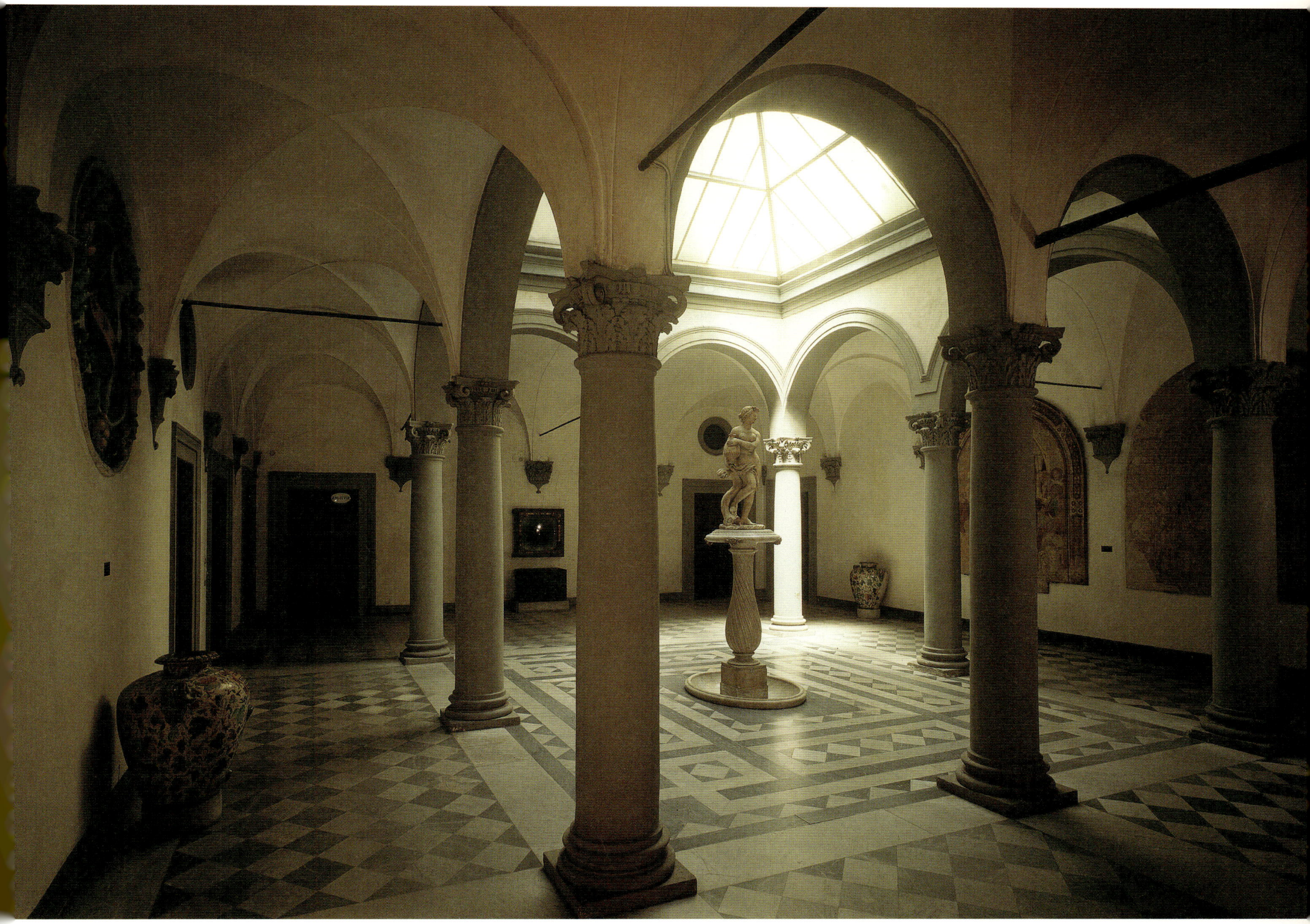

Der Innenhof geht in seiner ursprünglichen Gestalt auf das 16. Jahrhundert zurück. Er wird auf allen vier Seiten von Arkaden eingefaßt, ist lichtvoll und ruhig; die Säulen haben äußerst kunstvoll gearbeitete Konsolen und Kapitelle; an den Wänden sind noch wertvolle Fresken mit religiösen Themen erhalten. Er ist jedoch nicht mehr im Originalzustand: Mitte des 19. Jahrhunderts ließ ihn der Ingenieur Felice Francolini im Auftrag Lorenzo Ginori Liscis und seiner Frau Ottavia Strozzi mit Marmorplatten fliesen und mit einer Eisen-Kristallglas-Konstruktion überdachen; in die Mitte stellte er die Säule mit der anmutigen kleinen Statue.

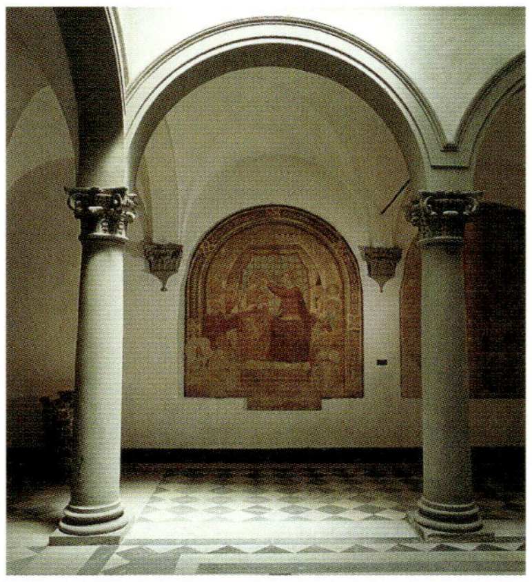

einigen Arbeiten an der Villa di Torre di Baroncoli bei Calenzano, dem Heimatort der Ginori, die von dort Ende des 13. Jahrhunderts nach Florenz übergesiedelt waren.
Aufgrund dessen und aufgrund einiger Elemente der Fassade und des Innenhofs nahm man lange Zeit an, der Palast in der heutigen Via Ginori sei ein Werk Baccio d'Agnolos. Diese Hypothese ist zwar plausibel, aber nicht direkt bestätigbar. Gleichzeitig ist aber auch unübersehbar, wie viele Analogien es zwischen diesem Palast und dem in der Via dei Servi gibt, der der Familie Niccolini gehört und mit Sicherheit einem Sohn Baccio d'Agnolos, Domenico, zugeschrieben werden kann, der ebenfalls Baumeister war.
Das zwischen 1516 und 1520 entstandene neue, besonders beeindruckende Anwesen überragte die dichtgedrängten Häuschen in den Straßen des Stadtviertels. Es hatte drei Stockwerke, über denen sich eine Loggia befand, sechs Fensterachsen und eine dezentrale Tür in der vierten Achse, zu deren Seiten sich die fünf rechteckigen Fensterchen des Erdgeschosses anschlossen und die für einen Palazzo typische Straßenbank, die später, im Lauf des 19. Jahrhunderts, entfernt wurde. Die ausgeprägte Vertikale des ganzen Bauwerks ging in die deutlich überkragende Dachtraufe über. Den Innenhof mit Arkaden auf vier Seiten schmückten feingearbeitete

Das Deckengemälde eines Vestibüls im ersten Stock zeigt, umgeben von kunstvollen Grotesken und geometrischen Mustern, Zeus auf dem Thron – mit in ungewöhnlicher Weise an christliche Ikonographie erinnernden Merkmalen, ausgenommen das klassische Symbol des Adlers –, der seinen Boten Merkur ausschickt. Symmetrisch dazu die Darstellung der Hera, die man an ihrem üblichen Attribut, dem Pfauen, erkennt (19. Jahrhundert).

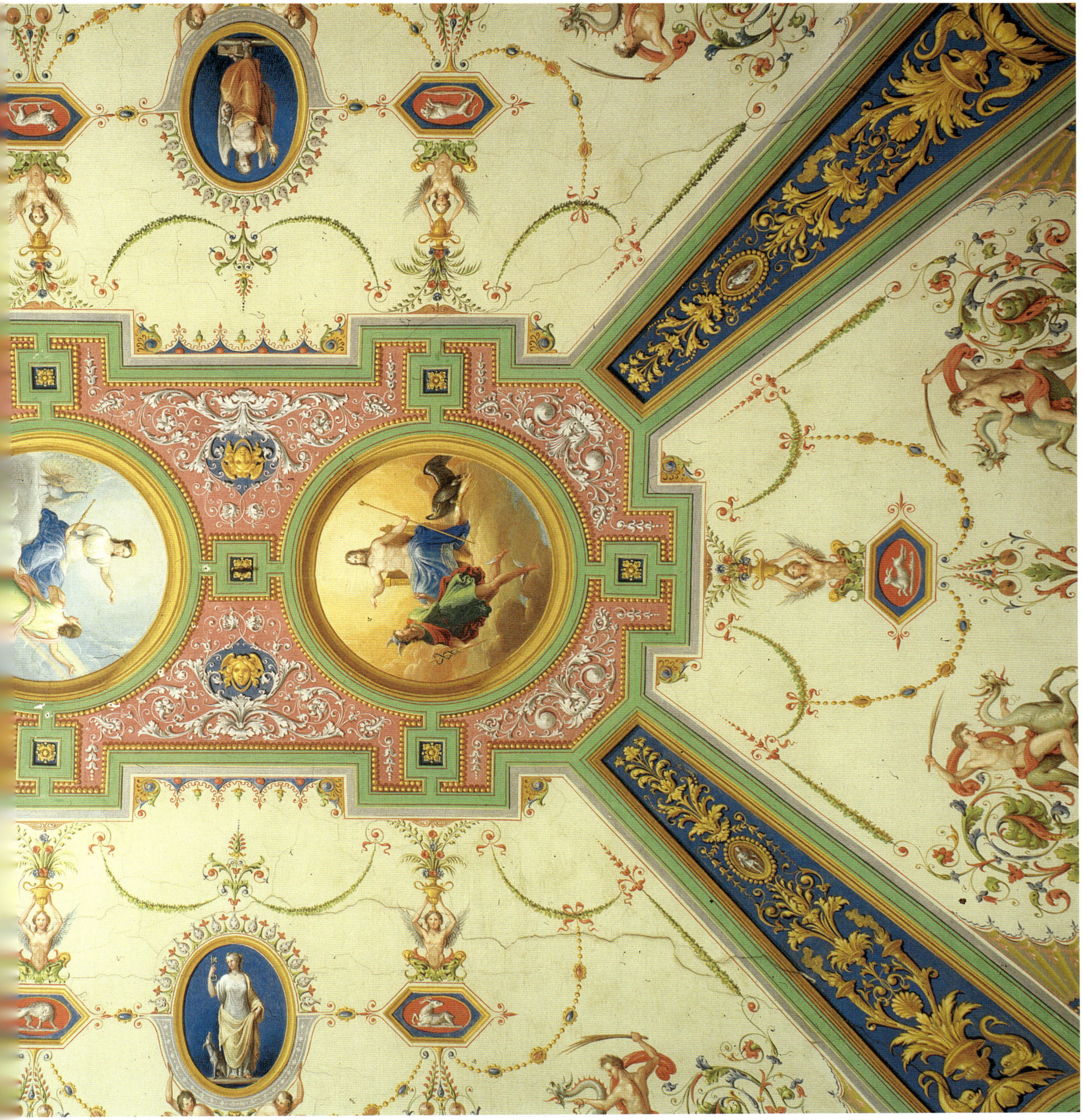

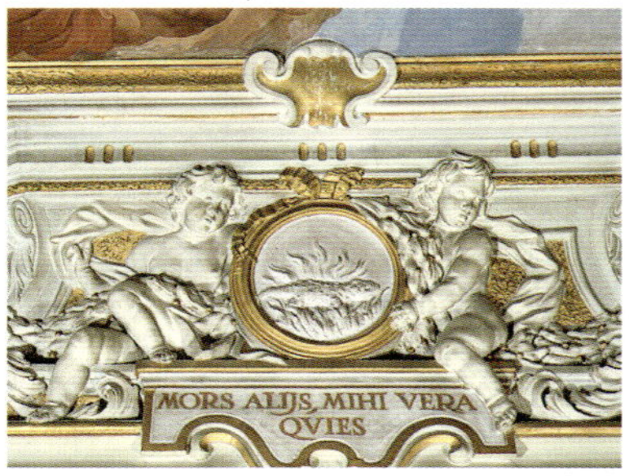

Ein im Palazzo Ginori immer wiederkehrendes, entzückendes Element ist der Stuck in Weiß und Gold (ein Werk Carlo Marcellinis) wie hier an der großen Decke des sogenannten »Feuersaals«, auf der Alessandro Gherardini Anfang des 18. Jahrhunderts die Zyklopen abbildete. Beachten Sie den lapidaren, von zwei Putten eingerahmten Satz: »Mors aliis mihi vera quies« – »Was für die anderen Tod bedeutet, ist für mich wahre Ruhe«. Beeindruckender und effektvoller ist der schwere Vorhang aus Stuck in einem Korridor des ersten Stocks, ebenfalls aus dem 18. Jahrhundert. In den Falten sitzen zahlreiche Putten, die unter anderem die gemeinsamen Wappen der Ginori und der Rucellai hochhalten (zur Erinnerung an eine Eheschließung im Jahr 1699). Mit dem kleinen Hermes in einer Nische im Vordergrund sieht das Ganze noch klassizistischer aus.

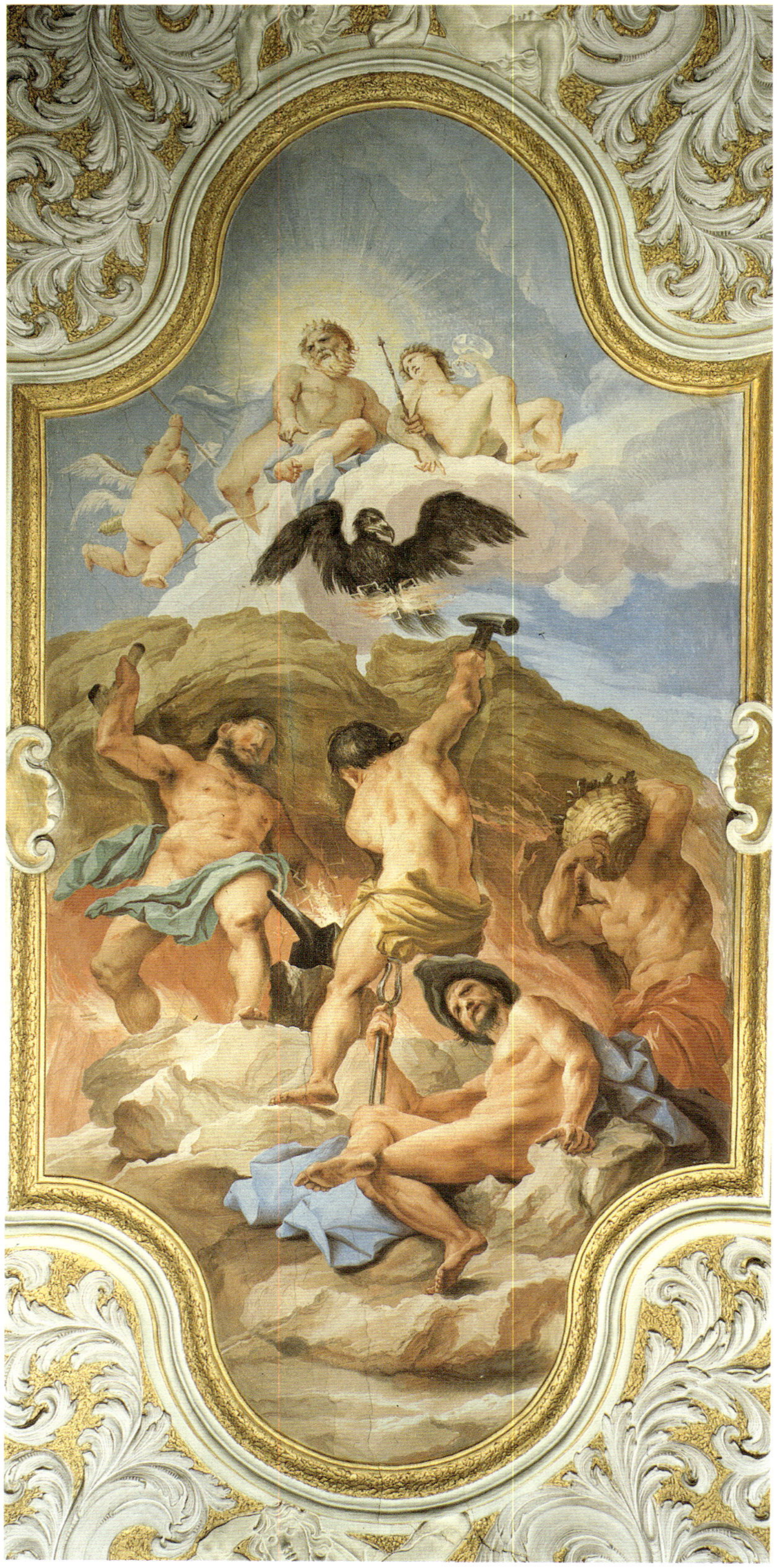

Kapitelle und Kragsteine.
Als Carlo Ginori 1527 starb, erbte den Palast sein Nachfahre Lionardo. Er war mit Caterina di Tommaso Soderini verheiratet, einer für ihren Kunstsinn bekannten Frau; Caterina war eine Tante von Lorenzino dei Medici, dem Sohn von Pierfrancesco und Maria Soderini. Dieser stellte dem Herzog Alessandro dei Medici ein Stelldichein mit seiner Tante in Aussicht, lockte ihn in den Palast und ermordete ihn hinterrücks. Seit diesem Ereignis ist das »Fürstenhaus« der Ginori immer im Besitz der Nachfahren Lionardos und Caterinas gewesen, erlebte aber mehrmals bedeutende Veränderungen. Hinter dem Palast, in der Via della Stufa, besaßen die Ginori ein kleines Haus mit Nutzgarten. Auf diesem Areal baute der Architekt Lorenzo Merlini zwischen 1691 und 1701 einen Erweiterungskomplex, der auf drei Seiten einen kleinen Garten mit einem Springbrunnen in der Mitte umgab und einen Balkon mit Balustrade in Höhe des ersten Stocks hatte.
Im Inneren wurden die Repräsentationssäle von Antonio Ferri, Alessandro Gherardini und Gian Domenico Ferretti reich freskiert und ausgeschmückt. In den folgenden Jahrzehnten gab es eine letzte Erweiterung. Dazu erwarb man die angrenzende, einstige Wohnung von Baccio Bandinelli und renovierte die Einrichtung gründlich. Dies entsprach der wichtigen Rolle

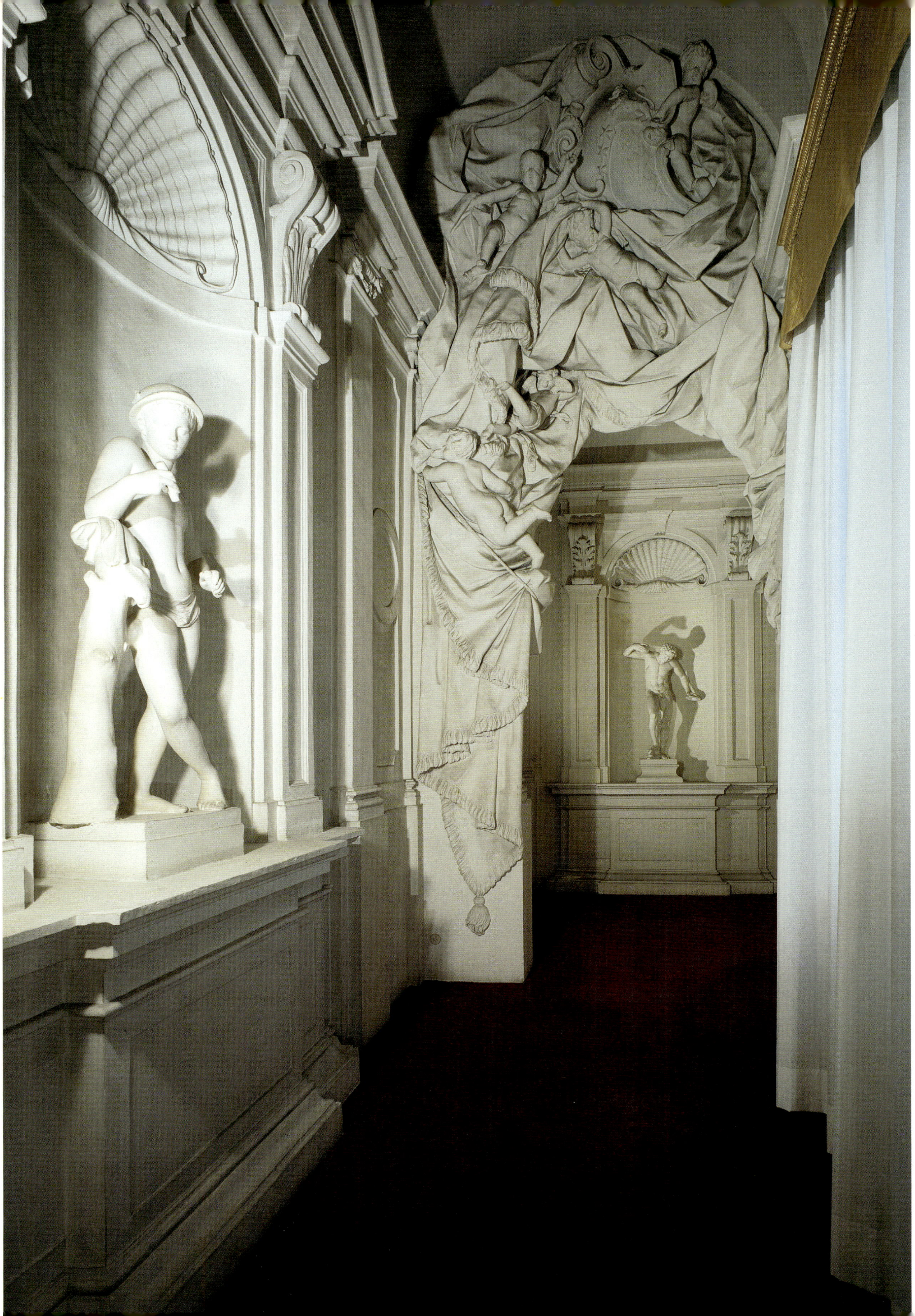

des Palastes, in dem nicht selten denkwürdige Empfänge stattfanden. Mitte des 19. Jahrhunderts, als das Anwesen dem Markgrafen Lorenzo Ginori Lisci gehörte (eine der Linien, in die sich die Familie gespalten hatte), ließ der Ingenieur Felice Francolini weitere Baumaßnahmen durchführen.
Er pflasterte den Innenhof mit Marmor, überdachte ihn dann mit einer Eisen-Kristallglas-Konstruktion und baute eine großzügige, bequeme Treppe als Ersatz für die ursprüngliche steile Stiege. Seitdem wurden im Palast nur mehrmals das Mobiliar und andere Einrichtungsgegenstände je nach dem wechselnden Zeitgeschmack erneuert, nicht jedoch Umbaumaßnahmen durchgeführt.
Als der vielseitig interessierte Markgraf Carlo Benedetto noch lebte, das heißt Ende des 19. Jahrhunderts, organisierte er persönlich im Salon im ersten Stock fünf Jahre lang die bekannten Treffen eines berühmten und stark frequentierten literarischen Kreises. Noch heute gehört der Palast der Familie Ginori Lisci, die dort auch wohnt.

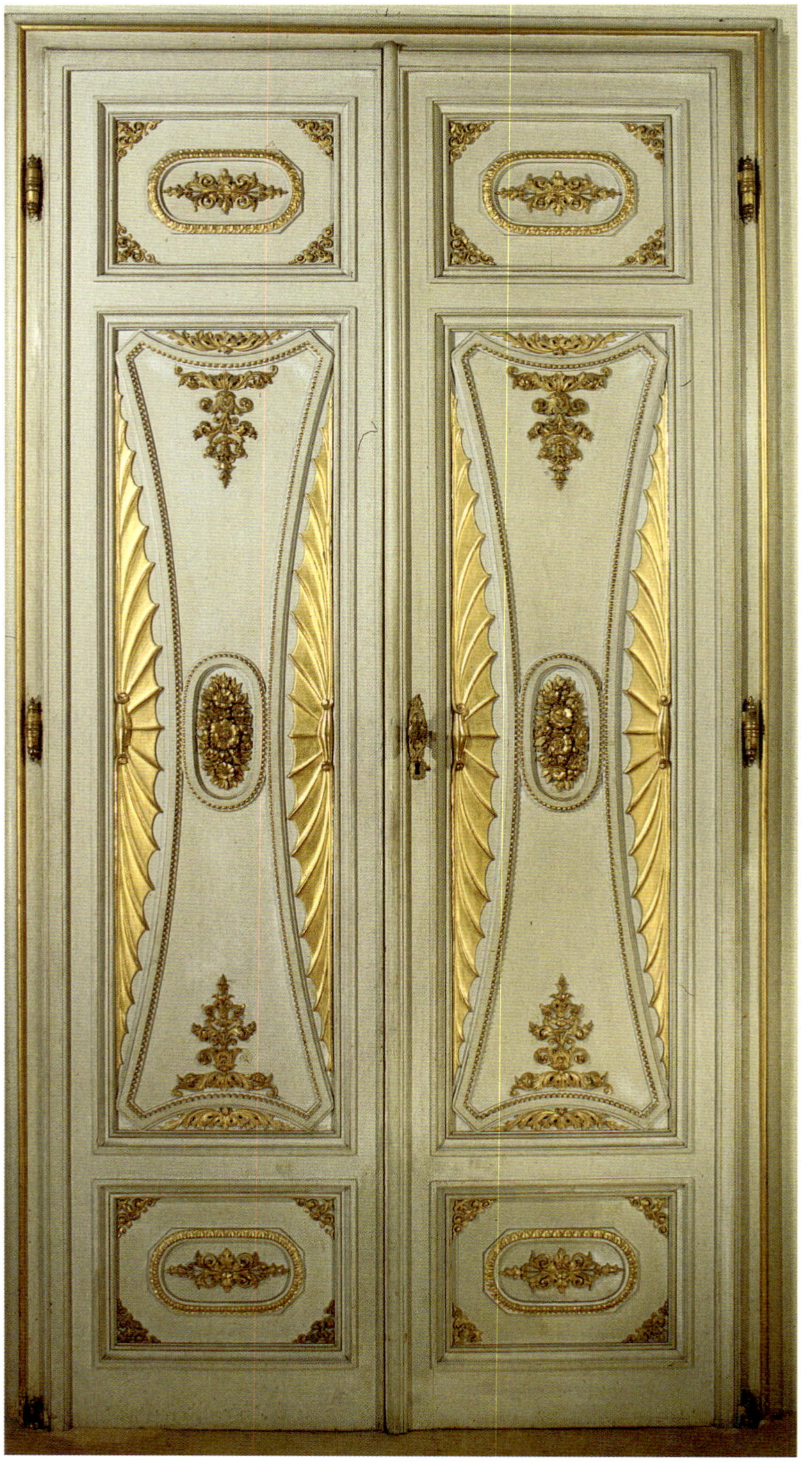

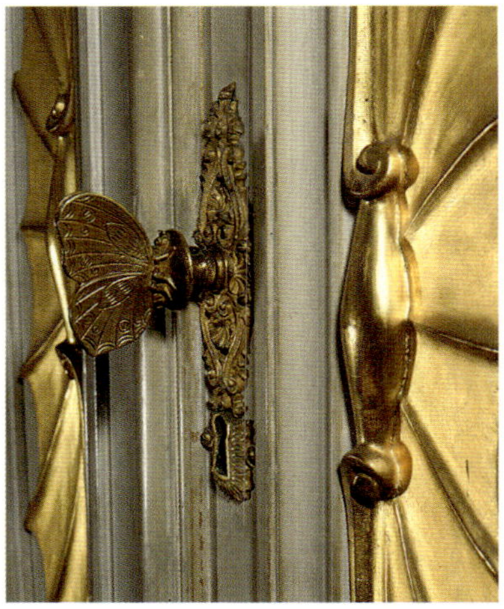

Ein ungewöhnliches, aber deswegen nicht weniger interessantes Detail: eine Zimmertür im ersten Stock mit eleganten Goldverzierungen und einem originellen, aber dazu passenden, feingearbeiteten Türgriff in Schmetterlingsform.

Der Garten kam erst Ende des 17. Jahrhunderts zum restlichen Gebäude hinzu, als der Nutzgarten eines gerade erworbenen Hauses an der Via della Stufa umgebaut und in den Palastbau integriert wurde. Der Architekt Lorenzo Merlini baute die beiden Seitenfassaden und die Hauptfassade, das Gitter zur Straße hinter dem Gebäude und den rundumlaufenden Balkon mit Balustrade.

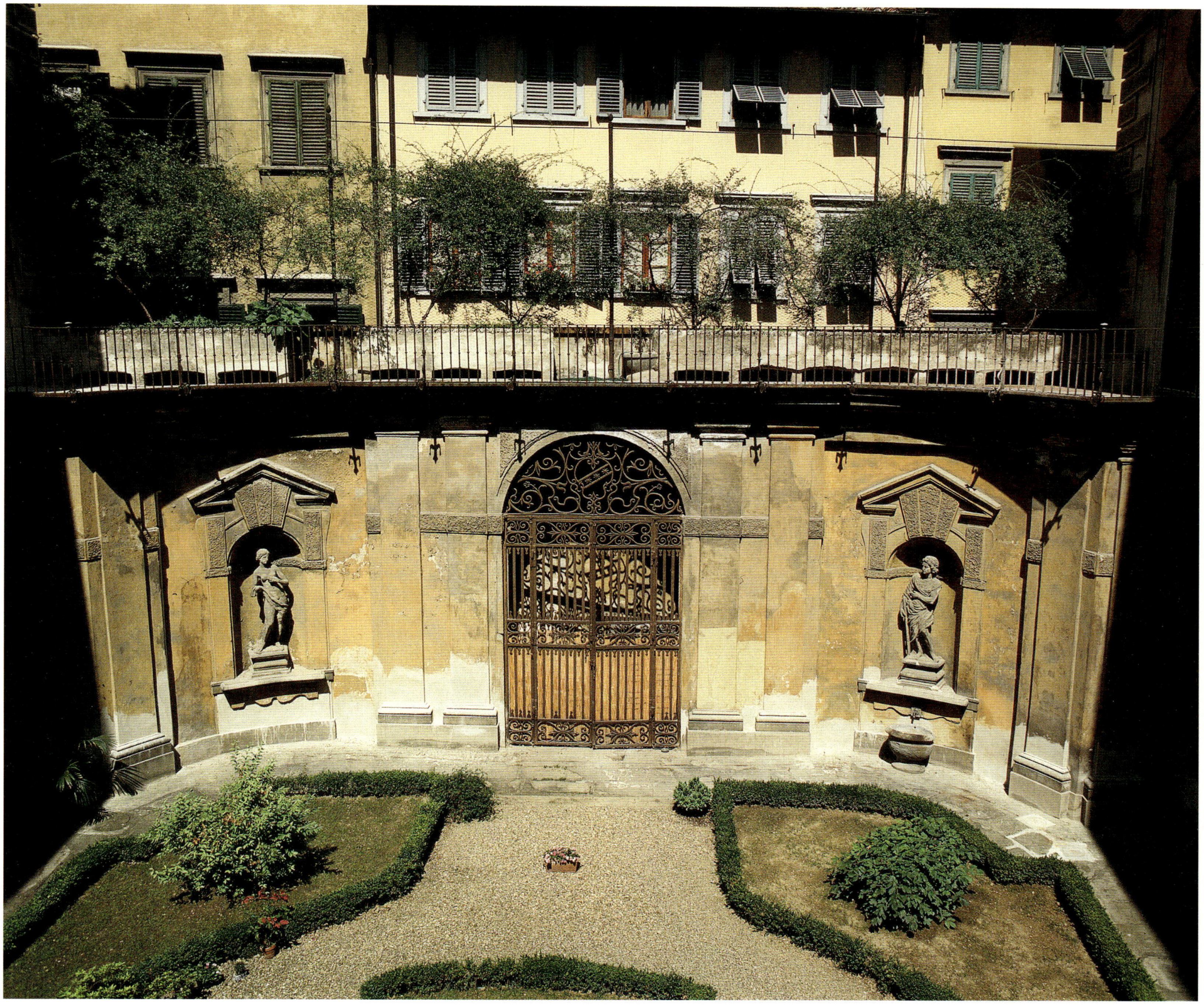

Palazzo Niccolini

Zwischen 1548 und 1550 beauftragte Bastiano Ciaini da Montauto, ein bekannter, reicher Kaufmann, einen tüchtigen Baumeister und Tischler, Domenico, Sohn des berühmten Architekten Baccio d'Agnolo, ihm einen standesgemäßen Palast an der Straße zu bauen, die schnurgerade auf die Piazza mit der Wallfahrtskirche della Santissima Annunziata zuläuft. Domenico, den uns Vasari als »in Architekturdingen sehr einfallsreich« beschreibt, ließ sich für ein hochaufragendes, gut proportioniertes Gebäude offensichtlich, um nicht zu sagen: völlig vom Palast der Markgrafen Ginori inspirieren, in dem viele einen Entwurf seines Vaters sehen. Die Fassade war fast identisch mit der des Vorbildes, mit der Straßenbank davor und den rechteckigen Fenstern im Erdgeschoß. Eindeutig origineller ist der Innenhof mit je drei Arkaden auf allen vier Seiten, dessen auffällige vertikale Gestaltung sich in den beiden oberen Stockwerken durch die Fenster mit Architraven, die Gurtgesimse und einen rundumlaufenden Ring runder Fenster ergibt. Noch origineller präsentierte sich mit der Zeit die rückwärtige Fassade zum Garten hin, in die zwei anmutige Loggien eingefügt wurden, eine im Erdgeschoß, die andere im ersten Stock. Damals hatte der Palast jedoch schon den Besitzer gewechselt. Bastiano da Montauto hatte zwar viele Töchter, aber keinen männli-

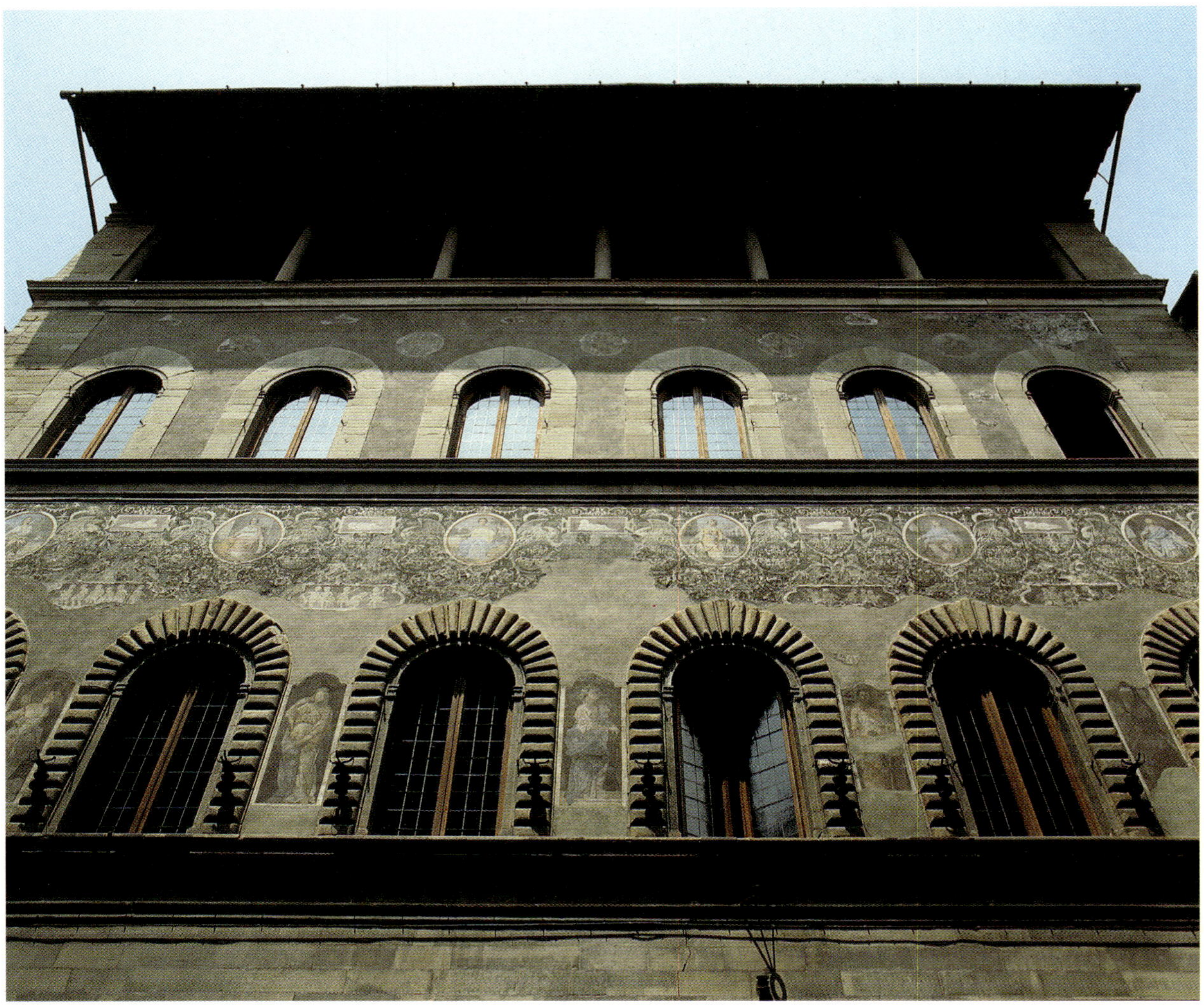

Auf dem von unten aufgenommenen Foto erkennt man ganz deutlich, wie sehr diese Fassade, ein Werk Domenico d'Agnolos, der des Palazzo Ginori ähnelt. Alles stimmt überein, vom Erdgeschoß bis zur beeindruckenden Loggia.

Komplexer ist die Entstehung der rückwärtigen Fassade, die in zwei Arbeitsgängen fertiggestellt wurde: zuerst die Loggia im Erdgeschoß, ein Werk Giovanni Antonio Dosios, von Giovanni Niccolini Ende des 16. Jahrhunderts in Auftrag gegeben; sodann die Loggia im ersten Stock, die von Filippo, dem Sohn des Giovanni Niccolini, in Auftrag gegeben wurde und der anderen genau gleicht, aber auf die Mitte des 17. Jahrhunderts zurückgeht.

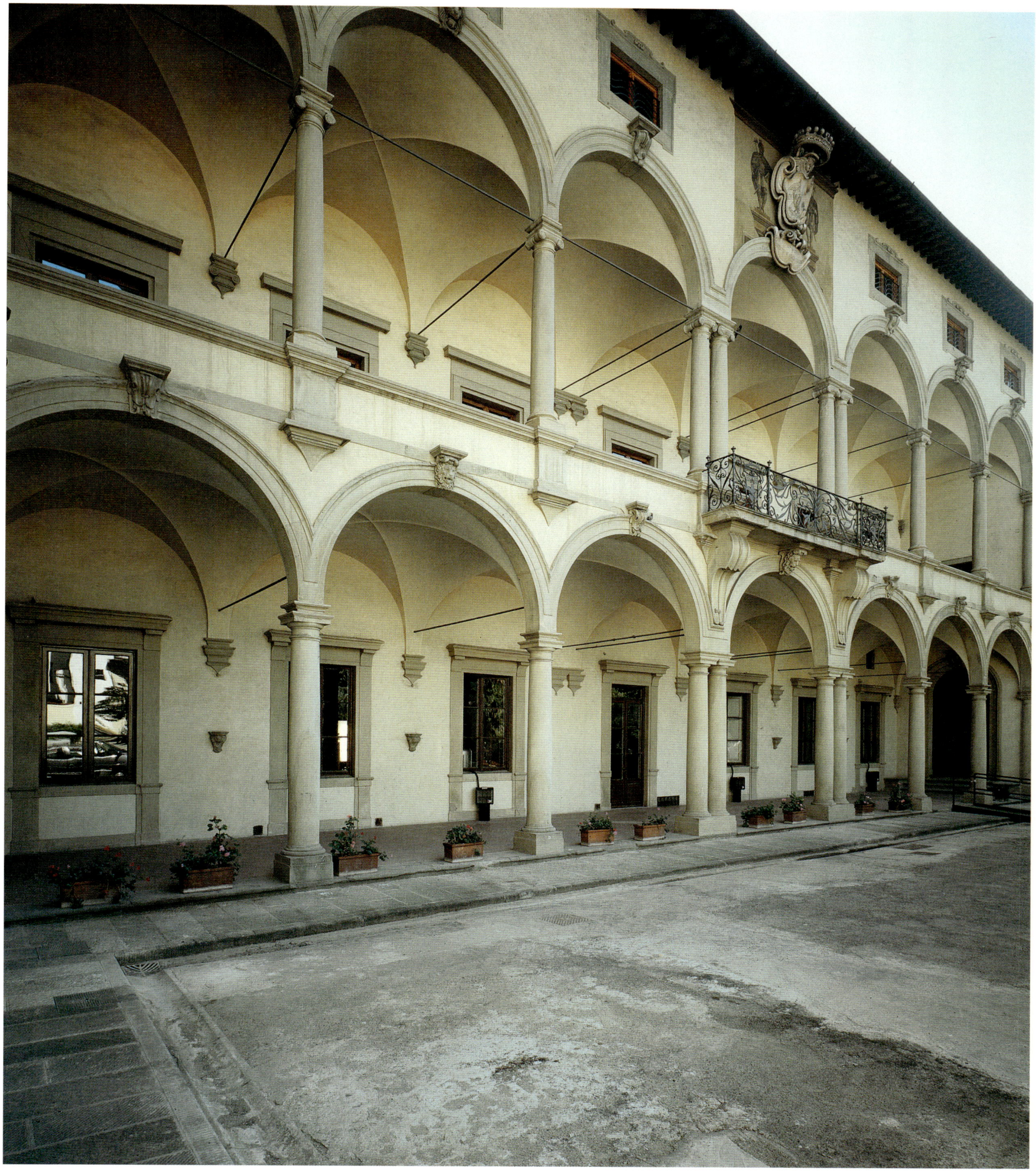

chen Erben gezeugt, und deshalb ging nach seinem Tod sein gesamter Immobilienbesitz an Benedetto, den Sohn seines Bruders Matteo, über, der ihn aber 1576 in einer schwierigen Finanzlage verkaufen mußte. Den Palast in der Via dei Servi erwarb dann Giovanni, Sohn des Agnolo Niccolini, Mitglied einer adligen und alten Familie, die der Republik Florenz eine Reihe von herausragenden Persönlichkeiten geschenkt hatte. Giovanni Niccolini, Senator und wie viele seiner Verwandten Rechtswissenschaftler, lebte lange als Botschafter in Rom, versäumte aber nicht, in Florenz für den Bau einer Familienkapelle in Santa Croce einzutreten (ein Werk Dosios, der so oft für die Niccolini arbeitete, daß er eine Zeitlang im Palast selbst wohnte; höchstwahrscheinlich entwarf er für ihn die Loggia im Erdgeschoß der rückwärtigen Fassade) und das eigene Anwesen in Florenz mit Kunstwerken und wertvollen römischen Antiquitäten zu schmücken. Der Sohn von Giovanni Niccolini, Filippo, ließ dann Anfang des 17. Jahrhunderts die Loggia im ersten Stock der rückwärtigen Fassade bauen. Vor allem aber ließ er den Großteil der Malereien in den Sälen anbringen. Diese Arbeit übernahmen berühmte Künstler, von Volterrano und Giacinto Gemigniani, von Angelo Michele Colonna, dem die gesamte Dekoration der Galerie zu verdanken ist, bis Jacopo

Ein Werk Domenico d'Agnolos ist auch der lichtvolle Innenhof. Er hat Arkaden, deren Bögen mit Schlußsteinen verziert sind, architravierte Fenster, deutlich hervorgehobene Umrahmungen und die typischen Rundfenster. Deutliche charakteristische Merkmale, die die runden und die rechteckigen Fenster auch von innen haben, wie bei diesem Korridor, der auf den Innenhof geht, zeigt das Bild rechts. Die hölzerne Ausstattung des Korridors, die massive Decke und die schlichte Einrichtung lassen ihn wie einen Raum aus dem 16. Jahrhundert aussehen.

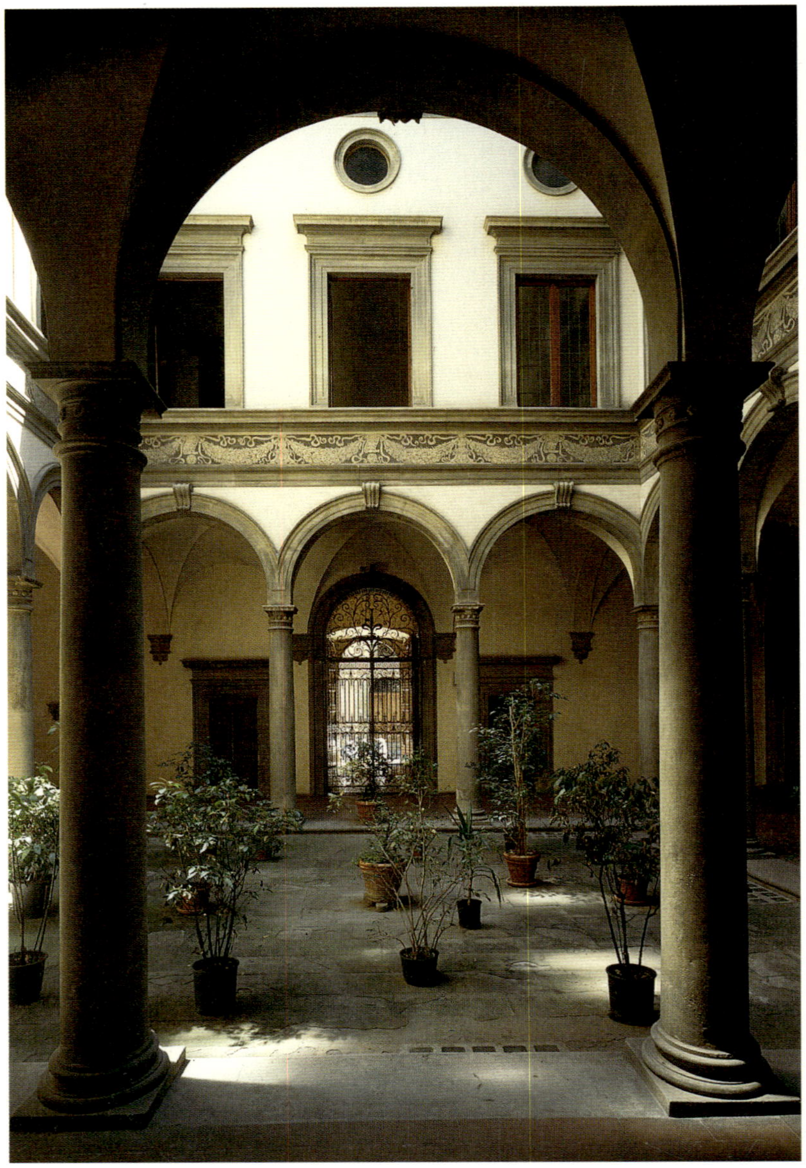

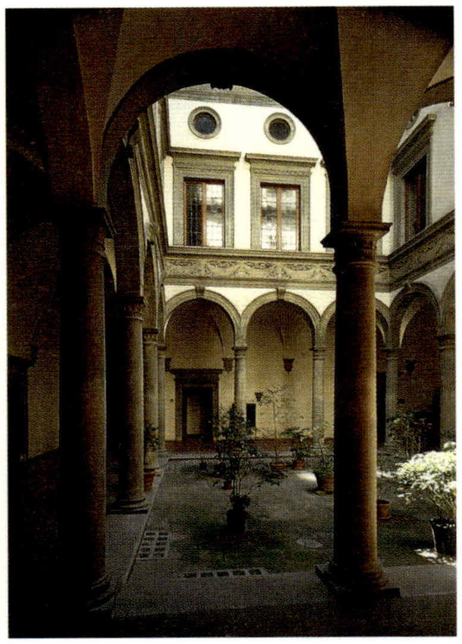

Folgende Seiten:
Zwei der kostbarsten Zimmer im ersten Stock sind das derzeitige Studierzimmer des Inspektors der Behörde für öffentliche Arbeiten, Besitzer des Palastes, mit der goldverzierten Kassettendecke und das dazugehörige Vorzimmer mit dem eleganten Fries, darüber ebenfalls eine Kassettendecke mit Rosetten. Im ersten der beiden Säle steht noch der Kamin aus dem 16. Jahrhundert, der ein Werk Domenico d'Agnolos sein soll und auf dessen Architrav man Löwenköpfe (Wappenattribute der Niccolini) und Siegeszeichen sieht.

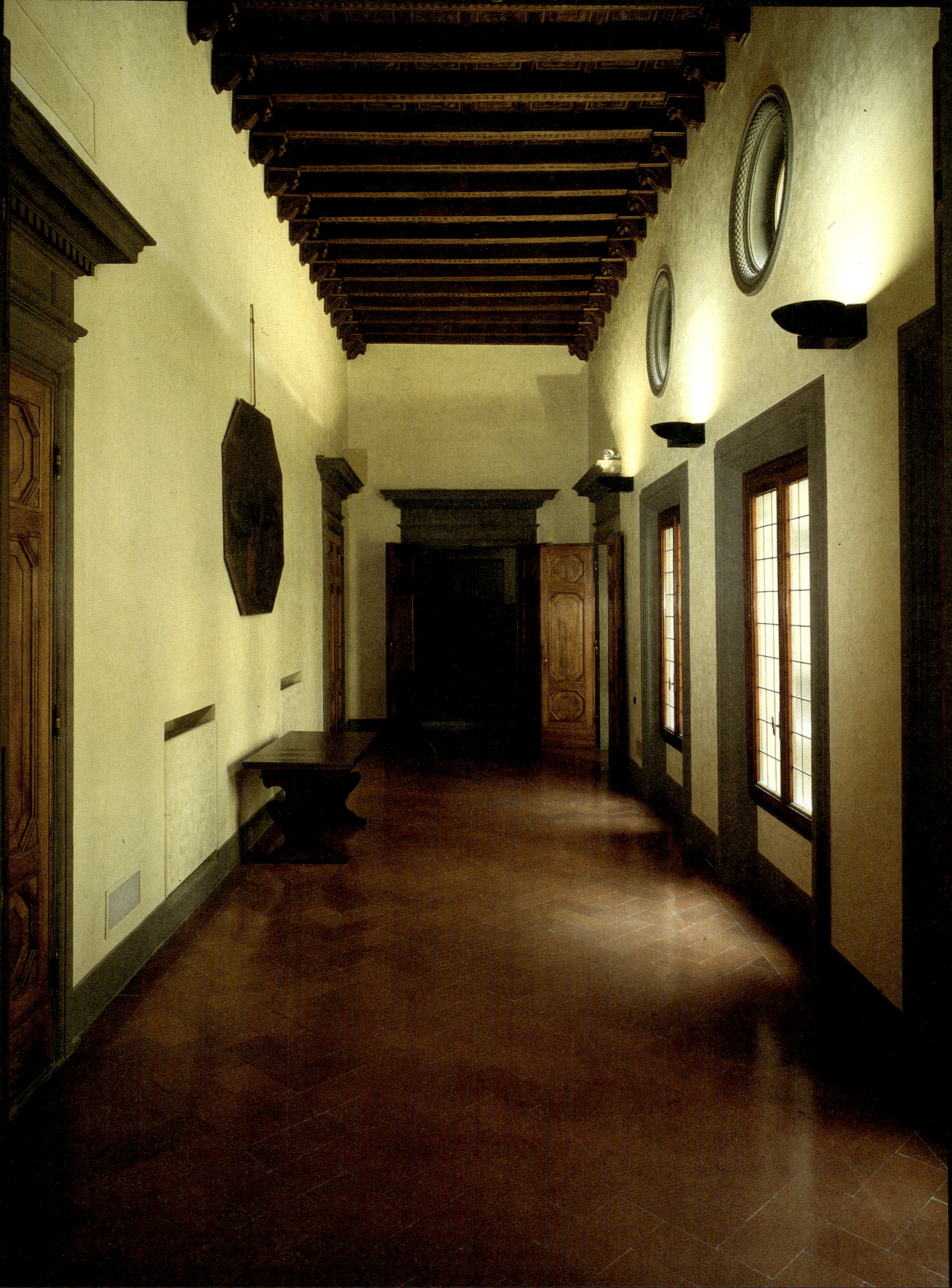

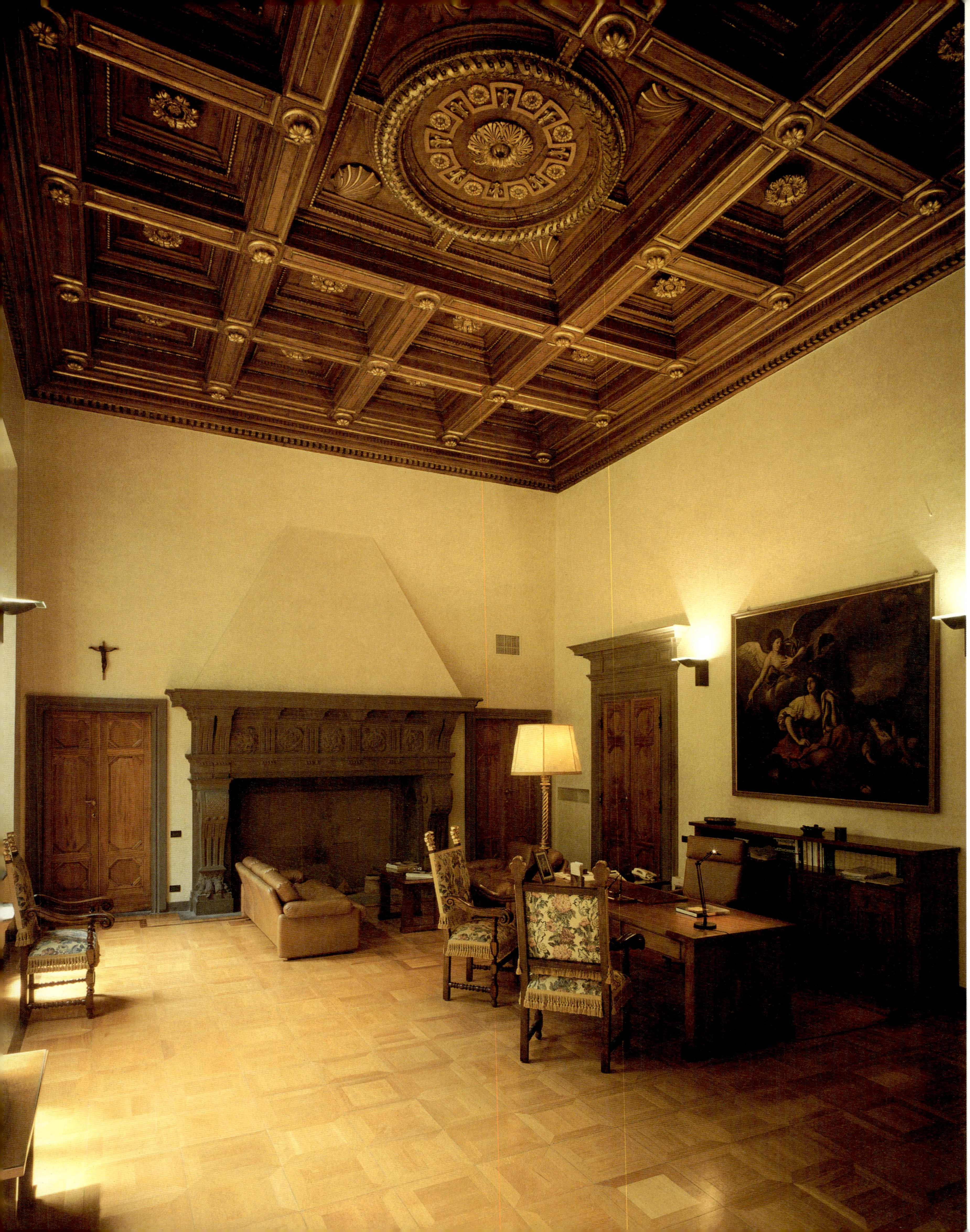

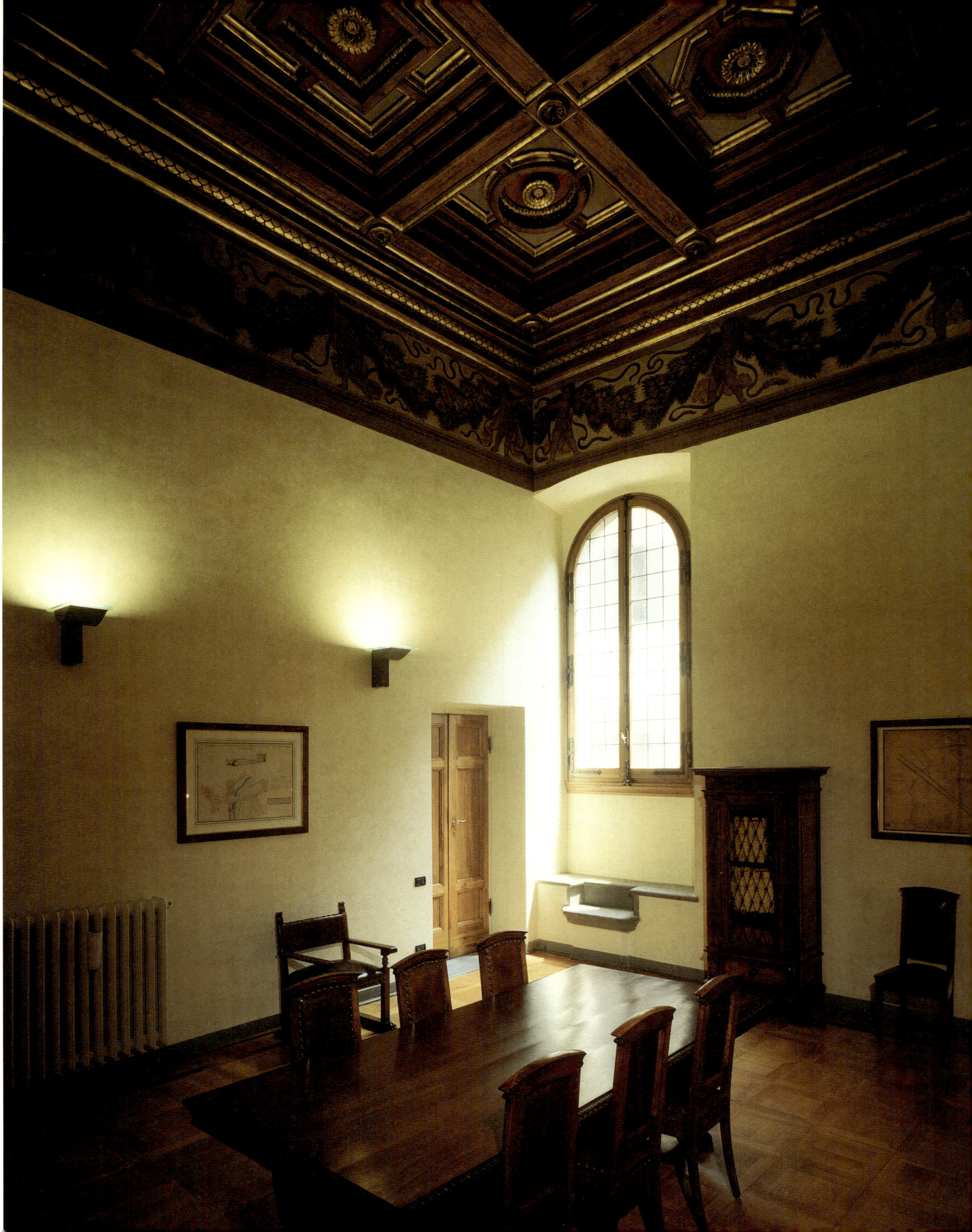

Chiavistelli und Ciseri. Als Filippo 1666 ohne Erben starb, ging sein Palast an den Senator Lorenzo aus der Nebenlinie Niccolini di Camugliano über, der ihn seinerseits, nachdem er im Lauf des 18. Jahrhunderts weitere Malereien hatte anbringen lassen, wegen mehrerer Erbstreitigkeiten und Auseinandersetzungen mit der Stadtverwaltung 1824 an den Grafen Demetrio Bouturline, den Ratgeber des Zaren und leidenschaftlichen Bücherfreund, veräußern mußte. In der Folgezeit ließ der neue Besitzer in einigen Räumen seine Sammlung alter Bücher unterbringen, während man andere Wohnräume vermietete. Auf diese Zeit gehen die Neuanlage des Gartens zurück sowie die Sgraffiti und Malereien der Fassade zur Via dei Servi hin, an denen mehrere Künstler wirkten (Bandinelli, Valtancoli, Sarti, Zucconi). 1918 verkauften die Bouturline den Palast an die Pinucci, und diese veräußerten ihn elf Jahre später an die Federazione dei Fasci di Combattimento di Firenze, die dort lange ihren Sitz hatte. Nach dem Niedergang des Faschismus kam das Gebäude an das Ministero dei lavori pubblici (den heutigen Besitzer), das Ende der fünfziger Jahre umfassende Restaurierungs- und Neuordnungsmaßnahmen ergriff, mit denen man die ursprünglichen architektonischen Linien und den früheren Glanz der Malereien des Palastes wieder aufleben lassen wollte.

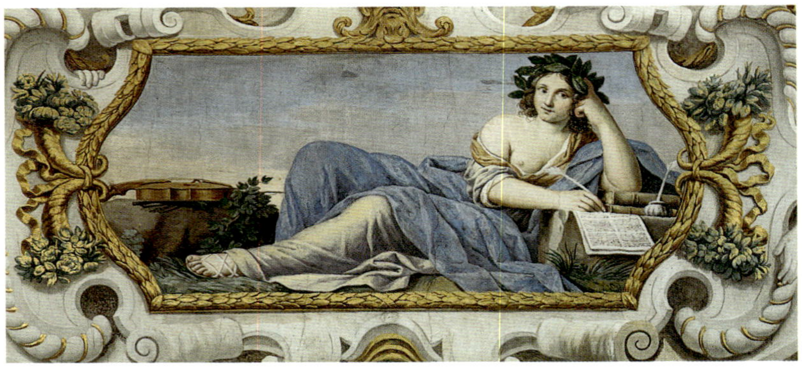

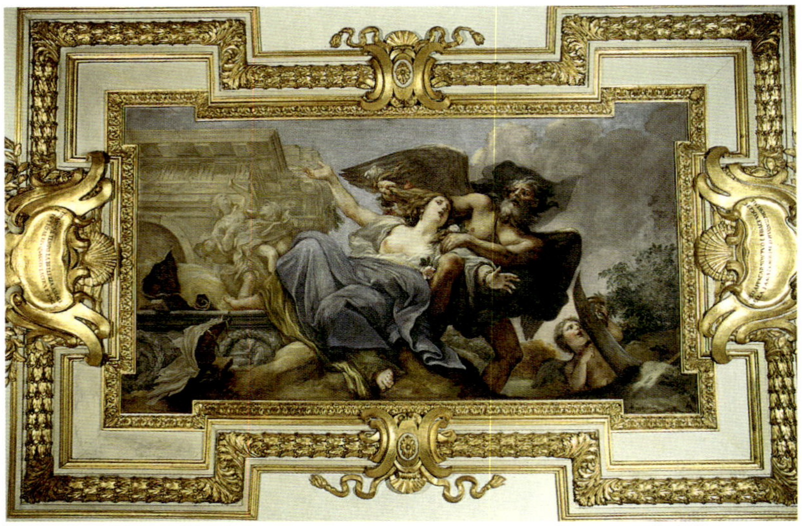

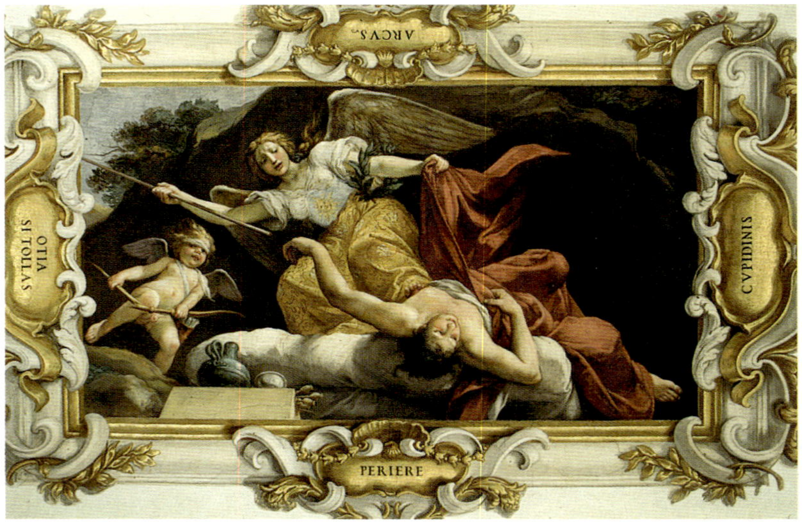

Ein Großteil der Fresken in den Sälen und der Galerie im ersten Stock sowie den Zimmern im Erdgeschoß stammt aus dem 17. Jahrhundert. Unter den letzten beeindrucken die Werke Volterranos (darunter die Darstellung der »Schönheit, die von der Zeit zerrissen wird«, in einem feingearbeiteten Goldrahmen) und die von Giacinto Gemigniani, der 1654 den Parnaß in intensiven Farben malte (nebenstehende Seite, Detail). Häufig sind Fresken mit allegorisch-mythologischen Themen.

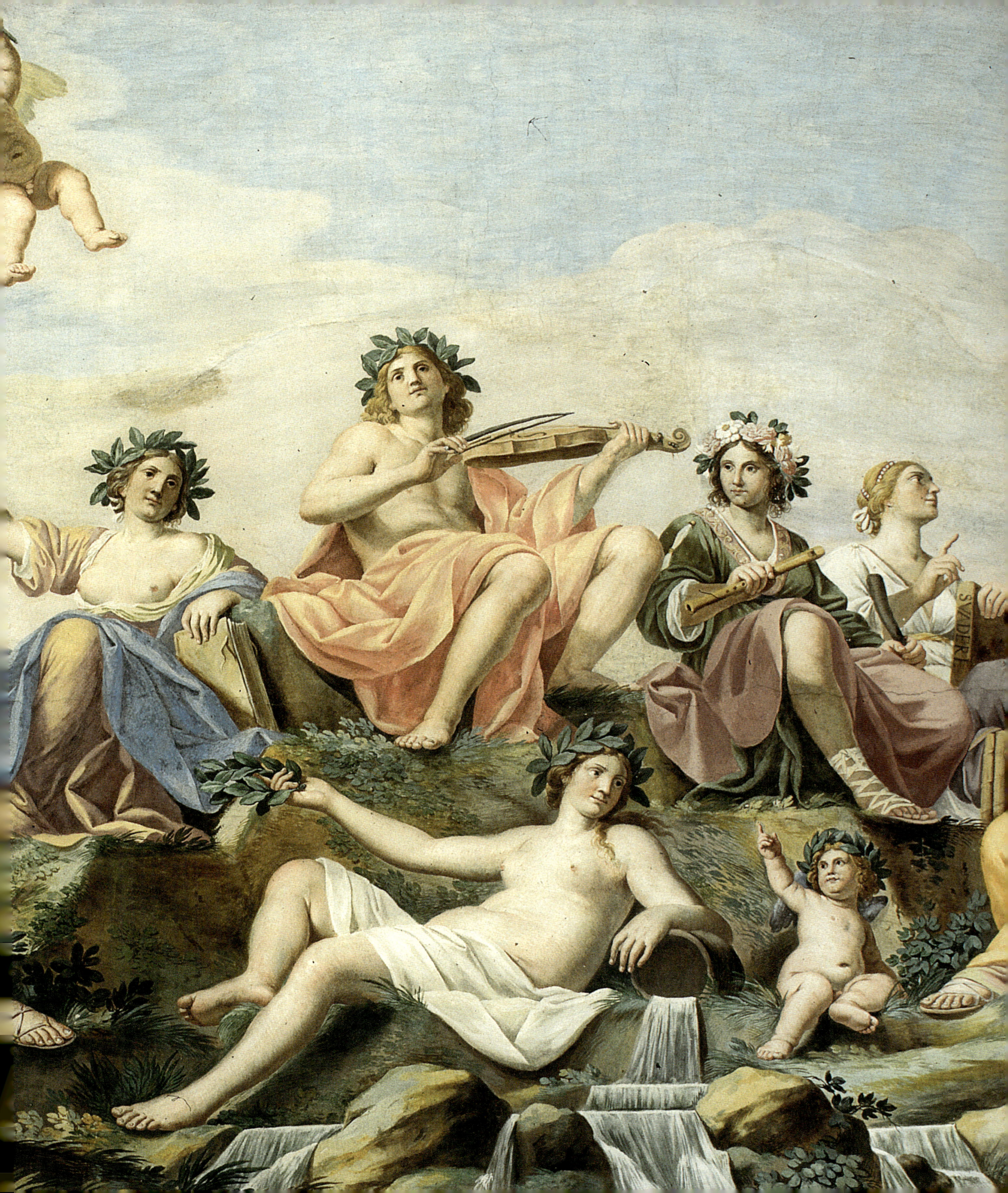
SVDER

Palazzo Pucci

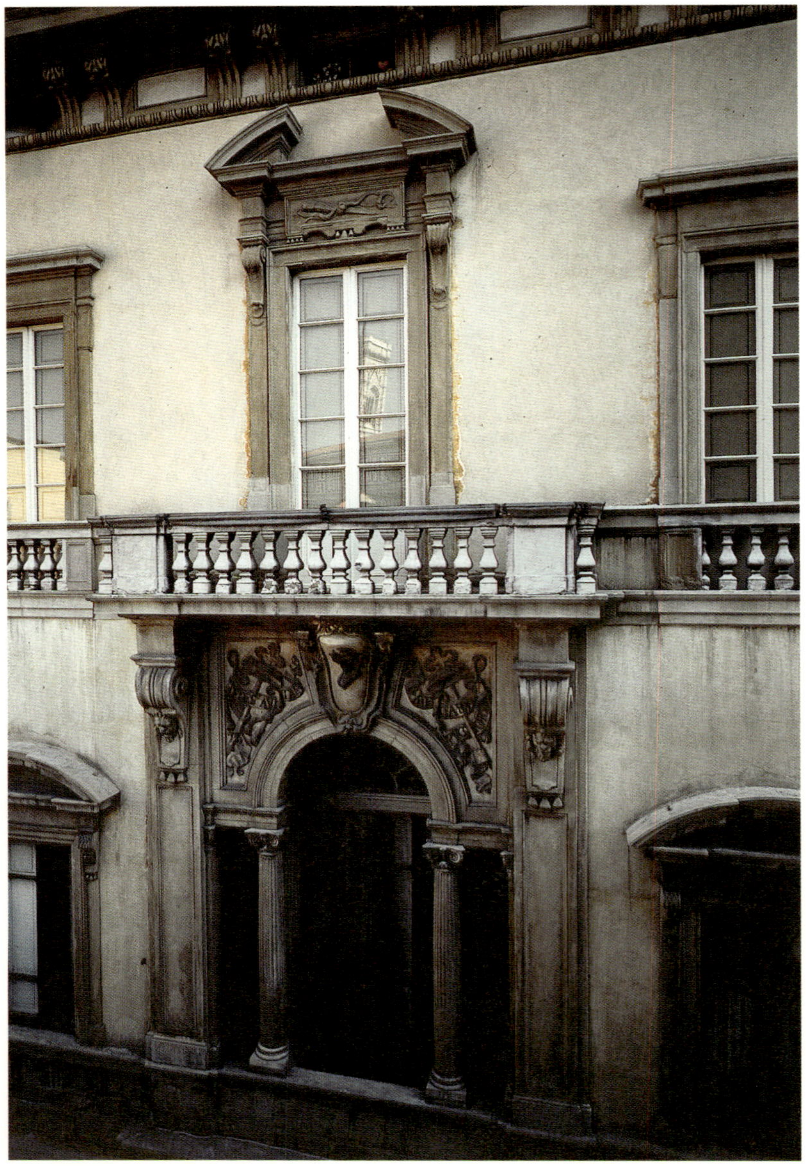

Der älteste Teil der Fassade, sozusagen der ursprünglichste, ist sicher dieser Mittelteil mit dem großen Tor mit einem imposanten Serliana-Fenster und einem Balkon darüber, wo man außer dem Wappen der Eigentümerfamilie noch die Insignien des Kardinals Lorenzo Pucci erkennen kann.

Der große Palast an der Via dei Pucci, der aufgrund seiner Ausmaße, seiner Länge und der Anzahl der Fenster heute als eines der beeindruckendsten Monumente von Florenz erscheint, hat seine charakteristischen Merkmale eigentlich erst in jüngerer Zeit erhalten, denn er war lange nur ein einfaches, schmuckloses Haus.
Die Familie Pucci war im 13. Jahrhundert vom Land nach Florenz übergesiedelt und hatte sich in kurzer Zeit eine angesehene Stellung erworben, was die zahlreichen öffentlichen Ämter ihrer Vertreter deutlich beweisen. Einer der Hauptgründe für diesen stetigen Aufstieg war ohne Zweifel ihre Entscheidung, die Medici ohne Einschränkung treu zu unterstützen und ihr Los zu teilen; Puccio Pucci war einer der glühendsten Anhänger der promediceischen Partei zur Zeit Cosimos des Älteren, und als dieser aus Florenz verbannt wurde, setzte Puccio sich offen für seine schnelle Rückkehr in die Heimat ein; als sich das Schicksal zugunsten Cosimos wendete, belohnte dieser Puccio sogleich äußerst großzügig. Damals (Anfang des 15. Jahrhunderts) war die Familie Pucci bereits in zwei große Linien aufgeteilt, die des Puccio und die seines Bruders Saracino.
Ersterer besaß ziemlich viele Häuser im Bereich der heutigen Via dei Servi, in der Nähe des Spitals Santa Maria Nuova, und dort wohnten weiterhin seine Nachfahren,

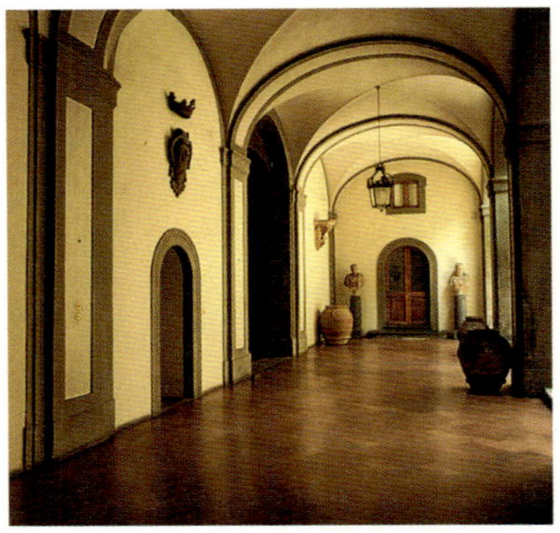

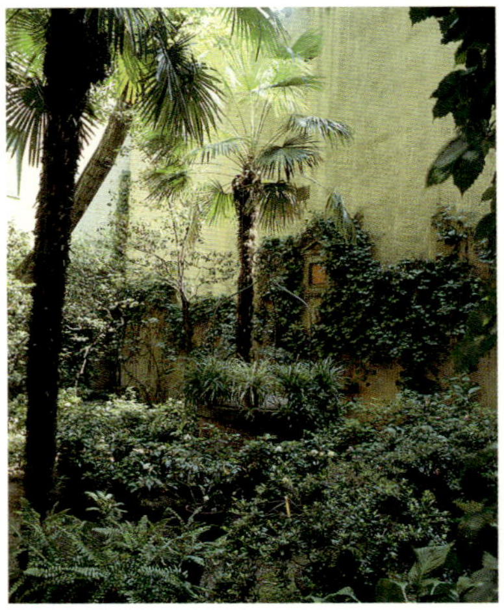

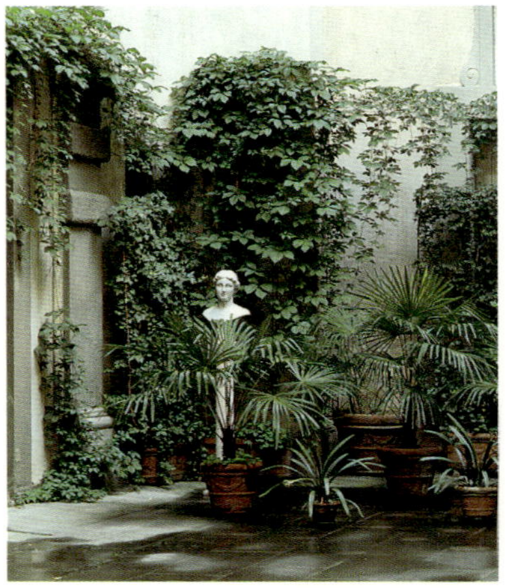

Auch die Innenhöfe (normalerweise hat jeder Palast nur einen, aber dieser Palast ist so groß, daß er mehrere aufweist) sind alt und gehörten ursprünglich zu einzelnen separaten Wohneinheiten. Bemerkenswert ist der weitläufige Bogengang – aufgrund seiner Bauweise sozusagen ein Korridor –, über den man zum Innenhof in der Mitte gelangt. Dieser ist von sehr massiv wirkenden Wänden umgeben; er wurde, zumindest teilweise, in eine angenehme Oase umgewandelt.

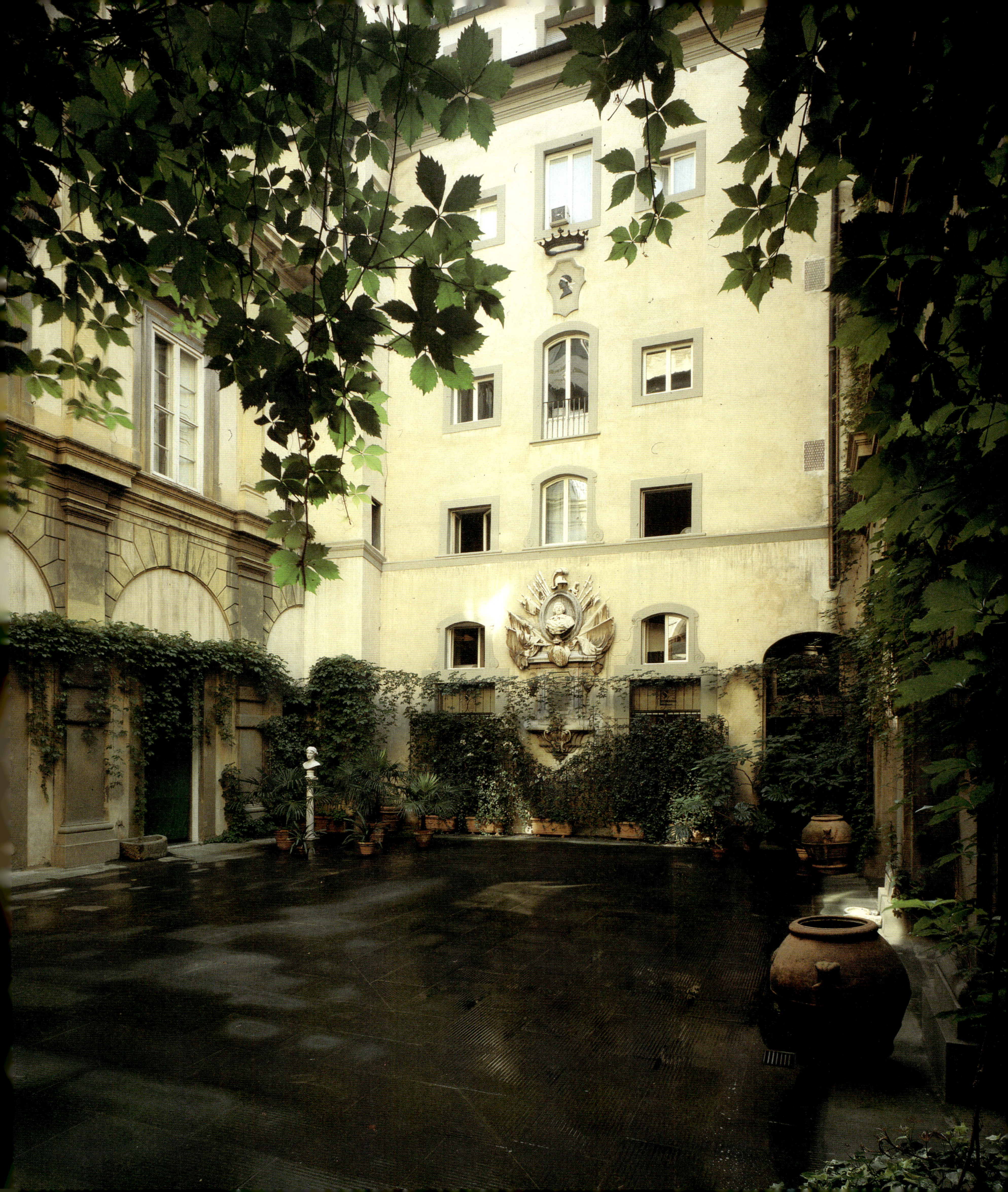

die beständig die Medici, manchmal mit extremen Konsequenzen, unterstützten; einer aus der Familie Puccios, Giannozzo, wurde enthauptet, weil er 1497 für die Rückkehr des Piero Sfortunato (»des vom Pech Verfolgten«) aus seinem zweiten Exil ein Komplott geschmiedet hatte. Puccios Sohn Antonio erwarb Mitte des 15. Jahrhunderts jene Häuser mit Piazza und Nutzgarten, die zu Recht als der zentrale Kern des späteren Palastes gelten können, die zunächst aber ihr ursprüngliches Äußeres bewahrten. Inzwischen wuchs die Macht der Familie: In der mit Papst Paul III. Farnese verschwägerten Familie Pucci gab es um das 16. Jahrhundert herum mehrere Senatoren und drei Kardinäle.
Einer davon, Roberto, das fünfte Kind von Antonio, dem Sohn Puccios, war vor seiner erfolgreichen Karriere als Geistlicher mit einer Tochter des historischen Guicciardini verheiratet, mit der er einen Sohn hatte. Dieser zeichnete sich dadurch aus, daß er eine Verschwörung gegen Herzog Cosimo I. angezettelt hatte (zum ersten Mal war also ein Pucci gegen die Medici!); die Verschwörung mißlang, der Verschwörer wurde gehenkt. Seinen Sohn Orazio, der entschlossen war, seinen Vater zu rächen, ereilte unter Francesco I. dasselbe Los. Ein so leichtsinniges Manöver kostete die Pucci die Beschlagnahmung all ihrer Güter, eine Maßnahme,

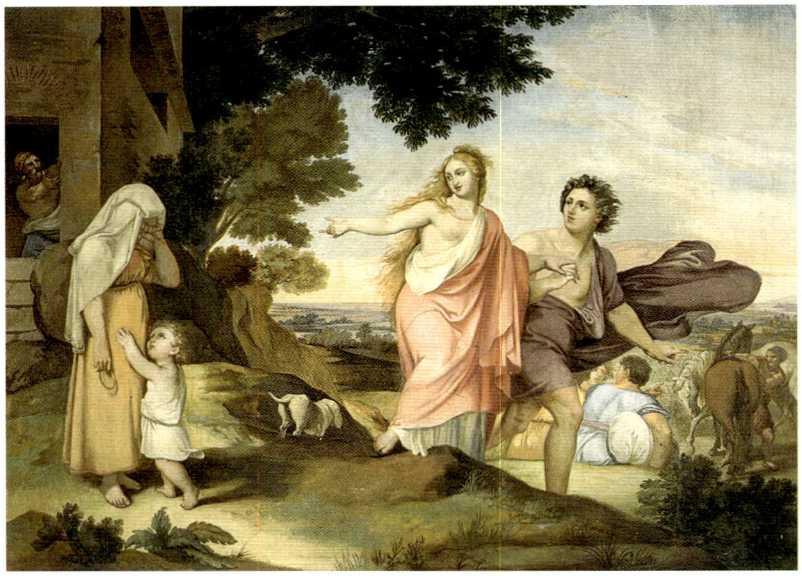

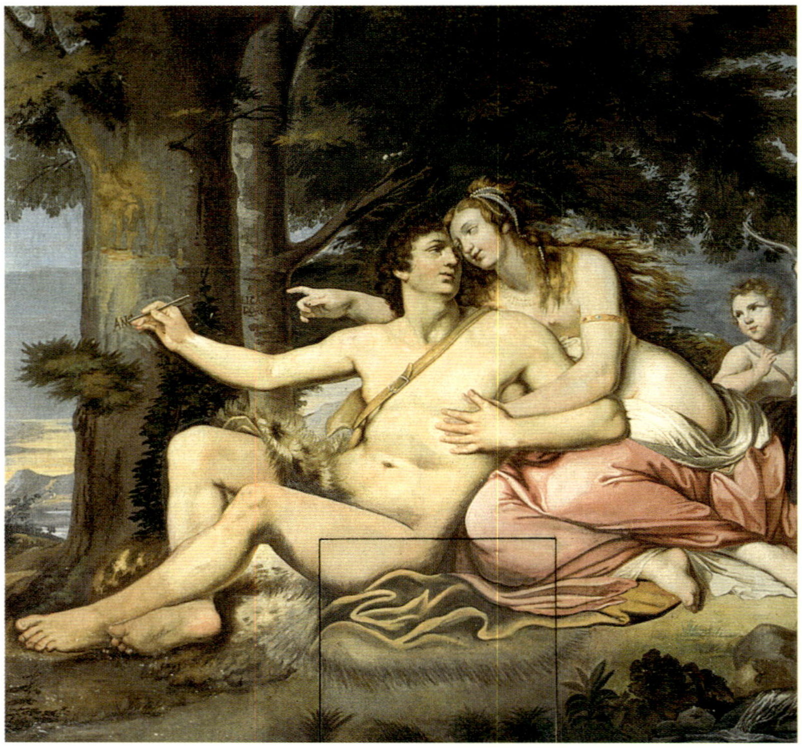

Viele Räume im ersten Stock wurden zwischen dem 17. und dem 19. Jahrhundert von Giovanni da San Giovanni, Gian Domenico Ferretti, Giuseppe Bezzuoli und Luigi Ademollo reich freskiert. Das sieht man an diesen besonders plastischen Gemälden und auch an einer Saaldecke im ersten Stock, die mit perspektivischer Scheinarchitektur bemalt ist.

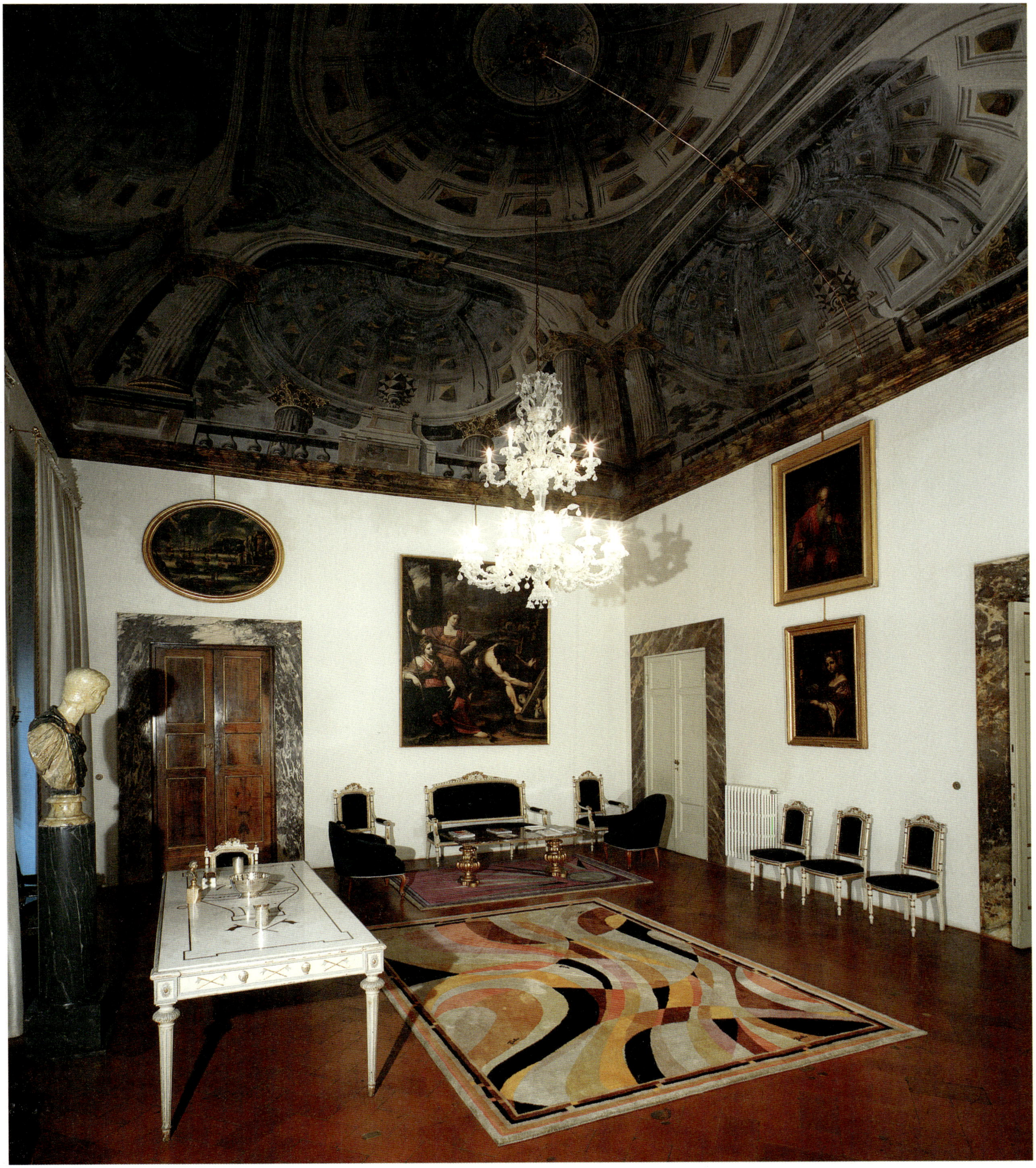

die aber recht schnell vom Großherzog persönlich zurückgenommen wurde, der sich an die vielen Verdienste der Familie Pucci erinnerte. Zur selben Zeit, da solche Entscheidungen reiften, begannen die Pucci Erweiterungsmaßnahmen an ihrem fürstlichen Anwesen durchzuführen. Dieses war beim Tod Lorenzos, Sohn des Antonio, im Jahr 1531 an seinen Bruder, den schon genannten Roberto, übergegangen, und von diesem an seine beiden Söhne, die Unsummen Geldes für Verschönerungsarbeiten ausgaben. Dieses Anwesen muß in etwa dem zentralen Teil des heutigen Palastes entsprochen haben, der durch seine ausgesuchten architektonischen Linien und seinen Schmuck auffällt. Daran schlossen sich auf zwei Seiten Häuser an, die jedoch eine separate Einheit blieben. Als der Zweig des Puccio 1612 erlosch und der gesamte Besitz an Saracinos Nachfahren, das heißt den Senator Niccolò gefallen war, bot sich dessen Söhnen die Gelegenheit, ihn aufzuteilen: Giulio fiel der mittlere, ältere Teil des Palastes zu, und Alessandro bekam die Häuser an der Ecke Via dei Servi. Giulios Sohn Orazio erwarb dann einige Häuser links von seinem Anwesen, das infolgedessen bis an die Ecke der heutigen Via dei Servi reichte, und beauftragte 1688 Paolo Falconieri damit, alle Fassaden der Fassade des Kernstücks anzugleichen. Da auch Giulianos Nach-

Ebenso interessant ist die lange Galerie, ein geräumiger Repräsentationsraum, wie die erlesene Einrichtung, kostbare Gemälde und die zahlreichen unterschiedlichen Kunstobjekte beweisen (siehe Ausschnitt auf dem Foto unten).

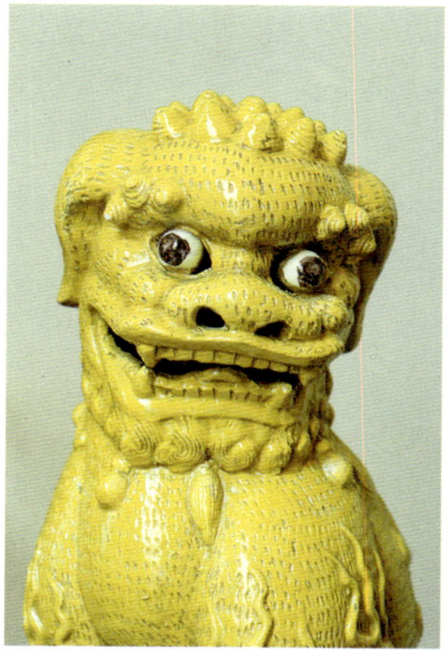

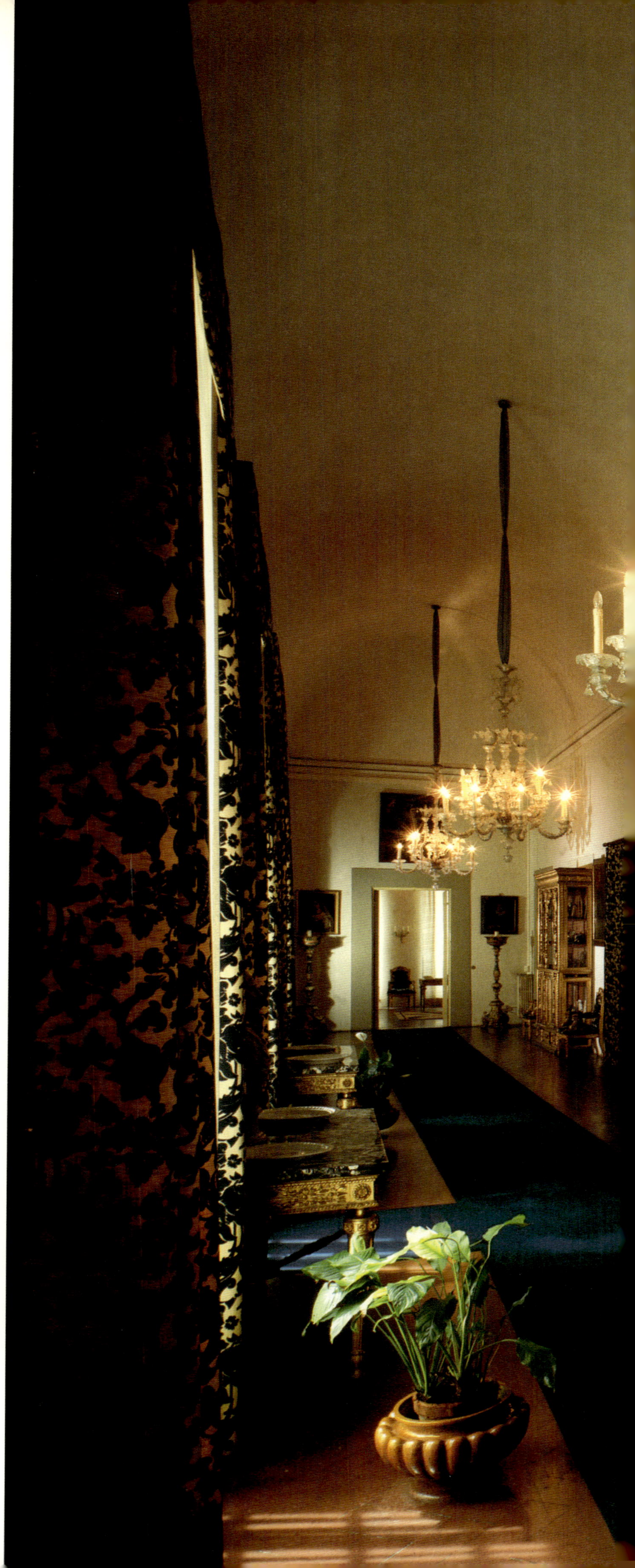

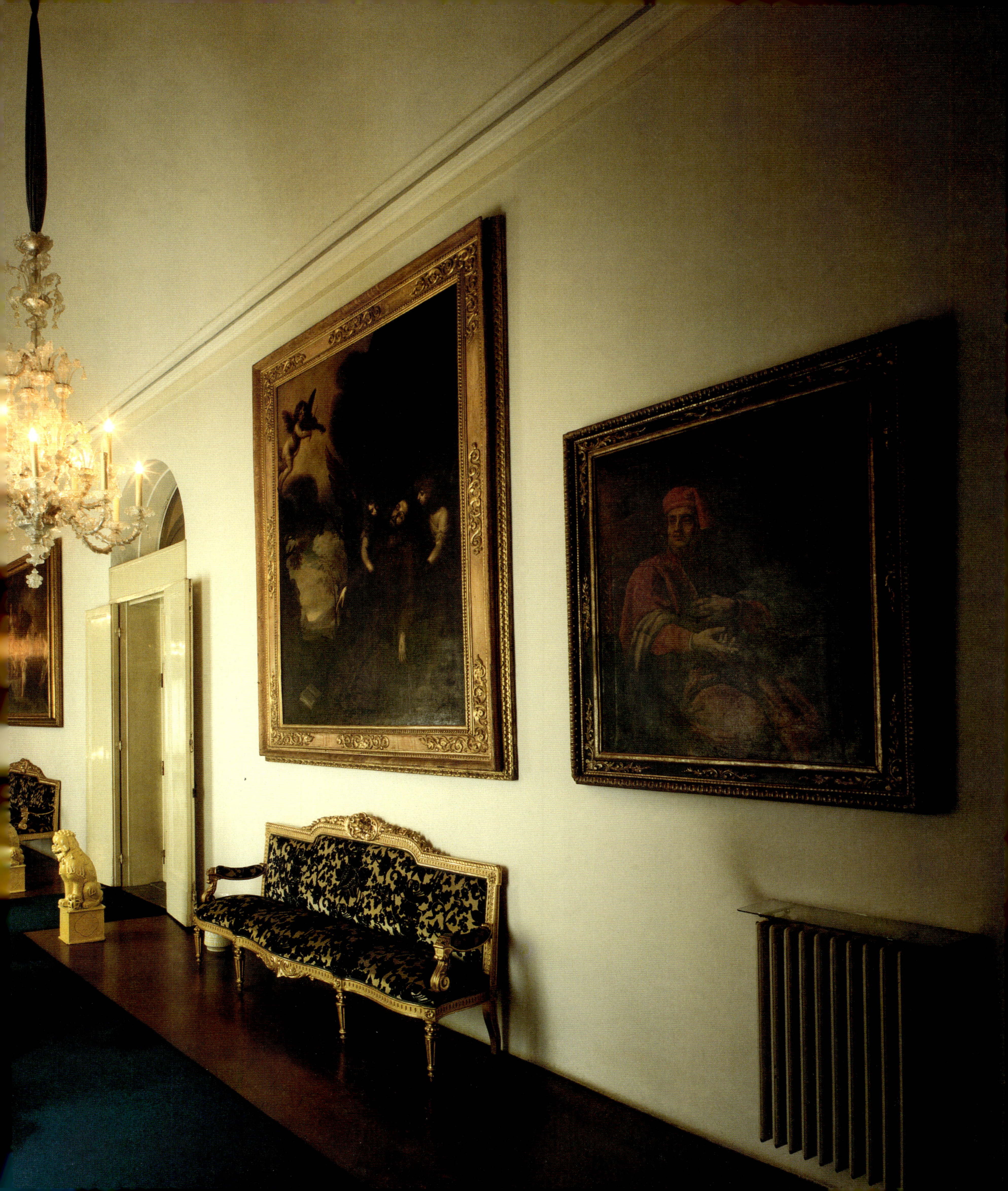

kommen ihren Teil umbauten, kann man an der Wende zum 18. Jahrhundert erstmals von einem richtigen Palazzo Pucci sprechen.
Dieser blieb jedoch immer zweigeteilt: der größere Teil, die ursprüngliche Keimzelle und Eigentum der Pucci di Barsento, der noch die beiden Innenhöfe der beiden Wohnkerne, aus denen er gebildet war, umfaßt, zeichnet sich durch die von Ferretti im 18. Jahrhundert und im 19. Jahrhundert von Bezzuoli und Ademollo reich freskierten Säle und den mit Stuck verzierten Ballsaal aus, der zu Lebzeiten und im Auftrag des Senators Orazio Roberto Ende des 18. Jahrhunderts erneuert wurde, sowie durch eine regelrechte »Straße«, eine neuere Erfindung, die Vestibüle und Innenhöfe durchquert und somit den Zugang zu den Räumen des Erdgeschosses erleichtert. Dieser Teil des Palastes wurde in unserem Jahrhundert unter den beiden Kindern des Markgrafen Emilio aufgeteilt und ist trotz mehrerer Umbauten in ausgezeichnetem Zustand erhalten.
Der andere Teil des großen Gebäudes, der zur Via dei Servi hin, der einen eigenen Eingang, einen eigenen Innenhof und wertvolle Fresken von Giovanni da San Giovanni in einigen Sälen hat, verblieb bis 1830 im Besitz der Nachfahren von Alessandro, dem Sohn Niccolòs, als die männliche Linie erlosch. Nach mehrmaligem Besitzerwechsel

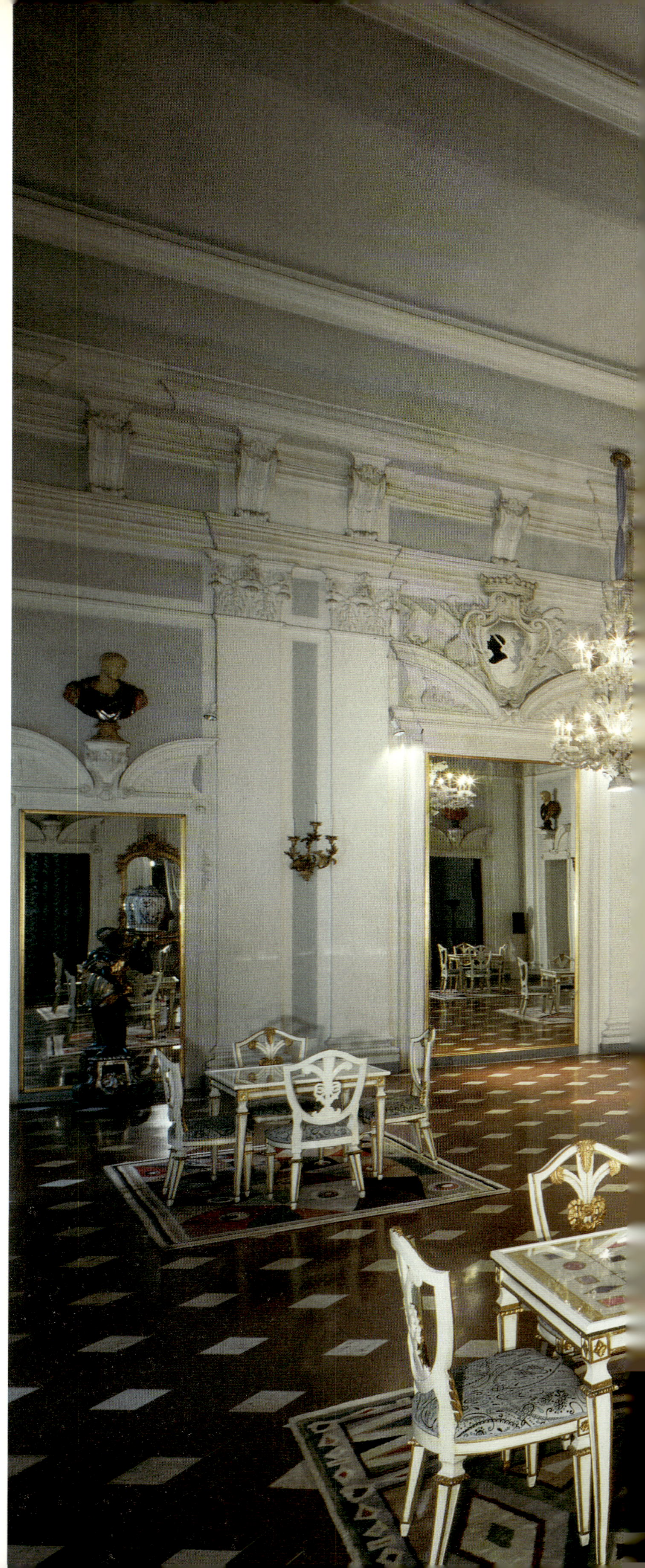

Der große Ballsaal mit seinen zarten Farben auf Wänden und Decken. Er wurde Ende des 18. Jahrhunderts neu eingerichtet und bestticht durch die klassischen Büsten über den emporstrebenden Türgesimsen.

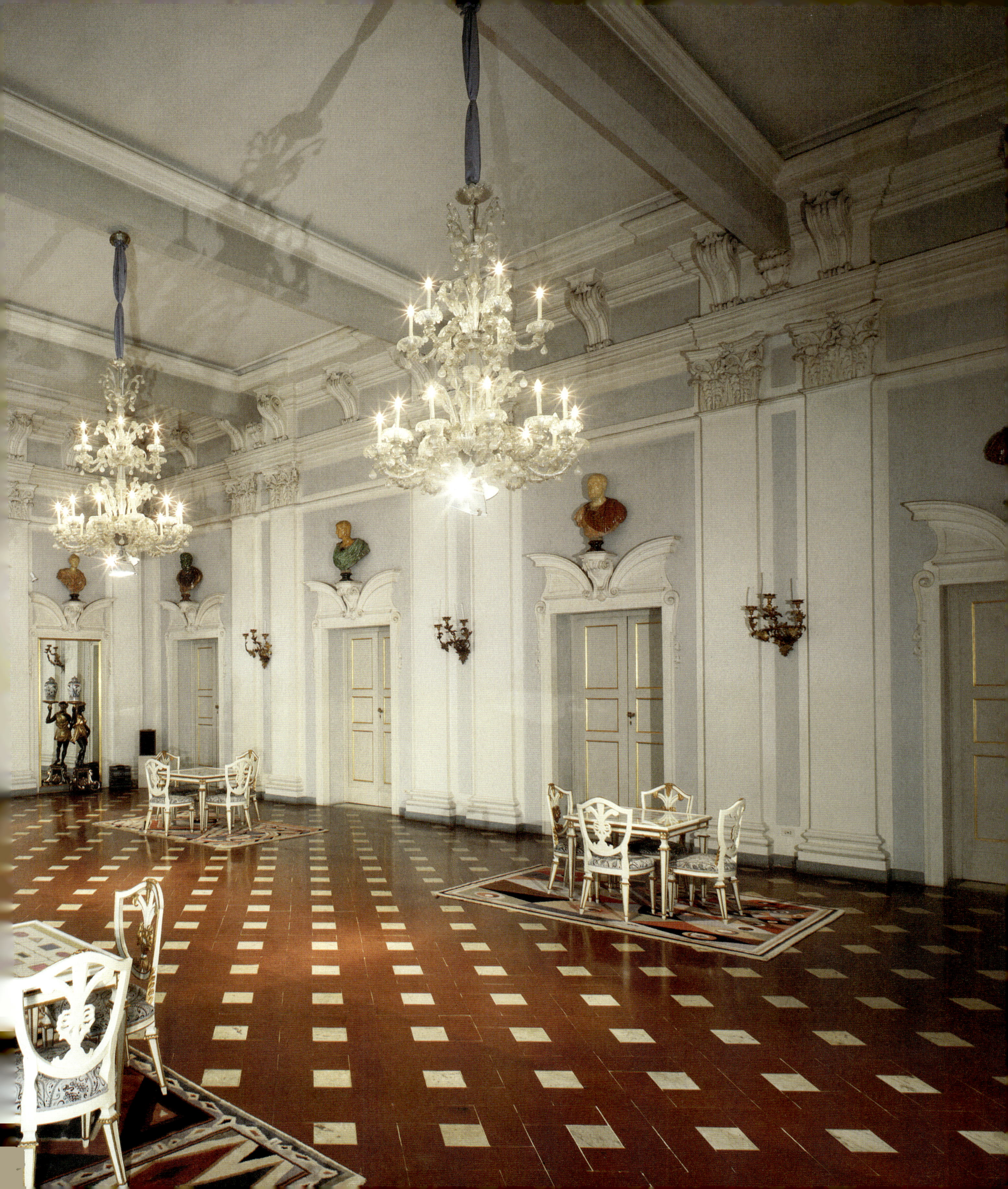

gelangte dieser Teil des Palastes in den Besitz des Mensalgutes von Florenz und gehört noch immer der Kurie. Besonders erwähnenswert ist, daß ausgerechnet in diesem Teil des Palastes zwischen 1887 und 1888 im ersten Stock der berühmte Circolo Artistico seinen Sitz

Noch ein Beispiel für Fresken, von denen hier alle Wände eines Zimmmers bedeckt sind. Klassisch für das 18. Jahrhundert sind die ländliche Thematik, die idyllische Badeszene, der Hintergrund, der sanft in eine Landschaft ausläuft, und eine schwarze Magd unter den weiblichen Gestalten.

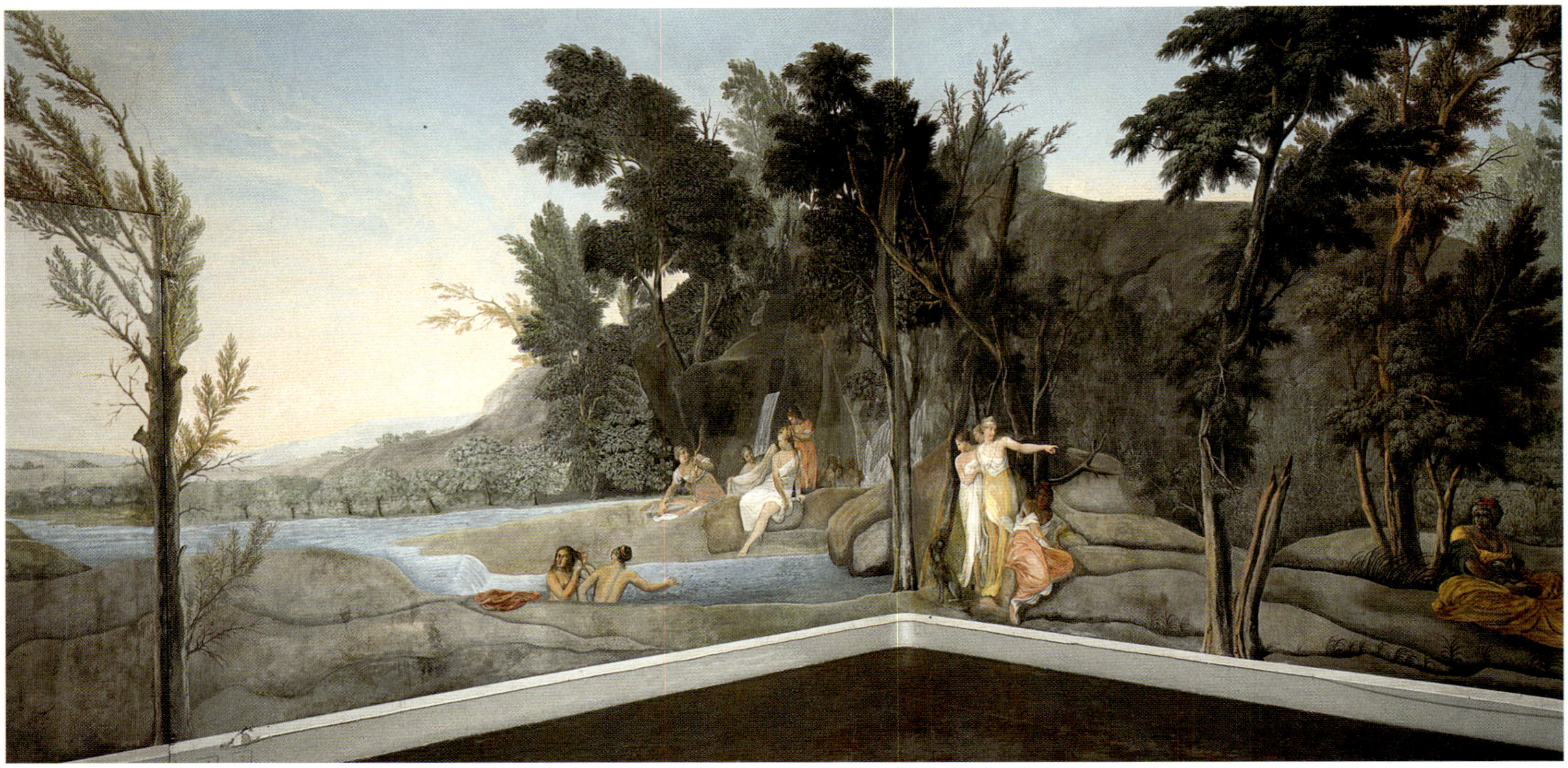

hatte, eine Einrichtung, die von allen wichtigeren Vertretern der Macchiaiuoli frequentiert wurde. Nicht zufällig wurde der neue Sitz des Circolo im Palazzo Pucci von Margherita von Savoyen, der Königin von Italien, persönlich eingeweiht. Zum Schluß noch eine Anekdote: An der Ecke zur Via dei Servi gibt es ein vermauertes Fenster; laut Überlieferung hätte genau von dort aus einer der Verschwörerkumpane von Pandolfo Pucci den Herzog Cosimo I. töten sollen.

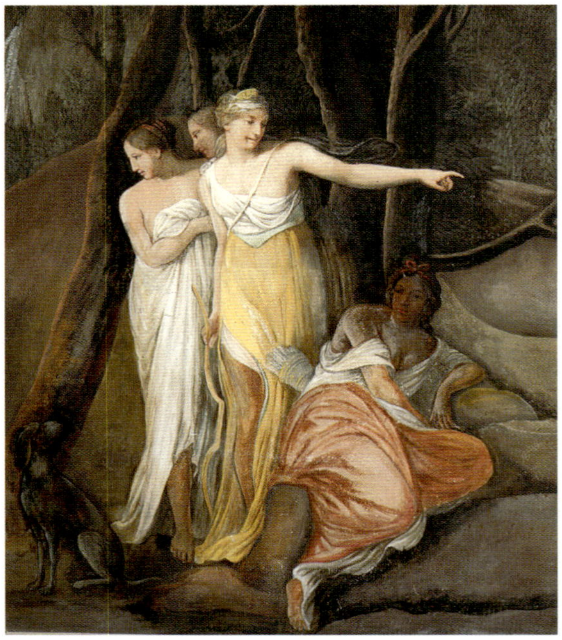

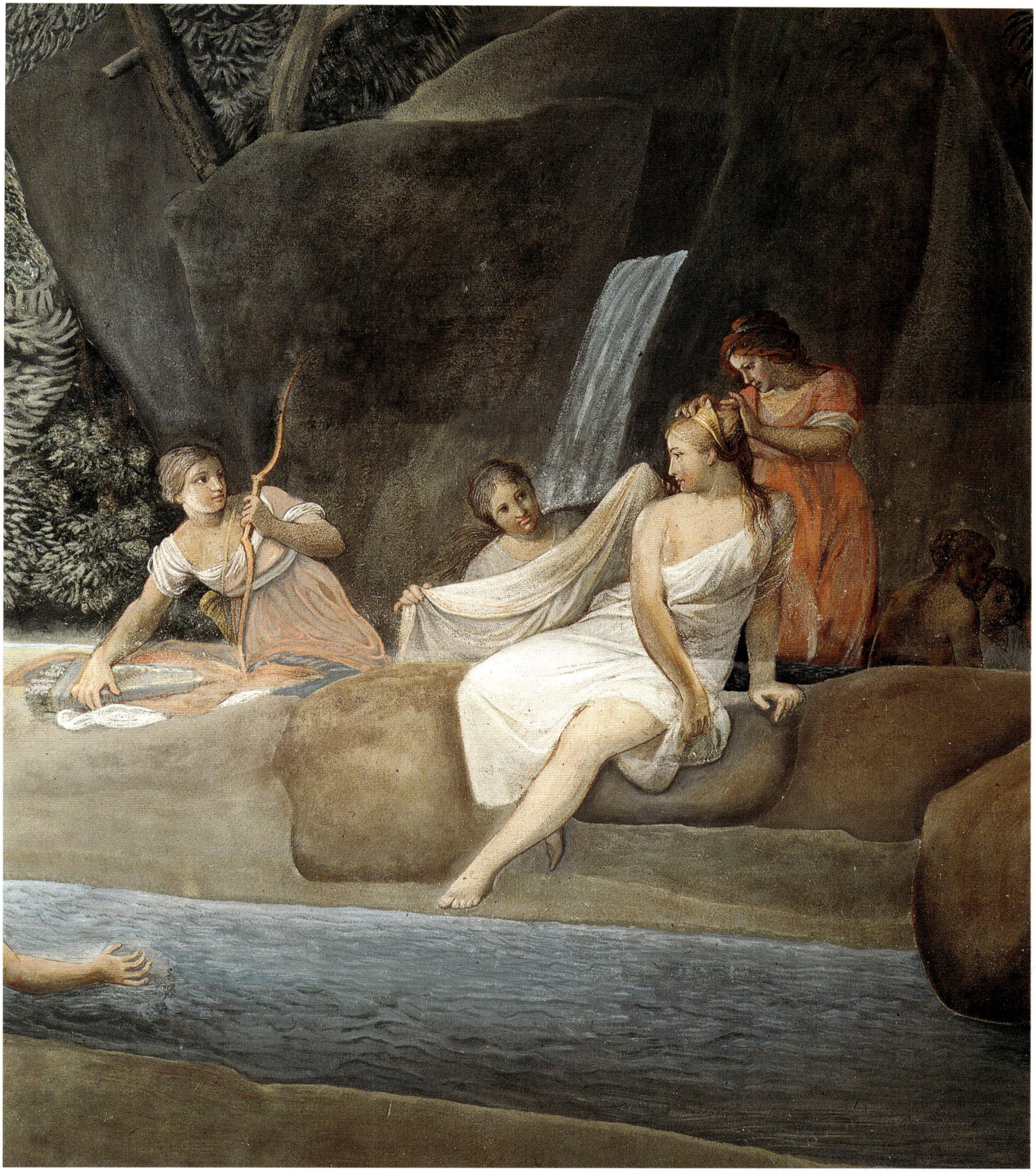

Palazzo Corsini in Parione

Es gibt einen Palast, dessen Haupteingang sich an der inneren Via del Parione befindet und der zum Arno-Ufer hin eine beeindruckende Hochterrasse aufweist. Sein eigenartiges Aussehen weist, für einen Adelswohnsitz in Florenz, sehr wenig klassische Elemente auf.
Es handelt sich um den Palast der Fürsten Corsini, der, was seine Bauzeit und die Gesamtstruktur betrifft, über die bisherigen architektonischen Kategorien bereits hinausgeht und dessen wohl eher typisch römische Formgebung sich an den Palazzo di Gino Capponi anlehnt.
Im 16. Jahrhundert standen dort die Häuser des Bindo Altoviti, des schwerreichen Bankiers und berühmten Mäzens, der lange in Rom gelebt hatte und schließlich durch seinen ununterbrochenen Widerstand gegen die Medici von Cosimo I. zum Aufrührer erklärt worden war. Seine Güter wurden daraufhin beschlagnahmt und seine Häuser einem unehelichen Sohn des Herzogs, Don Giovanni, zugewiesen.
Dieser erweiterte die Liegenschaften durch den Kauf weiterer Häuser, verschönerte sie und ließ rundherum

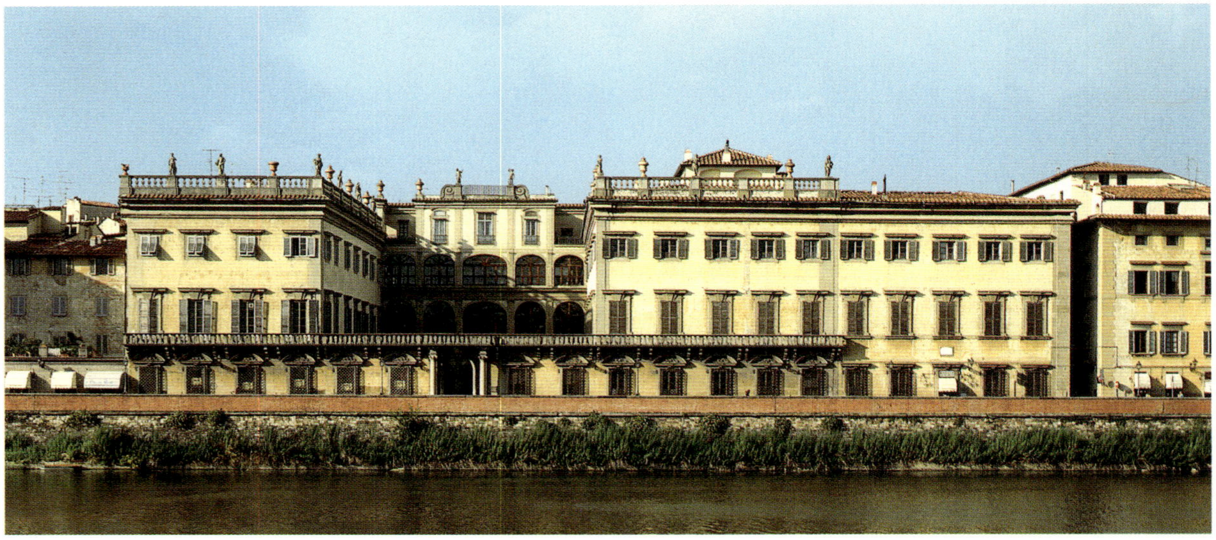

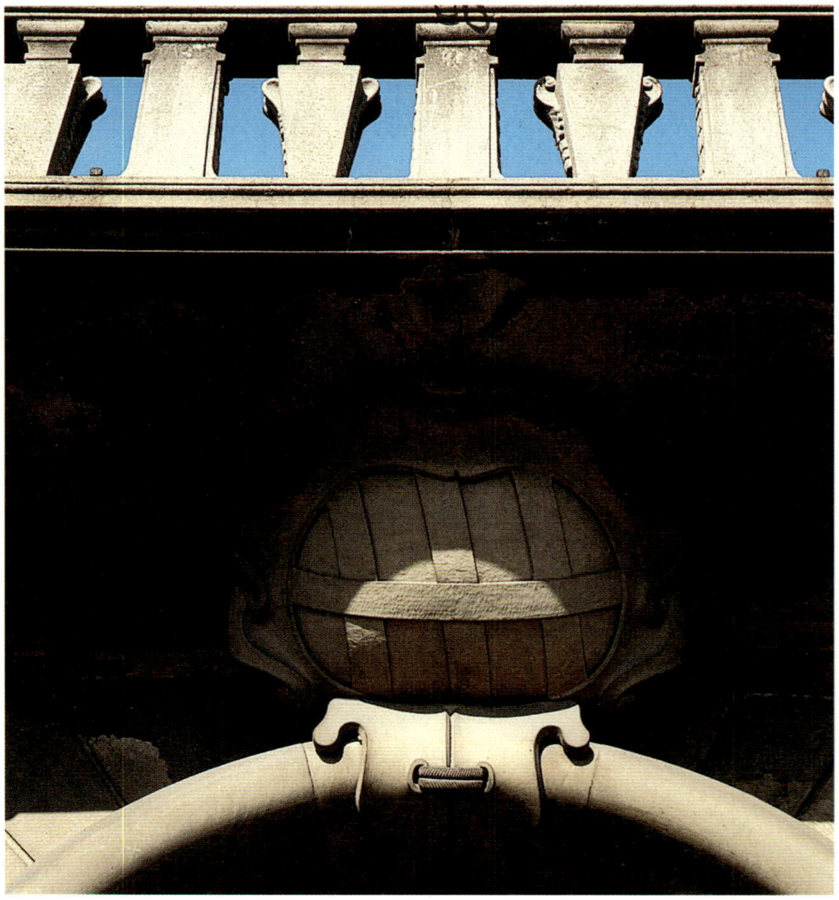

Die Fassade zum Arno mit der breiten Terrasse mit Balustrade; ein Gittertor führt zum Innenhof (der nur auf drei Seiten geschlossen ist). Die Fassade wurde ziemlich sicher nach einem Entwurf Antonio Ferris Ende des 17. Jahrhunderts erbaut, war aber für die herrschende Florentiner Bauweise ungewöhnlich. Sie blieb in gewisser Hinsicht unvollendet, weil die Entwürfe – unter Miteinbeziehung der dort stehenden Häuser – eine Verlängerung nach links vorsahen, die ihr eine perfekte Symmetrie verliehen hätte. Ein gewohnter Anblick sind hingegen das Wappen und die steinernen Dekorationselemente.

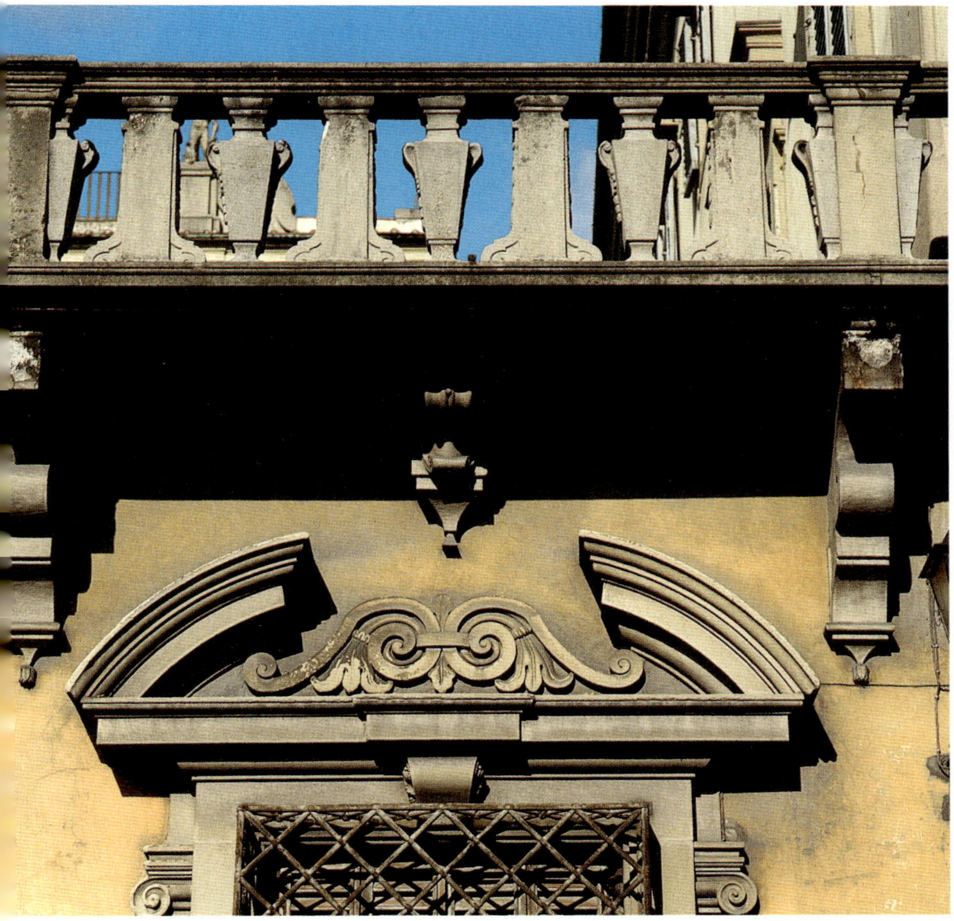

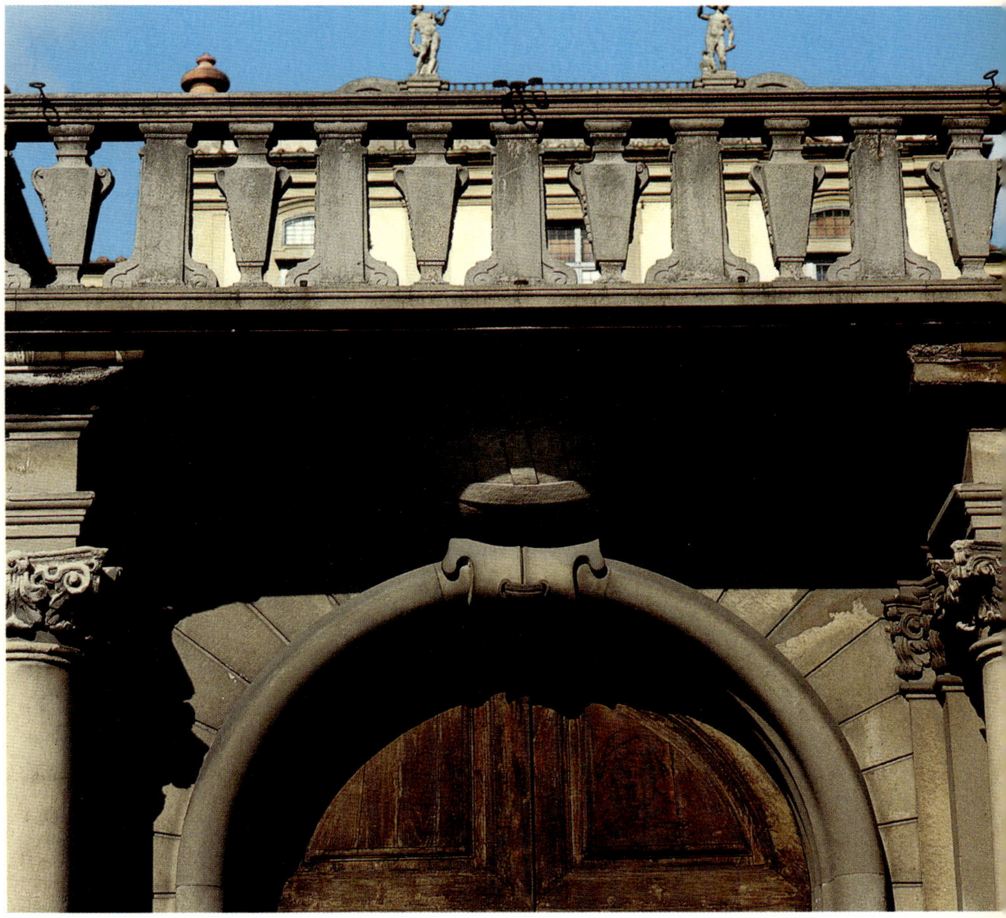

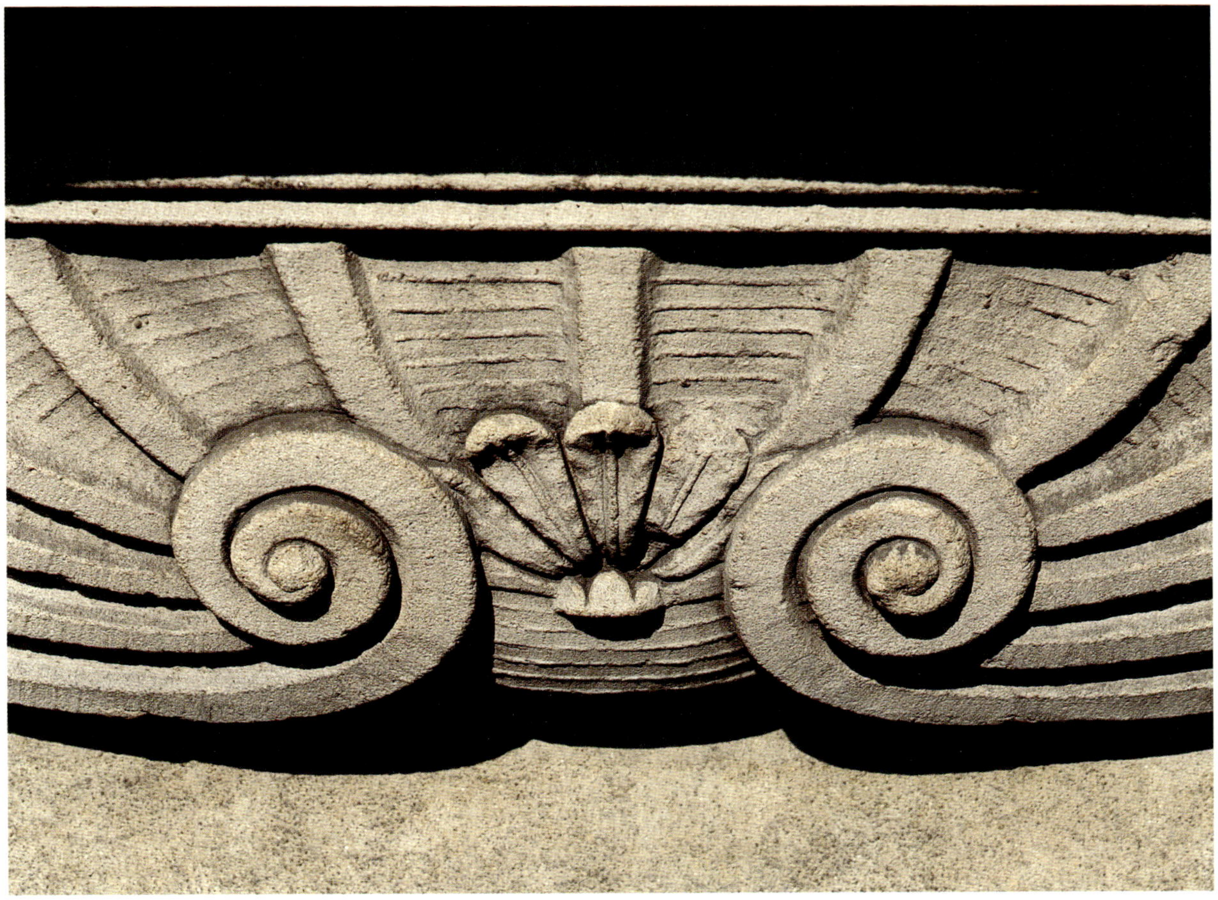

Gärten anlegen, um trotz der zentralen Lage eine Art ländliches Lustschloß daraus zu machen. Dorthin lud er gern Freunde ein und veranstaltete aufwendige Bankette; genau denselben Geschmack zeigte Don Lorenzo, der Sohn Ferdinands I., der nach dessen Tod im Jahr 1621 Besitzer des Anwesens wurde. Unvergessen bleibt das Riesenbankett, das er 1630 zu Ehren der Accademici della Crusca ausrichtete und das uns in Francesco Redis ausführlicher und vielgerühmter Beschreibung in seinen »Lettere« erhalten ist. Als auch Don Lorenzo gestorben war, beschlossen die Medici, den ganzen Komplex zu verkaufen; 1640 erwarb ihn für 14.150 Scudi Maddalena Machiavelli, verwitwete Corsini, die ihn sofort an ihren achtzehnjährigen Sohn, den Markgrafen Bartolommeo Corsini, weitergab. Dieser leitete kurz darauf einschneidende Umbaumaßnahmen ein, die das Aussehen des Palastes völlig veränderten.
1650 betraute er den Architekten Alfonso Parigi den Jüngeren mit den ersten Restaurierungsarbeiten am ursprünglichen Schlößchen. Sodann ließ er von Ferdinando Tacca – dem Sohn des berühmten Pietro Tacca – den Bau erweitern. Dieser baute die beeindruckende Fassade an der Via del Parione mit dreiundzwanzig Fensterachsen, vielleicht angeregt durch einen Entwurf Alfonso Parigis selbst.
Die Arbeiten setzten sich

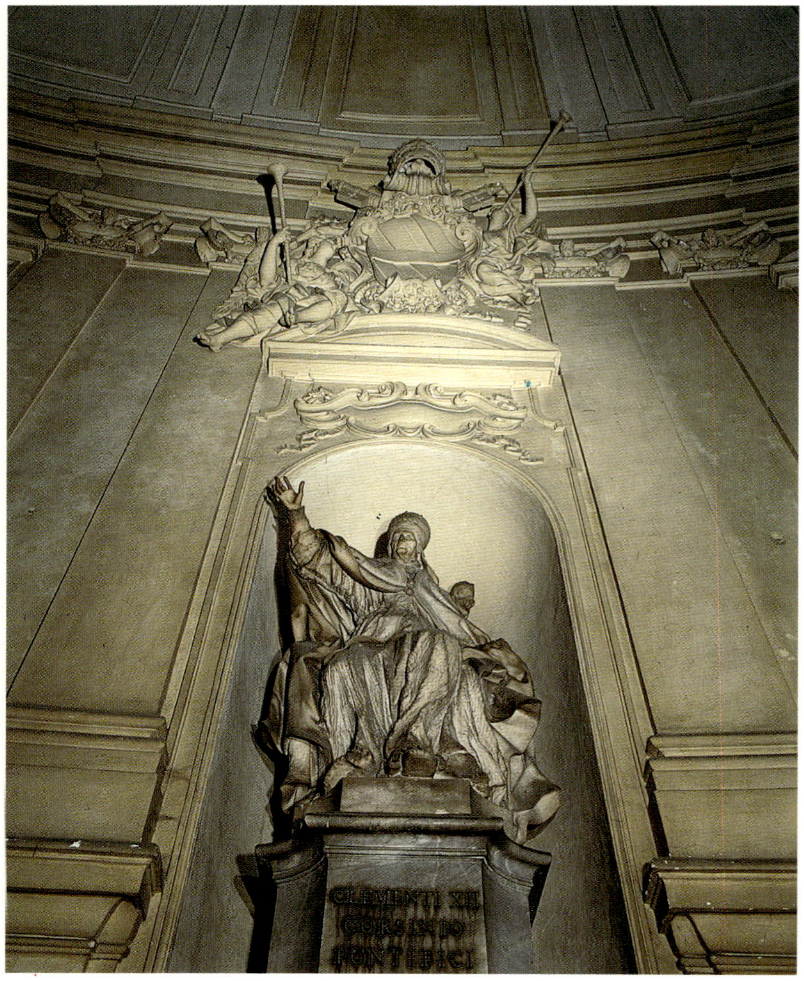

Die imposante Treppe wurde zwischen 1694 und 1695 im Auftrag Filippo Corsinis ebenfalls von Antonio Ferri gebaut. Zu ihren beeindruckenden Formen und den gemeinsamen Wappen der Corsini und Rinuccini (aus dieser Familie stammte Filippos Frau) gesellt sich heute die große segnende Statue des Papstes Klemens XII., mit bürgerlichem Namen Lorenzo Corsini (links). Sie wurde in Rom geschaffen, vom Pontifex nach Florenz geschickt und 1737 von Ticciati dort aufgestellt (ursprünglich sollte sie im Salon des ersten Stocks stehen).

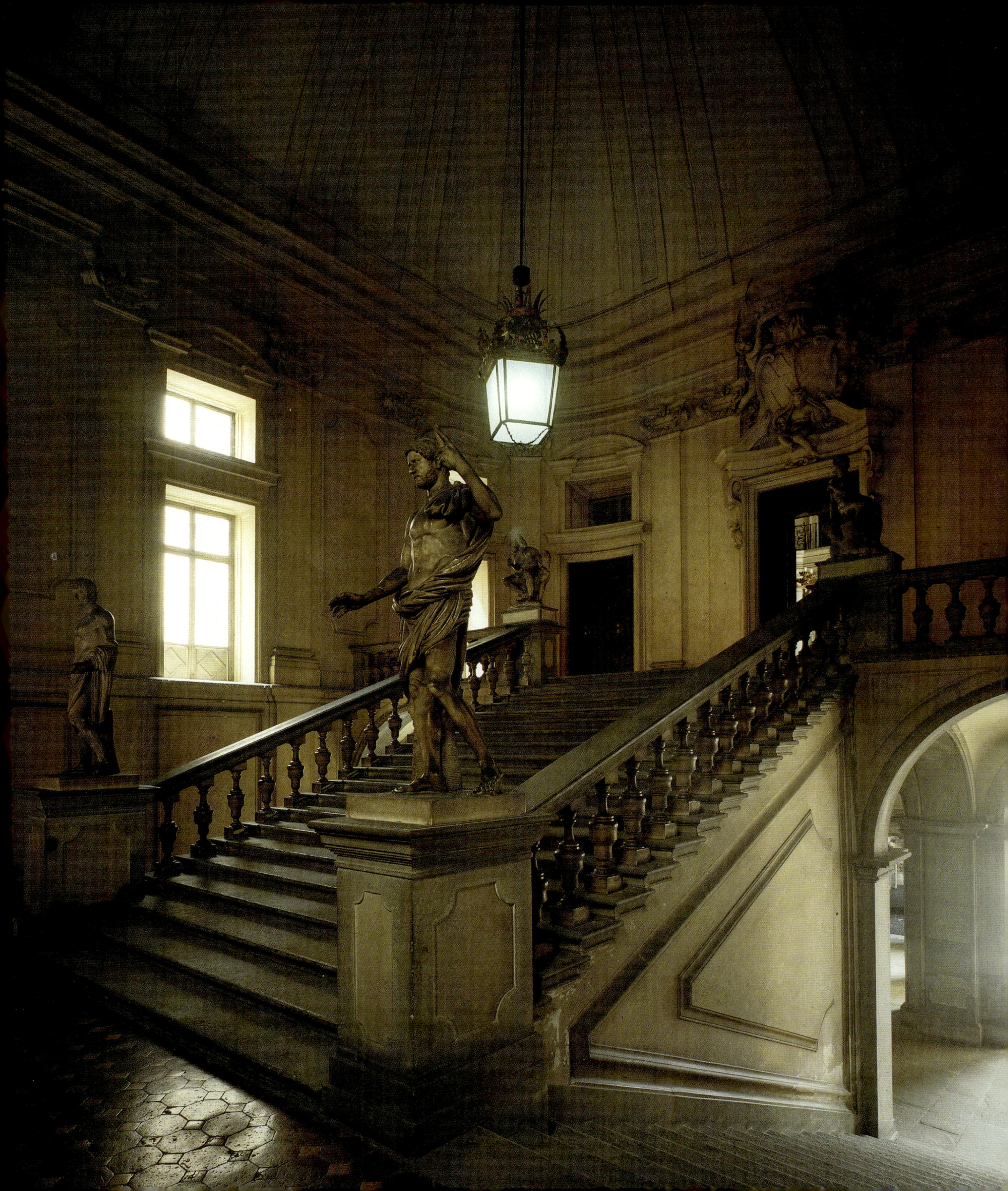

mit einigen Unterbrechungen bis 1671 fort. Es entstand die elegante Wendeltreppe, ein Werk Pier Francesco Silvanis, die von allen lumaca, »Schnecke«, genannt wurde. Nach dem Tod des Markgrafen Bartolommeo im Jahr 1685 setzte Filippo, sein Sohn und Erbe, die Bauarbeiten mit neuem Schwung fort: 1686 erhielt er die Erlaubnis, die Terrasse am Arno zu bauen. Die Idee dazu und die Ausführung stammte von dem Architekten Antonio Ferri, der auch die entsprechenden Fassaden des Innenhofs gestaltete. Als nächstes war der neue Salon im ersten Stock an der Reihe. Dort entstanden die große, gebrochene Treppe (1694-1695) und dann die originelle Grotte im Erdgeschoß. Gleichzeitig, das heißt zwischen 1695 und 1700, ließ er die Säle des Palastflügels zum Ponte a Santa Trinita mit Fresken ausschmücken: von Gabbiani im Salon und der Galerie am Arno, von Dandini die Zimmer in der Via del Parioncino, von Gherardini den Alkoven mit der Sala di Ceres und der Sala delle Arti. Unter Filippos Sohn Bartolommeo wurden die Arbeiten endgültig abgeschlossen. Er erbaute den Palastflügel zum Ponte alla Carraia hin, der nach seiner Fertigstellung der Fassade am Arno-Ufer jenes charakteristische barocke, in gewisser Hinsicht typisch römische Aussehen verlieh, was bei den Florentinern für einige Verblüffung sorgte: der deutlich zurückgesetzte

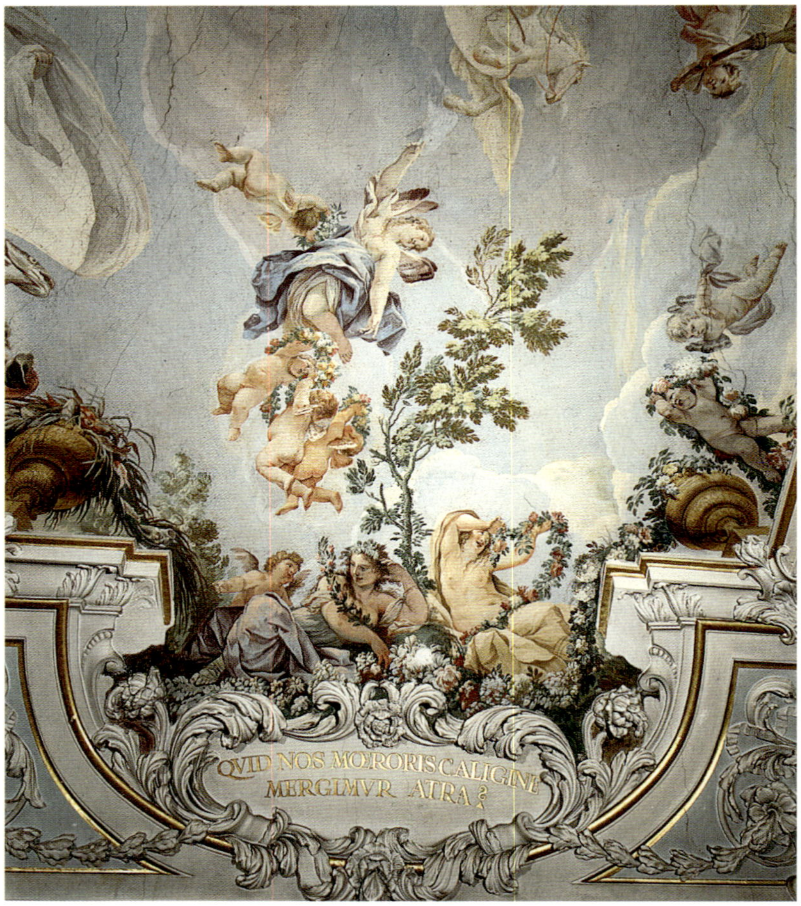

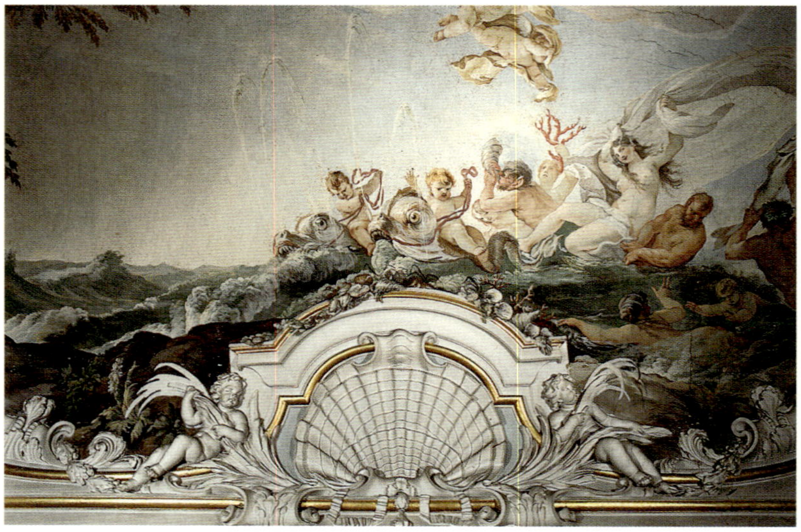

Der Ballsaal gehört zu den Räumen, die Ende des 17. Jahrhunderts gestaltet und dekoriert wurden. Typisch für jene Zeit ist die große, von weißem und goldenem feingearbeitetem Stuck eingerahmte Decke. Auf zartblauem Hintergrund drängen sich mythologische Gestalten, ein Lieblingsmotiv der damaligen Ikonografie: von mit Putten umgebenen und mit Girlanden bekränzten Nymphen bis hin zu den Nereiden und Tritonen, die aus dem Meer auftauchen.

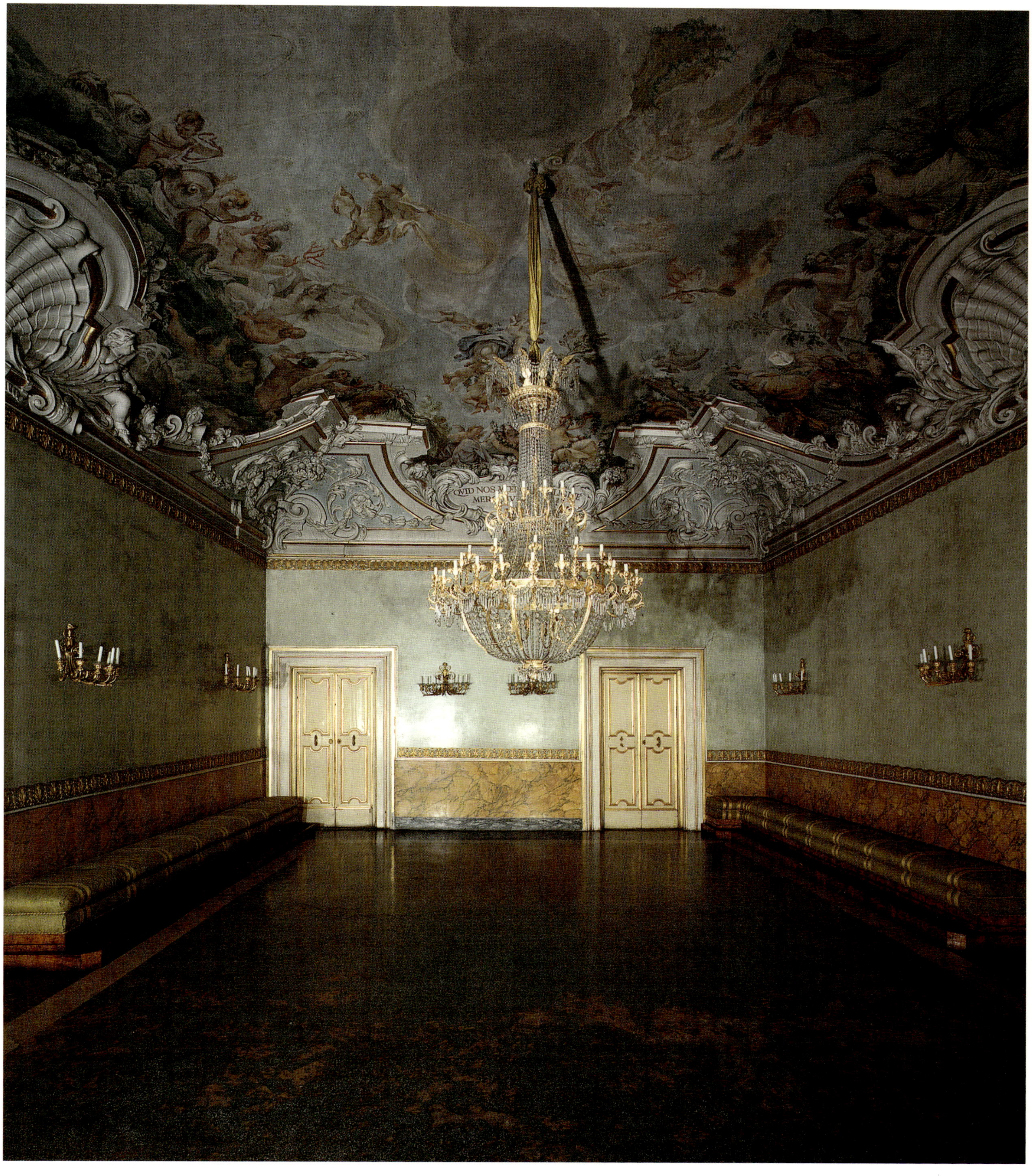

Vom Ende des 17. Jahrhunderts stammt die Galerie mit großen Fenstern zum Innenhof hin. Die Fresken, die auch Trompe-l'œil-Elemente aufweisen, sind ein Werk Gabbianis. Die Scheinarchitekturornamente der kostbaren Decke wiederholen sich in den Lünetten.
In der Mitte ein Oval, auf dem der Sonnenwagen mit dem Wappen der Familie Corsini abgebildet ist.

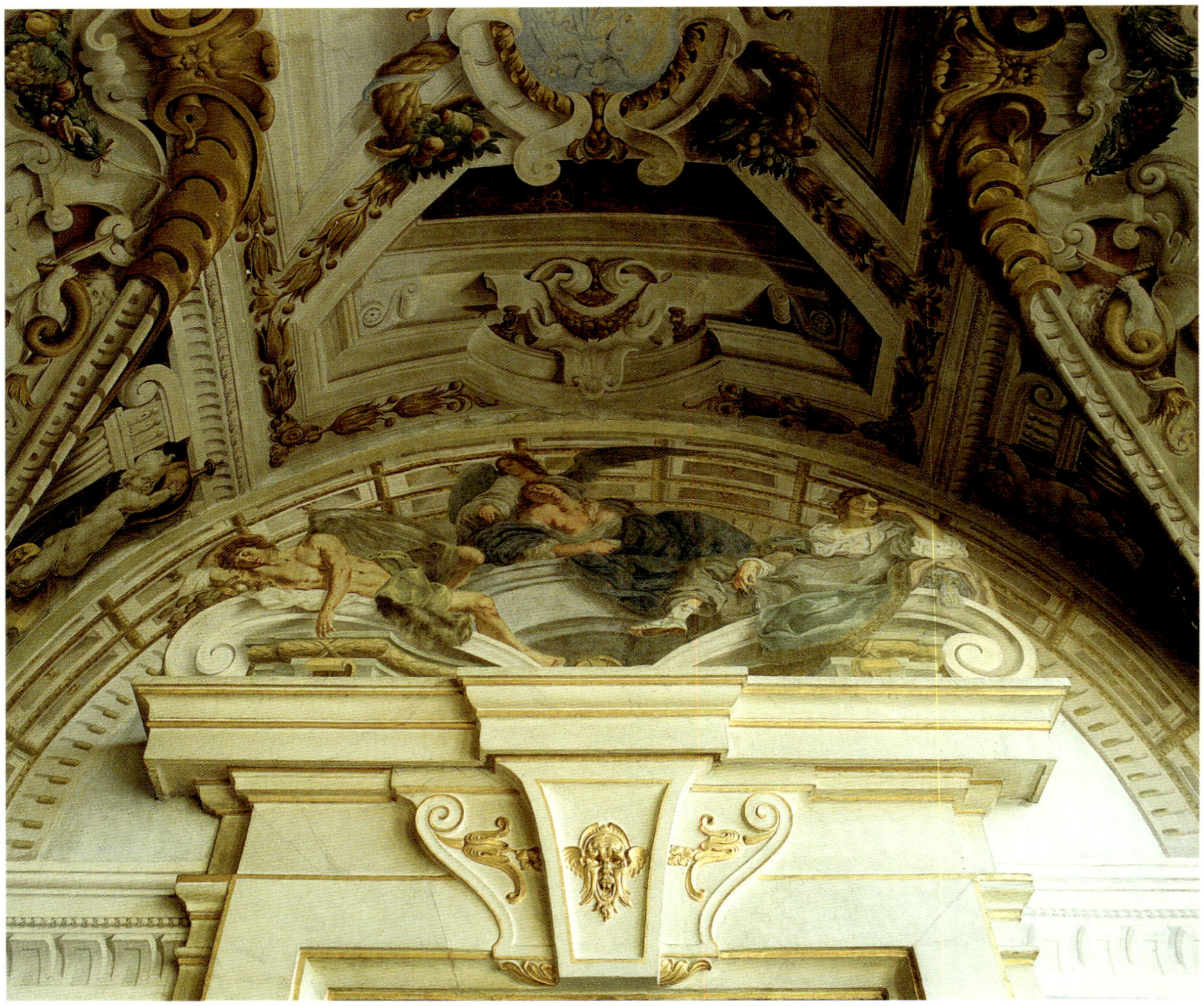

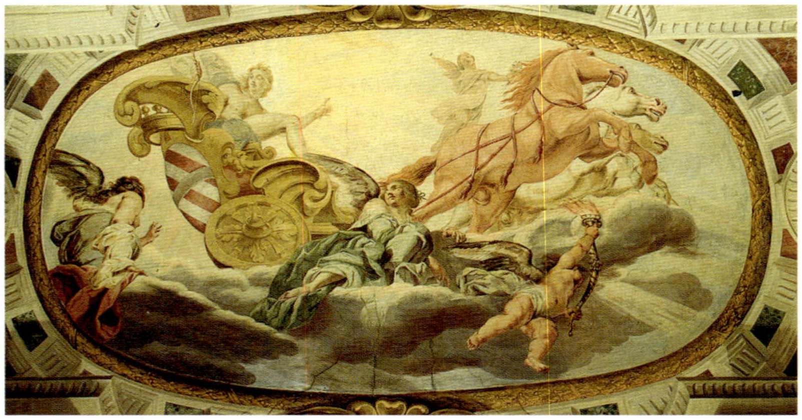

Mittelteil und die beiden von Statuen gekrönten Seitenflügel waren zwar für das Stadtbild ungewöhnlich und entsprachen nicht dem herrschenden Geschmack, wurden aber recht schnell aufgrund ihres unbezweifelbaren Reizes akzeptiert.
Der Palast wurde im Jahr 1735 endgültig fertiggestellt. Zu jener Zeit saß auf dem Stuhl Petri als Klemens XII. ein Corsini, Lorenzo, der Bruder jenes Filippo, der sich für den Bau des Palastes so vehement eingesetzt hatte. Sozusagen als Bestätigung der großartigen Erfolge schickte der Papst eine Statue mit seinem Bildnis nach Florenz, die Ticciati nach mehreren verworfenen Ideen (darunter die, sie im riesigen Ballsaal aufzustellen) 1737 am ersten Treppenabsatz aufstellte.
Seit dieser Zeit diente der Palast vornehmlich Repräsentationszwecken, besonders zur Zeit des Fürsten Lorenzo, der durch das Wohlwollen seines Großonkels, des Papstes, schon mit vier Jahren Gran Priore von Pisa des Malteserordens war; unvergessen blieben seine Empfänge und das Gefolge von Künstlern, mit dem er sich gerne umgab. Bei der Ankunft der französischen Truppen in Florenz Ende des 18. Jahrhunderts flüchtete sich der betagte Fürst nach Wien. In seinem Palast wohnte dann zuerst General Murat mit seiner Familie, und später fanden dort die Abende der überzeugtesten Anhänger von Elisa Baciocchi

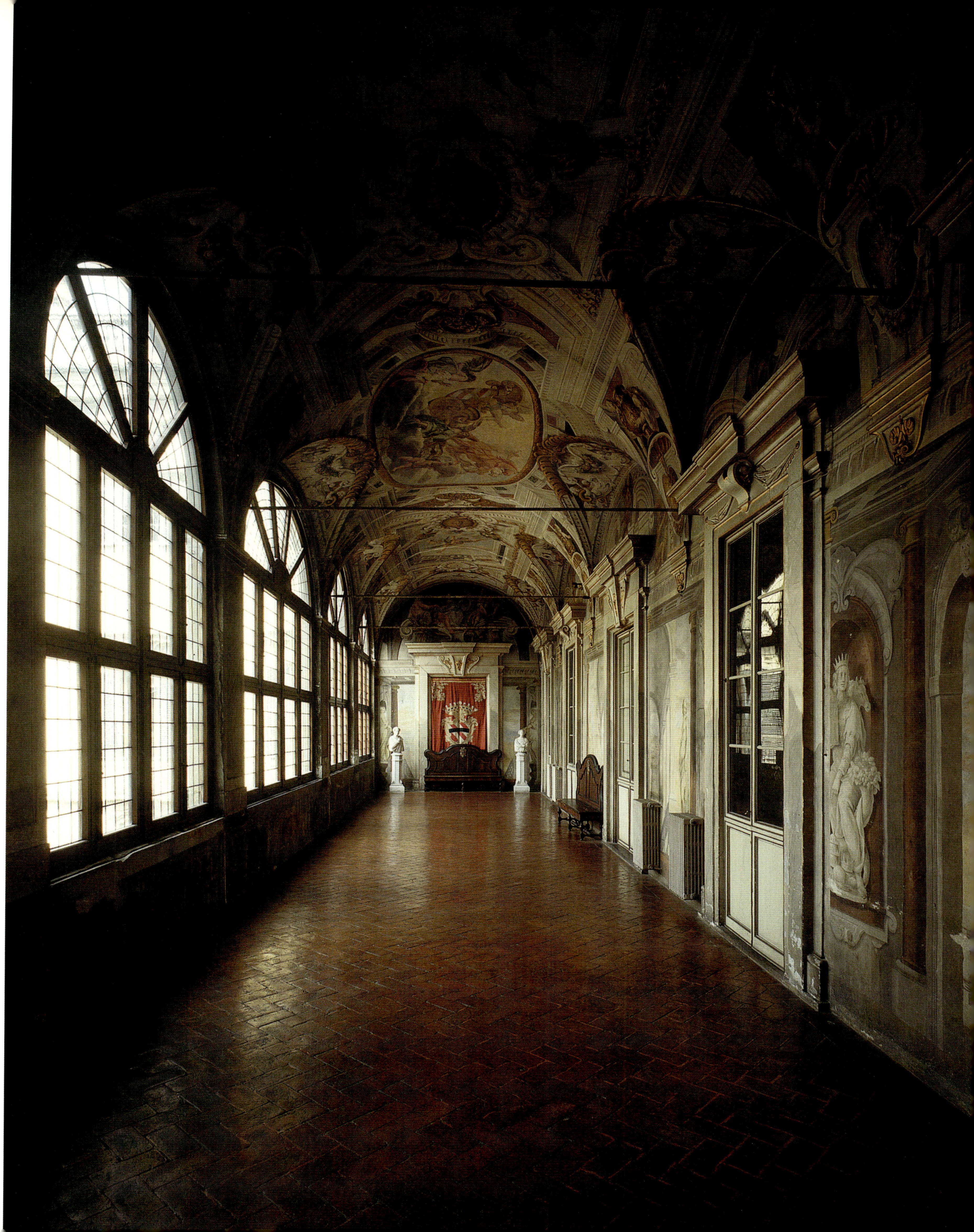

statt. Als der Palast nach der Rückkehr des Großherzogs nach Florenz in den Besitz der Corsini kam, erlebte er besonders 1870 glanzvolle Zeiten: Auf Anordnung des Königs Vittorio Emanuele II. von Savoyen persönlich empfing man in seinen Sälen offiziell die Delegation, die aus Madrid in Italien eingetroffen war, um dem Fürsten Amedeo di Aosta die spanische Krone anzubieten. Außerdem fand auf Wunsch des Fürsten Tommaso bis Anfang des 20. Jahrhunderts alljährlich ein großer Ball im Palast statt, zu dem alle fürstlichen Autoritäten der Stadt geladen waren. Auch heute noch gehört der Palast den Corsini, die im Lauf dieses Jahrhunderts zwei dramatische Ereignisse miterlebten: die Zerstörung der Arnobrücken 1944 durch deutsche Minen, die auch den Palast schwer beschädigten, und die Überschwemmung von 1966, bei der das gesamte Erdgeschoß sowie die Kellergeschosse und die Grotte verwüstet wurden. Die Schäden wurden aber sehr schnell behoben, und das Gebäude präsentiert sich wieder in all seiner Pracht den Besuchern, die auch heute noch die Säle, in denen die bedeutendste private Kunstsammlung der Stadt untergebracht ist, bestaunen können.
Außerdem hat sich einer der wichtigsten Vertreter der zeitgenössischen Florentiner Malerei, Luciano Guarnieri, in einer luftigen Mansarde ein Atelier eingerichtet.

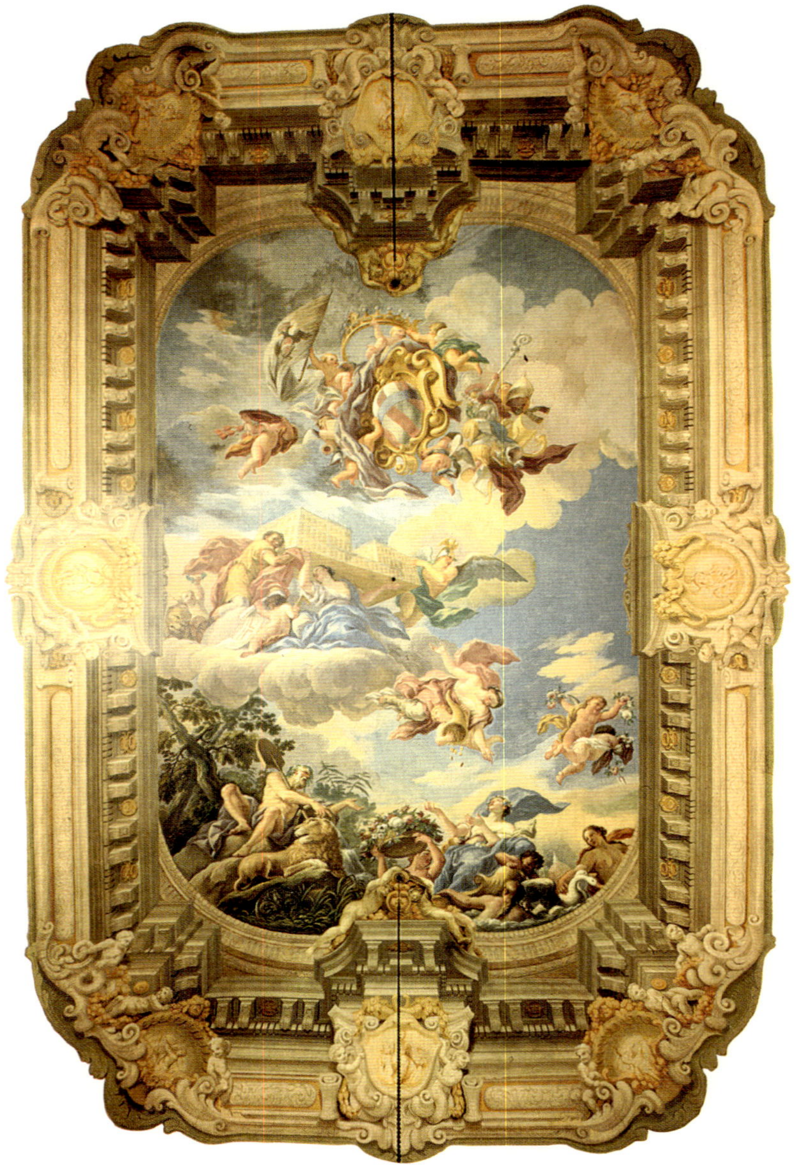

Der geräumige Salon des ersten Stockes ist von seinen Ausmaßen her einer der größten in Florenz. Auch er wurde um 1690 ganz von Ferri gestaltet und weist besonders interessante Elemente auf, darunter den rund um den Raum verlaufenden, reich mit Statuen und Büsten geschmückten Balkon. Die Decke stammt von Antonio Domenico Gabbiani und geht auf die Zeit von 1695 bis 1700 zurück. In der Mitte des Freskos, auf dem eine Apotheose der Familie Corsini dargestellt ist, tragen Figuren ein kleines Modell des Palastes, vom Arno aus gesehen.

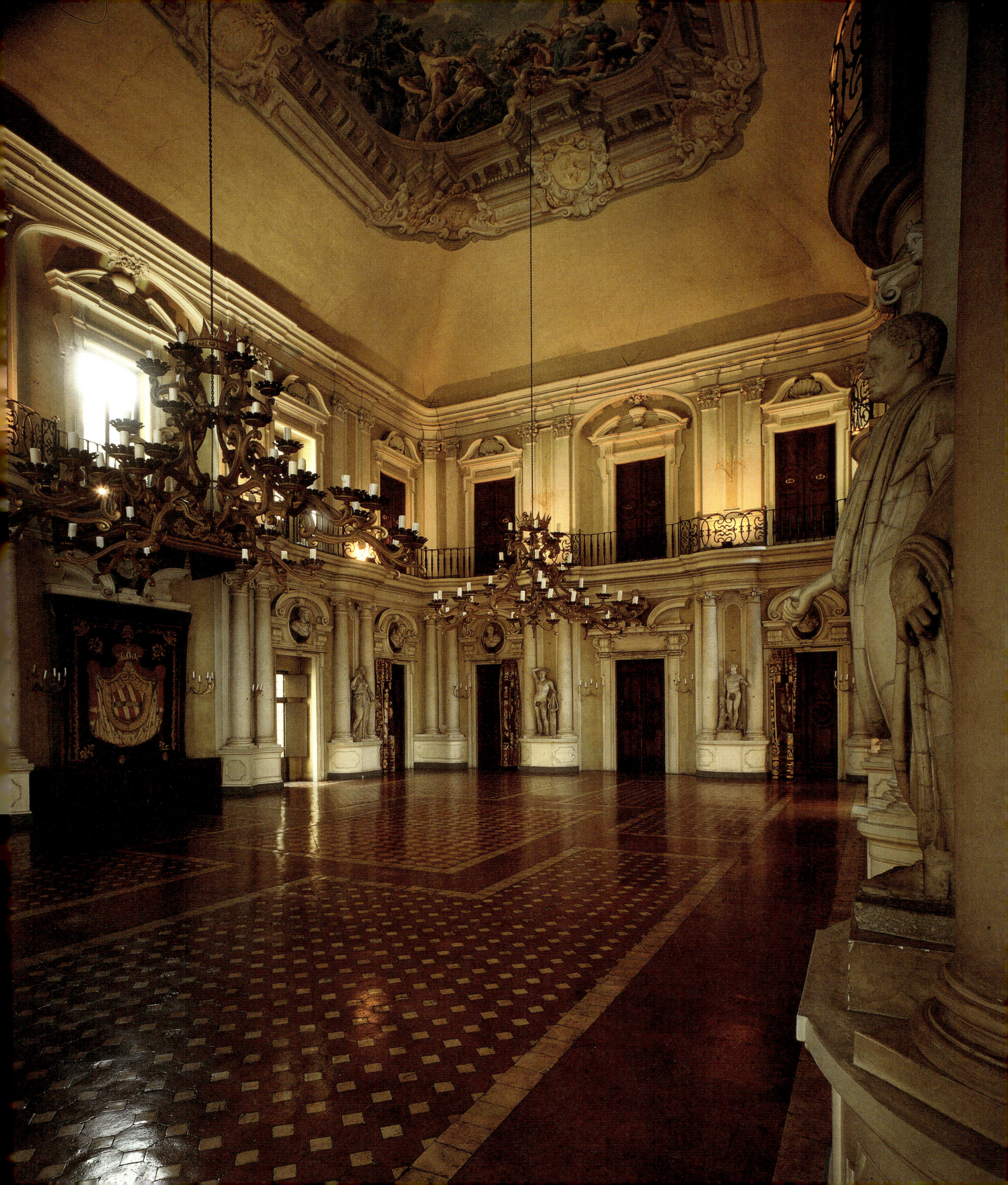

Palazzo Portinari Salviati

In einer der Hauptstraßen des alten Florenz, dem Corso, sind die Namen und Schicksale zweier Familien miteinander verflochten, die, aus unterschiedlichen Gründen, unvergängliche Bekanntheit erlangten.
Die Portinari, eine angesehene Bankiersfamilie, zu der auch jener Folco gehörte, der laut Überlieferung der Vater von Dantes Geliebter Beatrice war, besaßen nämlich seit dem 13. Jahrhundert Häuser in dieser Straße. Einige Mitglieder der Familie waren im 15. Jahrhundert Teilhaber und Leiter des Banco Mediceo di Milano und der Bank in Brügge und unterhielten freundschaftliche Beziehungen zu dem großen Architekten Michelozzo. So ist durchaus denkbar, daß sie diesen damit beauftragten, ihre Häuser am Corso zu einem Palast umzubauen.
Tommaso Portinari, der in ganz Europa aufgrund seiner Tätigkeit bekannt war, hat anscheinend die ersten Baumaßnahmen im Bereich um den Innenhof finanziert und die Fassade bauen lassen, durch die der Komplex zum ersten Mal das Aussehen eines Palastes bekam.
Ab dem 16. Jahrhundert

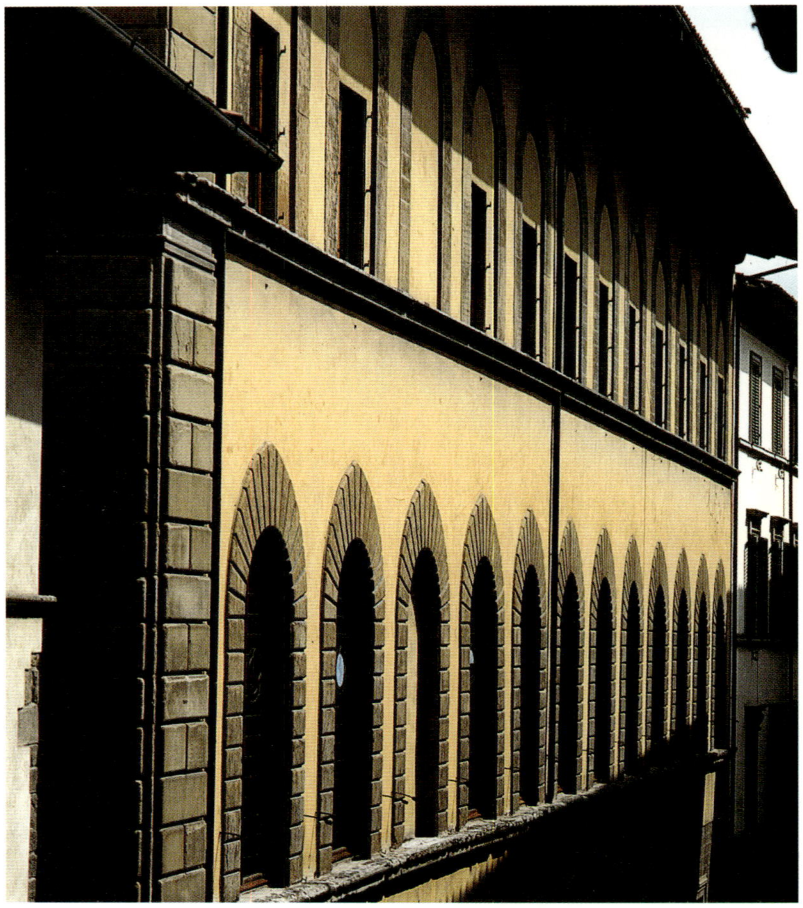

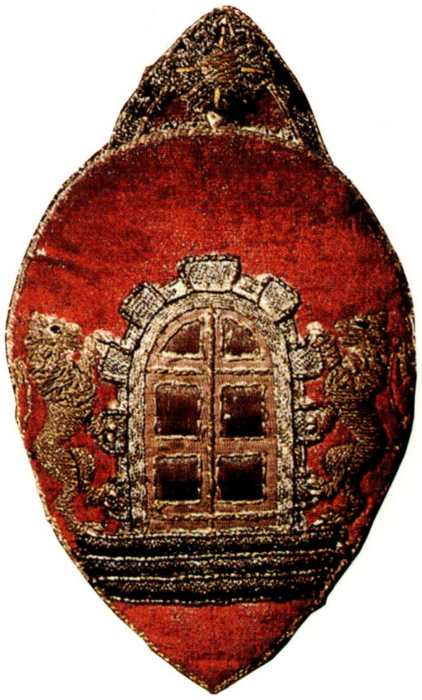

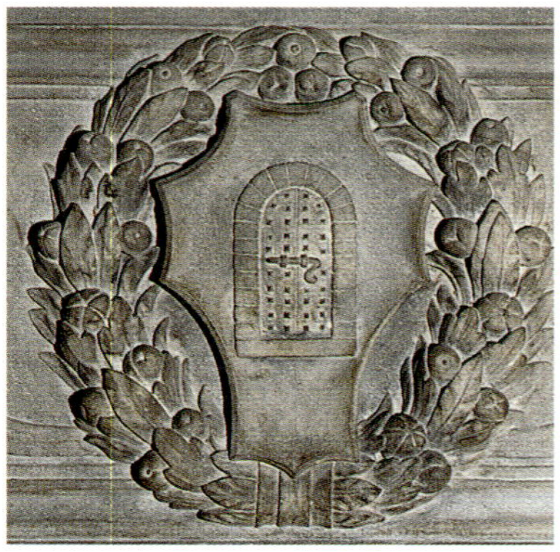

Die heutige Fassade am Corso ist das Ergebnis mehrerer Erweiterungen: früher hatte sie zwei Stockwerke und nur sieben Fensterachsen; nach der erstmaligen Erweiterung um 1570 wurde sie Ende des 17. Jahrhunderts weiter bis an die Ecke Via dello Studio verlängert, wobei man links von ihr gelegene Häuser und Warenlager mit einbezog. Das mächtige, hausteinumrahmte Tor war, in bezug auf das Ganze der Fassade, asymmetrisch positioniert. Es sieht so ähnlich aus wie das auf dem Wappen der Familie Portinari, das wir hier zweifach abbilden, einmal aus Stein – wie es häufiger anzutreffen ist – und das andere Mal aus Stoff vom Antependium der Kapelle.

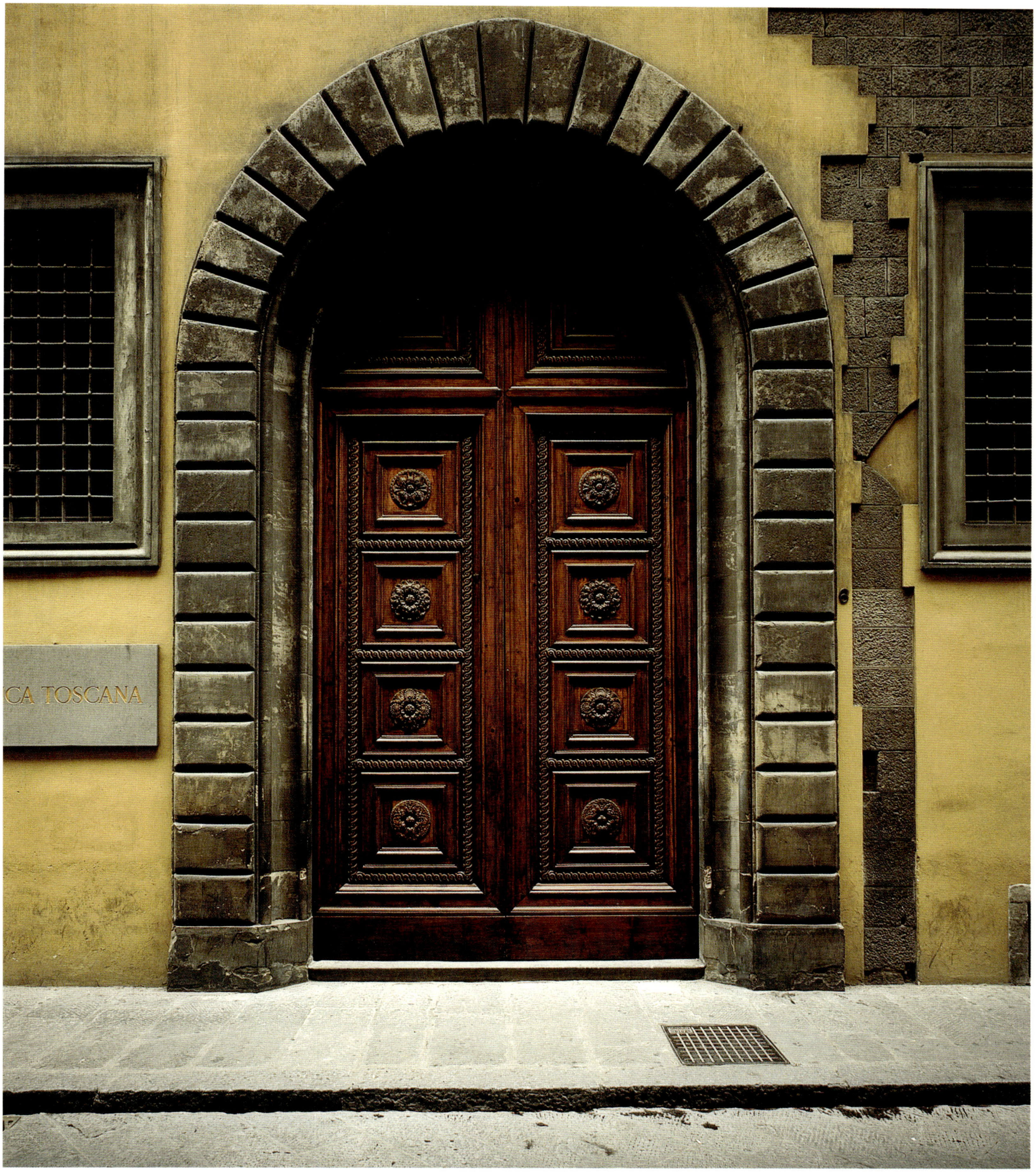
CA TOSCANA

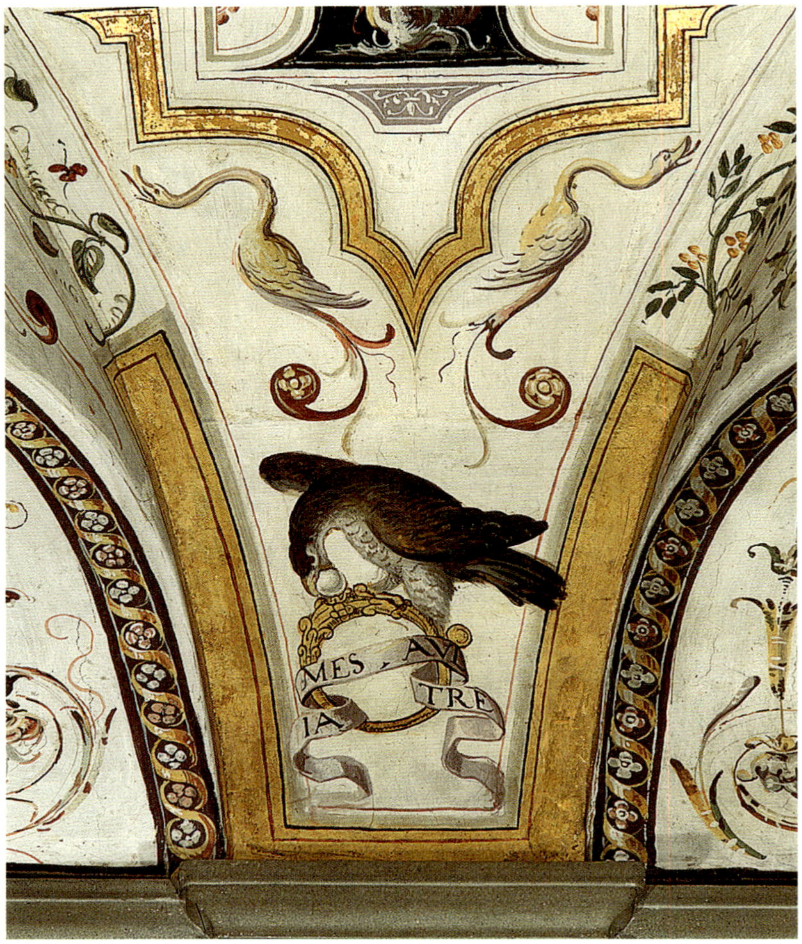

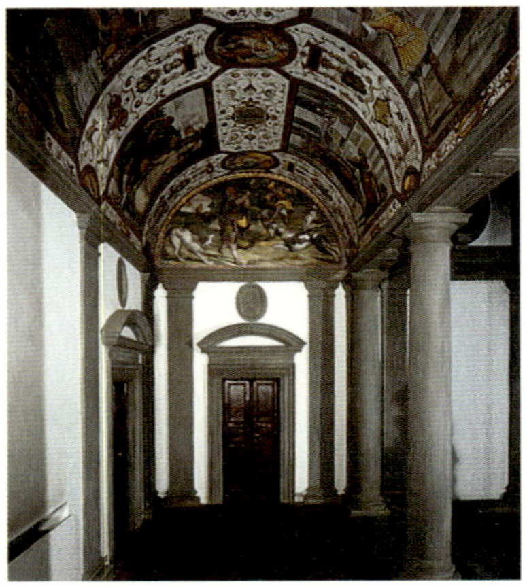

Ein wahres Kleinod ist der herrliche Innenhof, der wegen der zwölf Bronzeköpfe in den Nischen »Cortile degli Imperatori«, Hof der Kaiser, heißt. Seine lineare, klare architektonische Struktur macht ihn zu einem Meisterwerk des Frühmanierismus mit seinen Säulen sowie den geschwungenen und gebrochenen Tympana. Die Gewölbe wurden ab 1574 von Alessandro Allori und seinen Gehilfen, Giovanni Maria Butteri, Giovanni Fiammingo, Alessandro di Benedetto und Giovanni Bizzelli, ausgemalt.

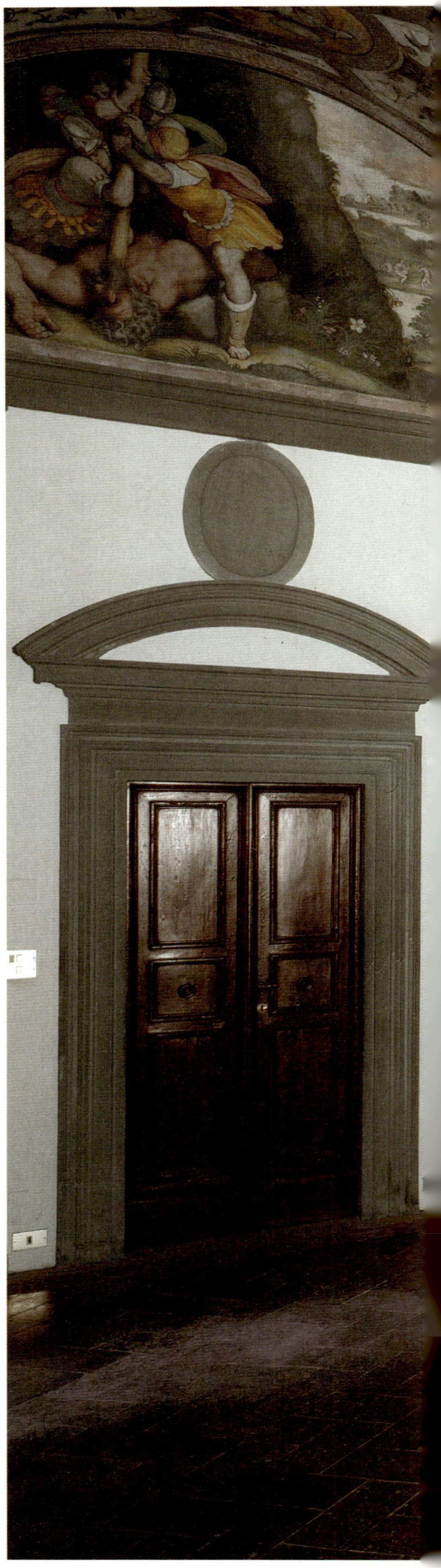

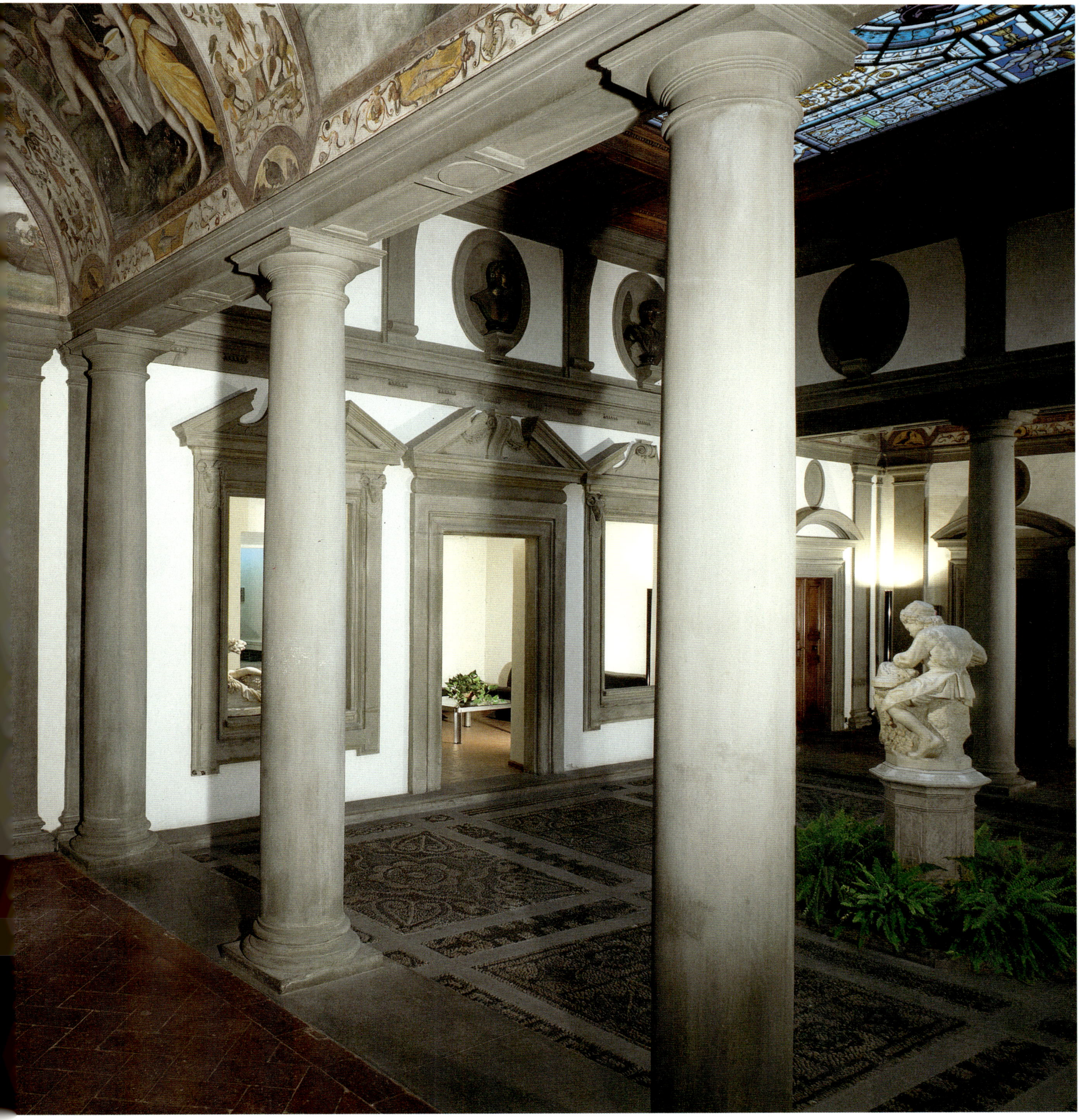

schrumpfte der Reichtum der Portinari rapide, und so mußten sie mehrmals Häuser am Corso an eine Familie verkaufen, deren Aufstieg im Gegensatz zu ihrem gerade erst begonnen hatte: den Salviati. Schon in der republikanischen Zeit nahmen sie mit herausragenden Persönlichkeiten, darunter 63 Priore und 21 Gonfalonieri, eine besondere Stellung ein und waren zunächst durch die Heirat von Iacopo, dem Sohn des Giovanni, mit Lucrezia, einer Tochter Lorenzos des Prächtigen, und dann vor allem durch die – übrigens unglückliche – Ehe von Maria Salviati mit Giovanni dalle Bande Nere zu besonderem Ruhm gelangt. Aus dieser Ehe ging ein Sohn, Cosimo, hervor, der später der erste Großherzog der Toskana war. Bereits seit Anfang des 16. Jahrhunderts kauften sie nach und nach die Häuser der Portinari am Corso auf und sicherten sich 1546 durch Iacopo di Alammanno, den Cousin ersten Grades des Fürsten Cosimo, auch den im Bau befindlichen Palast. Fast dreißig Jahre später, zwischen 1572 und 1578, erwarb ihn dieser und ließ eine Reihe von Baumaßnahmen durchführen: auf der Rückseite ließ er einen Garten anlegen und mit einer Loggia schließen; er ließ eine kleine Kapelle und einen entzückenden Innenhof bauen, der später »degli Imperatori« hieß und den Alessandro Allori und seine Helfer mit Fresken ausschmückten.

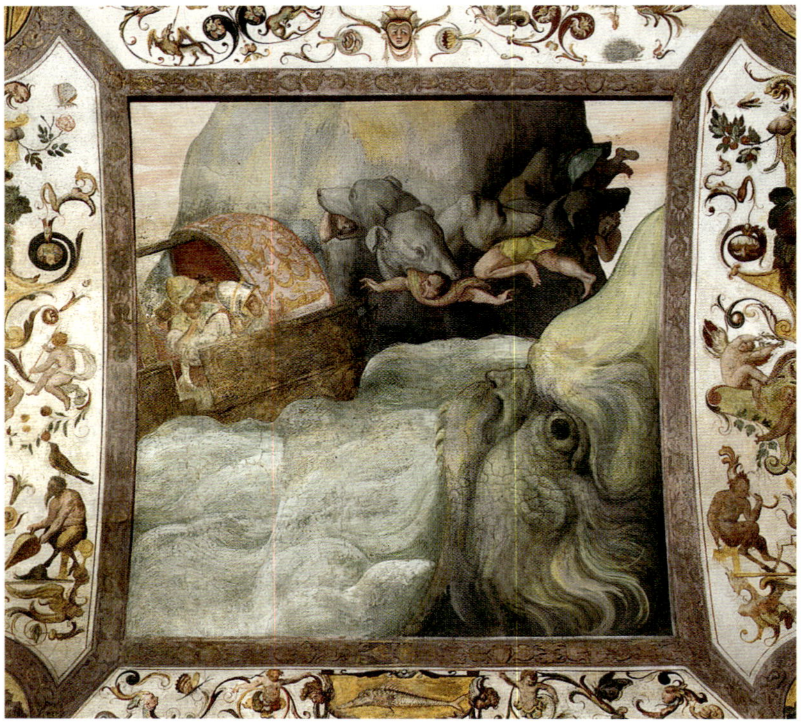

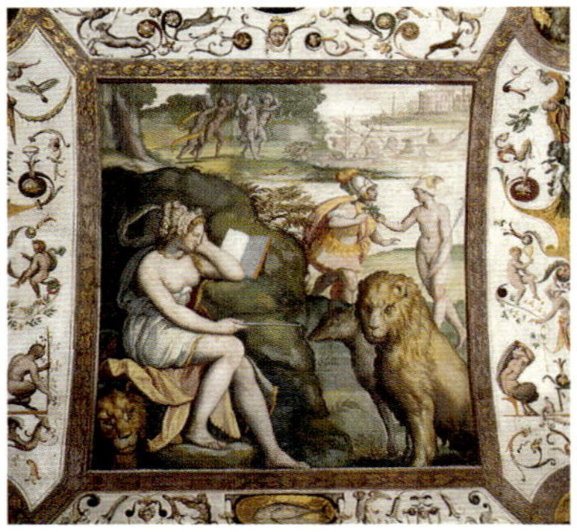

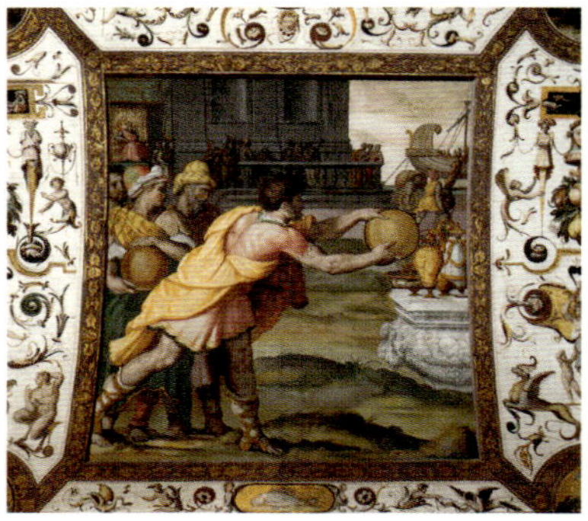

Noch einige schmückende Details des Cortile degli Imperatori, die sich auch in den direkt angrenzenden Zimmern wiederholen. In diesem kleinen Saal, auf einem mit Grotesken und Landschaften verzierten Gewölbe, entfalten sich die »Taten des Herkules«, während auf den Gewölben im Cortile degli Imperatori ein Episodenzyklus aus der Odyssee dargestellt ist, dessen einzelne Bilder von Rahmen mit Malerei, die ebenfalls Motive aus der klassischen Antike aufgreift, umrahmt sind.

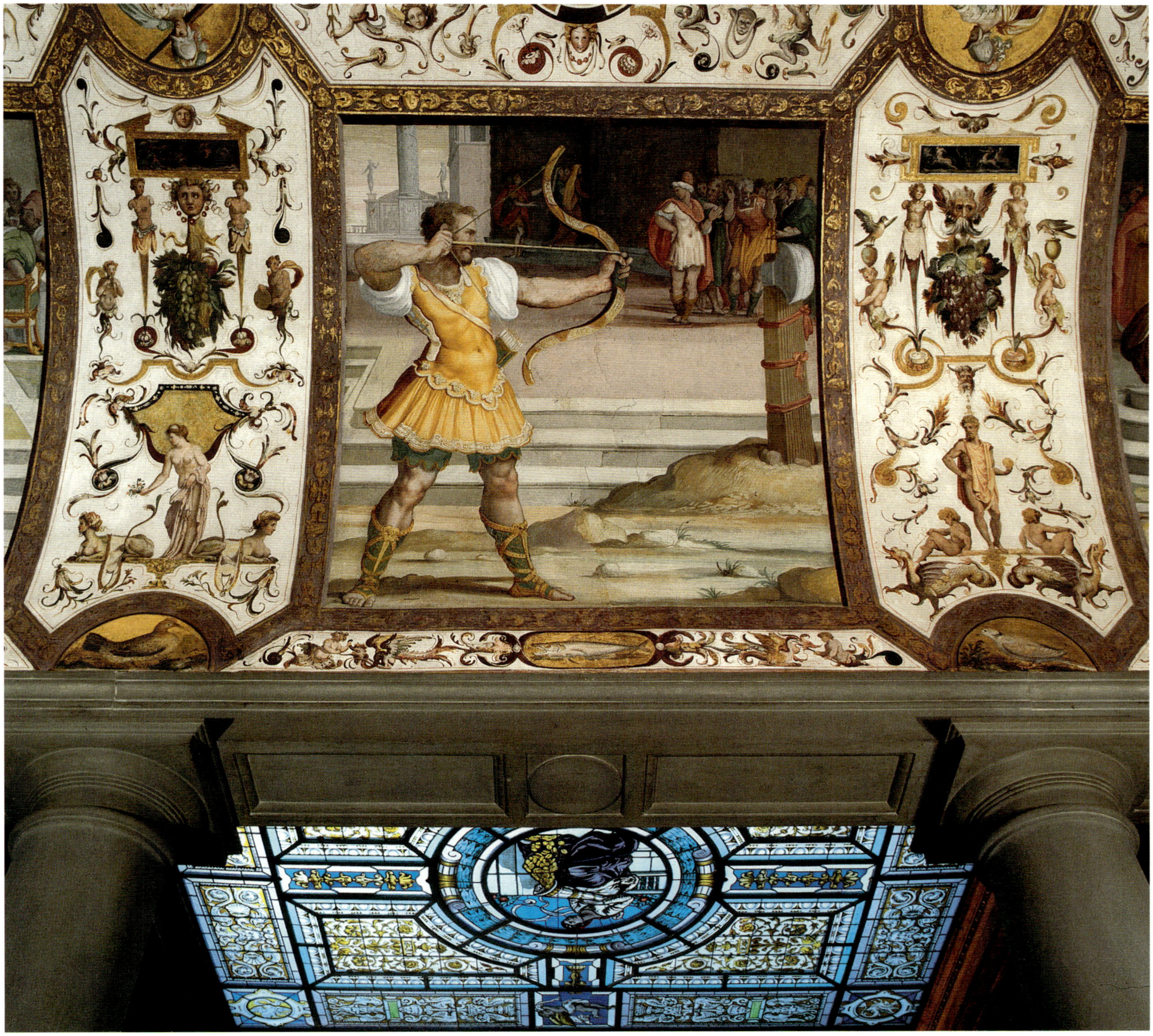

Von Allori stammen auch zahlreiche Gemälde in den Sälen des Palastes.
Dieser sehr berühmte Architekt und Schüler von Bronzino sollte Bartolommeo Ammannatis Nachfolger als Soprintendente dell'Opera del Duomo werden. Möglicherweise stammen von ihm auch die anderen Teile des Gebäudes, aber wir besitzen kein einziges Dokument, das diese Hypothese stützen könnte. Im Gegenteil, manche behaupten – übrigens ohne konkrete Anhaltspunkte –, daß Ammannati selbst am Palazzo Portinari mitgewirkt habe. Was man allerdings sicher weiß, ist, daß die zwölf Bronzebüsten der Kaiser in den Nischen des Innenhofs, die diesem seinen heutigen Namen (Cortile degli Imperatori) gaben, 1575 in Venedig erworben wurden.
Ende des 17. Jahrhunderts vergrößerte man den Palast und die Fassade auf der linken Seite, um den neuen Anforderungen des gesellschaftlichen Lebens gerecht zu werden (lange Zeit waren die dort stattfindenden prunkvollen Empfänge berühmt) und um den Kutschen die Zufahrt zu erleichtern. Das 18. Jahrhundert begann mit einem denkwürdigen Galaabend am 18. September 1701 zu Ehren der siebenundzwanzig Accademici della Crusca. Höhepunkt war ein »stravizio«, das heißt ein üppiges Bankett, unter den Loggien des Innenhofs. Aber 1704 erlosch die Hauptlinie der

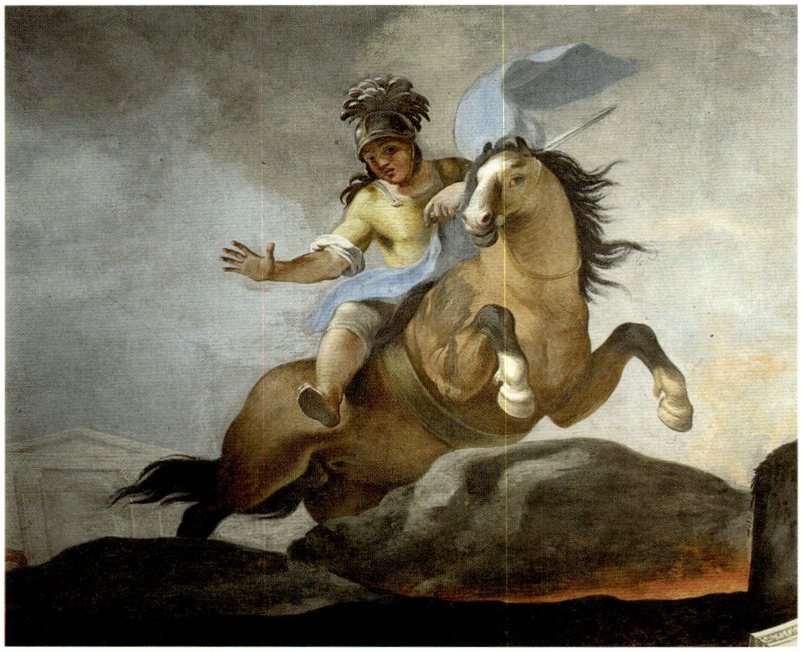

Im ersten Stock befindet sich derzeit die Sala del Consiglio der Verwaltung der Banca Toscana. Die beeindruckende Decke wurde Ende des 18. Jahrhunderts von Tommaso Gherardini und seinen Gehilfen freskiert. Hier ist »Marcus Curtius, der in den Abgrund stürzt«, in meisterhaft ausgeführter Perspektivenmalerei dargestellt. An der Wand hängt ein Gemälde von Felice Carena, »Lo Studio«.

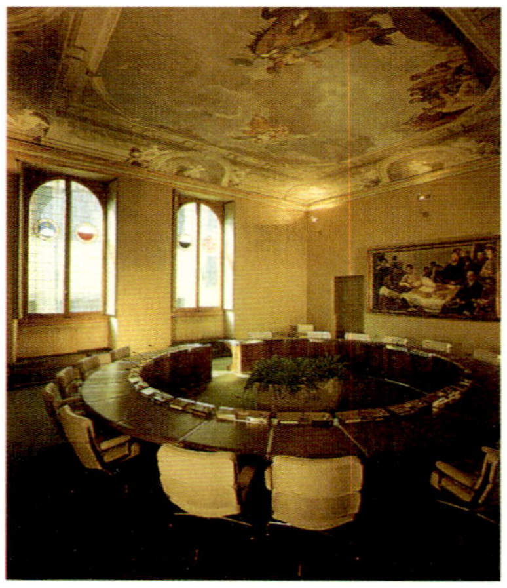

Das große Fresko an der Decke dieser Galerie, das Tommaso Gherardini im Auftrag von Niccolo Ricciardi Serguidi malte, stammt ebenfalls aus dem 18. Jahrhundert und zeigt den Olymp zwischen den Allegorien des Tages und der Nacht. In diesem Raum befinden sich einige der Kunstwerke aus der großen Sammlung der Banca Toscana.

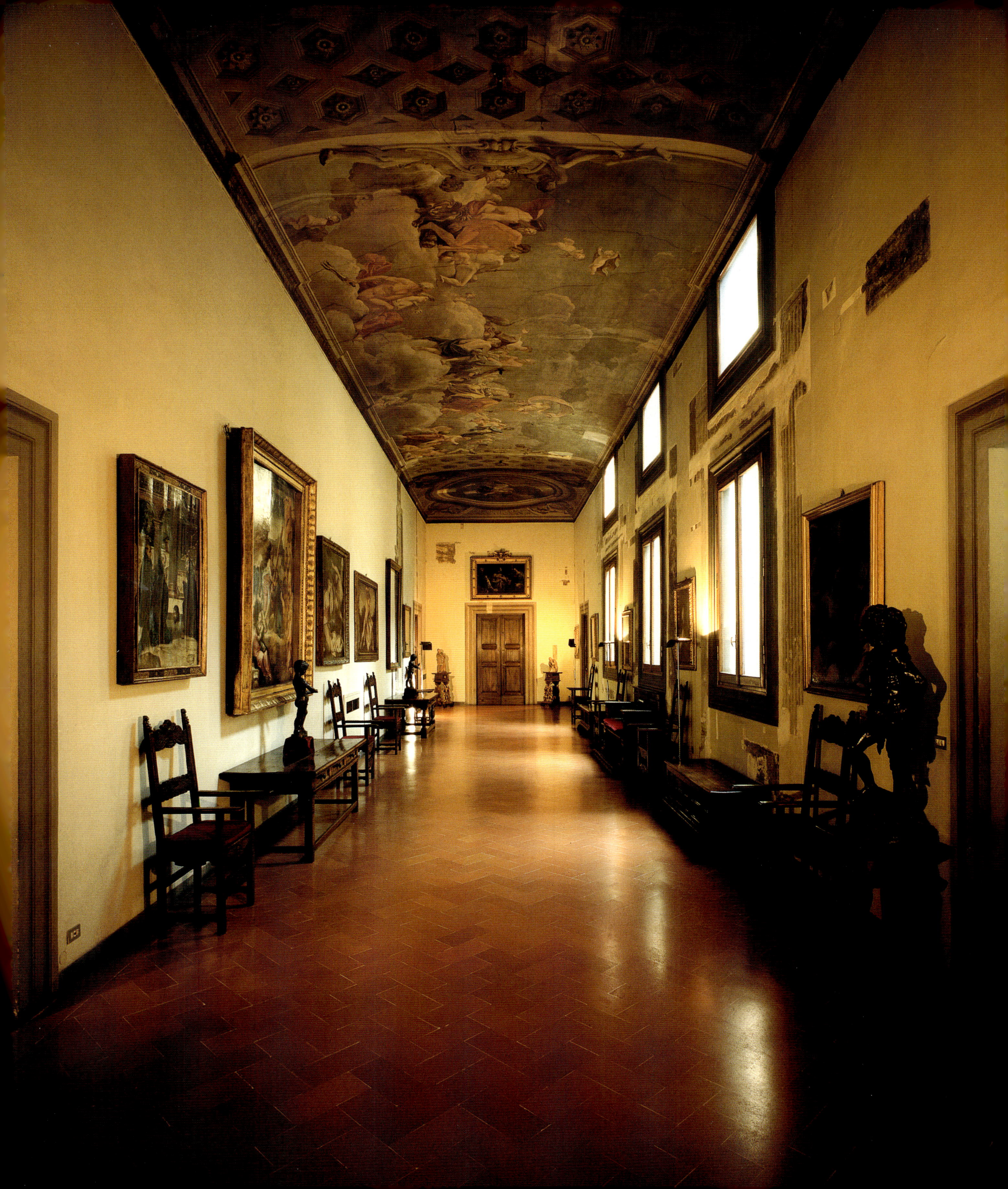

Das Studierzimmer des Direktors, in dem noch die Decke von Tommaso Gherardini und seinen Gehilfen mit der Darstellung der vier Jahreszeiten erhalten ist. Beachtung verdient auch das Gemälde an der Wand aus der Genueser Schule, auf dem der heilige Martin, der einem Bettler seinen Mantel gibt, abgebildet ist.

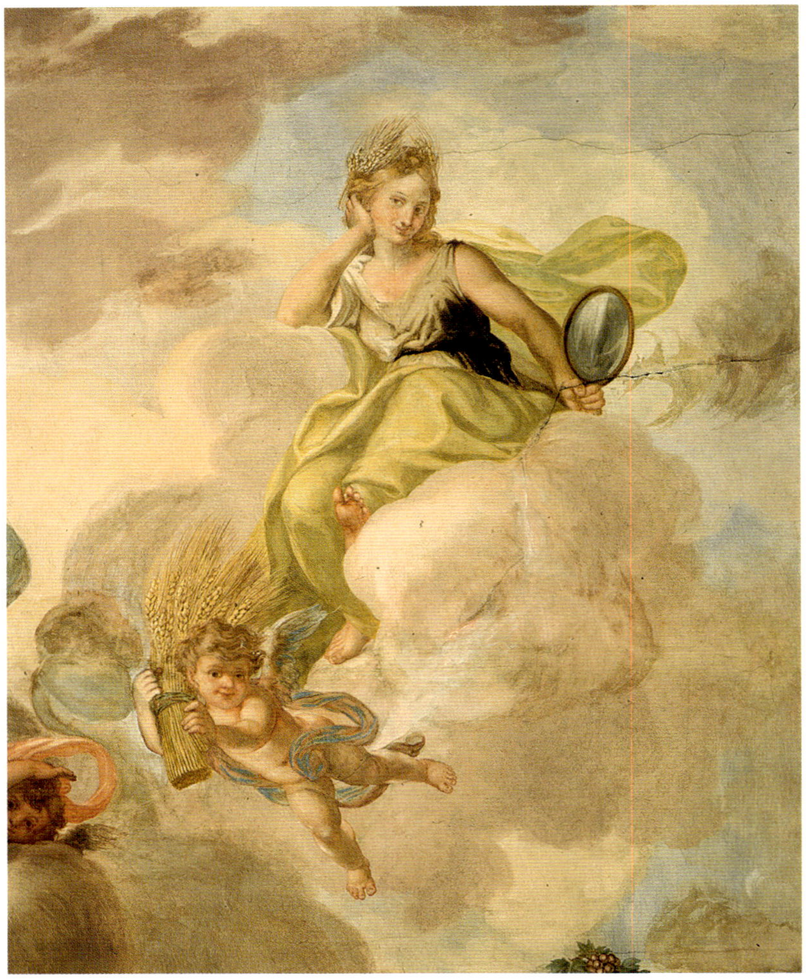

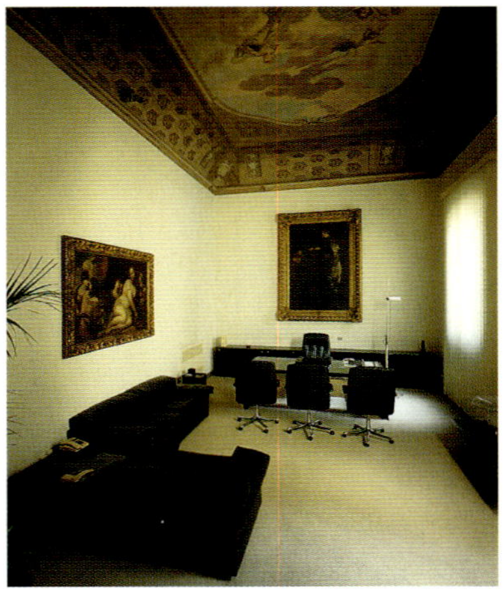

Salviati, und der Palast ging daraufhin an eine Seitenlinie der Familie, Nachfahren von Antonio, Sohn des Senators Filippo, über – gerade rechtzeitig, um 1708 den König von Dänemark, Friedrich August IV., als Gast aufzunehmen. Dieser hatte, gerade zwanzigjährig, auf einer Reise nach Italien ein edles Fräulein aus der Familie der Trenta kennengelernt. Ihre Liebe konnte jedoch aus dynastischen Gründen nicht durch eine Ehe besiegelt werden. Der damalige Erbprinz war also nach Hause zurückgekehrt und hatte das Fräulein verlassen, das in seiner Verzweiflung ins Kloster ging. Als König kehrte er eigens nach Florenz zurück, um die Frau wiederzusehen, die Jahre zuvor sein Herz betört hatte. Da das Mädchen sich für das Klosterleben entschieden hatte, war es schwierig, die Erlaubnis für ein Treffen im florentinischen Kloster Santa Maria Maddalena dei Pazzi zu bekommen, das aber doch arrangiert werden konnte. Die beiden sprachen lange in Anwesenheit einer zweiten Nonne miteinander, aber bei ihrem Gespräch kam lediglich zum Ausdruck, daß die junge Schwester ihren ehemaligen Geliebten davon überzeugen wollte, zum katholischen Glauben überzutreten. Der Anfang des 18. Jahrhunderts verzeichnete Wechsel der Besitzer stellte einen deutlichen Wendepunkt für das weitere Schicksal dieses Palastes dar. Im Lauf der Jahrzehnte und auch

Der große Salone della Presidenza im ersten Stock hat eine kostbare Kassettendecke, die original aus dem 15. Jahrhundert stammt und von Friesen mit den bekannten Attributen der Portinari, dem Löwen und der Tür, geschmückt ist. An der Wand hängt ein weiteres wertvolles Gemälde, »Mariä Lichtmeß« von Francesco Morandini, genannt il Poppi.

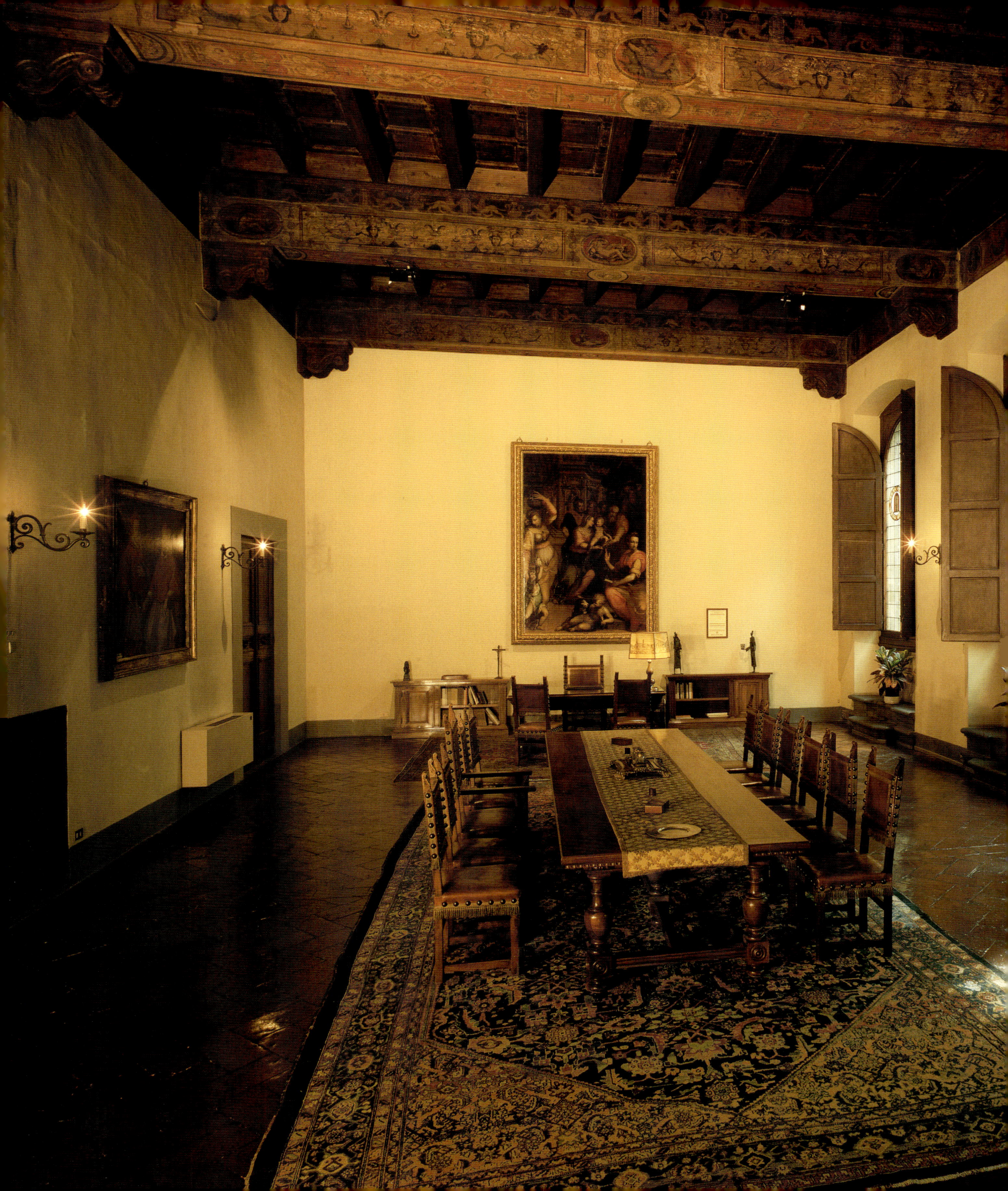

aufgrund einer konstanten Ehepolitik lockerte sich nämlich die Beziehung der Salviati zu Florenz zugunsten der immer schon stärkeren Bande zu Rom. So wurde 1768 nach der Heirat der letzten Nachfahrin der Salviati, Anna Maria Luisa, mit Marc'Antonio Borghese der Palast an Niccolò Serguidi verkauft, der die Verschönerungsarbeiten in den Sälen des ersten Stocks und die Ausschmückung der Räume der Kunstsammlung finanzierte. 1816 gehörte er den Da Cepperelli, dann 1865 den Demanio, die ihn zum Sitz des Minstero di Grazia e Giustizia machten. 1870 ging er an die Stadt von Florenz und dann an die Cassa di Risparmio über, 1881 gelangte er in den Besitz der Patres Scolopi, die dort für längere Zeit ihre bekannten Scuole Pie einrichteten. Schließlich erwarb 1921 der Credito Toscano das alte Anwesen der Portinari und richtete dort die Banca Toscana ein (die sich noch immer dort befindet). Man unternahm umfangreiche Restaurierungen, die Werke von Allori wurden angemessen aufgewertet, und aus einer großen Wohnung im ersten Stock wurden Repräsentationsräume. Und als ob man den vergangenen Ruhm des Palastes der Salviati wiederaufleben lassen wollte, befinden sich heute in einigen Sälen die wertvollen Kunstsammlungen, die die Banca Toscana im Lauf der Jahre mit Sorgfalt zusammengestellt hat.

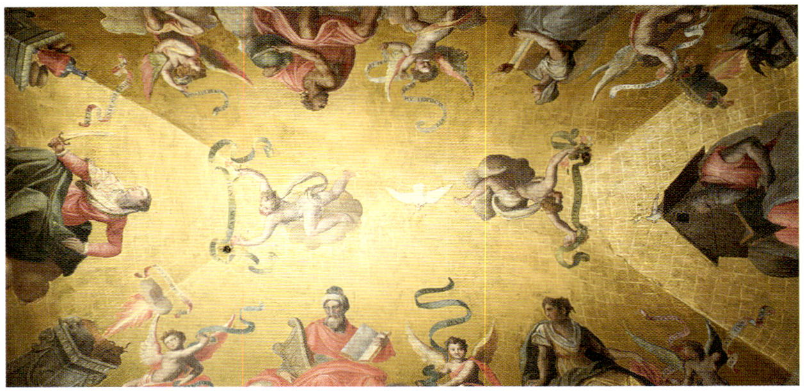

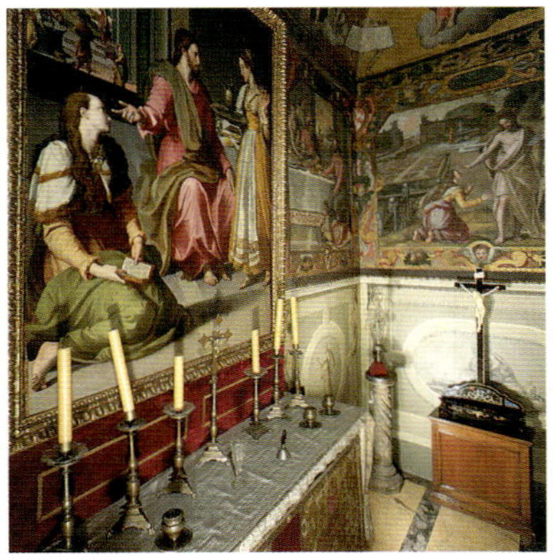

1581 wurde im Palast die der Heiligen Maria Magdalena gewidmete Kapelle eingeweiht und mit einem großen Freskenzyklus – wiederum von Alessandro Allori und Gehilfen – ausgemalt. Auf dem Gewölbe sind Sibyllen, Propheten und Szenen aus dem Alten Testament zu sehen. Weiter unten drei in Trompe-l'Œil-Malerei als Wandteppiche gemalte Bilder mit Episoden aus dem Leben der Magdalena, deren krönenden Abschluß das Altarbild »Christus im Haus der Martha und Maria« bildet. Der Teller und der Becher, die Christus gereicht werden, sind Medici-Porzellan.

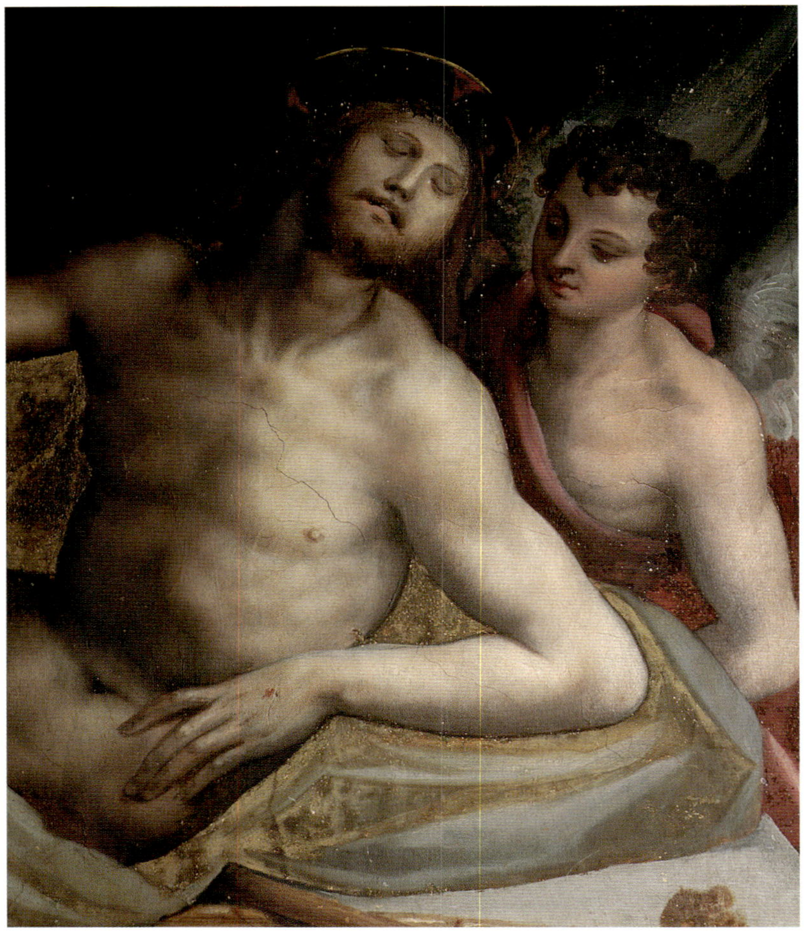

Francesco Morandini genannt il Poppi: »Mariä Lichtmeß«.

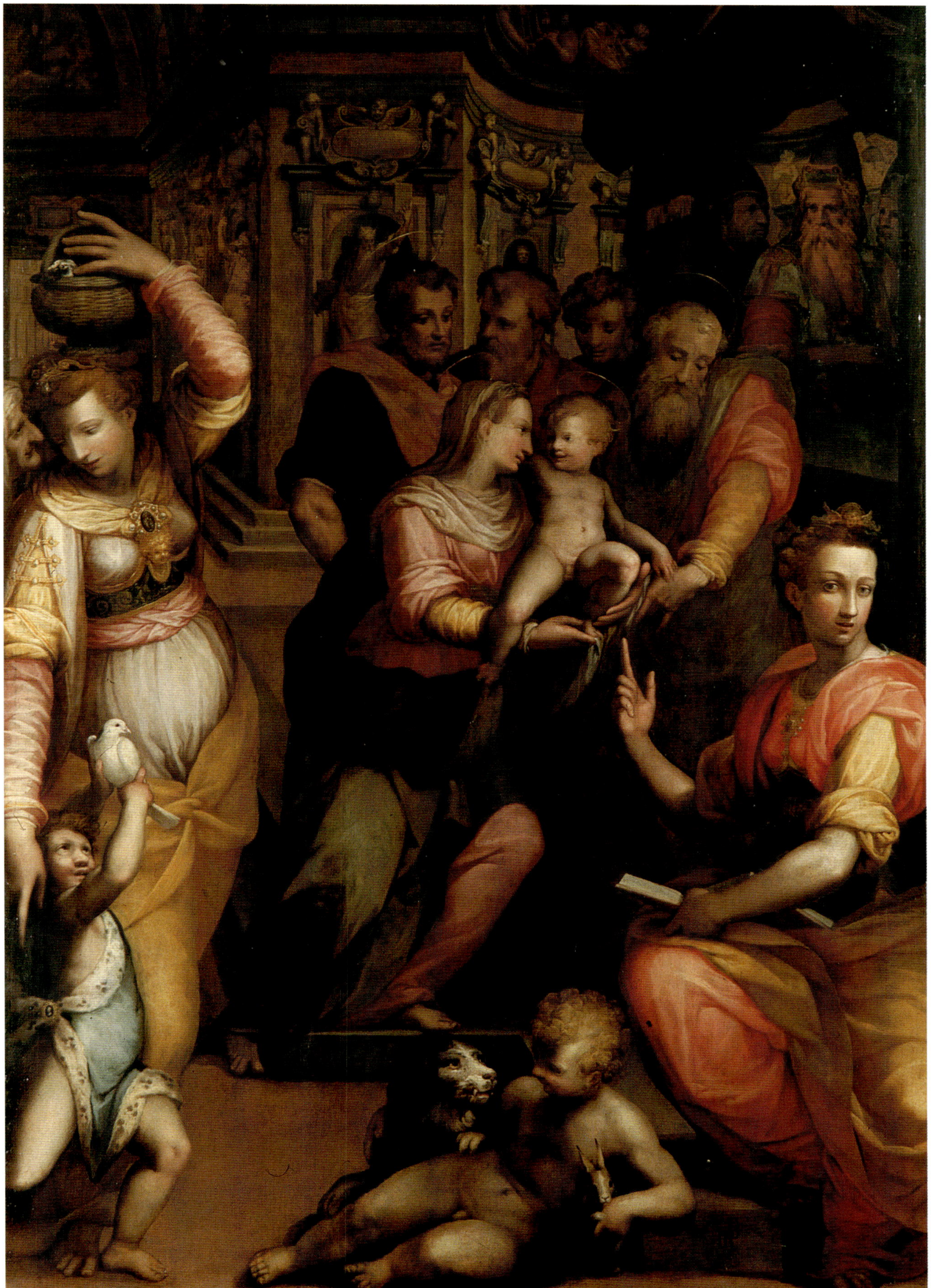

Palazzo di Gino Capponi

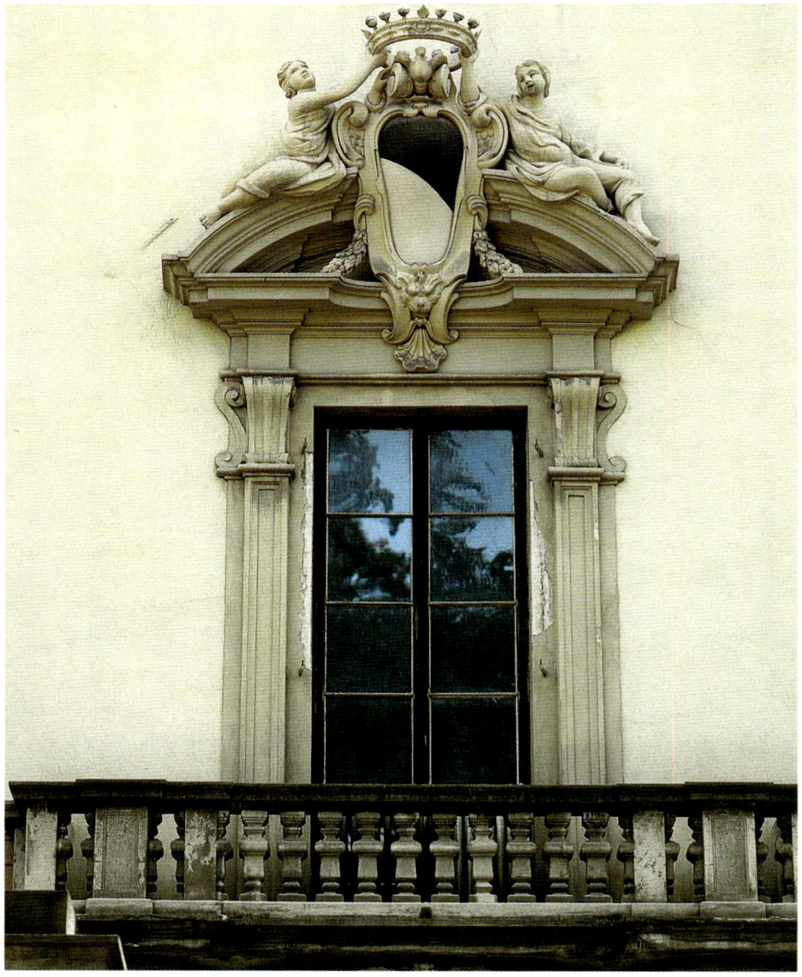

Die beeindruckende Fassade des Palazzo Capponi wurde Anfang des 18. Jahrhunderts nach einem Entwurf Carlo Fontanas für den Senator Alessandro gebaut. Durch ihre Imposanz, die beachtliche Anzahl Fenster und das große Tor mit dem Balkon und darüber dem Adelswappen der Besitzerfamilie geht der Bau über den üblichen Florentiner Baustil hinaus und ähnelt in seinem Aussehen sehr einem Königsschloß.

Die florentinischen Paläste präsentieren – auch wenn sie sich typologisch und chronologisch unterscheiden – ein eher gewohntes, häufig wiederkehrendes Äußeres, anhand dessen man sie leicht als florentinisch identifizieren kann.
Es gibt jedoch ganz in der Nähe der Umgehungsstraßen, dicht beim Palazzo Della Gherardesca, ein relativ neues Gebäude (es stammt aus dem 18. Jahrhundert), das mit seinen charakteristischen Merkmalen, seinen Ausmaßen und seiner Großartigkeit typologisch eindeutig den römischen Palästen jener Epoche zuzuordnen ist. Gemeint ist der Palazzo di Gino Capponi. Das beeindruckende Anwesen ließ der Senator Alessandro bauen, Mitglied einer adligen Familie, deren Wurzeln in der florentinischen Geschichte liegen und zu deren Ahnen jener Pier Capponi gehörte, der so mutig die Freiheit von Florenz gegen die Ansprüche Karls VIII. verteidigte.
Die Capponi waren im übrigen eine der ältesten und vornehmsten Familien der Stadt (und besaßen, wie wir gesehen haben, bereits in der Via de' Bardi den sogenannten Palazzo Capponi delle Rovinate), und im 18. Jahrhundert waren sie aufgrund ihrer gewinnbringenden Handelstätigkeit recht finanzkräftig. Der Senator Alessandro Capponi spielte an der Wende zwischen 17. und 18. Jahrhundert eine wichtige Rolle im mondänen

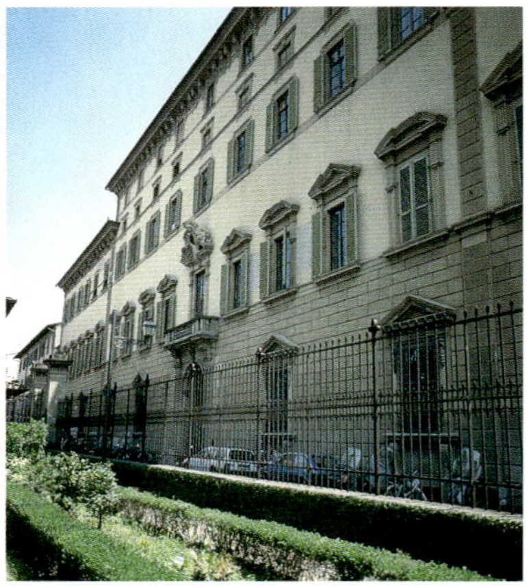

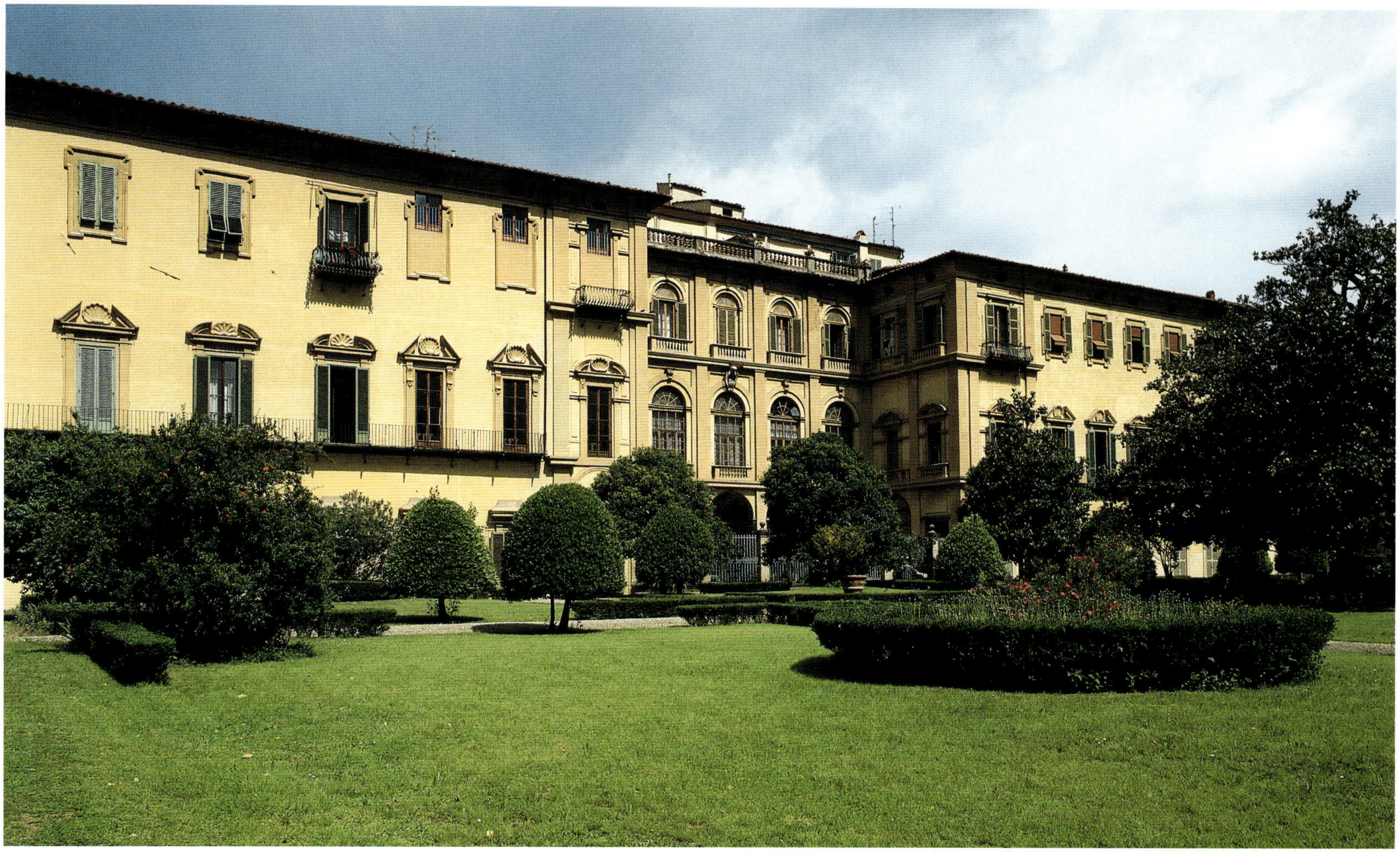

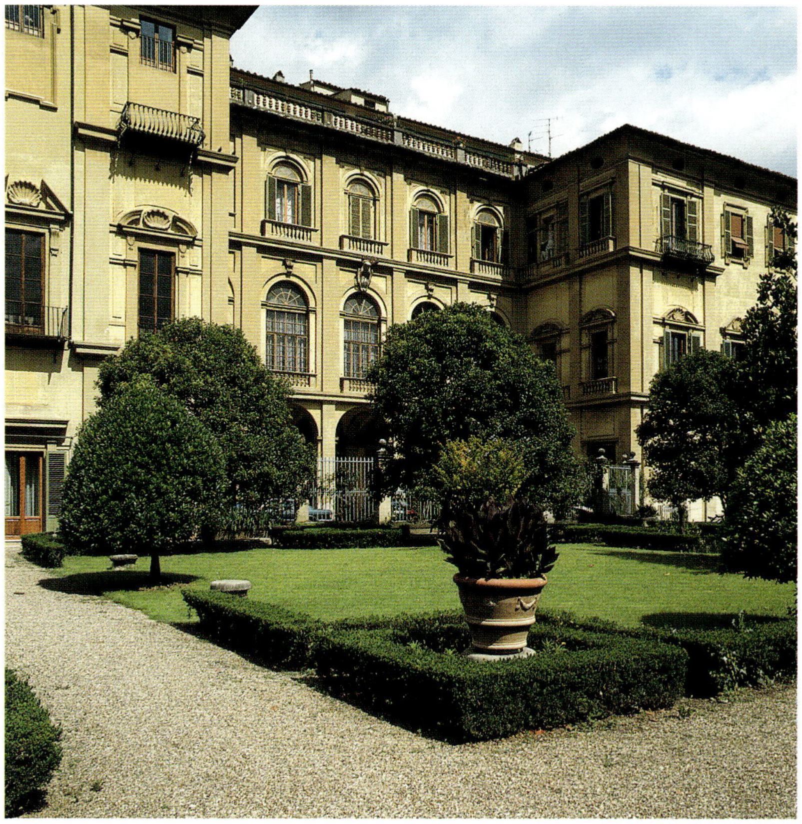

Die Gartenfassade, auch sie ein Werk Fontanas, wirkt durch zwei vorspringende Flügel und den großen Bogengang im Erdgeschoß bewegter als die Vorderfront. Beachtenswert sind die unterschiedlichen Balkonreihen bis zur Balustrade oberhalb des zweiten Stockwerks und das Wappen der Capponi.

Auch die Anlage des weitläufigen Gartens mit Beeten, Bäumen und Hecken rings um den in der Mitte gelegenen Springbrunnen geht auf das 18. Jahrhundert zurück. Auf einer Seite wird er von einem einzigartigen Vogelhaus begrenzt.

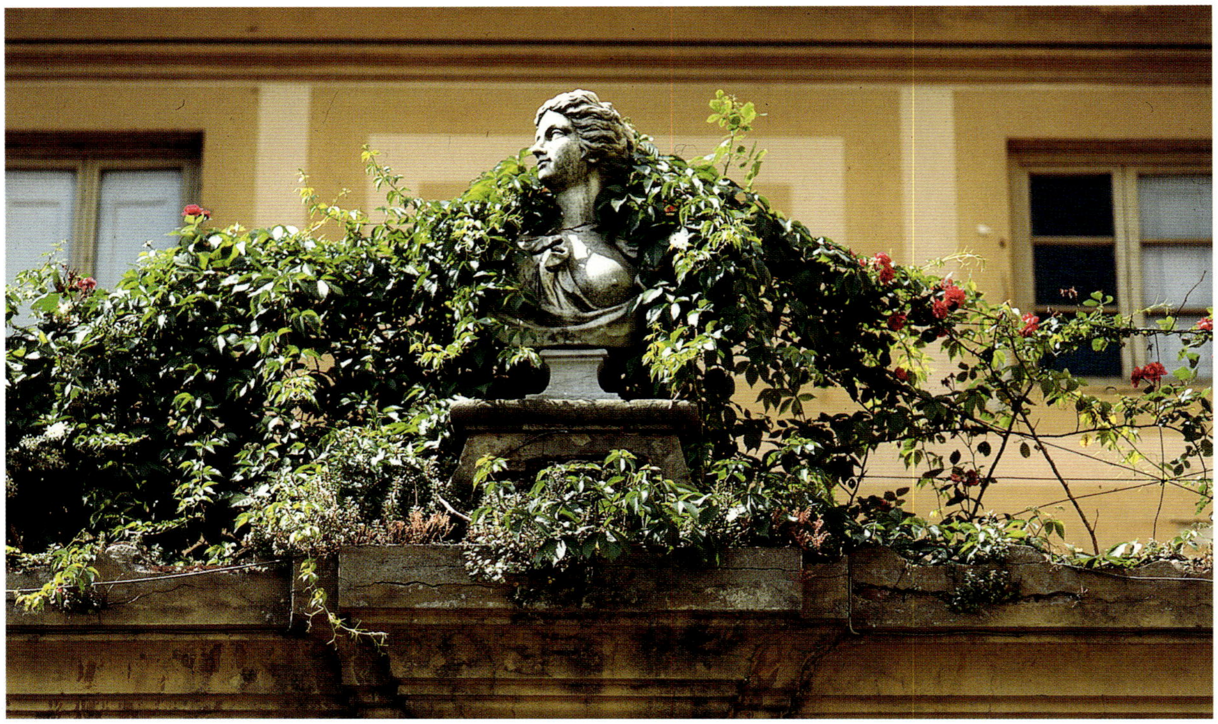

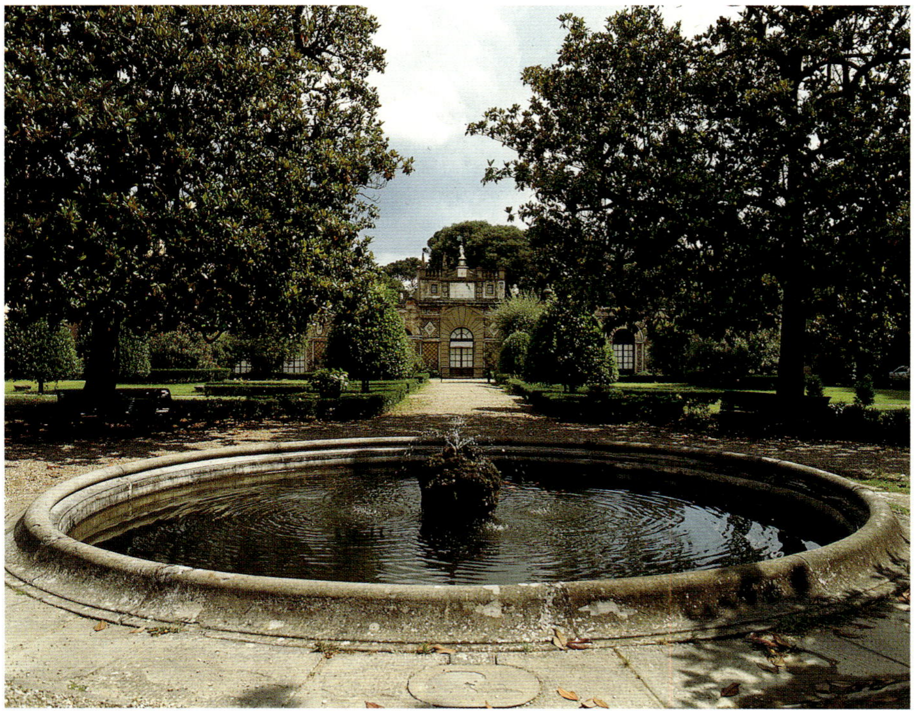

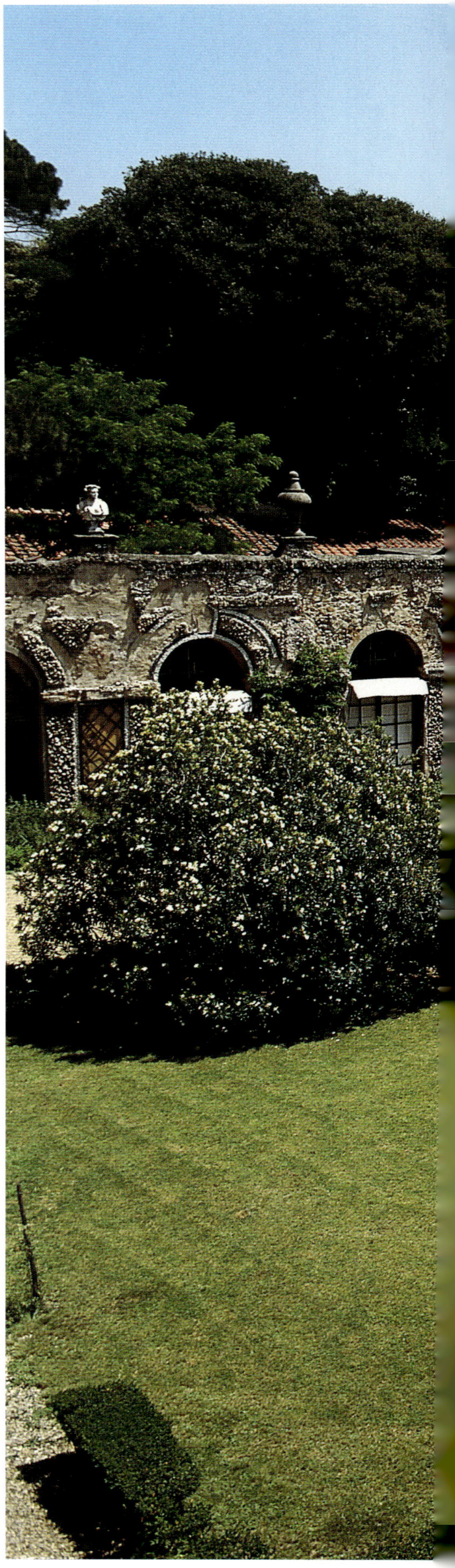

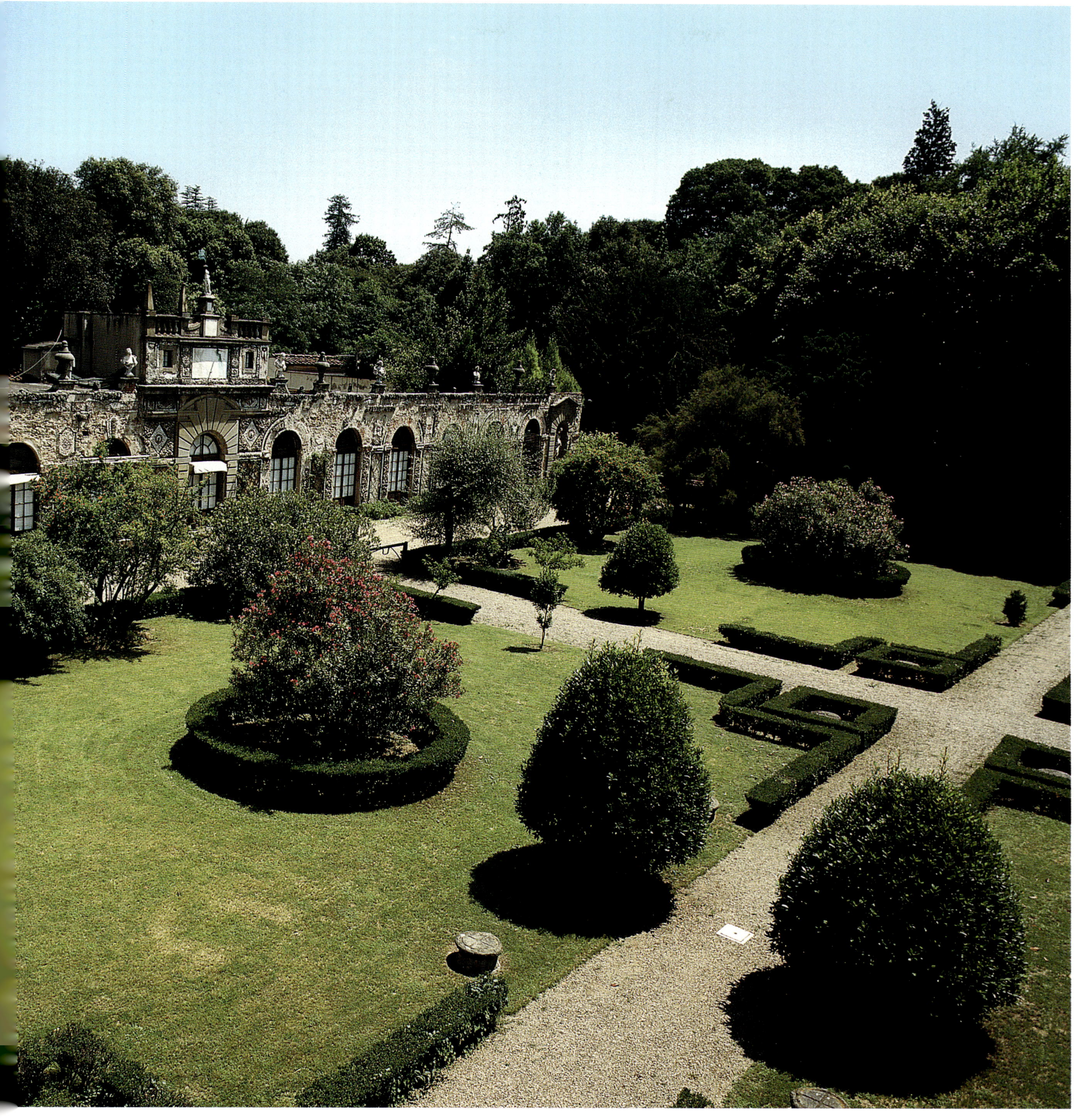

Leben Roms, und als er 1699 nach Florenz zurückkehrte, wo er die adlige Bianca Ricasoli heiratete, wollte er offensichtlich in der Stadt seiner Vorfahren ein »kleines Rom« bauen. Daher erwarb er vom Herzog Anton Maria Salviati, dem in weiblicher Linie direkten Nachfahren Lorenzos des Prächtigen, den weitläufigen Besitz, den jene Familie seit Jahrhunderten vom Vater an den Sohn weitergegeben hatte; das jenseits der Kirche Santissima Annunziata gelegene Anwesen besaß ein entzückendes Lustschlößchen und war für seine seltenen und exotischen Pflanzen bekannt. Es war damals schätzungsweise etwa 12.000 Scudi wert.
Der neue Besitzer ließ sogleich die Grundstücke genau vermessen und genaue Pläne anfertigen. Diese schickte er im Frühjahr 1702 nach Rom an den Architekten Carlo Fontana, der ein beeindruckendes Palastgebäude entwerfen sollte. Im August desselben Jahres schickte er für beachtliche 85 Scudi einen Plan und eine Zeichnung des geplanten Gebäudes nach Florenz, die dem Ingenieur Alessandro Cecchini als Grundlage für seine Arbeiten dienten. Man begann mit der Fundamentlegung und den Mauern des Mittelteils, der Anfang 1704 bis zum dritten Stock fertiggestellt war.
Arbeitsaufwendiger war der Salon im ersten Stock, der größte in Florenz, dessen Decke erst Ende 1706

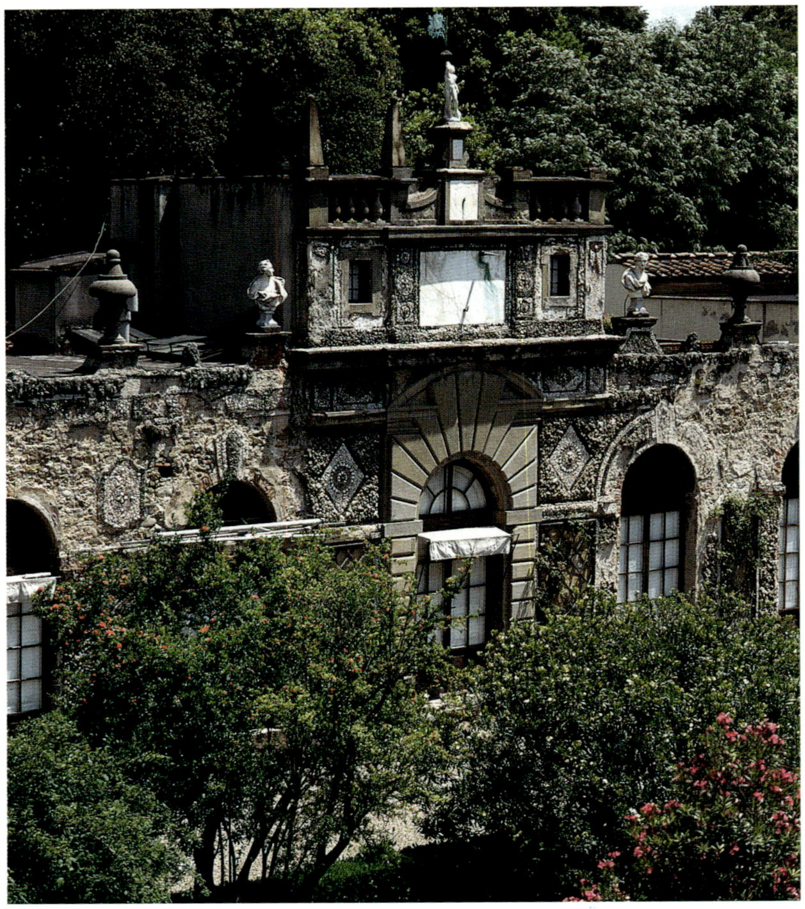

Zwei Fotos des Vogelhauses, das 1706 begonnen und zwei Jahre später fertiggestellt wurde und das über und über mit Muscheln und versteinerten Schwämmen bedeckt ist. Das Dach wird von Statuen geziert. Heute befindet sich in dem Haus eine behagliche Wohnung.

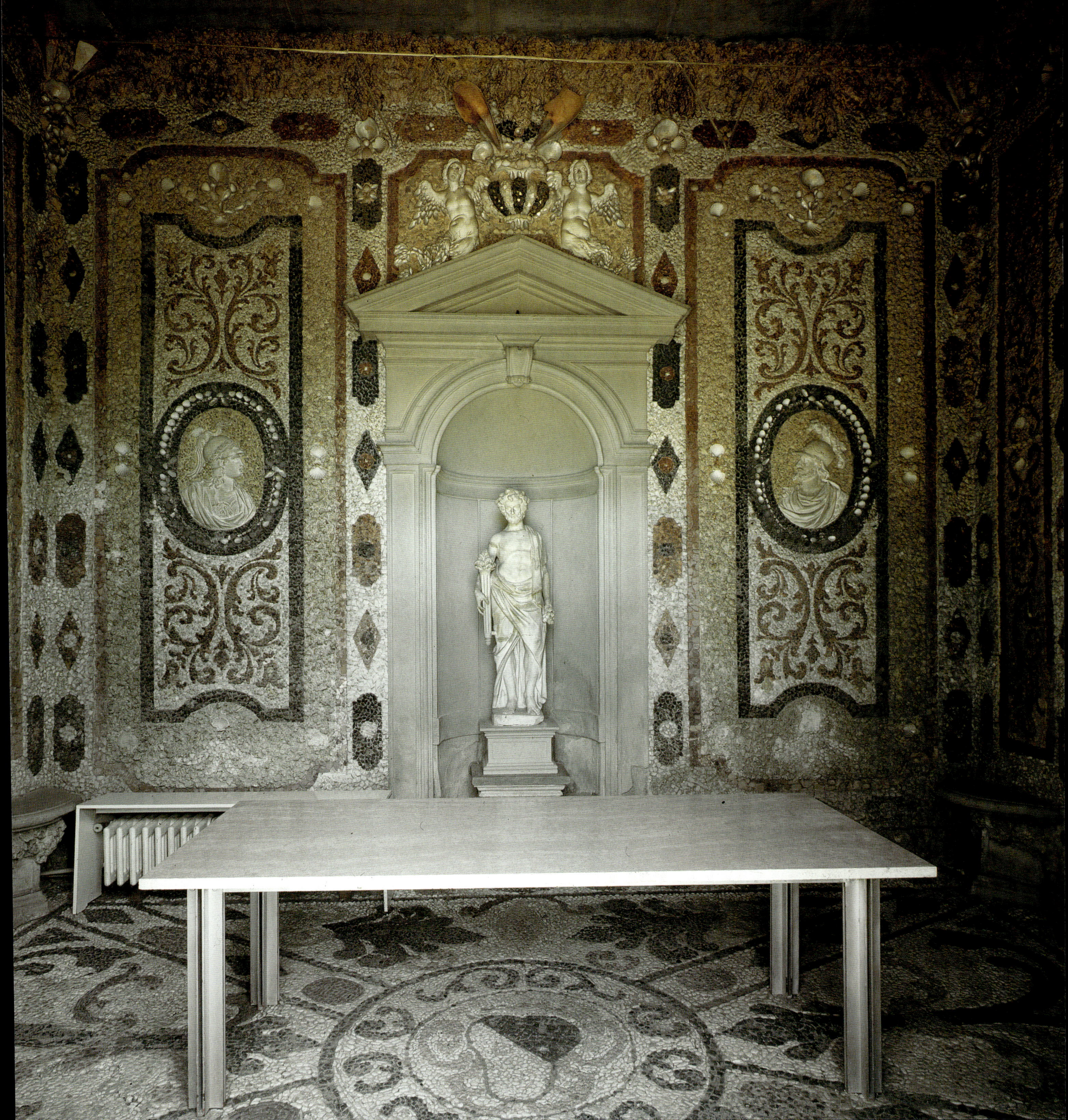

fertiggestellt wurde.
1708 wurde dann die große Treppe vollendet, etwa gleichzeitig mit dem Vogelhaus, das auf der linken Seite des Gartens stand; es ist ganz von Muscheln und Mosaiken überzogen.
Besonders die Fassade zum großen Garten hin erregt Aufmerksamkeit mit den beiden Seitenbauten, die gegenüber dem mittleren Bauteil vorgeschoben sind. Sicher ist die Gartenfassade typisierter als die eher eintönige Hauptfassade mit ihren sich wiederholenden neunzehn Fensterachsen, die erst später zusammen mit dem Balkon, dem großen Familienwappen und dem steinernen Rahmen rund um das Haupttor fertiggestellt wurde.
Etwa um 1710 kann man davon sprechen, daß der Palast fertig war, zumal zwischen 1703 und 1704 Künstler vom Rang eines Bimbacci, eines Cinqui und eines Sagrestani einen Großteil der Säle mit Fresken ausgemalt hatten.
Alessandro Capponi starb 1716 und vererbte seinen Besitz an seine beiden Söhne Scipione und Francesco Maria, die in dem Palast wohnten und dort häufig prachtvolle Empfänge gaben und daher nicht unbedeutende Summen für eine angemessene Ausstattung ausgaben.
So wurde die »reggia«, das Schloß der Capponi mit seiner gewaltigen, von Statuen und Springbrunnen betonten Freitreppe, den

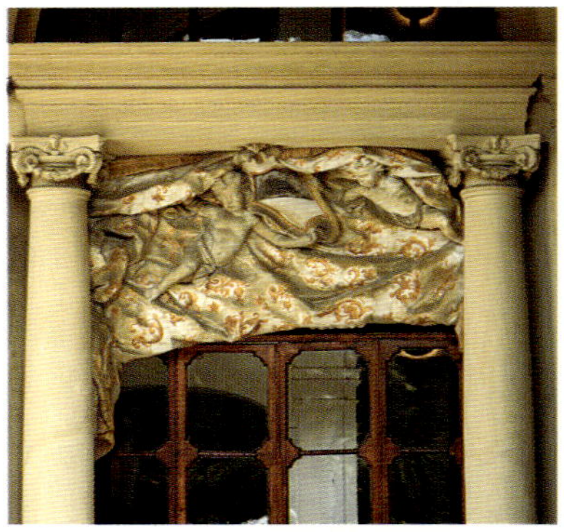

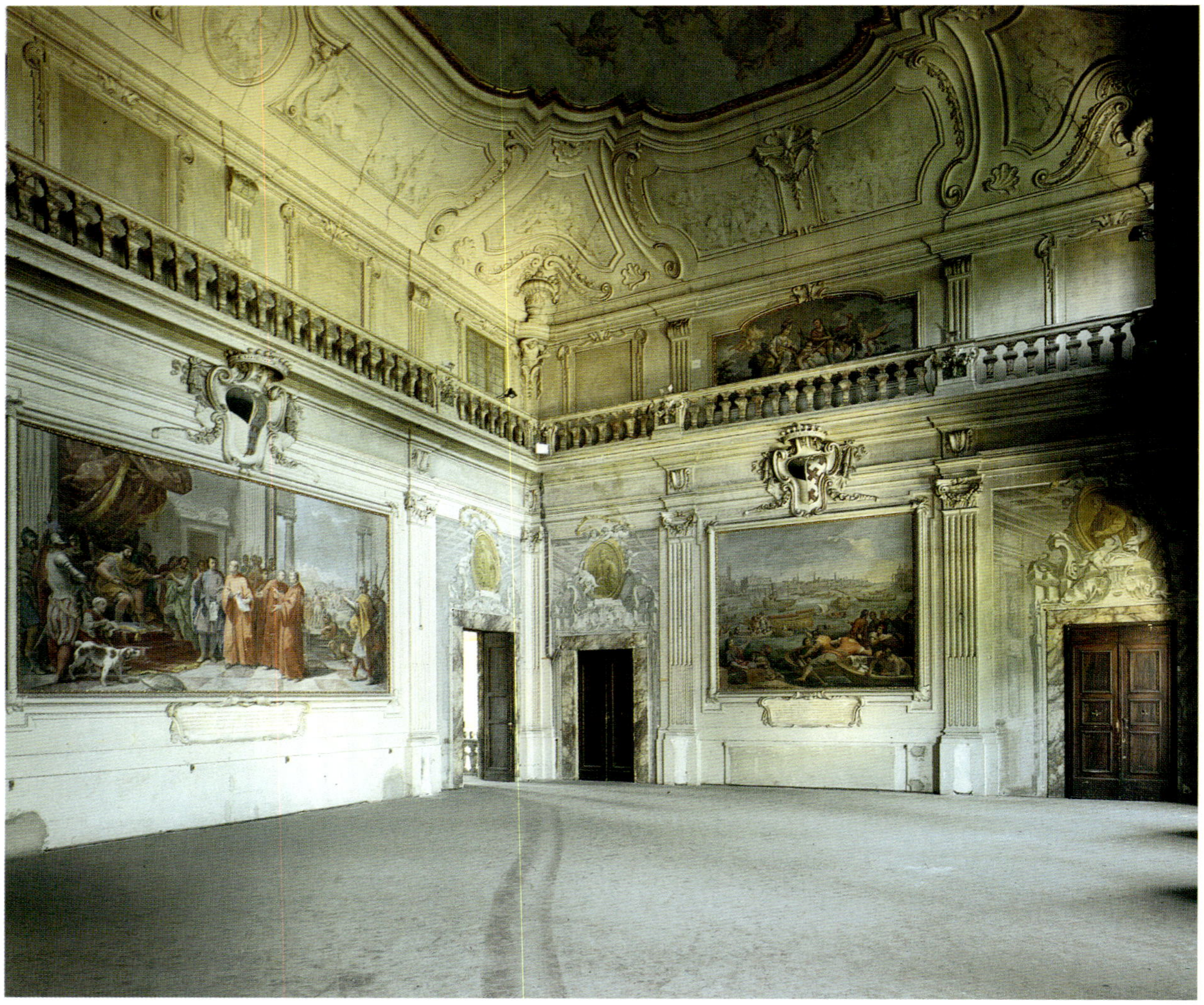

Zwei charakteristische Elemente des Palastes sind die lichtvolle, mit Statuen, Springbrunnen, Fresken und Stuck geschmückte Treppe, die in den ersten Stock führt und von einem schweren Vorhang aus Stuck eingeleitet wird (1708), und der Salon mit der soliden Balustrade, den Wappen der Capponi und der mit ihnen veschwägerten Familien und den Bildern von Bonechi, die wichtige Abschnitte aus dem Leben der Familien zeigen.

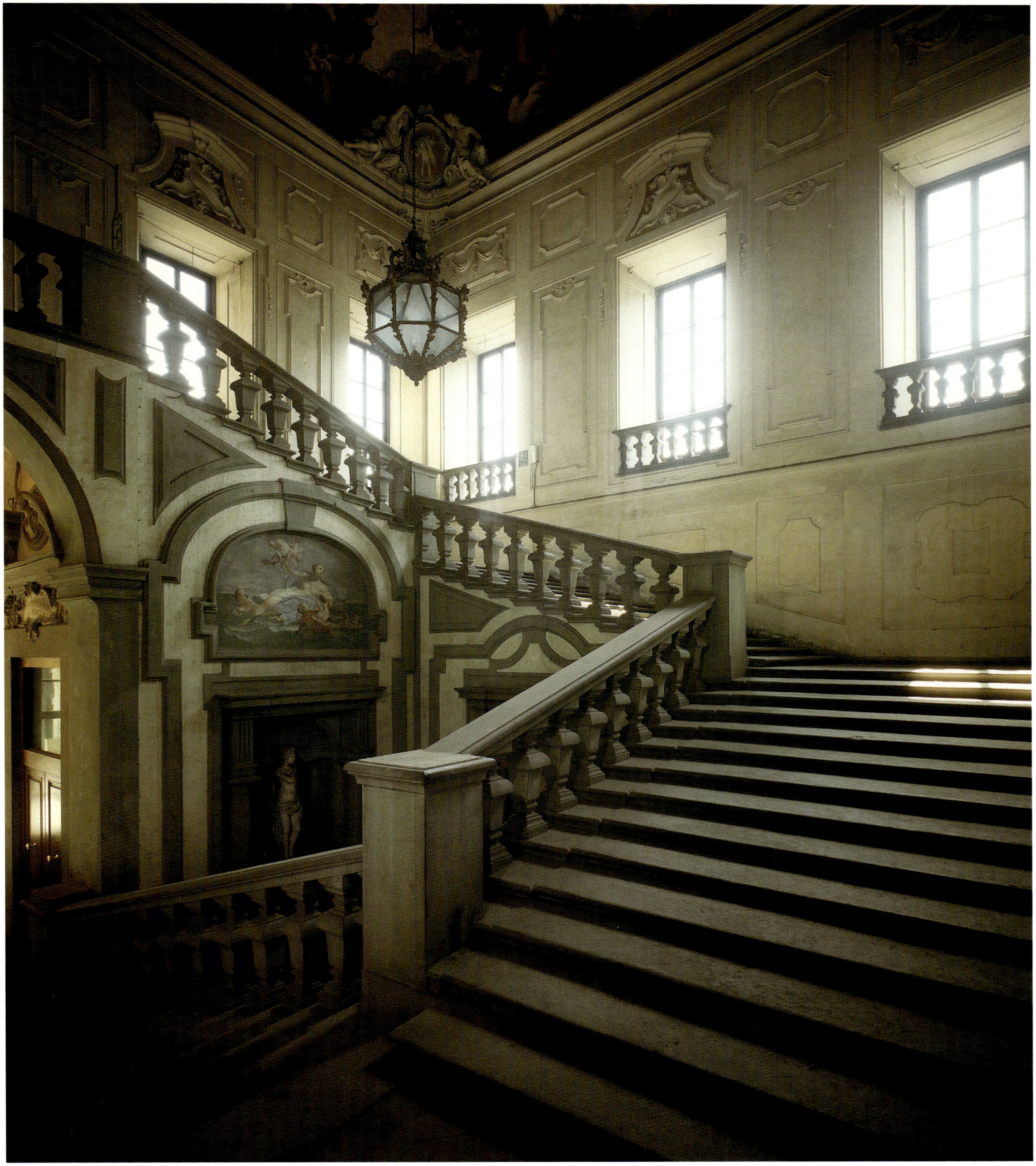

kostbaren Gemäldesammlungen und den großen Freskenzyklen, Reiseziel berühmter Besucher aus ganz Europa. Ende des 18. Jahrhunderts erlosch mit dem Tod des Markgrafen Alessandro Maria die Hauptlinie der Familie, und der Palast gelangte an eine Nebenlinie,

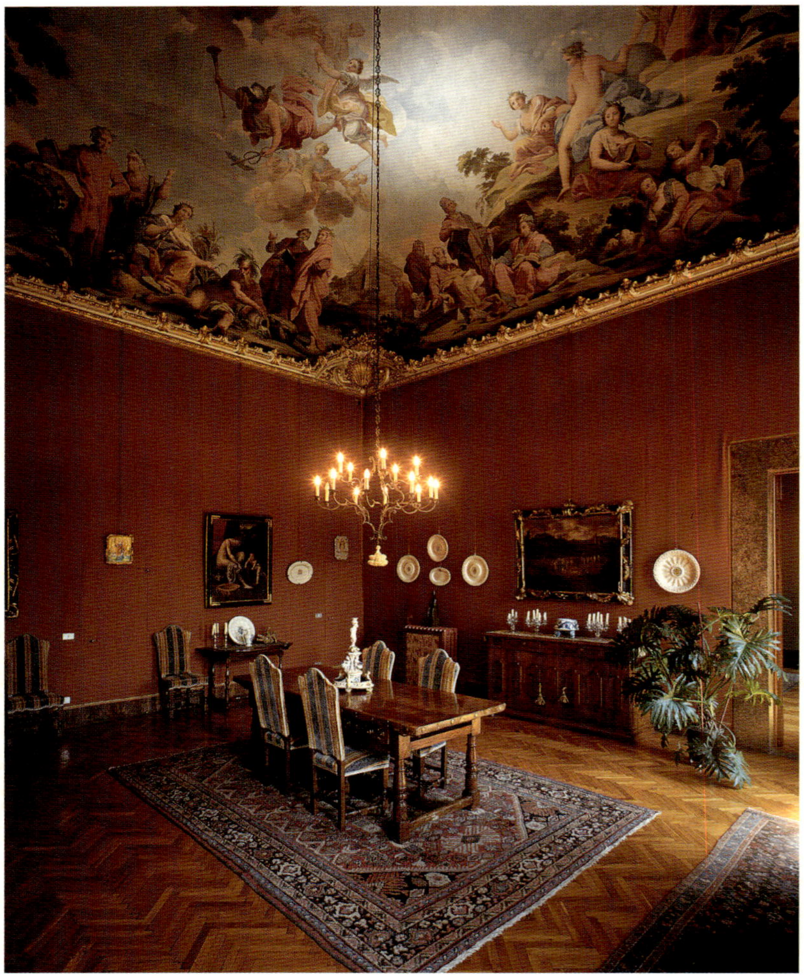

den Markgrafen Pier Roberto, der ihn dann an seinen Sohn Gino weitergab. Dieser sollte einmal eine herausragende Persönlichkeit im Florenz des 19. Jahrhunderts werden. Gino Capponi, ein außerordentlich talentierter, sehr gebildeter Mann, Präsident der Accademia Colombaria und zusammen mit Vieusseux Urheber der

Zwei Räume, die derzeit zur Wohnung von Dottore Giuseppe Salvi gehören: der elegant eingerichtete Speisesaal und das Schlafzimmer, die mit größter Sorgfalt gepflegt werden. Die Zimmerdecken aus dem 18. Jahrhundert sind noch in sehr gutem Zustand. An der Decke im Speisesaal gewahrt man unter anderem auch die Figur Dante Alighieris.

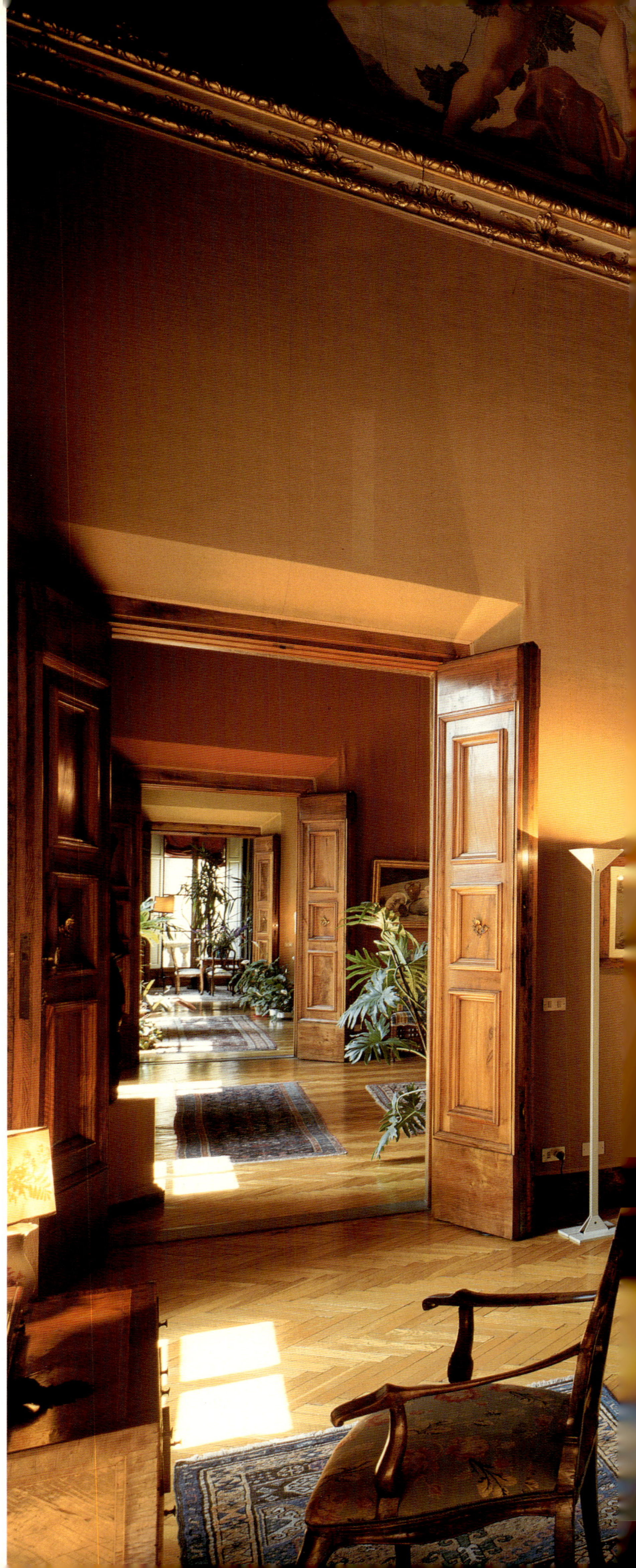

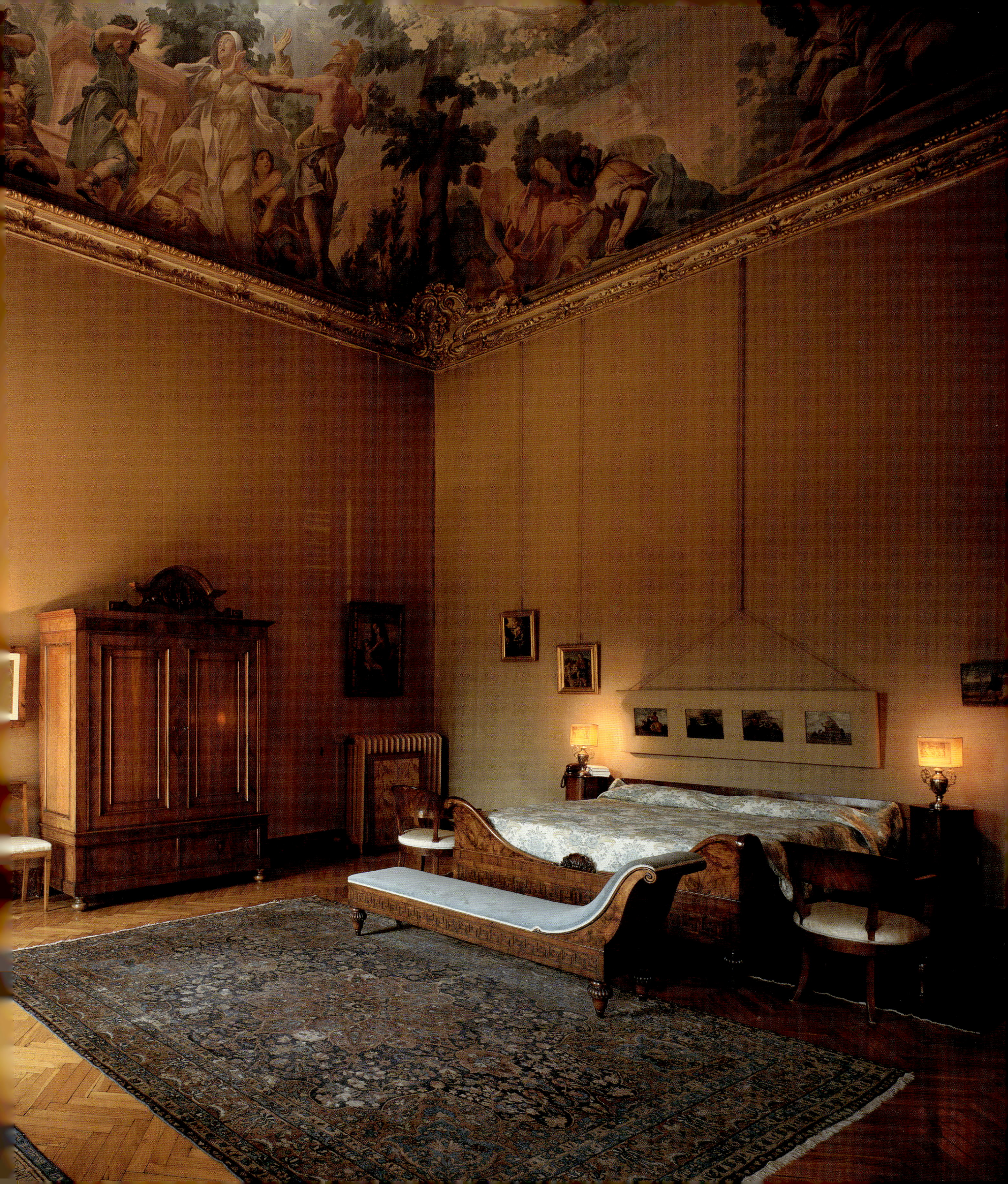

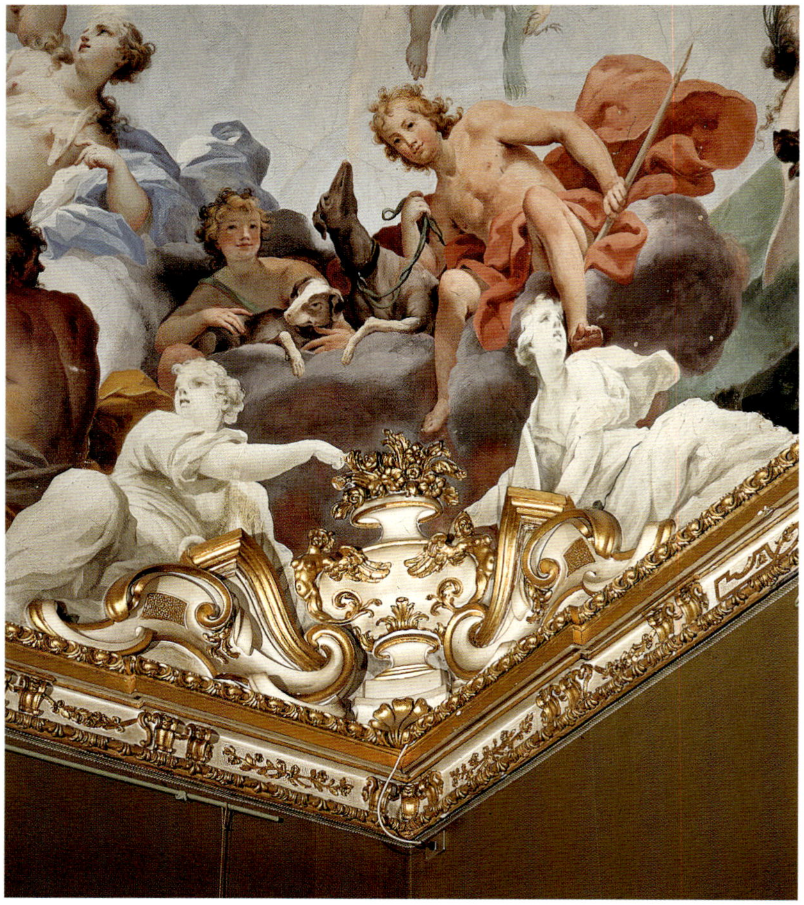

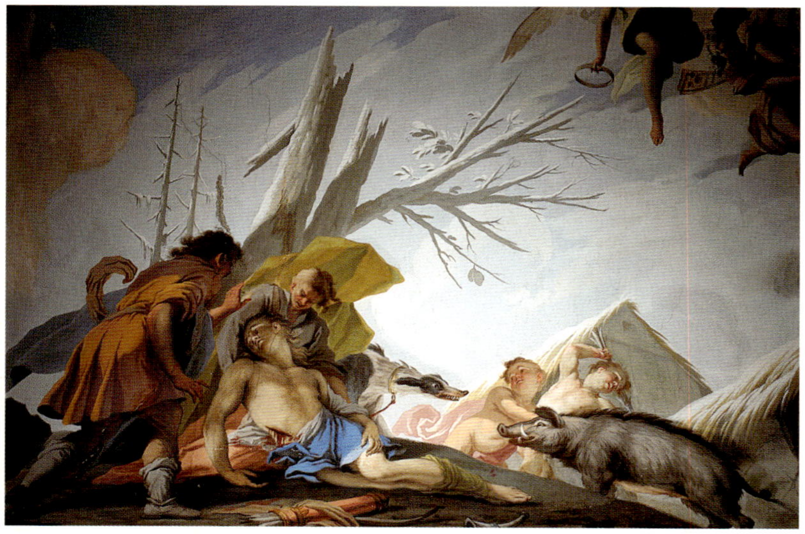

berühmten »Antologia«, der sich auf zahlreichen Reisen in ganz Europa gebildet hatte und beispielsweise mit Foscolo oder Chateaubriand eng befreundet war, machte seinen eigenen Florentiner Palast zu einem Treffpunkt wichtiger Vertreter der italienischen und europäischen Kultur: in seinen Sälen hielten sich Manzoni und Leopardi, Giusti und Lamartine, D'Azeglio und Colletta auf. Als der Markgraf Gino 1876 starb, gingen Palast und Garten an seine älteste Tochter Marianna und deren Ehemann, den Markgrafen Gentile Farinola di Genova über; er gehörte dieser Familie bis 1920. In dieser Zeit wandelten die neuen Besitzer die Räume des großen Anwesens in separate Wohnungen um, die sie dann an mehrere Familien vermieteten, darunter die Balduino di Genova, die für ihre fürstlichen Empfänge berühmt waren. Dann erwarb Egisto Fabbri, ein reicher italo-amerikanischer Unternehmer, das Gebäude und brachte dort seine eigenen Kunstsammlungen unter; später ging es an den Senator Alessandro Contini Bonacossi über, einen großen Mäzen, der dort einen Großteil seiner überaus reichhaltigen Gemäldesammlung unterbrachte. Heute gehört der Palazzo in der Via Capponi seinen Erben.

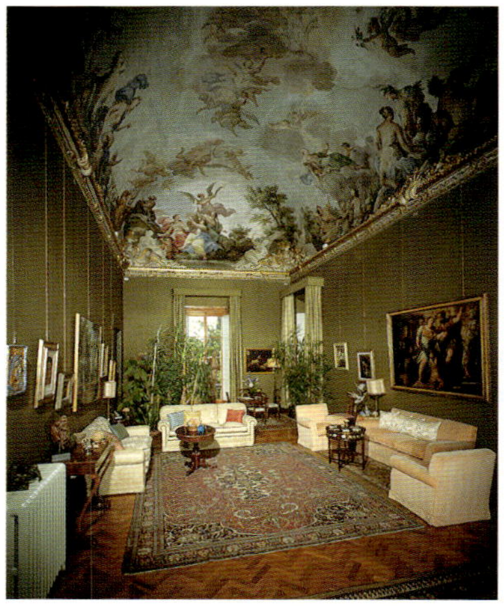

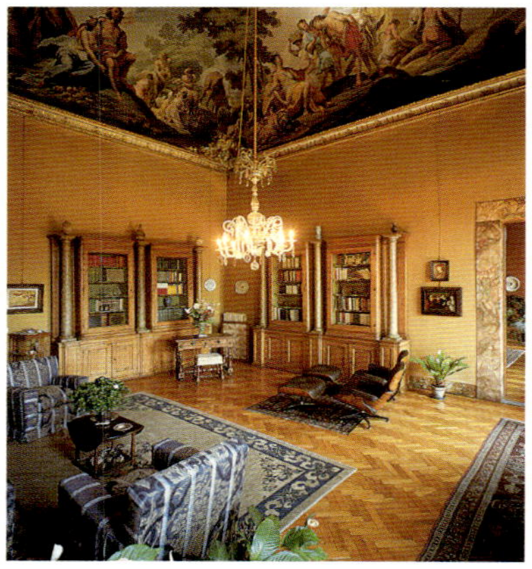

Zur selben Wohnung gehören auch zwei kleine Salons und das entzückende Vorzimmer, das ganz mit Elementen von Scheinarchitektur freskiert ist. Der äußerst reichhaltige, stuckierte Bildschmuck, der zwischen 1703 und 1713 angebracht wurde, ist eines der bezauberndsten Merkmale des ganzen Palastes. Es steht fest, daß hier namhafte Künstler von Bimbacci bis Cinqui, von Sagrestani bis Lapi gewirkt haben.

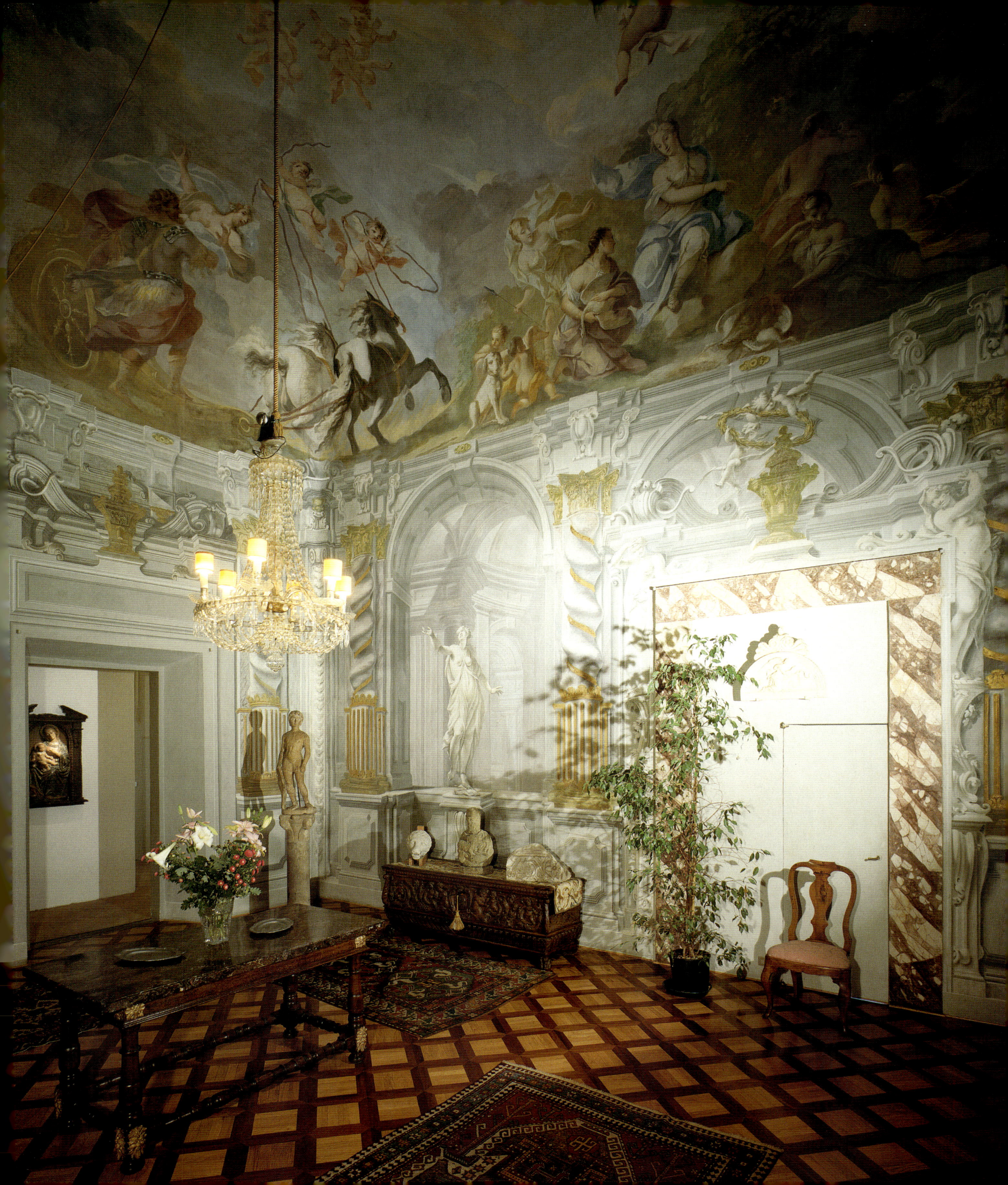

Ausgewählte Literatur

Bargellini, Piero, La splendida storia di Firenze, Florenz 1964

Berti, Luciano, Il principe dello Studiolo, Florenz 1967

Borsi, Franco, Firenze nel Cinquecento, Rom 1974

Bucci, Mario und Bencini, Raffaello, Palazzi di Firenze, Florenz 1971

Cazzato, Vincenzo und De Vico Fallani, Massimo, Guida ai giardini urbani di Firenze, Florenz 1981

Chastel, André, Art et Humanisme à Florence au temps de Laurent le Magnifique, Paris 1959

Ginori Lisci, Leonardo, I palazzi di Firenze nella storia e nell'arte, (2Bände) Florenz 1972

Goldthwaite, Richard A., The Florentine Palace and Domestic Architecture, American Historical Review, LXXVII, 1972

ders., The Building of Renaissance Florence, London 1980

Limburger, Walther, Die Gebäude von Florenz. Architekten, Straßen und Plätze in alphabetischen Verzeichnissen, Leipzig 1910

Marchini, Giuseppe, Giuliano da Sangallo, Florenz 1943

ders., Le finestre »inginocchiate«, Antichità Viva, I, 1976

ders., Facciate fiorentine, Antichità Viva, III, 1978

Rodolico, Francesco, Le pietre della città d'Italia, Florenz 1953 (2. Auflage 1964, 3. Auflage 1995)

Ross, Janet, Florentine Palaces and Their Stories, London 1905

Sanpaolesi, Piero, Brunelleschi, Mailand 1962

ders., La casa fiorentina di Bartolommeo Scala, Studium zur toskanischen Kunst: Festschrift für L.H. Heydenreich, München 1964

Stegmann, Carl von und Geymüller, Heinrich von, Die Architektur der Renaissance in Toskana, München 1890-1906

Thiem, Günther und Thiem, Christel, Toskanische Fassadendekoration in Sgraffito und Fresko, München 1964

Trotta, Giampaolo, Gli antichi chiassi tra Ponte Vecchio e Santa Trinita, Florenz 1992

Zocchi, Giuseppe, Scelta di XXIV vedute delle principali contrade, piazze e palazzi della città di Firenze, Florenz 1744

Adressen der Paläste

Casino Torrigiani del Campuccio
Via de' Serragli, 144.
Im Besitz der Markgrafen Torregiani; kann nicht besichtigt werden. Seite 180 ff.

Palazzo Antinori
Piazzetta Antinori, 3.
Im Besitz der Markgrafen Antinori; der Innenhof und der Garten können besichtigt werden. Seite 116 ff.

Palazzo Bargellini
Via delle Pinzochere, 3.
Im Besitz der Erben Bargellini; kann nicht besichtigt werden. Seite 200 ff.

Palazzo Bartolini Salimbeni
Piazza santa Trinita, 1.
Im Besitz der Erben Bartolini Salimbeni; der Innenhof kann besichtigt werden. Seite 194 ff.

Palazzo Budini Gattai
Piazza SS. Annunziata, 1.
Im Besitz der Familie Budini Gattai; kann nicht besichtigt werden. Seite 214 ff.

Palazzo Capponi delle Rovinate
Via de' Bardi, 36.
Im Besitz der Grafen Capponi; kann nicht besichtigt werden. Seite 170 ff.

Palazzo Cocchi
Piazza S. Croce, 1.
Gemeindebesitz; kann teilweise besichtigt werden. Seite 164 ff.

Palazzo Corsini in Parione
Via del Parione 11/12. Im Besitz der Fürsten Corsini; kann nach telefonischer Vereinbarung besichtigt werden: Telefon (Amministrazione Corsini) 055-210 564. Seite 272 ff.

Palazzo Corsini Suarez
Via Maggio 42.
Gemeindebesitz und Sitz des Laboratorio di Restauro e dell'-Archivio Contemporaneo del Gabinetto Vieusseux; die Archivräume können besichtigt werden. Seite 224 ff.

Palazzo Davanzati
Via Porta Rossa.
Soprintendenza ai Beni Ambientalie Architettonici; das Museum ist für Besucher täglich vormittags, außer montags, geöffnet. Seite 96 ff.

Palazzo Della Gherardesca
Borgo Pinti 99.
Im Besitz der Società Metallurgica Italiana; kann nicht besichtigt werden. Seite 140 ff.

Palazzo di Gino Capponi
Via G. Capponi 26.
Verschiedene Besitzer; kann nicht besichtigt werden. Seite 294 ff.

Palazzo Feroni
Via Tornabuoni 2.
Im Besitz der Familie Ferragamo; kann teilweise besichtigt werden. Seite 80 ff.

Palazzo Ginori
Via dei Ginori 11
Im Besitz des Markgrafen Lorenzo Ginori; kann nicht besichtigt werden. Seite 246 ff.

Palazzo Giugni
Via degli Alfani 48.
Im Besitz des Ingenieurs Fraschetti; kann nicht besichtigt werden. Seite 206 ff.

Palazzo Gondi
Piazza San Firenze 2.
Im Besitz der Markgrafen Gondi; der Innenhof kann besichtigt werden. Seite 148 ff.

Palazzo Malenchini Alberti
Via dei Benci 1.
Im Besitz der Markgrafen Malenchini; kann nicht besichtigt werden. Seite 88 ff.

Palazzo Medici Riccardi
Via Cavour 1.
Sitz der Provincia di Firenze und der Präfektur; für Besucher geöffnet. Seite 50 ff.

Palazzo Niccolini
Via dei Servi 15.
Sitz des Provveditorato della Regione Opere Publicche della Regione Toscana; kann nicht besichtigt werden. Seite 254 ff.

Palazzo Nonfinito
Via del Proconsolo 12.
Sitz des Museo di Antropologia; der Innenhof und das Museum können besichtigt werden. Seite 188 ff.

Palazzo Pitti
Piazza Pitti.
Soprintendenza ai Beni Ambientali e Architettonici; für Besucher geöffnet. Seite 66 ff.

Palazzo Portinari Salviati
Via del Corso 6.
Im Besitz der Banca Toscana; kann nicht besichtigt werden. Seite 282 ff.

Palazzo Pucci
Via dei Pucci 6.
Im Besitz der Markgrafen Pucci; kann nicht besichtigt werden. Seite 262 ff.

Palazzo Ricasoli Firidolfi
Via Maggio 7
Eigentum der Barone Ricasoli; kann nicht besichtigt werden. Seite 232 ff.

Palazzo Roselli Del Turco
Borgo Santi Apostoli 17.
Im Besitz der Grafen Rosselli Del Turco; kann nicht besichtigt werden. Seite 132 ff.

Palazzo Strozzi
Piazza Strozzi 1.
Im Besitz der INA Assicurazioni, Sitz des Gabinetto Vieusseux und des Istituto Nazionale di Studi sul Rinascimento; der Innenhof kann besichtigt werden. Seite 106 ff.

Palazzo Vecchio
Piazza della Signoria 1.
Gemeindebesitz; für Besucher geöffnet. Seite 42 ff.

Palazzo Venturi Ginori
Via della Scala 85.
Im Besitz der Cassa di Risparmio di Pisa; kann nicht besichtigt werden. Seite 126 ff.

Palazzo Ximenes da Sangallo
Borgo Pinti 68.
Im Besitz der Fürsten Ruffo di Calabria; kann nicht besichtigt werden. Seite 156 ff.

Namens- und Ortsregister

(Die Namen der ausführlich beschriebenen Paläste sind in Versalien geschrieben)